KB236877

한국 텍스트과학의 제과제

한국 텍스트과학의 제과제

한국 텍스트과학의 제과제

고영근 · 장경희 · 이성만
박여성 · 신지연 外

도서출판 **역락**

책머리에

　지난 세기 90년대 이래로 한국의 인문학계에는 "텍스트과학"(흔히 텍스트언어학)이라는 새로운 분과학문이 모습을 갖추어 오면서 여러 각도에서 주목받고 있다. 이 분야의 학문적 토론의 장인 한국텍스트언어학회가 결성되어 학술지 『텍스트언어학』이 9집까지 출간되었으며, 유럽 및 영미권의 대표적인 저작의 번역과 아울러 한국과 동양의 텍스트자료에 근거를 둔 『텍스트언어학 총서』를 비롯한 여러 저술의 집필이 활발하게 진행되고 있다. 그래서 지난 세기 60년대 중반에 옛 서독에서 횃불을 올린 이래 유럽과 미주를 휩쓸고 한국을 비롯하여 일본과 중국 등 극동지역에도 영향을 미치고 있는 텍스트과학이 장차 인문학의 새로운 패러다임으로 부상할 것이라는 기대감을 가지게 된다. 나아가 암시적인 형태이기는 하지만 중국과 한국의 고전시학에서도 텍스트과학과 관련된 지식체계가 정립되어 있는 점을 보건대, 우리 앞에는 텍스트과학에 대한 우리 나름대로의 학문사적 자리매김이라는 중대한 과제가 놓여 있다는 점을 강조하고 싶다.

　이 책은 저자 대표인 고영근이 2000년도 제1학기에 서울대학교 국어국문학과 대학원 과정에 개설했던 "한국텍스트언어학 특강"의 수업과 토론내용에 토대를 두어 엮은 것으로서, 당시 참여했던 국어학, 국문학, 중국어학, 언어학, 노어학, 국어교육학 전공자 등 다양한 어문학 분과의 수강자들의 노고를 묶은 이 책의 체재는 다음과 같다 : 1부는 기성학자들의 특별기고를 실었고, 2부는 수강자들의 보고논문이며, 3부는 수강자들과 함께 읽은 텍스트과학의 최신 저서에 대한 서평논문이다.

차례로 각 기고의 내용을 간추려 보기로 한다.

제1부는 특별기고로서 하이퍼텍스트의 특징, 텍스트과학이 문학연구에 기여하는 문제, 논증에 대한 언어학적 조명, 한국 현대시와 고전가사의 텍스트 분석에 대한 논문으로 구성되어 있다.

박여성의 "미디어폴리스 시대의 텍스트과학"은 인키넨(S. Inkinen)이 1999년에 편집한 *Mediapolis*에 실린 14편의 논문의 내용을 집약하는 동시에, 선형성으로 규정되는 텍스트에 대한 전통적인 개념을 수정하면서 신종 매체로 떠오르는 하이퍼텍스트에 대하여 다각적인 접근을 시도하고 있다. 이를 통하여 지금까지 주축을 이루었던 글말 텍스트를 대체하는 새로운 매체환경에 대한 텍스트과학의 인식전환을 촉구하고 있다.

고영근의 "텍스트과학과 문학연구"는 문학연구에 기여하는 텍스트과학의 일면을 부상시키는 기고로서, 한국 고전시가의 명편인 윤선도의 "五友歌"를 보기로 문학작품의 가치평가에 있어 텍스트성이 어떤 방식으로 기여하는가를 다루고 있다. 나아가 이 기고에서는 현재 한 집안에서 각방거처를 하고 있는 한국 어문학과의 어학분과와 문학분과의 부조화를 극복하고 장차 조화롭게 합방거처할 수 있는 방안을 텍스트과학의 시각에서 제시하고 있다.

이성만의 "논증이론과 논증분석"은 신 수사학이라고 불리는 논증이론을 언어학적으로 조명한 글이다. 논증이론은 지난 세기 70년대 화용론의 등장과 함께 언어학적으로 조명받기 시작하였다. 이 논문은 논증 연구의 발전과 구상들을 살핀 바탕 위에서 논증과 논증행위에 대한 개념을 검토하고 언어학적 논증의 요소와 기능을 밝혔다. 특히 욀슐레거(G. Öhlschläger, 1977)에 기대어 텍스트에 대한 논증분석의 가능성을 예시하였다.

장경희의 "김광균의 <외인촌>에 나타난 회화성과 상징성"은 <외인촌>이 지니고 있는 상징구조를 분석한 것이다. <외인촌>에 투영되어 있는 회화성과 상징성과 같은 응집성 수단이 어떻게 응결성으로 반영되는가를 다각적으로 분석하였다. 텍스트이론을 본격적으로 응용한 작품분석이라고는 하기가 어렵지만 이곳에 나타나는 분석방법은 현대의 텍스트과학이 지향하고 있는 문학작품의 분석과 거리가 멀지 않다는 점에서 이 기고의 의의가 크다고 하겠다.

신지연의 "續美人曲의 텍스트언어학적 분석"은 한국고전작품에 대한 본격적인 텍스트 분석으로서, 이 논문에서는 정철의 <속미인곡>이 거시구조와 미시구조의 이중구조로 되어 있음을 밝히면서 두 구조를 결속하는 요인을 응집성과 응결성에 걸쳐 구체적으로 탐색하였다. 특히 필자는 같은 작자의 <思美人曲>과의 비교를 통하여 <속미인곡>이 작품성이 높다는 사실을 다각적으로 논증함으로써 고전가사에 대한 텍스트분석의 전범을 보이고 있다.

제2부는 수강생들의 학기말 보고논문이다. 강의 담당교수인 고영근이 제출된 보고논문에 먼저 첨삭을 하였고 수강자들에게 돌려주어 수정을 하였다. 이를 토대로 다시 지난 겨울에 집담회를 열어서 수강자들의 견해를 종합하여 최종 원고를 완성하게 되었다. 다루어진 내용은 일상발화에 대한 텍스트분석, 문학작품의 텍스트성 분석, 동양의 文에 대한 개념의 현대적 평가와 텍스트유형론, 문학작품의 간텍스트성 분석, 하이퍼텍스트의 실체와 그 분석으로 간추릴 수 있다.

박소영의 '-은 것이다' 구성의 텍스트분석은 언어학적 텍스트분석이다. '-은 것이다'가 텍스트에서 응결성 표지로 기능한다는 점을 밝힌 바탕 위에서, 이 표지가 정태적이고 구조적인 면뿐만 아니라 동태적인 면도 동시에 지니고 있는 것으로 파악하였다. 지금까지의 미시적 통사분석의 차원을 극복하여 수용자의 인지과정의 양상까지 고려하는 분석을 시도하였다는 점에서 언어학적 텍스트분석에 많은 시사를 던져 줄 것으로 믿는다.

이카라시의 "텍스트분석의 특징과 방법"도 언어학적 텍스트분석이다. 이 글에서는 그 동안 다루어지지 않았던 언어의 개인적인 차이를 언어분석에 반영할 필요가 있다는 텍스트과학의 한 과제를 제시하였다. 텍스트의 이중성을 구명하고 언어의 선형성을 탈피하는 방향의 분석방법을 제시하였다. 기고자는 단어의 의미를 이해하는 과정을 몇 단계로 설정하여 수용자가 어떻게 단어의 의미를 해석해 나가는지 치밀하게 추적하였다.

임석규의 "<靑山別曲> 텍스트언어학적 연구"는 고려가요의 명편인 <靑山別曲>에 대한 텍스트과학적 분석이다. 기고자는 텍스트과학의 응결성과 응집성을 잣대로 삼아 작품을 크게 두 부분으로 나누었다. 양반부는 자족성을 유지하면서 연속성 있는 의미망을 이루고 있다는 것을 증명하면서 <청산별곡>이 응결성과 응집성의 조화를 이룬 훌륭한 개인서정가요라는 점을 부각시켰다는 점에서 <청산별곡>의 해석에 또다른 가능성을 보여 주는 기고라 평가된다.

심우장의 "설화의 구연전략에 대한 텍스트언어학적 분석"은 최근에 더러 얼굴을 내밀고 있는 구비문학에 대한 텍스트과학적 분석이다. 기고자는 <주천의 유래> 등의 3편의 설화 텍스트를 대상으로 하여 응결성과 응집성에 초점을 맞추어 구비설화 화자의 구연전략을 분석해 내었다. 이 기고는 신분갈등설화의 여러가지 양상을 드러내기도 하여 구비문학연구의 새로운 분야를 열었다는 평가를 받을 수 있다.

김석준의 "이 상 시의 텍스트 확정문제와 텍스트성"은 착종현상이 극대화되어 있는 이 상 시의 정본확정문제를 제기하고 이를 해결하는 방안을 제시하였다. <오감도 시제 2호 4호>를 중심으로 해체론적 경향과 새로운 해석 지평을 제시했다. 응결성과 응집성을 잣대로 삼아 작품의 텍스트성을 구명하고 특히 해체론과 관련하여 이 상 시의 동태적인 측면을 드러내었다는 점에서 의의 있는 기고라 믿어진다.

양세욱의 "고대중국의 텍스트관과 텍스트유형론"은 지난 세기말부터 조명을 받고 있는 고대중국의 시학과 문장론에 대한 현대적 평가와 수용문제를 다루고 있으며, 고대 중국에는 "文"이라는 개념으로써 텍스트를 지칭하였으며 "文"은 현대의 기호 개념까지 포괄하고 있었음을 밝혀 내었다. 고대 중국의 문장분류에 대한 현대적 조명은 텍스트성과 텍스트유형론의 정립에 기여하는 바가 많을 것이라고 평가하였다.

남지애의 "라디오 편지 텍스트의 특징"은 "라디오 편지"이라는 새로운 텍스트유형의 정립과 그 특징을 밝힌 기고이다. 라디오 편지 텍스트는 생산자, 진행자, 청취자가 공동으로 텍스트를 생산하고 수용한다는 면에서 독립적인 텍스트유형으로서 가치를 가지며 표현 면에서도 은유와 묘사, 병렬적 표현, 빈번한 대화의 인용 등의 특징이 있으며 텍스트유형 상으로는 수필이나 실용문과는 다른 유형상의 특징이 있음을 드러냈다.

노지니의 "<이야기 놀이담화>의 구성전략"도 새로운 텍스트유형의 정립에 관련되는 기고이다. <이야기 놀이담화>는 화자가 청자의 웃음을 유발하기 위하여 목표를 드러내고 감추는 전략을 사용하는데 이는 내용의 전경화와 배경화를 통하여 청자의 추론을 의도적으로 조정하는 것이다. 이를 통하여 기고자는 이러한 말하기 전략은 말하기 교육에도 기여할 수 있다는 이론적 함의를 제시하였다.

　　조보라미의 "최인훈의 <달아 달아 밝은 달아>와 판소리 『신청가』의 간텍스트성 고찰"은 고전작품과 현대작품의 간텍스트성을 추구한 기고이다. 기고자는 소재뿐만 아니라 언어적 측면에서도 두 작품 사이에는 긴밀한 간텍스트성이 있음을 구체적으로 실증하였다. 특히 최인훈의 작품은 닫힌 구조로서의 작품보다는 역동적이며 과정적인 텍스트를 부각시켜 새로운 텍스트개념을 창출해 내었다는 점에서 기고의 의의가 크다고 하겠다.

　　김선효의 "<월인천강지곡>의 텍스트 분석"은 악장문학인 <월인천강지곡> 기 425~429을 이의 선텍스트인 <석보상절> 권 21이나 <大方便報恩經>과의 간텍스트성을 구명하여 <월인천강지곡>으로 시가화하는 과정을 탐색한 기고이다. 이들 4곡은 응결성은 강하지마는 응집성은 그렇지 못하다는 점을 밝힘으로써 583곡에 달하는 <월인천강지곡>이 한결같이 텍스트성을 갖춘 것이 아니라는 점을 밝혀 내었다는 점에서 기고의 의의가 있다.

　　이광호의 "융합텍스트의 분석을 위한 접근"은 하이퍼텍스트에 관련된 기고이다. 음성, 문자, 그림, 소리가 합성되어 이루어진 텍스트를 융합텍스트라 부르고 그 정체를 밝히려면 종전의 선형적인 텍스트분석과는 다른 새로운 분석법이 강구되어야 함을 주장하였다. 융합텍스트와 같은 신종 텍스트를 분석하려면 텍스트를 "사건"으로 보는 동태적 견해에 따라야 한다고 말하면서 구체적인 분석실례를 보이었다는 점에서 기고의 의의가 커 보인다.

　　남가영의 "영상 텍스트와 문자 텍스트의 결합양상에 대한 고찰"도 앞의 이광호와 마찬가지로 하이퍼텍스트의 성격을 밝히는 기고이다. TV 오락프로그램의 자막이 영상텍스트에 문자텍스트가 결합된 것으로 보고 웃음을 유발하거나 의미를 재구성하는 기능을 하는 것으로 해석하였다. 기고자는 두 텍스트가 복합적으로 영향을 교환한다는 점을 밝힘으로써 오락프로그램의 하이퍼텍스트적 속성의 일면을 드러내었다는 점에서 기고의 의의가 있다.

노지승의 "李箱 산문 텍스트의 하이퍼텍스트적 특징에 관한 한 고찰"도 하이퍼텍스트성을 밝히는 기고이다. 전자매체가 아닌 문자매체에 의한 이 상 산문의 하이퍼텍스트의 성격을 밝혔다는 점에서 기고의 가치가 있어 보인다. 기고자는 이 상의 산문텍스트가 여러 개의 파편으로 이루어지기는 하였으나 그들이 긴밀한 네트워크를 형성하고 있다는 사실을 밝힘으로써 표면상의 비응집성을 해소하는 방안을 제시하였다.

제3부는 보그랑드의 최신 저서인 『텍스트·담화 과학의 새로운 토대』 (1997)에 대한 서평이다. 이 책은 앞에서 언급한 고영근의 대학원 강좌에서 같이 강독하고 토론한 내용을 중심으로 국어교육학 전공의 **민병곤**이 정리하고 고영근과 박여성이 검토한 부분을 고려하여 다듬은 것이다. 보그랑드는 1981년에 드레슬러와 함께 『텍스트언어학입문』을 독문판과 영문판으로 동시에 출간하여 국제적으로 명성을 얻었으며, 더욱이 영문판 「텍스트언어학입문」은 김태옥과 이현호의 손으로 1991/1995년에 한국어판(양영각/한신문화사)으로 번역되었고, 그의 『언어학이론』(Linguistic Theory, 1991)도 정동빈 외 몇 사람의 손으로 번역된 바 있어 한국에도 널리 알려지게 되었다.

텍스트과학의 정초에 매진해 온 보그랑드는 지난 20여 년 간 다듬어 온 텍스트과학에 대한 자신의 목소리를 700쪽에 가까운 방대한 책으로 선보였다. 원문의 분량이 워낙 많아 서평도 길 수밖에 없었다. 보그랑드는 "텍스트와 담화 과학"을 복합적인 패러다임을 통합하는 메타 패러다임으로 규정하고, "들어가기, 언어연구의 메타 패러다임, 인지와 의사소통의 모형, 기능적 텍스트 분석, 가상과 실제의 매개 제어 체계, 간언어적 담화의 이론과 실제, 사회와 교육에서의 담화, 담화와 총체적 인간" 등 모두 8장에 걸쳐

"텍스트·담화 과학"의 제문제를 다루었다. 보그랑드의 책에 대한 서평에서는 구조주의 일변도의 미시적 분석을 벗어나지 못하고 있는 한국의 언어연구에 신선한 바람을 불러일으킬 수 있는 계기를 마련하고, 특히 국어교육학의 발전에 이론적인 디딤돌의 역할을 할 수 있다는 점을 재차 강조하였다.

이처럼 글쓴이들은 국내외에서 연구되는 텍스트과학의 흐름을 살펴보면서 19편의 기고를 『한국의 텍스트과학의 제과제』라는 책으로 엮어 보았다. 이를 통하여 언어연구를 거시적인 안목으로 수행할 수 있는 이론적 바탕을 제공하며 문학작품의 텍스트성의 규명은 물론, 정보화시대를 맞아 폭증하는 신종 매체(예를 들면, 하이퍼텍스트)에 대한 인식을 새로이 하는 데 이 책이 기여할 수 있기를 희망한다. 끝으로 지난 1년 동안 보고서를 여러 차례 뜯어고치며 독립된 논문으로 환골탈태하는 데 협조하여 주신 여러 수강생들과 특별기고를 실어주신 장경희, 이성만, 박여성, 신지연 네 교수께 고마운 인사를 드리는 바이다.

2001년 6월 30일
저자 대표 고영근

차 례

● 책머리에 • V

제1부

제2부

제3부

제 1 부

미디어폴리스 시대의 텍스트과학

박 여 성

텍스트의 시공간적 차원과 선형적 속성에 대한 총체적 재인식을 촉구하는 전자문서와 하이퍼텍스트의 발현은 유목민적 포스트모던 사회의 특성으로 부상하고 있다. 그렇다면 텍스트과학은 언어체계의 분석은 물론이고, 언어를 둘러싼 기호학적 환경과 그것이 야기할 인식론적 변혁에도 주목해야 한다. 이에 본고는 중심-주변, 위계구조, 선형성 등에 토대를 두었던 종래의 개념체계를 극복하고, 쓰기와 바꿔쓰기 및 덧쓰기, 연결과 역연결이 뒤엉키는 무한공간이자 전방위적 처리형식으로서 하이퍼텍스트의 특성을 살펴보고자 한다. 하이퍼텍스트는 절점, 링크, 상호작용성, 역동성, 비선형성을 통하여 무제한성, 자기증식 및 리좀의 속성을 확보함과 동시에 출발점과 소실점이 헝클어지는 위계질서 속에서 뫼비우스의 띠를 생성한다. 미디어의 기술적 진화는 어쩔 수 없이 미디어를 사용하며 커뮤니케이션을 구성하는 개체와 공동체의 인지에 영향을 준다. 그 결과 지금 여기에 실존하는 개체들의 현상학에서는 언어가 아닌 융합기호가, 텍스트가 아닌 하이퍼텍스트가 인지세계의 출발점이자 종착역이다.

핵심어휘: 텍스트과학, 하이퍼텍스트, 간텍스트성, 미디어폴리스, 디지털

1. 들어가기 : 미디어폴리스로 진입하며

커뮤니케이션 테크놀로지의 쾌속적 속성을 강조하는 실재하는 비실재(Real Virtuality)의 문화는 통시태 속에서 창안되고 축적된 미디어산출물을 무한대로 제공하며, 디지털-네트워크로 인하여 가능해진 다중매체의 이용은 모든 문화적 표현을 통합하는 새로운 커뮤니케이션 시스템을 규정한다. 이러한 상황은 '디지털 경제', '기술사회', '상호작용성', '사이버 문화', '사이버 민주주의', '컴퓨터 문학성', '초국적성' 및 '초문화성'의 이름으로 경제, 정치, 과학, 예술, 문학 등 제반 사회체계(Sozialsysteme, 루만, 1984)와 맞물려서 개인과 공동체의 현실들(Wirklichkeiten)을 구성하고 있

다. 하우프트마이어·슈미트(1985), 크로이처(1975)가 문학개념의 변혁을 선언한 지 20여 년만에, 원고지와 서적 시대는 프린터와 모니터 나아가 전자 책(e-books) 시대로 넘어가고 있으며, 포스트-모더니즘을 표방하는 문화이론(료타르, 제임슨, 넬슨, 보드리야르, 벨쉬), 미디어과학(Medien-wissenschaft)[1])과 매체학(Médiologie, 드브레)을 위시한 거대담론들은 전통적인 '뉴 미디어'(인터넷, 멀티미디어, 하이퍼텍스트, 가상현실)의 물결을 21세기의 시대정신(Zeitgeist)으로 각인하고 있다.

이러한 시대적 맥락에서 『텍스트이론 연구』(Research in Text Theory, Vol., 25, 1999, S. Inkinen 편, Walter de Gruyter)의 일환으로 기획된 "미디어폴리스, 텍스트, 하이퍼텍스트 및 멀티미디어 커뮤니케이션의 양상들"(Mediapolis, Aspects of Texts, Hypertexts and Multimedial Communication)의 내용을 잠시 소개해 보자.

제1부에서는 텍스트, 하이퍼텍스트와 서사성(Narrativität)의 문제가 다루어진다. 1970년대부터 미디어기호학(Mediensemiotik)을 구축해 온 헤스-뤼티히는 언어학과 문예학 그리고 기호학의 텍스트 개념이 서로 일관된 정의에 도달하지 못했음을 비판하면서, 텍스트이론이 간텍스트성과 간매체성 이론으로 통합되어야 한다고 촉구한다.(헤스-뤼티히, 1999: 4) 전일적 텍스트로의 전환을 통해서, 수동적이기만 했던 수신자-독자는 자신의 취향과 관심에 따라서 코무니카트를 구성하는 능동적인 주체로 부상한다. 특히 텍스트의 시공간 개념을 변형시키며 기존의 선형성에 대한 총체적 재인식을 촉구하는 전자문서와 하이퍼텍스트의 발현은 활자화된 책과 글쓰기-읽기의 일방적 소통구조를 거부하는 야우스·이저의 수용미학(Re-zeptionsästhetik),[2]) 크리스테바의 간텍스트성(Intertextualität),[3]) 바흐친의 다성성(多聲性), 데리다의 차연(différance), 들뢰즈의 리좀(rhizôme), 포스

중요한 시사점과 자료를 제공해 준 김성도 교수(고려대)에게 감사한다.
1) 미디어과학(Medienwissenschaft)에 대해서는 슈미트(2000)를 참고할 것.
2) 이에 대해서는 차봉희(1993)의 『독자반응비평』(고려원)을 참조.
3) "Tout texte se construit comme mosaique de citations, tout texte est absorbtion et transformation d'un autre texte"(모든 텍스트들은 마치 인용의 모자이크처럼 구성된다. 모든 텍스트는 곧 다른 텍스트의 흡수이자 변형이다)라는 크리스테바의 정의는 박여성(1994: 268)에서 재인용.

트구조주의의 유목민(遊牧民)적 이상을 실현하는 셈이다. 여기에서 한 가지는 분명하다. 언어를 기호의 제왕으로 모셔 온 언어순수주의가 인류가 처음 경험하는 다중매체[4] 시대, 즉 미디어폴리스의 도래로 말미암아 근본적인 위협에 직면해 있다는 사실이다. 그러나 그 변혁은, 페이퍼 백으로 인하여 지식의 확산을 걱정하던 중세 기득권 층의 우려가 계몽주의의 승리로 귀결되었듯이, 위기가 아니라 도전의 기회이다.

국내에서는 하이퍼텍스트 개념에 대해서 문예학자와 방송학자들이 접근하고 있으나,[5] 언어학계에서는 컴퓨터 테크놀로지를 수업에 응용하는 수준에 머무르고 있으며, 기술문명의 현실적 유용성과 이로 인해 야기된 인식론적인 환경 변화를 혼동하고 있다. 기술문명을 통한 미디어의 변화가 그 미디어를 사용하며 커뮤니케이션을 구성하는 개체와 공동체의 인지에 영향을 주기 때문에, 결국 미디어 행위도식(Medienhandlungs-schemata) 또한 변화될 수밖에 없다. 지금 여기에 실존하는 개체들의 현상학에서는 언어가 아닌 융합기호가, 텍스트가 아닌 하이퍼텍스트가 인지 세계의 출발점이자 종착역이기 때문이다.

미학의 현실모델이 ars combinatoria(조합의 예술)로 탈바꿈되는 근저에 하이퍼텍스트가 자리잡고 있음은 주지의 사실이다. 이에 대하여 치코니는 절점과 링크의 속성을 파헤치고 있다. 절점은 첫째, 모든 가능한 종류의 기호들을 동원할 수 있다는 점에서 다중매체적(multimedial)이다. 둘째, 시간과 공간의 한계를 절점에 배치하여 언제든지 새로운 연결을 위한 출발점과 소실점을 동시에 충족한다는 점에서 역동적(dynamic)이며 무제한적(infinite)이다. 셋째, 버튼을 누름으로써 그것을 사용하는 양자가 동시에 연루된다는 점에서 상호작용적(interactive)이다. 절점들 사이의 연결(Linking)은 하이퍼텍스트의 비선형성과 무제한성을 보장하며 지식의 표상과 축적에 지금까지 경

---

4) 멀티미디어(Multimedia)를 '다매체'라고 번역한다면, 미디어폴리스에서 사용되는 모든 종류의 기술적 장치들의 열거적 복수성과 그 중의 하나를 선택하는 단층성을 함축할 것이. 이에 반하여 본고에서는 매체들의 복수성 뿐만 아니라, 그들 사이의 역사적-기능적 중첩성과 중층성, 누적성을 강조하기 위하여 '다중매체'라는 역어를 사용하고자 한다.
5) 예를 들어 최혜실(1999)은 인문학과 인접분야의 현황을 소개하고 있으며, 김성도(1999, 2000)는 디지털 언어에, 김성재(편)(1999)와 김성재(1999)는 커뮤니케이션 미학에 초점을 맞추고 있다.

험하지 못했던 미디어 행위도식, 즉 리좀(Rhi- zôme)의 속성을 상호작용 참여자 모두에게 일상화시킨다. 이것은 레저우드(Ledgerwood)가 예시하듯이 1990년대부터 멀티미디어 문학(Multimedia Literature)과 통속소설에 기초한 컴퓨터 게임에서 실험적으로 시도된 바 있다. 그는 여기에서 CD-Rom 멀티미디어 프로그램인 The Madness of Roland와 Myst를 보기로 하이퍼텍스트 해석학과 독자반응을 분석하고 있다.6)

제2부에서는 코니처(Konitzer)는 후설(Husserl)의 내적 시간의식(inneres Zeitbewußtsein)에 대한 이론을 토대로 미디어폴리스의 현상학적 계보를 추적하고 있다. 후설에 따르면 시간 의식은 자연주의적, 심리주의적 그리고 현상학적 의식으로 나뉜다. 이 기획에서 가장 주목되는 논고는 바로 테오발데리(Teovalderi)가 시도하는 일종의 '하이퍼텍스트의 유형학'이다. 화용론적 범주를 동원한 일상언어 텍스트의 유형학적 시도에 상응하여, 멀티미디어 기호는 어떻게 유형화될 것인가? 이를 위하여 그는

-FIGURAL(integral)-verbal(serial)
-VEBAL(serial)-figural(integral)
-FIGURAL(serial)-verbal(serial)
-VERBAL(serial)-FIGURAL(serial)
-VERBAL(serial)-FIGURAL(serial)-figural(integral)
-VERBAL(serial)-FIGURAL(integral)

이라는 상위범주를 설정하고 그에 따라 하위범주화를 시도함으로써 텍스트유형학과 적극적으로 연계될 수 있는 멀티미디어 유형학의 첫 발을 내딛고 있다.

제3부에서 델린저(Dellinger)는 미국 상업방송에서 나타나는 담화의 양식을, 에리캐이넨(Erikäinnen)은 탈육화(脫肉化: Disembodiment)의 갈망으로서의 사이버 섹스를, 인키넨(Inkinen)은 인터넷에서 펼쳐지는 정보고속도로 사회의 수사학을 조명한다. 제4부에서는 러시아의 인터넷 발전상과 광고전략, 글로벌 스페이스에서의 대화, 특히 채팅과 화상회의, 가상집무

---

6) 우리 나라에서도 2001년 3월 14일부터 북토피아와 iMBC가 공동으로 구축한 '디지털 구보 2001'(www.booktopia.com)에서 "구보씨 이야기"를 하이퍼텍스트 소설로 제공하고 있다(동아일보 2001년 3월 13일자 참조).

실 등의 문제를 다루고 있다. 마지막 논고는 이탈리아의 세계적인 패션업체 베네통(Benetton)의 파격적인 광고전략을 분석하고 있다.

이렇듯 시대의 상황은 텍스트과학에 새로운 과제를 끊임없이 제시하고 있으며, 1980년대부터 국내에 정착되어온 텍스트과학과 기호학이 언어체계의 분석은 물론이고, 언어를 둘러싼 기호학적 환경과 그것이 야기할 인식론적 변혁에 주목할 것을 촉구하고 있다. 이에 본고는 기본적으로는 선형성에 토대를 두었던 종래의 개념체계를 극복하고, 텍스트를 쓰기와 바꿔쓰기 및 덧쓰기,7) 자유로운 연결과 역연결이 실행되는 무한공간이자 증식적으로(inkrementel) 구성되는 전일적(全一的) 처리형식(holistic Processing)으로 그려보고자 한다.

2. 디지털 문명과 미디어폴리스 : 역사적 개관

2.1 하이퍼텍스트의 출발

하이퍼텍스트의 선구형태는 초기 성서번역에서 행해졌던 행간번역(interlineare Version)이다. 여기에서는 동등한 위상적 위치(글자 대 글자, 행 대 행)에 목표언어의 낱말들을 대응시킬 뿐이다(synoptische Übertragung). 번역결과(Translat)도 사전항목에 따른 축어적 일치이지, 통사구조나 텍스트 층위를 고려한 역동적 등가가 아니다.8) 빈트베르거 시편(Windberger Psalter)의 순례자의 노래(Cantiuum Gradvvm)를 보자.

---

7) 이러한 은유는 쥬네트(G Genette)의 '팔랭세스트'(Palimpseste: 羊皮紙) 비유에서 특징적이다. 일부에서는 그의 비유를 비판하고 있으나, 그것은 핵심을 간파하지 못하는 지적이다. 오히려 그가 재생성, 흔적의 속성을 통하여 지적하는 간텍스트성의 본질은 어떤 언어학적 정의보다 적절하다. 무수한 버전들로 증식하거나 수정될 수 있으며 흔적이 완전히 없어지는 경우는 드물다는 점에서, 하이퍼텍스트는 이를테면 21세기의 양피지인 셈이다.
8) 축어적 일치(verbal correspondence)와 역동적 등가(dynamic equivalence)에 대해서는 나이다 · 태버(1975) 참조

In uf huob ougen   mine   an die berge   dannen   chumit   hilfe   mir
Levavi   oculus   meos   in   montes   unde   venite   auxilium   mihi.

Hilfe   min   uone deme herren derer getan hat   himil   unde   erde
Auxilium   meum   a   domino   qui fecit   caelum   et   terram

Nihne gebe er   in   die bewegede   fous   dinen
Non   det   in   commotionem   pedem   tuum.

(라틴어와 헬라어로 쓰인) "말씀"의 어순조차도 신성불가침으로 숭앙되던 초기 성서번역에서는 원문에서 지정된 사고구조의 질서를 거역할 수 없는, 위와 같은 형태의 하이퍼텍스트가 하나의 장르(Genre)로 정착된다. 뒤이어 중세의 어떤 필사본에도 뒤지지 않는 구텐베르크의 대량인쇄를 기점으로 문자언어와 수고(手稿)는 일종의 벽돌들(단락, 절, 장, 색인, 목차, 스크립트, 구두점, 여백 등의 시각적 분절장치)로 구축된 보다 정교한 텍스트라는 건축물로 발전한다.

2.2 문어성(문자언어)

생물학적 소여(所與)인9) 음성언어를 극복하려는 노력의 일환으로 인류는 문자 언어, 활자 언어, 그리고 디지털 언어라는 세 종류의 시스템을 발견(발명)했다.10) 크레타 섬의 선형문자 A에 기반을 둔 이집트 상형문자로부터 잉카와 수메르의 설형문자와 결승문자를 거쳐서, 최초의 체계적인 그리스의 알파벳 발명에 이르기까지의 모든 노력들은 시간의 축에서만 기억될 수 있던 구두언어의 불확정성을 공간이라는 정지태로 포착하려는 시도였다.11) 그러나 문자가 발명되면서부터 음성과 동반되던 다중매체성은 지각의 스펙트럼을 시각으로 단일화 시켰다. 통감각적 지각이 눈길로만 환원되는 문자의 시대가 열린 것이다. 다른 한편으로 문자의 발명을 통하여 비로소 과거의 문화적 기억을 현재의 운반자로 포착할 수 있는 매개와 전승 및 번역이라는12) 완전히 새로운 형식의 표상이 시작된다. 문

---

9) 언어의 초험성에 대해서는 아펠(1973) 참조.
10) 이에 대해서는 김성도(2000) 참조.
11) 문자의 역사에 대해서는 옹(1982/1987), 호프스태터(1979/1999) 참조.

자는 원격 커뮤니케이션을 가능하게 했을 뿐만 아니라, 사회적 공감을 구축하여 역사의식의 지평도 확립하였다. 풍요로운 세미오시스를 창출할 수 있었던 것도 음성문자에 기초한 문자의 출현 덕분이었다.

더 넓은 영역에서 문자가 통용됨으로써 구두언어가 안정되고 문자언어도 표준화된다. 예를 들면 라틴어와 헬라어 성경이 개별언어로 번역되는 가운데, 현대 유럽어의 기틀이 정립되고 다듬어진 언어체계를 발판으로 생산된 무수한 문학작품들은 개별언어의 미학적 가능성을 한껏 증폭시켰다. 현대 시스템 이론의 비조인 파슨즈(Parsons)의 말을 빌면 언어는 재귀준거적으로 정의되는 진화적 보편소의 유형이다: "[…] 진화의 보편소는 구조 및 그에 관련된 과정들의 복합체로서, 결국에는 생명체계의 적응능력을 증대시키는 발전이자, 확실히 더 높은 층위의 일반적인 적응능력을 획득할 수 있는 체계들이다."(메르텐, 1994: 149 재인용)

한편 텍스트가 정착되면서 새로운 커뮤니케이션 상황이 도래한다. 즉 텍스트 안에 저장된 정보들은 의례나 비공식적인 행위의 연출과는 판이하게 활성화된다. 입말이나 몸을 통한 기억은 메타 행위를 허용할 수 없는 단점을 가지는 반면에, 텍스트는 뜻풀이가 가능하고 요약될 수 있으며 비판과 해석의 대상이 된다. 텍스트가 랑그적 속성이라면 몸을 통한 기억은 파롤에 해당한다. 텍스트는 기능적 기억을 저장 기억으로 바꾸는 대가를 치르는 대신에, 구술성(Orality)이 가지는 시공간적 한계를 극복하고 잠재적으로는 무한히 팽창될 수 있다. 그 역할을 맡은 첫 번째 제도는 다름 아닌 (특히 교회 안의) 도서관13)이었다.

대량생산의 유통구조를 지니지 못한 수고와 필사본들은 구텐베르크(1455년) 이래로 인쇄술이 실용화되면서 책의 형태로 변모하게 되었다. 그러나 흥미로운 것은 초기의 책들은 정교한 필사본들을 그대로 모방했다는 점이다. 이것은 인쇄술의 발명이 새로운 글쓰기 공간을 창조할 수 있다는 인식으로 진출하지 못했음을 반증하는 것이다. 어쨌든 대량생산과 더불어 경제적인 현황에 대한 욕구로 인하여 상인들 사이에서 유통되던

---

12) 번역의 인식론적 문제에 대해서는 박여성(2000a) 참조.
13) 교회와 도서관이 문명사적으로 어떤 역할을 차지하는가는 에코의 『장미의 이름(Il nome della rosa)』에서 흥미진진하게 기술되고 있다. 이인화의 패러디 『영원한 제국』에서는 규장각(奎章閣)으로 설정되었다.

일종의 편지 형식으로 된 신문의 전신에서14) 미디어제공물의 정기적인
제작이 시작된다. 최초의 대중매체로 탄생한 신문은 방(傍)이나 편지와
달리 동일한 내용을 인쇄를 통해 대량 복제하며, 이를 통하여 미디어가
본격적으로 사회의 현실(Wirklichkeiten)을 구성하는 역사가 시작한다.

2.3 책에서 파일로

만화경(Kaleidoscope)에서부터 시작하여 영화와 녹음기가 탄생하였고, 라
디오와 텔레비전 및 컴퓨터 나아가서 인터넷 등의 미디어가 등장함으로써
기존의 교육 특권은 붕괴되고 문화의 민주화도 촉진된다. 근대 이후로 폭
발적으로 발달한 과학기술 문명은 지금까지의 발전의 속도를 누진적으로
가속화하여 더욱더 많은 미디어들이 더욱 짧은 시간 안에 출현한다. 광속
으로 실행되며 (거의) 훼손되지 않는 전달능력은 잠재적인 세계 커뮤니케
이션 공동체의 출현을 가능하게 하였다. 빌게이츠와 더불어 구텐베르크 시
대와는 비교도 안될 지식의 양적·질적 유토피아가 현실이 되었다.15)

커뮤니케이션의 역사를 24시간으로 비유해 보자. 그렇다면 언어는 비로
소 21시 33분이 되어서야 탄생하였다. 즉 진화과정의 89.8% 시점에 와서
야 창발하였다. 문자는 99.4%가 되는 시점에 탄생하였다. 그 밖의 모든
커뮤니케이션 미디어들은 전체 시간으로 보면 23시 59분 14초 이후에 생
긴 것들이다. 말하자면 진화 시계의 자정 46초 전부터 인쇄서적(46초 전)
과 신문(32초 전), 영화(8초 전)와 라디오(5초 전), 텔레비전(4초 전), 그리

---

14) 독일의 아우그스부르크(Augsburg) 지방에서 유통되었던 푸거 차이퉁(Fugger
   Zeitungen)이라는 일종의 상용편지들은 당시의 무역중심지에서 유통되던 물
   품들에 대한 정보를 규칙적으로 알려주었다. 이로써 인쇄의 대량성과 사건의
   시사성 외에 일정한 간격으로 일정한 종류의 정보를 일정한 대상에게 제공하는
   보도의 주기성(週期性: Periodizität)이라는 기준이 정착된다. 1609년에는 스트라
   스부르(Strasbourg)에서 Zeyttungen, 볼펜스뷔텔(Wolfensbüttel)에서 Aviso라는
   초기 신문이 처음으로 발간되었는데, 내용은 주로 전쟁터나 권력핵심지에서 흘
   러나온 충격적인 소식들이었으며 간간이 아름다운 이야기들도 실려 있었다. 이
   에 대해서는 메르텐(1994) 참조.
15) 볼츠(N. Bolz)의 "구텐베르크-은하계의 끝에서"(2000, 윤종석 옮김, 문학과지
   성사)와 "컨트롤된 카오스"(2000, 윤종석 옮김, 문예출판사), 레비(P. Levy)의
   "사이버 문화"(2000, 김동윤 옮김, 문예출판사) 참조.

고 3초 전에 컴퓨터, 아마도 2초 전에 인터넷이 출현했다. 즉 미디어 진화의 속도는 거듭제곱(累乘)으로 가속화되었다. 이러한 가속화는 물자의 소통시대인 고대 사회에서는 보속(步速)과 유속(流速)으로, 에너지의 이동 시기인 산업혁명기에는 풍속(風速)과 음속(音速)으로, 거대한 정보 네트워크로 구성된 미디어폴리스에서는 광속(光速)으로 진행된다(메르텐, 1994: 142 참조).16) 그러나 이러한 혁명도 당대에는 감지되기 어렵다. 컴퓨터가 열어 놓은 디지털 언어의 새로운 가능성이 꾸준히 조명되고 있지만, 구텐베르크의 발명에서 인쇄된 책의 가능성을 깨닫는 데 오랜 시간이 걸렸던 것처럼, 디지털 테크놀로지의 자율성과 창조성을 해독하는 데에도 긴 세월이 필요할 것이다.

3. 텍스트관의 추이

3.1 언어학과 문예학

1970년대에 발흥하여 1990년대 화용론적 조망으로 발전하기까지 텍스트언어학에서는 외연적 규모(extension)와 한정(delimitation), 표층결속성(cohesion)과 심층결속성(coherence), 언어적 맥락(cotext)과 비언어적 환경(context), 구조와 체계 등의 범주로 텍스트의 속성을 규정하였고,17) 문예학에서는 한편으로는 유사성, 대립, 반복, 평행성 등의 하위체계들 사이의 긴장을 통하여, 다른 한편으로는 다른 텍스트와 코드, 미학적 규범, 문학적 전통과의 관계로부터 의미를 획득하는 체계로 규정한다. 이러한 다양한 시각들은 최근에는 텍스트란 −텍스트언어학에서 말하는 특정한 텍스트성분들(의미구조, 통사구조 또는 언어행위)의 선형적 연쇄체(lineare Sequenz) 이상의− 다

---

16) 속도에 대한 앞의 비유들은 은유이지만, 광속의 비유는 전자의 속도를 생각해 보면 물리학적 현실이다. 루만도 커뮤니케이션의 재귀적 운행이 진화의 성능을 계속 높인다는 점을 지적한 바 있다. 메르텐은 1960년대부터 1990년대 그리고 2000년대에 이르기까지의 속도증가의 추세를 명시적으로 설명하고 있다.

17) 텍스트관의 추이는 드 보그랑드/드레슬러(1981), 헬비히(1990), 롤프(1993), 고영근(1999) 참조. 한편 드 보그랑드(1997a/b, 2000)에서는 이전과 다른 입장이 제시된다.

층적 구성형식(konstruktive Form), 즉 기호 복합체라는 전일주의적(holistic) 인식으로 통합되고 있다. 이에 대한 보그랑드의 정의를 인용해 보자:

> 음소는 음성을 통하여 (언어)체계 속에서 의미를 변별하는 기능(Differenzieren)을 가진다. 형태소는 낱말조각을 통하여 의미들을 문법화시키는 기능(Grammatikalisieren)을 가진다. 어휘소는 낱말을 통하여 의미를 어휘화하는 기능(Lexikalisieren)을 가진다. 문법소(Syntaxeme)는 구와 문장을 통하여 의미를 선형화하는 기능(Linearisieren)을 가진다. 텍스트는 맥락을 통하여 의미를 통합하는 기능(Integrieren)을 가진다. 끝으로 텍스트종류는 텍스트표본(Muster)을 통하여 의미를 인지 도식화하는 기능(Schematisieren)을 가진다. 이러한 구상에서는 일차적으로 형식적 단위들에 관련하는 것이 아니라, 오히려 의미의 '풍요'와 '빈곤' 사이의 진화적인 등급 사이로 진행되는 기능적인 처리양상들에 관련하는 것이다 …… 이러한 구상은 인지과학, 복잡계(複雜界) 이론 및 인공지능 분야 등의 최신 연구성과들을 반영하고 있다. 요컨대 의미는 온-라인(On-line)으로 생산되며 재귀조직되는 것이지, 사전의 항목처럼 간단히 기억에서 호출되는 것이 아니다.(드 보그랑드, 1997b: 8)

여기서 지금까지의 텍스트다움(Textualität)과는 다른 하이퍼텍스트다움(Hypertextualität)을 거론해 보자.

(1) 표층결속성(Kohäsion): 텍스트의 표층결속성은 조응관계나 독서지 침 등의 장치로 연결된 연쇄체의 속성으로서, 위계적으로 문장보다 상위에 있는 단락, 장, 섹션 등의 거시적 텍스트구조를 구축하며, 독자들에게 텍스트의 소재를 제공하는 이정표의 역할을 한다. 표층상으로 결속된 위상적 연계성은 독자로 하여금 후속하는 부분텍스트의 예측을 가능하게 한다. 하지만 하이퍼텍스트에서는 이와 같은 결속의 질서와 우선권은 표층에 부여된 시공간적 선형성을 부정한다.

(2) 심층결속성(Kohärenz): 텍스트의 심층결속성은 동위성[Isotopie] 같 은 의미 결속장치를 통하여 제어되지만, 독자의 관심이나 사전지식, 독서 행위에 의해서도 창조된다. 그러나 하이퍼텍스트에서는 전통적인 선형적 텍스트와 달리 상이한 절점들 사이에서는 심층결속성이 임의 또는 고의로 회피된다. 상이한 경로로 동일한 절점에 도달할 수 있기 때문이다.

(3) 선형성(Linearität): 텍스트 내용의 시공간적 질서를 표상하며, 정보를 배열하는 선형화 과정은 담화의 주제와 독자의 관심에 좌우된다. 이때 하이퍼

텍스트에서는 상이한 절점들에서의 상이한 밀도에 상응하여, 새로운 근접성과 거리가 창출된다.

(4) 간텍스트성(Intertextualität): 간텍스트성은 텍스트를 두 개의 축, 즉 작가와 독자를 연계시키는 수평적 축과, 텍스트를 그 이전의 다른 텍스트들과 연계시키는 수직적 축으로 나눈다. 이 두 축이 교차하는 공간 속에서 작가, 독자, 텍스트, 간텍스트 사이에 고정된 위치란 없으며, 그들 사이의 운동만이 존재할 뿐이다. 이것은 '차연'의 운동이며, 많은 목소리들(다성성)의 흔적으로만 나타난다.

3.2 간텍스트성: 미디어장르의 창발

모든 절점들이 연속적으로 연결된 네트워크의 미로에 대한 착상은 이미 움베르토 에코의 "열린 예술 작품(Opera aperta)"(1962)에서 개진되었다. 언어학적 간텍스트성의 정의에서는[18] 이처럼 텍스트들이 서로 연결되어 네트워크를 이루며, 즉 텍스트란 무(無)로부터 창출(creatio ex nihilo)되지 않았다는 점에 주목한다.

간텍스트성에 대한 포괄적이고 실증적인 연구자인 프랑스의 문예학자 쥬네트는 "팔랭세스트(Palimpsestes)"(1981, 독일어판 "Paratexte"[1991])에서 전승과 형성에 초점을 맞추어 간텍스트성 연구의 획을 그었다: Anspielung(풍자), Autotexte(독립 텍스트), Bearbeitung(번안), Burleske(골계극), Cento(절취 단장하여 엮은 시가), Collage(콜라주), Digest(다이제스트), Exzerpt(발췌록), Fragment(斷片), Genotext(심층텍스트), Glosse(주해), Hypomnema(회상록), Imitation(모방), Interpretation(해석), Kommentar(주석), Kontrafaktur(상반모방), Lesart(해설), Mimesis(모사), Montage(짜깁기), Nachdichtung(모작), Original(원본), Parodie(풍자/희화), Palinodie(비방한 시의 취소), Paraphrase(뜻풀이), Paratexte(Palimpseste; 기생텍스트), Pastiche(혼성모방), Persiflage(빈정대는 야유), Phänotext(현상/실현텍스트), Plagiat(표절), Posttext(후 텍스트), Prätext(선 텍스트), Quelle(원전), Redaktion(편집), Remake(재탕), Reminiszenz(회상록), Resümee(요약), Rezension(서평), Satire(풍자시), Synopse(일람), Travestie(형식개작), Übersetzung(번역), Vorwort(서문), Waschzettel(선

---

18) 이에 대한 이론적 틀은 플레트(1991) 및 박여성(1996a) 참조.

전문구), Zitat(인용), Zusammenfassung(요약) 등은 서술공간을 개방하며 증폭시키는 장르들로 해석될 수 있다.

날이 갈수록 각종 미디어시스템들이 시공간적으로 혼용되면서 기존의 형식을 넘어 다양한 미디어장르(Mediengattung)가 창발한다. 이로써 관심의 초점은 선형적 텍스트에서 비선형적 간텍스트로, 언어적 하이퍼텍스트에서 다중매체적 간기호성으로 이동한다. 이런 창발의 토대는 미디어제공물의 존재에 상응하는 세분된 사회체계들(Sozialsysteme)이다. 다음의 도표는 이러한 루만의 구상을 수정하여 위상적으로 도시해 본 것이다(하우프트마이어·슈미트, 1985: 140 참조)

<table>
<tr><td></td><td colspan="21">사 회 체 계</td></tr>
<tr>
<td>커뮤니케이션체계</td>
<td>정치</td><td>경제</td><td>과학</td>
<td colspan="18">문화</td>
</tr>
<tr>
<td>구성요소들의 영역</td>
<td></td><td></td><td></td>
<td>교육</td><td>종교</td>
<td colspan="16">예술</td>
</tr>
<tr>
<td>기본요소체계</td>
<td></td><td></td><td></td><td></td><td></td>
<td colspan="4">미술</td>
<td colspan="3">무용</td>
<td colspan="5">음악</td>
<td colspan="4">문학</td>
</tr>
<tr>
<td rowspan="3">상위장르</td>
<td rowspan="3"></td><td rowspan="3"></td><td rowspan="3"></td><td rowspan="3"></td><td rowspan="3"></td>
<td colspan="2">회화</td>
<td rowspan="3">조각</td>
<td rowspan="3">설치</td>
<td rowspan="3">발레</td>
<td rowspan="3">탄츠테아터</td>
<td rowspan="3">퍼포먼스</td>
<td colspan="2">르네상스</td>
<td rowspan="3">고전</td>
<td rowspan="3">바로크</td>
<td rowspan="3">낭만/현대</td>
<td rowspan="3">회곡</td>
<td rowspan="3">시</td>
<td rowspan="3">산문</td>
<td rowspan="3">소설</td>
</tr>
<tr>
<td>구상</td><td rowspan="2"></td>
<td>절대</td><td rowspan="2"></td>
</tr>
<tr>
<td>비구상</td>
<td>표제</td>
</tr>
<tr>
<td rowspan="2">하위장르</td>
<td rowspan="2"></td><td rowspan="2"></td><td rowspan="2"></td><td rowspan="2"></td><td rowspan="2"></td><td rowspan="2"></td><td rowspan="2"></td><td rowspan="2"></td><td rowspan="2"></td><td rowspan="2"></td><td rowspan="2"></td><td rowspan="2"></td><td rowspan="2"></td><td rowspan="2"></td><td rowspan="2"></td><td rowspan="2"></td><td rowspan="2"></td><td rowspan="2"></td>
<td>고정운율</td>
<td rowspan="2"></td><td rowspan="2"></td>
</tr>
<tr>
<td>자유운율</td>
</tr>
<tr>
<td>비 고</td>
<td colspan="21">* 이 도식은 더 많은 변수들로 더 기능적으로 세분되어야 함</td>
</tr>
</table>

4. 하이퍼텍스트

4.1 하이퍼텍스트의 생성

물질적 토대인 코무니카트 재질이나 인지행위의 결과인 미디어산출물을 매개로 인지체계와 사회체계는 접속되어 있다. 이와 같은 구성주의적 시각에서는 하이퍼텍스트를 "구조적 접속의 매체인 미디어산출물이 매질과 시공간을 달리하여 다시 다른 미디어산출물과 관계를 가지는, 즉 구조적 접속의 다층적 중첩"으로 규정할 수 있다. 말하자면 구조적 접속이 다중적으로 중첩된 메타(메타…n) 미디어산출물이다.

기존의 접속이 일회적, 직렬적, 고정적, 단층적이라면, 하이퍼텍스트에서는 무제한적, 병렬적, 가변적, 중층적이다.[19] 즉 구조적 접속의 양태 자체가 진화한다.

---

19) 대부분의 하이퍼텍스트에서는 간텍스트처럼 여러 층위가 교차된다: [a] 교체(Substitution): 기호체계(시각, 청각) 사이의 충돌과 간섭. (i) 기호(매체)의 교체: 상이한 기호매체 사이의 교체: 이질적 매체들 사이의 교체: 언어/그림(성서->성화), 언어/음악(괴테의 '파우스트'->리스트의 피아노곡), 그림/음악(하르트만의 '전람회의 그림'->무소르그스키의 '전람회의 그림'(피아노곡). 동일한 예술 장르 안에서 세분된 매체 사이의 교체(동질적인 매체 안에서 세분된 교체): 그림(유화->수채화), 음악(피아노->기타아), 현악기(바이얼린->첼로) 사이의 미시적 간매체성을 더 세분할 수 있다. (ii) 언어의 교체: 예를 들면 대역(對譯). (iii) 장르의 교체: 서정시>서사시>희곡, 소나타>교향곡, 시>소설>수필. [b] 추가(Addition): 원문에는 없지만 추론될 수 있는 또는 저자의 임의에 따라서 추가: 종속적 추가-기생텍스트: 서문, 모토, 후기, 색인, 각주 (주변텍스트), 인터뷰, 광고(덤텍스트). 병렬적 추가-원문의 공간적 연장. [c] 확장(Extension), 압축/축약(Rekapitulation, Zusammenfassung, Abstract): 원문의 복잡한, 또는 복합적인 조어구조를 역으로 풀어 주거나, (원문의) 의미밀도를 느슨하게 해 주는 경우: 단축역, 축약의 축약, 다이제스트, 해설, 주해, 요약, 요점정리. [d] 치환(Permutation): 작위적 기법(콜라주, 혼성모방): 다다이스트 트리스탄 차라(Tristan Tzara)는 종이 위에 셰익스피어의 소네트 18번을 종이 위에 쓴 후, 이를 조각 내어 무작위로 배열한 후 오려 붙인다. 이것은 일종의 혼성모방으로서 연극 및 영화의 기법으로도 이용된다. 이 과정은 몽타주이고 결과는 콜라주이다. [e] 복합: 대부분의 하이퍼텍스트들은 여러 방식이 총체적으로 적용된 복합적인 미디어산출물이다. 이에 대해서는 플레트(1991: 23 이하) 참조.

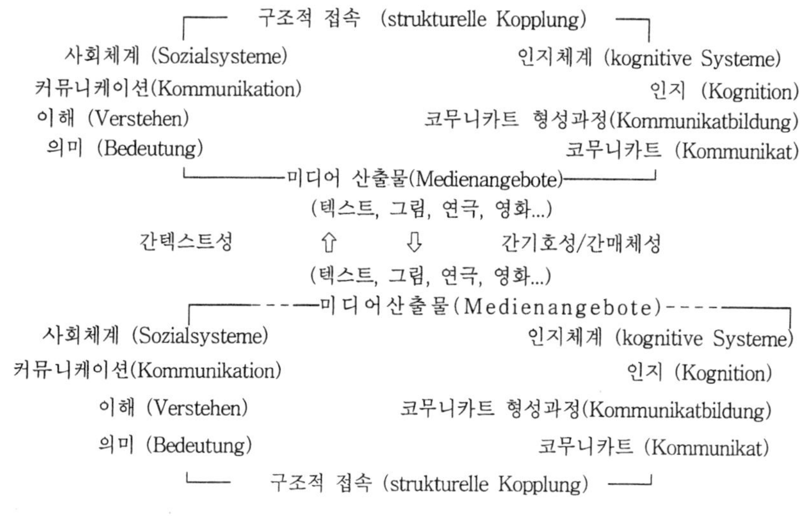

4.2 하이퍼텍스트의 기호학적 속성

  지금까지 하이퍼텍스트성의 실제적 응용은 대부분 엔지니어링과 자연과학 분야에서 주도되어 왔으며, 인문학에서는 그리 성공적으로 적용되어 오지 못하였다. 1932~61년에 이르는 기계주의, 1961~67년에 이르는 디지털 시대의 개막 그리고 1985년에서 오늘날에 이르기까지의 상업화, 결정적으로 WWW의 본격적인 등장을 통하여 서적이나 CD-ROM에 국한되었던 하이퍼텍스트 공간은 근원적인 변혁을 맞이한다. 실시간성과 인터랙티브 방식으로 가상과 현실, 원본과 진본, 저자와 독자, 텍스트의 수렴적 구조와 하이퍼텍스트의 발산구조는 기호학적 웹 속에서 무한한 세미오시스(Semiosis: 기호세계)를 창출하고 있다.

  일단 하이퍼텍스트를 일련의 링크의 집합을 통하여 서로 연결된 면들의 집합으로 정의할 수 있다. 이런 방식으로 어떤 종류의 하이퍼텍스트이건 전통적인 텍스트와 교류를 유지하는, 기존의 텍스트로부터의 진화적 팽창으로 구상할 수 있다. 그러나 개개의 전통적인 텍스트들이 하이퍼텍스트 안에서 동화될 수 있으며, 하이퍼텍스트의 내용이 기존의 주어진 전통적인 언어 텍스트와 일치할 수도 있지만, 하이퍼텍스트를 단순히 링크된 텍스트로만 규정하는 것은 부족하다. 하이퍼텍스트를 다룰 경우, 흔히 선형적이고 고정된 -인쇄된 텍스트에서 강요된- 구조로부터 그리고 진흙이나 파피루스, 종이나 플라스틱 등 인류 커뮤니케이션 역사의 대부분을 차지해온 구조의 내용을 담는 운반장치로부터 우리 스스로를 해방시켜야 한다. 이 경우 컴퓨터는 하이퍼텍스트의 생산과 수용을 위한 새로운 매체가 된다. 대부분 하이퍼텍스트의 면들에 포함된 정보에 접근하는 방식 자체가 비선형적이며 다중매체적인 속성을 가진다. 고정된 일정한 양의 지식은 다시 다른 일정한 하이퍼텍스트의 일정한 페이지 속에 중층적(重層的)으로 저장되며, 그 저장은 잠정적이고 끊임없는 개정과 확장을 필요로 한다. 즉 텍스트는 개정판이 나오기까지 많은 시간과 부수적 행위를 요구하지만, 하이퍼텍스트는 꾸준한 개정 또는 상업성의 부족으로 인한 소멸 둘 중의 한 길을 가게 된다.

공간적 확장이 없는 시간적인 선형배열(구두언어)이나, 음소와 형태소, 문장과 절, 장, 에피소드, 플롯 등의 공간상의 선형적 연쇄체(문자언어)를 대하던 독자들과 미디어폴리스 시대의 개체들은 독서행태부터 판이하다. 연쇄체 성분들의 시각적·시간적으로 강요된 독해순서가 제시된 선형적 텍스트들에서와는 달리, 그들은 창을 넘나드는 교차준거(cross-reference)를 통하여 종횡무진 항진한다. 이러한 환경에서는 의미구조는 정박하지 못하고 무한한 지시구조의 그물 안에서 늘 불안정하게 미끄러진다고 설파한 데리다의 접근이 더 설득력이 있을 것이다. 기호의 단위상적(單位相的) 통사구조에만 익숙하던 시대가 이제는 숫자표, 그래픽, 사진, 그림, 조각상, 절점과 링크를 통하여 날로 다중매체화되고 상호작용화된다. 그 역동성은 선형성 시대와는 비교도 되지 않는다. 일단 그 공간에 접속하면 모든 절점과 링크는 끝인 동시에 시작이기 때문에 소실점(消失點)이 없는 뫼비우스의 띠를 형성한다.

4.3 절점(Knoten; nodes)

그 외연에 의해서 규모가 한정되는 텍스트는 전통적인 의미에서는 독립적인 텍스트이고, 새로운 의미에서는 하이퍼텍스트의 일부분을 구성하는 특정한 절점들이다. 그러나 이 절점으로의 분절은 기존의 텍스트에서는 예측할 수 없던 속성이다. 물론 하이퍼텍스트도 인쇄된 활자 텍스트와 유사한 속성을 가진다: 즉 모니터의 규격을 가지는 프레임의 내부에 존재하는 것이다. 그러나 일견상의 진부한 유사성에도 불구하고 양자 사이에는 차이가 있다.

(1) 하이퍼텍스트의 다중매체성: 상이한 매체들(전반적으로 언어, 시각 및 청각매체)을 통합하는 가운데 하이퍼텍스트의 면(面)은 다중매체적이 된다. 즉 일종의 프로그램 중계소 역할을 하는 하이퍼텍스트의 면으로부터 다채로운 멀티미디어 응용 프로그램들에 접근할 수 있다.[20] 이처럼 포스트모던 커뮤니케이션 공동체에서 새로운 커뮤니케이션 기술들과 미디어의 발달로 인하여 더욱 큰 의미를 얻고 있는 그러한 기호학적으로 복합적인 구성체를 '다중매체 텍스트'(multimedial text, 헤스-뤼티히, 1999)라고 부른다.

(2) 하이퍼텍스트의 역동성: 전통적인 텍스트에서는 텍스트의 구성성분들의 형상과 레이아웃은 텍스트가 출력되는 순간 시각적으로 고정되며, 신판이 나올 때까지는 변경이 불가능하다. 하이퍼텍스트의 경우는 이러한 한계가 무력화된다. 하이퍼텍스트 면의 구성요소들(이미지, 그래프, 다이어그램, 공식, 문자언어나 음성[파일], 음향, 잡음, 음악 파일 등)은 그들의 형상이나 위치 및 기능을 원하는 만큼 수시로 변경할 수 있다. 그럼으로써 다시 읽기나 다시 보기 등 "다시 하기"의 행위가 동시에 또는 순차적으로 가능해 진다. 뿐만 아니라, 각 하이퍼텍스트의 면은 국지적인 어느 영역에서도 원하는 새로운 대상을 손쉽게 포함하거나 차례로 적용하여 그 자체의 프로그램 기능들을 쉽게 지원할 수 있다.

(3) 하이퍼텍스트의 상호작용성: 클릭 버튼을 이용하여 독자는 원래는 반드시 수용할 필요는 없는 새로운 대상들에 접근할 수 있는 기회를 자유자재로 조절한다. 예를 들면 주어진 면의 기존의 영역에서도 특정한 버튼을 사용함으로써 독자가 선택할 수 있는 것과 조응하여 활성화되는 다이어그램이나 그림, 사진, 애니메이션이나 각주 등을 생각할 수 있다. 새로운 정보의 조각들은 면의 일정한 부분이나 성분들에 대한 주석으로 기능한다. 그러나 버튼들은 다른 용도로 쓰일 수도 있다. 하이퍼텍스트의 면수가 매우 많을 수 있고(실제로 무한할 수도 있다) 그 쪽에 쓰인 다중매체의 종류 또한 매우 다양하기 때문에, 하이퍼텍스트의 면 안에 있는 프로그램 도구들은

---

20) 기호의 종류에 대해서는 슈뢰더(1993) 및 뇌트(1999) 참조.

복잡한 하이퍼텍스트 구조들 속에서의 항진(航進)을 용이하게 해주어야 하며, 동시에 새로운 다중매체가 필요하면 즉시 그것을 창출할 수 있게 해 주어야 한다.

그러나 상이한 절점들을 연결하는 선들을 생각해 보면, 하이퍼텍스트의 각 절점들이 다른 절점들과 연결된다는 지나치게 단순한 가정은 곧 포기해야 한다는 것을 알게 된다. 사실 정보의 단일적인 파편과 다른 대상들과의 연결이 가능한 하이퍼텍스트 면의 각 성분(대상, 버튼, 낱말이나 이미지 등)도 하이퍼텍스트의 절점으로 간주될 수 있다. 이런 방식으로 우리는 그래픽/도상적, 언어적, 청각적, 아마 가까운 장래에는 접촉 및 향취, 미각 절점을 구별하거나, 그것들이 제공하는 정보제공물에 따라서 하이퍼텍스트들의 절점들을 분류할 수 있을 것이다(대상 절점이나 면 절점, 하이퍼텍스트 절점이나 프로그램 절점). 이렇게 세분하면 방금 앞에 하이퍼텍스트로 간주되었던 그 하이퍼텍스트는 다시 새 면에서는 절점이 된다. 즉 다중매체 도큐멘트의 일부분이 중앙 위치에 오게 되면 일련의 다른 대상 절점들은 잠정적으로 중요성이 떨어지는 하이퍼텍스트 단위로 머무르다가 필요하면 호출된다. 이 모든 경우에 몇 개의 버튼을 사용하여 이 절점에서 다른 절점들로 도약할 수 있다. 그렇다면 우리는 하이퍼텍스트 쪽의 속성 중의 하나를 기술하기 위하여 이미 사용된 상호작용성의 개념을 전체 하이퍼텍스트로 확장할 수 있다.

5. 링크(Link)의 속성

종래의 의미에서의 텍스트의 위계적 선형구조는 특히 논증(Argumentation)이나 서사구조(Narrative)에서 그 선형성을 보장받았다.(반 데이크, 1981 참조) 그러나 절점과 링크로 운용되는 하이퍼텍스트들은 대상에서 대상으로, 주제에서 주제로 도큐멘트에서 도큐멘트로의 이동을 도모한다. 물론 이러한 읽기 행위는 하이퍼텍스트에서 찾을 수 있는 정보의 조각들에 접근하고 해독하며 사용하는 방식에 영향을 준다. 그렇다면 하이퍼텍스트를 읽는다는 행위가 우리에게 익숙한 전통적인 방식의 읽기와는 다

르다는 것을 알아야 한다. 그것은 바로 링크를 통한 비선형성과 무제한성
이라는 속성을 통해서 규정되는데, 이것은 1970~80년대의 텍스트언어학
에서 주장했던 텍스트의 근간적 속성인 한정성과 선형적 구조성 및 위계
성과는 정면으로 배치되는 상황임을 주지할 필요가 있다.

5.1 비선형성(Nonlinearität)

전통적 언어 활동인 쓰기와 읽기는 이제 그 역할을 상호 교환한다. 하
이퍼텍스트의 구조화에 참여하는 사람은 의미 작용의 가능한 층들의 윤
곽을 그리며 이미 독자가 된다. 그와 대칭적으로, 자료의 저장소에서 여
행을 하는 사람은 그것의 일정
한 양상을 발현하며 생산에 공
헌한다. 독자가 창안한 의미의
본래 회로는 코퍼스의 구조 자
체에 통합될 수 있다. 하이퍼텍
스트가 창안된 이후, 모든 독서
행위는 잠재적인 쓰기 행위가
된다. 인쇄되거나 쓰여진 텍스

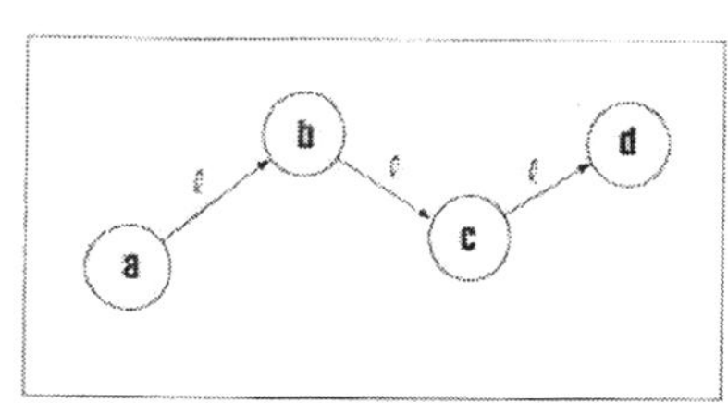

Figure 1

트를 읽을 경우, 독자는 일정한 방향(좌→우, 우→좌, 상→하, 전→후)으로
읽을 것을 강요받는다. 즉 텍스트 독서는 일련의 연쇄체 생성행위로 이해
된다.(치코니, 1999: 25 참조) 물론 텍스트 저자가 독자에게 특정한 주도
적인 경로에 주의를 더 기울이도
록 요구하는 경우가 있을 수 있
다. 그 경우 독자는 해당하는 부
분들의 의미를 파악하기 위하여
읽은 부분으로 피드백(Feedback)
하겠지만, 그렇다고 해도 그 피드
백은 다시 원상태로 피드포워드
(Feedforward) 된다. 즉 일정한
방향으로의 회귀가 그 과정의 고

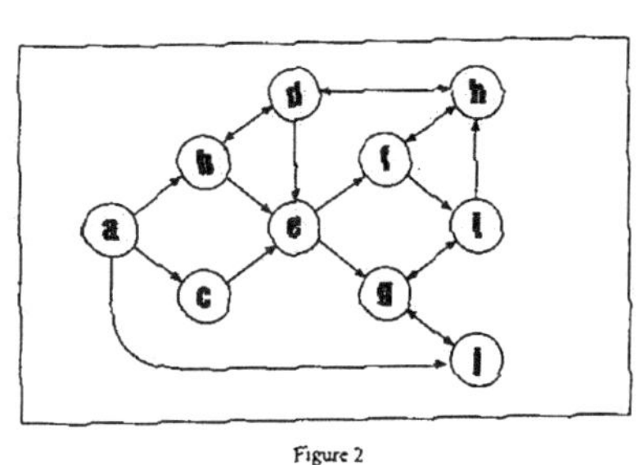

Figure 2

유가치(Eigenwert)인 셈이다. 그러나 하이퍼텍스트에서는 한 절점에서 다른

절점으로 갈 때 통상 정해진 순서는 없으며, 다른 절점으로 이동해서 거기에 제시된 절점들을 선택하는 순서 또한 마찬가지로 정해지지 않았다.(치코니, 1999 : 25) 그렇다면 일단 시작된 하이퍼텍스트 순환고리 안에서는 시간·공간적 순서라는 위계질서는 헝클어진다(tangled hierarchy).[21] 하이퍼텍스트도 한정된 개수의 폐쇄된 텍스트들로 만들어졌지만, 그들 사이를 항해하는 경로는 이제 성분 텍스트들에 의해서가 아니라, 그것들을 다른 절점들과 연결하는 링크의 유형에 따라서 결정된다. 이때 언어 텍스트들과 다중매체 기호들이 중층적으로 교차 연결되면, 그 선택의 양과 질은 더욱 복잡해지고 예측불가능해 질 수밖에 없다.

5.2 무제한성과 증식성

공동체는 커뮤니케이션에 의하여 유지될 뿐만 아니라, 바로 그 커뮤니케이션에 의해서 비로소 존재한다는 화용론의 비조 듀이(J. Dewey)의 예지가 맞는다면, 커뮤니케이션의 진화는 공동체 진화의 필수 불가결한 조건이다. 그 결과 커뮤니케이션의 전개 가능성은 커뮤니케이션이 가지는 재귀준거성(Selbstreferentialität)으로 말미암아 기존의 모든 가능한 커뮤니케이션의 잠재력이라는 변수에 좌우된다. 즉 커뮤니케이션의 가능성은 다시 <커뮤니케이션의 가능성을 확장시키는 그 커뮤니케이션의 가능성을 확장시키는….> 식으로 자기생산(自己生産 : autopoietisch)적으로 진화해 왔다.[22] 이에 반해 인간의 언어는 공감의 구체적인 규범화를 진전시켜서 개념과 정의들을 공식화하여 추상화와 규칙화를 달성한다. 즉 언어

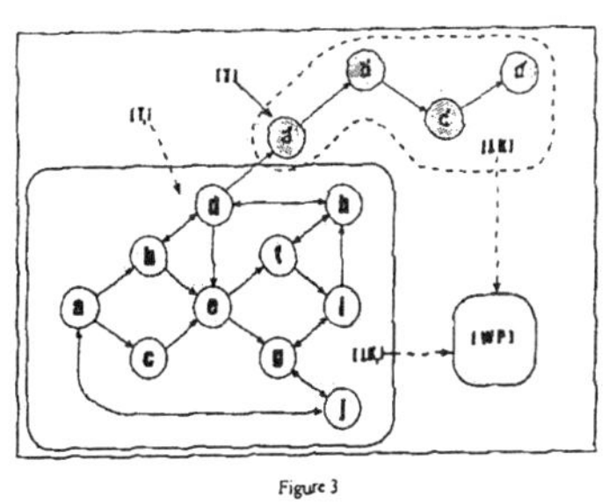

Figure 3

---

21) '헝클어진 위계질서'(tangled hierarchy)에 대해서는 인지과학의 고전인 호프스태터(1979/1999)의 『Goedel, Escher, Bach: An Eternal Golden Braid』(한국어판, 『괴델, 에셔, 바흐: 영원한 황금노끈』 [까치글방], 1999) 참조,
22) 새로운 미디어의 등장과 산출의 배증기는 가속도로 반감하고 있다. 이를 도시한 메르텐(1994 : 142) 참조. 자기생산(Autopoiesis)이나 재귀준거의 개념사에 대해서는 박여성(1995, 1996b, 2000) 참조.

를 사용함으로써 언어의 구조가 더욱 선명해지는 재귀준거(Selbstreferenz)가 이루어진다. 커뮤니케이션을 위한 잠재력이 증가할수록 커뮤니케이션의 개선을 위한 기능이 가속화되는 현상이야말로 인간에게서만 볼 수 있는 특성이다.

하이퍼텍스트의 또다른 속성은 자기 생산적으로 링크됨으로써 얻는 무제한성이다. 하이퍼텍스트의 면 절점들은 가변적인 많은 수의 대상 절점들을 가질 수 있다.(치코니, 1999 : 31 참조) 이때 그 절점들을 연결하는 링크의 경우의 수는 수학적으로 N 팩토리알로 연산될 수 있지만, 현실적으로는 무한에 가깝다.[23] 왜냐하면 하이퍼텍스트의 절점이 해당하는 하이퍼텍스트의 면 안에 있을 경우 하나의 순환고리(내재적 순환고리)를 얻게 되며, 다른 면의 절점들이 다시 출발 하이퍼텍스트의 절점들과 링크 되는 순간 또다른 순환구조(외재적 순환고리)를 얻게 된다. 이렇게 함으로써 모든 절점과 링크들은 출발점인 동시에 소실점으로서, 일단 진입하면 빠져 나올 수 없는 무궁동(無窮動) 뫼비우스의 띠를 엮는다. 더군다나 하이퍼텍스트는 진화한다. 마치 피부를 재생하는 조직 자체가 피부이듯이, 이 경우 텍스트의 접속면은 재귀조직(Selbstorganisation)과 재귀증식(Selbstreproduktion) 메커니즘을 작동시키는 것이다. 또한 텍스트를 증식하기 위한 인터페이스에 연결된 모든 하이퍼텍스트들은 원하는 대로 무한정 반복될 수 있다. 이러한 특성은 작은 층위의 질서가 큰 층위의 증식 프로그램을 활성화하는, 이른바 만델브로트(Mandelbroth) 집합이나 프랙탈(Fractal) 구조와 충분한 유비성을 인정받는다.[24]

6. 하이퍼텍스트를 통한 지식 표상

하이퍼텍스트는 절점들과 연결들로 이루어진 잠재적으로는 무한한 네

---

23) 물론 보르헤스의 "허구들", 서정인의 "미궁에의 추적"을 읽는 독법의 경우의 수가 수학적인 의미와 같은 정도로 무한한 것은 아니다.

24) 이에 대해서는 마노비치(L. Manovich, 1999), 상징형식으로서의 데이터베이스 (Database as a symbolic Form)(한국기호학회 국제학술대회 논문집) 참조.

트워크이며, 각 절점은 다음과 같은 것을 포함할 수 있다.

> (1) 하나의 가능세계 또는 그 일부분의 주어진 영역에 대한 정보
> (2) 절점에 함유된 소재들에 접근하는 방식 그리고 한 절점에서 다른 절점으로 이동하는 방식에 대한 지침을 알려주는 일련의 명령들의 집합
> (3) 한 절점에서 다른 절점으로 이동할 수 있게 해 주는 명령 집합
> (4) 사용자가 새로운 절점과 링크들을 만들 수 있게 해 주는 일련의 명령 집합.

다른 한편으로 이러한 하이퍼텍스트의 구축방식들은 멀티 미디어 코무니카트들의 창출과 지각과정에 본질적인 변화를 수반한다. 수백 년간 서구문명은 인쇄 매체를 지식의 생산과 전달 및 재생산의 가장 특권적인 수단으로 사용해 왔다. 그 결과 지식의 조직은 선형적이며 명제논리에 입각해 온 것이다. 그러나 하이퍼텍스트 논리학은 선형적 사고에 의해서 강요된 시공간적 한계를 분쇄하였으며, 지식을 습득하고 조직하고 재생산하는 방식을 재고하도록 촉구한다.

통상적으로 사용하는 지각, 분류, 추론 등의 인지연산들이 세상에 대한 지식으로 감관의 입력을 개념화하고 조직화하는 특수한 문화적 방식이라고 가정해 보자. 그러면 우선 서구문명에 의하여 디자인된 인지적 건축구조를 되짚을 필요가 있다. 즉 세상에 대한 지식을 표상하는 방식을 비교해야 한다. 예를 들어 중세 유럽의 인문학 멀티미디어 전자도서관을 구축하는 움베르토 에코는 서구문명의 지식표상 방식의 역사를 다음과 같이 개괄한 바 있다.[25]

---

25) 에코는 전점(Node)과 링크(Link)를 통하여 설명과 주석, 참고문헌과 원전의 안내, 그것들에 대한 번역문헌 정보, 외국에서의 연구현황과 병렬 코퍼스(Parallel Corpus), 시청각 자료, 장식용 사례 또는 동영상 클립을 고전적인 의미의 텍스트와 병합하여 세상 지식들의 파편을 통합하는 하이퍼텍스트 백과사전의 우주를 구축하고 있다. 이러한 하이퍼텍스트 시스템은 "다양한 종류의 텍스트들(언어적, 시각적, 청각적)의 거대한 보관소에서 광대한 정보 네트워크를 구성하게 해 주는 상호연결을 규명하는데 관심을 가지는 간텍스트 연구자들을 위한 가용할만한 기술적 해결을 보여준다."(마이, 1991: 50) 전자도서관 구축에 대해서는 최기선(1999) 참조.

(1) 헬레니즘 시대: 수집된 자료들의 진리치와는 무관하게 무차별 수집한 잡다한 데이터들을 집적했다.

(2) 중세: 세상에 대한 지식은 일정한 평가를 통하여 세상의 형식에 관한 정확한 가정에 준거하여 구성되기 시작한다. 그 결과 지식은 위계적인 구조, 이를테면 수형도(樹型圖)의 구조로 재조직된다. 즉 보편적인 것에서 개별적인 것으로, 이분법적으로 분지하는 수형도 조직을 가동한다.

(3) 계몽주의: 근본적으로는 중세의 수형도적 조직과 다르지 않지만, 일정한 세계관에 따라 이 세상에 대한 지식을 다시 조직하기 시작한다. 이를 통하여 위계적 구조는 세상에 대한 데이터를 표상하고 조직하는 가장 기능적이고 경제적인 하나의 방법에 불과한 것이며, 그것만으로는 세상의 형식을 재생산할 수 없음이 드러난다. 이러한 자각을 통하여 수형도 체계들의 상이한 절점들 사이의 매개적인 경로들을 더욱 세밀하고 집중적으로 정의할 수 있게 된다. 그것은 조직을 통하여 여전히 위계적인 방식으로 지식의 일정한 영역에 대한 정보를 특정한 하위 수형도로 조직해 가는 것을 결정한다. 즉 이와 같은 서로 연결된 하위 수형도들은 계몽주의의 백과전서의 창출이라는 프로젝트에서 정의되며, 지식이라는 영토 안에서 전국적(全局的, global)이거나 국지적인(local) 운동을 위한 지침이 된다.

(4) 구조주의: 현재까지 세상에 대한 지식의 유통방식은 기호학적 백과전서의 구조주의적 표상 방식이다. 현재 산출된 정보의 양은 어마어마하다. 그런 데이터를 가시적으로 만드는 데이터의 다양성과 인지적 도구들은 엄청나다. 이제 그러한 다방면의 지식을 하나의 안정적이고 단일한 방식으로 영원히 조직화하는 프레임이나 시스템을 개발하는 것은 거의 불가능한 프로젝트로 간주된다. 이것은 무제한하며 항속적으로 변하는 구조를 가지는 이른바 개방된 프로젝트이다. 즉 다른 역동적 체계들과 조율되는 역동적 체계이다. 그것들은 다시금 국지적 층위에서 다른 체계들과 상호관련하는 시스템들이다. 이런 표상방식은 잠재적으로 무한한 차원들을 가지는 미로(迷路)의 형상이다. 그렇게 함으로써 자기 자신의 구조와 내용도 지속적으로 리모델링하는 중층적 경로들을 허용한다.

에코는 이와 같은 표상방식을 가지 뻗기의 속성으로 정의한다. 여기에는 들뢰즈와 가타리가 잠언적으로 설파했던 리좀(Rhizôme)의 속성이 바탕이 되어 있다(치코니, 1999: 34 참조).

(a) 가지의 모든 부분은 다른 어느 부분과도 연결될 수 있고 연결될 수 있어야 한다(전방위성).

(b) 하나의 가지에서는 나무 뿌리와 같은 구조에서처럼 점이나 위치는 없고 오로지 선들만이 존재한다(비정지성, 운동성/방향성/연결성/비종결성).

(c) 가지의 어느 부분도 부러질 수 있다: 그러면 다시 자라날 것이고 선들 중의 하나를 따라갈 것이다(역동성/개방성).

(d) 가지는 반계통적이다(비고정성/비예정성).

(e) 가지는 항상 다른 뿌리를 만드는 자기 자신의 외부를 가진다(자기생산).

(f) 가지는 주물(鑄物) 틀이 아니라 지도이다. 그 지도는 개방되어 있기 때문에 어느 것, 그 어느 차원과도 연결될 수 있다. 그리고 가지는 모든 차원에서 부분으로 위아래로 분지할 수 있고, 자유롭게 연속적으로 변형할 수 있다(잠재적 계획성).

(g) 가지들의 그물은 어느 방향으로도 뻗어나갈 수 있어서 또다른 뿌리들을 만든다(즉 나무들의 부분적인 네트워크가 다른 가지들로부터 인위적으로 절단될 수 있다(이식성).

(h) 가지들은 중심이 없다. 따라서 국지적인 선제권은 중앙의 또는 원래의 심급과 독자적으로 취해질 수 있다(탈중심성/다중작용성/다방향성).

이제 도서관들의 도서관, 메멕스, 글로벌 문학, 기호학 백과전서, 리좀, 전세계적인 규모의 멀티미디어 커뮤니케이션 같은 아이디어들을 결속하는 공분모는 바로 하이퍼텍스트라는 착상이다. 하이퍼텍스트야말로 기호학적 백과전서의 형식들을 지배하는 복합적인 가지구조들을 구체적으로 실현하는 것이 아닐까? 한 권의 책으로 된 백과전서로 인류지식의 총체를 통합하는 것은 여전히 실현되지 않은 이상적인 프로젝트이다. 그러나 엄청난 양의 데이터들을 비선형적인, 확장 가능한, 변경 가능한, 다중매체를 통하여 통합된 하이퍼텍스트의 우주를 창출함으로써 그와 같은 이상에 한발 더 다가설 수 있다고 본다.

불완전하기는 하지만 하이퍼텍스트를 통하여 지식의 영역을 증폭함으로써 우리의 정신적 과정은 이미 재편되기 시작했다. 이제는 이와 같은 정보의 확장가능성의 귀결이 무엇인지, 그것이 하이퍼텍스트의 형식에서 어떻게 저장되는지를 연구해야 한다. 물론 지식의 새로운 국지적인 부분들을 통하여 얻어진 특정한 영역의 지식 확장이 하이퍼텍스트의 도래로 생긴 문화에 의해서만 얻어진 것은 아니다. 여러 세기 동안에 걸쳐 산출된 모든 단일 또는 다중매체 코무니카트들이 다 하이퍼텍스트로 접근될 수 있는 것은 아니기 때문이다.

우리가 일단 다채로운 커뮤니케이션 상황들을 기술하고 해석자들의 입장을 기술하는 방법을 가진다면, 우리는 그 기술을 수징하고 나아가 세상에 대한 지식의 새로운 성분들에 대한 기술을 포함하고, 새로운 전자 기술(사이버 스페이스, 버추얼 리얼리티)과 관련되어 창출된 해석자의 -그 이전에는 정의되지 않았던- 맥락과 입장을 기술할 수 있을 것이다.

7. 전망

옹(1982/1987)이 말하듯이 언어의 역사가 기계화의 역사라면, 전자화 되고 하이퍼텍스트화 되고 멀티 미디어의 우주로 빨려 들어간 낱말이 수 백 만 년 전에 시작되었던 우리의 인지적 구축을 리모델링하는 새로운 아우라(Aura)를 촉발한다는 것은 명백한 사실이다. 키로그래픽(서체: 필체), 타이프로 치는 글쓰기는 우리의 사고조직에 영향을 끼쳤고, 아직까지도 인쇄된 책의 선형적이고도 명제주의적인 구조는 가장 신뢰할만한 표상방식이다. 하지만 인쇄된 텍스트가 사고의 종착역은 아니다. 사고의 구조 자체는 연쇄적이지 않다. 오히려 사고의 구조는 상호 연관된 관념들 사이의 체계이며 어떤 관념도 다른 어떤 것에 선행하거나 후행하지 않는다. 그 관념들을 선형적 연쇄구조로 조직하는 것은 우리에게 가능한 선택들 중의 하나였을 뿐이다. 물론 하이퍼텍스트도 연쇄체 논리에 따라 전통적인 인쇄 텍스트의 결합으로부터 그들의 구조를 추출한다. 그렇다면 하이퍼텍스트조차도 경험을 표상하고 증식하는 방식에 있어서는 여전히 불완전하고 잠정적인 하나의 도구일 수밖에 없다.

그러나 바로 하이퍼텍스트는 지금까지의 어느 방식보다도 효과적으로 우리의 사고를 역동적인 그물로 짜 넣는데 성공한다. 아직은 작위적이기는 하지만, 하이퍼텍스트가 우리 경험의 언어뿐만 아니라 비언어적인 성분들 (당분간은 주로 시각과 청각에 국한)까지 표상한다면 그것은 고무적이다. 이를 통하여 역사의 광대한 흔적을 보존하는 글로벌 문학도 가능해 질 것이며,26) 하이퍼텍스트의 논리와 디지털 패러다임이 우리의 학습과 상호작용, 노동과 유희의 방식을 바꾸는 가운데 우리의 인지구조의 조합방식을 재편할 것이라는 점은 충분히 예견할 수 있다. 그러나 디지털 문명이 기존의 문명을 사멸시키지는 않을 것이다. 재편은 멸종보다는 공생을 추구한다. 문자성으로의 패러다임 전환에서도 구술성은 궁극적으로 사멸되지 않았다. 새로운 미디어는 낡은 미디어를 시니피앙으로 취하여 또다른 차연의 늪에서 잠정적인 시니피에를 포착하려는 지양(止揚)적 표류(Aufhebung)를 할뿐이다. 그것이 또다른 매체의 시니피앙으로 전락하기 전까지는.

참고논저

고영근(1999), 텍스트이론- 언어문학 통합론의 이론과 실제, 대우학술총서 448, 아르케.

김성도(1999), 말, 글, 그림: 융합기호학 서설(1999년 12월 기호학회 발표논문).

김성도(2000), 디지털 언어의 기호학: 고고학과 인식론을 중심으로, 영상문화연구 1 : 178-221.

김성재(편)(1999), 매체미학, 나남.

김성재(1999), 미학적 커뮤니케이션과 대중매체 수용자의 미학적 능력-시각적 매체 생산품의 선호도를 중심으로, 김성재(1999:17-65).

나이다 · 태버(E. Nida/Ch. Taber)(1975), The Theory and Practice of Translation, Leiden.

뇌트(W. Nöth)(1999), Handbuch der Semiotik, J. B. Metzler Verlag.

드 보그랑드/드레슬러(R. A. de Beaugrande./W. Dressler)(1981), Einführung in die Textlinguistik, Niemeyer.

드 보그랑드(R. A. de Beaugrande)(1997a), New Foundations for a Science of Text and Discourse, Ablex Publishing.

---

26) 최근에 주목받는 디지털 서사(Digital Narratology)의 구상은 랜도(1990, 1994)가 제안한 바 있는데, 이에 대해서는 최혜실(편)(1999), 스트레이트(1993) 참조.

드 보그랑드(R. A. de Beaugrande)(1997b), Textlinguistik: Zu neueren Ufern?, in : 안토스·티츠(G. Antos/ A. Tietz)(Hg)(1997), Die Zukunft der Textlinguistik: 1-11.

드 보그랑드(R. A. de Beaugrande)(2000), Textlinguistics at Millennium: Corpus data and missing links, TEXT(인쇄 중)

랜도·들래니(G. P. Landow/P. Delany)(1990 eds), Hypermedia and Literary Studies, MIT Press.

랜도(G. P. Landow)(1990), The Rhetoric of Hypermedia: Some Rules for Authors, G. P. Landow/P. Delany(eds), Hypermedia and Literary Studies: MIT Press.

랜도 밖에(G. P. Landow)(1994)(eds), Hyper/Text/Theory: Johns Hopkins Press.

롤프(E. Rolf)(1993), Die Funktionen der Gebrauchstextsorten, Berlin: Walter de Gruyter.

루만(N. Luhmann)(1981), Veränderungen im System gesellschaftlicher Kommunikation und die Massenmedien, Soziologische Aufklärung 3: 309-320.

루만(1984/1986) Soziale Systeme. Grundriß einer allgemeinen Theorie: Suhrkamp.

마이(H. P. Mai)(1991), Bypassing Intertextuality-Hermeneutics, Textual Practice, Hypertext, in: H. F. Plett(1991): 30-59.

메르텐 밖에(K. Merten/S. J. Schmidt/S. Weischenberg)(Hg)(1994), Die Wirklichkeiten der Medien, Opladen: Westdeutscher Verlag.

메르텐(K. Merten)(1994), Evolution der Kommunikation, in: Merten(1994: 141-162).

반 데이크(T. A. van Dijk)(1981), Textwissenschaft. Eine interdisziplinäre Einleitung, dtv.

박여성(Park, yo-song)(1994), Übersetzung als interlinguale und interkulturelle Neukonstruktion, LIT Verlag.

박여성(1996a), 간텍스트성의 문제: 현대 독일어의 실용 텍스트를 중심으로, 텍스트언어학 3: 83-122.

박여성(2000), 미디어폴리스 시대의 기호이론, 영상문화연구 1: 136-177.

박여성(2000a), 번역학의 인식론적-언어학적 정초, 번역학연구 1: 59-91.

슈미트(S. J. Schmidt)(1987)(Hg)/ 박여성(역)(1995), 구성주의(Der Diskurs des Radikalen Konstruktivismus), 까치글방.

슈미트(1991)(Hg), Der Diskurs des Radikalen Konstruktivismus 2: Suhrkamp.

슈미트(1994)/박여성(역)(1996b), 미디어인식론(Kognitive Autonomie und soziale Orientierung. stw 1128), 까치글방.

슈미트(2000), Kalte Faszination. Medien, Kultur, Wissenschaft in der Mediengesellschaft, Verbrück Wissenschaft.

슈뢰더(H. Schröder)(Hg)(1993), Fachtextpragmatik, Günter Narr.

스트레이트(J. Strate)(1993), Communication and Cyberspace. Social Interaction in an Electronic Environment, Univ. of Baltimore.

아펠(K. O. Apel)(1973), Transformationen der Philosophie, Bd. 1-2, Suhrkamp.

옹(W. Ong)(1982)/이기우(역)(1995), 구술문화와 문자문화(Orality and literacy: The technologizing of the word), 문예출판사.

인키넨(S. Inkinen)(1999)(편), Mediapolis. Aspects of Texts, Hypertexts and Multimedial Communication. Berlin: Walter de Gruyter.

쥬네트(G. Genette)(1991), Paratexte. Das Buch vom Beiwerk des Buches, Campus.

최기선(1999), 디지털 도서관에서 지식에 이르는 길, 최혜실(편)(1999:87- 110).

최혜실(편)(1999), 디지털 시대의 문화예술, 문학과지성사.

최혜실(1999) 디지털 서사의 미학, 최혜실(편)(1999:238-260).

치코니(S. Cicconi)(1999), Hypertextuality, in: Inkinen(1999:21-43).

크로이처(H. Kreutzer)(1975), Veränderungen des Literaturbegriffs: Göttingen, Vandenhoeck & Ruprecht.

플레트(H. F. Plett)(1991)(편), Intertextuality, Berlin/ New York: Walter de Gruyter.

하우프트마이어·슈미트(G. Hauptmeier/S. J. Schmidt)(1985)/차봉희(역) (1995), 구성주의 문예학(Einführung in die Empirische Literaturwissenschaft), 민음사.

헬비히(G. Helbig)(1990), Entwicklung der Sprachwissenschaft seit 1970, Westdeutscher Verlag.

헤스-뤼티히(E. H. Hess-Lüttich)(1999), Towards a Narratology of Holistic Texts. The Textual Theory of Hypertext, in: Inkinen (1999: 3-20).

호프스태터(D. R. Hofstadter)(1979)/박여성(역)(1999), 괴델, 에셔, 바흐: 영원한 황금노끈, 상·하(Goedel, Escher, Bach: An Eternal Golden Braid), 까치글방.

박여성(朴麗星)

690-756

제주도 제주시 아라 1동 산 1번지

제주대학교 인문대학 독일학과

전화 : 064)754-2747,

팩스 : 064-725-1902

e-mail : pys1006@cheju.cheju.ac.kr

텍스트과학과 문학연구*

고 영 근

　본고는 조선시대 시조의 명편의 하나인 윤선도 <五友歌>를 텍스트과학의 틀에 기대어 분석함으로써 텍스트과학이 문학연구에 기여하는 문제를 다루고 “언어문학”이라는 독자적 분야를 개발하는 데 목적을 두었다. 이곳에서는 주로 응결성과 응집성을 기준으로 하여 <오우가>의 텍스트성을 구명하였다. 문학작품의 분석은 먼저 응결성에 기대어 언어적 장치를 확인해야 하고 응집성을 잣대로 삼아 작품의 텍스트성을 평가해야 한다. 응집성은 의도성, 용인성, 정보성, 상황성과 깊은 관련을 맺고 있다. 간텍스트성은 응결성과 응집성에 걸쳐 있다. 언어학과 문예학은 실용론을 바닥에 깔고 통합될 수 있으며 텍스트의 미세한 구조보다는 텍스트의 함축적 의미를 탐색하는 방향으로 나아가면 두 학문의 자연스런 만남이 이루어질 수 있음을 주장하였다.

　핵심어휘: 문화기호, 텍스트과학, 구술성, 문어성, 텍스트다움, 응결성장치, 응집성, 의도성, 수용성, 정보성, 상황성, 간텍스트성, 큰공간텍스트, 언어문학, 통사론, 어휘론, 실용론, 문학텍스트, 비문학텍스트

1. 들어가기

　한국에도 텍스트언어학을 연구하는 기운이 성숙하여 학회가 창립된 지 벌써 10년에 가까운 연륜을 쌓아 오고 있다. 그 사이 기관지가 벌써 7집이나 나왔고 이를 뒷바침하는 학술대회가 한 해에 두번씩 열리고 있다. 외국의 이 방면 저술이 번역되는가 하면 한국의 텍스트자료에 바탕을 둔 저술이 계속 얼굴을 내밀고 있어 미래의 언어문학연구를 이끌지 않겠느냐 하는 느낌을 가지기도 한다. 한국은 그 사이 이른바 문장언어학으로 불리는 형식문법 연구가 중요한 흐름을 이루어 텍스트언어학과 같은 비형식문법은 주변지대에 머물러 있었는데 90년대에 접어들면서 학회가 창립되어 해가 갈수록 많은 사람들이 이 방면에 시선을 집중하고 있다.

　텍스트는 사람에 따라 그 뜻매김이 각양각색이지마는 언어기호나 언어

로 옮길 수 있는 문화기호라고 일단 정의하기로 한다. 텍스트를 대상으로 학문을 "텍스트언어학"이라고 부르는 것이 관습화되어 있지만 필자는 그것이 기호학과 언어학의 중간에 자리잡는다는 점을 고려하여 "텍스트이론"이라고 부른 일이 있다.(고영근 1999) 그러나 새로 태어난 "인지과학" 등과 보조를 맞춘다는 뜻에서 보그란데(1997)의 생각을 따라 "텍스트과학"이라고 부르는 것이 어떨까 하는 생각을 가지고 있다.1) 텍스트과학은 직관에 기대어 머리 속에서 짜낸 진공 속의 언어자료보다는 일상생활 가운데서 스스럼 없이 대할 수 있는 살아 있는 언어기호를 대상으로 삼기도 하고 사람의 의도적인 행위도 그 영역 안에 아우르기도 한다. 텍스트를 연구하는 학문은 학제적 성격이 강한가 하면 다른 학문분야와도 넘나드는 측면이 많기 때문에 그 정체성을 한 마디로 규정하기 어려운 면이 없지 않다.

문자가 제 모습을 갖추기 전에는 사람의 앎이나 느낌은 입을 통하여 전승되는 구술성(구술문화, orality)을 지배적으로 지니고 있었다. 나무나 돌에 사고나 정보의 꼬투리를 새긴다든지 하여 의사소통의 수단을 삼는 일이 없지 않았으나 지배적인 것은 "입말"이었다. 그림이 글자의 모습을 갖추어 의사소통의 수단으로 자리를 잡아가자 "문어성"(문자문화, literacy)을 띤 것이면 모두 같은 테두리 속에 싸잡아 넣었다. 문자매체에 기댄 것이면 모두 하나의 울타리 속에 포괄하는 시대가 열리기 시작한 것이다. 문자매체를 대상으로 한 오늘날과 같은 학문의 분화는 근대에 접어들면서 이루어졌다. 정보화시대를 맞고 있는 21세기의 상황은 어떠한가. 앞으로 시간이 가면 사람의 의사소통이 어떠한 방식으로 이루어질지 예측할 수 없으나 지금 당장만 보아도 입말, 글말, 소리, 그림과 같은 각종 매체가 전자문화의 힘을 빌어 "융합"의 길을 걷고 있다.2) 근대 이래 극도로 분화의 길을 걸어오

---

* 본고는 『텍스트언어학』 8(2000)에 실었던 것을 제목을 바꾸고 내용을 다듬은 것이다.

1) 보그란데는 최근 그의 야심작 *New Foundations for a Science of Text and Discourse*(Ablex, 1997)에서 종래의 텍스트언어학이란 말 대신에 "텍스트・담화과학"(science of text and discourse) 이란 말을 사용하였다. 필자는 discourse가 "Text" 가운데 속한다고 보기 때문에 "텍스트과학"이란 말을 사용하기로 하였다.

2) 이 방면에 대한 최신의 업적은 인키넨(1999)를 보라.

던 각종 매체가 다시 하나로 합쳐지는 사태가 벌어지고 있는 것이다. 어떻게 보면 중세의 미분화된 문자매체의 시대로 되돌아가는 듯한 느낌을 받기도 한다. 그러나 단순한 복귀는 아니다. 전자문화에 힘입어 매체의 융합이 일어나고 있기 때문이다. 그러면 그에 걸맞는 학문의 태생은 필연적이 아니겠는가. 이러한 매체의 융합시대에 대응할 수 있는 학문이 지난 60년대 중반에 옛 서독에서 횃불을 올린 이래 꾸준히 발전을 거듭해 온 "텍스트과학"이 그 한 후보가 아니겠는가 하는 생각이 든다.

텍스트과학은 일차적으로 인문학문의 통합을 선도할 수 있다. 그 가운데서도 제일 먼저 통합대상이 되는 분야는 언어학과 문예학이 아닌가 한다. 앞에서도 검토하였지만 중세에는 언어학과 문예학은 영역의 구분이 획연하지 않았다. 19세기에 접어 들면서 분과학문으로 자리를 잡기 시작하였다. 문학과 비문학의 경계가 획연해지니 이를 대상으로 학문도 분화의 길을 걷지 않을 수 없었다. 그러나 정보화시대를 맞고 있는 금세기는 언어연구자료와 문학연구자료가 융합되어 가고 있으니 두 학문의 통합, 통속적인 말로 표현하면 "합방거처"가 필연적일 수 밖에 없다고 생각한다.

오늘 이 자리에서는 언어기호와 문학기호를 합하여 "텍스트기호"(좁게는 언어문학기호)라 부르고 텍스트기호의 "텍스트다움"(텍스트성)을 가려내는 작업을 시도함으로써 "언어문학"이라는 독자적인 분야의 창출을 제안해 볼까 한다.

2. 텍스트다움을 어떻게 판정할 것인가

우리는 한 문장이 문법규칙을 지켰는가 지키지 않았는가에 따라 문장다움(문법성)의 정도를 매기는 일이 많다.

다음과 같은 예를 보기로 한다.

    (1) 문법성 판정의 예
      가. 비가 오지 않느냐(비교: *비가 오지 마느냐)
      나. 비야 오지 말아라(비교: *비야 오지 않아라)
      다. 비가 오지 않았으면 좋겠다/비가 오지 말았으면 좋겠다.
      라. ? 비가 오지 않으면/말면 좋겠다.

(1가)의 괄호 안의 문장이 성립되지 않는 것은 의문형어미 '-느냐' 앞에
는 부정의 보조동사 "않-'만이 허용되고, (1나)가 성립되지 않는 것은 명
령형어미 '-아라' 앞에는 '부정의 보조동사 '말-'만이 허용되기 때문이다.
그러나 (1다)의 경우는 '말다'와 '않다'가 다 허용된다. (1라)는 어딘지 모
르게 이가 빠졌다는 느낌을 받는다. 우리는 위의 예문을 통하여 한국어에
는 부정의 보조동사 '않-/말-'이 바뀌어 쓰일 수 없는 환경이 있는가 하
면 바꾸어 넣어도 좋은 환경이 있고 (1라)처럼 과거시제의 '-았-'을 붙이
지 않으면 문장다움에 이상이 온다는 문법규칙을 세울 수 있다. 이런 경
우 우리는 "문장답다(문법적이다), 문장답지 않다(비문법적이다), 비교적
문장답지 못하다'라는 말을 쓴다.3)

한편 한국의 텍스트 세계에는 같은 텍스트가 상황에 따라 그 쓰임이
바를 수도 있고 그릇될 수도 있는 예를 많이 발견할 수 있다. 다음 예를
보기로 한다.

   (2) 텍스트성 판정의 예
     가. 시속 60km(국도의 표지판)
     나. [?] 시속 60km(고속화도로의 표지판)
     다. ^{??} 60km(고속도로 표지판)

"시속 60km"라고 하면 1시간에 60km 이상 차를 몰아서는 안된다는 뜻
인데 (2가)는 국도의 표지판으로는 알맞은 배치라고 할 수 있다. 그러나
(2나)는 80km까지 허용하는 고속화도로 표지판으로는 어울리지 않는다.
(2다)는 시속 100km까지 허용하는 고속도로 표지판으로는 더욱 어울리지
않는다. 이런 경우 우리는 "텍스트답다, 텍스트답지 못하다, 매우 텍스트
답지 못하다'란 말을 쓸 수 있다. 같은 텍스트라 하더라고 상황이 다름에
따라 텍스트다움의 정도가 다르다. 이럴 때는 도로표지판을 모두 바꾸어
달아야 한다. 이는 마치 문법성에 어긋나는 말을 할 때 고쳐 주는 일과
밀접한 유추의 기반을 이룬다.

한 텍스트의 텍스트다움을 판정하는 데는 여러가지 기준이 있다. 텍스
트문법의 초창기에는 언어적인 연결수단인 이른바 응결성에만 초점을 맞

---

3) 이 방면의 정보는 고영근(1999: 138)을 보라.

추다가 80년대에 들어서면서는 의미의 그물망을 추적하는 이른바 응집성
을 중시하는 경향이 큰 흐름을 이루고 있다. 필자는 그 사이 제안된 여러
견해를 종합하여 텍스트다움의 판정기준을 세운 바 있다.(고영근 1997나
/1999: 제5장) 판정기준을 크게 응결성과 응집성으로 나누되 다시 세분하
는 태도를 취하였다. 응결성이란 텍스트를 텍스트답게 만들어 주는 형식
적인 장치(주로 언어적인 장치)를 뜻하고 응집성이란 의미의 그물망, 곧
주제의 일관성을 의미한다.
　“응결성 장치(1)”은 뒤에서 논의할 응집성을 뒷받침하는 일종의 형식적
인 결속장치이다.

　　(3) 응결성 장치(1)
　　　가. 자소론적 응결장치
　　　나. 음운론적 응결장치
　　　다. 형태론적 응결장치(품사론/형태·통사론)
　　　라. 통사론적 응결장치

　(3가)의 ”자소론적 응결장치”는 동양의 훈고학의 지식을 끌어들임으로
써 마련한 장치인데 부수(部首)가 같은 한자를 한 동아리로 묶을 때 유효
한 기준이다. 나머지 (3나)~(3라)는 서양의 텍스트이론/텍스트언어학에서
개발한 기준이다. 응결성 장치에는 이밖에 색채론적 응결장치도 포함시킬
수 있다. 교통표지판에서 텍스트의 지배적인 기능과 종속적 기능을 분명
히 한다는 뜻에서 붉은 색과 검은 색을 조화시키는 예가 그러한데 만약
이 경우 색도를 거꾸로 하면 텍스트다움을 잃게 된다.
　“응결성 장치(2)”는 의미상으로나 기능상으로 관련 있는 어휘의 연쇄
(사슬)를 통하여 텍스트를 만들어 주는 장치이다.

　　(4) 응결성 정치(2)
　　　가. 의미상의 등가성에 기댄 응결장치
　　　나. 기능상의 등가성에 기댄 응결장치

　(4가)는 같은 표현이나 유의어, 상하의어, 반의어에 의한 재수용, (4나)
는 상황의 특수성에 기댄 동일지시체의 상이한 명명(命名) 등이 포함된다.

응집성은 빈틈없는 의미의 그물망을 뜻하는데 응결성과는 표리의 관계를 이룬다. 응결성이 텍스트형성의 표층적인 장치라면 응집성은 심층적인 의미의 망(網, 그물)을 가리킨다. 텍스트가 자족성을 갖추려면 우선 응집성에 구멍이 나서는 안된다. 그물에 구멍이 생겼을 때 꿰매면 그물 구실을 할 수 있듯이 어떤 텍스트가 응집성에 손상이 있을 때는 다른 말을 끼워 넣으면 응집성이 회복되기도 한다.

    (5) 응집성
      가. 의도성과 수용성
      나. 정보성과 상황성

(5가)의 의도성과 수용성은 응집성을 갖춘 텍스트를 더 적실하게 뒷받침해 주는 심리적 요인이고, (5나)의 정보성과 상황성은 응집성을 갖춘 텍스트를 더 적실하게 뒷받침해 주는 사회적 요인이다.

가장 좋은 텍스트는 응결성과 응집성을 두루 갖추어야 한다. 사람에 따라서는 응집성을 앞세우기도 하고 응결성을 앞세우기도 하나 양자의 조화 위에서 좋은 텍스트가 만들어진다.

텍스트다움을 판단하는 기준으로 간텍스트성을 빼 놓을 수 없다.

    (6) 응집성과 응결성의 상관관계
      가. 응결성에 기댄 간텍스트성
      나. 응집성에 기댄 간텍스트성

간텍스트성에는 (6가)와 같이 응결성에 기댄 간텍스트성도 있고, (6나)와 같이 응결성에 기댄 간텍스트성도 있다. 성리학의 수용을 바탕으로 하여 한국인 나름의 이기철학(理氣哲學)을 창출하였다면 이는 응집성에 기댄 간텍스트성의 예가 되고, 차운(次韻)에 기대어 한시를 창작하거나 전통적인 시조문법을 발판으로 삼아 새로운 형태의 시조 갈래를 창안하였다면 이는 응결성에 기댄 간텍스트성이라고 할 만하다. 그러나 양자간의 구분이 그리 선명하지 않은 일도 없지 않다.

이상과 같은 텍스트다움의 판정기준을 발판으로 삼아 한국의 고전문학

작품 하나를 분석함으로써 텍스트과학이 문학연구에 어느 정도 기여할 수 있고 언어학과 문예학이 어떻게 통합될 수 있는가 문제를 제기해 보려고 한다.

3. 윤선도 〈五友歌〉의 텍스트 분석

이곳에서 분석대상으로 삼는 고산 윤선도의 〈오우가(五友歌)〉는 〈고산유고〉 권6에 실려 있는데 한때는 중학교 국어교과서에 실리기도 하여 현대에 와서도 많이 애송되고 있는 작품이다. 〈오우가〉는 고산의 나이 56세 되던 해 문소동과 금쇄동에 은거하면서 지은 작품이다. 지금까지는 〈오우가〉에 대하여 사실적인 수법을 써서 자연물을 조금도 부족함이 없이 그려냄과 아울러 인간의 윤리도덕을 엄정하게 밝혔다는 양면성에 초점을 두어 문학적 가치를 평가해 왔다.(원용문 1992) 필자는 조금 관점을 달리하여 앞서 제시한 텍스트다움의 두 가지 기준을 적용함으로써 〈오우가〉의 텍스트다움의 정도문제와 〈오우가〉를 비롯한 시조갈래의 텍스트 설정문제를 논의해 볼까 한다.

〈오우가〉는 자연의 벗을 다섯으로 세운 머리부와 본체부 5수를 더하여 결과적으로 6수로 구성되어 있다. 이런 형태의 연시조는 맹사성의 〈강호사시사〉를 비롯하여 몇 편 더 들 수 있으나, 머리부를 대동하여 미리 주제를 두괄(頭括)하는 작품으로는 〈고산구곡가〉 밖에는 달리 보이지 않는다. 시조와는 갈래를 달리하지마는 고려가요인 〈동동〉과, 악장문학인 〈용비어천가〉 및 〈월인천강지곡〉도 머리부가 있다는 점으로는 〈오우가〉와 성격을 같이한다. 차례대로 자료를 보이고 텍스트 분석을 시도해 본다.

다음 (7)은 머리부의 텍스트인데 우선 작품 전체의 통사론적 응결장치로는 초·중·종장이 모두 종결형으로 끝나 있다는 점을 들 수 있다.

    (7) 머리부 텍스트 '내 버디 며치라 ᄒᆞ니'의 분석

        가. $[T_1$ $(S_1$ 내 버디 며치나 ᄒᆞ니$)S_1$ $(S_2$ e 슈셕과 숑둑이라$)S_2]T_1$

        나. $[T_2$ $(S_1$ 동산의 둘 오르니$)S_1$ $(S_2$ 긔 더옥 반갑고야$)S_2]T_2$

        다. $[T_3$ $(T'$ 두어라$)T'$ $(S$ e 이 다숫 밧끠 쏘 더ᄒᆞ야 머엇ᄒᆞ리$)S]T_3$

초장 (7가)는 두 마디[4]로 분석되는데 첫째마디 S_1은 순설적 용법의 설명 연결어미 '-(으)니'를 매개로 하여 둘째 마디 S_2와 연결되어 있다. 이와 비슷한 용법으로 성삼문의 '이 몸이 죽어가서 무엇이 될꼬 하니 봉래산 제일봉에……'를 들 수 있다. 간문화성에 기댄 응결성 내지 응집성이라고 생각한다. 필자는 고영근(1990나)에서 중세의 대표적인 산문자료인 〈석보상절〉을 중심으로 텍스트분석을 시도한 일이 있었는데 독립성이 강한 연결어미를 기준으로 문장 단위로 끊은 일이 있다. 시조작품은 산문텍스트에서 흔히 나타나는 접속사는 나타나지 않지만 역시 연결어미를 경계로 하여 문장 단위로 끊을 수 있음은 서로 공통된다. S_2에는 주어명사구가 숨어 있는데 앞 마디에 이미 주어명사구가 나타나 있기 때문이다. 'e'는 숨어 있거나 상황의 특수성으로 드러나지 않는 생략된, 이른바 공범주 명사구를 가리키는 뜻으로 사용한다. 두 마디가 결합되어 '起句'라는 자족적 단위를 형성하였으니 일단은 하나의 텍스트 자격이 충분하다. 중장인 (7나)도 두 마디로 분석된다. S_1은 독립성이 강한 원인의 연결어미 '-(으)니'를 매개로 하여 뒷 마디에 연결되어 있다. 반가운 심정을 불러일으키는 원인자가 동산에 떠 오르는 달이기 때문이다. 이 역시 자족적인 '承句'가 되기에 충분한 조건을 갖추고 있어 한 텍스트의 자격이 충분하다. 종장 (7다)는 독립된 텍스트 '두어라'와 하나의 마디로 분석된다. 전자는 간투사로서 하나의 단어이자 하나의 자족적인 텍스트가 되는 예이다. 이런 의미에서 'T'라는 부호를 사용하였다. 우리의 옛시조의 종장 첫째구에는 겉으로는 큰 범주이면서 기능상으로는 바깥범주로 보아야 표현들이 더러 나온다.[5] '아희야'와 같은 예가 대표적이며 이밖에도 비슷한 예가 많다.[6] 종장의 나머지 부분은 편의상 한 마디로 보았고, 주어명사구는 작자라고 생각하여 생략된 것으로 보았으나, 관점에 따라서는 두 문장으로 분석할 수도 있고 주어명사구를 달리 세울 수도 있다. 어쨌든 종장 (7다)는 '轉結句'로서 T_3의 하위텍스트(T_3')와 하나의 마디를 안은 텍스트임에 틀림없다. 이상과

---

4) 필자는 한 텍스트를 구성하는 문장의 집합을 S_1, S_2로 표시하되 우리말로는 "마디"란 말을 쓰기로 한다. 이는 전통적인 주술구조로 형성된 '節'과 비슷한 면이 있다.
5) "큰범주"와 "바깥범주'에 대하여는 고영근(1993: 88)를 보라.
6) 간투사의 위상과 그 통사론적인 기능에 대하여는 신지연(1989), 고영근(1993: 87)을 보라.

같은 구조상의 특징에 근거하면 머리부는 T_1(초장), T_2(중장), T_3(종장)의 세 텍스트로 구성된 작품이라는 사실을 확인할 수 있다.

　머리부 (7)에는 (4)의 응결성 장치(2)도 확인된다. 우선 초장 (7가)에서는 앞 마디에서 작자의 벗의 숫자를 정수(定數) 아닌 부정수(不定數) '몇'으로 들어 놓고 뒷 마디에서 '슈(水),셕(石), 숑(松), 듁(竹)'의 넷을 든 다음, 중장 (나)에서 나머지 하나의 벗 '둘'을 들었다. 초장에서는 자연의 벗을 모두 한자로 적었는데 중장에서는 고유어 '둘'을 선택하였다. 한자로 적어서는 표현에 제약을 받는다고 생각하였기 때문이 아닌가 한다. 머리부에서 한자로 표현한 자연물들은 모두 그에 대당되는 고유어를 가지고 있기 때문에 본체부에서는 한자 대신 고유어를 선택한 것이다. 특히 (7나)에서 앞 마디의 '둘'을 뒷 마디에서 주어대명사구 '그'로써 전술언급한 것은 중장이 두 마디로 구성된 하나의 텍스트임을 뒷받침해 준다. 종장 (7다)에서는 다시 정수 '다슷'으로써 벗 전부를 총괄하였다. '슈, 셕, 숑, 듁, 둘'은 어휘적 의미는 다르지마는 모두 작자가 세워 놓은 다섯 벗, 곧 '五友'의 테두리에 들어온다는 점에서 기능적 등가성이 충분히 인정된다. 자연의 다섯 벗은 문장은 물론, 중간 텍스트인 장(章)의 경계를 뛰어넘어 전체 텍스트에 분포되어 있는 명사적 사슬이다. 한편 위의 머리부에는 '몇--다슷'과 같은 수량표시어가 역시 초장과 종장에 걸쳐 있어 전체가 하나의 더 큰 자족적인 텍스트임을 잘 보증하고 있다.

　머리부 (7)은 텍스트다움의 (5)의 판정기준 "응집성"도 그런 대로 만족시키고 있다. 초장 (7가)의 앞 마디 '내 버디 며치나 ᄒ니'는 '몇'이라는 부정수에 기대어 새로운 정보를 알려 주겠다는 도입적인 기능을 띠고 있다는 점에서 정보성이 매우 높다. 의도성은 종장에 표백되어 있는데 특히 간투사적인 하위 텍스트 '두어라'를 통하여 고산의 벗이 다섯밖에 없다는 점을 분명히 하였다. 작자의 이러한 의도성을 수용자가 어떻게 받아들이냐는 별개의 문제다. 작자와 같은 처지에서 자연을 벗삼고 있는 은일거사(隱逸居士)라면 그러한 의도성에 공감할 것이요, 그렇지 않으면 귀 밖으로 흘려넘길 것이다. 작자가 이 작품에서 다섯 가지의 자연을 벗으로 삼은 것은 몇 차례의 유배와 은거 끝에 자리 잡은 금쇄동의 자연환경과 무관하지 않다. <金鎖洞記>의 서두 부분을 보면 작자가 이런 작품을 쓰지 않을 수 없는 상황성을 충분히 엿볼 수 있다.

(8)은 자연의 벗 다섯 중에서 '믈'[水]을 첫째의 벗으로 찬송한 시이다.

  (8) 본체부 첫째 텍스트 '구룸비치 조타 ᄒ나'에 대한 분석
    가. [T₁ (S₁ e [S₁′구룸비치 조타]S₁′ ᄒ나)S₁ (S₂ e 검기롤 즈로 ᄒ
      다)S₂]T₁
    나. [T₂ (S₁ [S₁′ᄇ람소리 묽다]S₁′ ᄒ나)S₁ (S₂ e 그칠 적이 하노매
      라)S₂]T₂
    다. [T₃ (S e [S′ 조코도 그츨 뉘 업기는 믈뿐인가]S′ ᄒ노라)S]T₃

통사론적 응결장치로 볼 때 앞의 머리부 (7)과 마찬가지로 초·중·종
장이 모두 종결평서형으로 성립되어 있다. 초장 (8가)는 독립성이 강한
양보의 연결어미 '-(으)나'를 매개로 하여 앞 뒤 마디가 이어져 있다. 한
편 앞 마디는 S₁′을 그 안에 안고 있다. S₁의 주어명사구는 공범주로 실
현되어 있다. 부정적(不定的) 의미의 '사람들'을 공범주 주어명사구로 상
정할 수 있다. S₂에도 주어명사구가 공범주로 실현되어 있다. 이는 앞 마
디의 안긴문장의 주어명사구 '구룸빛'이다. S₂도 명사형 '검기'와 공범주
주어명사구 e를 관련시키면 작은 문장이 안겨 있다고 하겠으나 이곳에서
는 더 이상 따지지 않는다. 중장 (8나)의 구성도 초장 (8가)와 비슷하다.
앞 마디 S₁에는 S₁′가 안겨 있고 그 주어명사구는 부정적 의미의 '사람들'
이다. 뒷 마디 S₂에는 공범주 주어명사구 e와 관형사형 '그칠'을 관련시키
면 작은문장이 안겨 있다고 할 수 있으나 이곳에서는 더 이상 파지 않기
로 한다. 종장인 (8다)는 큰문장 S 안에 작은문장 S′가 안겨 있으며 큰문
장의 주어명사구는 머리부의 초장 앞 마디에 나온 '내'와 종결형에 나타
나는 화자표지의 '오'와 관련시키면 작자인 고산임이 틀림없다. 본체부 첫
째 텍스트도 머리부 텍스트와 세 개의 텍스트로 구성되어 있다.
  본체부 첫째 텍스트(8)은 의미·기능적 등가성에 기댄 응결성도 충분히
찾을 수 있다. 우선 (8가)에서는, '구룸빛'의 속성을 앞 마디에서는 '조타'
(깨끗하다)와 같이 긍정적으로 표현하였으나, 뒷 마디에서는 '검기를 자로
ᄒ다'라고 표현하여 앞 마디의 내용을 부정적·반의적으로 바꾸었으며, (8
나)에서도, 'ᄇ롬소리'의 속성을 앞 마디에서는 '묽다'와 같이 긍정적으로
표현하였으나 뒷 마디에서는 '그칠 적이 하노매라'라고 하여 역시 부정
적·반의적으로 바꾸었다. 반의적 관계에 있는 서술어를 일정한 문형에

따라 통합적으로 배치하였으니 응결성이 매우 높을 수밖에 없다. 초장과 중장의 앞 마디 S_1에는 공범주 주어명사구 e가 공통적으로 나타나 있다. '조타'와 '묽다'는 유의어로서 계열적 사슬을 이루고 있다. 둘째 마디 S_2의 '검다'와 '그치다'는 다 같이 작자에게 부정적인 의미를 준다는 의미에서 마찬가지로 기능상의 공통성을 지니면서 계열적 사슬을 이루고 있다. 종장에서는 작자가 '믈'을 통하여 초장과 중장의 '구룸빛'과 '브람소리'에서 느끼지 못하던 '깨끗함'과 '쉼없음'을 찾았다. 따라서 종장에서 벗으로 선택된 '믈'은 초장과 중장의 '구룸빛' 및 '브롬소르래'는 물론, 이의 생략된 주어명사구 e와 명사적 사슬을 이룸으로써 응결성을 더하였고, 그 속성인 '깨끗함'과 '쉼없음'은 초장과 중장의 부정적 표현과 반의관계를 이룸으로써 응결성을 강화하고 있다.

테스트다움의 판정기준(5)는, 이미 머리부에서 검토하였지만, 본체부에서도 그런 대로 적용된다. 작자는 깨끗하고 쉼이 없다는 점에 근거하여 '믈'을 자신의 첫째벗으로 삼는다고 의도를 분명히 표출하였지만 고산과 같은 처지에 있지 않는 사람에게는 부정적으로 받아들여질 수 있다. 같은 '인물'이라도 상황에 따라 친근한 벗이 될 수도 있고 경쟁자가 될 수 있으며, 경우에 따라서는 원수로 변하기도 한다. 자연도 마찬가지다. 고산은 <오우가> 밖의 딴 작품에서도 구름과 바람에 대하여 <오우가>에서처럼 부정적인 이미지를 준 일이 있기는 하나 항상 그런 것은 아니었다. <어부사시사>에서는 구름과 바람을 긍정적·호의적으로 노래하기도 하였다. <오우가>에서는 '믈'과 비교할 때 '구룸'과 '브롬'이 부정적으로 비치었던 것이지, 상황이 달라지거나 심경의 변화가 일어나면 긍정적으로 비치기도 하였던 것이다. 텍스트의 동태적 측면을 극명하게 드러내는 부분이라고 할 수 있다.

본체부 첫째 텍스트 (8)은 머리부 (7)에서 설정한 다섯 자연의 벗중 첫째벗을 읊었다는 점에서 머리부와 긴밀한 간텍스트성을 형성하고 있다. 머리부 텍스트에서는 '슈'(水)라는 한자를 선택하였으나 본체부 텍스트에서는 고유어 '믈'을 취하였다. 동의적인 한자와 고유어를 적절하게 운용함으로써 머리부와 응결성에 기댄 간텍스트성을 추구하였다. 이러한 점 또한 작품의 응결성과 응집성을 높이는 데 크게 기여함은 물론이다. 이러한 종류의 간텍스트성은 연작성을 띤 오우가와 같은 "큰공간텍스트(Großraumtexte)"에서 성립되며, 이에 기대어 <오우가> 전체가 같은 "텍스트공동체(Text-gemeinschaft, Textkosmos)"에 속하는 것임을 보증해 주기도 한다.

(9)는 자연의 벗 다섯 중에서 두번째로 '바회'[石]를 찬송한 것이다.

(9) 본체부 둘째 텍스트 '고즌 므스 일로'의 분석
　가. [T₁ (S₁ 고즌 므스 일로 퓌며셔)S₁ (S₂ e 수이 디고)S₂
　나. (S₁ 플은 어이ᄒ야 프르ᄂᆞᆫ둣)S₁ (S₂ e 누르ᄂᆞ니)S₂]T₁
　다. [T₂ (S e (S′ 아마도 변티 아닐 순 바회뿐인가)S′ ᄒ노라)S]T₂

통사론적 응결장치로 보면 초장 (9가)는 앞 마디가 동시나열의 연결어미 '-(으)며셔'에 기대어 뒷 마디와 연결되어 있으며, 뒷 마디에는 주어명사구가 공범주로 실현되어 있는데 앞 마디의 주어명사구 '곳'이 나타나야 할 자리이다. 한편 (9가)는 중장 (9나)와 공간적 나열의 '-고'에 기대어 연결되어 있으며, (9나)는 반말의 설명의문형으로 끝나 있다. (9나)는 관형사형과 의존명사로 구성된 '-는 듯'이란 복합적 형태가 사용되어 있지마는 그 기능은 동시나열이다. 곧 대등절로 이어진 앞뒤의 두 마디가 다시 대등적 연결어미 '-고'에 기대어 더 큰 병렬문이 되었다. 이 텍스트에 나타나는 연결어미 역시 정도의 차이는 있지마는 독립성이 강한 범주에 소속된다. (9가)와 (9나)는 네 마디로 이루어진 하나의 텍스트라고 말할 수 있다. 곧 起句와 承句가 합쳐서 자족적 텍스트를 이루고 있다. (9가)와 (9나)를 묶어서 T1으로 표시한 것이 이를 뜻한다.

앞의 두 마리(首)의 작품은 초장과 중장이 모두 종결형으로 끝났는데 본체부 둘째 텍스트 (9)는 중장에 와서야 종결형으로 실현되어 있다. 텍스트의 성격이 조금 달라졌다. 종장 (9다)는 앞의 두 작품과 같이 한 문장 안에 작은문장이 안겨 있는 것으로 보기로 한다. 이는 한 마디이자 한 텍스트의 기능을 발휘하는 것이다. (7)과는 다르고 (8)과 구성적 면에서 일치한다. (9)는 앞의 두 작품과는 달리 두 개의 텍스트로 구성되어 있다. 텍스트형성규칙을 적용하면 옛시조에는 (9)와 같이 두 개의 텍스트로 분석되는 작품이 있다는 사실을 확인할 수 있다.

(9)에는 의미·기능적 등가성에 기댄 응결성도 발견된다. 초장 (9가)에서는 '곳'의 속성을 반의적인 '퓌다'와 '디다'를 대립시킴으로써, (9나)에서

도 ‘플’의 속성을 반의적인 ‘프르다’와 ‘누르다’를 역시 대립시킴으로써 앞뒤 마디가 통합적인 사슬을 이루도록 어휘를 배치하였다. 한편 초장과 중장 사이에서는 계열적인 사슬이 발견된다. (9가)의 앞 마디의 ‘퓌다’는 (9나)의 앞 마디의 ‘프르다’와, (9가)의 뒷 마디의 ‘수이 디고’는 (9나)의 뒷 마디의 ‘누르ᄂᆞ니’와 계열관계를 형성함으로써 각각 기능적 등가성이 추구되어 있다. (9가)의 뒷 마디와 (9나)의 뒷 마디의 공범주 주어명사구 e는 각각 ‘곳’과 ‘플’이 나타나야 자리로서 앞 마디의 해당 어휘와 의미상의 등가성을 이루어 명사적 사슬을 이루고 있다. 종장에서는 작자가 ‘바회’를 통하여 초장과 중장의 ‘곳’과 ‘플’에서 발견하지 못하던 ‘변함 없음’의 속성을 찾았다. 따라서 종장에서 벗으로 선택된 ‘바회’는 초장과 중장의 ‘곳’, ‘플’과 명사적 연쇄를 이룸으로써 응결성을 강화하였다고 말할 수 있다. 둘째 텍스트와 응결성이 매우 흡사하다.

  본체부 둘째 텍스트(9)는 텍스트다움의 판정기준인 (5)의 응집성도 그런 대로 만족시키고 있다. 본체부 첫째텍스트 (8)과 큰 차이가 없다. 작자는 종장에서 변하지 않는 것은 바위뿐이라고 첫째, 둘째 텍스트와 같은 방식으로 자신의 의도를 밝혔지만, 수용자에 따라서는 동의할 수 없는 측면도 적지 않다. 바위도 바람과 비에 시달리고 씻겨지면 변한다고 볼 수 있기 때문에 주관적인 요인이 앞의 어느 자연의 벗보다 많이 작용한다고 하겠다. 고산은 이 시조에서 ‘곳’과 ‘플’을 ‘바회’와 대비하여 부정적인 시각으로 바라보았지만 다른 작품에서는 호의적·긍정적으로 해석하였다. 상황의 다름에 따라 같은 대상이 달리 해석된다고 하겠다. 이 역시 텍스트의 동태적 측면을 잘 드러내는 부분이라고 하겠다. 이곳에서 선택한 ‘바회’도 머리부의 ‘셕’(石)와 동의적 절차에 기대어 긴밀한 간텍스트성을 이루고 있다.

  (10)은 자연의 벗중 세번째로 선택한 ‘솔’[松]을 찬양한 것이다.

  (10) 본체부 셋째 텍스트 ‘더우면 곳 퓌고’의 분석
     가. [T_1 (S_1 e 더우면)S_1 (S_2 곳 퓌고)S_2 (S_3 e 치우면)S_3 (S_4 닙 디거눌)S_4
     나. [T_1'솔아)T_1' S_5(너는 엇디 눈서리롤 모르는다)S_5]T_1
     다. [T_2 (S e 구쳔의 불휘 고든 줄을 글로 ᄒᆞ여 아노라)S]T_2

통사론적 응결장치를 보면 초장 (10가)는 네 마디로 구성되어 있다. 마디 S_1과 S_3에는 '날씨' 등으로 상정되는 공범주 주어명사구가 실현되어 있다. S_1은 연결어미 '-(으)면'에 기대어 S_2와, S_3 역시 연결어미 '-(으)면'에 기대어 S_4와 이어져 있다. 한편 (10가)는 사실구속의 연결어미 '-거늘'에 기대어 제2인칭 의문종결형으로 된 (10나)와 연결되어 있다. 시조통사론의 관점으로는 초장과 중장으로 분석되지마는 텍스트형성규칙을 적용하면 다섯 개의 마디가 모여서 이루어진 하나의 자족적인 텍스트가 되었음을 확인할 수 있다. 앞의 (9)와 마찬가지로 起句와 承句가 합쳐서 자족적 텍스트를 이루고 있다. 이곳의 연결어미도 정도의 차이는 있지마는 역시 독립성이 강하다. (10나)의 '솔아'는 머리부 (7)의 종장의 첫째구 '두어라'와 같이 간투사적인 기능이 강한 독립어로서 그 자체가 자족적인 텍스트가 된다. T_1'라는 표시는 큰 텍스트 T_1 속에 안겨 있는 하위 텍스트란 뜻이다. (10다)는 관형절 '불휘 고든'을 대상으로 한다면 그 속에 또 하나의 문장이 안겨 있다고 할 수 있으나 이곳에서는 더 파지 않기로 한다. 이곳의 생략된 주어명사구는 화자표지의 '오'가 들어간 '아노라'를 고려하면 주어는 작자 자신이다. 본체부 셋째 텍스트 (10)은 둘째 텍스트(9)과 같이 두 개의 텍스트로 구성된 작품이다.

 (10)에는, 다른 텍스트와 마찬가지로, 의미·기능상의 등가성에 기댄 응결장치도 발견할 수 있다. (10가)에서는 우선 종속절의 기능을 띠고 있는 S_1과 S_3의 주어명사구가 공범주 e로 실현되어 명사적 사슬을 이루고 있으며, 그 서술어 '덥다'와 '칩다'가 서로 반의의 관계를 맺어 응결성을 더하였고 '곳 퓌다'와 '잎 디다'도 그렇게 볼 수 있다. T_1의 하위텍스트인 '솔'은 '너'와 기능적 등가성을 이루고 있다. 비록 어휘적 공통성은 없다고 하여도 대명사 '너'가 가리키는 대상이 '솔'이기 때문이다. 한편 '솔'은 그의 구성부분인 '불휘'와 기능적 등가성을 이루고 있다. (10다)의 대명사구 '그'는 (10나)의 내용을 가리키는데 이는 초중장과 종장이 독립된 텍스트임을 잘 보증하는 장치라 하겠다. 그런데 (10)은 앞의 텍스트 (8)(9)와 비교해 볼 때 응결성이 그렇게 강하다고는 할 수 없다. 후자는 물과 바위의 응결성을 높이기 위하여 대비되는 두개의 자연물을 들었지만 이곳에서는 그런 뚜렷한 자연물이 설정되어 있지 않기 때문이다. 같은 식물의 성장쇠퇴와 인내의 과정을 날씨과 관련하여 읊는 정도에서 그쳤다. 텍스트다움

의 정도가 그렇게 높다고 하기가 어렵다.

이곳에서도 응집성의 기준을 그런 대로 적용할 수 있다. 우선 땅속 깊은 데까지 뿌리를 내리고 있는 '솔'을 벗으로 삼겠다는 의도성을 읽을 수 있다. 중장과 종장에서 그런 점이 분명하게 표백되어 있다. '솔'은 예로부터 '절개'나 '지조'를 상징하여 왔는데 역사적으로는 성삼문의 시조 '낙낙 장송되었다가'와 응결성 및 응집성에 기댄 간텍스트성을 이루고 있으며, 이 작품에서는 머리부의 한자 '송'(松)과 동의적 절차에 기대어 간텍스트성을 이루고 있다.

(11)은 다섯 자연의 벗중 네번째로 선택한 '대'(竹)을 찬양한 것이다.

(11) 본체부 넷째 텍스트 '나모도 아닌 거시'의 분석
   가. [T_1 [T'_1(NP_1(S_1' e 나모도 아닌)S_1' 거시]NP_1 [NP_1'(S_2' e 플
      도 아닌 거시]NP_1')T_1'
   나. (S_1 e 곳기는 뉘 시기며)S_1 (S_2 e 속은 어이 뷔연눈다)S_2]T_1
   다. [T_2 (S_1 e 뎌러코 스시에 프르니)S_1 (S_2 e 그롤 됴하ᄒ노라)
      S_2]T_2

통사론적 응결장치로 보면 우선 초장 (11가)는 두 개의 명사구가 동격으로 나열되어 있다. 이런 뜻에서 두 명사구를 각각 NP_1, NP_1'와 같이 표시하였다. 그리고 각 명사구는 공범주 주어명사구 e를 공유하는 동사구가 의존명사 '것'에 기대어서 성립되었다. (11가)는 그 자체가 완결된 문장은 아니지만 자족성(自足性)을 갖추고 있기 때문에 명사구의 나열이면서 동시에 텍스트의 자격을 지니고 있다. 이런 의미에서 두 명사구를 묶어서 T_1'으로 표시하였다. 큰 텍스트에 안긴 하위텍스트란 뜻이다. (7)의 종장 첫째구 '두어라', (10)의 중장 '솔아'와 비슷한 기능을 띠고 있다. (11가)를 서술어를 가진 마디로 바꾸어 적으면 '너는 나무도 아니고 풀도 아닌데'와 같이 된다. 이렇게 보면 (11가)는 (11나)의 2인칭 의문형어미 '-눈다'와 관련을 맺게 되므로 그 공범주 명사구는 '너'임에 틀림없다.

중장 (11나)는 독립성이 인정되는 '-(으)며'를 매개로 하여 두 마디가 이어져 있다. S_1의 '곳기'는 '너'(네/네가), S_2의 '속'에 대하여도 '너'(네/네가)로 그 주어명사구를 상정할 수 있으며, 특히 후자는 관형어 명사구 '너'(네)도 설정할 수 있다. 중장은 '-눈다'를 공유하고 있으면서도 앞뒤

마디의 성격이 다르다. 앞 마디는 '시기다'를 미루어 볼 때 타동사문이고 뒷 마디는 '뷔다'로 미루어 자동사문이다.

(11다)도 중장과 같이 독립성이 강한 연결어미를 끈으로 삼아 두 마디가 이어져 있다. 앞 마디 S_1의 생략된 명사구는 뒷 마디 S_2의 목적어명사구 '그'를 고려하면 머리부 (7)의 초장에 나온 '듁'임에 틀림없다. 뒷 마디 S_2의 주어명사구는 종결형의 화자 표지 '오'를 고려하면 작자 고산임에 틀림없다. 앞 마디의 '뎌렇다'는 T_1의 내용을 가리키고 뒷 마디의 '그'는 가까이는 (11가)의 '나모도 아닌 거시 플도 아닌 거시'를 가리킬 수도 있고, 멀리는 (7)의 중장에 나온 '듁'을 가리킨다. 이런 점에 기대어서도 종장 (11다)에 자족적인 텍스트의 기능을 줄 수 있다. 이러한 지시어들은 일반적으로 문장의 경계를 넘어 텍스트를 형성하는 기능을 띠었기 때문이다. (11가)와 (11나)는 시조통사론으로는 초장과 중장으로 구성되어 있지마는 텍스트형성규칙을 적용하면 한 텍스트로 묶일 수 있으며 그 속에는 다시 하위텍스트를 안고 있다. (7)(8)과 그 구성이 비슷하다.

본체부 넷째 텍스트 (11) 역시 의미·기능상의 등가성에 기댄 응결장치를 찾을 수 있다. '너'로 지칭되는 생략된 주어명사구 '듁'은 초장에서는 '나모, 플'과 기능적 등가성을 이루었고 종장에서는 대명사 '그'와 역시 기능적 등가성이 성립되어 명사적 사슬을 이루고 있다. 초장의 명사구에 나타나는 의존명사 '것'은 구체적으로 머리부 (1)에 나온 '듁'을 가리킨다는 점에서 비슷한 사슬을 이루고 있다. 중장의 앞 마디 '곳다'(<곧다)는 강직함을 뜻한다는 점에서, 뒷 마디 '뷔다'는 겸허함을 뜻한다는 점에서 기능상으로 볼 때 공통성이 인정될 수 있는 측면이 파악되기 때문에 응결성 강화에 이바지하는 면이 적지 않다. 중장의 '뎌러ᄒ다'는 중장에서 배푼 대나무의 곧고 빈 속성을 전술언급하면서 사시(四時)에 걸쳐 푸르름을 잃지 않는 속성을 덧붙였다는 점에서 응결성을 더욱 강화하였다고 말할 수 있다. 이곳의 푸르름은 절개를 뜻하는 것으로 기능상으로 볼 때 중장에서 말한 대나무의 속성과 한데 묶을 수 있다.

본체부 넷째 텍스트 (11)은 응집성도 그런 대로 만족시키고 있다. 우선 곧고 속을 비운 자세로 푸르름을 잃지 않고 사는 대나무를 좋아한다고 하였으니 강직하고 겸허한 자세로 절개를 지키며 살겠다는 작자의 의도성을 읽을 수 있다. 이는 유교적 이념에 젖어 있었던 조선시대의 사대부들이 공통적으로 지니고 있었던 생각이었다는 점에서 당대나 후대의 같은 처지의 사람들에게 공감을 얻을 수 있었다고 생각한다. 대나무에 대하여 초장에서 나무도 아니고 풀도 아니라고 말머리를 들었다는 것은 독자들에게 정보성을 높이는 데 크게 기여하였다고 말할 수 있다. 독자들의 궁금증은 중장을 거쳐 종장에서 풀어지지만 작자는 대나무의 속성을 우회적인 방식으로 그것도 단계적으로 서술하였다. 이곳에는 앞의 세 수의 시조와는 달리 '듁'을 뜻하는 어떠한 어휘도 노출되어 있지 않다. 중장과 종장의 묘사를 통하여 그것이 대나무를 읊었다는 것을 추론할 수 있다. 함축적 내지 일종의 존재론적 근접성에 기댄 응결장치라고 말할 수 있다. 이는 물론 머리부의 '듁'과 응결성에 기댄 간텍스트성을 형성하고 있다.

(12)는 자연의 벗중 마지막으로 선택한 '달(月)'을 찬양한 것이다.

(12) 본체부 다섯째 텍스트 '쟈근 거시 노피 뼈서'의 분석
　가. [T₁(S₁ 쟈근 것이 노피 뼈서)S₁ (S₂ e 만므를 다 비최니)S₂
　나. (S₃ 밤듕의 광명이 너만 ᄒ니 ᄯᅩ 인ᄂ냐)S₃]T₁
　다. [T₂ (e₁ e₂ 보고도 말 아니ᄒ니)S₁ (S₂ e 내 벗인가 ᄒ노라)S₂]T₂

우선 통사론적 응결장치를 보면 초장 (12가)는 두 마디로 나뉜다. 앞 마디는 주술구조를 갖추었으나 뒷 마디는 주어명사구가 생략되어 있다. 앞 마디에 이미 '작은 것'이라는 주어명사구가 나와 있기 때문이다. 중장 (12나)는 관형구성이 들어 있기는 하여도 홑문장으로 처리하는 것이 좋아 보인다. (12가)와 (12나)는 독립성이 강한 순설적 용법의 연결어미 '-(으)니'를 매개로 하여 이어져 있다. (12가)와 (12나)는 시조통사론으로는 초장과 중장으로 나뉘지만 텍스트형성규칙을 적용하면 하나의 텍스트로 처리해야 한다. 세 마디로 성립된 자족적인 텍스트인 것이다. 종장 (12다)는 독립성이 강한 연결어미 '-(으)니'를 끈으로 삼아 두 마디가 이어져 있다. 앞 마디는 주어명사구와 목적어명사구가 공범주로 실현되어 있다. 주어명사구는 중장에서 도입된 '너'임이 틀림없고 목적어명사구는 초장의 '만믈'로도 볼 수 있고 종장 뒷 마디 '나'로도 해석할 수 있다. 작자 자신이 택한 벗인 만큼 후자가 더 설득력이 있어 보인다. 두개의 텍스트로 구성된 작품이다.

(12)에도 의미·기능상의 등가성에 기댄 명사적 사슬을 발견할 수 있다. 초장 (12가)의 '작은 것'은 중장 (12나)의 '너'와 명사적 사슬을 이루고 있다. 이는 물론 기능적 등가성에 의해 한 사슬을 이루는 것이다. 이곳의 '밤듕의 광명'은 기능적 관점에서 '돌'을 포괄하고 있으므로 양자는 기능적으로 상·하의어의 관계를 형성하고 있다고 말할 수 있다. '너'는 종장 (12다)의 '내 벗'과 명사적 사슬을 이루고 있는 것이다. 초장, 중장, 종장에 걸쳐 기능적 등가성을 지닌 어휘가 하나의 명사적 사슬을 이루고 있어 앞의 대부분의 텍스트와 마찬가지로 응결성 강화에 크게 이바지하고 있다.

본체부 다섯째 텍스트는 응집성도 그런 대로 만족시키고 있다. 우선 초장은 작은 것이라는 사물을 도입하여 독자에게 호기심을 불러일으켰다는 점에서 정보성을 높게 지니고 있다. 그러한 정보성은 중장에서 해결되어 작은 것이 무엇을 가리키는지 알 수 있도록 하였다. 앞의 다른 본체부의 텍스트와 마찬가지로 지은이의 의도성은 종장에 표백되어 있다. 자신을 보고도 말 한마디 하지 않는 달을 벗으로 삼겠다는 의도성이 그것이다. 같은 달을 대상으로 하여도 작자의 처지 여하에 따라 고독이나 비애 등을 표상할 수도 있겠으나, 고산은 '돌'을 '침묵의 덕을 지닌 존재'로 보고 다섯 벗의 하나로 선택하였던 것이다. 고산이 달을 자연의 벗으로 삼은 동기는 속세에서 시련을 겪다가 보길도로 거처를 정한 당시의 상황성과 밀접한 관련을 맺고 있다. 이곳에서도 앞의 본체부 넷째 수 (11)과 마찬가지로 '돌'이 문면에 나와 있지 않다. 나머지 본체부의 텍스트와 같이 너무 대상을 직접 밝히는 것이 시의 응결성을 해칠 우려가 있다고 생각하였을 가능성이 많다. 일종의 함축적 재수용에 기댄 응결성이라고 하겠다. '작은 것'으로 대표되는 이곳의 달은 머리부의 '달'과 응결성에 기댄 간텍스트성을 이루고 있다.

4. 마무리 : 언어문학 분야의 창출을 위하여

언어학과 문예학을 통합하여 "언어문학"이라는 독자적인 분야를 창출한다는 목표를 세우고, 텍스트다움을 판정하는 기준을 세운 다음, 한국고전시가의 명편인 윤선도의 <오우가>를 분석하여 보았다. 필자는 고영근 (1990가/1999: 358-68, 1990나/1995: 3부 1장)에서 중세한국어의 대표적인 산문자료인 석보상절을 분석한 일이 있는데 <오우가>의 분석결과도 이와 큰 차이가 없었다. 시조 텍스트도 문장종결형을 기준으로 삼아 그 경계를 획정할 수 있었으며 이에 발을 맞추어 응결성 장치(2)에 기댄 의미·기능상의 등가성에 기댄 품사적 사슬이 텍스트 사이에 분포되어 있어 전체를 다시 상위의 텍스트(곧 한 수의 시조)로, 다시 "오우가"라는 최종적인 큰공간텍스트로 묶을 수 있음을 확인하였다.

필자가 분석기준으로 이용한 텍스트다움의 판정기준 가운데서 응결성 장치 (1)은 작품의 구조를 주술구조에 이르기까지 미세하게 파악한다는 점에서 통사론적 영역이다. 응결성 장치 (2) 가운데서 의미상의 등가성에 기댄 것은 어휘론의 영역이며 기능상의 등가성에 기댄 것은 실용론의 영역이다. 그리고 응집성은 텍스트의 심층적 측면을 이루고 있다는 점에서 의미론의 영역이라고 말할 수 있으나 이를 뒷받침하는 사회적 내지 심리적 요인은 대부분 실용론의 소관이다. 그 가운데는 인지과학적 측면과 유관한 면도 없지 않다. 간텍스트성은 가까이는 큰공간텍스트와, 멀리는 간문화성과 밀접한 관련을 맺고 있었다. <오우가>의 간텍스트성은 대부분 응결성에 기댄 것이었으나 작품에 따라서는 응집성에 기댄 간텍스트성도 얼마든지 찾을 수 있다. 그러나 간텍스트성이 응결성과 응집성의 어디에 소속시켜야 할지 그 경계를 확실하게 어려운 측면도 없지 아니하였다.

70년대 이후의 언어학과 문예학은 실용론적인 전환에 힘입어 텍스트를 닫혀 있는 정태적인 구조물로 보는 것이 아니라 열려 있는 동태적인 구조물로 보는 것이 큰 흐름을 이루어 왔다. 종래의 구조나 체계 위주의 좁은 테두리에서 벗어나 사용상의 측면, 다시 말하면 의미의 함의적 측면을 가려 내는 방향으로 나아가고 있기 때문에 구체적인 텍스트자료를 대상으로 하는 한, 두 학문은 추구하는 목표가 다르다고 할 수 없다. 실용론 엄격히는 화용론을 바닥에 깔고 텍스트의 구조를 밝히고 이를 토대로 하여 기능상의 특수성을 가려내어 텍스트를 유형화하는 작업으로 나아가게 되면 언어연구와 문학연구는 같은 길을 걷게 되며, 이는 궁극적으로 "언어문학"이라는 독자적인 분야의 창출을 예고한다고 생각한다.

한국고전문학 연구의 개척자인 도남 조윤제는 일찍이 "국어국문학"을 물과 물고기에 비유하면서 두 학문이 결코 둘이 아님을 강조한 바 있다. 조윤제는 민족과 민족감정을 발판으로 삼아 "국어국문학"을 정립하였다[7] 이는, 명제는 나무랄 데가 없지마는, 다분히 추상적이고 관념적이다. 요컨대 실증적인 뒷받침이 되어 있지 않다는 뜻이다. 사실 지금까지의 고전문학작품의 분석은 인상적인 평가에 머물렀다는 혐의[8]를 떨쳐 버릴 수 없다. 현대문학작품도 구조주의적인 틀에 맞춘 업적이 없지 않았으나 메타이론의 부재 등으로 알찬 성과를 접하기가 쉽지 않다. 우리는 조윤제가 세운 명제를 이어받되, 경험적 측면에서 둘을 하나로 합치는 메타이론을 정립하여야 한다고 믿는다. 그것의 한 후보가 실용론을 바닥에 깐 텍스트과학이 아닐까 한다. 더욱이 지금은 전자문화에 기대어 문학텍스트와 비문학텍스트가 융합을 일으키고 있지 않는가. 앞으로 텍스트언어학회를 거점으로 삼아 언어문학에 관심을 가진 사람들이 폭 넓게 참여하여 시대적 특수성에 부합하는 이론을 창출하는 데 힘을 모은다면 머지 않은 장래에 큰 열매를 따게 될 날이 오리라고 기대한다.

---

7) 조윤제(1955)가 대표적이다.

8) 백영 정병욱 선생 10주기 추모논문집 <한국고전시가작품론>(1992, 집문당)을 보면 그런 경향의 한 가닥을 이해할 수 있다.

참고논저

고성환(1996), <오우가>의 어학적 분석, 문학과 언어의 만남, 신구문화사: 140-155.

고영근(1983), 국어문법의 연구, 탑출판사.

고영근(1990가), 텍스트이론과 국어통사론연구의 방향, 배달말 15: 1-33..

고영근(1990나), 문장과 이야기의 관련성에 관한 연구, 관악어문연구 15.(고영근 1995: 265-331)에 "문장과 이야기의 상관관계"라는 제목으로 다시 실림)

고영근(1992), 텍스트의 경계를 어떻게 세울 것인가?, 언어학과 인지-김태옥 교수 회갑기념 논총, 한국문화사: 3-13.

고영근(1993), 우리말의 총체서술과 문법체계, 일지사.

고영근(1994), 텍스트언어학, 장석진(편), 현대언어학-지금 어디로, 한신문화사: 460-480.

고영근(1995), 단어·문장·텍스트, 한국문화사.

고영근(1996가), 한국고전작품에 대한 텍스트언어학적 분석, 새국어생활 6.1(봄): 89-107.

고영근(1996나), 윤선도 <오우가>의 텍스트분석, 이기문교수정년퇴임기념논문집, 신구문화사: 27-44.

고영근(1997가), 텍스트형성과 응집성의 문제, 진태하교수 啓七송수기념논총, 태학사: 345-362.

고영근(1997나), 텍스트이론과 문학작품의 분석, 텍스트언어학 4: 1-20..

고영근(1998), 동양의 훈고학 및 고전시학과 텍스트이론, 텍스트언어학 5: 1-26.

고영근(1999), 텍스트이론-언어문학통합론의 이론과 실제(대우학술총서 448), 아르케.

귈리히(E. Gülich)·라이블레(W. Raible), Linguistische Textmodelle, Fink.

로빈(H. Lobin)(1999), Text im digitalen Medium, Westdeutscher Verlag.

보그란데(1997), New Foundations for Science of Text and Discourse, Ablex.

보그란데·드레슬러(R.-A. de Beaugrande/W.U. Dressler)(1981), Einführung in die Textlinguistik, Niemeyer.

신지연(1989), 국어 간투사의 위상연구, 국어연구 89.

옹(W. J. Ong)/이기우·박명진(역)(1982/1959), 구술문화와 문자문화 (Orality and Literacy), 문예출판사.

원용문(1992), <오우가>의 윤리적 의미, 한국고전시가작품론 1, 집문당: 541-550.

인키넨(S. Inkinen)(ed.)(1999), Mediapolis, de Gruyter.

조윤제(1955), 국문학개설, 동국문화사.

플레트(H. Plett)(1975), Textwissenschaft und Textanalyse, Quelle & Meyer.
피베거(D. Viehweger)(1977), Zur semantischen Struktur des Textes, Studia
    Grammatica 18.

<『텍스트언어학』 8(2000)에서 제목을 바꾸어 옮겨 실음>

고영근(高永根)
151-742
서울특별시 관악구 신림동
서울대학교 인문대학 국어국문학과
전화 : 02)880-6032(O)
        031)712-7241(H)
팩스 : 02)878-1246
e-mail : komorph@plaza.snu.ac.kr

논증이론과 논증분석

이 성 만

고대 수사학이 재조명되고 있다. 거기에는 오늘날의 문체론과 화용론의 근간이 숨겨져 있을 뿐 아니라 최초의 행위이론적인 구상이라는 점 때문이다. 고대 수사학의 이런 특성도 18세기 이후에 발전된 현대 수사학(더러 신수사학(new rhetoric)이라고도 함)의 후광을 입고 있다. 흔히 신수사학을 논증이론이라고도 하는데, 기예를 거부하고 분석을 지향한 점에서 그렇다. 언어학에서는 20세기의 70년대를 전후하여 화용론에 기초한 텍스트언어학이 나타나면서 신수사학, 좁게는 논증이론이 다시 폭넓은 관심을 끌고 있다. 이 글은 자연언어에 의한 논증과 논증하기(논증 행위)에서 언어학적 이론과 담화학적 이론을 구축하는 토대를 논증 이론에 관한 여러 업적들을 살피면서 정립하였다. 특히 툴민과 월슐레거의 이론을 집중적으로 검토하면서 텍스트의 논증적인 구조분석을 하였다. 이는 다른 한편으로 논증 행위와 논증을 행위이론의 관점에서 개념화하고 텍스트에서 논증 행위의 응집구조를 밝히는 데 필요한 선행 작업이기도 하다.

핵심어휘: 논증(행위), 논거, 수사학, 화행론(화용론), 추론

1. 들어가기

논증 연구는 오랜 전통을 가지고 있다. 논증은 담화학(Sprechwissenschaft, 더러 웅변학이라고도 함)의 핵심 대상이었지만, 언어학에서는 화용론적 전환이 일어나면서 본격적으로 연구되기 시작하였다. 그렇다면 이 시점에서 논증 연구가 계속되는 이유는 무엇인가? 첫 번째 이유는 논증에 관한 지금까지의 여러 제안들에서 일반적이거나 모범적이라고 할 만한 방안을 찾을 수 없다는 것이다. 다른 하나는 개념과 방법론에서도 설득력 있는 대안이나 일치점을 찾을 수 없기 때문이다.

이런 맥락에서 이 글에서는 먼저 언어학과 담화학에서 논증 연구의 발

전과 구상들을 간단히 살피고 언어학적으로 논증과 논증행위 개념을 검토한다. 이때 논의의 초점은 언어학적 논증의 요소와 기능을 밝히는 일이다. 다음으로 윌슐레거(1977)에 기대어 논증분석의 가능성을 예시적으로 제시함으로써 논증행위 이론을 구축할 수 있는 기초작업으로서 몇 가지 제안을 한다.

2. 논증과 언어학

논증을 공식화하려는 시도는 아리스토텔레스로 소급된다. 그의 삼단논법(syllogism)은 오늘날에도 전통 논리학의 근간을 이룬다. 삼단논법은 특정한 방식으로 구성된 두 전제로부터 도출되는 타당한 논리적 추론이다. 이와 구별되는 것은 생략삼단논법(emthymeme)인데, 여기서는 전제들 가운데 한 전제나 결론이 알려진 것으로 전제된다.

아리스토텔레스의 또 다른 업적은 학술적인 증명방식과 비 학술적인 증명방식의 구분이다. 이러한 구분의 바탕이 된 것은 필연적 결론(참인 첫 번째 문장들로부터 결론을 얻어냄)과 변증법적 결론(개연적인 문장들로부터 결론을 얻어냄)으로 구분한 것이다. 키케로가 기초하여 퀸틸리안이 발전시킨 고대 로마 수사학의 논증도식은 이미 논증의 형식적·구조적 제시 기준을 마련했는데, 근래에 툴민(1958/1975)에 의해 수정되었다.

논증의 언어학적인 연구는 툴민에 의해 시작되었다. 그러나 담화학은 고대 수사학에 기초하여 새로운 길을 찾았는데, 역사적인 관점에서도 차이가 있다. 담화학의 전통에서는 논증이 언제나 이론적, 교육적 노력의 대상이었지만, 언어학은 화용론적 전환으로 표현되는 패러다임 전환 이후에야 논증과 같은 주제들을 주목하게 되었다. 초기에는 툴민과 페렐만·올브레히츠-티테카의 개념들이 도입되었다. 페렐만·올브레히츠-티테카(1958/1969)의 신수사학은 과학적 증명과 구분되는 수사적 논증에 주목하면서 '다양한 성격의 청중을 대상으로 지적·정서적 설득을 유발시키려는 모든 담론'을 신수사학의 대상으로 삼는다. 이에 따라 수사학에서 말하는

‘논거발견술’에만 주목하고 ‘표현술’에는 관심을 두지 않았다. 툴민도 분석적인 생각을 거부하고 있다는 점에서 원칙적으로 이들과 유사한 노선을 취했다. 왜냐하면 분석적인 방법은 형식적인 방법으로 사용된 전제에 들어있는 내용들을 제외하기 때문이다. 더구나 형식적으로만 타당한 추론들은 새로운 지식을 밝혀낼 수 없다. 실제의 지식 층위에 도달하는 경우는 전제들의 객관성을 확보할 때뿐이다. 툴민은 이와 관련해서 논증행위의 ‘영역의존성(Feldabhängigkeit))’을 들면서 그 가능성을 밝히려는 노력을 하였다. 여기서 중요한 것은 특수한 지식영역에서 형성된, 해당 ‘영역들’에서 항상 평가·판단되는 규범이다. 여기서도 ‘과거의’ 기준들과는 상관없이 모든 (대화) 참여자들이 합의하여 지식의 토대를 변호하는 진리 개념이 저변에 깔려있다. 따라서 진리는 퇴고과정에서 드러나는 것이므로 ‘인상적인(effektvoll)’ 대화의 성과가 아니라 오히려 ‘공정한(unparteilich)’ 대화의 성과이다. 여기서도 논거의 타당성은 ‘사용’에 의존하는데, 다만 툴민은 (페렐만처럼) ‘추상적인’(지식의 모든 영역에서 똑같이 적용되는) 토포스 이론 모델(Topik Modell)이 아니라 ‘구체적인’ 전문언어를 등에 업고 사용한다. 툴민은 논증이 행해지는 ‘영역’ 선택 자체의 정당화 문제는 비껴가고 있다.[1] 그밖에도 툴민은 논리학의 전통과는 다른 해석을 주고는 있지만 여전히 자연언어로 된 고립된 삼단논법에만 주목하고 텍스트에는 관심이 없다.

그 동안 툴민의 논증이론은 언어학적 논증분석가들에 의해 다양하게 수정·보완되면서 언어학적으로도 유용한 이론으로 자리를 잡았다. 언어학적 텍스트분석과 대화분석에도 논증이론을 텍스트분석에 적용한 논문

---

1) 하버마스(1981)는 툴민의 이런 태도에 이의를 제기하면서 (논거의) 타당성 문제를 문제해결의 적합성 질문에까지 추적한다(코퍼슈미트 1989,105ff.). 하버마스는 진리가 ‘객관적인’ 지식의 의미에서 접근될 수는 없지만 논증행위의 ‘영역’을 보다 추상적으로 이해하고자 한다. 이에 따라 그는 언어학적 논증연구와 구별하여 ‘보편 화용론(Universalpragmatik)’이라고 규정하면서 다양한 타당성 요구를 가정한다. 하버마스의 연구방향의 핵심은 논증행위의 방법에 있다기보다는 오히려 논증적인 커뮤니케이션의 기본적인 질문에 있다. 그의 연구는 논증에 대한 오늘날의 수사학적 연구, 특히 수사학과 공중사회의 관계를 문제삼는 해석학적·비판적 연구방향에도 많은 영향을 미치고 있다.

들이 많이 나타났는데, 한편으로 논증 문제, 곧 논증의 구성개념들에 대한 논의들을 문제삼으면서 텍스트 분석에의 적용 가능성을 진단하기도 하고, 다른 한편으로 텍스트와 대화의 주제전개 방식과 관련하여 체계적인 분석방법을 제시하기도 한다. 예컨대 윌슐레거(1977, 1979)는 툴민식의 논증적 구성 개념들을 언어학적인 관점에서 재정립하면서 텍스트분석에 적용하고 있다. 브링커(1992:59ff.)는 논증을 '주제전개'의 개념(예, 논증적 주제구조)에 편입시키고 있고, 킨포인트너(1983)는 논증을 언어학적 대화 분석에 포함시키고 있다.

3. 논증의 언어학적 요소와 기능

여기서는 논증의 몇 가지 필수 구성요소들을 아래의 예시텍스트 분석을 통하여 검토하고 재정립하기로 한다.[2]

찬반 논쟁: 작업장에서의 금연

찬성변호사(페터 메르제부르거): 나는 개인의 자유를 존중하지만 그럼에도 작업장의 흡연자로부터 비흡연자의 제안을 보호할 수 있는 합법적인 규정에 찬성합니다. 나는 이곳에서 증인심문을 통하여 그 이유가 무엇인지 자세히 밝혀지기를 바랍니다. 나는 먼저 그것을 다음처럼 요약하고 싶습니다: 내가 보기에는 간접흡연이 그 어떤 경우에도 무해하지 않음이 명백합니다. 어떤 경우라도 간접흡연은 비흡연자에게는 큰 골칫거리이기는 하지만, 건강을 해친다는 점은 결코 배제되어서는 안될 것입니다.

되도록 신선한 공기를 마실 수 있는 권리는 모든 시민의 기본권입니다. 그런데 그 기본권을 흡연자가 자기 스스로 의심하고 무시하고는 있지만, 적어도 비흡연자의 이 기본권은 존중해야 할 것입니다. 물론 흡연자가 비흡연자를 고려해줄 것이라는 희망은 오래 전부터 일종의 환상에 불과합니다. "일부 흡연자는 담배를 마시고, 또 다른 흡연자는 담배를 삼켜버리

---

2) 예시 텍스트는 이성만(1996)에서 재인용하였으며, 거기에 실린 원문도 참조.

는데, 심지어 담배를 코로 들이마시는 사람도 있습니다. 그러니까 내가 이상하게 여기는 것은 담배를 귓속에 꽂아 넣는 사람을 왜 여태껏 보지 못 하고 있느냐는 것입니다.”

이 인용은 거의 300년이나 된 것입니다. 여러분도 아시다시피 이 문제는 거의 시간을 초월한 현안 문제로서, 그림멜스하우젠의 짐플리찌스무스에서 따온 것인데, 오늘날까지 바뀐 것은 아무 것도 없습니다. 흡연자가 비흡연자의 권리를 자꾸 짓밟기 때문에, 입법기관은 처리할 필요가 있다고 봅니다. 입법기관은 흡연자와 비흡연자가 서로 화해를 하지 못하고 어떤 규정을 합의 도출할 수 있는 경우에 아마도 해를 입을 수도 있을 소수집단으로서의 비흡연자에게 작업장 금연을 관철시킬 수 있는 권리를 인정해주어야 할 것입니다.

반대변호사(율리아 딩보르트-누섹): 이런 사전 조율이 있을 때에는 나의 입장은 참으로 어려운 처지에 있습니다. 미리 말씀드리지만, 나는 나의 동료인 메르제부르거와 같은 비흡연자입니다. 그러나 나는 작업장 금연이 의학적으로 꼭 필요한 것이 아니고, 법률 정책적으로 논란의 여지가 있으며, 그리고 사회심리학적으로 개연적인 위험이 있다는 그의 견해에 반대합니다. 나의 견해에 대한 근거는 이러합니다.

이른바 간접흡연의 유해성은 지금까지 과학적으로 증명되지 않았습니다. 그리고 이 후의 설문조사에서도 간접흡연의 유해성이 과학적으로 일반적인 작업환경에서는 입증될 수 없다는 결론에 이를 것입니다.

물론 지나치게 민감한 사람들이 있기는 합니다만, 그런 사람들은 아주 많은 물질들, 예컨대 집안의 먼지나 동물의 털도 싫어하지요. 그러니 우리들이 서로 일치점을 발견해야 하듯이 당연히 화해를 할 필요가 있습니다. 왜냐하면 흡연이 - 의학적으로 - 다른 사람에게는 유해하지는 않지만 당연히 큰 골칫거리일 수 있습니다. 내가 주장하려는 것은 단지 흡연이 우리가 인간적인 공동생활에서 비난받았거나 우리 자신이 만들어 낸 다른 많은 골칫거리들과 같은 하나의 골칫거리에 지나지 않는다는 점입니다. 그런데 이상하게도 그 특정 집단은 - 그게 바로 흡연자들이지요 - 그들이 만들어 내는 골칫거리 때문에 다른 골칫거리들의 원흉보다 훨씬 더 심하게 험담을 듣게 되지요.

벌써 '간접흡연자(Passivraucher)'라는 단어가 차별하는 말이지요. 우리가 알다시피 자동차가 유해물질을 내 품더라도 보행자를 두고 '간접운전자(Passivfahrer)'라고는 하지 않습니다. 많은 사람들은 흡연이 만들어내는 것 이상으로 정 반대로 주장합니다. 여러분도 아시다시피 연방수상께서 이틀 전에야 비로소 자동차를 싫어하는 생각에 대해 경고를 하면서 환경 적대행위, 앞서 말했듯이 골칫거리인 흡연 등을 과장하지 말 것을 요구했습니다.

그런데 누차 주장되고 있는 것은 작업장 금연에 관한 제안입니다. 그것도 상세히, 말하자면 극히 비민주적인 방식으로 흡연자 자신의 행복을 위한다는 명목으로 말입니다. 나는 바로 이 점에 대해 감히 이의를 제기하려 합니다. 왜냐하면 교육자라면 누구나 알고 있듯이 지나친 흡연에 대한 금지는 가장 유해하면서도 교육학적으로 적어도 적절한 조처이며, 반대로 비교적 적당한 흡연을 하라거나 반대로 금연하라는 교육을 방해하는 것도 나쁘지는 않다는 것입니다. 따라서 저의 입장을 정리하면, 지나친 흡연에 대한 교육적인 조처는 '찬성'이고, 흡연금지에 대해서는 '반대'입니다.

논증을 하기 위해서는 논거, 곧 주장이 있어야 한다. 예시텍스트에서 두 변호사가 변론에서 주장한 테제를 정리하면 다음과 같다.

    (1) 찬성: 비흡연자가 바란다면 작업장 흡연은 중지되고 금지되어야 할
          것이다.
    (2) 반대: 비흡연자가 바라더라도 작업장 흡연은 금지되면 안 될 것이다.

(3)～(5)는 (1)의 입장을 지지하는 찬성 변호사의 논거들이고, (6)～(9)는 (1)의 입장을 반대하는, 곧 (2)를 지지하는 반대 변호사의 논거들이다.

    (3) 간접흡연은 어떤 경우든 무해한 것은 아니다.
    (4) 간접흡연은 비흡연자에게 큰 골칫거리이다.
    (5) 되도록 깨끗한 공기를 마실 수 있는 시민권은 보장되어야 한다.

(6) 간접흡연의 유해성은 지금까지 과학적으로 증명되지 않았다.

(7) 간접흡연의 유해성은 통상적인 작업여건에서는 증명할 수 없다.

(8) 비난의 표적이 되지 않고 있는 흡연 이외의 또 다른 골칫거리가 있
는데, 예컨대 자동차에 의한 대기오염이 그것이다.

(9) 작업장 금연은 비교적 적당한 흡연이나 금연을 가르치기에는 교육
적으로 거의 부적합한 조처이다.

이 논거들과 이들의 관계를 자세히 살펴보면, 논거 (3)과 (4)는 찬성 변호
사의 논증에서는 독자적이지 못하다. 먼저 (3)은 찬성 변호사가 "내가 보
기에는 ...이 명백합니다"로 그 지위를 규정한 논거로서 제시되고 있다.
대부분의 논거들과 마찬가지로 이 논거는 의혹에 초연하지 못하기 때문
에, 찬성 변호사는 이론의 여지가 없는 비교적 미약한 논거 (4)를 끌어들
이고 반대 변호인한테서도 인정을 받는다((8) 참조). 마찬가지로 논거 (6)
과 (7)도 두 번째 논증에서 긴밀한 관계를 맺고 있다. 왜냐하면 (7)에서는
실제로 (6)보다 더 강한 표현형태가 관련되어 있기 때문이다.

그렇다면, 논거는 무엇이고, (3)~(9)와 같은 주장들을 논거로 만드는
것은 무엇인가? 그리고 특정한 주장을 할 때 논거라고 할 수 있는 기준
은 무엇인가? 모든 주장이 다 임의의 것에 대한 논거는 아니다. (3)~(5)
는 분명히 (1)의 정당성에 찬성하는 논거들일 수는 있지만, (10)~(11)은
그렇지 않다.

(10) 철수는 비흡연자다.

(11) 작업장 흡연은 비흡연자들이 금지를 바라더라도 허용되어야 할 것
이다.

(3)~(5)는 (6)~(9)보다는 오히려 (1)의 정당성을 위한 논거들일 수 있
다. 이는 논거와 지원되어야 할 주장 사이에 추론관계가 성립할 때에만
한 주장이 다른 주장의 논거일 수 있음을 뜻한다. 달리 말하면, 문장 p는
q가 그 어떤 방식으로 p로부터 추론될 때에만 q의 논거로서 사용될 수
있다. p가 q의 논거일 수 있다는 점이 p와 q 사이에 추론관계가 성립하

는 데 필수적임은 다음의 예에서 분명해진다.

> (12) 작업장 흡연은 비흡연자들이 바란다면 금지되어야 할 것이다.
>   (a) 왜냐하면 철수는 비흡연자이기 때문이다.
>   (b) 왜냐하면 간접흡연은 비흡연자의 큰 골칫거리이기 때문이다.
>   (c) 왜냐하면 되도록 깨끗한 공기를 마실 수 있는 시민권은 보장되어
>   야 하기 때문이다.

왜냐하면 (12a)는 논증이라고 말하기 어렵고, 반대로 (12b)와 (12c)는 논증이라고 할 수 있다. 그 이유는 (12b)와 (12c)의 p와 q 사이에는 추론관계가 성립하고 (12b)에서는 그렇지 못하기 때문이다. 그러나 필연성은 (12a)~(12c)와 같은 종류의 문장들과 '왜냐하면' 등이 있는 문장들을 주장하는 사람이면 누구나 p에서 q로의 이행을 정당화하는 점에서 나타난다. 이런 문장들을 주장하는 사람이면 누구나 '왜냐하면, 그 이유는' 또는 다른 접속사를 통하여 표현된 추론의 정당성을 결정지을 수 있는데, 다음의 예를 통하여 살펴보자. S_1가 (4)의 도움으로 (1)의 합법성을 S_2에게 납득시키기 위하여 (12b)를 주장한다고 가정하자. 그리고 S_2가 "나는 (4)를 정당하다고 생각하지만, 그렇다고 (1)의 논거는 아니다"고 말하거나, S_2가 S_1의 논증을 반박하지는 않지만, "나는 (4)를 정당하다고 생각하지만, (4)가 (1)의 논거인지는 확신할 수 없다" 등과 같이 이의를 제기함으로써 S_1의 논증을 반박한다고 가정하면, S_1는 보통 다음과 같은 문장들을 끌어들여 주장하는 식으로 대답할 것이다.

> (13) 큰 골칫거리로 보이는 것은 무엇이든 금지되어야 할 것이다.
>   (a) 관련자가 금지를 바란다면
>   (b) 누군가가 금지를 바란다면
>   (c) 금지가 인정할 수 없는 것이 아니라면
>   (d) 금지가 큰 난관에 부딪치는 것이 아니라면
> (14) 관련자가 금지를 바란다면, 큰 골칫거리로 보이는 것은 무엇이든
>   금지되어야 할 것이다.
> (15) 일반적으로 큰 골칫거리는 금지되어야 할 것이다. .

> (16) 무엇이 큰 골칫거리로 보인다면 일반적으로/실제로/보통/대개/다
> 수의 경우에 금지되어야 할 것이다.
> (17) 원칙적으로 큰 골칫거리는 금지되어야 할 것이다.

(13)~(17)은 '추론전제'에 해당한다. 이것은 (18)을 주장하는 사람은 (19)의 진리를 전제한다는 점을 가정해야 한다는 어법에서 유추한 것이다.

> (18) 내 아이들은 모두 자고 있다.
> (19) 나는 아이들이 있다.

이런 전제는 주장된 사실에 대한 진리를 요구하는 것, 즉 참과 거짓에 따라 판단될 수 있는 무엇을 말하는 것이 주장의 의의이므로 정당하다. 그러므로 (18)의 주장은 전제 (19)가 참일 때에만 참이거나 거짓일 수 있다. 일반적으로 주장으로 간주되는 것은 (12a)~(12c)와 같은 주장들 및 (12a)~(12c)의 문장들이나 '때문에, 왜냐하면' 등이 있는 문장들로 반박될 수 있는 둘 또는 그 이상의 문장들의 의도된 관계가 명시적으로 표현되지 않은 다른 경우들로 간주되기도 한다. 왜냐하면, (12a)~(12c)와 같은 발화들의 진의가 p의 진리의 도움으로 q의 진리를 증명하는, 즉 p의 진리를 통하여 q의 진리를 지원하는 데 있다면, (12a)~(12c)를 주장하는 사람은 (13)~(17)과 같은 종류의 문장의 진리를 전제해야 하기 때문이다. 왜냐하면, p로부터 q를 추론하는 것은 비교적 일반적인 문장, 이른바 변항을 가진 문장이 전제될 때에만 가능하기 때문이다.
(12a)는 이런 점을 보여주는 좋은 예이다. 이 경우, (13)~(16)에서와 같은 종류의 일반적인 문장이 참인 것으로 전제될 수 있는 경우는 없기 때문이다. (12a)에서 논증을 정당화할 수 있을 추론전제들인 (20)~(21)을 참으로 간주하는 사람은 없다.

> (20) 전날 비가 왔으면 모든 행동은 금지되어야 할 것이다.
> (21) 언제나 어떤 사람이 비흡연자인 경우라면, 그 비흡연자가 바란다
> 면 작업장에서의 흡연은 금지되어야 할 것이다.

즉, (12)에서 '왜냐하면'을 통하여 결합된 문장들 간의 추론관계도 성립하지 않는다. 그러므로 (10)을 통하여 (1)을 지원하는 것도 불가능하다. 그러므로 (12)는 논증이라고 할 수 없다. 이 두 예는 두 문장 또는 '왜냐하면, 때문에' 등에 의한 주장들의 결합이 추론관계를 보여주는 징후가 아니라, 'q, weil p', 'q, denn p', 'da p, q'[3] 등과 같은 문장형태의 정확한 사용이 접속사를 통하여 연결된 문장들 간에 추론관계가 성립함을 이미 전제하고 있음을 명시해준다.

논증할 때 사용된, 추론전제를 제시함으로써 명시될 수 있는 문장들 간의 추론관계 성립은 행위를 할 때 논증이라고 말할 수 있는 필수 조건이기는 하지만, 충분 조건은 아니다. 이것은 모든 논증의 토대가 되어야 하는 것이 추론관계이기는 하지만 그 추론관계의 토대가 되는 모든 행위들이 논증인 것은 아님을 뜻한다. 다음의 예를 살펴보자.

> (22) 작업장 흡연은 비흡연자가 바란다면 금지된다. 왜냐하면 간접흡연은 어떤 경우에도 무해한 것은 아니기 때문이다.
> (23) 간접흡연은 어떤 경우에도 무해한 것은 아니다. 그러므로 작업장에서의 흡연은 비흡연자가 바란다면 금지되어야 할 것이다.

비흡연자가 원할 때에는 작업장 흡연이 금지되어 있음을 모든 통보참여자들이 알고 있는 상황에서 (22)가 발화되고, 간접흡연이 어떤 경우에도 무해한 것이 아니라는 연구성과에 관하여 통보참여자들이 논의하는 상황에서 (23)이 발화된다고 가정해 보자. 당연히 이 두 경우에 추론되는, '왜냐하면'이나 '그러므로'로 연결된 문장들 사이에 (14)~(17) 같은 종류의 추론전제를 통하여 명시될 수 있는 추론관계가 성립한다. 그러나 여기서 문제되는 것은 지금까지와는 다른 경우들이다. 왜냐하면 지금까지는 뭔가가 금지되어야 하거나 되지 않아야 하는 반면에, (22)의 사용상황에서는 작업장 금연이 왜 금지되는지를 증명하고 설명하는 일이다. 그리고 (23)에서는 결론을 이끌어내어 특정한 인식으로부터 또 다른 인식을 얻는 일

---

3) 'q, weil p', 'q, denn p': 'q이다. 왜냐하면 p이니까';
  'da p, q': p이니까 q이다.

을 문제삼는다.

달리 말하면, 우리의 첫 번째 예들에서 문제삼았던 질문은 (24)인 반면에, (22)의 경우에는 (25)의 질문을, (23)에서는 (26)의 질문을 문제삼는다.

> (24) 비흡연자가 바란다면 작업장 흡연은 금지되어야 할까?
> (25) 비흡연자가 바란다면 작업장 흡연은 왜 금지되어야 할까?
> (26) 간접흡연이 어떤 경우에도 무해한 것은 아니라는 인식은 어떤 결론을 낳을까?

(22)와 같은 경우를 증명이나 설명이라고 하고, (23)의 경우를 추론이라고 하고, 지금까지 다룬 예들에서와 같은 경우들만을 논증행위라고 한다. 논증, 설명, 추론에도 적용되는 추론 관계가 성립하는 조건을 위해서는 논증할 때 부가적으로 결론의 진리가 문제시되는 조건이 더 추가된다.

그러나 이러한 구분은 상이한 통사형태에 따른 것처럼 이해될 것이 아니라 상이한 행위조건과 상황조건들로 거슬러 올라가야 한다. 그래서 (27)과 같은 동일한 문장이 전제에 따라서는 논증 또는 설명으로 이해될 수 있다.

> (27) 피고는 자기 삼촌을 살해하였다. 왜냐하면 후자는 그의 상속권을 박탈했기 때문이다.

즉, 피고의 잘못을 입증하는 것과 관련된 경우에는 논증으로 이해되고, 피고의 잘못이 논란의 여지가 없을 때, 곧 피고 자신이 자백을 거부했을 때에는 설명으로 이해된다.

(25)도 다양하게 이해될 수 있다. 하나는 (28)의 의미에서 비난으로 이해된다.

> (28) 어떤 근거들이 작업장 흡연금지를 정당화하는가?
> (29) 비흡연자가 바란다면 작업장 흡연을 금지하는 것은 정당하다.

이때 논증의 출발조건들은 주어져 있다. 그 이유는 (29)가 논쟁의 주제가 되고 정당화되어야 하기 때문이다. 다른 하나는 (4)도 특정한 사태, 즉 금연이 있는 이유에 대한 설명을 바라는 의미에서 정보질문에 지나지 않을 수도 있다. 지금까지 제시된 단계들을 요약하면 다음과 같다.

- 출발상황은 S_2가 (1)의 정당성을 반박하는 것이다.
- 따라서 S_1는 (12b)를 주장한다. 이로써 S_1는 (4)의 도움으로 (1)의 정당성을 S_2에게 납득시키고자 한다.
- S_2는 (4)가 참이라는 점을 인정하지만, (4)가 (1)의 논거가 아님을 증명하거나 (4)가 (1)의 논거인지의 여부가 불확실함을 증명하여 (1)을 반박한다.
- 그 다음에 S_1는 (4)가 (1)의 논거임을 제시하기 위하여 또 다른 주장, 이를테면 (13)을 도입한다. 달리 말하면, S_1는 (13)을 주장함으로써 (4)로부터 (1)의 추론 - (12b)에서 추론하였음 - 을 정당화하고자 한다.

이 논증에서 (4)는 논거이고, (1)은 결론이며, (17)은 추론전제가 된다. 이것을 도표로 나타내면 (30)과 같다.

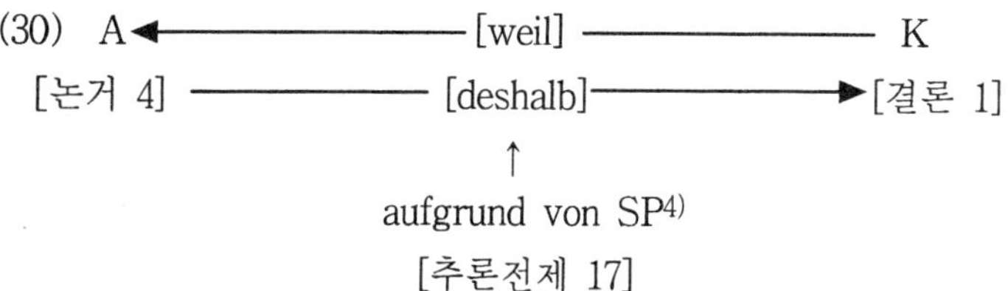

가끔 달리 사용되기도 하는 *Argument*의 경우는 논거, 결론, 추론전제 전체를 함께 논거라고도 한다. *Argument*는 이처럼 모호하게 사용되고 있는데, 특히 *Argument*의 폭넓은 사용이 독일어에서의 일상적인 언어사용보다는 오히려 논리학의 어법이나 영어에서의 사용과 일치하는 듯 하다. *Arguement*라고 말하는 것은 처음 도입된 의미에서 말하는 것뿐이며,

---

4) SP = Schlusspräsupposition 추론전제, weil: 왜냐하면, deshalb: 그러므로

전체, 곧 논거, 결론, 전제의 전체는 논증이라고 부르겠다. 물론 *Argumentation* 도 방식이 다르기는 하지만 다의적이다. 즉, – 주장과 유사하게 – 하나는 텍스트, 곧 언어적 단위의 명칭이고, 다른 하나는 텍스트가 만들어내는 행위의 명칭이다. 그래서 여기서는 이런 정황을 고려하여 '논증결과' 또는 간단히 '논증'과 '논증행위'라는 용어를 도입하겠다.

지금까지 추론전제는 논거로부터 결론으로의 이행을 정당화해주는 것이라고 설명하였다. 그러나 추론전제는 이행이 정당화되었음을 나타내는 것이 아니라 정당화의 자격조건, 곧 논거에서 표현된 것이 정당화되었음을 나타낼 때 결론에서 표현된 것이 항상 그러하고 또 그러해야 하는지, 아니면 '보통, 일반적으로, 자주, 가끔, 어느 정도 자주, 그렇지 않는 경우보다 흔하게' 그러한지, 즉 결론이 어느 정도의 개연성을 가지고 논거로부터 추론됨을 나타낸다. 이러한 자격조건은 특히 결론이 반드시 논거로부터 추론되는 것이 아니라 다소 큰 개연성에 의해서만 추론되는 것이 절대 다수의 논증들에서 그러하기 때문에 중요하다. 대개 논거는 결론의 진리단언을 어느 정도 납득할 수 있게 하지만, 논거와 추론전제를 참으로 간주할 때 결론도 반드시 참으로 간주되는 것은 아니다. 이는 협의의 논리적 추론에만 해당된다. 논리적 추론, 곧 q가 p로부터 논리적으로 추론된다고 말할 수 있는 경우는 동일한 시간에 p를 주장하고 q를 반박하는 모순에 이를 때뿐일 것이다. 이 정의에 따르면, (31)은 논리적으로 (32)로부터 추론되고, (33)은 (34)으로부터 추론된다.

(31) 철수는 30살 이하이다.
(32) 철수는 29살이다.
(33) 그 장관은 물러났다.
(34) 음모가 그 장관을 물러나게 하였다.

그러나 (1)은 분명히 (3), (4), (5)로부터 추론되지 못하지만, (2)는 (6), (7), (8), (9)로부터 추론된다. 이 논거들은 그때 그때의 결론들을 논리적으로 합의하지 못하는 대부분의 다른 논거들을 대신할 수 있다. 즉, 'p는 논리적으로 q를 함의한다'는 'q는 논리적으로 p로부터 추론된다'와 같음을 의미한다.

물론 (13)을 (4)에 부가할 수 있는데, (4)와 (13)은 함께 결론 (1)을 함의한다. 즉, 접속사, 곧 (4)와 (13)의 대등 접속(그리고)을 주장하고 동시에 (1)을 반박하는 모순에 이르게 된다. 이는 이른바 전건 긍정 규칙(modus ponens)에 따른 모든 추론에도 적용된다.

$$(35)\quad p \rightarrow q$$
$$p$$
$$\overline{}$$
$$\therefore\quad q$$

우리의 예에 대입시키면, p는 (4)가 되고 q는 (1)이 된다.

S_1가 S_2에게 한편으로 (4)로부터 (1)을 한 추론 결론을 정당화하지만, 다른 한편으로 S_1가 자기의 논거에 실은 강도도 명시해야 하는 추론전제를 제시한 논증 상황에서 S_1가 (16)을 제시하였다고 가정하자. 이제 가능한 것은 S_2가 이에 만족하지 않고 '보통'이 무엇을 의미하는지 되묻는 일, 즉 S_1가 자기의 논거에 실은 강도가 S_2에게 아직 분명하지 않다는 점이다. S_1는 이에 대하여 '보통'을 다음과 같이 설명함으로써 대답할 수 있다.

(36) '보통'은 '거의 언제나' 만큼 많다는 뜻이다.
(37) '보통'은 '매우 자주' 만큼 많다는 뜻이다.
(38) '보통'은 '금지가 쓸모 없을 때까지'를 뜻한다.
　　　　……

이로써 S_1는 다른 표현이나 특정한 조건을 제시하여 강도의 표현을 좀 더 명확하게 나타낸다. 이런 놀이는 임의로 계속될 수 있다. 그러나 통보 참여자들이 서로 올바로 이해하고 있다는 인상을 가질 때 종결될 것이다. 이러한 되물음은 다른 표현들에서도 - 우리의 예에서는 '큰'이나 '골칫거리' - 동일하게 가능하거나 필요한 경우도 있다.

S_2가 S_1의 추론전제의 제시에 여전히 만족하지 않는 또 다른 이유는

S$_2$가 S$_1$의 추론전제를 참이라고 간주하지 않거나, 결론처럼 반박하거나 의심하기 때문이다. S$_2$가 S$_1$로부터 제시된 추론전제 (17)을 반박한다고 가정하자. 그러면 S$_1$는 논거인 (17)의 진리를 위하여 (39)를 끌어들일 수 있으며, (17)에 찬성하는 이 논증을 추론전제 (40)을 통하여 정당화할 수 있다.

> (39) 큰 골칫거리는 관련자에게 인정받을 수 없다.
> (40) 무엇이 특정인에게 인정받을 수 있는 것이라면 그것은 보통 금지
>   되어야 할 것이다.

이는 S$_1$가 원칙적으로 처음과 같은 상황, 곧 'S$_1$에게 여전히 중요한 것은 원래의 결론, 곧 (1)을 지지하는 것이지만, S$_1$는 마지못해 논거인 (4)의 상태를 지지한다, 즉 (16)을 정당화'하는 상황에 직면해 있음을 뜻한다. 그런데 이 (16)은 논거인 (40)을 통하여 정당화할 (39)를 논거로 든 결론이 되기도 한다. 이러한 관계를 도식화하면 다음과 같다.

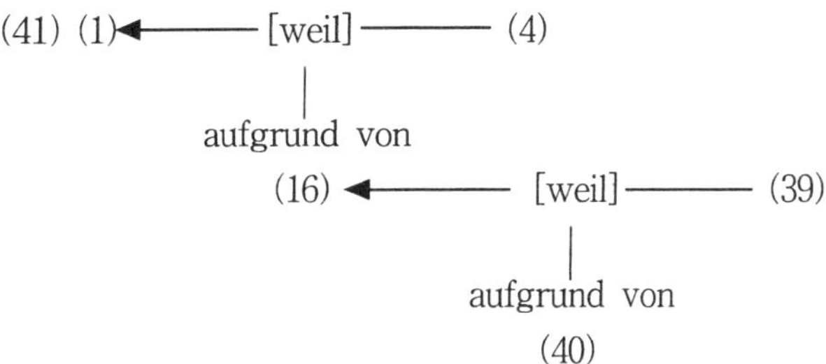

이것은 논증 사슬의 구조를 취한다. 물론 (39)는 다시 반박되거나 정당화될 수 있다. 이러한 논증 사슬은 S$_2$가 더 이상 되묻지 않거나 반박하지 않거나 의심하지 않을 때 종결될 것이다.

그러면 S$_2$가 더 이상 되묻지 않는 경우는 어떤 때인가? 한편으로 가능한 것은 S$_1$가 자기의 논증목표, 즉 원래의 결론이 참이거나 정당함을 S2에게 납득시키려는 목표를 달성한 경우이다. S$_2$가 S$_1$의 논증에 납득하게

되는 조건들을 들면 다음과 같다.

> (42) (i) S_2는 S_1이 제시한 논거를 참이라고 간주한다.
>   (ii) S_2는 S_1이 전제한 추론전제 또는 상황에 따라 명시된 추론전
>   제를 참이라고 간주한다.

이 두 조건은 필수적이다. S_2가 (4)를 한번도 참이라고 간주하지 않을 때 S_2가 (4)의 도움으로 (1)의 정당성을 거의 납득할 수 없는 것은 당연하다. 마찬가지로 S_2가 - 그가 (4)를 참이라고 간주하더라도 - 추론전제를 참이라고 간주하지 않을 때, 즉 (1)이 (4)로부터 추론된다고 보지 않을 경우에 (4)를 통하여 납득할 수 없는 것은 분명하다. 물론 S_2는 S_1이 전제하였거나 명시한 추론전제를 참이라고 간주하지 않더라도 특정한 경우에서는 논증에 대해 납득할 수 있다. 예를 들면 (16)과 같은 유사한 추론전제를 참으로 간주하는 경우가 그러한데, 이런 경우들은 제외하기로 하고, S_2가 S_1의 논증을 정확히 S_1이 의도한 의미에서 S_1이 의도한 방식으로 납득하는 경우에만 한정시키겠다. S_2가 S_1의 논증에 납득한 위의 두 가지 조건에서 문제가 되는 것은 충분조건이 아닌 필수조건이다. 논리적인 추론에서만 이 조건들도 충분조건이 된다. 그렇지만 다른 경우에, S_2가 억지로 논거와 추론전제를 참이라고 간주한다면, 그는 결론을 참이나 정당한 것으로 간주하지 않게 된다. 그러면 논증은 강요되지 않고 결론의 진리를 어느 정도로만 수용하고 있음을 시사해준다.

S_2가 더 이상 되묻지 않는다는 말은 무조건 S_2도 납득하였음을 뜻하는 것은 아니다. 따라서 누군가가 논증하였다고 말할 수 있는 경우는 S_1이 논거로서 제시한 주장이 참이고/거나 이 주장이 결론의 논거라고 믿지 않을 때이다. 그래서 우리는 그 진리가 논쟁의 여지가 있고, 그 주장 자체는 '지원'으로 간주되지 않더라도, 그 주장을 결론의 지원인 것으로 전제하는 행위자가 주장하는 것을 문제삼을 때 논증한다고 말한다.

4. 예시분석

먼저 반대 변호사가 제시한 변론 (43)의 논증구조를 분석해보자.

> (43) 나는 작업장 금연이 의학적으로 꼭 필요하지 않고, 법률 정책적으로 논란의 여지가 있으며, 그리고 사회심리학적으로 개연적인 위험이 있다는 그의 견해에 반대합니다. 나의 견해에 대한 근거는 이러합니다.
> 이른바 간접흡연의 유해성은 지금까지 과학적으로 증명되지 않았습니다. 그리고 이 후의 설문조사에서도 간접흡연의 유해성이 과학적으로 일반적인 작업환경에서는 입증될 수 없다는 결론에 이를 것입니다.

(43)은 (6)과 (7)로 풀어쓰기를 한 논거들이 먼저 (44)의 논거가 되는 경우에 (2)의 간접 논거들임을 말해준다. 이런 관계는 '나의 견해에 대한 근거는 이러합니다'에 의해 분명해진다.

> (44) 작업장 금연은 의학적으로 꼭 필요한 것은 아니다.
> (45) 언제나 금지가 의학적으로 꼭 필요한 것이 아니라면 금지령을 내려서도 안 될 것이다.

이들은 - (44)에서 (2)가 추론될 수 있으므로 - (45)에 근거할 때 비록 간접적이기는 하지만 (2)의 논거들이다. 명백한 추론과정을 표출하지 않고 암시적으로만 수행되는 이러한 형태는 아주 흔하면서 꼭 필요한 것이기도 하다. 그 이유는 어떤 논증의 모든 단계들을 명시적으로 제시할 수도 없을 뿐더러 항상 필요한 것도 아니며, 논증을 너무 번거롭게 하기도 하기 때문이다. 그러므로 (43)의 구조는 (6)이나 (7)이 결론인 (44)의 논거가 되고 있는데, (44)는 다시 추론전제 (45)에 근거해서 결론인 (2)의 논거가 된다. 이것을 도식화하면 다음과 같다.

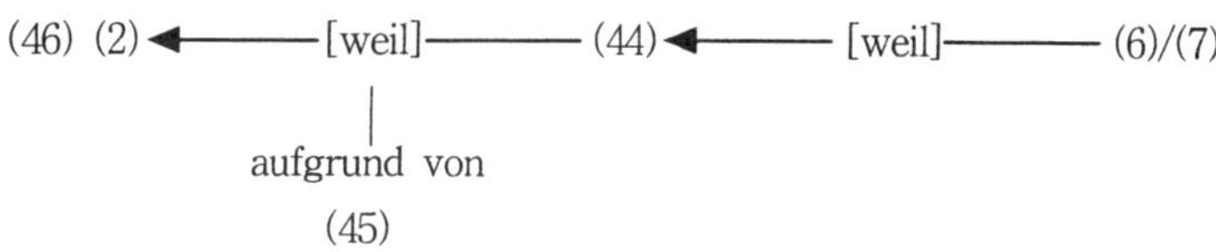

이제 (1)을 지지하기 위하여 찬성 변호사가 끌어들이는 논거 (5)를 다루어보자. 여기서도 특정한 단계들이 논증에서 암시적으로만 수행되고 있다. 즉, (5)에서 (1)을 추론하는 일은 동시에 (47)을 참으로 간주할 때에만 용인될 수 있다.

    (47) 작업장 흡연은 되도록 신선한 공기를 마실 수 있는 시민권을 위반
        하는 것이다.

이에 따라서 비로소 (5)와 (1) 사이의 관계가 성립하기 때문이다. (5)는 (48)과 같은 추론전제에 근거할 때 (49)의 논거가 될 수 있다.

    (48) 되도록 신선한 공기를 마실 수 있는 시민권이 보장되어야 한다면
        이 권한을 위반하는 것은 모두 금지되어야 한다.
    (49) 되도록 신선한 공기를 마실 수 있는 시민권을 위반하는 것은 모두
        금지되어야 한다.

여기서도 결론 (1)에 직접 찬성하지 않는 논거 (5)가 제시되기는 하지만, 이것은 결론인 (49)가 추론전제가 될 수 있다는 점에서 (47)로부터 (1)로의 이행을 정당화시켜주는 간접적인 논거가 된다. 즉, 여기서 명시적으로 제시된 논거는 전제되기만 하고 명시적으로 열거되지 않은 실제적인 결론 (1)의 논거를 정당화해 주는 추론전제의 논거이다. 이것을 도식화하면 다음과 같은 논증 사슬이 나타난다.

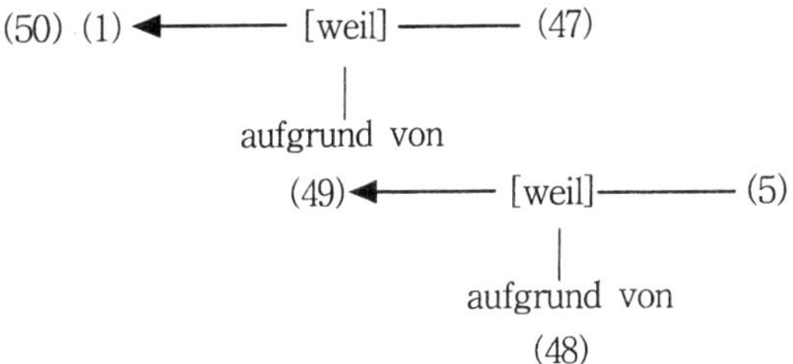

유사한 경우가 논거 (8)의 경우에서도 나타난다. 이것은 (2)의 정당성을 위한 논거로서 제시되고 있다. 이 논증도 여러 단계를 거쳐 수행되는데, 그 이유는 (8)로부터 (2)를 추론하는 것은 (51)~(52)이 동시에 전제되거나 이들의 진리가 받아들여질 때에만 가능하기 때문이다.

(51) 작업장 금연은 흡연의 매도(罵倒)를 의미한다.
(52) 흡연은 골칫거리이다.
(53) 특정 골칫거리가 매도된다고 해서 모든 골칫거리가 매도되어서는
    안 될 것이다.

즉, (53)이나 이에 상응하는 전제를 참이라고 간주하지 않을 경우, (8)이 어떻게 (2)의 논거가 될 수 있는지 알 수 없다. 그렇지만 추론전제인 (53)에 근거할 때, (8)은 (54)의 직접적인 논거는 아니지만 (54)의 한 논거일 뿐이더라도 (2)의 논거일 수 있다.

(54) 모든 골칫거리가 매도되어서는 안 될 것이다.
(55) 특정 골칫거리가 매도되지 않는다면 이것은 다른 골칫거리에도 적
    용되어야 할 것이다.

그러나 (54)를 받아들일 만한 개연성이 없다는 것은 추론전제로서의 (53)이 개연적이 아니라 오히려 (53)이 (55)를 통하여 대체될 수 있음을 뜻한다.

(55)는 다시 (8)로부터 (56)의 추론을 정당화해 준다.

(56) 골칫거리라고 해서 모두 원칙적으로 매도되어서는 안 될 것이다.
(57) 흡연은 원칙적으로 매도되어서는 안 될 것이다.

그러면 (56)은 논거인 또 다른 전제 (52)로부터 결론 (57)으로의 이행을
정당화 해주는 추론전제로 볼 수 있는데, 이 결론은 추론 전제인 (51)에
근거할 때 (2)의 논거가 될 수 있거나 되어야 한다. 이것은 (58)과 같은
후건 부정 규칙에 따른 추론에서 그럴 수 있으며, 전건 긍적 규칙처럼 이
형식에 임의로 대입시키면 (59)와 같은 결과가 나타난다.

(58) $p \rightarrow q$

$\neg q$

____

$\therefore : \neg p$

(59) • 작업장에서의 흡연이 금지된다면 그것은 흡연의 매도를 의미한다.
　　• 흡연은 원칙적으로 매도되어서는 안될 것이다.
　　• 그러므로: 작업장에서의 흡연은 매도되어서는 안될 것이다.

논증의 전체구조를 도식화하면 다음과 같다.

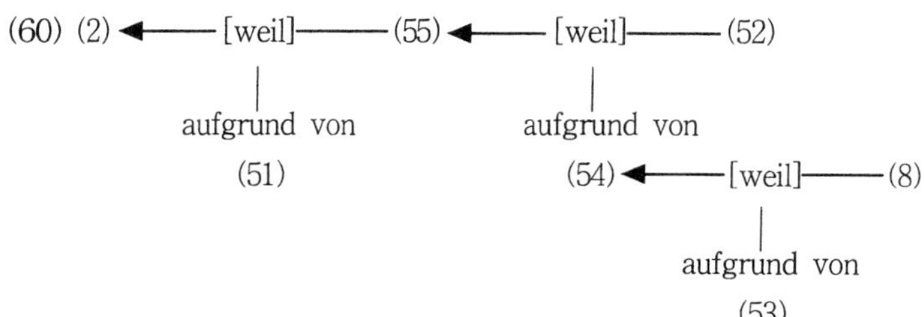

5. 마무리

논증 연구는 고대 희랍·로마 시대부터 논리학과 수사학의 핵심 과제

였다. 그러나 수세기 동안 주목을 받지 못하다가 70년대의 화용론적 전환이 일어나면서 특히 (텍스트) 언어학자들의 주목을 받게 되었다.

독일에서는 논증이론을 언어교육, 특히 텍스트 이해교육에 적용하고자 하는 노력이 70년대 중반에 있었다. 80년대에 들어서면서 텍스트언어학이 이론적·실제적으로 무르익으면서 텍스트나 담화의 논증적 구조를 이해할 수 있는 여러 가지 방안들이 제시되었는데, 괴터트(1978), 윌슐레거(1979), 클라인(1981), 킨포인트너(1983), 브링커(1992) 등이 대표적이다.

여기서는 논증을 언어적 행위로 이해하려는 윌슐레거의 입장을 집중적으로 조명하였다. 그도 툴민처럼 논증을 좁은 의미, 곧 미시구조적인 의미로 이해되고 있다. "논증이란 문제가 되는 뭔가 다른 것을 지원하기 위하여 뭔가를 주장한다는 뜻이다." 이때 지원하기 위해 주장된 것을 '논거'라고 한다. 그는 진리 또는 진리요구와 관련해서만 논증, 곧 논증행위라고 하고, 행위 지원을 증명이라고 본다. 반대로 설명은 비의도적인 종류의 사건이나 사태와 관련시킨다. 툴민의 논증 모델과 경합관계에 있는 이 모델은 그 동안 텍스트와 담화의 논증구조를 밝히는 분석에 두루 적용되었는데, 그 한 예가 앞에서 제시한 예시분석이다.

앞으로 툴민의 명제 정향적 논증이론의 문제점을 지적하면서 행위 정향적 논증이론의 필요성을 밝히는 작업도 이루어져야 할 것이다. 이때 특히 논증과 추론, 증명, 설명의 차이를 어휘적, 문법적, 화용적 관점에서 밝히는 작업도 병행되어야 할 것이다.

참고논저

괴터트(K.H. Göttert)(1978), Argumentation, Tübingen.

괴터트(K.H. Göttert)(1991), Einführung in die Rhetorik, München.

나에스(A. Naess)(1975), Kommunikation und Argumentation, Kronberg.

마스(U. Maas)(1973). Sprachliches Handeln II: Argumentation. Funk-Kolleg Sprache 2: 158-172.

마트(H.P .Maat)(1985), Argumentation: Zur Charakterisierung und Abgrenzung eines Forschungsgegenstandes, SL 16: 1-21.

메칭(D. Metzing)(1976), Argumentationsanalyse, SL 2: 1-23.

분덜리히(D. Wunderlich)(1974), Grundlagen der Linguistik, Reinbek. Linguistische

브링커(K.Brinker)(1992)/이성만(역)(1994), 텍스트언어학의 이해 (Textanalyse), 서울: 한국문화사.

슈비탈라(J. Schwitalla)(1976), Zur Einführung in die Argumentationstheorie, DU 28. 4: 22-36.

에메렌·그로텐도어스트(F. van Eemeren·R. Grootendorst)(1982), The speech acts of arguing and convincing in externalized discussions, Journal of Pragmatics 6: 1-24.

에메렌 밖에(F. van Eemeren et. al.)(Hg. 1987), Argumentation: perspectives and approaches, Proceedings of the conference on argumentation 1986, Dordrecht.

욀슐레거(G. Öhlschläger)(1977), Argumentieren. Heringer, H. et al.(Hg. 1977), Einführung in die praktische Semantik, München: 251-274.

욀슐레거(G. Öhlschläger)(1979), Linguistische Überlegungen zu einer Theorie der Argumentation, Tübingen.

이성만(1995), 텍스트구조의 두 가지 차원, 독일문학 55: 411-432.

이성만(1996), 텍스트에서 논증행위의 구조, 독어교육 11: 199-229.

이성만(1999), 「논평」의 텍스트 유형론적 연구: 바꿔쓰기에 의한 텍스트 주제의 전개 방식을 중심으로, 독일어문학 11: 279-301.

클라인(W. Klein)(1980), Argumentation und Argument, LiLi 38/39: 9-57.

클라인(W. Klein)(1981), Logik der Argumentation, H. Schröder/H. Steger(Hg. 1981), Dialogforschung, Düsseldorf: 226-264.

클라인(W. Klein)(1985), Argumentationsanalyse. Ein Begriffsrahmen und ein Beispiel, J. Kopperschmidt/M. Schanze(Hg. 1985), Argumente Argumentation. Interdisziplinäre Problemzugänge, München: 208-260.

킨포인트너(M. Kienpointner)(1983), Argumentationsanalyse, Innsbruck.

툴민(St.Toulmin)(1958/1975). Der Gebrauch von Argumenten. Kronberg.

페렐만·올브레히츠-티테카(C. Perelman/L. Olbrechts-Tyteca)(1958/1969), The new Rhetoric, London.

하버마스(J. Habermas)(1981), Theorie des kommunikativen Handelns, Bd.1: Handlungsrationalität und gesellschaftliche Rationalisierung, Frankfurt/M.

이성만(李成萬)
302-732
대전광역시 서구 도마2동 439-6
배재대학교 독어독문학과
전화: 042-520-5334
e-mail : leesm@mail.paichai.ac.kr

김광균의 〈外人村〉에 나타난 회화성과 상징성

장 경 희

　이 글에서는 〈外人村〉이 지니고 있는 상징 구조를 분석하여 보았다. 텍스트의 음운·통사적 구조 및 기호 공간 구조에서 출발하여, 원근법에 의한 회화적인 구성을 관찰하고, 이 회화적인 구성이 상징하는 바를 찾아보았다. 그리고 끝으로 시텍스트가 명사구 구성의 명사 종결형 발화로 끝남으로써 지니는 시적 효과를 살펴보았다. 〈外人村〉은 감각적인 이미지로 구성된 한 폭의 그림을 통하여 내면의 깊은 철학을 상징화하고 있는 것으로 분석되었다. 이 시에서의 회화적 구성은 단지 상징으로 나아가기 위한 수단임을 알 수 있었고, 회화적인 구성에서 원근법에 따라 풍경을 그리면서 회화적 구성만으로 해결될 수 없는 단서들을 마련하여 상징 구조로 통하는 길을 열어 두고 있는 것을 볼 수 있었다. 회화적인 요소들인 감각적 이미지에 새로운 가치와 의미를 부여하여 상징적인 표현 체계를 구성하였고, 이러한 상징 체계를 통하여 사건 사이의 대립 관계와 조화의 관계를 형상화하였다. 이러한 내용 구조는 텍스트의 음운·통사적 구조와 기호 공간적 구조 및 언어적 표현 형식에까지 조직적으로 반영되고 구조화되어 있음을 볼 수 있었다. 또 한편 〈外人村〉에서는 종결어미를 생략한 명사 종결형 발화로 시텍스트를 끝맺음으로써 시텍스트의 종결어미가 지니는 주관성을 극복하고 이미지의 객관성을 확보하였으며, 시 텍스트에서 화자와 청자가 퇴각하는 효과를 낳은 동시에 화면을 확대하고 이미지를 강조하는 효과를 가져왔다고 보았다.

　핵심어휘: 회화성, 상징성, 기호 공간적 구조, 명사 종결형 발화

1. 서론

　김광균의 〈外人村〉은 회화성을 지닌 대표적인 시로 평가되며 그 시의 "분수처럼 흩어지는 푸른 종소리"라는 구절은 공감각적 은유의 대명사가 될 정도로 널리 알려져 있다. 텍스트 전체의 회화성이나 끝 구절의 인상이 강렬하여서인지 이 시에 대한 분석은 흔히 이러한 인상적인 데에 머

무르며, 이 시가 회화성에서 나아가 어떠한 상징성을 지니고 있는가에 대해서는 거의 논의되지 않고 있다.

　이 시는 지금까지의 평가에서와 같이 회화적인 구성을 지니고 있음은 분명하지만, 일차적으로 관찰되는 회화적인 구성을 조금만 더 분석해보면, 이 시는 높은 상징성을 지니고 있다. 색, 형, 소리, 크기 등의 감각적 이미지는 그림을 그리는 도구에서 나아가, 관념이나 가치를 상징하며, 이 이미지들의 배열을 통하여 내면의 세계를 체계적이고 아름답게 형상화하고 있음을 볼 수 있다. 김광균은 이 시에서 사물의 감각적 이미지로 새로운 언어, 즉 표현 체계를 수립하고 있다.

　이 글에서는 <外人村>이 지니고 있는 상징 구조를 밝혀보려 한다. 텍스트의 음운·통사적 구조 및 기호 공간 구조에서 출발하여, 원근법에 의한 회화적인 구성을 관찰하고, 이 회화적인 구성이 상징하는 바를 찾아보기로 한다. 그리고 끝으로 우리는 이 텍스트가 명사구 구성의 명사 종결형 발화로 끝남으로써 지니는 시적 효과도 살펴보기로 한다.

2. 음운·통사적 구조 및 기호 공간적 구조

2.1. 음운·통사적 구조

<外人村> 텍스트의 형식 구조는 6연으로 되어 있다.[1]

　(1) # 하이얀 모색(暮色) 속에 피어 있는/
　　　산협촌의 고독한 그림 속으로/
　　　파아란 역 등을 단 마차 한 대 잠기어 가고/
　　　바다를 향한 산마루 길에/
　　　우두커니 서 있는 전신주 위엔/
　　　지나가던 구름이 하나 새빨간 노을에 젖어 있었다.//

---

1) 이 시에 대한 연의 구분은 텍스트 원본을 실은 엄형섭(1982: 349~351)을 참조하였으나, 텍스트 전문은 신경림·정희성(1981: 183)을 인용하였다.

바람에 불리는 작은 집들이 창을 내리고/
갈대밭에 묻힌 돌다리 아래선/
작은 시내가 물방울을 굴리고,//

안개 자욱한 화원지(花園地)의 벤치 위엔/
한낮에 소녀들이 남기고 간/
가벼운 웃음과 시든 꽃다발이 흩어져 있다.//

외인묘지의 어두운 수풀 뒤엔/
밤새도록 가느다란 별빛이 내리고,//

공백(空白)한 하늘에 걸려 있는 촌락의 시계가/
여윈 손길을 저어 열 시를 가리키면/
날카로운 고탑(古塔)같이 언덕 위에 솟아 있는/
퇴색한 성교당(聖敎堂)의 지붕위에선//

분수처럼 흩어지는 푸른 종소리 #[2]

김광균, 〈外人村〉, 신경림·정희성(1983: 183)

여섯 개의 연으로 구성된 이 텍스트는 의미를 참조하면, 다음과 같이 1연 / 2~3연 / 4~6연의 세 부분으로 나누어진다.

Ⅰ: # 하이얀 모색(暮色) 속에 피어 있는/ 산협촌의 고독한 그림 속으로/ 파아란 역 등을 단 마차 한 대 잠기어 가고/ 바다를 향한 산마루 길에/ 우두커니 서 있는 전신주 위엔/ 지나가던 구름이 하나 새빨간 노을에 젖어 있었다. //

Ⅱ: 바람에 불리는 작은 집들이 창을 내리고/ 갈대밭에 묻힌 돌다리 아래선/ 작은 시내가 물방울을 굴리고,// 안개 자욱한 화원지(花園地)의 벤치 위엔/ 한낮에 소녀들이 남기고 간/ 가벼운 웃음과 시든 꽃

---

2) 시 텍스트 일부를 인용해야 하는 경우가 있어서, 시의 처음과 끝, 행과 연을 나타내는 기호를 정하기로 한다. '#'은 시 텍스트의 시작과 끝을 표시하며 '/'은 행의 끝을 표시하고, '//'은 연의 끝을 표시한다.

다발이 흩어져 있다.//
Ⅲ: 외인묘지의 어두운 수풀 뒤엔/ 밤새도록 가느다란 별빛이 내리고,//
공백(空白)한 하늘에 걸려 있는 촌락의 시계가/ 여윈 손길을 저어
열 시를 가리키면/ 날카로운 고탑(古塔)같이 언덕 위에 솟아 있는/
퇴색한 성교당(聖敎堂)의 지붕위에선// 분수처럼 흩어지는 푸른 종
소리 #

　　<外人村>의 음운·통사적 구조는 6연으로 구성되는 표면적인 구조가
아니라 의미 분절인 세 단위를 중심으로 할 때 일정한 형식이 확인된다.
Ⅰ-Ⅲ의 통사구조는 약간의 변형이 존재하지만 '…이 …고 …에(는) …이
…다'는 구조로 나타낼 수 있다. 이 틀에 따라 Ⅰ,Ⅱ,Ⅲ을 수식 성분들을
제외하고 개략적으로 나타내면 다음과 같다.

	…이	…고	…에	…이	…다
Ⅰ	마차가	잠기어 가고	전신주 위엔	구름이	젖어 있다
Ⅱ	a. 집들이 b. 작은 　　시내가	a. 창을 　　내리고 b. 물방울을 　　굴리고	벤취 위엔	웃음과 꽃다발이	흩어져 있다
Ⅲ	별빛이	내리고	지붕 위에선	종소리	

　　이상과 같은 사실은 <外人村>의 통사 구조가 반복성을 지니고 있음을
보여 준다. 이러한 통사 구조의 반복은 음운적 반복 구조를 형성하며 이
시에 리듬을 만들어내고 있다. Ⅲ은 "종소리"라는 명사로 끝나 통사구조
에 변형을 보여 주는데, 이러한 변형은 음운·통사적인데에 머물지 않는
다. 통사 구조의 동일성에서 생겨난 반복적인 리듬이 Ⅱ까지는 지속되지
만 Ⅲ의 끝 부분에서 깨어지게 된다. 이 리듬감의 단절이 가져오는 효과
는 뒤에서 살펴보기로 한다.

2.2. 기호 공간적 구조

의미 분절인 Ⅰ, Ⅱ, Ⅲ이 백지 공간에 배열되어 시적인 구성을 이룬 것이 (1)의 텍스트인데, 이들이 차지하는 텍스트의 기호 공간은 Ⅰ이 1연 하나로 되어 있는데, Ⅱ는 두 개의 연으로 되어 있고, Ⅲ은 3개의 연으로 되어 있다. 연의 수로 볼 때 발화의 기호 공간은 점점 확대되어 가는 구조로 되어 있음을 알 수 있다.

행의 단위로 보면 기호 공간의 구조는 또 다른 특성을 보인다. 6개의 연 가운데 첫째 연은 6행으로 구성되어 있고, 여섯째 연은 1행으로 되어 있다. 표면적으로는 첫째 연이 가장 큰 공간을 차지하고 있으나, 연이라고 하는 것은 시 텍스트의 기호 공간적인 크기의 단위이므로, 동일 텍스트에서는 크기가 동일하다는 관점에서 보면, 1연에 비하여 6연이 가장 큰 빈 공간을 가지고 있다. 텍스트 (1)을 연의 빈 공간이 남아 있는 모양까지 나타내 보이면 다음과 같다.

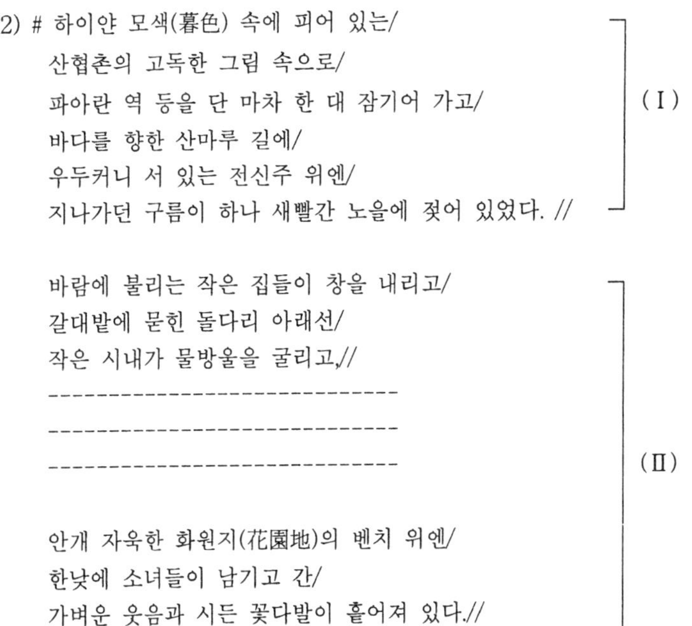

외인묘지의 어두운 수풀 뒤엔/
밤새도록 가느다란 별빛이 내리고,//

공백(空白)한 하늘에 걸려 있는 촌락의 시계가/
여윈 손길을 저어 열 시를 가리키면/   (Ⅲ)
날카로운 고탑(古塔)같이 언덕 위에 솟아 있는 /
퇴색한 성교당(聖敎堂)의 지붕위에선//

분수처럼 흩어지는 푸른 종소리 #

----

(2)와 같은 빈 공간 표시를 통하여 텍스트에서 Ⅰ, Ⅱ, Ⅲ이 차지하는 공간의 크기가 다른 것을 볼 수 있으며, "분수처럼 흩어지는 푸른 종소리"의 6연이 표면적인 공간은 가장 작지만 빈 공간이 가장 큰 것을 볼 수 있다. 텍스트에서 비어 있는 공간은 표면적으로는 여백의 미를 주지만, 의미적으로는 함축적인 내용을 지닌 것인데, 이 공간이 무엇을 담고 있는가는 의미 구조를 참조해야 한다.

<外人村>이 회화적인 구성을 지니고 있고, 원근감을 지닌 한 폭의 풍경을 묘사하는 듯한 인상에 근거하여, Ⅰ에서 Ⅲ으로 오면서 연의 수가

확대되는 현상, 즉 기호 공간적 크기가 확대되는 현상을 원근화법에 따라
사물의 크기를 나타내는 방법이라는 관점에서 볼 수 있다.

(3) 하이얀 모색(暮色) 속에 피어 있는/

산협촌의 고독한 그림 속으로/

파아란 역 등을 단 마차 한 대 잠기어 가고/

바다를 향한 산마루 길에/
우두커니 서 있는 전신주 위엔/
지나가던 구름이 하나 새빨간 노을에 젖어 있었다.//

바람에 불리는 작은 집들이 창을 내리고/
갈대밭에 묻힌 돌다리 아래선/
작은 시내가 물방울을 굴리고,//

안개 자욱한 화원지(花園地)의 벤치 위엔/
한낮에 소녀들이 남기고 간/
가벼운 웃음과 시든 꽃다발이 흩어져 있다.//

외인묘지의 어두운 수풀 위엔/
밤새도록 가느다란 별빛이 내리고,//

공백(空白)한 하늘에 걸려 있는 촌락의 시계가/
여윈 손길을 저어 열 시를 가리키면/
날카로운 고탑(古塔)같이 언덕 위에 솟아 있는/
퇴색한 성교당(聖敎堂)의 지붕위에선//

분수처럼 흩어지는 푸른 종소리 #

(3)은 텍스트의 빈 기호 공간을 활자들의 크기로 대략 매워 본 것이다.
활자의 크기가 확대되듯이 원경에서 근경으로 오면서 확대되는 사물의

크기를 연의 수의 확대를 통하여 나타내려 한 것으로 볼 수도 있다는 것이다.

이와는 달리 텍스트의 빈 공간은 지속이나 반복으로 이해될 수도 있다. <外人村>에 형상화되어 있는 사태들은 지속되거나 반복적인 사태라는 점에서 특성을 찾아 볼 수 있다. 텍스트에 형상화된 사태들 가운데 1연 사태는 과거의 일로 사라져 버린 것이지만, 현재의 일을 나타내는 2~3연, 즉 II의 사태는 현존하고 있으며 지속되고 있다. 작은 시내가 물방울을 굴리는 것이나 시들은 꽃다발이 흩어져 있는 상태가 현장에 지속되어 있다. 그리고 III연의 사태들도 화자는 지속적인 것으로 인식하고 있다. 이 지속성이 이 텍스트에서 의미를 지닌다면, 언어로 표현하지는 않았을지라도 이 텍스트의 어디인가에 그 흔적을 지니고 있을 것이다.

앞에서 본 텍스트의 기호 공간적인 여백을 이 지속성의 표시로 볼 수도 있다. 시 텍스트에서 공간 여백은 흔히 언어의 절약을 위한 생략에서 오므로, 생략의 법칙에 따라 이 여백을 해석하여, 각 연의 빈 공간은 선행 행과 동일한 형식을 지닌다고 볼 수 있다. 이러한 관점에 따르면, 생략 이전의 텍스트의 심층 구조는 다음과 같다.

> (4) # 하이얀 모색(暮色) 속에 피어 있는/
>   산협촌의 고독한 그림 속으로/
>   파아란 역 등을 단 마차 한 대 잠기어 가고/
>   바다를 향한 산마루 길에/
>   우두커니 서 있는 전신주 위엔/
>   지나가던 구름이 하나 새빨간 노을에 젖어 있었다.//
>
>   갈대밭에 묻힌 돌다리 아래선/
>   작은 시내가 물방울을 굴리고,/
>   작은 시내가 물방울을 굴리고,/
>   작은 시내가 물방울을 굴리고,/
>   작은 시내가 물방울을 굴리고,//
>   안개 자욱한 화원지(花園地)의 벤치 위엔/
>   한낮에 소녀들이 남기고 간/
>   가벼운 웃음과 시든 꽃다발이 흩어져 있다./

가벼운 웃음과 시든 꽃다발이 흩어져 있다./
가벼운 웃음과 시든 꽃다발이 흩어져 있다./
가벼운 웃음과 시든 꽃다발이 흩어져 있다.//

외인묘지의 어두운 수풀 위엔/
밤새도록 가느다란 별빛이 내리고/
밤새도록 가느다란 별빛이 내리고/
밤새도록 가느다란 별빛이 내리고/
밤새도록 가느다란 별빛이 내리고/
밤새도록 가느다란 별빛이 내리고//

공백(空白)한 하늘에 결려 있는 촌락의 시계가/
여윈 손길을 저어 열 시를 가리키면/
날카로운 고탑(古塔)같이 언덕 위에 솟아 있는/
퇴색한 성교당(聖敎堂)의 지붕 위에선/
퇴색한 성교당(聖敎堂)의 지붕 위에선/
퇴색한 성교당(聖敎堂)의 지붕 위에선//

분수처럼 흩어지는 푸른 종소리/
분수처럼 흩어지는 푸른 종소리/
분수처럼 흩어지는 푸른 종소리/
분수처럼 흩어지는 푸른 종소리/
분수처럼 흩어지는 푸른 종소리/
분수처럼 흩어지는 푸른 종소리 #

(4)에서는 텍스트에서 지속성을 지닌 사태들이 동일한 언어 형식으로 반복되고 있다. 그리고 "분수처럼 흩어지는 푸른 종소리"가 가장 여러 번 반복되고 있음을 볼 수 있다. 이 텍스트의 연과 행의 기호 공간적 구조는 (3)이나 (4)의 구조로 이해될 수 있을지 또는 어떤 의미를 지니지 못하는 것인지는 내용 구조의 논의를 통하여 결정될 수 있을 것이다.

3. 내용 구조의 회화성과 상징성

3.1. 회화적 구성의 문제점과 논리, 상징적 구조로의 전환

<外人村>을 읽으면, 원근감이 잘 드러난 풍경화를 보는 듯한데, 텍스트의 원근 구조를 분석하여 보기로 한다. 이 텍스트에 표상된 사태의 시간과 공간은 먼 곳에서 현장 가까이로 근접하는 구조를 지니고 있다. 시간 구조를 먼저 살펴보면, I은 과거 시제로 되어 있고, II는 현재 시제이며, III은 명사 종결형 발화로 시제가 결여되어 있다. 사건의 시간성에 의할 때, I이 나타내는 사태는 화자로부터 멀리 있는 것이며 II의 사태는 화자 가까이에 있다. I과 II의 사태는 시간적인 거리에 따른 선적인 구조이며 I과 II를 진행하면서 화자의 시선은 과거에서 현재로 넘어 오고 있다. III은 시상 요소가 결여되어 있는데 이것은 시상 요소의 단순한 생략이 아니라 사태를 시간적인 거리감에 의한 선적 구조에서 화자가 인식하고 있지 않음을 의미한다.3) 이와 같은 텍스트의 사태가 지니는 시제를 통하여 살펴본 시간 구조는 거리감이 큰 과거에서 출발하여 시적 화자가 있는 현장으로 나아오는 구성이다.

텍스트의 공간 구조도 시간 구조와 동일하게 거리감이 줄어드는 구조를 보인다. I의 사태는 수평선 부근의 산골과 사라져 가는 노을을 배경으로 하는 원거리의 풍경이다. II가 나타내는 사태는 시적 화자의 시선이 부담없이 다가갈 수 있는 근경이며, III의 사태는 시적 화자가 의도적인 시선을 주지 않아도 이미 알고 있는 사태이다. 이 텍스트의 원근감을 살린 구성은 <外人村>을 읽는 독자에게 한 폭의 풍경화를 보는 듯한 느낌이 들게 한다. 그러나 이러한 회화적인 인상에서 뒤로 물러서면 이 시는 회화적인 구성을 목표로 하고 있지 않음을 알 수 있다.

---

3) 이 점에서 명사 종결형 발화의 시상의 결여는 절대문의 시상 결여의 설명과 일치한다. 임홍빈(1983: 127-130)에서는 국어 절대문의 존재를 확인하고 절대문의 시상 결여를 사실 소여나 예정 소여로서 '주어진 것'에 대하여 아무런 인식 과정이나 인간적인 굴절을 겪음이 없이 주어진 그 자체로서 표현하는 것임을 의미한다고 하였다.

  회화적인 구성은 동일 시간성을 필요로 하는 구성인데, 이 시의 시간은 과거에서 현재로 변화되고 있다. 선·후행 발화 사이의 시간성의 변화는 사태 사이의 논리성을 기초로 하는 것이므로, 이 시는 회화적 구성 이외의 어떤 관념의 세계를 담고 있는 것이다. 회화적 구성이 지니는 문제점은 5연의 "공백한 하늘에 걸려 있는 촌락의 시계가 여윈 손길을 저어 열 시를 가리키면"의 '-면'에 대한 해석에 이르면 더욱 분명히 드러난다.

  6연의 종소리는 현장의 종소리만으로 존재하지 않는다. 현장의 종소리라면 화자는 이 종소리를 들었거나 듣고 있는 것으로, 그런 상황에서의 종소리를 나타내려 한다면, '촌락의 시계가 열 시를 가리키자', 또는 '촌락의 시계가 열 시는 가리키고' 등으로 표현했어야 한다. 그런데 텍스트에서는 '촌락의 시계가 열 시를 가리키면'으로 표현하였다. 6연의 텍스트의 종소리가 울리는 시각에 대한 단서는 이 5연의 '-면'에서 찾을 수 있다.

  '-면'의 용법 가운데는 많은 경험을 통하여 얻어낸 추상적인 법칙을 나타내는 것이 있다(장경회 1995: 168~169).[4]

  (5) A: 철이는 가라니까 가지를 않아요. 왜 그러지요?
      B: 철이는 가라면 안 가요.

  화자 A는 현장에서 처음 경험한 인과 관계를 문제삼고 있으나, B의 화자는 현장의 사건과 과거의 사건까지를 포함하는 철이의 행동 습관 내지 행동의 법칙을 이야기하고 있다. 이와 같이 '-면'은 현장의 사건에 직면하기 이전에 그 인과 관계를 경험한 적이 있어야 사용할 수 있는 표현이며, '-면'이 사용되면 그 인과 법칙을 형성할 정도의 경험이나 관찰이 있었음을 함축적으로 전달한다.

  이러한 '-면'의 의미에 기초할 때 5~6연의 "… 시계 열 시를 가리키면 …분수처럼 흩어지는 푸른 종소리"라는 부분이 나타내는 내용은 시적 화자가 이미 여러 번 반복해서 경험하여 알고 있는 사실이며 그 경험에서 얻은 법칙을 '-면'으로 표현하였다. 그러므로 4~6연은 화자의 현장에 있

---

4) '-면'에는 이러한 용법 이외에도 조건, 가정 등을 나타내는 용법이 있다.

는 특정한 개별 사태만을 나타내는 차원이 아니고 과거의 경험까지를 포함하며, 물론 미래에 울리게 될 종소리까지를 포함한다. 4~6연은 보편적인 법칙 내지 관념의 세계를 표상하고 있다. 이러한 논의에 의하면, 이 텍스트는 다음과 같이 현실 세계의 사실과 이에 대한 보편적 원리라는 두 층위의 내용으로 되어 있다.

┌ 특정한 사태 ┌ Ⅰ: 사태1(과거)
│   └ Ⅱ: 사태2(현재)
└ 보편적 원리 -- Ⅲ: 사태1과 사태2 사이에 존재하는 보편적 법칙

6연의 종소리는 텍스트의 내용 분석에 의하면, 현장의 종소리는 포함하지 않는다. 5연의 시계의 "여윈" 손길이나 성교당의 "퇴색한"이라는 색채는 밤에는 확인하기 어려운 것이며 공백한 하늘 또한 밤의 빛깔은 아니다. 5연의 사태는 밝은 시간 속에 있다고 보아야 하는데, 시적 화자의 현재의 시점이 있는 1~3연의 사태는 밤을 배경으로 하고 있다. 따라서 종소리를 현장의 종소리로 이해하면 1~3연의 밤이 배경이 되는 현장과 5~6의 낮이 배경이 되는 현장이 공존해야 하므로 시간과 공간의 논리에 모순이 생긴다. 이러한 모순은 4~6연이 보편적인 법칙 내지 관념의 세계를 나타낸다고 보면 설명된다. 이상과 같은 내용 구조를 좀더 자세하게 살펴보기로 한다.

3.2. 감각적 이미지로 형상화된 대립과 조화의 구조

<外人村>에서는 회화적인 구성을 이루기 위하여 사용된 색, 크기, 무게 등이 그림을 그리는 이외에 또 다른 질서를 이루고 있다. 우선 사실 세계의 사태인 Ⅰ과 Ⅱ를 보면, 이들은 시간, 공간, 색, 소리, 무게, 사태의 배경 등이 구별되고 있다. 색이 Ⅰ에서는 '파란 역등'과 '새빨간 노을', '하이얀 모색'이 나타내는 색으로 대립되어 있다. '파-란'과 '하이얀'의 표기에서 볼 수 있듯이 이 색들은 아주 강한 파란색이며, 흰색도 강렬하고, 노을의 빛도 새빨간 빛이다. 이러한 색의 강한 대립이 Ⅱ에서는 동질적인

색들의 조화로 바뀐다. 갈대, 안개, 시들은 꽃다발 등이 지니는 색은 약하고 강한 대립을 보이지 않는다. Ⅰ의 대상은 대부분 크기가 크며 무겁고 멀리 있는 것들이나, Ⅱ의 대상은 작거나 가벼우며 가까이 있다. 또 사태의 배경은 Ⅰ은 수평선 근처의 풍경으로 하늘과 땅을 모두 배경으로 하고 있으나, Ⅱ는 땅위의 공간이 중심이 되어 있다.

관념의 세계 또는 보편적인 원리를 표상하는 4~6연에서도 Ⅰ과 Ⅱ에서 관찰할 수 있는 특징들을 볼 수 있다. Ⅰ연의 파랑과 빨강의 강렬한 색채의 대립이 4연에서는 어두운 수풀과 가느다란 별빛의 대립으로 약하게 존재한다. 그리고 Ⅱ에서 보는 약한 대립의 색채, 즉 거의 동질적인 색들을 5연에서도 볼 수 있다. '공백한' 하늘이나 '퇴색한 성교당' 등에서 드러나는 색채는 대립되지 않으며 전혀 강렬하지 않다. 모양이나 크기, 무게, 배경도 4연은 Ⅰ과 같이 크고 무겁고 멀리 있는 것들이나, 5연은 작고 가볍고 가까운 대상들이다. 그리고 이들의 배경도 4연은 땅에서 먼 하늘까지 걸치나, 5연에서는 땅위와 땅위의 공간에 걸쳐 있다. 여기서 우리는 현실 세계의 사태를 표상하는 Ⅰ과 Ⅱ의 차이가 관념의 세계 내지 보편 법칙을 표상하는 Ⅲ에도 평행적으로 존재하고 있음을 볼 수 있다.

Ⅰ과 Ⅱ를 중심으로 다시 이 시에서 사용한 감각적 이미지의 배열에 대한 의미를 생각하여 보면, 색채의 대립은 이 시에서 나타내려고 하는 대립의 관계 내지 갈등 구조를 상징한다고 생각된다. 긍정적인 것과 부정적인 것, 또는 싫어하는 것과 좋아하는 것, 투쟁과 화합, 선과 악 등의 대립의 관계를 사물의 물리적인 색채의 대립으로 형상화한 것이다. 이 시에서는 색의 경우 빨강이나 그에 가까운 색은 부정적인 개념을 나타내는 듯하고, 파랑이나 엷고 드러나지 않는 빛에는 긍정적 가치가 주어지고 있다. 이밖에도 네모, 큰 것, 무거운 것, 하늘, 과거, 먼 곳 등은 부정적 개념으로 원형, 곡선, 가벼운 것, 땅, 현재, 가까움 등은 긍정적 가치를 지닌 것으로 사용된 듯하다.

대립 관계와 구별되어 이 시에서 형상화된 또 하나의 개념은 조화의 관계이다. Ⅱ에서 동질적인 색은 대립이 아닌 조화를 상징하며, 4연의 퇴색한 색도 대립의 상실을 뜻하며, '공백한' 하늘의 색과 '퇴색한' 성교당의 색은 조화를 이룬다.

이 시에서는 대립 관계와 조화의 관계를 구별하는 중요한 또 하나의 감각 이미지가 소리이다. 소리의 존재는 조화의 관계를 나타내며, 소리의 크기는 조화의 정도를 나타낸다. 대립 관계를 형상화한 Ⅰ과, Ⅲ의 4연은 소리가 존재하지 않는다. 조화를 형상화한 Ⅱ에서 비로소 바람 소리, 물방울 소리, 웃음소리가 작게 들리기 시작한다. 그리고 보편의 법칙에서 조화를 나타내는 Ⅲ의 5~6연 가운데 6연의 "분수처럼 흩어지는 푸른 종소리"에서 조화의 관계는 극에 이른다. 종소리에는 이제 붉은 빛은 볼 수 없고 파란빛만 남아 있으며, 부드러운 곡선의 모양을 지니며 가볍다. 종소리는 조화의 지극한 단계를 상징하는 이미지임을 알 수 있다.

이렇게 대립 관계와 조화 관계를 형상화하고 각각의 관계에 속하는 사물들을 그 크기와 무게, 배경, 시간, 원근 등의 물리적 이미지를 구별하여 형상화하였다. Ⅰ, Ⅱ, Ⅲ에 사용된 물리적인 감각 이미지들을 정리해 보면 다음과 같다.

의미 분절	연	표상세계	시간	공간	색	소리	크기	무게	배경
Ⅰ	1	사실세계	과거	遠	하이얀, 파란, 새빨간		大	重	땅과 하늘
Ⅱ	2~3	사실세계	현재	近	갈대, 안개, 시든 꽃다발	바람, 시내, 웃음	小	輕	땅과 공중
Ⅲ	4	보편 법칙	先	遠	어두운 수풀, 별빛		大	重	땅과 하늘
	5		後	近	공백한 하늘, 퇴색한 성교당		小	輕	땅과 공중
	6		後	近	푸른	종소리	小	輕	땅과 공중

이 시에서는 이와 같은 감각적 이미지를 사용하여 갈등 내지 대립의 세계가 갈등의 해소 내지 조화의 세계로 바뀌는 모양을 형상화한 것이다. 먼저 현실 세계의 대립 관계(Ⅰ)와 조화 관계(Ⅱ)를 제시한 다음에 Ⅲ에서 이들에 대한 보편 법칙을 말함으로 끝내고 있다. 대립 관계는 과거나 선행 사태로 제시되었고, 조화의 관계는 현재나 후행 사태로 나타내었다. 조화의 관계가 대립 관계에 후속되는 것을 나타낸 것이다.

이 시에서 보편 법칙을 도입한 것은 대립 관계에서 조화 관계로의 변환이 끊임없이 반복하여 계속되는 것임을, 즉 순환성을 나타내기 위한 것이다. 보편 법칙을 나타내는 Ⅲ에서는 색의 대립 강도를 볼 때, 대립 관계는 현실 세계의 대립 관계인 Ⅰ보다 약한 형태로 제시되며, 조화의 관계는 현실 세계의 조화 관계인 Ⅱ보다 더 강화된 형식으로 나타난다.

이상과 같은 상징 구조의 관점에서 앞의 기호 공간적인 크기나 연의 여백을 해석하여 보면, (3)이나 (4)로의 해석이 모두 가능하다. 기호 공간의 확대화 경향을 원근에 따른 사물의 크기의 확대로 해석한 경우는 이 시의 첫 단계 구성인 회화성의 관점이고, 연의 빈 공간을 사태의 지속성을 나타내는 것으로 해석한 것은 이 시에 형상화된 대립에서 조화로의 순환의 끊임없는 지속, 또는 이 시에서 가장 강조하고 있는 조화의 절정인 맨 끝 연의 종소리의 지속을 나타내고 있다고 볼 수 있다. 이 시에서는 내용 구조의 첫 단계인 회화성과 그 다음 단계의 상징성을 모두 기호 공간적 크기와 모양으로도 나타내려 했다고 보겠다.

4. 명사 종결형 발화의 시적 효과

4.1. 이미지 객관화

〈外人村〉에서는 언어적인 표현 형식에 대해서도 깊은 성찰이 이루어졌음을 볼 수 있다. 특히 종소리의 이미지를 부각시키는 데에 각고의 노력을 한 것으로 보인다. "분수처럼 흩어지는 푸른 종소리"에서 종결어미가 생략된 명사 종결형을 사용한 것이 그 한 예이다.

"분수처럼 흩어지는 푸른 종소리"를 '분수처럼 흩어지는 푸른 종소리 들린다'나 '푸른 종소리가 분수처럼 흩어졌다'와 같은 종결어미를 지닌 발화로 표현한다면 강력한 회화성은 사라져 버린다. 또 한편 첫째와 둘째 발화를 명사 종결형 발화로 표현하면 회화성은 상당히 강력해진다. "분수처럼 흩어지는 푸른 종소리"의 구절이 지니는 회화성이 이 발화가 명사로 끝나고 있다는 언어 형식적 측면에서도 영향을 받고 있음을 볼 수 있다.

뛰어나게 회화성이 강한 박목월의 <나그네>나 <불국사>도 시 텍스트 전체가 거의 명사 종결형 발화로 구성되어 있으며, (6)~(7)에서와 같이 시적 대상을 회화적으로 그리는 부분에 명사 종결형 발화가 쓰이는 것을 볼 수 있다.

(6) # 엄마야 누나야 강변 살자/
   뜰에는 반짝이는 금모래빛/
   뒷 문 밖에는 갈잎의 노래/
   엄마야 누나야 강변 살자 #

김소월, <엄마야 누나야>, 신경림·정희성(1981: 64~65)

(7) # 넓은 벌 동쪽 끝으로/
   옛이야기 지줄대는 실개천이 회돌아 나가고,/
   얼룩백이 황소가 해설피 금빛 게으른 울음을 우는 곳,//
   - 그 곳이 참하 꿈엔들 잊힐리야.//
   질화로에 재가 식어지면/
   뷔인 밭에 밤바람 소리 말을 달리고/
   엷은 조름에 겨운 늙으신 아버지가/
   짚벼개를 돋아 고이시는 곳,//
   - 그 곳이 참하 꿈엔들 잊힐리야.//

정지용, <향수>의 일부, 김시태·박철희 편(1988: 69~70)

(6)에서는 시적 화자가 동경하는 시적 대상인 자연을 명사 종결형 발화로 표현하였고, (7)의 정지용의 〈향수〉에서는 고향 풍경을 그리는 데 명사 종결형 발화를 사용하였다. 실제로 김광균, 정지용을 비롯한 이미지즘의 시인들이 주로 명사 종결형 발화를 많이 사용하고 있고, 논리적인 시에서는 명사 종결형 발화가 거의 사용되지 않는 경향 등도 명사 종결형 발화와 회화성과의 관련성을 보여 주는 것이다.

  명사 종결형 발화가 회화성과 관련되는 특성은, 그것이 지니는 특성인 시상, 양태, 서법, 대우법 등을 결하고 있거나 종결어미가 생략되었다는 데서 찾아야 할 것이다.5) 이 가운데 몇 가지를 살펴보기로 한다.

  명사 종결형 발화에는 양태나 서법이 실현되는 일이 없다. 양태는 사건에 대한 화자의 인식의 방법이나 인식의 양상, 인식의 시점 등을 나타내므로 양태가 결여된 명사 종결형 발화는 화자의 인식이 배제된 표현이며, 객관적인 표현이다.

  또 한편 종결어미의 생략으로 인한 서법의 결여도 시 텍스트에서는 양태의 결여에서와 같이 발화 내용에 객관성을 부여한다. 시 텍스트에서 평서법, 의문법, 명령법 등의 서법은 일상 언어와는 달리, 진술, 의문, 명령 등의 화행을 수행하지 않는다.6) 평서법 어미의 경우, 일상 언어에서는 증거를 지닌 사실에 대한 진술, 사실적 근거에 기초한 단언 등을 핵심 기능으로 하지만, 시 텍스트의 평서법은 이러한 기능이 주변적이라 할 수 있고, 시적 화자의 정서의 표출이나 심리 상태의 묘사 및 화자의 시적 상상에 의해 인식된 생각이나 느낌을 나타내는 정서적 기능을 본질로 한다.

---

5) 일상 언어의 명사 종결형 발화에 대해서는 장소원(1994), 장경현(1995)에서 그 구조와 기능 등이 논의되었다. 이들 논의에서는 문장 구조를 지닌 경우를 주로 다루고 있는데, 시 텍스트에서는 문장 구조형보다 문장 구성을 지니지 못하고, 단일 명사나 명사구 구성을 지닌 명사 종결형 발화가 대부분을 이룬다. 시상, 양태, 대우법 등은 결여된 요소로 보고, 종결어미는 생략된 형식으로 보는 것은 장경현(1995)의 관점을 따른 것이다.

6) 시 텍스트의 종결어미가 일상 언어와 동일한 화행을 수행하지 않는 것은, 시 텍스트에서 진술, 의문, 명령 등의 적정조건이 만족되지 않는 상황에 평서법어미, 의문법어미, 명령법어미가 사용되는 것을 통해 확인할 수 있다.

(8) # 이어도는 서울에 있다./ 그러나 보이지 않는다./ 무수히 많은 인
    파 속에 묻힌 채/ 잔잔한 해류를 타고 떠 다니는/ 이어도는 분명
    서울에 있다.//

양은창, <IYEU島는 서울에 있다>, 오세영(1996: 170)

(9) # 얼굴을 보이지 말아다오 오오 얼굴을 보여 다오/

박서원, <시간의 날개밭에서>, 정효구(1995: 288)

(8)에서는 현실 세계에서 거짓인 명제가 평서법어미로 표현되었지만, 이
것은 전혀 이상하지 않다. (9)에서도 상반된 명령이 이어지고 있다.[7] 시
텍스트의 평서법, 의문법, 명령법 등의 이러한 용법은 서법의 기능보다는
양태에 가까우며, 종결어미가 사용된 발화는 화자의 심리나 의지, 생각
등이 드러난 주관적인 표현이 된다. 명사 종결형 발화는 이러한 시어의
종결어미가 지니는 주관성을 극복할 수 있는 객관적 표현법이라 할 수
있다.

　명사 종결형 발화가 지니는 화자의 주관성 탈피라는 특성은 이미지가
지니는 객관성의 특성과 호응한다. 시인의 내적 정서나 기억은 이미지를
통하여 객관화되므로 이미지는 객관성을 그 특성으로 한다. 이미지 중심
의 시에서 명사 종결형 발화가 많이 사용되는 것은 명사 종결형 발화의
객관성과 관련이 있다고 보아야 한다. 즉 명사 종결형 발화는 표현의 과
정에서 주관적인 인식으로 손상됨이 없이 이미지를 표현하는 데에 적절
한 표현법이라 할 수 있다.

---

7) 상반된 명령에 대하여 정효구(1995: 289)는 시적 화자의 '상반된 감정의 말',
　'양가 감정' 등으로 표현하고 있으며, 이러한 시적 표현을 통하여 시인은 사회
　적 규범의 구속을 뛰어 넘은 상태에서의 자신의 솔직한 감정 상태를 그대로
　드러 내고 있다고 하였다.

4.2. 이미지 확대와 강조

명사 종결형 발화의 대우법 결여라는 특성도 객관성과 회화성을 높이는 데에 관여한다. 시는 시적 화자가 시적 청자에게 하는 발화이며, 일상 발화가 홀로 존재하지 못하고 화자와 청자와 더불어 존재하듯이 시적 발화인 시 텍스트는 시적 화자와 시적 청자와 더불어 존재한다. 그리고 이들의 존재는 대우법을 통하여 시 텍스트에 실현된다.[8]

    (10) # 님은 갔습니다. 아아 사랑하는 나의 님은 갔습니다./ 푸른 산빛을 깨치고 단풍나무 숲을 향하여 난 적은 길을 걸어서 참아 떨치고 갔습니다./

한용운, <님의 침묵>, 신경림·정희성(1981: 86)

    (11) # 어머니/ 당신은 그 먼 나라를 알으십니까?// 깊은 삼림 지대를 끼고 돌면/ 고요한 호수에 흰 물새 날고/ 좁은 들길에 들장미 열매 붉어/ 멀리 노루새끼 마음놓고 뛰어 다니는/ 아무도 살지 않는 그 먼 나라를 알으십니까?//

신석정, <그 먼 나라를 알으십니까>, 신경림·정희성(1981: 130)

(10)~(11)에서 시적 청자는 대우법을 통하여 텍스트에 들어가 있다. 물론 시 텍스트에 참여하는 청자의 비중에는 차이가 있다. (10)에서는 청자를 텍스트 대화에 끼어 넣고 있고, (9)에서는 그저 듣기만 하는 청자로 남겨두었다. 또한 화자 지향적 시에서는 청자는 대화의 장에서 좀더 멀리 떨어져 관객의 관점에 서 있다.

명사 종결형 발화에서는 청자는 물론이고 화자까지 텍스트의 구조 밖으로 밀려나 버린다. 즉 화자와 청자가 텍스트에서 퇴각하는 것이며 이때

---

8) 임홍빈(1983: 113)에서는 절대문의 청자 대우의 결여에 대하여, 현실적인 청자의 존재를 전제하지 않는다는 것으로 특성화하였다. 그리고 추상적인 청자를 존재할 수 있다고 보았다. 시에서는 시적 화자 추상적인 청자를 대상으로 하고 있다고 볼 수 있는데, 대우법의 실현 여부는 저자가 이들의 존재를 텍스트에 표현하느냐 표현하지 않느냐의 문제이다.

의 발화는 화행구조를 잃어 사태에 대한 전달이 아닌 사태의 형상화에 머물게 한다. (11)과 같이 텍스트에 대한 청자의 참여도가 높은 발화는 시적 내용이 선명하게 드러나지 못하지만, 시적 화자와 청자가 퇴각한 텍스트에서는 시적 내용이나 화면은 선명하게 드러난다.

그리고 화자와 청자의 텍스트에서의 퇴각은 화면을 확대하는 효과를 가져온다. <外人村>의 Ⅰ,Ⅱ에서는 화·청자가 존재하다가 Ⅲ에서 화자와 청자가 퇴각하게 되면 우리의 의식 속에서 Ⅲ의 사태가 차지하는 공간이 넓어져 상대적으로 우리는 화면이 확대되는 것 같이 인식하게 될 것이므로, 화면을 클로즈업하는 효과가 발생한다고 볼 수 있다.

이러한 시적 화면의 확대는, 앞에서 Ⅲ이 종결어미를 지니지 않음으로써 리듬의 단절을 가져온다는 리듬의 단절이 지니는 효과와 관련된다. 리듬의 단절은 그 곳에 긴 휴지를 가져오며, 의미적으로는 그 행의 내용을 붙잡아 두거나 지속되게 하는 효과를 가져온다. 즉 리듬의 단절은 확대된 화면을 붙잡아 두는 효과를 가져온다고 해석할 수 있다. 이것은 이 시를 읽고 난 후에 우리의 귀에 계속해서 들려오는 종소리의 긴 여운을 설명해 줄 것 같다.

5. 결론

<外人村>은 감각적인 이미지로 구성된 한 폭의 그림을 통하여 내면의 깊은 철학을 상징화하였다. 이 시에서의 회화적 구성은 단지 상징으로 나아가기 위한 수단임을 볼 수 있었다. 회화적인 구성에서는 원근법에 따라 풍경을 그려나갔고, 이 구성이 뛰어나 이 뒤에 숨은 상징 구조를 오랫동안 눈에 띄지 않게 숨겨 둘 수 있었던 것이다. 그러나 회화적 구성만으로 해결될 수 없는 단서들을 마련하여 상징 구조로 통하는 길을 열어 두고 있었다.

회화적인 구성의 요소로 또 다른 전달을 하기 위하여, 사물의 감각적 이미지에 고유한 가치와 의미를 부여하였고 이들의 체계적인 배열을 통

로는 설명할 수 없는, 텍스트 전체의 내용 구조와 표현 구조에 의한 것이
라 하겠다.

참고논저

김대행(1976), 韓國詩歌構造硏究, 三英社.
김시태(1985), 문학의 이해, 이우출판사.
김시태・박철희 (편)(1988), 현대시의 이해, 문학과 비평사.
김완진(1979), 문학과 언어, 탑출판사.
박갑수 (편저)(1994), 국어문체론, 대한교과서 주식회사.
송하선(1982), 한국 현대시 이해, 금화출판사.
신경림・정희성(1981), 한국 현대시의 이해, 진문출판사.
엄형섭(1982), 한국 현대시사 자료 집성 9, 태학사.
오세영(1996), 변혁기의 한국 현대시, 새미.
유영희(1994), 시 텍스트의 담화적 해석 연구-화자를 중심으로, 서울대학교 석사
　　학위논문.
이사라(1987), 시의 기호론적 연구, 중앙경제사.
이어령(1995), 詩 다시 읽기, 문학과 사상사.
이현호(1993), 한국 현대시의 담화・화용론적 연구, 한국문화사.
임홍빈(1983), 국어의 '절대문'에 대하여, 진단학보 56: 97-136
장경현(1995), 국어의 명사 및 명사형 종결문에 대한 연구, 국어연구130.
장경희(1994), 문체와 의미, 박갑수 (편저)(1994:).
장경희(1995), 국어 접속 어미의 의미 구조, 한글 227: 151-174
장소원(1994), 현대 국어의 소형발화 연구, 텍스트언어학 2: 261-286
정효구(1995), 20세기 한국시의 정신과 방법, 시와 시학사.
최현무 (편)(1988), 한국 문학과 기호학, 문학과 비평사.

('김완진 외 1996, 문학과 언어의 만남, 신구문화사'에서 옮겨 실음.)

장경희(張京姬)
133-791
서울특별시 성동구 행당동 17번지
한양대학교 사범대학 국어교육과
전화 : 02)2290-1134
e-mail : changkh@email.hanyang.ac.kr

'續美人曲'의 텍스트 언어학적 분석

신 지 연

'속미인곡'의 텍스트 구조는 작가가 텍스트 생산자가 되고 청자가 텍스트 수신자가 되는 거시 구조와 작중 인물 '을'이 텍스트 생산자가 되고 '갑'이 텍스트 수신자가 되는 미시 구조로 나누어 볼 수 있어 이중적인 구조를 가지고 있다고 말할 수 있다. '속미인곡'의 거시 구조 텍스트를 결속하는 요소는 작중 행위 참여자의 변화였으며, 미시 구조 텍스트를 결속하는 요소는 시간적 공간적 배경의 응집 표현들과 같은 의미장에 속하는 어휘 표현들의 연쇄가 이루는 응집이다. 특히 시간적 배경과 공간적 배경을 이루는 표현들이 별개의 차원에서 확장되지 않고 서로 어우러지는 입체적 구조를 보이는 점이 탁월하다. 비슷한 주제를 다루고 있는 '사미인곡'과 비교할 때, 구조적으로 서사적 구도를 도입하여 보다 입체적이고 어휘 선택이 주제와 일관된 점이 작품성을 높인 이유가 되는 것으로 보인다.

핵심어휘 : 거시 구조, 미시 구조, 응집성, 연쇄, 텍스트 생산자, 텍스트 수용자

1. 들어가기

송강 정철(1536-1593)의 '속미인곡'은 그의 가사집 '송강가사'에 실려 있는 것으로 '사미인곡'과 더불어 여인의 임에 대한 그리움을 노래하고 있는 대표적 가사이다. 그러나 송강이 '사미인곡'과 '속미인곡'을 쓴 시기가 당쟁의 여파로 송강이 향리인 '창평'에 칩거하던 때인 것으로 미루어, 남녀간의 그리움에 빗대어 실제로는 임금에 대한 연군의 정을 노래하고 있는 것으로 해석되고 있다. 또한 이러한 시적 관습이 한문 문화권의 오랜 관습이라는 것이 일반론이기도 하다.

'속미인곡'은 선녀인 듯한 두 여인의 대화 형식으로 이루어진 노래로서, 이들을 각각 '갑'과 '을'로 부른다면, '갑'을 상대로 한 '을'의 하소연이 주

로 그 내용을 이루고 있다고 할 수 있다. 이러한 대화 형식은 '을'의 괴로운 상황에 대한 설명을 독자가 장황하게 느끼지 않게 하도록 효과적으로 만듦과 동시에, '갑'의 짧지만 추임새와 같은 맞장구에 의해 '을'의 감정을 더욱 더 상승시키는 효과를 가져오는 문학적 장치의 역할을 한다. 곧 전체 텍스트의 짜임이 대화 형식으로 인해 더욱 긴밀하게 응집되는 결과를 가져오는 것이다. 본고에서는 이 16세기의 짧지만 아름다운 운문 한 편이 현대의 텍스트 언어학적인 방법으로 어떻게 분석될 수 있는지 살펴보기로 한다. 먼저 전문(全文)을 소개하면 다음과 같다.[1]

續美人曲

I ① 뎨 가논 뎌 각시 본 듯도 ᄒᆞ뎌이고
　② 텬샹(天上) 빅옥경(白玉京)을 엇디ᄒᆞ야 니별ᄒᆞ고
　　힌 다 뎌 져믄 날의 눌을 보라 가시ᄂᆞᆫ고

II ① 어와 네여이고 내 ᄉᆞ셜 드러보오
　② 내 얼굴 이 거동이 님 괴얌즉 ᄒᆞᆫ가마ᄂᆞᆫ
　　엇딘디 날 보시고 네로다 녀기실ᄉᆡ
　　나도 님을 미더 군 ᄠᅳ디 전혀 업서
　　이리야 교ᄐᆡ야 어즈러이 구돗ᄯᅥᆫ디
　　반기시ᄂᆞᆫ 눗비치 녜와 엇디 다ᄅᆞ신고
　③ 누어 싱각ᄒᆞ고 니러 안자 혜여 ᄒᆞ니
　　내 몸의 지은 죄 뫼ᄀᆞ티 ᄡᅡ혀시니
　　하ᄂᆞᆯ히라 원망ᄒᆞ며 사ᄅᆞᆷ이라 허믈ᄒᆞ랴
　④ 셜워 플텨 혜니 조믈(造物)의 타시로다

III ① 글란 싱각 마오 미친 일이 이셔이다

IV ① 님을 뫼셔 이셔 님의 일을 내 알거니
　　믈ᄀᆞ튼 얼굴이 편ᄒᆞ실 적 몃날이고

---

1) I, II, III, IV, V는 작중 행위 참여자 '갑, 을'의 교체에 따라 붙인 번호이며, 원문자 ①②……㉠㉡……은 문장종결법에 따라 문장 구분을 하여 붙였다. 이 문장 번호는 화자가 바뀜에 따라 곧, I, II, III……에 따라 새로 붙여진다.

② 츈한(春寒) 고열(高熱)은 엇디ᄒ야 디내시며
　　츄일(秋日) 동텬(冬天)은 뉘라서 뫼셧는고
③ 죽조반(粥朝飯) 죠석(朝夕) 뫼 녜와 ᄀᆞ티 셰시는가
④ 기나긴 밤의 줌은 엇디 즈시는고
⑤ 님다히 쇼식(消息)을 아므려나 아쟈ᄒ니
　　오ᄂᆞᆯ도 거의로다 ᄂᆡ일이나 사롬 올가
⑥ 내 ᄆᆞ음 둘ᄃᆡ 업다 어드러로 가쟛말고
⑦ 잡거니 밀거니 놉픈 뫼희 올라가니
　　구름은 ᄏᆞ니와 안개는 므ᄉᆞ일고
⑧ 산쳔(山川)이 어둡거니 일월(日月)을 엇디 보며
　　지쳑(咫尺)을 모ᄅᆞ거든 쳔리(千里)ᄅᆞᆯ ᄇᆞ라보랴
⑨ 출하리 믈ᄀᆞ의 가 ᄇᆡ길히나 보쟈ᄒ니
　　ᄇᆞ람이야 믈결이야 어둥졍 된뎌이고
⑩ 샤공은 어ᄃᆡ 가고 븬ᄇᆡ만 걸렷ᄂᆞ니
　　강텬(江天)의 혼자 셔셔 디ᄂᆞᆫ 히ᄅᆞᆯ 구버 보니
　　님다히 쇼식(消息)이 더옥 아득ᄒᆞ뎌이고
㉠ 모쳠 촌 자리의 밤듕만 도라오니
　　반벽(半壁) 쳥등(靑燈)은 눌 위ᄒ야 볼갓는고
㉡ 오ᄅᆞ며 ᄂᆞ리며 헤ᄡᅳ며 ᄇᆞ니니
　　져근 덧 녁진(力盡)ᄒ야 픗줌을 잠간 드니
　　졍셩이 지극ᄒ야 ᄭᅮᆷ의 님을 보니
　　옥(玉) ᄀᆞᄐᆞᆫ 얼굴이 반(半)이나마 늘거셰라
㉢ ᄆᆞ음의 머근 말ᄉᆞᆷ 슬ᄏᆞ쟝 ᄉᆞᆲ쟈 ᄒ니
　　눈믈이 바라 나니 말ᄉᆞᆷ인들 어이 ᄒᆞ며
　　졍(情)을 못 다ᄒ야 목이조차 몌여 ᄒ니
　　오뎐된 계셩(鷄聲)의 줌은 엇디 ᄭᅢᄃᆞ던고
㉣ 어와 허ᄉᆞ(虛事)로다 이 님이 어ᄃᆡ 간고
㉤ 결의 니러 안자 창(窓)을 열고 ᄇᆞ라 보니
　　어엿븐 그림재 날 조출 ᄲᅮᆫ이로다
㉥ 출하리 싀여디여 낙월(落月)이나 되야이셔
　　님겨신 창(窓) 안희 번ᄃᆞ시 비최리라

V ① 각시님 ᄃᆞᆯ이야ᄏᆞ니와 구즌 비나 되쇼셔

2. '속미인곡'의 텍스트 언어학적 분석

위에서는 논의의 편의를 위해, 원래는 연 구분이 없는 전체 48행을 행위 참여자의 변화에 따라 연을 나누고 문장종결법이 나타나는 것을 기준으로 문장을 구분해 문장 단위로 앞에 번호를 붙였다. 실제로 운문 작품에서는 현대 문학에서든 고전 문학에서든 통사적인 의미에서의 문장종결법에 의한 문장 단위의 구획이 그리 중요한 것은 아니다. 시적인 운율미를 살리기 위해 또는 단정적이고 설명적인 문체의 딱딱함을 피하여 유연함을 주고 독자의 상상력을 배가시키기 위해 문장종결법의 사용이 오히려 기피되기도 한다. 따라서 서사 텍스트라면 문장종결법 어미가 사용되었을 경우일지라도 운문 작품에서는 연결어미가 나타나는 경우가 많은 것이 운문 텍스트의 특징이라고 할 수 있다. 또한 중세국어에서는 문장종결법의 사용이 현대 국어와 같이 빈번하지 않고 연결어미에 의해 문장 단위의 사건이 표현되는 경우가 많으며, 문장종결법은 하나의 단락을 단위 짓는 역할을 한다는 점도 중세국어의 특징으로 지적되고 있기도 하다.[2] 그러나 적어도 그 반대의 경우, 곧 연결어미가 사용되어야 할 곳에 문장종결법이 사용되는 경우가 있지는 않을 것이라는 가정 아래, 하나의 완결된 감정 표현이 드러나는 명확한 표지의 역할을 한다고 볼 수 있는 문장종결법을 하나의 텍스트 경계 표지로 삼을 수는 있을 것이다.

보통 텍스트는 서사 텍스트와 서정 텍스트로 나눌 수 있다. 종래 텍스트 분석의 대상이 되어왔던 것들은 주로 소설 작품[3]이나 사건의 변화를 보이는 불경의 일부분[4] 등 서사 텍스트였다. 이러한 서사 텍스트들에서는 장소나 시간의 변화 또는 행위 참여자의 변화 등이 주요한 텍스트 응집의 기제로 작용하고 있음을 볼 수 있다. 그러나 운문으로 이루어진 시

---

2) 고영근(1990) 참조.
3) J. S. Hwang(1980)이 '심청전'을 대상으로, 윤석민(1989)가 '메밀꽃 필 무렵'을 대상으로 한 것 등이 있다.
4) 고영근(1990)에서는 '석보상절'을 대상으로, 小西敏夫(1992)에서는 '월인석보 2 3·目連傳'을 대상으로, 정진원(1993)에서는 '석보상절' 6의 '라후라 출가 이야기'를 대상으로 텍스트 분석을 하고 있다.

가 작품들에서는 장소나 시간적 배경 등은 아예 고려의 대상이 될 수 없는 경우가 많고, 행위 참여자의 변화 또한 사건의 전개와 관련되지 않는 등 눈에 드러나는 응집 요소로 작용하지 않는 경우가 많다. 곧, 운문 작품의 텍스트 분석에서는 사건의 변화에 주목하여야 된다기 보다는 작자가 드러내고자 하는 감정이 어떠한 어휘적 통사적 수단에 의해 더 극명하게 부각되고 상승 효과를 일으키는가 하는 것에 주의하여야 하는 만큼 더 섬세한 안목이 요구된다 하겠다. '속미인곡'은 운문이지만 두 중요 행위 참여자가 등장하여 대화를 통하여 감정을 드러내는 형식으로 되어 있다. 또한 장소나 시간 표현 등이 중요한 사건의 변화와 관련되어 있지는 않지만 설화자의 감정의 폭을 드러내는 중요한 상징 수단으로 사용되고 있기도 하다. 곧, '속미인곡'은 서정 텍스트의 범주에 속하지만 서사 텍스트적 기법을 활용함으로써 문학적 효과를 높이고 있다고 할 수 있다. 이제 2.1에서는 '속미인곡'이 가지는 전체 구조가 텍스트 생산자와 수신자의 관점에서 어떤 특징을 가지는지를 살펴보고, 2.2에서는 '속미인곡'의 전체 텍스트가 가지는 거시 구조를, 2.3에서는 '속미인곡'의 본문이라 할 하위 텍스트의 미시 구조를 살펴보는 순서를 취하여 논의를 전개하기로 한다. 마지막으로 2.4에서 '속미인곡'의 전편이라 할 '사미인곡'과의 간략한 비교를 통하여 '속미인곡'의 작품적 특징을 드러내보이는 작업을 덧붙이기로 한다.

2.1. '속미인곡' 전체 텍스트의 이중 구조

'속미인곡'의 텍스트 생산자는 송강이 될 것이고 텍스트 수신자는 물론 독자이지만, 송강은 행위참여자 '갑'과 '을'을 내세우는 방식으로 자신의 얘기를 풀어나간다. 따라서, 전체 텍스트의 생산 구도를 다음 <그림 1>과 같이 보일 수 있다.

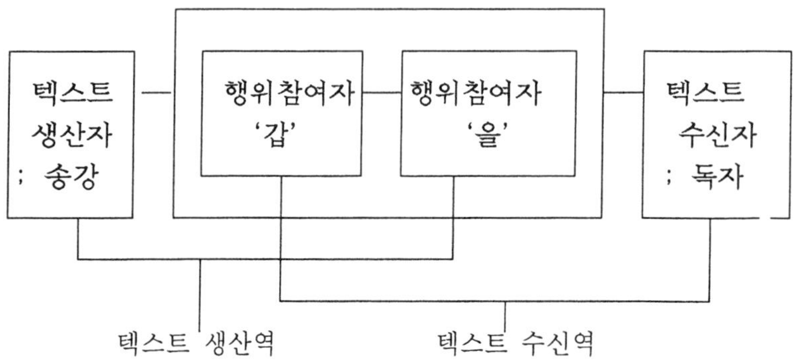

<그림 1. '속미인곡'의 텍스트 생산 구도>

곧, 텍스트 생산자인 작가는 행위참여자 '을'의 입을 통하여 자신이 하고자 하는 얘기를 풀어나가고 텍스트 수신자인 독자는 또다른 행위참여자인 '갑'의 입장이 되어 텍스트를 수용하는 형식을 이루고 있다고 할 수 있다.

'속미인곡'의 두 행위 참여자 중에서 주인공이라 할 만한 인물은 사설을 풀어놓는 대화문 II와 IV의 화자인 '을'이다. 이 때 주인공이란 서사 문학에서 이야기를 풀어놓는 주도적인 역할을 하는 인물을 가리키는 것으로 볼 수 있는데, 운문 문학인 '속미인곡'에서도 이와 같은 서사 문학에서와 같은 주인공을 찾을 수 있는 것이 특이하다. 그러나 작자의 감정을 서정적으로 형상화한 것이라는 운문 문학의 특성상 이러한 주인공은 텍스트 생산자인 작가의 감정 표현에 충실할 수밖에 없는 '설화자(narrator)'[5]의 역할을 하는 것으로 볼 수 있다.

따라서 '속미인곡'이라는 하나의 큰 전체 텍스트의 실제적인 내용은 행

---

5) 이 '설화자'라는 개념은 정진원(1993)에 따르면 텍스트 생산자인 작가와 행위 참여자로서의 작중인물의 역할을 아우르는 사람이다. 이러한 설화자는 '텍스트 안의 모든 말투를 주관하면서' 작중 인물의 대화에서 청자와 화자 사이의 대우법까지를 좌우하는 '설화자 화법'을 수행하는 것으로 보고 있다. 그러나 '속미인곡'에서는 작가가 이러한 설화자 화법을 구사하는 것으로는 볼 수 없다.

위참여자 '을'이 풀어놓는 사설이 될 것인데, 바로 이 '을'의 사설이 작가가 하고자 하는 구체적인 이야기 곧, 메인 텍스트가 되는 것으로 볼 수 있다. 이와 같은 해석은 다른 행위 참여자인 '갑'의 역할이 전체 텍스트의 내용을 풀어나가는 데 미미한 역할을 하기 때문에 말미암는 것이기도 하다. 곧, '갑'은 다른 한편의 행위 참여자이긴 하지만 판소리의 추임새의 기능 정도만을 맡고 있는 것으로 보인다. '갑'의 대화문은 전체 이야기를 도입하고 배경을 소개해 주며, '을'의 감정을 상승시키고, 이야기를 마무리해주는 보조적인 기능을 하는 것이다. 곧, 이야기를 잘 들어주는 충실한 청자의 기능을 하고 있다고 볼 수 있다. 이러한 관점에서 '속미인곡'의 텍스트는 이중적인 구조를 가지고 있다고 말할 수 있다. 곧, '속미인곡'의 텍스트 구조는 작가가 텍스트 생산자가 되고 청자가 텍스트 수신자가 되는 거시 구조와 작중 인물 '을'이 텍스트 생산자가 되고 '갑'이 텍스트 수신자가 되는 미시 구조로 나뉘는 것이다. 이를 정리하면 다음 <표 1>과 같다.

	텍스트 생산자	텍스트 수신자
거시 구조 텍스트	작자	독자
미시 구조 텍스트	행위참여자 '을'	행위참여자 '갑'

<표 5. '속미인곡'의 이중 구조 텍스트>

거시 구조 텍스트를 이루는 데에는 행위 참여자 '갑'과 '을'의 변화가 중요한 역할을 한다. 곧, 거시 구조 텍스트는 대화의 형식을 이루고 있음으로써 서사적인 구조를 갖고 있는 점이 특징으로 지적될 수 있다. 반면 미시 구조 텍스트는 '을'의 개인적인 사연이 소개되는 부분으로서 전형적인 서정 텍스트의 특징을 보여준다.6) 먼저 거시 구조 텍스트의 형성을 살펴보고, 다음 미시 구조 텍스트를 분석하는 순서로 논의를 진행하고자 한다.

---

6) 실제로 작가가 설화자이지만 정진원(1993)의 '설화자 화법'을 구사할 수 없는 이유가 바로 이러한 이중 구조에 말미암는다고 볼 수 있다. 텍스트가 이중 구조를 이루고 있어 설화자가 작중 인물의 대사에 마음대로 간여할 수 없는 일종의 차단 장치가 마련된 것으로 볼 수 있기 때문이다.

2.2. '속미인곡'의 거시구조 텍스트

앞에서도 언급했듯이 전체 텍스트 '속미인곡'의 거시 구조를 이루는 기본 골격은 두 행위 참여자의 대화 형식으로 이루어진다. 곧, 행위 참여자의 변화가 전체 텍스트 응집의 기본 요건이 된다고 할 수 있다.

두 행위 참여자 '갑'과 '을'의 대화 구조는 다음과 같이 전개된다. 먼저 '갑'의 첫번째 대화문인 I에서는 주 행위참여자 '을'의 소개, 시간적 공간적 배경의 소개와 더불어 전체 텍스트의 본문이라고 할 만한 '을'의 하소연을 유도하는 기능까지가 어우러져 가히 전체 텍스트의 서문의 역할을 충실히 하고 있는 것을 알 수 있다. I을 다시 옮겨와 보면 다음과 같다.

> (1) 뎨 가논 뎌 각시 본 듯도 ᄒ뎌이고
>   텬샹(天上) 빅옥경(白玉京)을 엇디ᄒ야 니별ᄒ고
>   ᄒᆡ 다 뎌 져믄 날의 눌을 보라 가시논고

곧, 1연에서는 행위 참여자 '을'이 '뎨 가논 뎌 각시'로 소개되고, 2연에서는 이야기의 공간적 배경이 '텬샹'이 아닌 지상 세계인 것으로 암시되고 있으며, 3연에서는 시간적으로 'ᄒᆡ 다 뎌 져믄 날'이 배경이 되고 있음을 알려준다. 한편, '엇디ᄒ야'나 '눌'과 같은 의문사로 하여금 주된 이야기(main text)를 유도하는 기능을 하게 한다. 곧, 하위 텍스트를 유도하는 도입자(introducer)의 기능을 이들 의문사가 담당하고 있는 것이다.[7]

이와 같은 '갑'의 의문사에 의한 유도에 대해 '을'은 II①의 '내 ᄉ셜 드러보오'로 화답한다. 곧, '갑'의 '질문'에 대한 '을'의 '대답'이 이루어진 것은 화행 이론의 언표내적 행위(illocutionary act)의 효력이 발휘됨으로써 화용적으로 응집을 이룬 것이라고 할 수 있다. 곧, 대용이나 반복과 같은 통사적인 장치에 의하지 않고서도 발화와 발화가 서로 화용적으로 해석될 수 있는 연쇄를 보임으로써 텍스트의 응집에 기여하게 되는 것이다.

---

7) 윤석민(1989;40-3)에 따르면 이와 같은 의문사가 텍스트의 도입부의 표지가 되는 이유는 후행 연쇄의 존재를 예측할 수 있게 해주는 역행대용적 기능을 가지기 때문이라고 한다.

이렇게 이루어진 '을'의 하소연 II에 대해 다시 '갑'은 간곡한 위로의 말로 오히려 '을'의 감정을 부추기고 하소연의 의지를 상승시키는 효과를 가져온다. 이 때 '갑'의 III의 발화는 '을'의 II를 대용어로 받아줌으로써 연쇄를 보인다.

IV는 이 작품의 본문 중의 본문이라 할 하위 텍스트를 이룬다. 전체 48행 중에서 33행을 차지하는 분량으로도 그렇고 연모의 정을 토로하는 내용으로도 그러하다. 앞의 대화 I, II, III의 연속체는 이 IV를 이야기하기 위한 예비 작업에 불과하다고 할 수 있다. 곧, 작중 인물의 이야기로 이루어지는 미시 구조 텍스트는 II와 IV의 두 부분으로 나뉘어지는데 그 중에서도 IV가 주를 이루는 것이다. 바로 이 IV가 전체 텍스트 생산자인 작자가 독자로 하여금 이해시키고 싶은 내용이 된다고 할 수 있다.

표면적인 텍스트 생산자 '을'에 투영된 작자의 텍스트 생산 의도는 마지막 마무리 V에 의해 '을'의 완전한 동감을 획득함으로써 훌륭히 달성된다. 곧, 차라리 달이나 되어 님을 비추겠다는 '을'의 발화에 대해 '갑'은 오히려 달은 그만 두고 슬픈 비가 되어 님 가까이 내리라는 동감과 이해로 응답하게 되는 것이다. 이 때에는 '낙월' ~ '돌'이라는 단어 반복에 의한 명명적 연쇄가 텍스트의 응집에 기여한다.

이상의 전체 텍스트의 구조를 주요 어구와 그 기능을 중심으로 정리하면 다음 (2)와 같다.

(2) I(갑) '엇디ᄒᆞ야 니별ᄒᆞ고 …… 눌을 보라 가시ᄂᆞᆫ고'
       ; 화제의 도입, 질문 – '起'
   II(을) '내 스셜 드러보오'
       ; 질문에 대한 소박한 답변, 곧, 이별의 경위를 설명 ┐
   III(갑) '글란 싱각 마오 미친 일이 이셔이다'   '承'
       ; 위로, 감정의 부추김 ┘
   IV(을) '………츌하리 … 낙월이나 되야이셔'
       ; 본격적인 하소연으로 연모의 심정을 토로 – '轉'
   V(갑) '각시님 돌이야ᄏᆞ니와 구즌 비나 되쇼셔'
       ; 상대방의 심정에 대한 완벽한 동감 표명으로 마무리 – '結'

한편 아래 (3)에서는 화자 변화와 관련한 거시 구조 텍스트의 응집의 수단을 정리하여 그림으로 보인다.

(3) '속미인곡'의 거시 구조 텍스트의 응집 수단

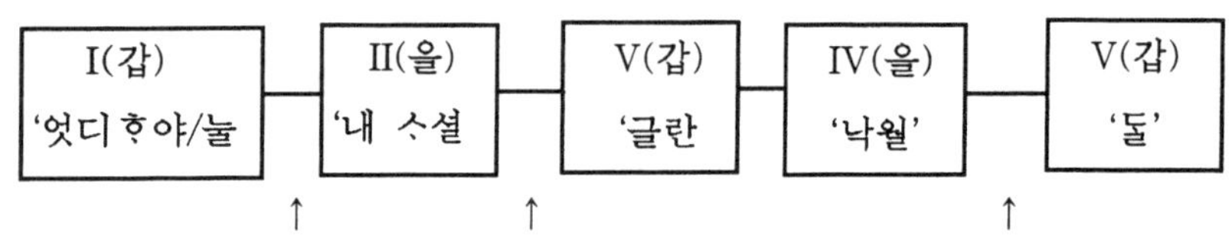

2.3. '속미인곡'의 미시 구조 텍스트

앞에서도 언급하였듯이 '속미인곡'의 미시 구조 텍스트 생산자 '을'의 사연은 II와 IV이다. II가 과거와 관련된 것으로 '님과 이별하게 된 경위'를 그리고 있다면 IV는 현재와 관련된 부분으로 화자가 현재 겪고 있는 방황의 상태와 님에 대한 연모의 정을 나타낸다. IV는 다시 님의 현재와 관련된 부분과 화자의 현재와 관련된 두 부분으로 나뉘는데, 이를 각각 IV-A, IV-B로 나타낸다. IV의 1부터 6연까지의 IV-A는 화자의 님의 현재 상태에 대한 걱정과 궁금증을 나타내는 부분이다. 곧, 님의 봄 여름 가을 겨울의 안녕에 대한 걱정에서부터 하루 세끼의 식사에 대한 염려, 또 잠자리의 편안함에 대한 걱정에까지 세심하고도 지극한 연모의 정을 나타내고 있다. IV의 7연부터 마지막 연까지의 IV-B는 바로 이러한 연모의 마음을 추스리지 못하여 방황하는 화자의 현재 상태를 나타내고 있는 부분으로서, '속미인곡'의 본문 중의 본문이라 할 만하다. 춘하추동을 배경으로 펼쳐지는 '사미인곡'의 본사(本詞)에 견줄만한 부분이기도 하다. 이 부분에서의 화자의 방황은 순전히 정서적인 것임에도 시간적 배경과 공간적 배경을 가짐으로써 서사적인 특징을 갖기도 한다. 이제 '속미인곡'의 전체 48행 중 33행을 차지하면서 양적으로나 내용적으로 가장 큰 비중을 차지한다고 볼 수 있는 이 IV-B를 메인 텍스트로 보아 이를 중심으로 미시 구조 텍스트를 분석하고자 한다. 이 IV-B의 시간적 배경과 공간적 배경의 확장 표현에 의한 응집, 정서적 표현 기제의 응집 등을 차례로 살피는 것이 그 내용이 될 것이다.

먼저 시간적 배경은 오후 늦게부터 새벽녘까지로 파악할 수 있다. 이와 같은 시간적 배경은 다음 (4)와 같은 어휘의 연쇄로 확장된다.

(4) IV-B의 시간적 배경을 나타내는 어휘의 연쇄
   a. '오늘도 거의로다' (8)[8]
   b. '디는 힝' (17)
   c. '밤듕' (19)
   d. '계성(鷄聲)' (28)

(4c)의 '밤듕'에 관하여는 등이 밝혀져 있었고 또 풋잠이 들어 꿈을 꾸게 되는 사건들이 이 시간 표현을 더 분명히 해주는 요소가 되고 있으며, (4d)의 닭울음 소리는 곧, 새벽을 암시한다고 할 수 있다.

다음, IV-B에서 나타나는 화자의 방황은 다음 (5)에서 드러나는 공간 표현을 통해서도 그 넓이가 드러난다.

(5) IV-B의 공간적 배경을 나타내는 어휘의 연쇄
   a. '놉픈 뫼' (10)
   b. '믈고' (14)
   c. '모쳠 춘 자리' (19)
   d. '쑴' (23)
   e. '님겨신 창(窓) 안'

곧, 마음을 둘 데 없는 화자 '을'은 산에도 올라가 보고 강가에도 나가 보는 것으로 마음을 달래려 하지만 결국 초가집 자기 처소로 돌아오게 된다. 그러나 그의 임에 대한 연모의 정은 이러한 현실적인 공간에서만 유효한 것이 아니라 그 공간을 꿈 속에까지 확대할 수 있는 지극한 것임

---

8) 괄호 속의 숫자로 표시된 행(行)은 '속미인곡' 전체에서 본 행이 아니라 화자 변화에 따른 I, II, III, IV, V의 각 부분별로 다시 매긴 것이다.

을 보여준다. 이와 같은 공간적 방황은 결국 (5e)의 님 계신 곳에 도달하기까지의 여정을 보여주는 바 그것은 일련의 일관성 있는 공간 표현의 확장으로 가능하다. 곧, IV의 9행의 '내 마ᄋ 둘 더 업다 어드러로 가쟛말고'로 표현되고 있는 공간적 방황의 시초는 10행에서 18행까지에서 현실적인 공간인 '놉흔 뫼'와 '믈 ᄀ'의 방황으로 이어진다. 이러한 현실적 공간의 방황은 일단 기준 공간으로 볼 수 있는 '모쳠 춘 자리'의 처소로 돌아오는 데서 일단락 되지만, 화자 '을'의 방황은 다시 비현실 공간인 '쑴' 속에까지 확대됨을 21행에서 27행까지 볼 수 있다. 잠이 깸으로써 다시 기준 공간으로 돌아온 화자 '을'은 이번에는 자신을 '달'에 투영시킴으로써 현재의 시공간을 뛰어넘어 가상의 시공간으로 넘어간다. 곧, 자신의 처소의 창 밖을 통하여 '님겨신 창 안'에 이르는 것으로 자신의 방황을 종결짓기 원하는 것이다. 곧, '어드러로'로 쏘아올린 방황의 화살이 결국 '님겨신 곳'으로 귀착된다는, 소망과 상응하는 귀결을 보여주는 것이다. 이와 같은 소망의 성취는 일견 낙관적인 것으로 보여질 수도 있지만, 실제로 이러한 성취가 이루어지는 공간이 현실 세계에서는 절대로 이루어질 수 없는 가상의 공간이라는 점이 이 작품의 비장미를 더하는 것이라 할 수 있다. 이 때, 다양하게 이루어지는 현실, 비현실, 가상 공간의 이동이 항상 기준 공간을 중심으로 일단 회귀한 뒤 이루어진다는 것이 작가의 서사적 배려를 두드러지게 보여주는 부분이라 할 수 있다. 시문학의 특징은 작가의 상상력이 닿는 대로 공간 이동이 자유롭게 이루어지는 것인 데 반해, 여기에서는 전형적인 '스토리 텔링(story telling)'의 방법처럼 공간 이동이 현실 감각의 범주를 벗어나지 못하고 이루어지는 것이다. 다음의 (6)에서는 이와 같은 IV-B의 공간적 배경의 확장을 시간적 배경의 확장과 함께 정리하였다.

(6) Ⅳ-B의 시간적, 공간적 배경의 확장

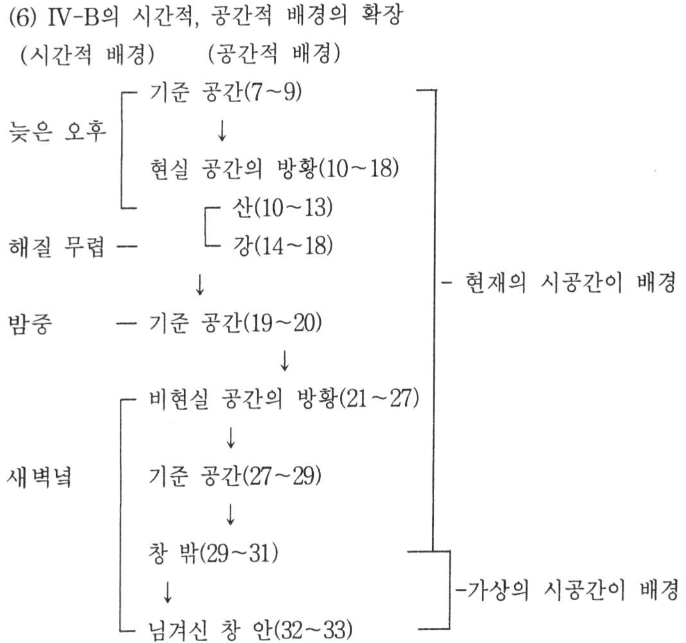

'속미인곡'의 작품성은 이와 같은 시간적 공간적 표현이 별개의 차원에서 확장되는 것이 아니라 서로 어우러져 입체적인 구조를 갖는다는 새로운 측면에서도 평가 받을 수 있다. '속미인곡'의 본문인 Ⅳ-B는 바로 이러한 시간 표현과 공간 표현이 서로 어우러지는 한편의 변주(變奏)로서 그 아름다움과 문학적 깊이를 더한다고 할 수 있다. 곧, 위 (4)와 (5)의 시간 표현과 공간 표현은 서로 독립된 배경으로 묘사되는 것이 아니라, 서로 씨실과 날실처럼 짜임으로서 구조적 미학까지 획득한다. 곧, (4a)는 (5a)와, (4b)는 (5b)와 서로 어울려 한 장면을 이루게 되는 데, 하루가 거의 다 간 무렵인 오후 늦게 산에 올랐다가, 해가 질 무렵에는 강가에 나가 보고, 해가 완전히 진 다음에야 자신의 처소로 돌아오게 되며, 꿈을 깨게 되는 시점은 닭이 우는 새벽녘이라는 시공간적 배경이 그림의 연속처럼 머리속에 그려지는 것이다. 바로 이와 같은 시공간적 배경의 기능적 역할은 '갑'과 '을'을 등장시키는 대화적 기법과 더불어 서정텍스트인 이 작품의 정감의 형상화를 서사적인 기법으로 표출하게 하는데, 바로 이러한 점들이 더욱 더 문학적 성가를 높이는 데 기여하는 것이다.

다음으로 IV-B에서 화자 '을'의 감정을 효과적으로 드러내기 위해 사용되는 어휘적 응집 기제를 살펴보기로 한다. 먼저, 특정의 감정과 관련되는 의미 내용을 가지는 어휘가 여러 문장에서 연쇄적으로 사용된 것을 알 수 있다. 여기에 주로 사용되는 어휘는 실연(失戀)의 느낌에 어울리는 슬프로 외롭고 허무감을 나타내는 비관적인 것들이다. 곧, '내 마음 둘 더 업다'(9)라는 직접적인 표현부터 '빈비'(16), '눈믈(26)', '허ᄉ(虛事)(29)' 등의 화자의 상태를 비유하거나 상징하는 명사류, '혼ᄌ 셔셔'(17), '목이조차 몌여(27)' '출하리 싀여디여'(32)와 같이 화자의 상태나 행위를 나타내는 표현들, '어엿븐 그림재'(31)와 같은 수식어 등, 모두 밝고 낙관적이라기보다는 어둡고 부정적인 느낌을 주는 어휘들이 일관성 있게 사용되고 있다. 또한 산이나 강에서 보이는 자연도 '구름, 안개'나 'ᄇ람, 믈결' 등 심란함만 더해주는 것들이며9), 화자가 거처하는 곳도 '춘 자리'(19)이고, 화자의 잠도 '픗잠'(22)이며, 화자가 되고자 하는 달도 '낙월(落月)'(32)인 것이다. 이와 같은 '을'의 정서 상태는 '을'의 감정에 완전히 동화됨을 보이는 '갑'의 발화 V에서 선택된 어휘인 '구즌 비'에서 절정을 보인다고 할 수 있다. 이와 같이 같은 의미장(意味場)에 속하는 어휘들을 일관성있게 선택함으로써 이루어지는 어휘 연쇄는 텍스트의 결속력을 더욱 높이는 효과를 가져오게 된다.

또한, 화자 '을'의 걱정되고 안타까운 심정은 의문사와 의문 종결어미라는 특정 형식의 빈번한 선택으로도 나타난다. 실제로 II의 네 문장 중에서 두 개의 문장이 '다ᄅ신고'(6), '허믈ᄒ랴'(9)와 같은 의문문 형식으로 되어 있고, '엇딘디'(3), '엇디'(6) 등 의문사의 사용도 2회 나타난다. 이별의 경위라는 사실을 설명한 II에서보다도 화자의 감정 상태를 묘사한 IV

---

9) 이 '속미인곡'을 전형적인 충신연주지사(忠臣戀主之詞)의 하나로 보아 실제로 작가가 이 작품에서 의도한 것이 연군(戀君)의 정을 읊은 것이라는 점을 고려하면, '구름'이나 '안개'는 임금 곁에 맴도는 간신 무리들을, 'ᄇ람'이나 '믈결'은 그에 연유한 임금의 불안정하고 위태로운 상태를 비유한 것이라 해석할 수 있다.

에서는 이와 같은 의문 형식의 사용이 더 두드러진다. 다음의 (7)은 IV에서의 의문사와 의문 종결어미의 사용을 보인 것이다.

    (7) IV에서의 의문사와 의문 종결어미의 사용
      ① <u>몃날</u>이<u>고</u>
      ② <u>엇디</u>ㅎ야 …… 뇌라셔 뫼셧<u>노고</u>
      ③ 셰시<u>노가</u>
      ④ <u>엇디</u> 즈시<u>노고</u>
      ⑤ <u>아므려나</u> …… <u>올가</u>
      ⑥ <u>어드러로</u> 가쟛<u>말고</u>
      ⑦ <u>므스</u> 일<u>고</u>
      ⑧ <u>엇디</u> …… 브라보<u>랴</u>
      ⑨
      ⑩ <u>어딕</u>
      ㉠ <u>눌</u> …… 불갓<u>노고</u>
      ㉡
      ㉢ <u>어이</u> …… <u>엇디</u> 씨둣<u>던고</u>
      ㉣ <u>어딕</u> 간<u>고</u>
      ㉤
      ㉥

위 (7)에 나타난 바에 따르면 문장 종결 어미가 나타난 것에 따라 나눈 전체 16개의 문장 중에서 의문 종결어미가 나타난 것은 네 문장을 제외한 총 12개의 문장이다. 또한 의문사의 사용은 11개 문장에서 총 13회 보인다. 그러나 이와 같은 의문 형식들은 높은 빈도에도 불구하고 실제로 대답을 구할 수 있는지 의문을 가지게 하는 경우가 대부분이다. 곧, II와 IV에서 나타나는 화자 '을'의 의문사와 의문 종결 어미의 사용은 주로 하소연의 기능을 하는 문장에서 나타나는 만큼 전형적인 '의문'의 기능을 수행한다고 볼 수는 없고, 단지 화자의 안타깝고 걱정되는 감정을 효과적으로 표현하기 위해 수사학적으로 선택된 어휘적 요소들이라고 보는 것이 옳을 것이다. 물론 '갑'의 I에서도 '엇디ㅎ야 니별ㅎ고 …… 눌을 보라

가시는고'와 같은 의문사와 의문 종결어미가 나타나기는 하지만, 이것은 화제 제기와 관련된 것이므로 화자의 감정 표현과 관련된 것이라 보기는 어렵다는 점이 (7)의 경우와 구별된다. 실제로 '갑'의 이 I의 의문 형식들은 II와 IV로서 '을'의 대답을 얻었다고 볼 수 있다.

한편, 또 한 가지 감정의 표현 기제와 관련하여 지적할 수 있는 것은 앞에서 살펴 본 시간적 배경과도 관계된다. 화자가 이 사설에서 채택한 시간적 배경이 특별히 오후 늦게부터 새벽까지의 어둠이 지배하는 시간이라는 것은 이 시가에 전체적으로 어둡고 암울한 분위기를 주는 데 기여한다. 슬프고 불안정한 화자의 심리 상태가 낮보다는 밤의 이미지와 더 어울릴 것은 당연한 이치인 것이다.

이상으로 위에서 논의한 바와 같은 배경적, 어휘적, 형식적 요소들이 서로 어우러져 이 작품의 정서적 분위기를 효과적으로 드러내고 있음을 알 수 있다.

2.4. '사미인곡'과의 비교 분석

내용적으로 '속미인곡'과 마찬가지로 헤어진 님에 대한 혹은 임금에 대한 연모의 정을 읊고 있는 '사미인곡'은 서사(序詞), 본사(本詞), 결사(結詞)의 세 부분으로 크게 나눌 수 있다. 서사 부분은 '속미인곡'의 II에 견줄 만한 부분으로 여기에서는 님과의 행복했던 과거와 이별의 경위가 설명된다. 본사에서는 현재의 작중 화자의 적막하고 외로운 처지와 님에 대한 연모의 정이 봄 여름 가을 겨울의 사계의 배경에 따라 달리 표현된다. 결사 부분에서는 '속미인곡'의 화자가 달빛이 되어 님의 곁에 가고자 했던 것처럼, '범나븨'되어 '향 므틴 눌애로 님의 오시 올므리라'는 작중 화자의 소망을 표명하는 것으로 끝맺는다.

'속미인곡'이 두명의 작중 인물을 내세워 대화체로 이루어진 것과는 달리 '사미인곡'은 한 사람의 작중 화자가 자신의 심경을 토로하는 독백체이다. 곧, 작자 외에 구체적인 텍스트 생산자로 작중 화자 '을'을 내세우고 있는 '속미인곡'의 입체적인 구조와는 달리, '사미인곡'은 평면적인 구조를 보이는 것이다. '사미인곡'의 서사 부분 앞에 '갑'의 도입부를 넣고, 또 서사와 본사, 결사 부분의 사이에 '갑'의 추임새를 삽입하고, 마지막으로 다시 '갑'의 마무리로 끝맺는 희곡적 각색을 하면 그대로 '속미인곡'이 된다고 할 수 있다. 이와 같은 구조적 비교를 도식화해 보면 다음 (8)과 같다.

(8) '사미인곡'과 '속미인곡'의 구조 비교

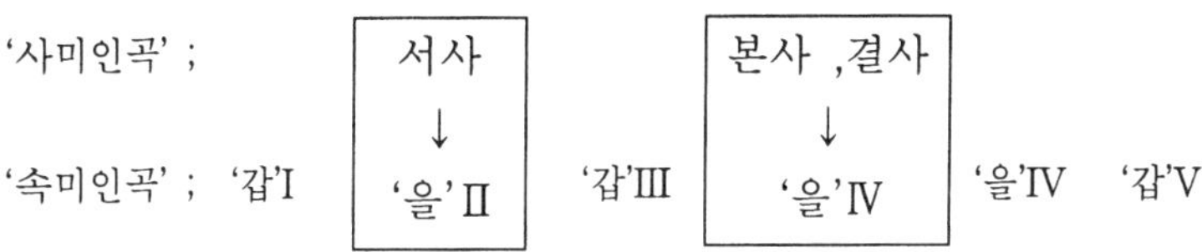

이와 같은 '속미인곡'의 희곡적 특징은 그 서사적 서술 방식에 있어서도, 오로지 주정적(主情的)인 기술만을 보이는 '사미인곡'과 차이를 보인다. 시간적 공간적 배경이 일부 드러나 서사 텍스트적 특징을 보이는 '속미인곡'과는 달리 '사미인곡'은 그와 같은 시공간적 배경이 드러나 있지 않은 전형적인 서정 텍스트인 것이다. '사미인곡'의 본사 부분이 춘하추동 사계절을 바탕으로 작자의 심경을 나타내고 있기는 하지만, 이 때의 사계절은 변화, 곧, 시간적 경과에 초점이 맞추어져 고려된 것이 아니다. 이는 오히려 '속미인곡'의 Ⅳ-A에서 '을'이 임금의 '춘한고열(春寒苦熱)'과 '추일동천(秋日冬天)'에 대해 염려하는 서술을 보이는 것에 견줄 만하다. 곧, 이와 같은 본사의 춘하추동을 배경으로 한 묘사는 결사에서 '하ᄅ도 열두 때 흔 둘도 설흔 날'과 아우러져 일년 삼백육십오일 하루 이십사시간 항상 시름을 잊을 날이 없다는 점을 강조하기 위한 시간 표현임을 드러낸다. 곧, 이와 같은 시간 표현들은 서사적 배경을 이루는 특정 시간을 구성하는 것이 아니라 일반적 시간 표현으로서의 기능밖에는 하지 못하는 것이다.

마지막으로 비교해 볼 수 있는 것은 어휘 사용의 측면이다. 위 2.3에서 기술한 것처럼 '속미인곡'에서는 어둡고 비관적인 느낌을 주는 어휘들이 일관성 있게 사용되고 있다. 그러나 '사미인곡'에서는 '나위(羅幃), 수막(繡幕), 부용(芙蓉), 공작(孔雀), 원앙금(鴛鴦錦), 오색선(五色線), 금자ㅎ, 산호수(珊瑚樹) 지게, 백옥함(白玉函), 수정렴(水晶簾), 전공후(鈿箜篌), 앙금(鴦衾)' 등 화자 주변의 사물들을 나타냈음직한 어휘들이 적막하고 시름에 찬 작중 화자의 마음과 어루러지지 않는다. 다시 말하면, 그와 같은 화려한 한자어들이 '한숨, 눈믈, 시름, 냉담(冷淡), 황혼(黃昏), 적막(寂寞)' 등 화자의 심경을 나타내는 어휘들과 적절한 연쇄를 이루지 못해 전체 텍스트의 응집 효과를 떨어뜨리고 있는 것이다. 또한, 현실세계에서는 도저히 임을 만날 길이 없다고 생각한 '사미인곡' 작중 화자의 '출하리 싀어디여 범나븨 되오리라'는 결사 부분의 독백은 '속미인곡'의 '출하리 싀어디어 낙월(落月)이나 되야이셔'와 일치를 보이지만, 이 때 화자가 되고자 하는 '범나븨'는 '속미인곡'의 '낙월'이나 '구준 비'에 비하면 훨씬 밝고 긍정적인 이미지를 갖고 있다. 이와 같이 '속미인곡'에 비해 떨어지는 어휘적 응집도는 작가가 의도했음직한 작품의 비감미를 떨어뜨리는 결과를 갖고 오는 것이다.

결국, '속미인곡'은 전편이라 할 '사미인곡'과 같은 내용을 다루고 있기는 하지만, '사미인곡'에 비해 화려하고 과장된 한자어의 사용을 절제하고, 또 구조적인 측면에서 독백체의 평면적 구조를 희곡적으로 입체화함으로써 작품의 완성도를 높이는 데 성공했다고 할 수 있다.

3. 맺음말

본고는 빼어난 16세기의 운문 문학 작품의 하나인 송강 정철의 '속미인곡'을 텍스트 언어학적으로 분석한 것이다. 텍스트 생산자와 수신자를 고려할 때 전체 텍스트가 이중 구조를 가진다고 보아, 각각 거시 구조 텍스트와 미시 구조 텍스트로 나누어 텍스트의 결속과 응집을 살펴보았다. '속미인곡'의 거시 구조 텍스트를 결속하는 요소는 작중 행위 참여자의 변화였으며, 미시 구조 텍스트를 결속하는 요소는 시간적 공간적 배경의 응집 표현들과 같은 의미장에 속하는 어휘 표현들의 연쇄가 이루는 응집이었다. 특히 시간적 배경과 공간적 배경을 이루는 표현들이 별개의 차원에서 확장되지 않고 서로 어우러지는 입체적 구조를 보이는 점이 탁월하였다. 마지막으로 '속미인곡'의 전편과도 같은 '사미인곡'과 비교를 통하여, 주제가 비슷하다고 하여도 텍스트 경영의 차이에 의해 작품 의도의 전달 효과가 달라짐을 보이고자 하였다. 논의의 전개에 있어서 문학 이론적 천착이 깊이 있게 이루어지지 못한 점이 아쉬움으로 남는다.

참고논저

고영근(1990), 문장과 이야기의 관련성에 관한 연구, 관악어문연구 15.(고영근, 단어·문장·텍스트, 한국문화사, 1995: 265-311에 다시 실림)
박정준(1994), 담화의 텍스트 언어학적 분석 연구, 서울대 석사학위 논문.
유창돈(1985), 이조어 사전, 연세대 출판부.
윤석민(1989), 국어의 텍스트 언어학적 연구시론, 국어연구 92.
이은경(1994), 텍스트에서의 접속어미의 기능, 텍스트언어학 2:287-317.
정진원(1993), 설화자 화법으로 살핀 텍스트분석, 텍스트언어학 1.:269-316
허웅(1989), 16세기 우리 옛말본, 샘문화사.
小西敏夫(1992), <月印釋譜 弟23·目連傳>의 텍스트 언어학적 분석, 국어연구 107.
Hwang, J. S.(1980), The Referential Structure of a Korean Folktale : The Story of Shim Chung," Language Research 16-2.

신지연(申智妍)
302-729
대전광역시 서구 도안동 800
전화 : 042)829-7496
e-mail : jshin@mokwon.ac.kr

제 2 부

'-은 것이다' 구성의 텍스트 분석

박 소 영

이 글의 목적은 '-은 것이다'의 의미와 용법을 텍스트 분석을 통하여 고찰해 보는 데에 있다. 텍스트 상에서의 '-은 것이다'를 응결성 표지로서 그 기능을 분석하며, 그 구성의 통사·의미적 특성, 해석 양상 등을 살펴보기로 한다. 또한 '-은 것이다' 구성의 특징이 텍스트의 수용과 해석에 있어서 어떠한 시사점을 주는가를 생각해 보기로 한다.

'-은 것이다'는 텍스트의 응결성 장치로서, 그것이 실현되는 문장은 통사적으로는 분열문 구성이요, 의미적으로는 초점화 기능의 양상을 갖는다. '-은 것이다'의 초점은 통사 구조와 문맥 정보간의 상관적 작용에 의해 결정된다. 한편 '-은 것이다'가 결합되는 의문문은 '-은 것이다'의 이러한 초점화 기능으로 특이한 양상을 보여 준다. '-은 것이다'의 새 정보를 초점화하는 기능은 수용자의 관심을 더욱 자극시켜, 텍스트를 보다 응집적인 덩어리로 구성하는 인지 과정을 촉진시킨다.

핵심어휘 : 응결성, 응집성, 분열문, 초점화, 통사구조, 문맥정보, 인지 과정

1. 서론

이 글의 목적은 '-은 것이다'[1]의 의미와 용법을 텍스트 분석을 통하여 고찰해 보는 데에 있다. 텍스트 상에서의 '-은 것이다'를 응결성 표지로서 그 기능을 분석하며, 그것의 통사·의미적 특성을 살펴보기로 한다. 또한 텍스트의 수용과 해석에 있어서 수용자의 인지 과정 양상을 고찰해 보고자 한다.

---

1) '-은 것이다'의 형식으로 잡은 것은 미래 시제나 추측의 양태를 나타내는 '-을 것이다'와의 범주적 대립을 나타내기 위한 것이다.

‘-은 것이다’의 기능에 대해서는 지금까지 구체적으로 논의된 바가 없는 듯하다. 다만 남기심(1991)에서는 ‘것’의 의존 명사로서의 전반적인 쓰임을 논하였다. 그 중, ‘-은 것이다’와 ‘-을 것이다’의 ‘것’이 문법적 형식소로 보이기는 하지만 어느 범위까지를 형식소로 보아야 하는가는 문제이고, 기본적으로 ‘-은 것이다’는 명사문의 일종으로 보기로 하고 있다.

그러나 ‘-은 것이다’가 사용된 다음 텍스트의 예를 살펴보기로 하자 :

(1) 가. 아이들은 서로의 몸에 손톱자국을 내고 간지럼을 태우며 킬킬
거렸다. 그런 아이들이 갑자기 조용해졌다. 네가 **나타났던 것
이다.**
나. 아이들은 서로의 몸에 손톱자국을 내고 간지럼을 태우며 킬킬
거렸다. 그런 아이들이 갑자기 조용해졌다. 네가 **나타났다.**

위의 텍스트 (1가) 마지막 문장의 ‘나타났던 것이다’를 ‘나타났다’로 대치한 (1나)의 텍스트는 전자에 비해 앞 문장과의 의미상 상관성이 현저하게 떨어짐을 알 수 있다. 이는 ‘-은 것이다’ 구성이 텍스트 상에서 어떤 기능을 가지고 있다는 것을 명백하게 보여주는 것이 된다. 이 글에서는 이 ‘-은 것이다’를 그 나름의 고유한 기능을 가진 하나의 형식으로 다루어, 그 용법에 대해 구체적으로 고찰해 보기로 한다.

한편 다음과 같이 대용어적 성격을 보이는 ‘-은 것이다’ 형태는 논의의 대상에서 제외하기로 한다 :

(2) 가. 비행기가 날아간 <u>항로는</u> 새로운 시대를 실감케 하는 **것**이었다.
나. <u>그의</u> 말에 의하면, 알마아타에 살던 그녀네가 키르기즈스
탄으로 간 것은 벌써 몇 달이나 되었**다는 것**이었다.

위 문장 (2가)의 ‘것’은 ‘항로’를 대신 받는 것으로 보인다. 그리고 (2나)의 ‘것’은 ‘그의 말’을 받는 것으로 보이며, ‘-다(라)는 것’의 형식을 취한다. 이와 같은 경우들은 논의 외로 한다.

연구 자료로는 90년대 이후 총 여섯 편의 단편 소설에서 ‘-은 것이다’

가 실현되는 105개의 텍스트를 뽑았다. 이 개수는 많은 수라고 볼 수는 없지만, 필자가 조사해 나가면서 이 개수로도 적절한 결론을 이끌어 낼 수 있다고 생각되어 이에서 제한한 것이다. 본문에서는 텍스트 단위[2]별로 끊어 인용하여 논의하였다. 각 소설의 약호는 뒤 참고 문헌에 제시해 두었다.

'-은 것이다'의 기능을 개별 문장 안에서 논의하는 것은 무의미하다. '-은 것이다'는 텍스트 안에서 그 형태가 실현되는 명제와 다른 명제간에 성립되는 관계를 분석함으로써, 비로소 그 기능이 밝혀질 수 있는 것이다. 따라서 이에는 텍스트 분석에 의한 연구가 가장 적절한 것이다.

먼저 2장에서는 텍스트 응결성 표지로서의 '-은 것이다' 용법을 개관한다. 그리고 3장에서는 '-은 것이다'가 실현되는 의미와 조건을 텍스트 분석을 통해 고찰해 보고, 다음 4장에서는 '-은 것이다'의 통사·의미적 특성, 통사 구조와 문맥 정보에 의한 해석 관계를 살펴본다. 5장에서는 의문문에 실현되는 '-은 것이다'의 기능을 고찰하며, 마지막 6장에서는 '-은 것이다'의 이러한 양상이 인간의 텍스트 수용과 해석에 있어서 어떠한 시사점을 주는가를 생각해 보고자 한다.

2. 응결성 표지로서의 '-은 것이다'

고영근(1990a, 1990b)에서는 텍스트 내용의 통합 수단으로서 통사적 통합 수단과 의미적 통합 수단을 들고 있다. 전자에는 접속부사와 보조사를, 후자에는 의미·기능상으로 공통적인 명명적 연쇄(nominative Kette) 등의 예를 제시하고 있다. 이들은 텍스트의 내용을 보다 응집적인 것으로 구성시키는 응결성 장치에 해당하는 것이다.

그런데 '-은 것이다'가 사용된 앞 텍스트 (1)의 예를 다시 인용하여 살

---

2) 문장, 텍스트, 단락, 문단의 계층적 단위 개념은 고영근(1999:189-249) 참조. 텍스트란 문장보다 상위, 단락보다 하위 개념으로서, 어떤 문장들이 접속사와 같은 통사적 응결 장치, 보조사와 같은 형태·통사적 응결 장치, 의미·기능적인 응결 장치를 만족시키면 하나의 텍스트로 엉길 수 있다.

펴보기로 하자 :

> (3) 가. 아이들은 서로의 몸에 손톱자국을 내고 간지럼을 태우며
>   킬킬거렸다. 그런 아이들이 갑자기 조용해졌다. 네가 **나타났던**
>   **것이다**.   (첫사랑:207)
>   나. 아이들은 서로의 몸에 손톱자국을 내고 간지럼을 태우며 킬킬
>   거렸다. 그런 아이들이 갑자기 조용해졌다. 네가 **나타났다**.

앞에서 언급했던 바와 같이, 위의 텍스트 (3가) 마지막 문장의 '나타났던 것이다'를 '나타났다'로 대치한 (3나)의 텍스트는 전자에 비해 앞 문장과의 의미상 상관성이 현저하게 떨어진다. 텍스트 (3나)는 단순히 두 사건을 나열한 것이며, 이는 언어의 선형성(linearity)과 도상성(iconicity)에 의해 자연스럽게 '시간적 계기'로 해석되는 것으로 보인다. 그러나 텍스트 (3가)에서는 이러한 기본이 깨어지고 있으며, 이는 시간적으로 역 구성인 '이유'로 해석되어 앞 명제와의 관련성이 단단히 매어지고 있다. 이로 보건대 '-은 것이다'는 텍스트의 응결 장치로 훌륭하게 사용될 수 있음을 알 수 있다. '-은 것이다'의 기능을 분석하기 위해서는 별개의 문장 안에서가 아니라, 텍스트, 혹은 그보다 더 큰 단위로 넘어가야 함을 나타내 주는 것이다[3].

먼저 '-은 것이다'의 형태를 그에 선행하거나 후행하여 결합되는 시제 형태소에 따라 조사해 본 결과는 다음과 같다 :

< 소설의 지문 상에 나타나는 '-은 것이다'의 형태 >

현	재	과	거	합 계
-은 것이다	-던 것이디	-은 것이었디	-던 것이었디	
30 예	36 예	38 예	1 예	105 예
28.6%	34.3%	36.2%	0.9%	100%

---

3) 한편 한국어의 '-은 것이다'에 상응하는 일본어 '-のだ' 표현에 대한 연구는 테라무라(1985)와 마쓰오카(1991, 1997) 등을 참고해 볼 수 있다. 이들 연구에서는 이를 설명의 서법(mood)이라 규정하고, 이는 앞 명제에 대한 '배경'이나 '결과'를 설명하는 것이라고 보는 데에 일치하고 있다.

　　위의 표에서 볼 수 있는 바와 같이, 현재형이 상당히 더 빈번하게 사용되고 있다. 소설의 지문에 일반적으로 과거형이 많이 사용되는 것은 잘 알려져 있는 사실이다. 그럼에도 불구하고 현재형이 더 많이 사용되는 것은 주목할 만하다. 이는 이 '-은 것이다'가 본질적으로 화자의 주관적인 판단적 성격이 있음을 나타내 주는 것이라고 할 수 있다. 소설의 지문에서 사건을 과거적으로 서술하다가도, 그 사건에 대한 주관적인 판단은 기본적으로 현재적으로 일어나는 것이기 때문이다.

　　또한 과거형에 '-었-'이 후행하는 '-은 것이었다'와 '-더-'가 선행하는 '-던 것이다'의 사이에 구체적으로 어떠한 의미적 차이가 존재하는가에 관한 문제이다. 이러한 미묘한 시제에 관한 문제는 이 글의 범위를 넘어서는 문제이므로 다음의 연구로 미루기로 하고, 이 글에서는 '-은 것이다'의 본질적인 기능만을 살펴보기로 한다.

다음은 '-은 것이다'가 사용된 문장을 평서문과 의문문으로 나누어 그 빈도수를 조사한 것이다. 그리고 평서문에서는 '-은 것이다'가 사용된 문장과 앞 명제와의 의미 관계에 따라 분류하였다. '기타' 항목은 '-은 것이다'에 의한 의미 관계라고는 볼 수 없고, 항상 전환이나 역접의 접속 부사, '그러나', '그런데' 등이 '-은 것이다' 문장 앞에 사용되어 그것에 의해 맺어지는 관계의 예이다4). '-은 것이다'가 쓰인 모든 경우를 고찰한다는 의미에서 그 연구 대상에 포함하였다 :

< 앞 문장과의 의미 관계에 따른 '-은 것이다'의 용법 >

평 서 문				기 타		의문문	합 계
이 유	요 약	부 연	결 과	전 환	역 접		
27 예 25.7%	11 예 10.5%	30 예 28.6%	11 예 10.5%	10 예 9.5%	12 예 11.5%	4 예 3.8%	105 예 100%

　　위의 표에서 볼 수 있는 바와 같이, 한국어의 '-은 것이다'는 앞 명제와의 관계에 따라 다양한 의미를 실현한다. 이로 보건대 '-은 것이다'는 그

---

4) 아래 도표 각 항목의 순서는 필자가 설명하려는 순서로 배열된 것이다.

자체가 가지는 실질적 의미는 매우 희박하며, 단지 앞 명제와의 응결성을 강화시키는 기능적 장치임을 예측할 수 있다. 다음에서는 '-은 것이다'의 의미와 그것이 실현되는 조건에 대해 차례대로 기술해 보기로 한다.

3. '-은 것이다' 구성의 텍스트 분석

다음 3장에서는 평서문에 쓰인 '-은 것이다'의 용법을 앞 문장과의 의미 관계에 따라 순서대로 기술해 보기로 한다.

3.1. 이 유

먼저 '-은 것이다'가 결합된 문장이 앞 문장의 이유를 나타내는 것이다. 이는 문장들 사이에 '왜냐하면' 등의 접속부사를 삽입할 수 있다. 다음 텍스트를 살펴보기로 하자 :

> (4) 비록 비행기는 그랬지만, <u>비행기가 날아간 항로는 짜장 새로운 시대를 실감케 하는 것이었다</u>. 예전 같으면 어림도 없었을 하늘, 즉 중국의 하늘을 지나고, 몽고의 하늘을 지났**던 것이다.** (*지났다, *지났던것이리라)   (하얀 배:29)
>
> (5) <u>류다를 만나고 싶다는 말은 그러나 그 이튿날 아침에도 내 입에서 나올 기회가 없었다</u>. 교육원에서 느닷없이 전화가 걸려 와 마침 차편이 있어서 호텔로 보내니 우슈토베라는 곳을 다녀오라고 거의 강권하다시피 **했던 것이다.** (*했다, *했던 것이리라)   (하얀 배:35)

위의 텍스트 (4)에서 '-은 것이다'가 실현된 문장에는 앞의 명제에 대한 이유, 즉 '비행기가 날아간 항로가 새로운 시대를 실감케 하는 것인 이유는'의 주제를 설정할 수 있다. 텍스트 (5)도 마찬가지로 '류다를 만나고 싶다는 말이 그 이튿날 아침에도 내 입에서 나올 기회가 없었던 이유는'의 주제를 설정할 수 있다.

  이렇게 이유로 연결된 텍스트에서 '-은 것이다'의 문장은 보통 그 자체적으로 주제가 실현되지 않고, '앞 명제의 관형절+이유는' 구성의 주제를 설정할 수 있다. 앞 문장을 주제의 내용으로 취하기 때문에 앞 문장에 대한 의존성이 매우 높고, 문제의 두 사태가 직접적으로 연결되어 있다고 볼 수 있다5). 위의 '지났던 것이다'를 '지났다'로, '했던 것이다'를 '했다'로 대치하면 두 문장의 연결 관계를 설명할 수 없게 되고 어색하게 된다.

  이렇게 '-은 것이다' 문장은 앞의 명제와 관련하여 주제가 설정되는 주제문 구성이며, 그 기본형은 'X는 Y이다'의 구성으로 설정할 수 있다. 한편 이유를 나타내는 '-은 것이다' 문장은 추측을 나타내는 '-리라' 형태소가 결합될 수 없는 사실에서 알 수 있듯이, 참이 확실한 문장이어야 한다.

  이상에서 '-은 것이다' 문장은 앞 명제에 대한 이유를 나타낸다고 하였다. 그런데 그 이유는 작가의 주관적 판단에 의해 걸러진 이유이다. 다시 말해 앞 문장의 이유가 될 수 있는 여러 사건들 중, 저자가 그 이유가 될 수 있다고 생각되는 사건을 선택하여 앞 문장과 연결시켜 나타내는 것이다. 예를 들면 텍스트 (4)에서 비행기의 항로가 새로운 시대를 실감케 하는 것의 이유는 여러 가지가 있을 수 있을 것이다. 그런데 저자의 주관적 판단에는 그 이유로서 중국·몽고의 하늘을 지난 사건이 될 수 있기 때문에, 이를 그 이유로 제시한다. 이 때 제시되는 사건은 새로운 정보이며, 이는 특별히 초점화되어 나타난다.

3.2. 요 약

다음으로 요약의 경우는 앞 명제에 대한 논리적인 귀결을 나타내는 것이다. '그러니까', '요컨대' 등의 접속부사가 실현되는 예가 있었다. 다음 텍스트를 보기로 한다 :

---

5) 이 '-은 것이다'의 문장에는 주제가 생략되어 있는데, 이는 앞 문장과의 응결성을 더욱 강화시키는 수단이 되고 있다. 할리데이&핫산(1976)에서는 응결 장치로서 지시, 대용, 생략, 접속, 어휘적 응결성 등을 제시하고 있는데, 이에는 생략도 포함되어 있음을 알 수 있다.

(6) 실제로 쫓겨다니는 신세였기에 이 작은 몸 하나 의심받지 않고 누일 공간이 없던 나는 뱃사람이 되어 선복에 눕기를 꿈이었으며, 야간 경비원이 되어 경비실 뒷방에 눕기를 꿈꾸었으며, 웨이터 보조가 되어 술집 의자에 눕기를 꿈꾸었으며, 넝마주이가 되어 그들의 합숙소에 눕기를 꿈꾸었으며, 묘지기가 되어 하물며 무덤 옆에 눕기까지를 꿈꾸었다. **인간의 꿈은 한없이 높아질 수 있는 반면 한없이 낮아질 수도 있는 것이다.**(것이리라)   (하얀 배:31)

(7) 가령 우즈베키스탄의 수도 타슈켄트에서 극동 러시아의 블라디보스토크나 우스리스크 등지로 떠나는 사람이 꽤 있는데, 이는 머나먼 몇 만리의 이역인 것이다. **그러니까 떠난다는 것은 그야말로 죽지못해 살길을 찾아 떠나는 것을 의미하는 것이다.**(것이리라)

                                        (하얀 배:54)

위의 텍스트에서 볼 수 있는 것처럼, '-은 것이다' 문장은 앞 문장에 대한 요약으로서 작가의 주관적인 판단을 기술하는 내용이다. 이는 참임이 확실한 문장이 아니라, 참임을 주장하는 문장이 되며, 3.1.의 '이유'에서와는 다르게 '-리라' 형태가 결합될 수 있다.

한편 이러한 요약의 의미를 나타낼 경우는 '-은 것이다'의 현재형으로 실현되어 시제 전환이 일어나는 예가 많았다. 이는 이들 문장이 저자의 주관적 판단적 성격이 강함을 드러내는 것이라고 볼 수 있다. 한편 이 때의 '-은 것이다' 문장은 앞 명제에 대한 주관적인 요약의 새로운 정보로서 초점화되어 나타나고 있다. 이 때, '-은 것이다' 문장에서의 주제는 앞 문장과 이어지는 예측될 수 있는 것으로서, 그 초점화의 영역에 포함되지 않는다.

3.3. 부 연

부연의 경우는 앞 명제에 대한 설명을 구체적으로 덧붙이는 것이다. 다음 예를 보기로 하자 :

(8) 도련님과 너는 저 사과나무 아래서 처음 만났지. 내가 사과나무 밑

에 걸터앉아 도련님에게 젖을 먹이고 있는데 어르신이 널 데리고
온거야.   (전설:15)

(9) 그와 동시에 그의 몸이 변하기 시작한다. 더 이상 묘사할 것도 설
명할 것도 없다. 그는 조명 속에 완전히 노출된 채 괴물로 변해 **가
는 것이다**.   (얼음:26)

위의 텍스트 (8)에서 '-은 것이다' 문장은 도련님과 상대방이 사과나무 아
래서 처음 만난 상황을 구체적으로 묘사하고 있다. 텍스트 (9)에서는 몸
이 변하는 모습을 부연 설명하는 것이다. 위의 텍스트에서 '-은 것이다'
문장은 새로운 정보를 보충적으로 제공하고 있다.

3.4. 결 과

다음으로 결과의 경우는 앞 명제가 원인이 되어 초래되는 사태를 나타
낸다. '그래서' 등의 접속부사가 실현되기도 한다 :

(10) 중앙 아시아에서 러시아의 바이칼로 가는 방법도 상당히 어렵게
되어 있었다. <u>그래서</u> 비행기에서 그 호수의 한 쪽 자락을 내려다
본 것으로 갈증을 달래야 **했던 것이다**.
                                                       (하얀 배:44)

(11) 저요? 태생이야 전라도하고는 아무 상관이 없죠. 젊어선 어지간히
떠돌았지요. 그러다 어찌 어찌 해서 여기까지 오게 **된 거죠**.
                                                        (천지:34)

여전히 '-은 것이다'는 앞 뒤 문장의 응결성을 강화시키고 있다. 이 경우
에서도 '-은 것이다' 문장은 저자가 앞 문장의 결과로 생각하는 사건을
초점화하여 나타내고 있다.

지금까지 이유, 요약, 부연, 결과의 경우의 예를 살펴보았다. 이에서는
'-은 것이다'를 저자가 앞 문장에 대해 각각 이유, 요약, 부연, 결과라고
판단한 명제를 연결시켜 주는 장치로 볼 수 있었다. 그리하여 앞 문장과

의 응결성이 강화되고 있다. 또한 이는 새로운 정보로서 초점화되여 나타나고 있는 것이다.

또한 위들 예에서 대체로 '-은 것이다'는 텍스트의 마지막에 온다. 그리하여 하나의 완결된 단위로서의 텍스트의 응집성을 강화시키고 있는 것이다. 이러한 '-은 것이다' 문장은 주제와 밀접한 관련을 가지며, 한 텍스트의 특정 주제에 관한 진술을 마무리짓는 성격을 띤다. 따라서 '-은 것이다'는 텍스트의 경계 표지로도 설정 가능하다.

3.5. 기 타

다음으로 텍스트의 응결성 표지로서의 기능과는 다른 양상을 보이는 예들이다. 또한 '-은 것이다' 자체에 의한 의미 관계라고는 볼 수 없고, 항상 전환이나 역접의 접속 부사가 사용되어 그것에 의해 맺어지는 관계의 예이다.

먼저 전환은 이전까지의 주제를 바꾸어 새로운 주제로 이전함을 의미한다. '그런데' 등의 접속부사가 사용된다. 다음 예를 보기로 한다 :

> (12) 그런데 [그 그림이 오려져서 스크랩북 속에 끼어 있다가] 십여 년이 지난 최근에 다시 나의 눈앞에 **나타난 것이다**. 나는 그림을 찬찬히 살펴보며 개똥벌레를 찾아본다. 그러나 여전히 아무 곳에서도 그 곤충은 눈에 띠지 않는다. (얼음:20)
>
> (13) 그런데 그때 무심코 눈을 든 나는 비로소 **보았던 것이다**. 눈이 부셨다. 멀리, 이제까지와는 다른 모습의 웅대하고 장엄한 산이 검푸르게 앞을 가로막고 하늘 높이 솟아 있었다. (하얀 배:57)

위 텍스트 (12)에서 괄호 친 '-다가' 절은 지시사 '그 그림'의 '그'로부터도 알 수 있듯이 이전의 텍스트에서 이미 설명된 구 정보이다. 위의 '-은 것이다' 문장은 이전 텍스트에서 제시된 구 정보와의 연계성을 유지하면서, 새 정보인 '십여 년이 지난 최근에'를 초점화하는 기능을 나타낸다6). 그리

─────────────────────

6) 이는 다음과 같이 바꾸어 나타낼 수 있다 :

하여 뒤 문장에서는 그 초점화된 부분이 새로운 주제 성분이 되어, 그에 대한 설명이 이어지고 있다.

한편 텍스트 (13)에서는 '-은 것이다'가 뒤에 이어지는 문장의 '이제까지와는 다른'으로 알 수 있듯이, '비로소' 등의 성분을 초점화시키고 있다. 이러한 양상은 '-은 것이다'의 기능이 본질적으로 새로운 정보 초점화와 밀접한 관련이 있다는 것을 알려 준다. 이상의 예들에서 볼 수 있듯이, '-은 것이다'는 이전 텍스트에서 제시되었던 구 정보와의 연계성을 유지하면서 새롭게 제시되는 새 정보를 초점화하여 그 성분에 대한 주제 전환을 강화시키는 요소로 기능하고 있는 것이다.

다음으로 역접의 경우를 살펴보기로 하자 :

(14) 내가 도망치던 시절은 <u>아득한 유신 시절</u>이었다. <u>그러나</u> 나는 <u>여전히</u> 그 망령에 쫓기고 있는 **것이었다**.   (하얀 배:56)

위의 텍스트에서도 '-은 것이다'가 응결성 장치라기보다는, 앞 문장의 '아득한'에 의미적으로 대립적인 '여전히'의 정보를 부각시키는 초점화 기능을 하고 있다고 보아야 할 것이다. 이렇게 전환과 역접의 경우에는 '-은 것이다'가 '그런데', '그러나'의 접속부사와 충돌하여 응결성 장치 기능이 약화되고 초점화 기능을 수행하는 것이다.

요컨대 문장간의 관계가 이유, 요약, 부연, 결과의 경우에는 초점화와 응결성 장치[7]로 기능하던 '-은 것이다'가, 전환과 역접의 경우에는 응결

그 그림이 오려져서 스크랩북 속에 끼어 있다가 다시 나의 눈앞에 나타났는데, 그것은 십여 년이 지난 최근인 것이다.
위의 문장에서 볼 수 있듯이 '그 그림이 끼어 있다가 나의 눈앞에 나타난' 사태의 존재는 미리 인정되어 있다. 그 기반 위에서 '십여 년이 지난 최근에'의 시간적 새 정보가 초점화되어 있는 것이다.

7) 이렇게 초점화와 응결성 장치간의 상호 관련성은 응결성의 정의에 의해서도 예측 가능하다. 즉 할리데이·핫산(1976:11)에 의하면, '응결성'은 대화 속의 어떤 요소를 해석하는 일이 다른 요소를 해석하는 일과 의존관계에 있는 경우에 나타난다고 하였다. 즉 하나는 다른 하나를 전제하는데, 그것에 의지하지 않고

성 강화 기능이 약화되고 초점화 장치로 기능한다. 이상의 논의를 요약해 보면 다음과 같이 나타낼 수 있다 :

< 문장간의 관계에 따른 '-은 것이다'의 기능 >

1) 이유, 요약, 부연, 결과의 경우 : 가. 새 정보 초점화
                                    나. 응결성 장치
                                    다. 텍스트 경계 표지
2) 전환, 역접의 경우   : 새 정보 초점화

4. '-은 것이다'의 영향권과 초점화 대상 제약

앞 3.에서는 '-은 것이다'가 새 정보를 초점화시키는 기능을 갖는다고 밝혔다. '-은 것이다' 문장은 통사적으로 분열문 구성과 밀접한 관련을 맺고 있는 듯하다. 다음 영어의 분열문 예를 살펴보기로 하자 :

(15) It is Linguistics what she wants to study.

     What she wants to study is Linguistics.

     →그녀가 공부하기를 원하는 **것은** 언어학**이다**.

(16) It is to study Linguistics what she wants.

     What she wants is to study Linguistics.

     →그녀가 원하는 **것은** 언어학 공부하는 것**이다**.

위의 문장에서 볼 수 있듯이, 영어의 분열문에 상응하는 한국어 표현은 'X인 것은 Y이다'의 주제문 구성이 된다. 여기에서 'X인 것은'의 부분은 이미 알려진 정보를 나타내며 'Y이다' 부분은 새 정보를 나타내어, 이 구

는 효과적으로 해석될 수 없다는 의미에서 그러하다고 한 것이다. 초점화는 새 정보와 밀접한 관련이 있다. 그런데 새 정보는 문맥에서 이미 알려진 정보, 전제와의 대비에 의해 얻어지는 것인 것이다. 따라서 '-은 것이다'의 해석은 문맥 정보와 의존관계에 있다.

성은 'Y이다' 부분의 새 정보를 초점화하는 기능을 갖는다.

앞서 논의했던 '-은 것이다' 문장도 주제가 명백하게 드러나 있든, 드러나 있지 않든 간에 기본적으로 주제와 연관이 깊은 주제문 구성이라고 하였다. 또한 '-은 것이다'가 제시하는 것은 새 정보를 나타내며 초점화되는 정보라고 하였다. 따라서 이들 '-은 것이다' 문장은 분열문과 깊은 관련을 가지는 것으로 결론 내릴 수 있는 것이다. 이렇게 '-은 것이다' 문장은 통사적으로는 분열문 구성이요, 의미적으로는 초점화 기능의 양상을 동시에 갖는다고 볼 수 있겠다.

그렇다면 이제 이러한 초점화의 대상이 될 수 있는 영향권(scope)을 살펴보는 논의가 필요하다고 할 수 있다. 먼저 통사적으로 초점화 가능한 영역은 제한되며, 이 중에서 어디에 초점이 주어지는가는 이미 알려진 정보, 전제와 같은 문맥 정보에 의한다고 볼 수 있겠다. 그리하여 통사 구조와 문맥 정보간의 상관적 작용에 의해 구체적인 초점 위치가 결정되는 것이다.

그러면 먼저 통사적으로 초점화 가능한 영역을 고찰해 보기로 하자. '-어서'와 '-니까' 접속문의 예를 들어 논의하기로 한다. 보통 '-어서'는 원인을, '-니까'는 이유를 나타낸다고 논의된 바 있다8). 다음 문장을 살펴보기로 하자 :

(17) 가. 그날 네가 없어서 소풍을 못 **갔다**.
　　　나. ?그날 네가 없으니까 소풍을 못 **갔다**.
(18) 가. 그날 네가 없어서 소풍을 못 **간 것이다**.
　　　나. ?그날 네가 없으니까 소풍을 못 **간 것이다**.

위의 문장에서 볼 수 있듯이, '-은 것이다'의 영향권 안에 '-어서' 접속문은 들어가 초점화 가능하다. 그러나 '-니까' 접속문은 문장 (18나)의 어색함으로 보건대 그 영향권 안에 들어갈 수 없고 초점화되기 어렵다. 이

---

8) 남기심, 루코프(1983) 참조. 박소영(1999, 2000a)에서는 문장의 층위를 nuclear, core, clause, sentence의 네 가지 층위로 나누었는데, '-어서' 접속문은 core 계층에, '-니까' 접속문은 clause 계층에 속한다고 논의한 바 있다.

와 같은 사실은 다음 예에서 명백하게 드러난다 :

> (19) 가. 그날 소풍을 못 간 것은 네가 없어서이다.
>
> 나. *그날 소풍을 못 간 것은 네가 없으니까이다.
>
> (20) 가. 그날 **무슨** 일이 있어서 소풍을 못 **간 것이냐?**
>
> 나. *그날 **무슨** 일이 있으니까 소풍을 못 **간 것이냐?**

분열문화시킨 (19)의 예와 의문사를 각각의 접속문 안에 넣어 의문화시킨 (20)의 예9)에서 알 수 있듯이, '-어서' 접속문은 초점화 가능하고, '-니까' 접속문은 불가능하다. 그렇다면 '-은 것이다' 구성이 통사적으로 초점화 가능한 영역은 '-어서' 접속문과 '-니까' 접속문의 사이라고 볼 수 있겠다.

다음으로는 실제 텍스트를 통하여 위의 논의를 확인해 보고, 덧붙여 문맥 정보에 의한 구체적 초점화 설정 양상을 살펴보기로 하자. 먼저 양태10)의 '-어서'와 '-다가'의 접속문 예이다 :

> (21) 내가 대답을 못하자, 어머니는 다시 물었다. 누가 마중은 나온대
> 여? 나는 피식, 웃었다. 마중은 무슨. 여럿이 가니까 걱정 안 해
> 도 돼요. 나는 그냥 [[끼어서] **따라가는**] **거예요**.
>
> (깊은:19)
>
> (22) 그러나 얼마 지나지 않아 나는 <u>그에게 묻고 싶었던 말을 꺼내지</u>

---

9) 문장 (19가)의 '-어서' 절은 의문의 초점을 받아 그 안의 '무슨'의 [+WH] 자질과 호응된다. 그러나 '-니까' 절은 의문의 초점을 받을 수 없어서 '무슨'의 [+WH] 자질과 호응될 수 없다. 서정목(1985)에서는 접속문에 나타나는 의문어의 [WH] 자질이 절 경계를 넘어 삼투되는 경우를 설명하였다. 그리하여 의문의 초점 되기는 각 어미들의 의미에 따라 다른데, 그 중 인과 관계를 나타내는 '-어서'와 '-니까'는 화자의 일차적 관심 대상이 되기 때문에 의문의 초점을 받는 것이 당연하다고 하였다. 그러나 위에서 볼 수 있는 것처럼, '-어서'와 '-니까'는 의문의 초점 대상 되기 여부가 다르게 나타난다. 이는 의문의 초점 대상이 단순히 어미의 의미에 의해 결정되는 것이 아니라, 구조상의 문제가 결부되어 있음을 보여주는 것이다. 앞으로 이에 대한 자세한 분석이 필요하다.
10) '양태'란 '주절 서술어가 나타내는 동작이 행해질 때의 주체의 자세나 태도'를 나타내는 것이다. 박소영(2000b) 참조.

<u>못했음</u>을 알았다. [그가 '담당자'가 아니어서인지 어쩔까 망설이다
가] 그렇게 **된 것이었다.**   (하얀 배:34)

양태의 '-어서'와 '-다가'의 접속문은 이유의 '-어서'보다 더 작은 절이
다11). 따라서 이들은 '-은 것이다'의 영향권 안에 들어가며 초점화될 수
있다. 텍스트 (21)에서 '끼어서'는 통사적으로 초점화 가능한 위치이며, 문
맥적으로도 새 정보이므로 초점화된 해석이 가능하다. '따라가는'도 술어
성분이므로 마땅히 초점화 가능한 위치이며 새 정보이므로 초점화된 해
석이 가능하다. 한편 (22)에서는 '-다가'도 통사적으로 초점화 가능한 위
치이며 새 정보이므로 초점화된 해석이 가능하지만, '그렇게'는 앞 명제에
이미 알려져 있는 정보를 대용하는 표현이므로 초점화 불가능하다.
　다음으로는 '-어서'보다 더 큰 절인 역접의 '-지만' 접속문의 예를 살피
기로 하자 :

(23) 그러나 여전히 나는 내가 왜 이곳을 훌쩍 떠나지 못하는지는 잘알
　　지 못하고 있다, 카프카의 한 분신은 성안에 들어가기 위해 그토
　　록 고심을 <u>하였지만</u>, 지금 나는 [[우연히 들어서게 된 이 성을 벗
　　어나지 못하여] 하릴없이 배회를 하고 **있는] 것이다.**
　　　　　　　　　　　　　　　　　　　　　　　　　(얼음:17)

위의 예에서 볼 수 있듯이, '-지만' 절의 정보는 새 정보라고 볼 수 있음
에도 불구하고, 통사적으로 '-은 것이다'의 영향권 안에 들어갈 수 없는
위치이므로 초점화될 수 없다. 따라서 초점화 가능한 부분은 위의 괄호
친 부분으로 해석될 수 있다.
요컨대 '-은 것이다'의 초점은 통사 구조와 문맥 정보간의 상관적 작용에
의해 결정된다. 먼저 통사적으로 초점화 가능한 영역은 제한되며, 이 중

---

11) 박소영(1999, 2000a)에서는 양태절과 이유절('-어서' 절의 경우)는 core 계층에
　　속하는데, 단 여기에서 양태절은 보다 nuclear 계층에 가까운 접속문이라고
　　하였다. 한편 조건절부터 반의절까지의 접속문은 clause 계층에 속하는데, 단
　　이 중에서도 반의절은 sentence 계층에 보다 가까운 접속문으로 볼 수 있다고
　　하였다.

에서 어디에 초점이 주어지는가는 이미 알려진 정보, 전제와 같은 문맥 정보에 의한다고 볼 수 있는 것이다. 이 두 조건 중 하나라도 불만족시키면 초점화될 수 없다.

한편 문장부사는 초점화 영역에 포함될 수 없다. 다음 텍스트를 보자 :

(24) 그 때 나는 그것이 무엇인지 알 수가 없어서 멍한 표정으로 그 자리에 멈춰 선다. <u>어처구니없게도</u> 나는 미처 [그것이 자동차라 는 생각을 하지 못하고 **있었던] 것이다**.   (얼음:16)

위의 텍스트에서 '어처구니없게도'의 문장부사는 '-은 것이다'의 영향권 안에 들어갈 수 없다.

'-은 것이다'의 부정은 두 가지 형태가 모두 가능하다 :

(25) 개똥벌레뿐만 아니라, 시간이 지나면서 이제는 그곳에 아무것도 남아 있지 **않은 것이다**.   (얼음:20)
(26) 당신은 가고 싶어서 **간 게 아니라** 여자와 함께 집에 남아있는 걸 친구들이 알게 될까봐서 간 거예요.   (전설:102)

즉 '안'이 부정된 '-지 않은 것이다'와 '밖'이 부정된 '-은 것이 아니다'의 두 형태가 가능한 것이다. 이 둘의 영향권 차이에 대한 자세한 분석은 다음으로 미루기로 한다[12].

---

12) 다만 텍스트 (25)의 문장에서 '-은 것이 아니다'의 부정형을 '-지 않은 것이다' 로 바꾸면 다음과 같이 비문법적으로 된다 :
　　　가. 당신은 [가고 싶어서] <u>간 것이 아니다</u>.
　　　나. *당신은 [가고 싶어서] <u>가지 않은 것이다</u>.
이의 원인은 '-어서' 접속문이 '-은 것이 아니다'의 영향권 안에는 포함될 수 있지만, '-지 않은 것이다'에는 포함될 수 없기 때문인 것으로 해석할 수 있다.

5. 의문문에 실현되는 '-은 것이다'

다음에서는 의문문에 실현되는 '-은 것이다'의 특징에 대해 고찰해 보기로 하자. 다음 예를 살펴보기로 하자 :

(27)   옷을 갈아입고 있는 아들에게 어머니가 :

가. 너 어디에 **가니**?

나. 너 어디에 **가는 거니**?

위 (27가)와 (27나)의 발화는 그 의미상 차이가 존재한다. 먼저 (27가)의 발화는 두 가지의 의미 해석 가능성이 존재한다. 즉 어딘가에 '가는' 사실 자체의 여부를 묻는 것이다. 이에는 '예-아니오'의 대답이 가능하다. 이때, '어디'는 의문어로 기능하지 않고 단순히 '어딘가' 정도의 부정 (indefinite) 요소로 해석된다. 또한 '가니'에 강세가 놓이게 된다. 둘째로는 어딘가에 가는 사실은 전제하고, '어디'라는 장소의 대답을 요구하는 해석이 가능하다. 이 때, '어디'는 의문어로 기능하고 문장은 '어디에'에 강세가 놓이게 된다.

한편 (27나)의 발화는 어딘가에 가는 사실 자체는 알고 있는 것으로 확실히 전제하고, 그 장소가 어디인지 대답을 요구하는 것이다.   이러한 물음은 (27가)의 발화보다 상대에게 의문어에 대한 대답을 요구하는 힘이 더욱 강하다고 할 수 있다. 이 경우에도 역시 '어디에'에 강세가 놓이게 된다. 이렇게 어떠한 사실을 확실히 전제하고 상대에게 대답을 요구한다는 점으로 '-은 것이다' 의문문의 특징을 정리할 수 있다.

다음으로는 실제적인 텍스트 분석을 통해 '-은 것이다' 의문문의 특징을 고찰해 보기로 하자. 다음 텍스트를 살펴보기로 한다 :

(28)   "그래, 광주로 올라가실 생각인가요?"

나는 숟가락을 입으로 가져가다 말고 사내의 얼굴을 물끄러미 건너다 보았다. 내게 무슨 말이 하고 **싶은 것인가**. 나는 에둘러서 싱겁게 대꾸했다.   (천지:40)

위의 텍스트에서 소설의 '나'는 '광주로 올라가실 생각인가요'의 암시적인 물음을 통해 사내가 무언가를 말하고 싶어한다는 사실은 확실히 알고 있다. 그 전제 위에서 '무슨'에 강세를 두어, 그 '무슨'에 대한 답을 자신에게 요구하고 있는 것이다.

> (29) 오늘밤은 더 이상 아무도 듣지 않으려는 모양이었다. <u>여자는</u> 저녁도 거른 채 지금 무얼 하고 **있는 걸까**. 아니, <u>도대체</u> 무슨 생각을 하고 **있는 것일까?** 횟집 주인의 말이 아니더라도 이제는 돌아가 여자 옆에 있어야 하리라.   (천지:37)
>
> (30) 복도에서 마주쳤을 때 여자는 무척 놀라고 있었다. 깨끗하게 머리를 빗어 내리고 입술에 루주까지 칠하고 있었지만 가는 눈썹 밑으로 우묵 하게 패인 눈자위엔 몇 올 선연한 핏줄기가 실지렁이처럼 꿈틀거리고 있었다. <u>도대체</u> 무슨 사연이 **있는 것인가**. 저리 캄캄한 얼굴을 하고 있으니.   (천지:42)

위의 텍스트 (29)에서 첫째 '-은 것이다' 의문문의 밑줄 친 '여자는'은 주제로 해석 가능한 것으로 보인다[13]. 한편 (29)에서 소설의 '나'는 여자가 무언가는 모르지만 틀림없이 어떤 생각을 하고 있다는 사실을 알고 있다. 그 전제 위에서 그것이 무엇인가를 강하게 묻고 있는 것이다. 이는 위 문장에 '도대체'라는 부사가 공기하는 것으로도 알 수 있다. '도대체'는 의문어에 대한 대답을 강하게 요구하는 정도의 의미를 가진 부사로 해석

---

13) '-은 것이다' 의문문이 주제의 '-는'과 공기할 수 있는 사실은 특기할 만한 사항이라고 생각된다. 한국어에서 대조의 '-는'은 의문문과 공기할 수 있으나, 주제의 '-는'은 의문문과 공기할 수 없기 때문이다. 다만 아래 문장 나에서와 같이, 주제의 '금상은'을 그것을 지시하는 대용어 '그것'으로 반복하여 화제 대신 그 대용어가 의문의 영향권 안에 포함되도록 하면, 의문문과 공기 가능한 듯이 보인다 :
   가. <u>금상은</u> 누구에게 주지?
   나. <u>금상은</u>, 그걸 누구에게 주지?
위 문장 가의 '금상은'은 '은상'이나 '동상'에 대조적인 의미를 나타낸다. 한편 문장 나의 '금상은'은 '금상에 대해서 말하자면' 정도의 주제 의미를 나타낸다. 이 때, 이 주제는 의문의 영향권 안에 들어갈 수 없다.

될 수 있다14).

텍스트 (30)도 마찬가지로 소설의 '나'는 여자의 모습으로 보아 어떤 사연이 있는 것이라는 사실은 확실하게 알고 있다. 그 위에서 그 사연이 무엇인가를 강하게 묻고 있는 것이다. 이에도 '도대체'의 부사가 사용되고 있다.

요컨대 '-은 것이다'가 결합되는 의문문은, 앞 뒤 문맥이나 상황으로 보아 추리될 수 있는 어떤 사실은 발화자가 알고 있다. 그 사실은 알고 있다는 것을 전제한 뒤, 그 사실에 보완되어야 할 어떤 의문어에 대한 대답을 상대방에게 강하게 요구하는 것이다. 이러한 요구의 강함은 '-은 것이다'의 의미적 기능인 초점화에서 파생되는 것이라고 추론할 수 있다. 즉 의문문의 의문어 성분을 초점화시킴으로써, 그 의문어에 대한 대답이 절실히 필요함을 상대방에게 인식시키는 것이다.

6. 수용자의 인지 과정과 '-은 것이다'

앞 4.에서는 '-은 것이다' 문장은 통사적으로는 분열문 구성에 가깝고, 의미적으로는 초점화의 기능을 갖는다고 하였다. 또한 이러한 특성은 텍스트 분석의 관점에서 볼 때는 다르게 파악될 수 되는데, 즉 3.에서 논의했던 것처럼 '-은 것이다' 문장은 앞 문장과 이유, 요약, 부연, 결과의 의미 관계를 맺고 있을 경우에는 응결성 장치로 기능하는 것이다. 이러한 기능은 저자가 앞 문장에 대해 각각 이유, 요약, 부연, 결과라고 판단하는 명제를 '-은 것이다' 문장으로 연결시켜 표현하기 때문이라고 설명될 수 있었다.

이러한 측면은 텍스트 생산자 입장에서 다시 해석해 볼 수 있다. 즉 의도성(intentionality)에 의한 해석인데, 보그란데&드레슬러(1981:8)에 의하

---

14) 김경훈(1996:40)에서는 '도대체'를 부정 극성의 부사로 분류하고 있다. 그러나 위의 사실에서 볼 수 있듯이, '도대체'는 항상 의문어에 대한 대답을 요구하는 설명의문문을 이끄는 부사라고 잠정적으로 결론 내리기로 한다.

면 '의도성'이란 텍스트 생산자가 자신의 의도를 충족시키기 위해 응결적이고 응집적인 텍스트를 형성하려고 하는 텍스트 생산자의 태도를 말한다고 하였다. 즉 텍스트 생산자는 '-은 것이다' 문장을 사용함으로써 앞 문장과 이유, 요약, 부연, 결과 등의 응집적 관계를 가지는 텍스트를 구성하여, 그러한 자신의 판단을 수용자에게 알리려고 하는 것이다.

한편 생산자의 이러한 의도에 의해 형성된 텍스트가 수용자에게 어떻게 인지되는가를 고려해 보아야 할 필요성이 있겠다. 참고로 샤롤(1983)에서는 텍스트 수용자는 그가 인식한 내용이 응집적이어야 한다고 간주하고, 텍스트의 응집성에 대한 그 자신이 가지고 있는 관념에 의해 텍스트를 조작한다고 주장하고 있다. 그리하여 어떠한 텍스트도 그 자체적으로 응집적이지도, 비응집적이지도 않으며, 그것은 텍스트를 응집적인 것으로 해석하는 수용자의 능력에 달린 것이라고 하였다. 텍스트를 수용하는 데에 있어서 텍스트 상의 형식적인 응결 장치보다도, 수용자의 인지 과정을 보다 강조한 것으로 해석될 수 있는 것이다.

또한 그는 수용자가 텍스트의 응집성을 이해하는 데에, 보충적(supplementary) 해석과 설명적(explanatory) 해석 방법이 있음을 제시하고 있다. 이는 다음과 같이 요약된다 :

> (31) 보충적 해석 : it is coherent because α says P about x, and
> complementally Q about x
> 설명적 해석 : it is coherent because α says P about x and
> complementally Q about x, because a says that
> Q is related in such and such a way to P

이러한 관점에서 보면, 텍스트 수용자는 '-은 것이다'가 사용된 텍스트도 역시 응집적인 덩어리로 해석하려 할 것이다. 다시 말해 텍스트 안에서 '-은 것이다' 문장을 사용한 생산자의 의도를 파악해 내려 할 것이다. 특히 '-은 것이다'의 의미 기능은 초점화라고 하였는데, 이렇게 하여 부각된 새 정보는 수용자의 관심을 더욱 촉발시킨다[15]. 그리하여 4.에서 논의

---

15) 리크하이트 밖에(1995:181)에서는 초점화는 인지적 활동의 필수 불가결한 것으

한 것처럼 통사 구조와 문맥 정보에 의해 파악된 초점화된 정보와, 앞 문장과의 연관성을 '보충적 해석 방법' 뿐만 아니라 '설명적 해석 방법'을 동원하여 찾아내도록 할 것이다. 텍스트의 응집성에 대한 수용자가 가지고 있는 관념에 의해서 텍스트를 조작하며, 그러한 과정에서 '-은 것이다'의 의미 해석이 앞 문장과의 관계 파악에 의해 이유, 요약, 부연, 결과 등 자동적으로 산출되는 것이다. 이러한 모든 과정이 수용자가 텍스트를 인지할 때 동적으로 일어나게 될 것이다.

요컨대 '-은 것이다'의 새 정보를 초점화시키는 것은 수용자의 관심을 더욱 자극시켜, 텍스트를 보다 응집적인 덩어리로 구성하는 인지 과정을 촉진시킨다. 따라서 응결성 장치 기능은 의미적으로 초점화와 깊은 연관이 있으며, 이는 그의 통사적 특성인 분열문 구성과 깊은 관련이 있다. 또한 수용자는 텍스트의 문맥 정보와 통사 구조 정보를 투입하여 '-은 것이다'가 해당 텍스트의 응집성에 기여할 수 있는 적절한 의미를 해석해 낸다. 따라서 텍스트 수용자의 인지 체계는 의미·통사 체계를 그 안에 포함하는 것이며, 그 인지 과정은 매우 동적인 성격을 띤다[16].

7. 결론

위에서는 '-은 것이다'의 의미와 용법을 텍스트 분석을 통하여 고찰해 보았다. 먼저 2장에서는 텍스트 응결성 표지로서의 '-은 것이다' 용법을 개관하였다. 그리고 3장에서는 '-은 것이다'가 실현되는 의미와 조건을 텍스트 분석적으로 고찰해 보고, 4장에서는 '-은 것이다'의 통사·의미적 특

로서, 초점이란 언어 사용자의 관심이 실제적으로 쏠리는 점(focus means the language user's actual focus of attention)이라고 하였다. 한편 개로드(1995:4)에서는 초점의 주요한 기능은 텍스트 추론을 지지하는 것이라고 하였다.

16) 리크하이트 외(1995:170-2)에서는 수용자의 인지 체계는 처리 부문(processing module)과 정보 부문(information module)로 이루어져 있다고 하였다. 전자는 통사적, 의미적, 화용적 하부 체계를 포함하는 것이며, 후자는 처리되는 정보를 말하는데 이것이 처리 부문에 입력되고 출력되어 나오는 것이다. 또한 처리 부문의 계층적이고 연속적 작용은 인지 체계의 동적 모습을 보여준다고 하였다.

성, 통사 구조와 문맥 정보에 의한 해석 관계를 살펴보았다. 5장에서는 의문문에 실현되는 '-은 것이다'의 기능을 고찰했으며, 마지막 6장에서는 '-은 것이다'의 이러한 양상이 인간의 텍스트 수용과 해석에 있어서 어떠한 시사점을 주는가를 생각해 보았다. 그 결과를 정리해 보면 다음과 같다 :

1) 문장간의 관계가 이유, 요약, 부연, 결과의 경우에는 초점화와 응결성 장치로 기능하던 '-은 것이다'가, 전환과 역접의 경우에는 응결성 강화 기능이 약화되고 초점화 장치로 기능한다.
2) '-은 것이다' 문장은 통사적으로는 분열문 구성이요, 의미적으로는 초점화 기능의 양상을 갖는다
3) '-은 것이다'의 초점은 통사 구조와 문맥 정보간의 상관적 작용에 의해 결정된다. 먼저 통사적으로 초점화 가능한 영역은 제한되며, 이 중에서 어디에 초점이 주어지는가는 이미 알려진 정보, 전제와 같은 문맥 정보에 의한다.
4) '-은 것이다'가 결합되는 의문문은, 앞 뒤 문맥이나 상황으로 보아 추리될 수 있는 어떤 사실은 발화자가 알고 있다. 그 사실은 알고 있다는 것을 전제한 뒤, 그 사실에 보완되어야 할 어떤 의문어에 대한 대답을 상대방에게 강하게 요구하는 것이다.
5) '-은 것이다'의 새 정보를 초점화시키는 것은 수용자의 관심을 더욱 자극시켜, 텍스트를 보다 응집적인 덩어리로 구성하는 인지 과정을 촉진시킨다. 따라서 응결성 장치 기능은 의미적으로 초점화와 깊은 연관이 있으며, 이는 그의 통사적 특성인 분열문 구성과 깊은 관련이 있다. 또한 수용자는 텍스트의 문맥 정보와 통사 구조 정보를 투입하여 '-은 것이다'가 해당 텍스트의 응집성에 기여할 수 있는 적절한 의미를 해석해 낸다. 따라서 텍스트 수용자의 인지 체계는 의미·통사 체계를 그 안에 포함하는 것이며, 그 인지 과정은 매우 동적인 성격을 띤다

요컨대 '-은 것이다' 문장의 적절한 해석은 구조적으로 통사·의미적인 특성을 포함할 뿐만 아니라, 문맥 정보나 전제, 인간의 인지 과정 등과 같은 동태적인 면도 포괄한다. 즉 어떤 언어 요소는 정태적이고 구조적인 것에 지나지 않는 것이 아니라, 텍스트 상에서 여러 인지 과정과 절차를

통해 파악되는 동태적인 면을 동시에 지니는 것이다. 앞으로 이러한 관점에 의한 연구가 진행되어야 할 것이다. 마지막으로 보그란데(1997:67-7)의 인용을 통해 이 글을 마무리 하고자 한다 :

텍스트와 담화의 과학은 단일 학제적인 패러다임이 아니라, 초-학제적인 메타 패러다임이 되어야 한다. 이것은 이론과 실제 사이의 문제로 이어져 내려온 과거의 모든 업적을 포괄하는 것이다. 또한 언어와 인간의 인지, 사회적 통보 행위 등의 문제를 통합시키는 성격의 것이다.

참고논저

개로드(S. Garrod)(1995), Distinguishing between explicit and implicit focus during text comprehension, Focus and Coherence in Discourse Processing, de Gruyter : 3-17.

고영근(1990a), 문장과 이야기의 관련성에 관한 연구, 관악어문연구 15 :1-46.

고영근(1990b), 텍스트 이론과 국어 통사론 연구의 방향, 배달말 15:1-33.

고영근(1999), 텍스트 이론-언어문학통합론의 이론과 실제, 아르케.

권재일(1998), 텍스트언어학과 인문학의 발전, 추상과 의미의 실제, 박이정: 467-491.

김경훈(1996), 현대국어 부사어 연구, 서울대학교 국어국문학과 박사학위 논문.

남기심(1991), 불완전명사 '것'의 쓰임, 국어의 이해와 인식, 한국문사:71-88.

남기심·루코프(1983), 논리적 형식으로서의 '-니까' 구문과 '-어서' 구문, 국어의 통사·의미론, 탑출판사:2-27.

래드포드(A. Radford)(1988), Transformational Grammar, Cambridge University Press.

랜썸(E. N. Ransom)(1986), Complementation : Its Meanings and Forms, John Benjamins.

리크하이트 밖에(G. Rickheit, et al)(1995), Economic principles in coherence management : a cognitive systems approach, Focus and Coherence in Discourse Processing, de Gruyter : 170-189.

마쓰오카(益岡隆志)(1991), モダリティの文法, くろしお出版.

마쓰오카(益岡隆志)(1997), 複文, くろしお出版.

박소영(2000a), 한국어 부사의 문장 계층론적 유형론, 어학연구:36-3.

박소영(2000b), 양태의 연결어미 '-고'에 대한 연구, 언어학 26:167-197.
박소영(2000c), '-은 것이다' 구성의 텍스트언어학적 연구, 한국언어학회 2000년도
　　　가을연구회 발표 논문집.
보그란데(De R. Beaugrande)(1997), New Foundations for a Science of Text and
　　　Discourse, Ablex Publishing Corporation.
샤롤(M. Charolles)(1983), Coherence as a principle in the interpretation of
　　　discourse,　TEXT 3, Mouton : 71-97.
서정목(1985), 접속문의 의문사와 의문 보문자, 국어학 13:383-415.
쉬프린(D. Schiffrin)(1994), Approaches to Discourse, Blackwell Publishers.
타쿠보(田窪行則)(1987), 統語構造と文脈情報, 日本語學 6-5.
테라무라(寺村秀夫)(1985), 日本語のシンタクスと意味 II, くろしお出版.
파터(H. Vater)(1994)/이성만 (역)(1995), 텍스트언어학 입문, 한국문화사.
할리데이·핫산(M.A.K. Halliday&R. Hasan)(1976), Cohesion in English, Longman.

<자 료>

윤후명(1995), 하얀 배, 1995 이상문학상 수상작품집, 문학사상사. <하얀 배>
성석제(1996), 첫사랑, 1996 이상문학상 수상 작품집, 문학사상사. <첫사랑>
신경숙(1995), 깊은 숨을 쉴 때마다, 1995 현대문학상 수상 소설집, 현대문학.
　　　<깊은>
신경숙(1995), 전설, 1995 현대문학상 수상 소설집, 현대문학. <전설>
최수철(1993), 얼음의 도가니, 1993 이상문학상 수상 작품집, 문학사상사. <얼음>
윤대녕(1996), 천지간, 1996 이상문학상 수상 작품집, 문학사상사. <천지>

박소영(朴素英)
서울대학교 언어학과 박사과정
151-053
서울시 관악구 봉천 3동 관악현대Apt
101동 803호
전화: 02-887-7402
e-mail: peace-maker74@hanmail.net.

텍스트 분석의 특징과 방법

이카라시 고이치(五十嵐 孔一)

'언어활동에는 개인적인 차이가 있다'라는 것은 극히 명확한 명제이면서도 종래의 언어연구에서는 포괄적으로 취급하기 어렵다는 이유로 직접적으로는 언급을 피해 왔다. 본고는 이 입장에 대하여 언어연구에는 개인간의 차이를 반영시킬 필요성이 있다고 보며 그 개인적인 차이를 긍정적으로 취급하는 것이 텍스트이론의 특징이라는 것을 논술하는 바이다. 특히 텍스트의 이중성, 언어의 선형성을 중심으로 텍스트 분석의 특징을 살펴보기로 한다. 또한 텍스트의 구체적인 분석 방법에 대해서도 제안하기로 한다.

핵심어휘: 텍스트이론, 단어의 의미, 텍스트의 이중성, 언어의 선형성

1. 머리말

지금까지는 개인간에 생기는 언어의식의 차이가 체계적인 문법 연구에서 제외되는 경향이 있었다. 문법 해석에는 일단 개인적 차이—사회적인 언어(langue)이든 이상적인 언어사용자(ideal speaker-hearer)이든—를 제외하는 편이 효과적이었던 까닭이다. 그러나 우리의 실제적인 언어활동을 보면 개인적 차이가 오히려 일반적이라 할 수 있으므로 언어연구에는 우리의 사고과정에 밀착된 관점이 요구된다. 문제는 개인적인 차이를 인정하는 문법연구가 가능한가라는 점이다. 텍스트 분석에서는 현실적인 텍스트를 취급하므로 텍스트 생산자의 사고를 직접적으로 다루게 되며 분석자 각자의 판단이 미치는 영향도 피할 수 없다. 즉, 텍스트 분석은 개인적인 차이가 생기는 것을 전제로 하는 것이며 종래의 문법이론이 다루지 못했던 부분에 초점을 맞추는 것이다. 본고에서는 텍스트 분석이 어떤 방법으로 개인적인 차이를 문법기술에 살릴 수 있는지를 검토함과 동시에 그 결과를 바탕으로 구체적인 텍스트 분석을 시도하는 바이다.

2. 단어의 의미를 이해하는 몇 단계에 대하여

일반적으로 개인에 따라 언어의식의 차이가 생긴다고 하더라도 어느 부분에 대하여 말하는지를 포괄적으로 언급하기는 어렵다. 여기서는 논의의 실마리를 찾기 위해 단어의 의미에 관하여 살펴보기로 한다.

단어의 의미를 이해하는 과정으로는 몇 단계가 있는 것으로 알려져 있는데 우선 사전에 기재되어 있는 어휘적인 의미를 살펴보겠다.

(1) 거름

이 단어는 뜻이 구체적인 말로 설명될 수 있는 일반적인 단어로 사전에 기재되는 말이다. 우리는 이 단어를 사용해 문장을 만들거나 이해할 수 있으므로 그 단어의 의미를 '알고 있다'고 말할 수 있다.

예를 들면 다음 문장은 '거름'의 어휘적인 의미를 그대로 표현한 것으로 해석된다.

(2) 공원의 나무에 <u>거름</u>으로 준다.

'거름'은 '식물을 잘 자라게 하기 위하여 땅이나 식물에 주는 영양 물질[1]', 즉 '비료'라는 어휘적인 의미를 가지는 것으로 도구의 부사격 '-(으)로'와 함께 문장에 사용됐다. 이와 같이 표층적 언어구조에 있어서의 통사적인 결속을 응결성(cohesion)이라고 한다[2].

그런데 위 문장에 다른 문장을 연결시킬 경우에는 조응관계를 명백히 하기 위해 접속사나 대명사 등을 사용할 때가 있는데 다음 문장에서처럼 조응관계를 적극적으로 나타내는 말이 없어도 의의가 연속됨을 알 수 있다.

(3) 공원의 나무에 <u>거름</u>으로 준다. 나무 밑에 묻어달라고 가족들에게
     말했다.

---

1) "국어사전", 국어국문학회 감수(2000: 119) 참조.
2) 고영근(1999: 141) 참조.

후행 문장에서 묻는 대상은 '거름'이다. 이러한 의의의 연속을 응집성 (coherence)이라고 한다3). 그런데 텍스트에 따라서는 어휘적인 의미를 넘어서는 경우가 있다. 이른바 비유적인 의미가 그것에 해당되는데 현실적인 텍스트에서는 흔히 볼 수 있는 의미들이다. 다음 예에서 '거름'의 의미를 검토해 보자4).

> (4) 내 시신을 공원의 나무에 <u>거름</u>으로 주기로 결정했다. 우선 내 몸에서 쓸 만한 것을 필요한 사람에게 나눠주며 해부실습한 뒤, 화장해서 나무 밑에 묻어달라고 가족들에게 말했다.

'내 시신, 해부실습, 화장' 등의 말로 인하여 '거름'이 일반적인 '비료'가 아니라 작자의 헌신적 결의를 비유적으로 표현하고 있다는 것을 알 수 있다. 이와 같이 비유 표현은 응집성에 근거하여 해석되는 경우가 있다.

실제적인 텍스트에서는 (4)이 다음과 같이 한 단락 속에서 나타난다.

> (5) 나는 자주 그곳에 가는데 나무 그늘 아래 앉으면 나무와 풀숲의 초록혀가 나불나불거린다. 내게 뭐라고 하는지 알 수 없지만 귀 기울이면 풀여치처럼 풀풀 뛰어오는 속삭임, 초록! 입맞추고 싶을 만큼 사랑스럽다. 내가 누군가에게 쉴 그늘을 주고 저렇듯 예쁘게 한 마디 말도 없이 속삭 여 줄 수 있을까? 사랑하는 사람의 속삭임 같기도 하고 때로는 목사님의 설교 같기도 하다.
> 그래서 내 시신을 공원의 나무에 <u>거름</u>으로 주기로 결정했다. 우선 내 몸에서 쓸 만한 것을 필요한 사람에게 나눠주며 해부실습한 뒤, 화장해서 나무 밑에 묻어달라고 가족들에게 말했다. 내 간절한 소망은 건강하게 오래 살아서 아름다운 이미지를 담은 글을 꼭 한 줄이라도 남기는 것이다.

작자가 어떤 이유로 자신을 '거름'으로 표현하게 되었는지를 알기 위해서는 지면에 나타나지 않는 작자의 신념까지 읽고서 이해함이 필요하다. 이런 경우, 해석자는 자신의 기존지식을 동원하게 된다. 이와 같은 지식

---

3) 고영근(1999: 141) 참조.
4) '나무밑에 묻어주오', 윤미라, "일사일언", 조선일보(2000.6.12).

을 간텍스트성(intertextuality)이라고 한다5). 은유(metaphor)는 작자와 독자사이에 존재하는 공통점에 의존함으로써 성립되는 것이다6). 따라서 독자가 은유를 독해한다는 작업은 작자와의 공통점을 기존지식 속에서 찾아내는 행위라고도 할 수 있다. 이것은 간텍스트성의 하나이기도 하다.

　지금까지 본 바와 같이 '거름'의 의미를 중심으로 텍스트의 범위를 차례로 확장해 가면서 최종적으로는 문단 전체를 검토하게 되었다. 작자는 사상을 발표해 가는 과정에서 단어를 선택하고 독자는 그 의미를 해석한다는 상황을 생각해 보면 우리의 언어활동이 곧 텍스트에 반영되는 것을 알게 된다. 그러므로 텍스트 분석은 우리의 사고과정에 밀착된 언어연구이며 개인적인 차이가 연구에 포함된다고 할 수 있다.

3. 텍스트 분석의 특징

　텍스트를 분석하려고 할 때 어떤 언어학적 접근이 가능할까? 개인의 견해가 반영된다고 한다면 종래의 문법이론과 상이점이 있을 것이다. 이 장에서는 그러한 텍스트 분석의 특징을 밝히기 위하여 텍스트의 이중성에 대해 설명하며 동시에 텍스트 분석에 제약을 가하는 언어의 선형성에 대해서도 고찰하기로 한다.

3.1. 텍스트의 이중성에 대하여

　우리는 단어의 의미를 알고 있는가? 이 물음에 답하기 위해서는 약간의 복잡한 배경을 고려해야 한다. 1장에서 확인한 바와 같이 우리는 '거름'의 어휘적인 의미를 지적할 수 있었다. 이 사실로만 미루어 보면 우리는 단어의 의미를 알고 있다고 할 수 있을 것이다. 그러나 텍스트 속에서 사용되면 어휘적인 의미의 범주를 벗어나는 경우도 있으며 또한 텍스트가 확장됨에 따라 개인적인 차이가 다양하게 생기기도 한다. 우리는 텍스트에 나타나는 모든 단어의 의미를 말할 수도 없으며 개인적인 차이를

---

5) 고영근(1999: 175) 참조.
6) 사토(1992: 117) 참조.

다 알 수도 없다. 그렇다면 우리는 단어의 의미를 알고 있다고는 말할 수 없는 것이 아닐까?

잘 알려진 바와 같이 이 문제는 분야를 막론하고 역사적으로 널리 논의되어 왔다. '우리는 의미를 모른다' 또는 '알 수 없다'라는 입장에서는 의미를 알기 위한 수단이 필요하다. 가장 일반적인 수단은 많은 자료를 수집하고 경험적으로 대답을 귀납하는 방법이다. 귀납적인 방법에서는 사물의 본질을 알 수 없기 때문에 'X란 무엇인가?'라는 질문은 할 수 없으며 'X의 본질을 알기 위해서는 어떻게 하면 좋을까?'라는 질문만이 가능하다[7].

한편, '우리는 의미를 알고 있다'라는 입장에서는 자기 머리 속에 있는 대답을 합리적으로 연역하는 방법을 취한다. 그러므로 'X란 무엇인가?'라는 질문이 가능하다. 언어연구에 있어서도 실증성을 중시하는 입장과 사변성을 중시하는 입장이 있는데 그 대립의 근원은 의미의 소재에 대한 인식의 차이로 귀결된다고 할 수 있다.

그런데 우리가 지금 다루려는 텍스트 분석에서는 이 두 개의 개념이 미묘하게 맞물리고 있다. 왜냐하면 텍스트에서는 단어의 어휘적인 의미와 텍스트 속에서 다양하게 해석되는 의미를 명확히 구분 짓는 경계선을 긋기가 어렵기 때문이다. 이 점에서 텍스트는 이중성(duality)을 가진다고 할 수 있다[8]. 즉, 현실적인 자료를 귀납적으로 취급하면서 우리의 사고를 연역적으로 활용하는 것이 텍스트 분석의 특징이다.

3.2. 언어의 선형성에 대하여

텍스트를 분석할 때 문제가 되는 것이 언어의 선형성이라는 성질이다. 텍스트가 우리의 사상을 전달하는 형식을 취하는 한, 화자가 사상을 발표할 때나 청자가 그 사상을 수신할 때나 선형성을 피해 갈 수 없다는 점이다. 말하자면 그것은 소쉬르의 언어활동 모형 속에서 텍스트를 해석하는 것과 마찬가지다[9]. 이 기존의 틀은 개인적인 차이점을 살리려고 하는

---

7) 다카다(1997: 23) 참조.
8) 비트겐슈타인(Wittgenstein)은 언어가 '경험적 사실'임과 동시에 '초월론적(즉, 선험적) 기능'을 이룬다는 이중성을 지적하고 있다. 노야(1993: 173) 참조.
9) 소쉬르의 언어활동 모형에 대해서는 소쉬르/고바야시(역)(1942: 22) 참조.

텍스트 분석에 제한을 가하지 않을까?

언어활동에서 텍스트가 발신자와 수신자를 중개하는 상황을 도식으로 나타내면 다음과 같다.

(6)

텍스트 분석자가 텍스트의 선형성에 구속된다는 것은 (6)의 도식에서 수신자 측에 분석자를 설정함에 기인한다. 그런데 텍스트 분석은 언어활동과 동시에 실행하는 것이 사실상 불가능하고 텍스트를 대상화할 필요가 있다는 점을 생각하면 수신자와 분석자를 동일시할 수는 없다. 곧 언어활동에 있어서의 텍스트와 텍스트 분석에 있어서의 텍스트는 구별되야 하는 것이다.

'분석자'의 입장을 별도로 설정하고 대상화된 텍스트와의 관계를 나타내면 다음과 같다10).

(7)

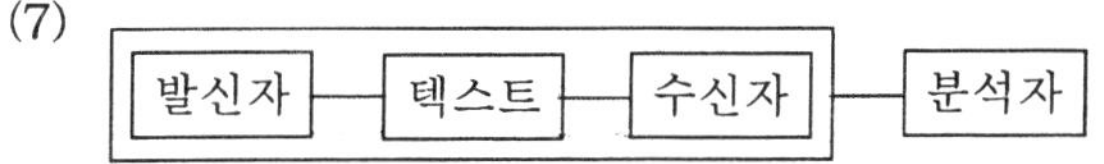

이 그림에서 분석자는 텍스트의 선형성에서 벗어나고 텍스트를 자의적으로 취급하게 된다. 또한 텍스트 분석에서 요구되는 개인적인 차이는 분석자의 견해를 가지로 분석에 반영되게 된다.

그런데 텍스트가 텍스트이기 위한 기준을 텍스트다움/텍스트성(Texthaftigkeit/Textualität, textuality)이라고 한다11). 위에서 살펴본 응결성, 응집성, 간텍스트성 등이 그 기준에 포함되는데, 텍스트를 대상화하고 취급하는 분석자의 입장에서 보면 텍스트성이란 바로 텍스트와 분석자의 관계에 있어서 인정되는 것이다.

---

10) 이카라시(1998a: 23, 1998b: 17)에서는 의미분석에 있어서의 언어활동에 대하여 검토하고 이 그림의 기초적인 고찰을 행했다.

11) 고영근(1999: 42) 참조.

4. 텍스트 분석의 실례

　도식 (7)에 근거하면 텍스트는 분석자의 연구목적에 따라서 자의적으로
해체될 수 있다는 것이 인정된다. 그렇다면 여기서 실제적인 텍스트 분석
을 시도해 보기로 하자.
　다음의 예는 신문에 게재된 현실적인 텍스트이다[12].

　(8)　"미스 사이공 한다며?" "예… 블루 사이공 해요!"
　　　우리 극단이 올 여름에 창작 뮤지컬 '블루 사이공'을 공연한다고
　하자 많은 사람들이 미국 뮤지컬 '미스 사이공'인줄로 알고 묻습니다.
　혼동을 하시는 것은 아마 두 작품 모두 월남전으로 인해 만들어졌기
　때문일 것입니다. 작품 형성 과정도 닮았습니다. '미스 사이공'은 보
　트 피플로 이별을 앞둔 모자의 애절한 사진이 모티브가 되었고, '블
　루 사이공'은 고엽제 환자 사진에서 시작되었습니다.
　　　이후 '미스 사이공'은 오페라 '나비부인'으로 동기를 발전시켜갔
　고, '블루 사이공'은 잊혀진 노래 '월남에서 돌아온 김상사'의 주인공
　을 찾아 나섰습니다.
　　　'블루 사이공' 초연 때는 월남 참전용사 500여분을 모시고 공연했
　습니다. 공연이 끝난 후 저를 찾아 오셔서 두손을 꼭 잡아 주시며
　"어떻게 내 얘기를 그렇게 알고 만들었소? 고맙소!" 하시던 그분의
　발갛게 부은 눈을 잊지 못합니다.
　　　'월남에서 돌아온 새까만 김상사…'를 골목이 떠나가라 부르고 다
　녔던 제 어린 시절에는 월남 간 가족이 있는 친구가 얼마나 부러웠
　는지 모릅니다. 그 친구는 이제 아버지가 보훈병원에 고엽제 증세로
　입원하셨단 소식을 전합니다.
　　　월남 참전용사들에게 이제는 '양민학살'이니 '용병'이니 말을 하는
　사람도 있습니다. 그러나 그런 돌팔매를 맞을 사람은 따로 있다고 생
　각합니다. 이제 대한민국을 조국이라고 믿고 사는 같은 국민인 우리라
　도 그분들을 알아 주었으면 하는 마음으로 다시 '블루 사이공'을 합니다.

　여기서는 문단의 골격을 파악하는 것을 목적으로 한다. 구체적으로는 작
자가 텍스트를 어떻게 구성해 갔는지를 고찰한다. 이를 위해 문장작법등

---

12) '블루 사이공', 김정숙, "일사일언", 조선일보(2000.6.16).

에서 일반적으로 볼 수 있는 내용 축약을 시도하기로 한다[13]. 이것은 내용을 축약해 가면서 최종적으로 작자가 가장 말하고 싶은 부분을 찾아내는 작업이다.

우선 (9)에 원문 내용을 이분의 일로 축약한다.

(9) 우리 극단의 창작 뮤지컬 '블루 사이공'을 미국 뮤지컬 '미스 사이공'과 혼동을 하시는 분이 많이 계시는 것은 두 작품 모두 월남전을 모티브로하기 때문일 것입니다. 초연 때는 월남 참전용사 500여분을 모셨습니다. 공연후 "어떻게 내 얘기를 그렇게 알고 만들었소? 고맙소!" 하시던 그분의 발갛게 부은 눈을 잊지 못합니다. 어린 시절에 월남 간 가족이 있는 친구가 대단히 부러웠습니다만 그 친구의 아버님은 보훈병원에 고엽제 증세로 입원하셨다고 합니다. 이제는 월남 참전용사들을 '양민 학살'이니 '용병'이라고 하는 사람도 있습니다만 그것은 맞지 않는다고 생각합니다. 그분들을 알아 주었으면 하는 마음으로 다시 '블루 사이공'을 합니다.

이분의 일로 축약한다는 제약 속에서 분석자는 자신의 판단에 근거하여 중요한 부분을 골라 내게 된다.

그 다음에 이 (9)의 내용을 다시 이분의 일로 축약한다.

(10) 우리 극단의 창작 뮤지컬 '블루 사이공'은 월남전을 모티브로 하고 있습니다. 초연 때는 월남 참전용사 500여분을 모셨습니다. 공연후 감격하시고 찾아 오신 분도 계셨습니다. 이제는 월남 참전용사들을 오해하는 사람도 있습니다. 그분들을 알아 주었으면 하는 마음으로 다시 '블루 사이공'을 합니다.

마지막으로 (10)의 내용을 또 다시 간추려 작자가 가장 말하고 싶은 내용을 집어 내면 다음과 같다.

(11) 우리 극단은 '블루 사이공'을 재연합니다.

이번에는 이 작업을 거슬러 올라가 작자가 어떻게 텍스트를 구성해 갔는지를 조사해 본다. 그 결과는 (12)와 같다.

---

13) 내용 축약의 방법에 대하여는 오오노(1999: 114) 참조.

(12)

발갛게 부은 눈
돌팔매를 맞을 사람은 따로 있다
대한민국을 조국이라고 믿고 사는 같은 국민인 우리
"어떻게 내 얘기를 그렇게 알고 만들었소? 고맙소!"
'양민학살'이니 '용병'이라고 하는 사람
찾아 오신 분
월남 참전용사들을 알아 준다
월남 참전용사 500여분을 모셨다
초연했다
월남 참전용사들을 오해한다
우리 극단
창작 뮤지컬 '블루 사이공'
재연한다
월남전
미국 뮤지컬 '미스 사이공'
올 여름
어린 시절에 월남 간 가족이 있는 친구가 대단히 부러웠다
혼동되는 것
"미스 사이공 한다며?" "예… 블루 사이공 해요!"
작품 형성 과정의 유사
골목이 떠나가라 부르고 다녔다
고엽제 환자 사진
보트 피플로 이별을 앞둔 모자의 사진
그 친구의 아버님은 보훈병원에 고엽제 증세로 입원하셨다
'월남에서 돌아온 감상사'
오페라 '나비부인'
주인공을 찾아 나섰다
동기를 발전시켜갔다

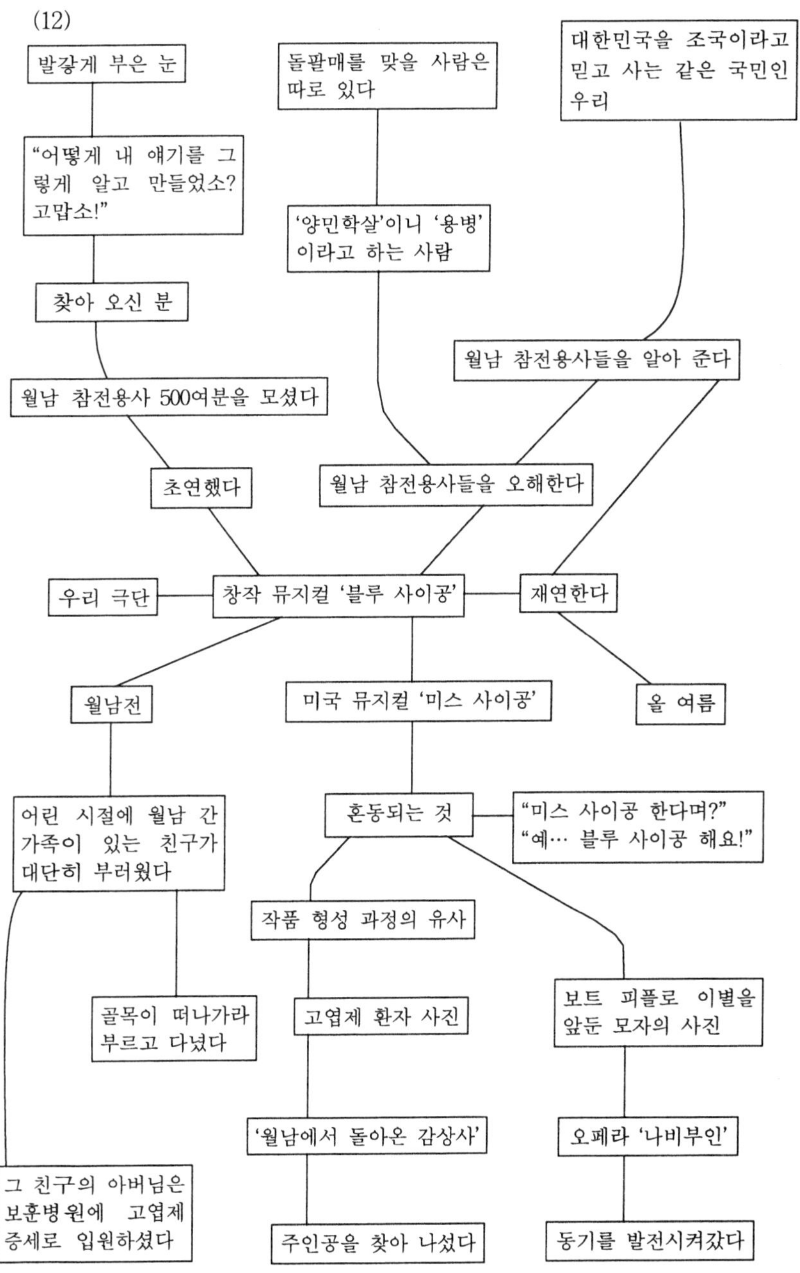

(12)의 도식이 어느 접목에서도 확산할 가능성이 있다는 점에 주의할 필요가 있다[14].

5. 마무리

종래의 문법이론에서는 개인적인 차이를 제외하는 방법을 취해 왔지만 텍스트 분석에서는 개인적인 견해를 긍정적으로 취급한다는 것이 논의의 출발점이었다. 우리의 현실적인 언어활동을 보면 개인적인 차이가 나타나는 것이 일반적이기 때문에 개인의 견해를 반영시킨 언어연구가 요구되며 그것을 어떻게 실행할 수 있는가가 당면의 과제였다. 이 문제의 접근 방법으로 개인적인 차이가 구체적으로 어느 부분에서 생겨나는지를 알아보기 위해 단어 의미의 소재에 대한 검토를 시도했다. 그 결과로서 사전에 기재되어 있는 어휘적인 의미에 대하여 우리가 '알고 있다'고 하더라도 그것이 텍스트 속에 일단 사용되면 개인적인 차이가 생겨 단어의 의미를 '알고 있다'고 말하기가 어려워진다는 것이 확인되었다. 의미를 '알고 있다'는 것이 전제가 되면 연역적인 연구가 가능하고 그렇지 않으면 귀납적인 연구가 행해지는데 텍스트에서는 그 쌍방이 겹치는 것이다. 이와 같은 이중성이 텍스트의 특징이라 할 수 있다.

실제적인 텍스트를 분석할 때에 생기는 문제의 하나가 언어의 선형성이다. 텍스트가 사상의 전달 형식을 취하는 한, 분석도 선형성을 따를 수밖에 없으며 그러므로 텍스트 분석은 구조주의의 틀을 벗어날 수 없게 된다. 텍스트 분석의 특징을 살리기 위해서는 구조주의의 틀에서 벗어날 필요성이 있다. 이에 관하여 텍스트성이란 텍스트와 분석자의 관계에 있어서 인정된다는 점을 생각하면 분석자는 텍스트 수신자와 다른 입장을 얻게 되며 구조주의의 틀에서 벗어나게 된다. 이렇게 보면 텍스트는 수신자가 아닌 분석자에 의해 텍스트의 선형성에 관계없이 자의적으로 취급

---

14) 이와 같은 텍스트의 확장은 들뢰즈·가따리가 제창한 리좀(rhizome, 佛)의 개념을 연상시킨다. 리좀의 본뜻은 뿌리를 의미하는데 그것은 시작점도 도달점도 없고 늘 도중에 있으며 뿌리처럼 사방으로 펼쳐지는 모양을 비유한 것이다(이마무라(편), 1988: 621-2). 구조주의가 나무와 같이 수직으로 우뚝 솟아 있는 것과는 대조적이다.

된다. 앞으로 더욱 텍스트 분석이 구체적인 문법기술에 공헌하리라 생각
한다.

참고논저

고영근(1999), 텍스트이론-언어문학통합론의 이론과 실제 , 아르케.

국어국문학회 감수(2000), 국어사전, 民衆書館.

노야(野家啓一)(1993), ウィトゲンシュタインの衝擊, 現代思想4—言語論的轉回, 岩
　　波書店:143-181.

다카다(高田明典)(1997), 構造主義方法論入門, 夏目書房.

보그란데(R. A. de Beaugrande)·드레슬러(W. U. Dressler)(1981)/이케가미 밖에
　　(池上嘉彦外)(역)(1984), テクスト言語學入門(Introduction to Text Linguistics),
　　紀伊國屋書店.

사사키(佐佐木正人)(1994), アフォーダンス—新しい認知の理論, 岩波書店.

사토(佐藤信夫)(1992), レトリック感覺, 講談社.

소쉬르/고바야시(小林英夫)(역)(1942), 言語學原論 改譯新版, 岩波書店.

沈在箕·李基用·李廷旼(1999), 意味論序說, 集文堂.

오오노(大野晋)(1999), 日本語練習帳, 岩波書店.

이마무라(今村仁司)(편)(1988), 現代思想を讀む事典, 講談社.

이카라시(1998a), 現代朝鮮語の用言接續形<-느라(고)>について—「タクシス」と「圖
　　と地」の觀點から—, 東京外國語大學 석사학위논문.

이카라시(1998b), 現代朝鮮語の用言接續形<-느라(고)>について—「タクシス」と「圖
　　と地」の觀點から—, 朝鮮學報 169: 1-52.

이카라시 고이치(五十嵐 孔一)
서울대학교 국어국문학과 박사과정 수료
140-729
서울특별시 용산구 이촌동395 대림APT 101동 2108호
전화 : 02-717-9801, 팩스: 02-717-9801
e-mail: ikarasi@netsgo.com

〈靑山別曲〉의 텍스트언어학적 고찰

임 석 규

〈靑山別曲〉의 응결성은 1연과 6연의 완벽한 대칭에서 확인된다. 이에 근거하여 〈靑山別曲〉을 크게 두 부분으로 나눈다. 전반부의 세 텍스트 — 청산에서의 살지 못한 것에 대한 아쉬움(1연), 청산에서의 삶의 상상(2연~4연), 사나운 운명(5연) — 는 연속성 있는 의미망을 이루고 있다. 후반부 또한 두 개의 자족적인 텍스트 — 바다에서 살지 못한 것에 대한 아쉬움(6연), 바다로 가는 노정(7~8연) — 가 연속성 있는 의미망을 이루고 있다. 〈靑山別曲〉의 화자는 청산에서의 삶이 순탄치 않을 것임을 인식하고 새로운 세계(바다)에서의 삶을 상상해 본다. 이어 화자는 바다에서의 삶이 그나마 최선이라고 생각하고 곧바로 바다로 떠나게 된다는 점에서 〈靑山別曲〉의 응집성은 명확히 드러난다. 이런 점에서 〈靑山別曲〉은 응결성과 응집성의 조화를 이룬 훌륭한 개인 서정 가요라고 할 수 있다.

핵심어휘: 텍스트언어학, 자족적인 텍스트, 응결성, 응집성, 연속성 있는 의미망, 의미상의 등가성, 기능상의 등가성, 명시적 재수용

1. 들어가기

〈靑山別曲〉은 그 연구사를 따로이 만들어야 할 만큼 많은 연구가 이루어져 왔다. 그럼에도 여전히 풀리지 않는 몇몇 문제가 남아 있다. 〈靑山別曲〉의 해석을 가로막는 요인으로는 우선, 당시 또는 그 이후의 문헌상에서 〈靑山別曲〉에 대한 뚜렷한 언급이 없다는 점을 들 수 있다. 또한 고려시대뿐만 아니라 그 이전 시기의 국어의 모습을 파악할 수 있는 자료가 극소수에 불과하다는 점도 개별 어구의 뜻을 파악하는 데 어려움을 준다. 다만 우리가 할 수 있는 일은 조선 전기의 문헌을 통해 그 어석(語釋)을 가늠해 볼 수 있을 뿐이다.[1] 그럼에도 불구하고 해석이 곤란한 어

구는 다양한 해석을 피할 수 없을 것이다.[2]

그 동안의 <靑山別曲>의 연구는 크게 가사의 주석을[3] 시작으로 하여, 작품의 창작 시기, 작자층, 작품의 성격 등을 중심으로 이루어져 왔다. 가사에 나타난 개별 어구의 주석은 아직까지 명쾌히 밝혀지지 않고 있으며, 창작시기, 작자층, 작품의 성격에 대해서도 다양한 견해가 제시되고 있다.

<靑山別曲>의 대표적인 연구 몇몇을 소개하면 다음과 같다.

정병욱(1977/1984: 105-113)은 고민 속에 허덕이던 고려 지식인들이 순간적 향략 추구의 한 표현으로 '술 노래'를 부른 것이라고 하였고, 신동욱(1982)는 전란과 지배 계급의 수탈로 인하여 삶의 터전을 상실한 유민 집단이 외로움과 고통을 달래면서 산과 바다로 유랑하면서 부른 노래라는 견해를 제시하였으며, 김학성(1980: 133-139)은 묘청, 무신란 이후 계속된 일련의 사태에 참여한 무리들, 예컨대 망이, 망소이 등 농민반란군, 만적과 같은 노예혁명에 가담한 무리들, 삼별초란과 그에 호응한 전라, 경상도 민중들이 산과 바다로 몸을 피하면서 부른 노래라고 하였으며, 박노준(1985)는 고려 고종 19연 몽고의 제2차 침범시를 전후하여 조정의 시책에 따라 산성(山城)과 해도(海島)로 난리를 피하면서(徙民山城海島) 떠돌던 피난민의 노래라고 주장하고 있다.[4]

---

1) 고영근·남기심 (편)(1997: 457-462)에서는 <靑山別曲> 전문을 어학적으로 해석하였다. 뿐만 아니라 여러 논자들의 주석적 견해도 제시되어 있다.

2) 난해한 어구(語句)에 대해서는 몇몇 연구 성과를 부분적으로 참조할 것이다.

3) <靑山別曲>에 대해서는 여러 학자가 서로 상이한 해석을 가하고 있다. 1연의 '살어리랏다', 3연의 '가던 새 본다, 잉무든 장글란 가지고', 5연의 '돌', 7연의 '에정지, 사슴이 짒대에 올아셔', 8연의 '잡스와니 내 엇디 흐리잇고' 등의 해석이 논자(論者)에 따라 차이가 난다. 자세한 것은 김학성(1980: 133)과 고영근·남기심 (편)(1997: 457-462)을 참조할 수 있다.

4) 특히 김학성(1980: 133-139)과 박노준(1985)는 당시의 다른 문헌에서의 기록을 참조하여 논의를 정밀화했다는 점에서 그 의의를 부여할 수 있다. 김학성(1980: 133-139)에서는 <靑山別曲>이 조선초에 <納氏歌>의 가사로 대치되어 궁중악(宮中樂)으로 쓰였던 점으로 미루어 <西京別曲>, <滿殿春別詞>, <履霜曲> 등 다른 속요와는 달리 남녀상열지사(男女相悅之詞)로 금기된 것이 아니라는 점에 착안하여 작품 해석의 실마리를 풀어보고자 했다. 그에 따르면 <靑山別曲>이 반란군의 노래였기에 '高麗史 樂志'에도 전혀 언급되지 않았고 금기되었다는 것이다. 반란군의 노래라는 시각에서 3연의 '잉무든 장글란'을 '병기(兵器)'로 파악하고, 5연의 '돌'을 당시에 유행하던 '석전(石戰)'으로 파악하였다.

작품 구조의 측면과 텍스트 분할의 측면에서도 의견일치는 이루어지지 않고 있다. 김택규(1975)는 서로 다른 두 노래, 즉 '靑山曲'과 '바르노래'를 새 가락에 맞추기 위해 합성한 것으로 파악하고 있으며, 김상억(1965), 성현경(1972), 정병욱(1977/1984: 105-113)은 5연과 6연을 교체시켜 대칭구조로 파악하고 있다. 또 이승명(1975)는 동기(5연), 과정(1,2,3,4연/6,7연), 결과(8연)의 세 부분으로 나누어 고찰하기도 하며, 전형대(1986)은 청산과 바다 외에 에정지를 또 하나의 무대로 설정하고 있다. 그 외에도 김재용(1982)는 1연에서 6연까지를 하나로 묶어 유랑 생활에서 오는 비감으로 파악하고 나머지 연을 또 하나의 텍스트로 묶기도 하였다.[5]

필자는 〈靑山別曲〉의 연구에서 나타나는 여러 문제점들을 극복하기 위해 텍스트언어학(또는 텍스트과학)의 관점에서 〈靑山別曲〉에 대한 재해석을 시도하려 한다.[6] 우선적으로 작품 전체에 나타나는 응집성과 응결성을[7] 찾는 데 주력하고자 한다. 이러한 생각은 기존의 연구가 전 8연의 응집성을 파악해 보려는 노력이 부족했다는 점에 근거한 것이다.[8]

이는 작품 자체에서 논거를 마련했다는 점에서 그 나름대로 의의를 지닌다고 할 수 있다. 그러나 박노준(1985)는 작자가 반란군의 무리라면 '믜리도 괴리도 없이'는 김학성(1980: 133-139)의 논리 체계에 맞지 않는다고 비판하고 있다. 즉 반란군은 조정에 대한 불만이 쌓여 있을 것인데 5연에 나타나는 '미워할 사람이 없다'는 것은 논리에 맞지 않는다고 말하고 있다. 박노준(1985)는 '고려사(高麗史)' 등을 토대로 '遣使諸道 徙民山城海島(使者를 諸道에 보내어 백성을 山城과 海島로 옮겼다)'라고 한 대목을 〈靑山別曲〉 해석의 실마리로 제시하고 있다. 그는 〈靑山別曲〉은 '徙民山城海島'의 슈이 떨어진 고종 19년 6월 이후 산과 바다로 난리를 피하며 헤매던 피난민이 지은 노래이고, 작자인 피난민은 양반계층이 아니라 양민(들)이었음이 분명하다는 결론을 내렸다. 이 연구는 근거가 될 만한 기록을 찾았다는 점에서 그 의의를 찾아볼 수 있다.

5) 원전을 수정하지 않고 '청산 노래'와 '바다 노래'로 구분하여 파악하는 것이 일반적인 견해이다.

6) 김완진(1971)은 고가요 주석에서 어학적 측면에서의 접근을 시도했다는 점에서 높이 평가된다. 그의 논의가 〈靑山別曲〉의 논의에서 빠질 수 없는 것으로 인식되고 있다는 점은 텍스트 자체를 중시하는 텍스트언어학의 위상을 잘 보여 준다고 할 수 있다.

7) 텍스트의 응집성과 응결성은 고영근(1999: 137-188)에서 자세하게 제시되어 있다.

8) 정병욱(1977/1984: 111)는 이 작품을 '술노래'로 파악하고 있으나, 조동일(1983/1989: 153)의 지적대로 8연을 노래 전체의 결론으로 보아 작품 전체를 '술노래'라고 하는 것은 무리일 것이다. 박노준(1985)의 언급대로 김학성(1980:

고가요 해석에 있어 시대적 상황 등을 고려한 다양한 접근이 이루어진다면 더 바랄 나위 없겠으나 작자와 창작 시기를 알 수 없는 작품을 다른 관점에서 접근하기는 어려울 것이므로 모든 해석은 작품 자체를 통해서 이루어져야 한다. 원전의 응집성과 응결성이 파악된다면 그것을 단초로 하여 당시의 사회상, 창작 시기, 작자층을 추론해 볼 수 있을 것이다.

2. 〈青山別曲〉의 텍스트 분석

고려 속요가 아무리 후대에 정착된 것이라 해도 또 민요적·궁중음악적 성격을 띤다고 해도 원전 비평에 있어 가급적 원전에 수정을 가하는 것은 올바른 태도가 아니라는 점에 근거하여 필자는 가능한 한 원전을 그대로 두고 해석하는 방법을 취하고자 한다.

필자는 〈青山別曲〉을 크게 두 부분으로 나누어 전반부는 '청산 속에서 살지 못한 아쉬움', '청산 속에서의 삶의 상상', '가혹한 운명'으로 파악하고 후반부는 '바다에서 살지 못한 아쉬움', '바다로의 노정'으로 파악한다.

2.1. 청산에서의 삶의 상상 - 전반부

〈青山別曲〉의 1연과 6연은 동일한 구조를 지니고 있으며 청산과 바다는 현실도피처라는 점에서 기능상의 등가성을 이루고 있으므로 1연~5연, 6연~8연을 구분한다.

133-139)과 신동욱(1982)는 '뮈리도 괴리도 업시'에서 난관에 봉착하게 된다. 즉 신동욱(1982)에서는 전란과 지배층의 가혹한 수탈로 인해 떠도는 유민 무리 일반을 작자로 제시하고 있는데, 수탈자에 대한 원망이 없다는 것은 논리에 맞지 않는다는 것이다. 김학성(1980: 133-139) 또한 〈青山別曲〉을 반란군의 노래라고 규정하고 있는데, 역시 미워할 대상이 없다는 것은 납득이 가지 않는다는 것이다. 박노준(1985)에서는 〈青山別曲〉의 작자를 조정의 시책에 따라 산성(山城)과 해도(海島)로 피난한 양민으로 설정하고 있는데, 박노준(1985) 역시 '오리도 가리도 업슨'에 이르면 논리체계 상의 모순이 드러난다. 피난민이라면 같이 어울려 있는 것이 보통이겠고, 설사 떨어져 있다고 해도 그다지 멀리 떨어져 있지는 않을 것이다. 따라서 이상의 세 논의는 '오리도 가리도 업슨'에 이르러 응집성 파악에 큰 문제점을 남기게 된 것이다.

전반부를 인용하면 다음과 같다.

　　살어리 살어리랏다
　　靑山(청산)애 살어리랏다
　　멀위랑 ᄃ래랑 먹고
　　靑山(청산)애 살어리랏다
　　　얄리 얄리 얄랑셩 얄라리 얄라

　　우러라 우러라 새여
　　자고니러 우러라 새여
　　널라와 시름 한 나도
　　자고니러 우니로라
　　　얄리 얄리 얄라셩 얄라리 얄라

　　가던 새 가던 새 본다
　　믈 아래 가던 새 본다
　　잉무든 장글란 가지고
　　믈 아래 가던 새 본다.
　　　얄리 얄리 얄라셩 얄라리 얄라

　　이링공 뎌링공하여
　　나즈란 디내와손뎌
　　오리도 가리도 업슨
　　바므란 ᄯ 엇디 호리라
　　　얄리 얄리 얄라셩 얄라리 얄라

　　어디라 더디던 돌코
　　누리라 마치던 돌코
　　믜리도 괴리도 업시
　　마자셔 우니노라.
　　　얄리 얄리 얄라셩 얄라리 얄라

　　전반부는 세 개의 텍스트로 이루어져 있다. 1연은 청산에서 살지 못한 아쉬움을 나타내고 있다. 그 아쉬움이 '살어리랏다'로 표현된 것이다. 아쉬움을 표현했다고 해도 '청산에서 살았더라면 틀림없이 좋았을 것인데.' 하고 뒤늦게라도 상상은 할 수 있는 것이다. 2연~4연이 바로 청산에서의 삶을 상상한 것이며, 그것은 하루 일과로 나타나고 있다. 청산에서의 삶의 상상이 마무리되면서 화자는 '믈아래'에서도, '청산'에서도 살 수 없음을 알게 된다. 그것이 5연에서 운명에 대한 처절한 비탄으로 나타나고 있다. 이 점에서 <靑山別曲>의 전반부는 세 개의 텍스트가 연속성 있는 의미망을 이루고 있다고 할 수 있다.

먼저 제 1 연을 보기로 하자.

작품 전체가 3자-3자-2자의 3음보를 보이고 있는데 사실 1연은 '살어리랏다 살어리랏다 청산애 살어리랏다'로 설정할 수 있다. 첫 번째 '-랏다'의 생략은 글자수에 기인한 것이다. 이에 근거한다면 '살어리랏다'가 세 번이나 명시적으로 재수용되면서 응결성을 추구하고 있다. 이렇게 여러 번 재수용하는 것은 아쉬움이 그만큼 크다는 것을 여실히 보여준다. '멀위'와 'ᄃ래'는 '연명의 수단으로 산에 있는 아무 것이나'라는 점에서 기능상의 등가성(等價性)을 보여주는 것이라 할 수 있다.

그런데 문제가 되는 것은 '살어리랏다'가 도대체 어떤 의미로 쓰였는가 하는 것이다. '살고 싶도다'로 해석하기도 하고 '살았으면 좋겠는 것을', '살으리로다', '살아갈 것이로다' 등으로 해석하기도 한다.

여기에서 우리는 <靑山別曲>의 표기법에 대해 눈을 돌릴 필요가 있다. <靑山別曲> 전 연의 표기는 연철 표기에 의존하고 있다. 분철의 형태를 보이는 것이 몇몇 있지만 그 중 '살어리랏다'가 특이하다고 할 수 있다.9) 그렇다면 '살어리랏다'에서 '-어-'가 기원적으로 무엇이었는지를 파악해야 한다. 중세 국어에서 확인의 선어말어미는 비타동사 어간에는 '-거-', 타동사 어간에는 '-어-'가 통합된다.10) '살다(居)'는 비타동사, 곧 자동사이므로

---

9) 15세기 문헌에서 나타나는 '글왈(文), 알어늘(知), 알오(知), ᄀᆞ애(剪)' 등은 모두 특정 자음이 탈락함으로써 분철 형태를 취하고 있는 것이다. '살어리랏다'와 '멀위'가 분철 형태로 표기된 것은 이와 동궤(同軌)로 파악해야 한다. 또다른 분철 형태로 '올아셔'가 발견되지만 이것은 탈락과는 다른 측면으로 접근해야 한다 (이기문 1972: 159).

10) 고영근(1983/1997a: 276-279)에 제시된 확인법의 선어말어미 '-거/어-'의 예를 인용하면 다음과 같다.

'-거-'가 통합된 것이다. 연철 형태로 나타나지 않는 이유를 우리는 '-거-'에서 찾아야 할 것이다. 고영근(1983/1997a: 286)와 고영근(1997b: 438)에서는 확인법의 선어말 어미 '-거-'와 추측 회상의 '-리러-'와 감동법의 '-옷-'을 분석하여11) '과거에 어떤 사정이 허락했더라면 청산에 가서 기꺼이 살수 있었을 텐데'라고 해석하고 있다. 이러한 해석이 작품 전체의 응집성을 추구하는 데 가장 적당한 것으로 파악되어 필자는 '살어리랏다'를 '살았어야 했는데'로 파악한다.

청산에서 살지 못한 것을 아쉬워한다면 두 가지 가능성이 있다. 청산에 들어갈 수도 있고 단순히 청산 속의 삶을 상상하는 것에 머물 수도 있다. 청산에 직접 들어가서 산 것으로 파악한다면 몇 가지 문제에 봉착하게 된다. 우리는 일단 화자가 청산에 들어가 생활한 것이라고 보고 <靑山別曲> 전 8연의 구조를 살펴보도록 한다.

전반부: 청산에서의 삶 결심 또는 아쉬움 → 청산에서의 삶
후반부: 바다에서의 삶 결심 또는 아쉬움 → 바다로 가는 노정

이것이 좀더 체계적인 구조를 갖는다면 다음과 같은 구조가 될 것이다.

전반부: 청산에서의 삶 결심 또는 아쉬움 → 청산으로 가는 노정(路程)
　　　　→ 청산에서의 삶
후반부: 바다에서의 삶 결심 또는 아쉬움 → 바다로 가는 노정(路程)
　　　　→ 바다에서의 삶12)

---

　　a. 眞實로 그스기 化ᄒ시다 <u>닐어리로다</u>(월인석보 권13, 44장)
　　b. 내 本來 구홀 무슴 업다니 오늘 이 寶藏이 自然히 <u>니를어다</u>(법화경 언해 권2, 226장)
　　c. 길 우희 糧食 <u>니저니</u> 塞外北狄인돌 아니 오리잇가(용비어천가, 53장)

'니르-, 니를-'에는 비타동사 표지 선어말어미 '-거-'가 통합된 것이고, '닞-'에는 타동사 표지 선어말어미 '-어-'가 통합된 것이다. a,b)에서는 분철 형태를 취한 반면, c)에서는 연철 형태를 취하고 있다.

11) '-리러-'와 '-옷-'이 결합하여 '-리랏-'으로 바뀐다. 이는 '-더-'와 '-오-'가 결합하여 '-다-'로 바뀌고(<u>내</u> 롱담ᄒ다라), '-거-'와 '-오-'가 결합하여 '-가-'로 바뀌는(<u>내</u> 親히 저숩고 香 픠우숩<u>가</u>니) 중세 국어에서의 일련의 변동과 동일하다. 자세한 것은 고영근(1983/1997a: 314-327)를 참조할 수 있다.

물론 모든 것이 대칭적으로 딱 들어맞아야 할 이유는 없겠지만 아무 근거 없이 청산으로 가는 노정을 생략한 것은 이해가 되지 않는다. 물론 화자의 거주지와 청산은 가깝다고 할 수도 있다. 박노준(1985)에 제시된 '徙民山城海島'에 근거하여 <靑山別曲>을 파악할 경우 산성(山城)으로 이주할 때 분명히 화자의 감정이 매우 애절하게 표현될 것이다. 이 점에서 '청산으로 가는 노정-그 안타까움'이 제시되지 않은 것은 쉽게 납득할 수 없다. 왜냐하면 화자가 정든 곳을 등지고 새로운 곳을 향해 떠날 때, 그 심정은 차마 말로 표현할 수 없을 정도로 안타까울 것이기 때문이다.

또한 청산에서의 삶으로 파악한다면 과연 청산에서는 며칠 간을 살았는가도 문제가 된다. 원전에는 하루의 일과만 제시되어 있다. 며칠을 살고 난 후에, 하루의 일과를 귀납적으로 제시할 수도 있다. 그러면 며칠 간의 삶, 아니 더 나아가 수십 일 간의 삶을 요약적으로 제시하고 이후 바다로 가는 노정을 제시한다고 하면, 생각보다 꽤 많은 시간이 소요될 수 있다. 그렇다면 화자의 현 상황은 어느 시기에 놓여 있는 것인가. 바다로 가는 노정을 현 상황이라고 파악한다면 그 이전은 분명히 회상의 성격을 지닐 것이다.13)

이에 필자는 화자가 청산에서의 삶을 상상(2연,3연,4연)하고, 그 삶이라는 것이 화자의 시름을 가중시킬 뿐임을 깨닫고 자신의 신세를 한탄(5연)하는 것으로 파악한다. 화자는 다시 생각을 가다듬어(6연) 바다에서의 삶을 상상해 보고 '아! 그래도 괜찮구나!'라고 느끼고(6연, 7연 사이에 생략된 부분) 바다로 직접 떠나는 것(7연, 8연)이다. 즉 화자가 상상을 한 후 가까운 바다를 향해 떠난다는 불과 한 나절도 채 안 되는 정도의 시간을 상정하면서 <靑山別曲>을 이해하고자 한다.

여기에서 필자는 박노준(1985)의 견해를 부분적으로 수용한다. <靑山別曲>의 축이 청산과 바다이므로 작품의 제재는 이전에 있었던 조정의 '사민산성 해도(徙民山城海島)14)' 명령에서 얻었을 만하다. 그러나 조정의 '사

---

12) 술을 마시면서 고도의 여운을 남긴다는 것으로 파악하면 바다에서의 생활은 반드시 제시될 필요는 없다.

13) 뒷부분에서 논의되겠지만 청산 속에 직접 들어간 것이라고 파악한다면 3연에 나타나는 '가던 새 본다'를 해석할 때, 시제와 관련하여 난관에 부딪히게 된다.

14) 필자는 박노준(1985)의 견해를 부분적으로 수용하고 있지만, '산성(山城)'과 '청산'이 동일한 공간인지는 더 논의되어야 할 것이다. 왜냐하면 '徙民山城海

민산성해도(徙民山城海島)' 명령이 있을 당시 화자는 청산과 바다로 떠날 기회가 있었으면서도 정든 거주지를 과감히 버리지 못했던 사람으로 파악한다. 산성이나 바다로 떠날 기회를 놓친 후 상황이 이전보다 더 나을 것이 없게 되자 이제는 정든 곳을 버리고 떠나려고 하는 것이다. 그러면 어디로 떠날 것인가 그것은 '사민산성해도(徙民山城海島)'의 명령이 불현듯 생각났을 것이고 이에 두 공간에서의 삶을 상상해 본 것이다.

2연, 3연, 4연은 청산에서의 아침, 낮, 밤에 있을 수 있는 일을 상상한 것이다. 청산 속에서의 삶의 상상은 체계적으로 진행되어 자고 일어난 아침부터 시작될 것이다. 아침이라면 당연히 새소리가 연상이 되고 일반적 화자라면 그저 단순한 새소리에 불과한 것으로 파악할 것이지만 화자는 슬픔에 잠겨 있는 사람이므로 새가 우는 것으로 표현해 내고 있다. 새와 시적 화자는 슬픔을 간직하고 있다는 측면에서 기능상의 등가성을 이루고 있다. 청산의 성격이 현실도피처이기 때문에 2연에서의 '시름'이라는 시어는 화자가 자연스럽게 끌어낼 수 있다.

2연도 1연과 마찬가지로 '우러라 새여 우러라 새여 자고 니러 우러라 새여'로 설정할 수 있다. '우러라 새여'가 1연에서와 마찬가지로 세 번씩이나 반복되어 재수용되고 있다. 의미상의 등가성에 기댄 응결장치이다. 이러한 명시적 재수용은 그만큼 비애의 감정이 짙음을 나타내 준다고 할 수 있다. 여기에서의 청산은 조선시가 문학에서 나타난 이상향과는 훨씬 다른 성격을 지닌 것이다. 자연에 묻혀서 안빈낙도, 유유자적, 물아일체의 삶을 읊은 것이 아니라 마지못해 선택한 청산의 삶을 읊은 것이기에 화자는 여전히 시름을 지니고 있을 수밖에 없다.15)

문제는 '우러라'를 어떻게 파악하느냐 하는 것이다. 논자(論者)들은 '우는구나'로 파악하기도 하고, '울어라'로 파악하기도 한다. 여기에서 우리는

島' 명령은 전쟁을 하기 위한 방편일 수도 있기 때문이다.

15) 2연은 시간적 추이로 봤을 때 청산의 아침으로 청산 속에 사는 새도 자고 일어나면 운다는 사실을 발견하고서 동병상련의 동류의식을 느끼는 것으로 이해할 수 있다. 그뿐만 아니라, 새의 시름과 자기의 시름을 비교하여 자신의 불행을 강조하고 있다. 화자의 울음이라는 것은 자고 일어나면서 시작될 만큼 처절한 것이고 또 지속되는 것이다. 즉, 시적 자아는 자신의 거주지를 등지고 왔기 때문에 그 시름들로 인해 마음 편할 날이 없는 것이다.

‘시름 많은 나도’에 주목해야 한다. 조사 ‘-도’는 동일함을 나타낸다. 아침에 일어나면 새가 울 것이라고 화자는 생각하는 것이다. 그래서 ‘우는구나’로 파악함이 온당하다. ‘울어라’로 파악한다면 화자는 아침에 일어나서 주위를 둘러보다가 문득 새가 보이기에 새를 보고 울라고 호소하는 것으로 파악해야 하기 때문이다.

다음을 고려해 보자.

    a. [?]우는구나 새야, 너보다 시름 많은 나도 울면서 지낸다.
    b. [*]울어라 새야, 너보다 시름 많은 나도 울면서 지낸다.

b)를 달리 표현해 보면, ‘너보다 시름 많은 나도 우는데, 너는 왜 안 우느냐’라는 것은 논리에 맞지 않는다. 시름이 적으면 울지 않을 수도 있는 것이다. 이에 a)와 같이 우는 새와 화자의 시름을 단순히 비교하는 것으로 파악하면 큰 문제가 없을 것이다. 즉 ‘우는구나! 새야. 나는 말할 수 없는 큰 시름으로 인해 계속 우는데, 너는 무슨 근심이 있어서 우느냐?’ 정도로 파악할 수 있다.

이제 3연을 살펴보기로 하자. 2연에 ‘자고 니러’는 아침이라는 의미로 파악할 수 있으며 3연에서는 시간을 나타내는 시어가 명시적으로 드러나 있지는 않지만 아침보다는 시간이 좀 흐른 것이라고 짐작해 볼 수 있다. 왜냐하면 4연의 낮, 밤을 통해서 그것을 확인할 수 있기 때문이다. 이러한 하루의 일과는 응결성을 드러내기에 충분하다. 3연도 ‘가던 새 본다 가던 새 본다 믈 아래 가던 새 본다’로 설정할 수 있다. 동병상련의 정을 느꼈던 새가16) 시적 화자 곁을 떠나는 것이다. 이에 허무감이 극도에 이를 것이다. 그것이 ‘가던 새 본다’의 명시적 재수용으로 이어진 것이다.

화자는 청산에서 살아갈 길을 강구할 것이고 농민이라면 당연히 쟁기를 들고 들어가서 농지를 경작하려 할 것이다. 이에 산을 경작하고자 하

---

16) 서재극(1968)과 조동일(1983/1989: 154)에서는 ‘새’를 ‘갈던 사래’로 파악하고 있으나 필자는 2연과 3연의 ‘새’를 명시적으로 재수용된 것으로 파악한다. 동음이의어로 파악하기에는 어학적 뒷받침이 쉽지 않다.

는 화자의 모습이 연상되었을 것이다. 그런데 아침 나절에 화자의 옆에 있었던 새는 허무하게 자신의 곁을 떠나버린다. 새조차 청산이 싫어 다른 곳으로 날아가 버린다. 그것도 자신의 농지가 있는 '믈아래17)'로 떠나는 것이다. 자신은 지금 무엇을 하고 있는가? 지금 녹슨 쟁기 또는 이끼 묻은 쟁기를18) 들고 산을 경작하려 하지 않는가.

'본다'의 '-ㄴ다'는 과거를 표시하는 부정법어미이다. '보았느냐'로 해석해서는 의미가 통하지 않는다. '동료라고 생각했던 새가 허망하게도 날아가던 것을 본적이 있는가'처럼 과거의 경험에 의한 독백으로 파악할 수 있다. 그것도 아마 농토가 있던 쪽(화자의 거주지)으로 날아가는 새의 모습을 연상할 것이다. 이럴 때 화자의 시름은 한층 짙어진다고 할 수 있다. 미물은 자유롭게 아무곳이나 갈 수 있지만 자신은 자신이 거주하던 곳으로 못 가는 안타까움이 잘 드러나는 것이다. 이 즈음에서 화자는 청산에서의 삶이라는 것이 자신의 시름을 더욱 짙게 한다고 판단할 것이다. 청산 속에서 직접 살았다고 하면 '가던'의 시제와 '본다'의 시제를 적절하게 설명할 수 없다. 시제를 고려하지 않고 단순히 '청산에서 살다보니 새가 믈아래로 날아가는 것을 볼 것이다'는 정도로 파악하는 것은 시제를 고려하지 않은 것이다.

4연에서도 청산에서의 삶의 상상이 이어진다. 어떻게든 그럭저럭 낮은 지낼 수 있지만 밤은 어떻게 할까가 걱정된다. 낮과 밤은 분명히 응결성을 추구하는 장치이며, 2연~4연이 하루의 일과로 표현되고 있다는 것은 청산에서의 삶을 상상한 것이라는 뒷받침이 될 것이다.

4연은 낮에는 그래도 그럭저럭 청산에서의 삶을 꾸려나갈 수 있지만 사람 그림자도 보이지 않는 밤에는 도저히 살아 갈 수 없음을 잘 드러내 준다. 즉, 낮으로 대별되는 여러 어려움은 그래도 그럭저럭 겪어나갈 수 있겠지만 올 사람 갈 사람도 없는 밤은 어떻게 이겨나갈 것인가 하고 걱정하는 것이다. 밤이 되면 사나운 산짐승도 두려운 존재일 것이다. 따라

---

17) '믈아래'의 상황은 철저하게 자신의 처지와 대립이 되고 있다는 점에서 기능상의 등가성을 이룬다.

18) 몽고의 침입이 계속되는 상황이므로 쟁기를 이용한 이른바 본격적인 농사일을 하기는 어려웠을 것이다. 단순히 먹을 것을 얻기 위한 간단한 농사만 가능했을 것이다.

서 4연은 고독함, 외로움, 두려움이 복합적으로 작용하는 절망적 심정을 표현한 연이라 할 수 있다.

또 한가지 짚고 넘어가야 할 것은 4연 2행의 '쏘'에 관한 것이다. 이는 두 가지 의미로 파악할 수가 있다. '쏘'는 먼저 2연과 3연에서 강조된 비애 또는 허망함과 병렬적 성격을 띠는 절망감으로 파악할 수도 있고, 4연 1행과 병렬적 성격을 띠는 것으로도 파악할 수 있는 이른바 애매성 (Ambiguity)을 드러내는 시어라고 할 수 있다. 즉 새가 날아감에 따른 허망함도 견디기 어렵고 밤도 견디기 어렵다는 것으로 파악할 수도 있고 낮에도 만만치 않은데 짐승의 해가 두려운 밤은 또 어떻게 견딜 수 있는가 하는 것으로 해석할 수도 있다.

김학성(1980: 133-139)과 박노준(1985)은 작자층을 각각 반란군, 양민 (들)이라고 제시하고 있다. 그렇게 파악할 경우 4연의 '오리도 가리도 업슨'에 대한 해명이 있어야 할 것이다. 왜냐하면 반란군이라든가 피난민들은 혼자 지내지 않기 때문이다.

지금까지 상상을 통해서 청산이란 시름을 떨쳐 버릴 수 있는 공간은 아니며 더욱 더 시름을 가중시키는 공간임을 깨닫게 되는 것이다. 이러한 결론에 이르러 자기 자신의 신세 한탄이 5연으로 이어진다. 드디어 화자의 연상 즉 청산 속에서의 삶의 상상이 끝나는 것이다.

'믈아래(이전 거주지)'에서도 살 수 없고 청산에서도 살 수 없는 이 기막힌 사연을 간직한 화자는 신세 한탄을 할 수밖에 없는 것이다. 이것이 바로 5연의 상황이다.

김학성(1980: 133-139)은 5연을 당시 시대상에 근거하여 '석전(石戰)19)'이라고 파악하지만, 반란군의 노래라면 집단 가요의 성격을 띨 텐데, 이 노래를 집단 가요라고 보기에는 어려움이 있다. 왜냐하면 시적 화자의 감정이 너무나 애절하게 표현되어 있기 때문이다. 이에 본 논문은 5연을 화자의 기구한 운명이 애절하게 나타난 것으로 이해한다. 이렇게 볼 때 정병욱(1977/1984: 105-113)의 논의는 5연의 응집성을 파악하는 데 도움이 된다. 이를 인용하면 다음과 같다.

---

19) 김학성(1980: 133-139)은 集團創作歌謠임을 주장하고 있다. 그러나 몇 개의 연은 어느 계층(산촌인, 농민 또는 어부)에 의해 창작되었는지 파악하기 어렵다.

　　나는 지금까지 어느 누구도 미워한 적도 또한 사랑한 적도 없는 몸이
지만 어디서인지 날아온 돌멩이에 맞아서 울고 있다는 것이다. 방향도 없
이 목표도 없이 던져진 돌, 바꾸어 말하면 맹목적인 돌이요, 이유 없는 돌
에 맞아서 운다는 것이다. … 작중화자는 자기가 그렇게 괴로워하는 것은
곧 운명, 팔자소관이라는 것이다. 그리하여 그 운명을 전환시키기 위하여
다시 새로운 세계를 찾아 무한히 가보는 것이다.

위 인용문에 제시된 '새로운 세계'는 다름 아닌 6연의 '바다'인 것이다.
그런데, 화자는 왜 속세를 떠날 수밖에 없었을까?　당시의 시대상을 살
펴보기로 하자. 이기백(1972/1997: 197-203)에서 논의된 부분을 인용하면
다음과 같다.

　　농민이 토지에서 이탈하여 유민이 된 경향은 12세기 초 예종(1105~
1122) 때부터 이미 나타나고 있었다. 개경에 가까운 경기나 서해도(황해
도) 지방에서 특히 심한 것은 중앙 귀족들을 위한 공물의 징수나 병력의
동원이 심하였던 때문인 것 같다. 이 유민들은 때로 집단적인 도적이 되
어 각지를 소란케 하고 있었다. 이렇게 동요하던 농민들이 무신난의 하극
상 풍조에 자극을 받아 각지에서 대규모의 반란을 일으키게 되었던 것이
다. … 이들 초기의 민란은 대체로 자연 발생적인 것이었다. 지방관이나
향리들의 억압에 반항하여 군인이나 농민 혹은 노비들이 일으킨 것이었
다. 그들의 목적은 부당한 압박을 제거하는 데 있었다. … 고종 19년
(1231) 몽고와의 항쟁을 결의하고 서울을 강화로 옮기었다. 귀족들이 강화
로 들어감과 동시에 일반 백성들에게도 산성이나 해도로 피난케 하였다.
… 이후 몽고는 30년 간에 6차례의 침입을 해오기에 이르렀다.

많은 유민이 발생한다는 것은 농민의 열악한 상황을 잘 반영하는 것이
고 몽고의 침입은 그 상황을 더욱 악화시켰을 것이다. 〈靑山別曲〉은 이
러한 상황 속에서 특히 고종 19년 이후 산성이나 해도로 피난을 가지 못
한 농민이 이후 30년 간 더욱 큰 시련을 겪게 되고 급기야 농지를 버리
고 떠날 수밖에 없었던 시기에 직면했을 때 창작되었을 것이다. 화자는
고종 19년 몽고침입의 상황을 한 차례 거센 소나기 정도로 생각했을 것
인데 그것이 의외로 길게 이어졌기 때문에 농사로 연명해 나갈 수는 없
었을 것이다. 즉 조금 살다가 보면 몽고의 침입이 있고 또 조금 살다가

보면 또 침입이 있고 하는 상황이 반복되어 제대로 된 생활을 영위하기 힘들었다는 것이다. 그러니 원래 거주지보다 안정적인 곳을 생각했을 것이고 몇 년 전 '徙民山城海島'라는 조정의 명령이 언뜻 생각나서 청산과 바다에서의 삶을 상상해 본 것이다.

2연에서 4연까지는 청산에서 살면 일어날 수 있는 일을 상상하는 것으로서 청산의 하루, 즉 아침에 일어나서 밤에 잠들 때까지의 시간적인 추이에 따른 심정의 변화를 잘 표현했다고 할 수 있다. 위에서 논의한 바와 같이 응결성은 물론 각 연을 통한 응집성은 청산 속에서의 삶을 상상한 것이라고 보아야만 획득될 수 있다.

<靑山別曲>의 전반부는 세상에 대한 절망에 기인한 도피처로 청산을 상정해 보지만 청산 속에서의 삶이 화자의 절망을 치유할 수 없다는 것을 알게 된다. 이에 다른 공간을 상정할 수밖에 없다. 그것이 후반부로 이어진다.

2.2. 바다로의 노정(路程) – 후반부

화자는 전반부에서 살펴본 것처럼 청산에서의 삶을 생각해 보니 도저히 견디기 힘들다는 것을 인식하고 좀더 나은 공간으로의 이동을 꾀하고 있다. 후반부를 인용해 보면 다음과 같다.

살어리 살어리 랏다
바르래 살어리 랏다
ᄂᆞ자기 구조개랑 먹고
바르래 살어리 랏다
 얄리 얄리 얄라셩 얄라리 얄라

가다가 가다가 드로라
에졍지 가다가 드로라
사스미 짒대예 올아셔
奚琴(해금)을 혀거를 드로라
 얄리 얄리 얄라셩 얄라리 얄라

　가다니 비부른 도긔
　설진 강수를 비조라
　조롱곳 누로기 미와
　잡스와니 내 엇디 ᄒᆞ리잇고
　얄리 얄리 얄라셩 얄라리 얄라

　후반부는 '청산에 살았어야 했는데'라고 생각했지만 거기서의 생활을 상상해 보니 더 괴로울 따름이고 '이게 아니구나!' 하고 깨닫고는 또 다른 세계로의 전환을 발빠르게 추진하게 된다. 이윽고 화자는 바다에서의 삶이 그나마 최선이라는 과감한 결단을 내린 후, 곧바로 바다로 떠나게 되는 것이다. 떠난다는 것은 7연과 8연에 제시된 '가다가', '가다니[20]'라는 시어에 의해 뒷받침된다. 이렇게 볼 때 〈靑山別曲〉의 전반부와 후반부는 충분히 응집적이라 할 만하다.

　6연은 바다에서 살지 못한 아쉬움을 드러낸다. 그래도 바다에서의 삶을 상상할 수는 있는 것이다. 상상을 해 보니 청산보다는 바다에서의 삶이 훨씬 나은 삶임을 알게 된다. 사면이 탁 트인 바다야말로 현실 생활의 미련도 떨쳐버릴 수 있고 짐승의 해도 없다는 것을 직감할 것이다. 그래서 드디어 바다로 떠나게 되는 것이다. 바다로 가는 노정을 드러낸다는 점에서 7연과 8연은 하나의 자족적인 텍스트가 될 수 있다. 이렇게 본다면 후반부 역시 두 개의 텍스트가 응집성을 잘 드러내고 있다고 할 수 있다. 물론 6연과 7·8연 사이에는 바다에서의 삶의 상상이라는 자족적인 한 텍스트가 생략되어 있다고 할 수 있다.

　다음에서 각각의 연을 분석해 보기로 하자.
　6연은 1연과 완전히 동일한 구조를 취하고 있다. '살어리랏다 살어리랏다 바르래 살어리랏다'와 같이 설정할 수 있다. 이에 근거한다면 '살어리랏다'가 세 번이나 명시적으로 재수용되면서 응결성을 추구하고 있다. '청산'과 '바다', '머루랑 ᄃᆞ래랑'과 'ᄂᆞ ᄆᆞ자기 구조개'는 각각 기능상의 등가성에 기댄 응결 장치이다.

---

20)　임주탁(2000)에서는 '가다니'를 의문형으로 해석하고 있지만 본고는 '가다니까', '가다가 보니까' 정도로 해석하여 7연과의 응집성에 주목한다.

7연 또한 '가다가 드로라 가다가 드로라 에정지 가다가 드로라'라고 파악할 수 있다. 명시적 재수용이 나타나면서 1연과 2연, 6연과 함께 응결성을 잘 보여주고 있다. 이는 시 전체의 응결성과도 관계된다고 할 수 있다.

바다로 가는 도중 산대희(山臺戲)의 연희(演戲)를 듣게 된다.[21] '듣는다'의 의미는 '에정지[22]'와 밀접한 관련을 가지고 있다. 속세와 조금 거리를 두고 있는 외딴 곳으로 가면서 눈으로 본다는 것은 말이 안 될 것이기에 자연히 듣는 것으로 표현이 된 것이다. 그런데 '사스미 짒대에 올아셔 히금을 켠다'는 것은 분명히 보는 것이다. 그러면 이를 어떻게 해석할 수 있을까? 화자는 이전 주거지에서 살아오면서 이러한 '산대희'를 몇 번 정도는 접해 보았을 것이다. 바다로 가는 도중 이전에 들었던 것과 비슷하거나 동일한 선율이 들리니까 자신의 이전 경험을 바탕으로 '사슴 분장한 광대가 장대에 올라가서 해금을 켜는구나' 하고 생각했을 것이다. 이렇게 본다면 연희 장소에서 조금 떨어진 공간으로 이동한다고 해도 문맥에 크게 어긋남이 없다.

그런데 화자는 왜 외딴 곳으로 지나게 되었을까. '에정지' 쪽이 바다로 가는 지름길이라면 특별한 문제는 없을 것이다 누구나 가장 빠른 길인 지름길을 선택해서 이동할 것이기 때문이다. 그런데 '에정지' 쪽이 지름길이 아니라면 그에 대한 적절한 설명이 필요하다. 화자가 현실 세계에 대한 미련을 떨쳐버릴 수 없었음은 3연에서 확인한 바 있다. 산대희가 연희되는 곳은 사람들이 모여 사는 곳, 즉 속세임에 틀림없다. 마을을 가로질러 바다로 가게 된다면 현실 세계에 대한 미련이 다시 한 번 화자의 고뇌를 심화시키게 될 것이다. 이에 화자는 마을과 거리를 둔 '에정지' 쪽으로 우회하게 된 것이다.

문제는 몽고 침입의 상황에서 어떻게 산대희의 연희가 가능했는가 하는 것이다. 박노준(1985)에서도 이에 대한 해명이 되어 있지만[23] 필자는

---

21) 김완진(1966)에서 처음 제기되었으며 이는 대부분 논의에서 수용되고 있다.
22) '정지'는 방언에서 '부엌'이라는 의미로 이미 잘 알려져 있다. 문제는 '에-'인데 억측이기는 하나 '외딴'의 '외-'가 변한 것일 수 있다. 일부 방언에서 '외국'을 '에국'이라고도 한다.
23) 박노준(1985)에서는 다음과 같이 설명하고 있다.
　　"부초와 같은 광대들에게 피난이라는 것이 따로 있을 수 없었고 또한 국가적 위기, 전쟁과 평화 등과 같은 현실 인식이 제대로 무장되어

좀더 다른 각도에서 이해하고자 한다. 산대희가 연희되는 것 또한 바다 근처의 마을이고 몽고 침입이 그 이전보다는 간헐적인 침입이라는 점에서 어느 정도는 광대들도 자신의 삶을 꾀했다고 볼 수 있다. 또 8연에서 주막이 등장하는 것도 같은 맥락으로 이해할 수 있다.

7연과 8연의 용언 '가-(去)'는 7연과 8연을 하나의 텍스트로 하는 응집성 장치이다. 목적지로 박차를 가하던 도중 주막이 등장한다.24) 누군가가 잡으니 어찌하겠는가? 술을 마실 수밖에는 딴 도리가 없다. 술과 시름은 일종의 응결성 장치인 셈이다.

김완진(1971)에서는 '잡스와니'의 객체를 님으로 파악한 바 있다. 필자는 좀더 다른 각도에서 이해하려 한다. 8연 2행은 주모(酒母)가 지나가는 사람들을 잡는 것으로 파악하고자 한다. 주모(酒母) 입장에서는 손님들이 높임의 대상임에 틀림없다. 이에 객체높임의 선어말어미 '습'이 사용된 것이다. 지나가는 사람들 중에서 시적 화자도 포함되어 있는 것이다. 즉 다음과 같이 풀어서 설명할 수 있다. '좋은 술이 있으니 한잔들하고 가세요'라고 주막 앞을 지나가는 사람들을 잡는 것이다.25)

화자는 술을 마시면서 어떤 생각을 하게 될까? 바다로 가야 하는가? 아니면 다른 방도를 찾아야 하는가? 아니면 단지 시름을 곱씹을 것인가? 여기에서 우리는 고도의 여운을 감지해야 할 것이다. 자신이 하던 일을 모두 버리고 과감히 다른 세상을 꾀한다는 것은 개연성이 떨어진다. '믈

있을 리가 없었다. 국가의 공권력이 미치지 않는 상태에서 전시든 평화시든 하루하루의 삶을 지탱해 나가는 것으로 만족하였을 뿐이다."

24) 박노준(1985)에서는 7연과 8연을 동일한 시간대, 동일한 공간으로 파악하고 있다. 즉 '산대희' 장소에 함께 마련된 술판으로 파악하고 있는 것이다. 근거가 제시되지 않아 그 이유는 정확히 알 수 없지만 8연의 첫 어절 '가다니'는 분명히 가는 행위로 파악해야 한다. 즉 7연과 8연은 동시적이 아니라 계기적으로 파악함이 온당하다.

25) 이렇게 본다면 화자를 꼭 여성으로 설정하지 않아도 될 것이다. 필자가 〈靑山別曲〉의 화자를 남성으로 파악하는 이유는 쟁기에 근거한 때문이라기보다는 오히려 '술'에 근거한 때문이다. 쟁기질을 한다고 해서 그 행위자가 꼭 남성일 것이라고 추측할 필요는 없다. 필자는 지금도 농촌에서 쟁기질은 물론 경운기, 트랙터를 직접 운전하면서 농사짓는 여인네들을 몇몇 알고 있다. 당시(고려시대)에는 이런 사람들이 지금보다 더 많았을 것이다.

아래'나 '청산'보다 더 나은 공간으로 생각한 바다임에는 틀림없지만 '이제까지 참았는데 다시 믈아래로 돌아갈까?'하는 생각도 우리는 배제할 수 없다.

8연의 중심소재인 '술'을 부각시켜서 정병욱(1977/1984: 105-113)에서는 적극적 현실참여의 노래이면서 고민 속에서 허덕이는 고려 지식인들의 순간적 향락추구의 하나의 표현으로 부른 '술노래'라고 하였는데 작품이 비록 뛰어난 기법으로 이루어져 있다고 하더라도 <靑山別曲>은 필자가 논의한 바대로의 한 농민의 진솔한 감정을 그대로 반영한 훌륭한 서정시가라 할 수 있다. 농사는 평민의 전유물이지 지식인의 전유물이 아니다. 또 현실 참여는 작품 자체의 어떠한 어구를 통해서도 드러나지 않는다.

3. 마무리

이상에서 필자는 <靑山別曲>을 응결성과 응집성에 중점을 두어 살펴보았다. 이를 정리하면 다음과 같다.

<靑山別曲>의 응결성은 1연과 6연의 완벽한 대칭에서 확인된다. 이에 근거하여 <靑山別曲>은 크게 두 부분으로 나뉜다. 전반부 1연~5연은 세 개의 텍스트로 이루어져 있다. 1연은 청산에서의 살지 못한 것에 대한 아쉬움, 2연~4연은 청산에서의 삶의 상상, 5연은 기구한 운명으로 파악할 수 있는 자족적인 텍스트이다. 후반부 6~8연은 두 개의 텍스트로 이루어져 있다. 6연은 바다에서 살지 못한 것에 대한 아쉬움, 7연과 8연은 바다로 가는 노정(路程)으로 파악할 수 있는 자족적인 텍스트이다. 이렇게 파악된 전·후반부 다섯 텍스트의 응집성은 명확히 드러난다. 화자는 '청산에 살았어야 했는데'라고 생각했지만 거기서의 생활을 상상해 보니 괴로움은 더욱 심화될 따름이고, '이게 아니구나!' 하고 깨닫고는 또다른 세계로의 전환을 발빠르게 추진하게 된다. 이윽고 화자는 바다에서의 삶이 그나마 최선이라는 과감한 결단을 내린 후, 곧바로 바다로 떠나게 되는 것이다. 이런 점에서 <靑山別曲>은 응결성과 응집성의 조화를 이룬 훌륭한 개인 서정 가요라고 할 수 있다.

본고에서 파악한 응결성과 응집성을 토대로 〈靑山別曲〉의 구조를 제시하면 다음과 같다.

① T_1 - 청산에서 살지 못한 아쉬움(1연)
② T_2 - 청산에서의 삶의 상상 - 비애, 허망함, 고독, 두려움을 느낌
　　　　(2연,3연,4연)
③ T_3 - 신세를 한탄(5연)
④ T_4 - 사고의 전환 - 바다에서 살지 못한 아쉬움(6연)
⑤ T_5 - 바다에서의 삶의 상상과 그 나름대로의 안도감(생략된 부분)
⑥ T_6 - 바다로의 노정(7연, 8연)

끝으로 5연과 6연의 교체설을[26] 주장한 논의에 비판을 가하면서 끝을 맺도록 한다.

1연과 6연의 응결성 장치는 완벽하다고 할 수 있다. '살어리랏다 살어리랏다 청산/바롤애 살어리랏다 멀위랑 도래랑/노므즈기 구조개 먹고 청산/바롤애 살어리랏다'로 재설정한다면 응결성 장치는 한 눈에 들어온다.

정병욱(1977/1984: 105-113)에서는 위에서 제시한 대칭성은 물론, 2연과 5연의 '우니노라', 3연과 7연의 '가던새'와 '가다가'의 위치, 또 4연과 8연의 쏘 엇디 흐리라, 내엇디 흐리잇고 등에 중점을 두어 〈靑山別曲〉을 완벽한 대칭 구조로 파악하고 있다.

그런데 2연과 5연의 응결성은 마지막 단어 '우니노라'에서만 확인할 수 있다. 그러나 2연에서는 AABA(세 번에 걸친 명시적 재수용) 구조가 보이지만 5연에서는 AABA 구조가 보이지 않음도 완벽한 대칭구조는 아닌 셈이다. 또 3연과 7연은 AABA 구조에서는 대칭이 이루어지고 있으나 2행에서는 어떠한 대칭도 발견되지 않으며, 7연의 '가다가'에 해당하는 시적 화자의 행동이 3연에서는 나타나지 않고 있다. 4연과 8연도 대칭으로 파악하기에는 무리가 있다. 8연의 '가다니'에 해당하는 행동이 4연에서는 나타나지 않는다. 이런 점에 근거한다면 〈靑山別曲〉을 완벽한 대칭 구조

---

26) 1961년 이희승 선생에 의해 처음 제기된 이 가설은 김상억(1965)에서 체계화되었다. 성현경(1972)에서도 5연과 6연의 교체는 놀라우리만큼 정연한 시 전체의 대응을 이룬다고 표현되어 있다. 이러한 교체설은 정병욱(1977)에서 좀더 구체화된다.

라 할 수는 없을 것이다. 정제된 대칭이라면 바다에서의 삶도 '아침-낮-밤'으로 이루어져야 하지 않겠는가?

텍스트언어학(또는 텍스트과학)은 문학 연구의 학문적 위상을 좀더 과학적으로 이끌어주는 역할을 한다. 비단 <靑山別曲>뿐만이 아니라, 다른 고시가(古詩歌) 연구에 있어 텍스트의 치밀한 분석, 즉 응집성과 응결성의 파악이 선행되어야 할 것이다.

참고논저

고영근(1987/1997a), 표준중세국어문법론, 집문당.

고영근(1996), 윤선도 <五友歌>의 텍스트 분석, 이기문교수 정년퇴임기념논문집, 신구문화사: 27-44.

고영근(1997b), 텍스트이론과 문학작품의 분석, 텍스트언어학 4:1-20.

고영근 · 남기심 (편)(1997), 중세어 자료 강해, 집문당.

고영근(1999), 텍스트이론-언어문학통합론의 이론과 실제, 아르케.

고영근(2000), 텍스트과학과 문예학, 텍스트언어학 8: 1~24.

김완진(1966/1978), <靑山別曲>의 사슴에 대하여, 文學과 言語, 탑출판사: 29-37.

김완진(1971/1978), <靑山別曲> 結聯에 對한 一考察, 文學과 言語, 탑출판사: 38-48.

김상억(1965), <靑山別曲> 硏究, 국어국문학 30, 국어국문학회: 131-50.

김재용(1982), <靑山別曲>의 再檢討, 서강어문 2: 149-71.

김택규(1975), 別曲의 構造, 고려시대의 언어와 문학, 형설출판사: 243-61.

김학성(1980), 韓國古典詩歌의 硏究, 원광대학교 출판부.

박노준(1985/1997), <靑山別曲>의 再照明, 고려가요 · 악장 연구, 태학사:141-78.

보그란데(B. de Beaugrande)(1997), New Foundations for a Science of Text and Discourse, Ablex.

샤롤(M.Charolles)(1983), Coherence as a principle in the interpretation of discourse, Text 3.1: 71-97.

서수생(1963), <靑山別曲>小考, 교육연구지 1, 경북대학교: 27-48.

서재극(1968), 麗謠 註釋의 問題點 分析, 어문학 19: 1-10.

성현경(1972), <靑山別曲>考, 국어국문학 58·59·60: 237-42.

신동욱(1982), <靑山別曲>의 平民的 意識의 삶, 고려시대의 가요 문학, 새문사: 32-41

이기문(1972), 國語史槪說, 탑출판사.

이기백(1972/1997), 韓國史新論, 일조각.

이승명(1975), <靑山別曲> 硏究, 고려시대의 언어와 문학, 형설출판사: 121-34.

이인모(1973), <靑山別曲> 內容의 再檢討, 국어국문학 61: 116-22.

임주탁(2000), <靑山別曲> 硏究, 서울대 한국문화연구소 제76회 학술발표회.

전형대(1986), <靑山別曲>의 性格, 한국문학사의 쟁점, 성산 장덕순 선생 정년퇴
　　임기념논총, 집문당: 240-47.

정병욱(1977/1984), 韓國古典詩歌論, 신구문화사.

조동일(1983/1989), 한국문학통사 2, 지식산업사.

임석규(林錫圭)

서울대학교 국어국문학과 박사과정 재학

151-057

서울시 관악구 봉천7동 서울대학교 기숙사

가족생활동 931-202호

전화 : 02-876-9808

e-mail : isk88@naver.com

설화의 구연 전략에 대한 텍스트언어학적 분석

심 우 장

　본 논문은 <주천의 유래>, <양반의 횡포 꺾은 상놈>, <백정과 박문수>의 세 설화 텍스트를 통해 구비 설화 화자의 구연 전략을 텍스트 언어학적 방법론에 입각하여 분석했다. 텍스트의 응결성을 확보하려는 화자의 의식은 구비설화텍스트의 곳곳에서 확인되는데, 이것은 텍스트의 구조를 통해서 일관성 있게 드러난다. 주제적 측면에서는, 기본적으로 화자가 하층민의 관점에 서서 신분갈등과 관련된 그들의 의식을 반영하려는 노력을 보이고 있다는 점에 주목했다. 좌절감 혹은 공격의식에 그 근원을 두고 좌절하기도 하고 상층민의 권위를 실추시키기도 하고 직접 양반이 되려는 노력을 보이기도 하는 등의 신분갈등 해결양상을 보여준다. 이상의 결과로 텍스트의 구성면이나 주제면에서 주도면밀한 화자의 구연 전략을 확인할 수 있다.

핵심어휘: 설화, 전략, 텍스트언어학, 스크립트, 구성, 주제, 응집성, 응결성,
　중간조정, 상황점검, 상황관리

1. 서 론

　일반적으로 서사문학에는 작가의 전략이 있게 마련이다. 이러한 전략의 목표는 독자의 주의를 환기시켜서 자신이 추구하는 주제를 효과적으로 전달하는 데에 있다. 그런데 지금까지는 이러한 전략의 존재를 주로 기록 서사문학에만 적용해 온 경향이 있다. 기록문학의 작가주의적 관점이 이러한 경향과 잘 맞아떨어진다고 할 수 있겠다. 주도면밀한 작가의 존재가 서사 전략을 구명할 수 있는 전제 조건이 되기 때문이다.

　그러나 구비 서사문학에서도 이러한 서사 전략이 존재하고 있음이 여러 연구를 통해서 밝혀지고 있다. 특히 서사시가 주목을 받고 있는데 우리 문학의 경우는 대체로 판소리와 무가가 여기에 속한다고 할 수 있을

것이다.[1] 이러한 서사시가 주목을 받을 수 있었던 중요한 요인은 그것이 직업적인 전문 예능인 또는 무속인에 의해서 구연된다는 데에 있었다. 다시 말하면 구비 서사문학의 경우도 주도면밀한 작가의 존재가 인정될 수 있는 범위 내에서 서사 전략의 존재를 확인할 수 있었다는 것이다.

본고에서는 이러한 연구 성과를 바탕으로 직업적이지도 않고 전문적이지도 않은 구비설화 화자의 구연 전략에 대해서 살펴보려고 한다. 이러한 논의의 과정을 통해서 구비설화 화자의 경우도 주도면밀한 구연전략을 가지고 있음을 밝힐 것이다. 지금까지 이러한 연구가 본격적으로 시도되지 못한 이유는 무엇보다도 방법론의 부재(不在)에 있었다고 할 수 있다. 기존의 방법론으로는 각편들이 가지고 있는 독특한 특성을 밝혀내기 어려웠기 때문에 각편을 바탕으로 하는 화자의 구연 전략에 대해서는 거의 관심을 두지도 못했고 설령 두었다고 하더라도 제대로 밝혀내지 못했던 것이 사실이다.[2] 본고가 방법론적으로 텍스트 언어학에 관심을 가지는 이유가 바로 여기에 있다.[3]

텍스트 언어학의 주요한 개념들을 활용하면 각편들의 유기적인 조직들을 비교적 소상히 밝힐 수 있을 것으로 생각된다. 뿐만 아니라 텍스트언어학은 텍스트의 구조에 대한 열린 관점을 지향할 수 있다는 장점도 갖추었다.[4] 특히 구연이 화자와 청자의 직접적인 만남을 통해서 이루어진

---

1) 무가에 대해서는 박경신(1991)과 박경신(1996)이 대표적인 연구이다. 김대행 (1989)에서는 주로 판소리의 작시 전략에 대해 살폈고, 서대석(1996)에서는 무가와 판소리를 함께 다루었다.

2) 유형이라는 정적인 개념이 각편들에 대한 규범적인 속성을 지닌 것으로 파악해서 각편들의 가치가 평가절하되었다. 흔히 '유형에서 벗어난 각편', '전승과정에서의 변이', '구술자의 실수', '혼동'이라는 이름으로 각편들의 변이가 다루어지는데 이와 같은 인식의 결과라고 보여진다. 그러나 모든 각편들은 그 주도면밀함의 수준에 차이가 있을 뿐 사실은 각 화자의 전략에 바탕을 둔 구연의 결과물이다.

3) 텍스트언어학(혹은 언어학)적 방법을 통해서 고전작품을 분석한 예는 많다. 그러나 아직 뚜렷한 성과를 거두었다고 할 수는 없다. 대부분 어학전공자들에 의해서 작품 분석이 이루어진 것이어서 새로운 의미를 분석해 냈다기보다는 보다 전문적인 용어를 통해서 작품의 논리적 구조를 체계화했다고 보는 것이 실상에 대한 올바른 평가일 것이다.

4) 이에 대해서는 보그란데 · 드레슬러(1981)/김태옥 · 이현호(역)(1991) 참조.

다는 점을 고려한다면 구비 설화 텍스트의 구조를 다양한 가능성이 존재하는 열린 관점에서 바라보는 것이 일정한 성과를 올릴 수 있을 것으로 생각한다.5) 이와 관련되지만 또 하나는 텍스트 언어학이 특히 텍스트에 대한 절차적 접근 방식을 사용한다는 점에 주목할 필요가 있다. 이러한 접근 방식은 구비 설화 텍스트가 가지고 있는 현장성을 제대로 분석하는 데에 유리하게 작용하는 면이 많다고 할 수 있을 것이다.6)

본고에서 텍스트 분석의 자료로 삼은 작품은 세 편의 구비 설화이다. 세 편 모두 신분갈등설화로 분류되는 작품들이다. <주천의 유래>는 보통의 설화보다 길이가 짧은 편이며 <양반의 횡포 꺾은 상놈>은 보통 길이이며 <백정과 박문수>는 긴 편에 속하는 설화라고 할 수 있을 것이다. 굳이 신분갈등설화를 택한 것은 신분 갈등과 관련하여 화자의 주제 의식이 대체로 분명하게 드러나 있어서 분석의 자료로 유리한 측면이 있기 때문이다. 또한 구성의 측면에서도 다른 일반 설화에 비해서 짜임새가 좋아서 효과적인 분석이 가능할 것으로 생각되었기 때문이다.

2. 구비설화 텍스트의 특성

구비설화텍스트의 특성은 화자와 청자의 관계를 중심으로 하는 정보처리과정의 측면에서 파악하는 것이 유용하리라고 생각된다. 왜냐하면 구비설화텍스트의 경우 화자와 청자가 직접적으로 대면하면서 화자의 정보가 청자에게 전달되는 과정의 결과물이 텍스트의 형태로 존재하기 때문이다.

정보처리과정이라는 것은 일반적으로 청자의 입장에서는 문제해결의 과정이다. 즉, 화자가 던진 문제제기에 대해서 청자는 화자의 구연내용과

---

5) 텍스트언어학에서는 단원성보다는 상호작용을 중시한다. 텍스트를 대상으로 상호작용을 중시하기 위해서는 새로운 접근방법이 필요하다. 그것의 핵심은 열린 개념 혹은 동적인 개념의 수용이라 할 수 있다.

6) 구비설화의 연구에서 지금까지 텍스트언어학적 방법론을 사용하여 업적을 낸 경우가 몇 차례 있었다. 이인경(1992)가 이것에 관심을 보였었고, 박종성(1995)가 본격적으로 시도하였으며, 김현주(1997)이 논의의 장을 확대하였다. 최근에는 김경섭(1999)에서 논의한 바 있다.

여타의 주변지식을 통해서 반응한다는 것이다.

> 근데, 여기 이 주천이라는 주천에 주천이 있었는데, <u>그 왜 주천이냐 하</u>
> <u>면</u> 술 주(酒)자, 샘 천(泉)자이거든. (<주천의 유래>)

 화자의 문제제기는 텍스트의 도입부에서 이루어진다. 위의 밑줄친 부분과 같이 이루어지는 화자의 문제제기는 청자로 하여금 이러한 문제를 해결해야만 하는 당위로 받아들여진다. 이것을 정보처리이론의 개념에 의지해서 이야기한다면, 화자의 문제제기를 통해서 청자는 문제의 해결을 위한 기존의 스크립트(script)[7]를 활성화한다는 의미로 해석할 수 있다.
 '그 왜 주천이냐 하면'이라는 일련의 언어결합체를 받아들이는 청자는 이것과 관련이 된다고 여겨지는 '이야기스크립트', 그 중에서도 '유래-이야기스크립트(또는 전설스크립트)'를 활성화할 것이다. 일반적인 '유래-이야기스크립트'는 유래와 관련되는 인물이 등장하고, 그 인물이 주위환경(반동인물)과 갈등을 겪으면서 좌절하게 되어 그 결과로 어떤 특징적인 증거물이 남게 된다는 형식을 취하고 있다. 따라서 청자에게 활성화된 이러한 스크립트는 주요내용이 공백의 상태로 존재하게 되고 이것은 화자의 구연내용에 의해서 하나하나 채워지게 되는 것이다.
 이 과정에서 화자는 자신이 가지고 있는, 이미 고정[8]된 스크립트를 청자에게 전달하려는 의지를 가지게 된다. 따라서 도입부에서 문제제기를 함으로써 청자에게 공백상태의 스크립트를 활성화하도록 하고, 내용의 본격적인 구연을 통해서 공백상태를 적절하게 메워줌으로써 하나의 완성된 스크립트가 청자에게 전달되도록 최대한의 노력을 하게 된다.
 하나의 특정 스크립트가 화자에게서 청자에게로 전달되어 화자와 청자가 설화의 내용을 공유하게 되면, 설화의 구연은 끝을 맺게 된다. 이러한 설화 구연의 종결은 대부분 특정한 표지(標識)에 의해서 이루어지는데 그것이 바로 텍스트의 결말부이다.

---

7) 스크립트(script) 이론에 대해서는 박정준(1994) 참조.
8) '고정'되었다는 것은 이미 이전의 화자로부터 공백상태의 스크립트가 채워져서, '주천의 유래-스크립트'가 형성되어 있다는 의미이다.

술 주자 샘 천자, <u>주천이라 유래라는 이미가(의미가), 거게 대한 이미가</u>
<u>있고 거, 딴 이미, 딴 유래는 읎어요.</u>(<주천의 유래>)

　도입부에서 "왜"라는 문제제기를 통해서 청자로 하여금 '유래-이야기스
크립트'를 활성화하도록 유도한 화자의 의도는 결말부에 나타나는 '주천
이라 유래되는'을 통해서 다시 확인될 수 있다. 이러한 재확인을 통해서
화자에게 존재했던 '주천의 유래-스크립트'의 구연이 종결되었음을 알리
고, "주천이라 유래되는 이미가(의미가), 거게 대한 의미가 있"다는 표현
을 통해서 청자의 '유래-이야기스크립트'를 '주천의 유래-스크립트'로 완
성시켜주는 것이다.
　구비설화 텍스트는 스크립트 전승의 의도를 가진 화자와 스크립트 형
성의 의지를 가진 청자 사이에서 이루어지는 정보처리과정을 통해 생성
되며, 결국은 이러한 일련의 정보처리과정 자체이기도 하다.[9]

3. 텍스트언어학적 분석

3.1. 화제와 화제단락

　하나의 완결된 구조를 가지는 작품을 전체 텍스트로 설정하여 텍스트
언어학적으로 분석하는 데에서 첫째로 해결해야 할 문제는 이러한 전체
텍스트를 작은 단위의 텍스트(부분 텍스트)들로 나누는 것이다. 기록텍스
트의 경우는 문법적으로 완결된 하나의 문장을 기준으로 나누면 별 문제
가 없을 것이지만 구비설화 텍스트의 경우는 사정이 다르다. 문장과 문장
의 경계가 분명한 것도 아니고 단락과 단락의 경계 역시 불명확한 상태

---

9) 기록문학텍스트의 경우는 저자가 가상적인 독자를 대상으로 텍스트를 생산하
　기 때문에, 저자의 스크립트가 독자의 스크립트 생산을 위해서 작용하는 직접
　적인 과정이 텍스트에 반영될 수 없다. 결국 기록문학텍스트에서 독자는 저자
　에게서 가상적으로 존재하며, 텍스트 생산에 간접적인 영향정도를 미칠 뿐이
　고, 실제의 텍스트는 저자에 의해서 홀로 이루어진다고 볼 수 있을 것이다. 저
　자가 완성시킨 자신의 스크립트가 바로 기록 문학텍스트이다.

로 구연된다. 따라서 구비설화 텍스트의 경우는 부분 텍스트로 나누는 기준을 새롭게 설정할 필요가 있게 된다.[10]

구비설화는 텍스트의 형식상 기존의 텍스트와는 다른 점이 많다. 첫째로 언어적 환경이 다르다. 구비설화 텍스트는 구어를 기반으로 하기 때문에 비문법적인 표현이 많고 일관성이 떨어지는 부분들도 많다. 즉, 문장 단위를 기준으로 하여 부분 텍스트로 나눌 때, 실제로 어디까지 문장의 개념으로 분류가 가능할 것인지 의문스러운 경우가 있다. 둘째로, 간접진술과 직접진술의 구분이 명확하지 않다. 설령 구분이 가능하다고 하더라도 실제적인 직접진술의 사례나 간접진술의 사례에 맞지 않는 경우가 종종 발생한다. 셋째로, 헛말이 많이 사용되어서 구분에서 어려움을 겪는다. 넷째로, 주위의 청자들이나 조사자의 개입에 개방적이어서 그것을 어떻게 처리할 것인지도 문제가 된다.

선행연구의 힘을 빌어서 부분 텍스트를 일단 화제단락[11]이라고 하고 텍스트의 화제와 화제단락을 나누는 기준을 위와 같은 점들을 고려하면서 설정해 보기로 하겠다. '화제'라는 개념은 '화자가 이야기하고자 하는 의미내용의 단위' 정도의 의미일텐데 크게는 전체 텍스트가 하나의 화제라고 볼 수도 있고, 작게는 감탄사 하나가 하나의 화제를 이룰 수도 있다. 여기에서는 문장 정도의 층위에서의 화제라는 개념을 사용한다는 전제에서 출발한다.

화제를 구분하고 화제단락을 설정하는 데에서 가장 중요한 것은 텍스트 구연에서 추상적으로 드러나는 화자의 의지이다. 이것은 구체적인 텍

---

10) 텍스트의 경계 긋기에 대해서는 고영근(1999: 193-203) 참조.
11) 황선엽(1993)의 논의를 그대로 수용하였다. 전체 텍스트에 대한 부분 텍스트를 화제단락이라고 했다. 화제단락의 구분에서 그 기준으로 동작주와 행위를 설정하고, 여기에 다음과 같은 몇 가지 기준을 추가했다. 첫째는 대화가 나타나는 부분에서 한 사람의 말은 그것이 아무리 길지라도 하나의 화제를 설정하자는 것이다. 둘째는, 동작주의 바뀜이 명시되지 않았으나, 의미상 분명히 동작주가 바뀐 경우에 몇 개의 화제로 구분한다는 것이고, 셋째는 동작주의 바뀜이 한 인물의 행위변화와 일치하지 않은 경우, 즉 동작주는 같으나 그 동작주의 행위가 연속성이나 인과성이 거의 없는 경우에 그러한 행위의 변화만을 기준으로 하나의 화제를 설정한다는 것이다.

스트에서 표지(標識)의 형태로 드러나게 되는데, 바로 이러한 표지들이 기준으로 작용한다. 정보의 변화나, 행위참여자의 변화, 동작주의 변화, 장면의 변화, 표현형식의 변화 등이 바로 화제나 화제단락의 경계를 나타내주는 것들이라고 볼 수 있다. 이것은 접속사, 역행제시, 이탈, 휴지, 시간과 장소의 변화, 서술 부분과 인용 부분의 구분 등의 표지를 수반하여서 직접 텍스트상에 나타나게 된다. 따라서 본고에서는 위의 제요소들을 화제와 화제단락을 구분하는 기준으로 삼고 이것에 첨가하여 다음과 같은 것에 주의를 하였다.

작중인물의 말을 전달하는 부분에 관한 것인데, 하나의 직접진술은 그것이 아무리 길지라도 또는 아무리 짧을 지라도 하나의 화제로 처리한다. 왜냐하면, 대부분의 설화 텍스트에서 직접진술은 하나의 상황에서 하나의 사실을 전달하는 경우이기 때문이다.

> "동생 여보게 내가 무슨 토색질을 하며 벼슬한지 불과 일 년밖에 안됐는데 내가 무슨 토색을 해겠나 하지만 경상도 아무 델 가니까 그 참 함경도에서 십대 백정의 손이 자천 재상을 하구서 나를 갖다가 생질이라구 하는데 내가 거기서 참 외삼촌으로 모셨네. 그랬더니 이분네가, 나를 살림이 넉넉하니까 나를 봐줘서 내가 이렇게 살게 됐지. 어디 가 토색질이라구 한 건 일절 한 일두 없네."
>
> (<백정과 박문수>)

이것은 하나의 화제로 처리한다. 반면에 간접진술로 판단되는 것은 그것을 포함하는 화제에 종속시키기로 한다. 이상과 같은 여러 기준들을 바탕으로 본고의 분석 대상인 세 텍스트를 화제단락으로 나누어 보면 <주천의 유래>는 10개, <양반의 횡포 꺾은 상놈>은 40개, <백정과 박문수>는 251개의 부분 텍스트를 가지고 있음을 알 수 있다. 화제단락으로 나눈 텍스트의 구체적인 결과는 부록에 실었다.

3.2. <주천의 유래>

<주천의 유래>의 텍스트구조는 일차적으로 담화표지 '근데', '그런데',

'그래' 등에 의해서 분석해 볼 수 있다.

[1] 근데, / [2] 그런데, / [3] 그래, / [4] 그래, / [6] 그래, / [9] 그래

[1]의 '근데'는 텍스트의 시작을 나타내는 전환의 의미를 지니면서 텍스트의 도입부를 제시하는 역할을 한다. 반면 [2]의 '그런데'는 텍스트의 도입부와 본문의 경계를 지시해준다. [1]의 '근데'와 [2]의 '그런데'는 형태의 근원이 같은 접속부사인데 '전환'의 의미를 지니고 있기 때문에 텍스트의 경계를 나타내는 역할로 자주 사용된다. 반면에 이후의 '그래'류는 진행의 의미가 더 강하고 전환의 의미는 상대적으로 약하다. 따라서 [3], [4], [6]의 '그래'는 이야기 진행의 단계들을 구분해주는 담화표지라고 보는 것이 합당하리라고 생각한다. 단계가 하나씩 진행될 때마다 문두(文頭)에 규칙적으로 '그래'가 제시되어 있는데 이것은 화자가 구연할 때에 이미 잠재적으로 기억장치 속에 텍스트 구조를 단계별로 구분해서(스크립트형태) 지니고 있다는 의미로 해석할 수 있을 것이다. [9]의 '그래'가 본문부분의 정리 역할을 하기 때문에 당연히 [10]은 결말부가 된다.

이러한 담화표지들의 분석을 통해서 텍스트구조를 나타내보면 다음과 같다.

화제	담화표지	구조단위		
[1]	근데	도입부		
[2]	그런데	이야기 (本文)	배경	
[3]	그래		사건	발단
[4], [5]	그래			절정
[6], [7], [8]	그래			결말
[9]	그래		정리	
[10]	×	결말부		

[1]의 '근데'는 텍스트 안과 밖의 경계를 나타낸다. 상대적으로 강한 표지가 필요해서 뚜렷한 전환의 의미를 지니는 '근데'를 사용한 것으로 볼 수 있다. [2]의 '그런데'도 역시 텍스트 내적인 큰 경계 표지인데 도입부와 이야기부를 나누는 역할을 한다. '이전에'라는 표현에서 확인할 수 있듯이 이 부분에서부터 옛날 이야기가 시작된다는 의미이다. [9]의 '그래'가 진행

의 의미에 정리의 의미가 추가되어 있다[12])는 사실은 이것이 보다 높은 차원의 텍스트 경계표지임을 뜻한다. 또한 [3], [4], [6]의 '그래'와 [9]의 '그래'가 표지의 역할상 차이가 난다는 것은 텍스트의 표면의 ' , (콤마)'의 유무에서도 짐작할 수 있다.

이와 같이 텍스트 표면의 형식이 텍스트의 구조를 분석하는 데에 실마리를 제공하는 경우가 많은데 [5]의 직접진술의 형식이 또한 그렇다. 10개의 화제로 이루어진 <주천의 유래>의 경우 오직 [5]에서만 직접진술이 나타난다. 이것은 [5]와 여타 화제와의 차별성을 간접적으로 시사(示唆)해 주는 것인데 바로 [5]에서 텍스트의 절정이 이루어진다는 의미로 파악된다. 이러한 [5]의 직접진술 형식은 그 내용이 [4]의 서술 내용과 근본적으로 다름이 없다는 점에서 또한 주목을 요한다. 즉 [4]→[6]의 순서로 내용이 진행된다고 해도 전혀 어색함이 없을 것인데 [5]가 직접진술의 형태로 제시된 것은 [4]의 내용을 다시 한번 직접진술을 통해서 실감나게 제시함으로써 이 부분이 텍스트의 절정이라는 것을 드러내기 위한 화자의 구연 전략이라고 보아야 할 것이다. 절정 부분을 강조해서 드러내려는 화자의 구연 전략은 [5]의 "야"라는 감탄사에서 한 번 더 확인된다. 감탄사는 대개 언어의 자기표출도가 높은 품사인데 [5]에서 사용되었다는 것은 역시 이 부분에서 화자의 감정이 고조되었다는 것을 나타내준다고 볼 수 있다.

지금까지 논의한 텍스트 전체의 응결성을 바탕으로 몇 가지 세부적인 응결성을 점검해 보도록 하겠다. 우선 텍스트 전체의 핵심 어휘인 '주천' 관련어휘의 응결성을 보면, [1]-[10]의 10개의 화제에 각각 '주천' 관련어휘가 모두 등장한다는 점이 주목된다. 특히 어휘에 의한 텍스트의 결속이 텍스트의 주제와 직접적인 관련이 있다는 사실을 염두에 둔다면 이 텍스트의 주제가 '주천'이라는 어휘와 밀접한 관련이 있음을 표면적으로 보여준다 하겠다.

[1]에서는 '주천'이 4회 반복되고 '술 주자, 샘 천자'로 환언[13])된다. [10]에서도 '술 주자, 샘천자'의 회기[14])가 보이면서 도입부과 결말부에서 어휘

---

12) [3], [4], [6]의 '그래'와 [9]의 '그래'의 의미적 차이는 이 단어들이 '그래서'와 교체해서 쓰일 수 있는가 없는가로 쉽게 구별할 수 있다. 전자의 경우에서는 '그래서'로 교체가 불가능하지만 [9]의 경우는 가능하다.(그래서 주천이라.) 이것은 [9]의 '그래'가 정리(인과적 정리)의 의미를 가지고 있다는 반증이다.

13) 환언에 대해서는 보그란데·드레슬러(1981)/김태옥·이현호(역)(1991: 46) 참조.

적인 응결성이 이루어진다.

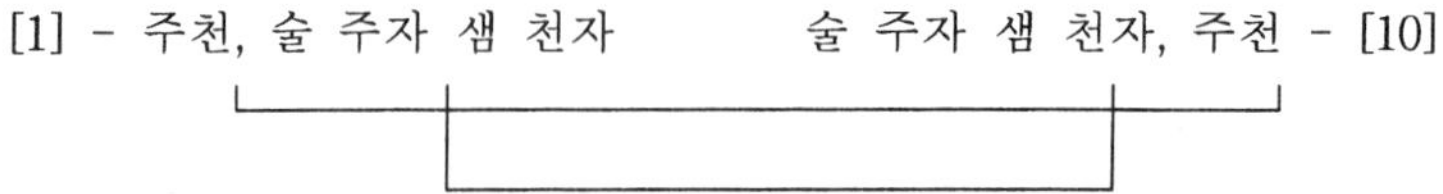

  환언이 주로 설명적인 글에서 사용된다는 사실과 이 텍스트의 도입부에서 그리고 결말부에서 이 환언이 사용되었다는 것은 이 텍스트의 성격이 다분히 설명적임을 시사(示唆)해준다.
  '주천' 관련어휘를 텍스트의 구조와 관련시켜서 정리하면 다음과 같다.

구조단위			화제	'주천' 관련어휘
도입부			[1]	주천(4회), 술 주자 샘 천자
이야기 (本文)		배경	[2]	술 나오는 주전자 같이 술 꼭지 두개
	사건	발단	[3]	약주 술 꼭지, 약주술, 막걸리
		절정	[4]	그리
			[5]	물
		결말	[6]	물
			[7]	물
			[8]	탕자탕(?)
	정리		[9]	주천
결말부			[10]	술 주자 샘 천자, 주천

  [2]에서는 이야기부분의 배경을 이루는 기능에 맞게 '술 나오는 주전자 같은 두 개의 꼭지'로 환언되고 있다. 즉 [1]에서 '주천'이라는 명명이 이미 확정적으로 주어져 있기 때문에 여기에서는 회기를 통한 '주천' 혹은 '샘'이라는 표현이 더 적절할 수 있다고 생각하기 쉽지만 [1]은 단지 전체 텍스트의 도입부의 역할만을 하는 것이고 또 이것은 이미 '그런데'를 통해서 전환되었기 때문에 [2]의 화제는 [1]의 영향을 간접적으로만 받게된다. 따라서 [2]가 이야기부분에서 배경의 기능을 충분히 잘 수행하기 위해서는 '술 나오는 주전자 같은 두 개의 꼭지'라는 의미로 주천이 새롭게 환언되어야 했을 것으로 생각된다. [3]에서는 [2]의 술 꼭지 두 개가

---

14) 회기에 대해서는 보그란데 · 드레슬러(1981)/김태옥 · 이현호(역)(1991: 154) 참조.

각각 약주 술꼭지와 막걸리 술꼭지(생략)로 분화되어 본격적인 사건부가 시작된다(발단). [5]의 '물'은 '샘'의 의미로 파악할 수 있다. 이것은 절정부분에서 화자의 자기표출도가 상승하면서 화자의 내면에서 '술꼭지=샘=물'이라는 이중의 환언 과정을 거쳐 표면에 드러난 것으로 볼 수 있다. [6]의 '물'은 [5]의 회기인데 조사자의 맥락의미와 조화를 이루지 못해서(이중환언 때문에) [7]에서 조사자의 물에 대한 중간조정15)과정을 거치게 된다. 이것이 [8]의 '탕자탕'으로 다시 한번 환언되면서 사건부가 종결된다. [9]의 '주천'은 이야기부의 정리라는 의미에서, 그리고 도입부 및 결말부와의 응결성을 이룬다는 의미에서 도입부의 '주천'이 그대로 회기된 것으로 볼 수 있다. 요컨대 '주천' 관련어휘들의 응결성 역시 전체 텍스트의 구조와 궤(軌)를 같이 한다고 볼 수 있다.

다음으로 문장의 어미의 응결성을 살펴보면 다음과 같다.

구조단위			화제	어미
도입부			[1]	-이거든
이야기 (本文)	배경		[2]	-었데
	사건	발단	[3]	-이거여
		절정	[4]	-이거야
			[5]	-이야
		결말	[6]	-거야
			[7]	-가요?
			[8]	-이거야
	정리		[9]	-이라
결말부			[10]	-어요

[2]의 '-ㄴ데'는 상황점검16)의 의미를 지니고 있는데 여기에서는 이야기의 배경을 나타내는 데 그 역할이 있다. 사건부를 이루는 [3]-[8](단, [7]은 조사자의 개입이므로 제외)에서는 '-야/-여'라는 동일한 유형의 어미가 사용되고 있음을 볼 수 있다. '-야/여'가 여타의 어미에 비해서 화자

---

15) '중간조정'에 대해서는 보그란데·드레슬러(1981)/김태옥·이현호(역)(1991:154) 참조.

16) '상황점검'에 대해서는 보그란데·드레슬러(1981)/김태옥·이현호(역)(1991:154) 참조

의 자기표출도가 상대적으로 강함에 비추어 볼 때 이 부분이 전체 텍스트의 핵심내용임을 짐작할 수 있을 것이다.

<주천의 유래>는 텍스트의 구조가 이중으로 되어 있기 때문에 주제를 논의하는 데에서 이 점을 우선 고려해야 한다. 도입부와 이야기, 결말부의 전체 텍스트구조를 통해서 1차적으로 '주천은 술이 나오는 샘에서 유래했다'는 주제를 이끌어 낼 수 있고 배경, 사건, 결과의 이야기부분의 안긴 텍스트구조를 통해서 '신분적 차이는 극복할 수 없다'는 2차적 주제가 도출된다. 이것은 브링커의 이론17)을 빌면 각각 핵심주제와 주변주제가 된다. '주천은 술이 나오는 샘에서 유래했다'는 핵심주제는 주변주제인 '신분적 차이는 극복할 수 없다'를 설득력 있게 유도할 수 있으며 이 텍스트의 유형인 유래-텍스트와 양립할 수 있다는 것이다. 앞서 지적했듯이 '주천' 관련어휘들이 환언을 통해서 작품 전체에 제시된 것은 이 텍스트가 설명적인 텍스트라는 것을 의미한다. 이것은 주천의 유래에 대한 설명이 이 텍스트의 핵심주제라는 것을 뒷받침해 준다.

주변주제와 관련해서는 몇 가지 점을 고찰해 볼 필요가 있다. 텍스트의 기능 혹은 텍스트의 유형은 그 텍스트가 전제하고 있는 내용과 깊은 연관성을 가지고 있다고 한다18). [2]~[9]의 이야기 부분의 주제를 '신분적 차이는 극복할 수 없다'로 설정한 것은 다분히 이 점을 고려한 것이다. 즉 [2]~[9]의 텍스트 내용이 화자와 청자에 의해서 소통 가능하려면 '신분적 차이 혹은 차별' 또는 '신분갈등'이라는 상황이 전제되어야만 한다. 따라서 이야기 부분의 텍스트 유형은 '신분갈등설화'라고 볼 수 있는 것

---

17) 브링커(1992)/이성만(역)(1994: 62)에서는 대개 텍스트는 경우에 따라 상이한 주제상의 관여성을 갖는 다수의 주제들을 포함하고 있으며, 그래서 주제의 등급규칙인 일종의 주제 계층구조(Hierarchie)가 발생한다고 했다. 여기에서 핵심주제(Hauptthema)와 주변주제(Nebenthema)가 나오는데, 이것들을 구분하는 원칙은 다음과 같다. ①유도가능성의 원칙(Ableibarkeitsprinzip), ②양립성의 원칙(Kompatibilitatsprinzip)인데, ①은 텍스트의 다른 주제들이 (우리들의 텍스트 이해를 위해) 가장 설득력있게 "유도"될 수 있는 주제를 텍스트의 핵심주제로 간주한다는 말이고, ②는 텍스트의 핵심주제로 볼 수 있는 것은 텍스트화용론적 분석에 준거하여 탐구된 텍스트기능과 가장 잘 양립할 수 있는 주제여야 한다는 의미이다.

18) 브링커(1992)/이성만(역)(1994: 116)

이다. [2]에서 '-ㄴ데'로 나타난 상황점검은 술꼭지가 두 개 있었다는 내용에 대한 것이라고 볼 수 있는데 이것은 [3]에서 보듯이 양반과 쌍놈(혹은 신분이 낮은 사람)의 사회적 신분 차이에 대한 매개변환(媒介變換)이다. 따라서 신분갈등은 이미 주어져 있는 상태이다. [4]에 나타난 담화표지 '이제'는 이러한 상태에 대한 상황점검의 의미와 중요한 사건이 앞으로 진행될 것이라는 의미를 함께 지니고 있다고 볼 수 있다.[19] [5]의 절정은 직접인용을 통해서 동작주인 직(職)이 낮은 사람, 즉 하층민의 신분차별에 대한 울분 내지는 좌절감을 표현했다고 볼 수 있다. 따라서 이 텍스트의 주변주제는 텍스트 전체의 실질적인 내용에 해당하며 '주천은 별것이 없다면서'로 표현한 텍스트 외적 상황과 [10]의 '딴 이미, 딴 유래는 읎어요' 등을 고려해 볼 때 화자의 의식 속에서 핵심주제(다분히 전체 텍스트의 기능과 관련된)보다 더 강조되고 있음을 볼 수 있다.

요컨대 <주천의 유래> 텍스트를 신분갈등 설화의 차원에서 논의할 때 신분적 차별에 대한 하층민의 좌절감을 중심으로 하는 텍스트 주변주제를 텍스트의 전면에 부각시킬 수 있을 것이다.

3.3. <양반의 횡포 꺾은 상놈>

<양반의 횡포 꺾은 상놈> 텍스트는 우선 서술시점[20]에 의해서 그 구조를 파악할 수 있을 것이다. 하나의 화제가 누구의 시각(등장인물 또는 화자)에 의해 서술되고 있는가는 매우 중요한 문제인데, 특히 주도 면밀한 상황관리[21]가 텍스트의 전체 구조와 밀접한 관계를 가지는 경우는 더욱 그렇다. <양반의 횡포 꺾은 상놈> 텍스트가 바로 그러한 경우이다. 그것은 '물'을 주지 않으려는 양반에 대해 그 '물'을 얻으려는 상놈의 면밀한 상황관리가 돋보이는 설화텍스트이기 때문이다.

[1] 옛날, 양반 상넘이 아래 위서 농사를 짓는디, 양반의 논은 윗 배미구 쌍눔

---

19) '이제'에 대해서는 이기갑(1995)를 참고할 수 있다.

20) 여기에서 서술시점은 서술내용이 '누구의 시각'에 의해서 서술이 되는가를 나타내는 개념으로 사용하기로 한다. 따라서 동작주의 개념보다는 그 범위가 넓다고 보아야 할 것이다.

21) 보그란데·드레슬러(1981)/김태옥·이현호(역)(1991: 154)

은 밑이서 농사를 짓는디.

[2] 아 물은 윗 논배미 잔뜩 쳐실쿠서는 밑이루 물을 내려주야 농사를 져 먹지 이?

[3] 그래 물 보구서두 모를 못심어.

[1]의 경우는 화자의 시각에 의한 서술이라고 볼 수 있지만 [2], [3]의 경우는 그렇지 않다. 표면상으로는 주어인 '상놈'이 생략된 것으로 보아서 분명 상놈의 시점에서 서술되고 있는 것이 확실해 보이지만 텍스트 전체에서 보면, 상놈과 화자가 동일시각을 지니고 있기 때문에 화자의 시각[22]이라 보는 것이 타당하리라고 생각된다. 이것은 [4]에서 '그런디 하루는 상눔이 가마안히 생각항깨'와 같이 상놈의 시각에 의한 서술이 본격적으로 시작되는 것으로도 알 수 있다.

[40]의 경우도 마찬가지인데, '그래 각구서 그 뒤에부텀은 농사를 맘대루 졌다구 그러드만.'에서 주어가 생략되어 있는 것으로 보아 서술시각이 상놈에 근거하고 있는 것으로 볼 수 있지만 결국 텍스트의 마감 즉 정리라는 의미에서 화자의 시점으로 파악하는 것이 타당하리라 본다.

텍스트 전체의 구조를 이러한 서술시점에 의해 분석 정리하면 다음과 같다.

화제	서술시점	구조단위	
[1]-[3]	화자(=상놈)	도입부(배경)	
[4]-[9]	상놈	이야기	발단
[10]-[18]	양반		전개
[19]-[23]	상놈		위기
[24]-[37]	화자		절정
[38]-[39]	양반		결말
[40]	화자(=상놈)	결말부(정리)	

---

22) 상놈과 화자의 동일화는 이 텍스트의 중요한 특징이다. 이것은 [34]를 통해서 직접적으로 이해할 수 있다. 대화상에서 상놈의 입장에서는 양반을 '양반'으로 지칭하는 것은 상황에 맞지 않는 것으로 생각할 수 있다. 그러나 상놈의 입장은 화자의 입장과 거의 동일시되어 '양반'이라는 호칭을 자연스럽게 사용할 수 있게 되었다고 생각하면 이해할 수 있다. 따라서 [2]와 [3]의 경우에 표면적으로 나타난 상놈의 시점은 화자의 시점으로 볼 수 있게 되는 것이다.

[24]-[37]은 양반과 상놈의 연속적인 대화 부분이기 때문에 둘 중 어느한 사람의 시점이라 보기 어렵다. 양반과 상놈이 모두 객관적으로 묘사되고 있기 때문에 화자의 시점이라 보는 것이 타당하리라 생각된다. 그런데이러한 서술시점에 의해 파악된 텍스트 구조는 '양반'과 '상놈'의 어휘적응결에 의해서도 확인된다.

'양반' 관련어휘는 총 10회 등장[23]하게 되는데, 특이한 점은 모두 '양반'이라는 형태로만 나타난다는 것이다. 반면에 '상놈' 관련어휘는 14회 등장하는데 다양한 형태(쌍놈, 상넘, 그눔 등)로 나타난다. 여기서 특히 주목해야 할 것은 각 단락의 첫 번째 화제에서 나타나는 두 어휘의 양상이다.표로 나타내면 다음과 같다.

구조단위		첫 번째 화제	'양반'	'상놈'	서술시점
도입부(배경)		[1]	2회	2회	화자(=상놈)
이야기	발단	[4]	×	○	상놈
	전개	[10]	○	×	양반
	위기	[19]	×	○	상놈
	절정	[24]	○	*서루	화자
	결말	[38]	○	×	양반
결말부(정리)		[40]	×	×	화자(=상놈)

위 표에서처럼 각 단락의 첫 번째 화제에서 그 단락의 시점과 관련된어휘가 반드시 출현한다는 사실을 알 수 있다. [1]에서, 양반과 상놈이 동수로 출현한 것은 화자의 시점임을 뜻하고 [24]의 경우는 이전 단락의 상놈과 [24]의 양반이 '서루'라는 어휘로 묶여지기 때문에 화자시점임을 알수 있다. 이것은 절정부분을 화자가 주도하려는 구연 전략의 표현이라고해석할 수 있을 것이다.

이러한 텍스트의 구조는 또한 텍스트 내의 공간이동, 즉 장소이동과도밀접한 관련이 있다. [1], [2], [3]에서는 특별한 장소가 드러나지 않으며[4]에서부터 '논'이라는 장소가 전제되기 시작한다. 상놈이 논에서 집([6]-[9])으로 이동하고, 논에서 등장([10])한 양반은 [13]부터 상놈의 집으

---

23) 여기에서는 각각의 어휘들이 주어 혹은 목적어 등으로 사용되는 경우에 한정해서 고찰하며, 특히 소유의 형태로 쓰인 경우는 제외하기로 한다.

로 장소를 옮겨 상놈의 아들과 대화를 나눈다. 그리고 [18]에서는 양반이 자기 집으로 돌아가게 되며 [19]에서는 상놈이 자기의 집에서 행동을 다시 시작한다. [23]에서는 상놈이 논으로 장소를 이동하는 모습이 보이고 [24]에서는 양반과 상놈이 논에서 마주친다. 논에서의 두 사람의 대화는 [37]에서 양반이 자기집으로 이동하면서 마감되며 [38]-[40]은 특별한 장소가 전제되지 않는다.

구조단위		화제	장소
도입부(배경)		[1]-[3]	×
이야기	발단	[4]-[9]	①논→②집
	전개	[10]-[18]	①논→②집
	위기	[19]-[23]	집
	절정	[24]-[37]	논
	결말	[38]-[39]	×
결말부(정리)		[40]	×

위의 표와 같이 장소의 이동 역시 텍스트 구조에 대한 응결성을 확보하는 쪽으로 기능하고 있는 것을 볼 수 있다. 다만 발단부와 전개부의 경우는 단락 내에서 장소의 변화가 있기 때문에 자체 내에 부분단락이 존재한다고 봐야한다는 점을 유의해야한다.24)

다음으로 <주천의 유래>에서 텍스트 구조를 분석하는 데 주도적인 역할을 한 담화표지를 살펴보도록 하자. 먼저 '그래'류의 담화표지를 살펴보면 모두 8회 사용되는데(단, 직접진술문 제외) [19]의 '그래'를 제외하고는 모두 '그래서'의 의미이다. 그리고 [40]의 경우는 '그래'에 '각구서'를 보충하여 의미를 강조하고 있어 특이하다.

[3]그래 [5]그래서 [7]그래 [9]그래 [12]그래 [19]그래 [30]그래서 [40]그래 각구서

따라서 [19]와 [40]의 경우는 단락구분의 표지로서 역할을 하며 여타의

---

24) 발단①은 [4]-[5]이며 장소는 논이고, 발단②는 [6]-[9]이며 장소는 집이다. 전개도 마찬가지로 더 세분해서 단락을 나눌 수도 있지만 여기에서는 논의하지 않기로 한다.

경우는 그렇지 않다. 이러한 경우는 단지 내용 진행과 정리의 의미만을 가지고 있는 것으로 파악할 수 있을 것이다. 반면 '그런데'는 [4]에서 단 1회 사용되는데, <주천의 유래>에서와 마찬가지로 '그래' 보다는 강한 담화표지이므로 도입부와 이야기부의 경계를 나타내는 보다 큰 표지의 역할을 한다. '그러구서'류는 모두 4회 사용되며 [15]의 경우만을 제외하고 모두 소속단락의 마지막 화제에서 일률적으로 단락전환을 위한 준비의 기능을 하면서 장소의 이동을 위한 담화표지로 사용되었다고 볼 수 있다.

'아'의 형태로 나타나는 담화표지에 대해서도 주목해볼 필요가 있는데 이것은 대개 의문문의 형태와 결합되어 있는 특징이 있다. [2]와 [10], [13], [24], [36]에서 5회 사용되며, [10]과 [24]에서는 단락의 큰 표지로, 나머지는 단락 내에서의 작은 표지로 사용되었다고 볼 수 있다.

지금까지 살펴본 담화표지를 텍스트구조와 관련시켜서 정리해 보자.

구조단위		화제	담화표지	구조단위		화제	담화표지
도입부		[1]			위기	[21]	
		[2]	아			[22]	
		[3]	그래			[23]	그러구서
이야기	발단	[4]	그런디	이야기	절정	[24]	아
		[5]	그래서			[25]	
		[6]				[26]	
		[7]	그래			[27]	
		[8]				[28]	
		[9]	그래			[29]	
	전개	[10]	아			[30]	
		[11]				[31]	
		[12]	그래			[32]	
		[13]	아			[33]	
		[14]				[34]	
		[15]	그러구서			[35]	
		[16]				[36]	아, 그래서
		[17]				[37]	그러구서는
		[18]	그러구서		결말	[38]	
	위기	[19]	그래			[39]	
		[20]		결말부		[40]	그래 각구서

각 단락의 시작을 나타내는 표지로 '그런디', '아', '그래', '아', '그래 각구서'가 차례로 사용된 것은 <주천의 유래>에서 만큼의 일관성은 없지만 각각의 층위별로 알맞은 — '그런디'와 '그래 각구서'는 큰 층위이고, 상대적으로 '아'와 '그래'는 작은 층위이다. 이것은 담화표지로서의 기능에서 각각이 정도의 차이가 있음에서 기인한다고 볼 수 있다. — 담화표지가 사용되었다는 점에서 어느 정도의 일관성은 보인다. '그러구서'가 각각 단락의 마지막 화제에 일정하게 배열된 것도 역시 이러한 일관성의 한 측면이다.

다음으로 텍스트의 주제에 대해서 살펴보자. 우선 도입부와 이야기부와 결말부를 큰 골격으로 하는 텍스트구조에서 "상놈이 양반의 횡포를 꺾고 농사를 잘 지었다"라는 핵심주제를 추출할 수 있다. 이것은 '물'을 주지 않으려는 양반에 대해 그 '물'을 얻으려는 상놈의 면밀한 상황관리[25]가 텍스트전체에서 펼쳐지고 있는 것과 관련된다. 여기서 '물'은 곧 농사의 필수조건이라는 의미로 해석될 수 있다.

발단에서 결말로 진행되는 이야기부내에서 "상놈이 꾀로 양반을 속였다"는 주변주제가 추출될 수 있을 것이다. '상놈이 양반을 속였다'는 것은 신분질서의 파괴를 의미하는데 이것은 이 텍스트가 전제로 하고 있는 신분갈등[26]과 직접적인 관련이 있기 때문에 주목된다. <주천의 유래>에서도 그러하듯이 여기에서도 핵심주제보다는 주변주제가 작품의 전면에 부각된다는 결론이 가능한데 그것은 이야기부의 절정이자 이 텍스트 절정이기도 한 [24]에서 [37]까지의 대화 부분을 '상황관리'라는 측면에서 분석함으로써 이해될 수 있을 것이다.

---

25) 상놈의 상황관리를 계획단계의 상승에 의한 과정으로 나누어 살펴보면 다음과 같다. ①양반의 횡포 때문에 '물'을 얻지 못해서 농사를 잘 짓지 못했다.(도입부) ②일단 물을 타다 모를 심었다.(발단) ③양반의 반격을 일시적으로 막았다.(전개) ④결국 양반과 대면하게 되었다.(위기) ⑤양반과 자신이 의형제라고 주장하였다.(절정) ⑥'물'을 얻어 농사를 잘 짓게 되었다.(결말부)

26) 텍스트내에서 신분갈등은 위와 아래에 위치하고 있는 양반의 논과 상놈의 논이라는 매개변환에 의해서 도입된다.

[24] 아 양반이 마침 나왔덩가 서루 만났단 말여?

[25] "얼래?! 너 죽었다더니 어쩨 살어서 돌아댕기니?"

[26] "예. 저 저승이 갔다 왔이요오."

[27] "야아 그럼, 그 저승이 갔다 온 얘기나 좀 해봐라."

[28] "그런디 저승허구 이 세상허구는 달떼요오(다르데요)?"

[29] "뭐이가 달떼에?"

[30] "그 마님이 우리 아버지허구 한 무렵이 돌아가시지 않앴어요?"

[31] "그랬지."

[32] "아 저승이는 그 마님허구 지 애비허구 하냥 사는디 여어간 금
　　[웃으며] 금슬이 안좋데요오?"

[33] 그 눈이 빠아끔허구 있지.

[34] "그래 따지면 양반허구 저하구 의형제간입디다아?"

[35] 그러구 있네?

[36] 아 그래서,
　　"넌 마! 시끄럽다."

[37] 그러구서는 그저 집이루 와 뻐렸어.

　[24]는 주요 등장인물인 양반과 상놈이 하나의 상황에 들어서는 장면에
대한 묘사이다. '아,-?'의 형태로 서술이 된 것은 단락 구분의 의미와 함
께 상놈의 상황관리가 시작됨을 나타내준다. [25]는 양반의 상황점검[27]이
다. 이것을 통해서 보면 양반의 목표는 '죽었다던 상놈이 살아난 이유를
알아야겠다' 정도로 파악할 수 있다. [26]에서 상놈은 이러한 상황점검을
거부하고 양반을 '저승'에 대한 관심[28]으로 유도한다. 이에 대해 양반은
자신의 주목표였던 상놈이 살아난 이유가 무엇인지에 대해서 알아야 한
다 것은 망각해버리고 상놈의 상황관리 속으로 들어가게 된다([27]). [28],
[30], [32]에서 차례로 계획단계를 상승시키는 상황점검을 통해서 상놈은
[34]와 같은 결론에 도달하게 됨으로써 자신의 목표를 완성하게 된다. 결
국 상놈은 연속되는 상황점검을 통해서 자신의 상황관리는 은폐시키면서

---

27) '담화를 시작하기 위해서 하나의 상황점검을 해라'라는 책략이 여기에 적용될
　　수 있을 것이다. 보그란데 · 드레슬러(1981)/김태옥 · 이현호(역)(1991: 167-173)
28) 이것은 '계획단계의 상승을 기하기 위해서 타인이 궁금해할 만한 물건이나 사
　　상(event)을 제시하라'는 책략에 해당한다.

내세(來世)에 대한 믿음을 전제로 하여 양반의 권위를 실추(失墜)(내세에서 마님과 자기 아버지가 부부관계라는 사실)시킴으로써 양반과 자신과의 동질성(의형제)을 드러내는 데에 성공한 것이다.

양반의 권위를 실추(失墜)시키고, 그것을 통해서 양반과 상놈의 동질성을 드러내려는 시도는 사실상 신분질서의 파괴를 의미한다. 이것은 양반에 대한 공격의식이 그 바탕에 존재하여야만 가능한 것인데 이 텍스트에서는 상황점검을 통한 상황관리의 은폐, 곧 속임수라는 형태로 드러난다. 따라서 여기에서 '상놈이 꾀로 양반을 속였다'라는 주제를 도출할 수 있게 된다.

그런데 여기에서 주목해야 하는 것이 있는데 그것은 [32]와 [40]의 '웃음'의 정체이다. 특히 [40]의 '웃음'은 텍스트구연의 종결점에서 화자와 청자가 텍스트 의미를 공유했다는 증거라고 할 수 있다. 물론 공유의 내용이 "상놈이 양반의 횡포를 꺾고 농사를 잘 지었다"는 것은 아닐 것이다. 이 작품이 배경으로 하고 있는 사회적 조건에 대한 공통된 인식을 가지고 있는 화자나 청자에게 '상놈이 꾀로 양반을 속였다'는 것은 웃을 수밖에 없는 사실이라는 점에서 이 텍스트의 주변 주제가 텍스트의 전면에 부각될 수 있는 가능성을 엿볼 수 있다.

요컨대 텍스트 이해의 전제사항인 신분갈등과 관련지어서 생각해볼 때, <양반의 횡포 꺾은 상놈> 텍스트는 양반에 대한 공격의식을 그 바탕으로 신분질서의 파괴라는 주변주제를 텍스트의 전면에 부각시키고 있다고 할 수 있다.

3.4. <백정과 박문수>

<백정과 박문수>의 경우는 앞에서 살펴보았던 <주천의 유래>나 <양반의 횡포 꺾은 상놈>에 비해서 텍스트의 길이가 훨씬 길다. 따라서 텍스트의 구조를 하나의 일관된 요소로 파악한다는 것은 사실상 불가능하다. 일단 이 텍스트에 나타난 하나의 특징인 잦은 장소의 이동에 대해서 살펴보면서 텍스트구조 파악의 실마리를 찾아보고자 한다.

장소의 이동이란 텍스트 서술에 있어서 공간배경의 변화를 뜻하는데, 이 텍스트에서의 공간배경은 함경도와 서울과 경상도 등 세 곳으로 나타

난다. 공간배경의 변화는 주로 백정의 행적과 관련이 깊다. 함경도의 십 대백정 임(林)씨가 서울로 가서 양반 수업을 받고 다시 함경도로 돌아와 서 부모님의 상례를 치르고 양반이 되기 위해서 경상도로 들어간다. 경상 도에서 양반과 접촉하다가 자칭 재상이라고 하면서 마침 그곳에 내려온 어사의 묵인아래 그의 외삼촌이 된다. 서울로 올라간 박문수는 자기 동생 에게 이 사실을 폭로할 수밖에 없는 처지가 되고 박어사의 동생은 임씨 를 벌하기 위해서 경상도로 들어가게 된다. 기다리고 있던 임씨는 서울에 서 내려온 박어사의 동생을 물리치고 완전한 양반이 된다.

이와 같이 공간배경의 변화는 반드시 인물의 이동과 함께 이루어지는 데 텍스트내에서는 행위참여자의 변화로 나타난다. 장소의 이동과 그것에 따르는 주요 행위참여자의 변화를 도표로 나타내면 다음과 같다.

화제	공간배경	행위참여자
[1]-[5]	함경도	백정
[6]-[34]	서울	백정, 양반
[35]-[40]	함경도	백정
[41]-[92]	경상도	백정, 양반들
[93]-[149]	경상도	백정, 박문수, 경상감사
[150]-[169]	서울	박문수, 박어사동생
[170]-[245]	경상도	백정, 박어사동생
[246]-[250]	서울	박어사동생
[251]	경상도	백정(양반)

함경도에서 백정을 하던 임씨가 결국 경상도에서 양반을 하게 된다는 줄거리로 진행되는데 [251]의 정리 부분을 참고하여 텍스트의 구조를 파 악해 보기로 하자. 일반적으로 텍스트의 구연이 완료된 시점에서 화자는 청자의 스크립트 구조를 완성시켜주기 위하여 스크립트 전체에 대한 정 리를 하는데 이러한 것을 참고하면 텍스트 구조를 파악하는 데 큰 도움 을 얻을 수 있다.

[251] 그래서 ①함경도의 수풀 임자 임씨가 십대 백정을 하다가 ②자칭 재상을 해가지구 경상도에 내려가서 ③완전한 양반이 됐단 얘기야.

화자가 의도한 텍스트의 구조는 위와 같이 크게 세 부분으로 되어 있음을 알 수 있다. ③의 '완전한 양반'이라는 표현은 다시 ③-1불완전한 양반이었다가, ③-2완전한 양반이 되었다는 정도로 양분하여 생각할 수 있을 것이다. [1]-[2]는 "함경도의 수풀 임자 임씨가 십대백정"이었다는 내용으로 ①에 해당하고, [3]-[5]는 "양반을 좀 해보아야 겠"다고 마음먹은 내용이며 [6]-[34]에서 양반 수업을 받고 [36]-[40]에서 자기 주변을 정리하고 드디어 [41]-[92]에서는 경상도로 내려가 자칭 재상이 되는 내용으로 ②에 해당한다. [93]-[149]는 박문수의 묵인아래 불완전하나마 양반이 되는 이야기로 ③-1에 해당하고, [150]-[169]와 [170]-[245]는 박어사 동생이 등장하여 임재상을 벌하려 하는데 이것을 물리치고 완전한 양반이 된다는 내용으로 ③-2에 해당한다. 정리하여 텍스트의 구조를 파악하면 다음과 같다.

구조단위		화제	공간배경	행위참여자	내용구분
도입부(배경)		[1]-[2]	함경도	백정	—
이야기	발단	[3]-[5]	함경도	백정	①십대백정
	전개	[6]-[34]	서울	백정, 양반	②자칭재상
		[35]-[40]	함경도	백정	
		[41]-[92]	경상도	백정, 양반들	
	위기	[93]-[149]	경상도	백정, 박문수, 경상감사	③-1불완전한 양반
	절정	[150]-[169]	서울	박문수, 박어사동생	③-2완전한 양반
		[170]-[245]	경상도	백정, 박어사동생	
	결말	[246]-[250]	서울	박어사동생	
결말부(정리)		[251]	경상도	백정(양반)	—

<주천의 유래>와 <양반의 횡포 꺾은 상놈>에서의 담화표지는 단락구분의 중요한 역할을 하였지만 이 텍스트에서는 그렇지 않다. 이것은 텍스트의 길이와 관련이 있는 것 같다. 여기에서 사용된 담화표지의 대부분은 '그래'류의 형태이고 그 기능은 내용의 진행과 부분의 응결성 유지에만 집중되어 있다. 그렇다면 이 텍스트에서는 단락의 경계를 위해서 어떠한 응결성 장치를 사용하였는가를 고찰해보기로 하자.

[2] 근데, 그 내력이 어떻게 됐냐하믄 <u>십대 백정</u>이에요.

[3] <u>섭대</u>를 두구 벴기는 <u>백정</u>인데 그 사람이 마금파루 <u>섭대 백정</u>이 떡
　　 자기 차지 돌아왔는데 ··(후략)

[5] (전략)괴나리 봇짐을 싸 짊어지구서 함경도에서 어디루 왔느냐믄
　　 시방 현재 <u>서울루 왔어요</u>.
[6] 경기도 <u>서울을</u> 떡 <u>와가지구선</u> 도대체 ··(후략)

　　위와 같이 부분 텍스트의 경계에서 회기가 사용된 것을 볼 수 있다. 회기는 주로 구연상황에서 발화를 계획하는 시간이 충분하지 않거나 재언급이 필요할 때 많이 사용하는데 그 자체로의 정보성은 저하되지만 전체적인 응결성은 탄탄해지는 것이 특징이다. 상대적으로 긴 텍스트에서 자칫 부분 부분이 구연상황에만 매몰되어 응결성이 흐트러질 수 있는 약점을 보완하기 위해서는 보다 탄탄한 장치('그래' 혹은 '그런데'류의 담화표지보다)가 필요했을 것이다. 여기에서는 그러한 응결성 장치로 회기의 방법이 사용됐다고 생각된다. 특히 단락의 경계 위치에서 회기가 사용된 것은 단락의 경계를 중심으로 응결성이 흐트러질 우려가 가장 높기 때문이다. 따라서 이 텍스트에서 회기는 단락구분의 표지로서 기능하게 된다.

[33] 그래 이 사람이 함경돌 <u>들어간</u> 거야.
[34] 그래 십년간을 가서 그 집을, 다 배운 거지.
[35] 그래 <u>들어가</u> 보니까 자기 아버지 어머니가 살아있는데 많이 늙었거든.

[40] 함경도를 뚝 <u>떠나</u>.
[41] 있는 거 없는 거 다 팔아가지구 <u>떠나서</u> 가는데 그 사람이 워낙 장
　　 기를 즐겼어요.

[149] 자기 사챌을 떨어서 <u>집을 하나 커다케 번듯하게, 시방으루 하믄</u>
　　　 <u>양옥집이지</u>.
[150] <u>잘 지어설라믄에</u> 박문수 박어사가 전라도루 사방 돌아댕기믄 집
　　　 이 가기 전에 불시에 그냥 ··(후략)

[169] 이눔이 찾아 내려 가는 거야, <u>말을 타구</u>.
[170] 제손으루 타구 다니던 말이 있으니까 <u>말을 타구서</u> 아 경상도 찾

아가는 거야.

[245] <u>분해 죽겠지</u>.
[246] 이눔이 돌아되두 <u>분해 죽지</u>, 아주.

이상에서 텍스트 구조와 회기의 사용이 일관성을 가지고 진행되고 있음을 알 수 있다. 또, 이 텍스트에서 사용된 연결어미들 중에서 '-ㄴ데'의 형태가 대단히 많은데 화자의 상황점검이라는 면에서 역시 텍스트 구연의 일관성 유지 내지는 텍스트의 응결을 위한 기능을 가지고 있다고 보아야 할 것이다.

다음으로 텍스트의 주요인물인 백정과 박문수, 박어사 동생의 어휘적 응결성에 대하여 살펴보자. 먼저 '백정' 관련어휘[29]에서 특징적인 일관성을 발견할 수 있다는 점이 주목된다. '백정' 관련어휘는 [3]에서 '그사람', '십대백정'으로 도입된다. 그러다가 텍스트의 후반에서는 '임재상'으로 일관되게 나타나는데 그 경계가 어디인지는 [147]과 [177]을 비교해보면 알 수 있다.

[147] 그러니 <u>십대 백정하던 임씨</u>가 생각하니 안되겠어.
[177] 먼저 앞질러 가서 편질 갖다 <u>임재상</u>을 준 거지.

이것은 텍스트의 구조와 깊은 관련이 있는데 '위기'부분에서 십대백정 임씨가 불완전하게나마 양반이 되었다는 것을 화자가 뚜렷하게 의식하고 구연한 결과라고 생각된다.

'박문수' 관련어휘는 '박문수 박어사'라는 형태가 가장 많이 나타난다. 의미상 중복이 있음에도 불구하고 굳이 '박문수 박어사'를 고집한 것은 텍스트내에서 박문수라는 인물의 기능이 중층적이라는 데에 그 이유가 있다고 생각한다. '박문수'라는 어휘에서는 역사적으로 이름 있는 인물을 텍스트내로 끌어들인다는 의미가 강하고 '박어사'라는 어휘는 백정이 거기에 기대어서 양반이 될 만한 권위를 부여하는 의미로 파악해 볼 수 있다.

---

29) 여기에서 '백정' 관련어휘는 화자의 관점에서 '백정'을 지칭하는 어휘로만 제한한다. 즉 대화부분에서 백정의 의미로 나타나는 어휘들은 제외시켰다.

박어사 동생은 텍스트내에서 유일한 반동인물이다. 따라서 이러한 반동인물과 주동인물인 백정과의 갈등이 텍스트의 절정을 이루게 되는데 그러기 위해서는 어휘적인 응결성이 보장되어야 한다. '박어사 동생' 관련어휘는 [135]에서 '박문수 박어사의 동상되는 사람'으로 도입되어 [160]에서부터 '이 동생놈'으로 나타나다가, '이눔', '저눔', '미친눔' 등으로 등장하게 된다. 이것은 반동인물로의 그의 성격과 관련된 직접적인 어휘적 응결성[30]이라고 할 수 있을 것이다

다음으로 텍스트의 주제에 대해서 살펴보기로 하자. 도입부와 이야기부, 결말부를 큰 축으로 하는 전체 텍스트에서 '임씨가 십대 백정을 하다가 완전한 양반이 됐다'는 정도의 핵심주제를 추출할 수 있다. 그리고 이야기부에서 '백정이 양반과 대결하여 승리했다'라는 주변주제를 찾아낼 수 있을 것이다. 먼저 핵심주제를 전체 텍스트의 '상황관리'면에서 고찰해 보도록 하자.

<백정의 상황관리>
주목표 : 양반이 되겠다.(신분상승)
책략 1 : 양반 수업을 받는다.
책략 2 : 백정의 삶을 정리한다.
책략 3 : 양반 사회에 진입한다. (자칭재상, 박문수의 외삼촌)
책략 4 : 양반 사회내에서 관계적 위치를 차지한다.(불완전한 양반)
책략 5 : 양반 사회의 거부를 이겨내고 독자적인 위치를 차지한다.
        (완전한 양반)

화자는 텍스트내에서 주로 백정의 시각에서 주도 면밀하게 상황관리를 해 나가면서 핵심주제를 이끌어내고 있다고 볼 수 있다. 주변주제는 역시 '절정'부분을 검토하면 쉽게 이해할 수 있을 것이다. 텍스트내의 유일한 반동인물인 박어사의 동생과 이미 양반 사회에서 박문수라는 매개를 통해 관계적 위치를 차지한 임재상이 신분적 차이 때문에 대결하는 부분이 곧 이 텍스트의 절정이다.

---

30) 구비설화텍스트의 경우는 그 인물의 성격과 어휘적 응결성의 관계가 다른 텍스트에 비해서 일반적으로 직접적이다.

<양반의 횡포 꺾은 상놈>에서도 상놈과 양반의 대결이 '절정'부분에서 보이지만 이 텍스트에서의 그것과는 뚜렷하게 구별된다. <양반의 횡포 꺾은 상놈>에서의 공격의식은 속임수 즉 꾀라는 형태로 드러나지만 이 텍스트에서는 직접적이고 물리적인 형태(생침)로 드러난다. 이러한 직접적인 공격이 가능할 수 있는 것은 백정에게 '돈'이라는 매개가 확실히 주어져 있었기 때문일 것이다[31]. 또 전자에서의 대결은 양반의 횡포를 막아내는 과정에서 발생한 것이지만 후자의 경우는 백정의 신분상승 과정에서 발생한 것이기 때문일 것이다. 따라서 이 텍스트의 주변주제는 양반에 대한 직접적인 공격의식에 근거한 백정과 양반의 대결에서 백정이 승리한 내용이라고 보는 것이 타당하리라 생각한다. 이러한 텍스트의 주변주제는 또한 텍스트의 전면에 부각되는 성격을 지니는데 앞선 두 텍스트에서도 지적했듯이 이것은 텍스트의 '전제내용(신분갈등)'과 관련이 있기 때문이다.

4. 설화의 구연 전략

4.1. 텍스트의 구성면에서

발화가 안정성(stability)을 유지하는 것은 그 발화가 전달하는 의의(sense)의 연속성이 달성되기 때문이다. 응결성의 측면에서 발화를 논의할 때 연속성(continuity)이 유지된다는 것은 그 발화를 구성하는 요소들의 표층 관계에 일정한 흐름이 존재한다는 것을 의미한다.[32] 화자는 이러한 의의의 연속성을 유지하기 위해서 구성면에서나 면밀한 전략을 가지고 구연을 해 나간다. 즉 화자의 설화 구연은 자신의 장기기억장치에 기

---

31) 이런 의미에서 텍스트내의 '돈'의 역할을 추적해 보는 것은 의미 있다 하겠다. 백정의 양반되기 과정에서 그 첫 번째였던 양반수업 직후와 세 번째인 관계적 위치의 차지 직후와 마지막인 독자적 위치의 차지 직후에 각각 양반에게 답례를 하게 된다(두 번째의 경우는 장기라는 매개가 이것을 대체한다). 그리고 이러한 답례는 결국 예상되는 반작용 내지는 거부를 막고 완전한 양반이 되는 결정적인 역할을 한다.

32) 김태옥·이현호(1995: 10) 참조.

본구조의 형태로 존재하는 스크립트를 단기기억장치로 받아들여 청자로
하여금 스크립트를 잘 구성할 수 있도록 알맞은 형식으로 표현하는 것인
데, 여기에서 가장 중요한 것이 의의의 연속성이라는 말이다.

> [3] 십대를 두구 벴기는 백정인데 그 사람이 마금파루 십대 백정이 떡
> 자기 차지 돌아왔는데, 가만히 생각을 하니까 선조서부터 십대를
> 백정노릇을 해가지구 <u>돈두 번 게 없구</u>, <u>그래두 돈을 벌긴 벌었는데</u>
> 도대체 양반을 좀 해봐야겠는데, 양반을 할 데가 없단 그런 얘기야.
> [27] 그래 나와서 저희 집이다 원래 사전에 부탁을 해서 연락을, 편지
> 연락을 해서 부쳐달라 그래, <u>돈을 좀 자구구</u> 왔는데 <u>백정질해 번</u>
> <u>돈</u>이지.
> [88] 아 그 뭐 <u>백정질해서 번 돈</u>이라 <u>엄청난 돈</u>인데 척척 세 주구 그
> 집을 사.
> [149] 자기 <u>사챌을 떨어서</u> 집을 하나 커다케 번듯하게, 시방으루 하믄
> 양옥집이지.
> [248] 가보니깐 자기 성집 옆카리디가 두 채, 성의 집과 똑같이 져서
> 식량이구 모든 걸 갖다 다리 쌓아났는데,

만약 화자가 자신의 스크립트의 연속성에 문제가 있다고 생각하면 그
즉시 연속성을 되찾기 위한 노력을 기울이게 된다. [3]의 '돈두 번게 없
구'는 백정이 양반이 되고자하는 이유로 제시되었지만 이후의 텍스트 내
용([27], [88], [149], [248])과 결속되지 않을 것으로 예상되었기 때문에 화
자에 의해서 즉시 수정되었다([3])

텍스트 응결성을 유지하려는 이러한 화자의 노력들은 텍스트 전체의
구조와 관련해서 살펴보면 더 명확하게 알 수 있다. <주천의 유래>에서
는 화자가 '그런데'류와 '그래'류의 담화표지를 사용함에 있어서 전체의
구조를 인식하면서 의의의 연속성을 유지하려는 노력을 보이고 있다. 비
교적 짧은 설화 텍스트이기 때문에 이러한 노력은 일관성을 가지면서 나
타나는데 '주천' 관련어휘의 배열이나 어미의 사용에서도 이러한 점을 확
인할 수 있다.

<양반의 횡포 꺾은 상놈>의 경우는 '서술시점'을 통해서 전체 텍스트
의 의의의 연속성을 유지하려는 화자의 구연 전략을 엿볼 수 있다. 각 구
조단위의 첫 번째 화제에서 서술시점과 관련된 어휘가 일관성 있게 나타

나는 것이 그 증거이다. 또한 텍스트 구조와 관련된 장소의 이동이나 담화표지에서도 어느 정도의 일관성을 보이는데, 이것도 의의의 연속성을 유지하려는 화자 구연 전략으로 파악할 수 있다.

<백정과 박문수>에서 공간 배경의 변화와 행위참여자의 변화가 텍스트의 구조와 직접적으로 관련된다는 사실에서 화자의식을 엿볼 수 있을 것이다. 또한 '임재상'이라는 어휘의 일관된 쓰임, 허다하게 사용된 '그래'라는 담화표지는 의의의 연속성을 잃지 않으려는 노력의 하나일 것이다.

요컨대 텍스트의 응결성을 유지하려는 화자의 의식은 구비설화텍스트의 곳곳에서 확인되는데, 이것은 텍스트의 구조를 통해서 일관성 있게 드러난다고 볼 수 있을 것이다.

4.2. 텍스트의 주제면에서

신분갈등 설화는 기본적으로 '신분갈등'이 전제되어 있는 설화를 의미하기 때문에 이러한 텍스트의 주 내용은 갈등의 해소에 집중되어 있다. 따라서 텍스트의 주제면에서 화자의 구연 전략을 고찰하려면 이러한 갈등해소의 여러 양상을 화자가 어떤 식으로 인식하여 전달하려고 하는가에 초점이 맞추어져야 할 것이다. 3장에서 각 텍스트의 주제를 핵심주제와 주변주제로 나누어 살펴보았는데 그것을 정리하면 다음과 같다.

> <주천의 유래>
> 핵심주제 : 주천은 술이 나오는 샘에서 유래했다.
> 주변주제 : 신분적 차이는 극복할 수 없다.
> <양반의 횡포 꺾은 상놈>
> 핵심주제 : 상놈이 양반의 횡포를 꺾고 농사를 잘 지었다.
> 주변주제 : 상놈이 양반을 속였다.
> <백정과 박문수>
> 핵심주제 : 임씨가 십대백정을 하다가 완전한 양반이 됐다.
> 주변주제 : 백정이 양반과 대결하여 승리했다.

대체로 핵심주제는 사실의 전달이라는 측면이 강하다고 할 수 있고 주변주제는 의식의 표현이라는 측면이 더 강하다고 할 수 있다. 표층에서는 사실의 전달이라는 1차적인 주제의식을 보이는 반면 심층에서는 화자의 사회적 의식을 표현하려는 강렬한 주제의식이 드러난다고 보았을 때 세 편의 작품을 통해서 주제와 관련된 일관된 화자의 전략을 읽을 수 있다고 하겠다. 특히 세 편에서 공통적으로 핵심주제보다는 주변주제가 더 강조되고 있다는 것은 화자의 숨은 전략을 충분히 짐작할 수 있는 면이다.

<주천의 유래>의 경우는 상층민(양반)과 하층민(낮은 사람)의 신분적 차이는 극복할 수 없다는 의식의 표현이다. 술 꼭지의 이분(二分)은 곧 사회적 신분차별을 의미한다고 볼 수 있다. 이러한 신분차별은 본래적으로 주어져 있는 것이기 때문에 '옷을 잘입고, 겉모양 잘하고'한다고 해서 해결될 수 있는 문제가 아니다. 이것은 신분적 차별 또는 갈등에 대한 하층민 의식의 두 측면(좌절감과 공격성) 중의 하나인 '좌절감'의 표현이라고 볼 수 있을 것이다. 즉 이 텍스트의 화자는 신분갈등을 해결할 수 없는 따라서 신분적 차별을 감수하는 이외의 아무런 해결책이 없다는 하층민의 의식을 대변하고 있다고 볼 수 있다.

<양반의 횡포 꺾은 상놈>에서의 신분갈등의 해결은 하층민(상놈)의 꾀로 상층민(양반)을 속임으로써 가능했다. 이것은 '물'을 매개로 한 상층민과 하층민의 갈등이 윗논에 있는 상층민의 물을 아랫논에 있는 하층민이 끌어내려 농사를 짓는 데에 성공했다는 내용에서도 알 수 있듯이 상층민의 권위를 꾀로 무너뜨려서 하층민과 동등한 지위(의형제)로 끌어내려서 갈등해소를 이루는 방식이라 하겠다. 그러나 이러한 공격의식은 아직까지는 '꾀'의 수준에 머문다고 볼 수 있다.

<백정과 박문수>에서의 공격의식은 '돈'을 매개로 강력한 힘을 발휘하고 있다. 따라서 신분갈등의 해결양상도 직접적이어서 하층민(백정)이 양반과 대등한 지위로 상승하는 방식을 택하게 된다. 역시 이 텍스트에서도 화자는 하층민의 관점에 서서 그들의 의식을 반영하게 되는데 이것은 주도 면밀한 상황관리를 통해 텍스트에서 실현되고 있다.

정리하면 화자의 구연 전략은 주제적 측면에서도 어느 정도 일관성 있게 드러난다고 할 수 있다. 사실 전달의 핵심주제를 표층에 제시하고 화자의 사회적 의식은 다양한 상징적인 표현들을 통해서 심층에 감추면서도 한편으로는 여러 가지 장치들을 통해서 청자에게 더 강조해서 전달함으로써 화자가 의도한 문학적인 성취를 이루어내고 있다고 하겠다. 신분

갈등 설화의 경우는 이러한 화자의 의식(신분갈등에 대한 화자의 의식)이 다양한 형태로 드러나고 있는 것을 세 편의 작품을 통해서 확인할 수 있었다.

5. 결론

지금까지 본고는 구비 설화 화자의 구연 전략을 텍스트 언어학적 방법론에 입각하여 분석해 보았다. 그 결과 텍스트의 구성면이나 주제면에서 주도면밀한 화자의 구연 전략이 숨겨져 있음을 알 수 있었다. 그리고 이러한 분석을 통해서 신분갈등설화의 여러 양상들을 확인할 수 있었는데 이것은 신분갈등과 관련된 화자의 다양한 의식이 반영된 것이라는 점도 확인할 수 있었다.

구비설화는 여러 측면에서 아직 연구의 과제가 많이 남아 있는 분야라고 할 수 있다. 본고에서 지금까지 도외시되었던 구비설화 화자의 구연 전략에 대한 분석이 이루어진 것은 시작에 불과하다고 할 수 있다. 이와 같은 다양한 형태의 연구가 이루어지고 그 성과들이 쌓여서 그 미적 특질에 대한 연구에까지 이를 수 있어야 구비 설화의 전모가 밝혀졌다고 할 수 있을 것이다. 물론 이러한 과정에서 새로운 방법론적 모색이 반드시 이루어져야 할 것인데 텍스트 언어학적 분석 방법은 여기에 일정한 역할을 수행할 것으로 기대된다.

참고논저

고영근(1999), 텍스트이론 - 언어문학통합론의 이론과 실제, 아르케.

김경섭(1999), 설화 연행의 텍스트 언어학적 연구, 한국고전연구 5: 133-182.

김대행(1989), 판짜기 원리에 대한 한 가정, 판소리연구 1: 27-43.

김태옥·이현호(1995), 담화 연구의 텍스트성 이론과 적합성 이론, 담화와 인지 1: 1-78.

김현주(1997), 일상경험담과 민담의 구술성 연구, 구비문학연구 4: 113-142.

박경신(1991), 무가의 작시원리에 대한 현장론적 연구, 서울대학교 국어국문학과 박사논문.

박경신(1996), 일반무가의 작시 방법, 구비문학연구 3: 45-64.

박정준(1994), 프레임, 스크립트 이론과 정보처리과정, 텍스트언어학 2: 61-107.

박종성(1995), 구비설화 텍스트의 언어학적 분석, 구비문학연구 2: 201-217.

보그란데·드레슬러(1981)/김태옥·이현호(역)(1991), 담화·텍스트언어학 입문, 양영각.

브링커(1992)/이성만(역)(1994), 텍스트언어학의 이해, 한국문화사.

서대석(1996), 구비서사시인의 작시전략, 한국학연구 8, 고려대학교 한국학연구소: 253-284.

이기갑(1995), 한국어의 담화 표지 '이제', 담화와 인지 1: 261-287.

이인경(1992), 화자의 개성과 설화의 변이, 서울대 국문학연구 108.

황선엽(1993), 텍스트 생산자를 중심으로 한 안락국태자전의 텍스트 언어학적 분석, 관악어문연구 18: 273-297.

◈ 부록 : 자료

1. 주천의 유래(한국구비문학대계2-9: 818-819), 강원도 영월군 주천면 설화
2. 양반의 횡포 꺾은 상놈(한국구비문학대계4-5: 566-567), 충남 부여군 구룡면 설화,
3. 백정과 박문수(한국구비문학대계2-7: 476-487), 강원도 횡성군 갑천면 설화

주천(酒泉)의 유래

이종율, 남, 68
* 주천은 별 것이 없다면서 다음 이야기를 들려 주었다.

[1] 근데, 여기 이 주천이라는 주천에 주천이 있었는데, 그 왜 주천이냐 하면 술
    주(酒)자, 샘 천(泉)자이거든.
[2] 그런데, 여기 망산(望山)인 바랄 망자 망산이라는 데가 있는데, 이전에(예전
    에) 이렇게 술 나오는 주전자같이 꼭지가 두 개 있었데.
[3] 그래, 양반이 가면 약주 술꼭지에서 약주 술이 나오고 쌍놈이 가며는, 낮은
    사람이 가며는 막걸리가 나왔다 이거여.
[4] 그래, 이제 직이 낮은 사람이 옷을 잘 입고 겉 모양 잘하고 그래 떡 그리 가
    서 앉으니까 막걸리가 나오드라 이거야.
[5] "야, 이 놈으 물조차 사람을 알아 본다." 이 말이야.
[6] 그래, 때려가지고 물로 들어 갔다는 거야.
[7] [조사자 : 물로 들어 가요?]
[8] 탕자탕자 튀더니 탕자탕이 되드라 이거야.
[9] 그래 주천이라.
[10] 술 주자 샘 천자, 주천이라 유래라는 이미가(의미가), 거게 대한 이미가 있고
    거, 딴 이미, 딴 유래는 읎어요.

양반의 횡포 꺽은 상놈

지정병, 남, 66.
* 전략, 오늘도 구연의 주도권은 역시 지정병 어른이 잡아야 했고, 우선 이 이야
  기부터 꺼냈다.

[1] 옛날, 양반 상넘이 아래 위서 농사를 짓는디, 양반의 논은 윗 배미구 쌍늠은 밑이서 농사를 짓는디.

[2] 아 물은 윗 논배미 잔뜩 쳐실쿠서는 밑이루 물을 내려주야 농사를 져 먹지이?

[3] 그래 물 보구서두 모를 못심어어.

[4] 그런디 하루는 상넘이 가마안히 생각항깨, 물 타다 좌우간 모를 심으야겄어어.

[5] 그래서 인자 양반 왔다 들어간 새 막 파자치구 물을 빼 각구서 모를 참 후딱 후딱 심었단 말여.

[6] 쌍늠이 가마안히 생각헝개 모는 심었는디 양반한티 혼날 생각항개 생각항개 차암 걱정이란 말여.

[7] 그래 자기 아덜하구 상이럴 했어.

[8] "야아. 양반이 인제 곧 날 죽일라구 쫓아올 게다. 그러닝개 힐 수 읎어 그렁깨 너는 공석 피구서 생인(喪人) 노릇해라. 나는 방이 가서 홑이불 쓰구 눴을 텡개."

[9] 그래 인자 참 그렇게 작정허구서 참 그렇게 허는디.

[10] 아 양반이 와서 논이 와서 보닝개 물을 쏙 빼다 모럴 심억거든?

[11] 그 괘씸허지?

[12] 그래 인제 쫓아갔어, 그 집이를. (', '는 필자수정)

[13] 아 공석 피구서 [웃으며] 아 그 쌍늠에 아들이 생인 노릇을 허네?

[14] "그눔 죽을라고 환장했덩개비구만. 원판(아닌게아니라) 죽을라구 환장했응깨 이눔 논 넘 논 물 빼다가서 모심었지 그렇잖으면 그럴 리가 읎어."

[15] 그러구서 쌍늠에 아들더러 언제 죽었냐구 항개,

[16] "엊저녁이 갑자기 그냥 병나서 돌아가셨어요."

[17] "그눔 환장해서 죽은 눔 힐 수 있니?"

[18] 그러구서 인자 집이루 왔지.

[19] 그래 쌍늠은 인제 부시시 일어났지.

[20] "양반 가셨니?"

[21] "예. 가셨이요."

[22] "그럼 인제 됐다."

[23] 그러구서 인제 한 이틀 지내서 논이럴 또 갔어.

[24] 아 양반이 마침 나왔덩가 서루 만났단 말여?

[25] "얼래?! 너 죽었다더니 어째 살어서 돌아댕기니?"

[26] "예. 저 저승이 갔다 왔이요오."

[27] "야아 그럼, 그 저승이 갔다 온 얘기나 좀 해봐라."

[28] "그런디 저승허구 이 세상허구는 달떼요오(다르데요)?"

[29] "뭐이가 달떼에?"

[30] "그 마님이 우리 아버지허구 한 무렵이 돌아가시지 않앴이요?"

[31] "그랬지."

[32] "아 저승이는 그 마님허구 지 애비허구 하냥 사는디 여어간 금 [웃으며] 금
슬이 안좋데요오?"

[33] 그 눈이 빠아끔허구 있지.

[34] "그래 따지면 양반허구 저하구 의형제간입디다아?"

[35] 그러구 있네?

[36] 아 그래서,
"넌 마! 시끄럽다."

[37] 그러구서는 그저 집이루 와 뻐렸어.

[38] 양반은. 그 뒤루부텀은 뭐어 논이두 나올 거 욱구.

[39] 그눔 만나까미러(만날까봐) 시시-시 그저(쉬쉬 하면서)자아꾸 그눔만 그재
어디서 버썩허면(번쩍 나타나면) 피해 댕기네.

[40] 그래 각구서 그 뒤에부텀은 농사를 맘대루 졌다구 그러드만. [일동:웃음]

백정과 박문수

이옥균, 남, 62.
* 민요가 끝나고 옛날 얘기 해도 되느냐고 물은 뒤 이옥균씨가 들려 준 것이다.

[1] 그전 옛날에 저 함경도 저쪽에, 이게 또 남의 부아가 돼서, 임씨네가 살았는
데, 수풀 임자 임씨에요.

[2] 근데, 그 내력이 어떻게 됐냐하믄 십대 백정이에요.

[3] 십대를 두구 뼀기는 백정인데 그 사람이 마금파루 십대 백정이 떡 자기 차지
돌아왔는데, 가만히 생각을 하니까 선조서부터 십대를 백정노릇을 해가지구
돈두 번 게 없구, 그래두 돈을 벌긴 벌었는데 도대체 양반을 좀 해봐야겠는
데, 양반을 할 데가 없단 그런 얘기야.

[4] '내가 양반 학교룰 좀 가봐야 하겠다.' 그러니깐,

[5] 옛날 구한국 말인데 그 양반 학교를 가볼라구 갔는데, 이 사람이 괴나리 봇짐
을 싸 짊어지구서 함경도에서 어디루 왔느냐믄 시방 현재 서울루 왔어요.

[6] 경기도 서울을 떡 와가지구선 도대체 어느 집이 양반인지 모르겠으니 아무 집이구 들어가 집이, 크다구.

[7] 그래 들어갔는데 아 들어가서 쥔 양반을 만내가지구 인사를 하구서,

[8] "제가 좀 여기서 며칠간 유숙해야겠습니다."

[9] "쉬어 가라."구.

[10] 쉬어가게 됐는데 그집이서 하루 있어 이틀 있어 사흘 있어 있으면서 그집이 하는 범사를 보니까 양반이야.

[11] 자효손 가리키는 게 모두 그 지시가 양반이요, 자기 하는 행동이 양반이요, 손님 접대하는 게 양반이요.

[12] 과연 자기 집과 아예 다르거든.

[13] '아 내가 바루 왔구나. 양반을 좀 배울려구 그랬드니 이집이 과연 양반이로구나.'

[14] 그래, 그럭저럭 그 집이 있는 것이 일년 있어 이태 있어 삼년 있어 그럭저럭 사오년을 지냈어요.

[15] [김용복 : 또 오래두 있었네.]

[16] 사오년.

[17] 거 있을 만한 데니까.

[18] 사오년을 있으면서 보니까 모든 일이 시종여일이여.

[19] 끝이나 꽁대기나 똑같애.

[20] '아 내가 바루 왔구나.'

[21] 그래서 그 집이서 몇 해를 있었나 하믄 십년을 있었어요.

[22] [김용복 : 어이꾸나.]

[23] 십년을 있다가,

[24] "전두 일젠 부모가 있는 사람이구 하니까 집에 가봐야 되겠으니 전 갑니다."

[25] 대감이 하는 얘기가,

[26] "그렇지 가봐야지."

[27] 그래 나와서 저희 집이다 원래 사전에 부탁을 해서 연락을, 편지 연락을 해서 부쳐달라 그래, 돈을 좀 자구구 왔는데 백정질해 번 돈이지.

[28] 참 푸주간에 가서 쇠다리 하나 사구 쌀 몇 가마 사서 자기 있던 집이 갖다 넣어 줬어요.

[29] "지가 참 다년간 여기와서 신세를 많이 졌는데 다믄 쪼금이래두 위로의 정을 표시한다."구.

[30] 그래 갖다 참 주니까 주인이 받거든.

[31] "갔다 와라." 말야.

[32] "예 갔다오겠습니다."

[33] 그래 이 사람이 함경돌 들어간 거야.

[34] 그래 십년간을 가서 그 집을, 다 배운 거지.

[35] 그래 들어가 보니까 자기 아버지 어머니가 살아있는데 많이 늙었거든.

[36] [이지행 : 십년간이니까.]

[37] 그래 들어가 보니까 자기 아버지, 어머니가 살아 있는데 많이 늙었거든.

[38] [이지행 : 십년간이니까.]

[39] 그래 들어가 어영부영 몇 년간 지내다 어머니, 아버지가 작고하니까 장살 지내구서 '에이 인젠 내가 양반이 돼야겠다.'

[40] 함경도를 뚝 떠나.

[41] 있는 거 없는 거 다 팔아가지구 떠나서 가는데 그 사람이 워낙 장기를 즐겼어요.

[42] 아주 장기래믄 참 좋아해.

[43] 그래 인제 서울을 지내서 충청돌 지내서 경상돌 싹 내려갔는데, 내려가다가 질가 그 신작로 옆카리에 향기 나무가 좋구 정자각을 지었는데 정자각 앞에서 참 영감들이 모여 앉아 노는데 장기들을 두거든.

[44] 이 사람이 거기 앉아 노는, 장기두는 걸 옆에 가 앉아 귀경을 하구서 질 듯하믄 훈수를 두는 거야.

[45] 훈술 두니까 그 사람이 이기거든.

[46] 그래 인제 한 사람 지구 한 사람 이겼어.

[47] 그 담에 또 두는 걸 보니까.

[48] 또 이짝을 끌어줘, 이 짝이 이게.

[49] 그 앉아 노는 관잽이들이 가만히 보니까, 그 사람이 맹랑한 사람이거든.

[50] 그저 몇 수 아무데나 주믄 이기니,

[51] "여보 나하구 뚑시다."

[52] "아, 뚑시다."

[53] 그래 뚜구 보니까 한 번 이기면 한 번 지구 그렇쟎으믄 비기구 꼭 요렇게 뭐.

[54] 한 번 이기구 한 번 지구 한 번 비기구 날이 일모해 저물었거든.

[55] "손님 나하구 우리 집이 가세."

[56] 미쳤어.

[57] [김용복 : 장기에?] 그래, 장기에.

[58] 그래 들어가니 참 [청취불능]에 좋은 참 안주해서 갖다 줘.

[59] 술 먹구 저녁 갖다 줘.

[60] 저녁 먹구 잠 자구 날이 밝으니까,

[61] “아 또 장기뚜러 가자.”구.

[62] 장기뚜러 가 뚜믄 역시 그거야.

[63] 한 번 이기구 한 번 비기구 뭐 더 이기지두 않어.

[64] [김용복 : 사람이 한 가지 벗은 있어야 돼.]

[65] 벗은 있어야 돼.

[66] 그렇게 앉아 노는 거가 정자각에서 앉아 노는 거가 메칠 놀았어요.

[67] 아마 한 일주일 됐던 모양이야.

[68] 노는데, 그 참 친구두 좋구 사람 사귀보이까 사람두 경우지구 바듯하구 참
    사리가 바르거든.

[69] “그래 대관절 당신 어딨소?”

[70] “아 나 서울 있소.”

[71] “아 그래냐.”구.

[72] “그래 여기 어떻게 왔소?”그래니깐,

[73] “아 나 여기 이살 줌 올라구 이사터를 보러 온 사람이요.”

[74] “아 그러냐.”구.

[75] 과연 그 경산돈데,

[76] “아무 군 아무 데 가면은 어느 그 판서가 집을 팔구 갔는데 사실 큰 집이우.
    수십 칸 된느데 그 집을 사가주 오믄 어떻겠소?”하니까,

[77] “홍정해 주쇼.”말야.

[78] “그래 남 모르는 그 객지에 고적하지 않으오?” 그러니까,

[79] “아, 나 고적할 거 없다.”구.

[80] 그 당시에 박문수, 박어사가 났었어.

[81] 박어사가 났는데 그 사람 하는 얘기가,

[82] “박문수 박어서가 내 생질이요.”

[83] “우린 노론 계통이오, 뭐 고적할 것두 없지요.”

[84] “아이, 그러시냐.”구.

[85] 뭐 기가 맥히거든.

[86] 그런 얘길 하니까 대우가 먼저에다 대믄 곱두 더 된다 이런 얘기여.

[87] 그래 홍정을 붙였지.

[88] 아 그 뭐 백정질해서 번 돈이라 엄청난 돈인데 척척 세 주구 그 집을 사.

[89] “대관절 당신은 호가 뭐요?”그러니깐,

[90] "예 난 재상이오. 서울서 정승깨나 지내가다 인제 나오니 재상 밖에 더 되겠
      수. 재상이우."

[91] 이눔이 자징 재상을 하는 거야.

[92] "아 그러시냐."

[93] 그래자, 그러다가 박문수 박어사가 경상감사를 만내기 위해서 내려 왔단 말야.

[94] 그래 내려 왔는데 고 먼저의 경상감사가 박문수 박어사의 외삼촌이라구 하
      니까 찾아 가볼 수 밖에.

[95] 박어사 말은.... 박문수 박어사가 외삼촌이란 게, 박문수가 외삼촌이란 게 분
      명하니까 그렇게 꼭 알았지, 경상감사두.

[96] 그래다 박문수가, 박어사가 경상도의 그 인제 뭐 알을라구 내려왔는데, 그
      오니까 경상감사가 하는 얘기가,

[97] "어사님 외숙을 아십니까?"그래니깐,

[98] "아 외숙이래니 누구요?"그래니깐,

[99] "아 임아무개가 외숙이라는 데 요전에 제가 뵀습니다."

[100] "아, 안다."구.

[101] "난 외숙이 서울 계시드니 이릴루 오셨구만."

[102] 박어사가 가만히 답변을 하구 생각해두 누가 그런 착각을 해는지 모르겠단
       말야.

[103] 그 사람 위신두 생각해 줘야지.

[104] 박절하게 '나 그런 일이 없다.'구 할 수두 없고,

[105] "외심촌이 있소."했단 말야.

[106] 그래 인제 그 외삼촌이 거기 있으니까 경상감사한테는 너무 심하게 못 할
       정도가 인제 됐다 이런 얘기거든.

[107] 경상감사가 생각할 때에, '저 외숙두 여기 있구 근데 내한테 너무 그렇게
       감살 너무 받지 않을 거 아니냐' 인제 이런 생각을 가지구 있는 판인데,

[108] "아이 이것이 내가 외숙을 좀 만나 뵈야 되겠다."구.

[109] "난 여기 와 계신 줄은 몰랐다."구.

[110] 그래,
       "어느 집이냐?"니깐,

[111] "요 건네 홍판서 계시던 댁에 이살 오셨는데 그걸 사가주구 오셨는데 거기
       와 계십니다."

[112] "글루 행차해라."

[113] 그래 하인을 시켜설라믄에 글루 감사두 가구 어사두 가구 가는데 도대체가

뭔 일인지 모르지.

[114] 가서 문 밖에서,

[115] "야 이리 오너라."하니까,

[116] 하인이 나왔거든.

[117] "여기 외숙 계시느냐?"하니깐,

[118] "계십니다."

[119] 나오더니,

[120] "아유 생질 참 오시느라구 수고 많았소. 어서 들어오쇼."

[121] 그래 인제 그 경상감사,

[122] "아유 어서 드시라."구.

[123] 그래 둘이 들었단 말야.

[124] 드니깐 참 주안상을 거룩히 채려서 내오는데 상다리가 뚝 부러지두룩 채려 내와.

[125] [김용복 : 그럴 거지.]

[126] 그래 감사하구 어사하구 백정인 임씨하구 서이가 참 잔을 냉기구 주거니 받거니 잘 먹었단 말야.

[127] 먹구서 날이 일모하니까 인제 경상감사는 자기 관사로 가고 박문수 박어서는 갈 데가 없어.

[128] 가자구 하니 가질 않어.

[129] 동정을 봐야지.

[130] 저눔이 무슨 착각인지 모르니깐 내게 해롭게 할 놈인지 나를 이롭게 할 놈인지 모르니깐 거게 자야겠다 이런 말야.

[131] "외숙 나 좀 자구 갈라우."

[132] "아 자야지. 어디 될 말이냐."구.

[133] 아 자는데 다 왔던 손님 보내구서 그제서 공석을 갖다 깔어놓구 무푸레, 몽뎅이를 한 짐 떠다 놓구,

[134] "죽을 죌 졌습니다. 당돌히 제가 십대 백정의 손인데 양반에 포은이 겨서 어사님을 생질을 삼은 겁니다. 그러니까 죽여 주십시오."

[135] 가만히 보니 뱃장이 보통이 넘는 사람이요, 그 사람이.

[136] 그 사람이 건들렸다간 안되겠어.

[137] "알었소. 기왕 외삼촌 노릇을 할라믄 똑똑히 해야지, 그렇게 맙시다. 포은이 그거요?"그러니까,

[138] "난 포은이 그거요. 백정놈이루 있다가 이거 내가 자천(自薦) 재상을 해가

지구 제가 어마어마한 죄를 졌는데 인제 날 죽여줘두 한 없으니까 어사님의 내가 외삼촌이 되는데 내가 죽어두 한이 없잖느냐? 자리에서 죽어두 한.”

[139] “알았다.”구.

[140] 거기서 아주 외삼촌을 맺은 거야.

[141] “인제 외숙이 됐습니다.”

[142] “그럽시다.”

[143] 외숙, 자네 이렇게 됐단 말야.

[144] 자 그래구 나니 그 관가에서 경상감사두 다 아니, 박문수 박어서의 외숙이 그 건네 있어 덜덜 떨릴 판이야.

[145] 박 그 외숙이 한 마디만 하믄 그거 감사는 그거 뭐 추풍낙엽이야.

[146] 그래 그 담엔 대우가 좋아.

[147] 그러니 십대 백정하던 임씨가 생각하니 안되겠어.

[148] 그래 서울을 하인을 씨겨서 올려 보내서 수소문을 하니까 박문수 박어서 집이 어디냐를 알아보니까, 서울 장안에 들어가서 아주 못 사는 오두막살이야.

[149] 자기 사챌을 떨어서 집을 하나 커다케 번듯하게, 시방으루 하믄 양옥집이지.

[150] 잘 지어설라믄에 박문수 박어사가 전라도루 사방 돌아댕기믄 집이 가기 전에 불시에 그냥 집을 겨서 싹 지어놓군, 그래 뭐 식량이며 고기며 술이며 없는 게 없두룩 갖춰.

[151] 자기가 조선 일대를 돌아댕기다가 집일 떡 가니까 자기 터엔 난데없는 자기 문패는 걸려 있는데 기가 맥힌 집이 호화찬란한 집이 생겼더라 이런 얘기야.

[152] 그래 들어가 보니까 자기 부인이 나와서,

[153] “아 당신이 경상동 전라도 하남을 순방할 당시에 내가 집이 가난하나 집 좀 지라구 그래서 이렇게 지었습니다. 불시루 지라구 해서 지어서 이렇게 했는데 행여나 어떠신가 하구.....”

[154] 아 그 사람이 분명하거든.

[155] 그래자 그 박문수 박어사의 동상되는 사람이 시골 하방에 있다가 형의 집일 떡 올라와 보니까 이 형이 어사된 지가 불과 일 년두 안돼서 좋은 호화주택에 잘 사니까,

[156] “너 이게 댕기믄 흑작질 해설라믄에 그냥 막 벌어들인 게 아니냐?”그러니깐,

[157] “너 우째 정치가루서의 이런 나쁜 짓을 하느냐?”그러니깐,

[158] “너는 그냥 둘 수 없다. 형이지만 넌 법으루 다실러서 중벌을 내리게하구 어사구 뭐구 없다.”

[159] 형한테 달려드네.

[160] 자 이 동생눔이 무식한데 이걸 달래두 안 듣구 꼬여두 안 듣구 울겄어 이거.

[161] "이거 돈 나온 출처가 어디요?"

[162] 달게들어 자 이거 참 토색질핸 거 밲에 안 되겠구 가만 있어 봐.

[163] 가 그래 얘길 했어.

[164] "동생 여보게 내가 무슨 토색질을 하며 벼슬한지 불과 일 년밖에 안됐는데 내가 무슨 토색을 해겠나 하지만 경상도 아무 델 가니까 그 참 함경도에서 십대 백정의 손이 자천 재상을 하구서 나를 갖다가 생질이라구 하는데 내가 거기서 참 외삼촌으로 모셨네. 그랬더니 이분네가, 나를 살림이 넉넉하니까 나를 봐줘서 내가 이렇게 살게 됐지. 어디 가 토색질이라구 한 건 일절 한 일두 없네."

[165] 아주 자기 소신대루 털어논 거야. 그래니깐,

[166] "정말이냐?"이거야.

[167] "정말이다. 나 거짓말 안 해. 일호래두 거짓말 안 해."

[168] "그래? 원 백정눔의 새끼가 무슨 제기 외삼춘이야. 이눔의 새끼 그냥 둘 수 없다."이거야.

[169] 이눔이 찾아 내려 가는 거야, 말을 타구.

[170] 제손으루 타구 다니던 말이 있으니까 말을 타구서 아 경상도 찾아가는 거야.

[171] 경상감사 관사 아 그 건너 집이 있다니까 찾아가는 거야.

[172] 찾아가니 찾아간다구 가는데 성이 막을 도리가 있나.

[173] 동생눔이 찾아 가는데 그래 성이 편질 한 거야.

[174] 날랜 참 그 하인을 시켜서 말을 하나 천리마루 내주구.

[175] "이거 너 가지구 가서 경상도 그 관사 앞에 아무 데 가며는 임 아무개 있으니 너의 편질 갖다 줘라."말야.

[176] 그래 그 동생보다 먼저 앞질러 갔어.

[177] 먼저 앞질러 가서 편질 갖다 임재상을 준 거지.

[178] 임재상이 모두 관�잽이들하구 재상이니 뭐 경상도 일대의 관잽인 다 주먹을 쥐구 흔들을 판인데 아 그저 저집에 왔던 어사가 편지가 왔다구 해니까, 아무신 말탄 눔이 오더니,

[179] "문안이요."

[180] "누구냐?"

[181] "예, 서울서 편집니다."

[182] 그래 척 받다가주 보니까 박문수 박어서 편질 했더든,

[183] "아 내 생질이 편질 했어."

[184] "박어사 아니냐?"구

[185] "아 그렇지."

[186] "아 언제 오신다구?"

[187] "아 뭐 문안 편지야. 잘 있느냐구."

[188] 으슥으슥 하니까 다 헤져간 거야.

[189] 헤져간 담에 조용히 혼자 뜯어 보니까 내력을 쓴 것이

[190] '자기 동생이 부랑잔데, 무식한 사람인데 에 참 외숙의 덕택으루 내가 집두 잘 마련하구 먹을 것두 넉넉한데 이 사림이 외숙을 쥑인다구 내려가니, 그 방빌 하시오. 그래서 미리 서찰을 올립니다.'

[191] 그래 인제 편지가 왔으니까 보구서 아주 날랜 하인을 몇 사람 구해서 목을 지키는 거야.

[192] 자기 집안에 들어오는데,

[193] "너 몇은 아무 데 가 서구 너 몇은 아무 데 가 서라."

[194] 그래 몇씩 몇씩 세워서 지키구 있는 판인데, 아니다 달러 하루 이틀 지키니까 이눔이 말을 떨렁거리구 오거든.

[195] 오니까 가만히 쳐다보구서 물어.

[196] "당신이 박문수 박어사의 동상 아니요?"하니까,

[197] "그렇다."구

[198] "누굴 찾어 오는 거요?"

[199] "여기 자칭 임재상이란 이가 찾아 온다."구.

[200] "이눔 때려 죽인다."구.

[201] "응, 그러냐."구.

[202] "갑시다."

[203] 이눔 맞겠다 싶어, 맞어.

[204] 오니까 임재상이 떡 나와서 하는 얘기가,

[205] "아 둘째 생질이 오는구먼. 어이 들어와. 말 매구 들어가."

[206] 그래 말을 매구,

[207] "이놈 백정놈. 너 이눔 임가눔, 요 백정눔이 박문수 박어사가 생질, 요눔 죽일 놈."

[208] "허이 우뚧게 된 거냐?"

[209] 그 하인을 잡구,

[210] "저 눔은 원래 미친눔이여. 저게 세 살적부터 저 본병이 도지기 시작하믄

못 배기는건데 저눔 묶어서 광에 가둬라."

[211] 아이 뉘 령이라구 어겨, 수십 명 달게 드니 밧줄을 갖다가 칭칭 묶어서 아 광에다 덜컥 가둬.

[212] [김용복 : 본래가 저렇게 미친 병을 한다.]

[213] 그럼, 원래 미친 병을, 응.

[214] "아이 이거 내 둘째 생질이 미쳤는데 이거 가서 저 의원을 데려다 침을 놔 야지. 미친눔은 침을 놔야 된다."구.

[215] 아 그 경상도 바닥에서 침 잘 놓는 의술 가진 놈을 데려다가 침을 놓는거 야, 이눔을.

[216] 생전에 침을 놓으니 죽을 지경이지.

[217] 죽을 지경인데 자아 동침 하나가 다 들어가도록 디리 꽂는데 배겨낼 장사 가 있나.

[218] [김용복 : 생으루 그러는 거지.]

[219] 생침 맞는 거지.

[220] "아이구 아이구."

[221] "아이 뭐 아이구 아이구냐? 이놈 미친놈은 침을 놔야 돼."

[222] 하루 세 네 번 침을 놓는데,

[223] "아이 이놈 임가놈 백정."

[224] 백정이라 그러믄 누가 말들어, 거기서, 각 경상감사두 아마 박문수의 외삼 촌이라는 게 분명해, 또 자기가 자칭 재상이지만 재상이 분명해, 어느 눔이 임재상을 함부루 봐.

[225] 하 지놈이 배기나, 하루 놔, 아틀 놔, 사흘 놔 이눔이 열흘을 침을 맞구 나 니까 죽겠거든.

[226] 기진맥진하구 멕이지도 않구 침만 맞는데 생침을 맞어서 죽을 지경이다 이 런 얘기야.

[227] "아이구 여보 외삼춘 사람 줌 살려 줘."

[228] "인제는 본 병이 도지는가 보다. 인제는 맑은 정신이 돌아오니?"

[229] "예 저 죽을 때를 만났습니다." 그래,

[230] "하 이 녀석, 너 가 보약 져와라. 이눔이 매이 수척해졌는데 아 보약을 지 다가 멕여야 사람이 되지."

[231] 이 보약을 지다 데려 멕여. 이눔이 본기운이 돌아오믄은 또 지랄을 하네.

[232] "이눔 죽일 놈."

[233] 당해내?

[234] 또 의원을 데려다 침을 놓구 참 난리를 치니 아주 죽을 지경이야.

[235] "아 외삼촌, 사람 살려."

[236] 항복을 받는 거야.

[237] "아이구 외삼촌 다시는 안 드런다." 구.

[238] "집이 줌 보내주십쇼."

[239] 그렇게 데리구서 침을 논 지가 이삼개월을 침을 놓을 새이에 돈을 내보내
      서 그눔 집두 잘 지어 줬어.

[240] 똑같이, 재상의 집과 똑같이 지어 줬어.

[241] 그래가주구선,

[242] [김용복 : 집으루 인제 보내는 거야.]

[243] "집으루 가라."

[244] 갈 만한 여비돈 줘서.

[245] 분해 죽겠지.

[246] 이눔이 돌아돠두 분해 죽지, 아주.

[247] 집이 돌아가는데두 분해서 이눔이 펄럭펄럭 하며 집일 간 거지.

[248] 가보니깐 자기 성집 옆카리디가 두 채, 성의 집과 똑같이 져서 식량이구 모
      든 걸 갖다 다리 쌓아놨는데,

[249] "이게 누구 덕이야."이거야.

[250] "아 인젠 외삼촌으루 모시겠다."구.

[251] 그래서 함경도의 수풀 임자 임씨가 십대 백정을 하다가 자칭 재상을 해가
      지구 경상도에 내려가서 완전한 양반이 됐단 얘기야.

심우장(沈愚章)
서울대학교 국어국문학과 조교/박사과정
재학
151-855
서울특별시 관악구 신림2동 102-79번지
전화 : 02)876-4509
e-mail : sim312@snu.ac.kr

李箱 시의 텍스트 확정문제와 텍스트성

김 석 준

이상의 시만큼 텍스트 착종현상이 심한 경우는 거의 없다. 그러한 까닭에 통용본 시집에서 나타난 텍스트 착종현상을 시정하고 "오감도 시제 2호 4호"를 중심으로 해체론적 경향과 새로운 해석 지평을 제시했다. 그리고 문학을 연구하는데, 가장 선행이 되어야 하는 작업은 텍스트의 확정문제이고, 그것을 통해서 문학 연구 지평을 열어 나아가야만 한다. 그리고 일문시 "診斷 0:1"과 "二十二年"과 "오감도 시제4,5호"는 별개의 텍스트로 전자가 후자의 원형이거나 후자는 전자의 개작과정의 산물이다. 그리고 이들 시에 나타난 해체론적 경향을 해결하게 위하여 응결성과 응집성의 차원에서 텍스트를 분석이 가능함도 알아 보았다.

핵심어휘: 텍스트, 착종현상, 응결성, 응집성, 해체론적 경향, 개작과정

1. 이상 연구에 있어서의 문제점에 관한 제언

텍스트는 고정된 실체가 아니다. 해체론이 대두하면서 텍스트는 소쉬르적인 의미의 기표와 기의의 일대일 대응관계를 표상하는 의미의 집적물로 존재하지 않는다. 더 나아가 모든 텍스트는 영원히 지금 여기서 씌어진다.[1] 다시 말해서 텍스트는 정태적인 성과물이 아니라 항상 새로운 해석을 요구하는 동태적인 성과물이다. 그렇기 때문에 텍스트의 해석은 고정된 상징 체계를 현현시키는 것도 아니고, 저자의 의도로 수렴시킬 수 있는 언어체계도 아니다. 텍스트는 그 자체로 정당한 해석을 요구하는 것이 아니라, 매우 특별한 종류의 해석을 요구한다.[2] 다시 말해서 텍스트는

---

1) 바르트(R.Barthes)/김희영(역)(1997), "저자의 죽음", 『텍스트의 즐거움』, 동문선.
2) 프리켓(Stephen Prickett)(1991), *"Reading the Text"*- 『*Biblical Cricism*

지배이념의 변화에 따라 텍스트의 의미지평 또한 변하기 때문에 시대이념의 의미축과 병행해서 텍스트의 해석학적인 방법 또한 변하게 된다.

해체론과 텍스트 개념은 통일한 지평 위에서 형성된 하나의 인식지평이다. 전자가 사유 전체에 대한 인식론적 전환을 목표로 했다면, 후자는 언어로 형상화된 예술 장르뿐만 아니라 제반 예술을 하나의 구조적 차원에서 저자의 의미산출을 문제삼는 것이 아니라, 예술을 하나의 매체로 인식하고 그것의 구조적 특징이 무엇인가에 대한 탐색을 시도하고 있다. 그리하여 양자의 인식론적 토대는 기존의 철학이나 예술 일반에 관하여 새로운 접근 방법을 요구하기에 이른다.

본고에서는 이상의 오감도의 텍스트성에 관한 문제를 집중적으로 고찰할 것이다. 이상 시 텍스트는 어느 시 텍스트보다 해석의 틀이 다양하고 해석에 있어서도 미해결의 여분이 존재[3]할 뿐만 아니라 연구자(독자 포함)에게 새로운 글쓰기를 불러일으킨다. 그러나 이상 시 텍스트의 이러한 특징들은 그의 시만이 가지고 있는 본질이지만, 그에 앞서 선행되어야만 하는 작업은 이상 시 텍스트의 확정 문제이다. 우리에게 통상적으로 잘 알려진 "오감도"는 1931년 『朝鮮と建築』에 8월초에 만필난에 鳥瞰圖라는 제목하에 "二人(1)"외에 8편이 실려있고, 이외에도 3회에 걸쳐 총 28편의 시가 日文詩로 발표되었다. 여기서 우리가 주목해야할 점은 이상의 시 편들을 연구하는데 앞서, 텍스트 확정이라는 문제가 이상 연구에 선행되지 않으면 않된다는 점이다.

이상의 시 텍스트만큼 텍스트의 錯縱現像이 심각한 것은 없는데 그 이유는 두 가지 측면에서 살펴볼 수 있다. 하나는 1920~30년대라는 시대적 상황이 모국어와 일본어를 동시에 사유할 수밖에 없다는 사실에서 기인한데, 그것은 작가 자신의 언어적 정체성에 관한 문제와도 맞닿아 있다. 다시 말해서 예술가는 민족의 안테나[4]라고 상정할 때, 이상의 시적 언어는 민족의 정신성을 대표하기보다는 당시 유행하던 문화적 정신을 실험적으로 형상화한 언어라고 보여진다. 그것은 더 나아가 시대적 보편성을

---

and Literary Theory』, Blackwell, 1-10 참조.

3) 바르트(R.Barthes)/김명복(역)(1990) 『텍스트의 즐거움』, 연대출판부, PP. 3-4참조

4) 파운드(Ezra Pound)/이덕형 (역)(1984) 『시를 어떻게 읽을 것인가』, 문예출판사, P73.

구현하고자 하는 작가 정신의 발로이기도 하지만, 엄밀한 의미에서 볼 때, 이상의 시적 언어는 언어적 정체성이 혼돈을 일으킨 결과에서 빚어진 것이며, 이상의 시 텍스트는 모국어와 일본어라는 언어적 양가성을 드러낼 수밖에 없다. 그것은 더 나아가 이상이 살았던 당대의 역사적 지평과 작가 자신의 언어의식과 미의식과도 연관이 있다.

　다른 하나는 이상 시문학이 처해 있던 텍스트 환경의 문제인데, 그것은 당시 언어 매체를 다루는 출판인들의 장인정신과 텍스트 편찬자의 자의적 해석과 결부되어 있다. '미디어가 인식을 조작한다[5])'라는 말을 유념할 때, 출판자나 편집자의 텍스트의 정확한 취급은 독자나 연구자의 인식토대를 확실한 지평 위에서 형성케 만든다. 그러나 이상의 시 텍스트는 문학 텍스트를 다루는 출판인과 편찬자의 자의적 매체 조작을 통해서 텍스트 자체를 왜곡.훼손했을 뿐만 아니라, 작가가 추구하는 문학적 지평 또한 변질시킨다. 그러므로 이상 시 텍스트의 확정에 관한 문제는 이상 시 연구에 앞서 선행되어야할 가장 시급한 문제이며, 기존의 수많은 이상 연구는 잘못된 토대 위에 적층된 사상누각이 될 우려가 있다. 그러한 까닭에 본고에서는 텍스트 확정을 문제삼으면서 기존연구 자체에 나타난 오류를 시정하기 위한 작업이기도 하다.

　본고에서는 이미 책자로 간행된 이상 시 전집에 나타난 오류가 무엇인지에 대하여 서지적인 접근을 통해서 텍스트 확정 문제를 논하기로 한다.

(1) 『조선과 건축』 : 1931.7-1932.7 사이에 4회에 걸쳐 일문시를 발표
(2) 『조선중앙일보』 : 1934.7.24-8.9 사이에 오감도 시제1-15호 발표
(3) 임종국 본 『이상전집 제2권 시집』 : 1956년 고대문학회편
(4) 임종국 본 『이상전집』 : 1966년 문성사
(5) 이어령 교주 『이상시전작집 』 : 1978년 갑인출판사
(6) 이승훈 원본.주석 『이상문학전집 1-시』 : 1989년 문학사상사
(7) 김승희 편저 『이상시전집.산문집』 : 1993 문학세계사

　이상의 7종류는 이상 시문학을 연구하기 위하여 통용되고 있는 가장

---

5) 슈미트(S.J.Schmidt)/박여성(역)(1995), 『미디어 인식론 : 인지-텍스트-커뮤니케이션』 까치, P.102

권위있는 이상 시 텍스트의 확정본으로 임종국의 편집이후 그것을 증보하여 간행된 것을 시대순으로 나열한 것이다. (1)과 (2)는 잡지와 신문에 실린 시텍스트로 (3)-(7)의 전집과의 텍스트 확정문제를 고찰하기 위하여 연구대상으로 삼았다. 특히 문제가 되는 것은 (1)의 일문시 鳥瞰圖가 (2)의 烏瞰圖로 어떻게 텍스트 개작과정이 이루어졌는지를 살펴보는 동시에, 통용본 이상전집이 일문 조감도를 오감도로 확신하고 편집한 것에 대한 문제점 그리고 더 나아가 통용본들의 미증유의 오류가 무엇인지에 대해서 문제삼을 것이다.

그리고 일문시인 "診斷 0:1"과 조선중앙일보에 게재된 "오감도 시제4호"와의 관계, 일문시 "二十二年"과 "오감도 시제5호"와의 관계를 규명하고, 그것을 확장하여 통용본의 시텍스트와의 관계를 규명할 것이다.

하나의 시 텍스트를 연구하기에 앞서 그 시 텍스트가 출판이나 편집과정에서 조사나 부호 그리고 글자 하나의 차이가 생긴다면, 그것은 문학연구 자체를 불가능하게 만든다. 이상에 관한 연구가 수 백 편에 이르렀는데, 텍스트의 확정문제가 종결되지 않은 상태에서 이루어졌다는 것은 실로 놀라운 사실이 아닐 수 없다. 그러한 의미에서 볼 때, 본고에서 다루는 이상 시 텍스트의 확정 문제는 기존의 오류를 바로잡아 이상 문학의 새로운 연구방향을 제시할 수 있지 않을까 한다.

2. 鳥瞰圖에서 烏瞰圖에로

이상의 시 텍스트는 연구자의 텍스트 선정에서부터 항상 착종되어 있어 일관되게 하나의 의미망을 형성하는데 커다란 애로점이 있다. 그것은 이상 자신의 문제이기도 하겠지만, 후대의 연구자가 임의대로 텍스트 자체를 왜곡하거나 취택한 데서 기인한다. 이상은 1931년 7월부터 1932년 7월까지 일문으로 된 『朝鮮と建築』이라는 잡지에 4회에 걸쳐 일문시를 게재하였는데, 이를 살펴보면 다음과 같다.

　　　1931년 7월 : "異常한可逆反應", "破片의景致", "　의游戲", "수염",
　　"BOITEUX.BOITEUSE", "空腹" 총 6편

1931년 8월 : "鳥瞰圖"라는 제목하에 "二人(1)", "二人(2)", "神經質的으로肥 滿한三角形", "LE URINE", "얼굴", "運動", "狂女의告白", "興行物天使" 총 8편
1931년 10월 : "三角形設計圖"라는 제목하에 "線에관한覺書1-7" 총 7편
1932년 7월 : "建築無限六面角體" 제목하에 "AU MAGASINDE NOUVEAUTES", "熱河略圖No.2", "診斷 0:1", "二十二年", "出版法", "且8 氏의出發", "眞畫-或은ESQISSE"6) 총 7편

위의 인용 작품은 일문으로 된 『朝鮮と建築』이라는 잡지의 "漫筆"난에 실린 시인데, 통용본과 원문 사이에 낙차가 상당히 크다는 점이다. 편집자의 자의에 의해서 텍스트의 제목을 임의로 바꾼다는 것은 상당한 무리수가 따른다. 다시 말해서 하나의 텍스트는 그것이 씌어진 문맥의 차원에서 읽혀져야지 선택기준이 불명확한 가운데 편집자의 개작행위가 이루어진다면 그것은 텍스트 자체를 손상시키는 행위라고 볼 수 있다.

이상의 시 전집을 萃錄하여 편찬하는 가운데 편집자의 오류 문제는 텍스트의 확정의 문제와 맞닿아 있는데, 그것은 『朝鮮と建築』에 1931년 8월에 "鳥瞰圖"라는 제목아래 실린 시와 1932년 7월 "診斷 0:1"이라는 제목하에 실린 것과 1934년 7월 24부터 8월 9일까지 『朝鮮中央日報』에 실린 "烏瞰圖"와의 낙차 문제가 생긴다. "조감도"라는 제목이 "오감도"로 변하고, "診斷 0:1"이 "오감도 시제4호"로 "二十二年"이 "오감도 시제5호" 바뀌었다는 사실은 분명 개념적으로나 어감적으로 상당한 질적 변화를 겪었다고 보여진다. 물론 기존 연구에서 일문시가 어떻게 오감도로 변화하게 된 개작과정에 대하여 고려함이 없이, 다만 일문시 "鳥瞰圖"가 "烏瞰圖"에 대한 오식이라는 정도로 이해하고 있다.

다음의 임종국의 글은 그러한 경향을 잘 시사하고 있다.

당시 조선중일보 문화부정으로 재직하던 상허는 어느날 구보와 의논한 끝에 李箱의 작품을 발표하기로 작정했는데 ……"중략"……"三千點에서 三十點을 고르는데 땀을 흘렸다"는 이 작품 '烏瞰圖'가 일단 조선

---

6) 위의 인용 작품은 "朝鮮と建築"에 실린 원문을 한역하여 실은 것이다. 일어로 사용된 것은 주로 어미변화형이거나 조사이기 때문에 원문에 크게 손상이 가지 않는 관계로 한역하였다.

중앙일보 지상에 발표되자 말썽의 서곡은 우선 신문사 공무국에서 일어났다. 식자공이 鳥瞰圖라고 조판해 오면 교정부에서 鳥瞰圖로 들어고치고, 다시 또 鳥瞰圖로 바로잡으면서 어느틈에 또 鳥瞰圖로 환원을 하고--. 이렇게 새조(鳥)와 까마귀오(烏)자가 편집국으로 공무국으로 비래비거하면서……7)

이상의 "오감도"가 조선중앙일보에 발표되는 과정에서 파생된 까마귀 오(烏)와 새조(鳥)의 오식 문제를 상세히 기록한 이 글은 1931년에 『조선과 건축』에 발표된 "조감도"가 식자공의 오식으로 인해 파생된 문제라는 것까지 동시에 함의하고 있다. 임종국의 증언은 애초에 일문으로 된 "鳥瞰圖"가 따로 존재하지 않았다는 것을 암묵적으로 승인하는 가운데 이루어진 것이다. 그러나 이 문제는 김윤식의 말대로 개연성은 있지만 1백퍼센트 그렇다고 단언할 수 없다8). 『조선과 건축』에 엄연히 "鳥瞰圖"라는 제목으로 8편의 시가 실려 있는 사실과 작가 이상이 그 문제에 관한 직접적인 언급이 없다는 점은 1931년8월에 발표된 일문 "鳥瞰圖"는 1934년 7-8월에 발표된 한글 "烏瞰圖"의 원형이거나 상호 별개의 작품으로 인정해야 한다.

"조감도"에서 "오감도"에로의 변화는 발표시기에 있어서 3년이라는 시간의 공백이 있다는 점이다. 이것은 그의 창작생활이 10년도 되지 않는다는 점을 상기할 때, 이것은 단순한 오식으로 치부하기에는 상당한 무리가 따른다. 10년도 되지 않는 작가활동기간에 3년이라는 시간은 작가의식에 있어서 상당한 예술적 삶의 변화를 자체 내에 함의하고 있다고 보여진다9). 그와 아울러 일문 "診斷 0:1"과 "二十二年"은 한글 오감도 시제4호와 시제5호와 대응되어 개작과정을 볼 수 있기 때문에 동일한 범주에서 텍스트의 확정문제를 논할 수 있지만, 일문 "鳥瞰圖" 8편의 경우는 "오감도" 15편과 대응관계를 이루지도 않고, 전혀 다른 내용을 담고 있기 때문

---

7) 임종국(1966), "鳥瞰圖 不滅의 神話", 『李箱全集』, 문성사, P.357
8) 김윤식(1988), 『이상 문학 텍스트 연구』, 서울대학교출판부, P.118.
9) 김용직은 그의 저서인 『한국현대시사』(한국문연, 1999)에서 일문으로 된 시를 습작기에 형성된 하나의 행동양식으로 보고 있다. 이것은 이상의 시가 1934년도의 "오감도" 시편과는 본질적으로 다르다는 점을 함의하고 있으며, 더 나아가 "鳥瞰圖"를 "烏瞰圖"의 오식으로 볼 수 없는 이유이기도 하다.

에, "오감도"와는 별개의 작품으로 존재한다고 보아야한다10). 일문 "鳥瞰圖"를 高大文學會에서 1956년도 출판한 최초의 판본대로 일문 "烏瞰圖"로 인정하고 연구를 개진해 왔다11). 그러나 鳥와 烏는 단순한 의미에서의 식자공의 오류로 치부할 수 있는 문제는 아니다. 그것은 더 나아가 이상 시문학의 본질을 꿰뚫어 볼 수 있는 하나의 단초로 작용할 수도 있다고 보여진다.

김윤식은 임종국의 견해를 어느 정도 수용하면서 일문 "鳥瞰圖"를 일문 "烏瞰圖"로 인정하고 1987년 『이상연구』라는 저서에서 일문이나 한글 "오감도"를 '공포의 기록'이라고 상정하고, 일문 "오감도"를 20년대말의 모더니즘적 특징(김윤식1998, 57-59쪽)에서 연유한 것으로 보고 있다. 일문 "조감도"가 모더니즘적 특징을 가지고 있었다면, 그것은 당시의 시대적인 상황을 작가 이상이 인식했고, 그것을 형상화한 것으로 보여진다. 그러므로 일문 "조감도"는 "오감도"의 오식이 아니라, "조감도"는 20년대말과 30년대라는 시대상황을 작가 이상이 현실감각을 가지고 정밀하게 직시하고 있다는 사실을 암묵적으로 드러낸 것이고, "조감도"에서 "오감도"에로의 이행은 현실을 조감한 결과 작가 이상이 도달한 정신적 징후이자, 세계에 관한 인식론적 전환을 의미한다. "조감도"가 현실 세계에 대한 객관성을 유지한 채 조망하는 의식을 드러낸 작가정신의 현시라면, "오감도"는 현실세계와 마주한 작가 이상의 정신적 정향을 극명하게 드러낸 것이다. 그것은 모든 가치가 전도된 불길한 세계일 수도 있고, 작가가 처한 현실이 그에게 입힌 정신적 외상의 육화된 무의식의 세계에 대한 이상의 정신적 지평의 상징성을 내포하고 있을지도 모른다. 그러므로 그것은 '鳥'와 '烏'는 단순한 한획 의 차이에서 비롯한 제목의 착종이 아니라, 작가가 단어 수정의 언어놀이12)를 통한 작가 자신의 내면세계에서

---

10) 김주현은 "이상 문학 연구의 문제점", 『이상 소설연구』에서 '일문시 오감도는 없다'는 제하에 텍스트확정 문제를 문제삼으로 '일문 조감도'이지 '일문 오감도'가 아니라고 지적하면서 기존의 김용직과 김윤식의 연구의 오류를 지적하고 있다. 그러나 김주현은 '조감도'가 '오감도'로 소개된 것은 연구에 지나친 착오를 일으킬 만한 사항은 아니다라고 하면서 일체의 비판적 태도를 유보하고 있다.

11) 기존의 거의 모든 연구가 착종된 텍스트 지평 위에서 연구가 진행되어 왔다.

12) 이강수(1997), 『이상 텍스트 생산과정 연구』, 서울대 석사, P.42.

충돌하는 양가적 정신성의 의미 또한 내포하고 있다. 그것은 일문 "조감도"에서 조감한 20년의 세계가 1930년대라는 사회적 혼란기로 접어듦과 아울러 폐결핵이라는 건강상의 문제가 겹치면서 공포와 두려움으로 다가옴을 인식하게된 결과에서 비롯한 것이다. 이것은 "鳥瞰圖"에서 "烏瞰圖"에로의 전환이 그리 단순하지만은 않다는 사실을 암시하는 것이기도 하다.

3. 오감도 시편의 텍스트 확정 문제와 텍스트성

이상의 시 텍스트만큼 다의적이고 의미의 간극이 넓은 시들은 그리 많지 않다. 더 나아가 그의 시 텍스트는 일문시와 한국어시가 공존해 있는 관계로 통일된 정본 하나 제대로 구비되어 있지 않아 텍스트 착종 현상이 비일비재하다. 그러한 까닭에 본고에서는 먼저 오감도 시제 4호와 5호의 텍스트 확정 문제를 다루고, 오감도 시편들에 나타난 해체론적 경향을 살펴볼 것이다.

3.1. 오감도 시제4호와 5호의 텍스트 착종 현상

이상 시텍스트 중에 오감도 시제 4호와 5호는 텍스트 확정 문제가 가장 시급하다. 이 시텍스트의 확정 문제에 앞서 통용본 시집과 일문 조감도, 조선중앙일보에 발표된 오감도를 비교를 통해서 제목의 착종 현상을 살펴보는 것이 중요한 문제라고 생각한다. 일문 "조감도"의 경우 이어령 교주본에서는 목차에서는 "조감도"로 일역 번역시로 실린 시는 "오감도"로 기록되어 있다. 사실 하나의 텍스트를 놓고 목차와 실제 작품 내용이 차이가 있다는 것은 출판과정에서 파생된 사소한 문제로 돌리기에는 무리가 따른다.

1932년 7월 『조선과 건축』에 실려있는 일문시 "診斷 0:1"은 『조선중앙일보』에 발표된 "오감도 시제4호"와 통용본시집의 "오감도 시제4호"와 상당한 차이점을 내포하고 있다. "診斷 0:1"이라는 제목은 임종국의 1956년 판에서는 "診斷 0.1"이라는 제목으로 목차와 내용이 서로 일치하지만, 임종국의 1966년 판에서는 목차에서 "진단 0,1"로 되어 있고 실제 내용에서는 "診斷 0.1"로 되어 있다. 이어령본과 이승훈본 양자는 "診斷 0:1"로 되어 있다. 이와 같은 상황을 볼 때, 1932년 7월 『조선과 건축』에 발표한 일문시 "診斷 0:1"은 1934년 7월 28일에 『조선중앙일보』에 발표한 "오감도 시제 4호"의 원형으로 보아야 한다. 다시 말해서 일문시 "診斷 0:1"가 "오감도 시제 4호"로 개작되었으며, 그것은 이상 자신의 미적 자의식에서 형성된 것이다. 그러나 임종국,이어령,이승훈 본은 모두 일문시 "診斷 0:1"을 "오감도 시제4호"와 동일하다고 기록하고 있다13). 이것은 김주현의 지적처럼 같은 시로 간주할 수 없을 뿐만 아니라14), 전혀 별개의 시로 이상의 미적 자의식이나 현실관의 변화 추이를 알 수 있는 하나의 기재가 된다. 왜냐하면 그것은 이중의 언어 환경에서 자란 이상 자신의 언어관에서 비롯한 것이기도 하지만, 까뮈나 염상섭을 비롯한 모든 작가들은 자신의 이전 작품을 새롭게 개작하고자 하는 욕망을 가지고 있으며, 그것은 바로 시인 자신의 미적 자의식을 새롭게 형상화하고자 하는 내적 열망이기도 하다.

그리고 '환자의 용태에 관한 문제'라는 부제를 달고 1934년 7월 28일 발표된 시제4호의 경우도 '진단 0.1'로 개작과정을 겪고 있으나, 임종국의 1956과 1966년 판과 1993년 김승희 본은 그것을 그대로 서술하고 있으나, 이어령 본과 이승훈 본은 '진단 0:1'로 되어 있다. 이러한 문제는 개작과정에서 빚어진 편집자 식자공의 오류로 볼 수도 있지만, 그것은 편집자가 원본을 대조하지 않았거나, 임의으로 왜곡한 사례가 될 수도 있다.

결론적으로 "오감도 시제 4호"의 경우 일문시 "診斷 0:1"과는 엄연히 다른 것이고, 서로 상이한 텍스트로 보아야 마땅하다. 왜냐하면 양자의 경우 시의 제목이나 부제, 내용상의 차이가 확연하기 때문에, 임종국, 이어령, 이승훈 본의 시 텍스트를 수용하기에는 무리가 따른다고 보여진다. 그러므로 일문시 "診斷 0:1"은 "시제 4호"의 원형으로 위치하며, "시제 4호"의 텍스트 확정은 1934년 7월 28일 『조선중앙일보』에 실린 시가 가장 정확한 원본이라고 보여진다.

1932년 7월 『조선과 건축』에 실린 일문시 "二十二年"의 경우도 임종

---

13) 임종국 1966년 본 P.183, 이어령 본 P.141, 이승훈 본 P.172dp "診斷 0:1"과 "오감도 시제4호"가 동일한 내용이라고 기록하고 있다.

14) 김주현(1999), "이상 문학 연구의 문제점" 『이상소설 연구』 소명출판

국 ,이어령, 이승훈 본에 시제5와 내용이 같은 것으로 되어 있는데15), 이
시 또한 개작과정에 있어서 상당히 착종되어 있다. 일문시에는 '前後左右'
로 되어 있는데, 1934년 7월 28일자 신문에는 '前'이 '某'로 되어 있고, 임
종국, 이어령, 이승훈 본에서 "오감도 시제 5호"를 일문시처럼 '某'를 '前'
으로 기록하고 있고, 일문시와 조선중앙일보에 실린 "오감도 시제 5호"에
서는 장자의 산목편에 나와 있는 구절을 패러디한 '翼殷不逝 目大不覩'로
되어 있는데, 통용본에는 '目不大覩'로 바꾸어 원문을 훼손하고 있다.

일문시 "二十二年"도 "오감도 시제 5호"로 개작되면서 통용본과 착종된
텍스트를 보여주고 있다. 이러한 개작과정에 나타난 현상은 이상 자신이
다다나 초현실주의적인의 의미에서 통념적인 정신과 관념으로부터의 해
방을 시도한 것으로 보여진다. 이상의 시적 형상화는 일체의 관념을 축출
한 다다적인 어휘이고, 체제 반란의 언어적 실험성을 띠고 있다16). '前後
左右'를 '某後左右'로 언어의 구조를 해체시키는 현상은 고정관념에 사로
잡힌 인간의 의식구조에 대한 해체적인 의미를 내포하고 있다. 그리고 장
자의 산목편의 구절을 패러디해서 '目不大覩'를 '目大不覩'로 바꾸는 행위
는 교조화된 권위에 도전하는 의식 또한 내포하고 있다. 다시 말해서 이
상의 언어적 유희나 패러디는 의도의 범주로서 아이러닉하고 장난스러운
것을 넘어서서 기성의 가치를 경멸하고 조롱하고 있다17). 그리고 이러한
패러디를 통한 기성가치에 대한 경멸과 조롱은 단지 언어적 유희 범주에
만 머무는 것이 아니라, 더 나아가 아방가르드적인 의미 또한 함의하고
있다. 그것은 이상의 시적 언어가 대중에 대한 적대주의와 전통에 대한
적대주의18)를 내포하고 있다는 점인데, 이상 시의 아방가르드 정신은 대
중의 관행적 사유를 전복하는 동시에 전통적 언어관에 대한 부정적 인식
또한 첨예하게 드러내고 있다.

---

15) 임종국 본 P.183, 이어령 본 P.142, 이승훈 본 P.173에서 "二十二年"과 "오
   감도시제5호"를 동일한 내용이라고 기록하고 있다.
16) 챠라(Tristan Tzara)/송재영(역)(1987), "1918년 다다선언", 『다다/쉬르레알
   리슴 선언』, 문학과 지성사, PP14-20. 참조
17) 허천(Linda Hutcheon)/김상구.윤여복(역)(1992), 『패로디이론』 문예출판사,
   P.15
18) 포지올리(Renato Poggiol)/박상진(역)(1995), 『아방가르드 예술론』, 문예
   출판사, P.59

결론적으로 볼 때, "오감도 시제 4,5호"는 일문시 "診斷 0:1"과 "二十二年"과 별개의 텍스트이며 작가의 개작과정에서 생성된 성과물로 간주하는 것이 마땅하다. 물론 의미 파악은 텍스트의 확정이 선행된 뒤에 가능한 것이며, 그것을 통해서 연구의 적층을 형성해갈 때, 문학담론의 열린 지평이 형성되어 새로운 학적 토대가 생성된다고 보여진다. 임종국 본을 시작으로 해서 이어령, 이승훈 본은 시 해석을 위해 상당한 노력을 개진한 공적은 인정할 수 있지만, 텍스트의 위치를 정확하게 정립하지 않는 관계로 시 텍스트의 해석은 공허해지지 않을 수 없다. 그러한 점에서 볼 때, 1993년 김승희 본은 텍스트의 확정이라는 차원에서 가장 충실하게 『조선과 건축』과 『조선중앙일보』 등의 원본에 맞추어 가장 정확하게 텍스트의 위치를 확정한 것으로 보여진다. 학문의 초창기에 빚어진 텍스트의 착종현상은 단지 이상 시문학만의 문제는 아니며 앞으로 더 정밀하게 텍스트의 층위를 치밀하게 규명하는 것이 학문의 근본이 아닌가 한다.

텍스트의 의미작용은 단지 관념적으로 존재하는 하나의 기호표기가 아니라, 텍스트 자체를 어떻게 편찬자가 편집하는냐에 따라 텍스트의 의미와 해석작용이 달라진다는 점이다. 다시 말해서 하나의 시 텍스트는 출판의 상황, 즉 편집자의 의도, 인쇄매체, 활자모양, 출판시기 그리고 그 시기의 독자 등 다양한 출판조건에 의해서 텍스트의 의미구조를 전혀 다르게 할 가능성이 있다. 이것은 관념적으로 동일한 텍스트를 다루더라도 텍스트를 형성하는 초기 조건이 달라질 때, 텍스트의 해석 층위가 무한히 확대됨을 알 수 있다.

3.2. 오감도의 해체론적 경향과 텍스트다움

해체론의 인식론적 층위는 의미를 不姙하고 가치를 유예시킨다. 해체에 중심은 문자언어에 대한 데리다의 인식에서 출발한다. '시니피에(기의)에 의해 시니피앙(기표)을 지칭하는 시니피앙과 연결되기 전에 기호 표기 개념은 모든 의미작용 체계에 공통된 가능성으로 제도화된 흔적의 심급을 함축하고 있다.'19) 이 말은 의미 이전에 시니피앙이 존재한다는 것을 뜻

---

19) 데리다(J.Derrida) ; Of Grammatology, Translated by G.C.Spivak, The John Hopkins University Press, P.46

한다. '문자언어가 음성언어의 이미지나 상징이 아니면서도 음성언어보다 더 바깥쪽에 있는 동시에 그 자체로 문자언어의 일종인 음성언어보다 더 안쪽에 있다.'(데리다46쪽) 이것은 문자언어가 내포적이면서 외연적인 의미를 지닌다는 문자중심주의적인 사유의 극한점이다. 기호 자체가 지연 연기 유보된 존재[20]'라는 의미인데, '기호는 사물 자체를 대신해서 사용되고, 기호는 부재중에 있는 현존을 표상하고, 결국 현존을 대신한다.(데리다 6쪽)' 이러한 의미로 볼 때, 기호와 현존과 관계는 지연되고, 연기되고, 결국은 의미가 유보될 수밖에 없다. 그 결과 로고스적-음성중심주의의 진리관은 해체되고 만다. 이제 남는 것은 '언어에 있어서, 언어 체계에 있어서 차이만이 존재하고, 언어(랑그)와 말(파롤)에서 차이의 유희만이 존재(데리다 11쪽)'할 뿐이다.

인간에게 있어서 언어는 내용이나 사물의 지시적인 기능을 통하여 의사소통적인 행위를 원활하게 하는 하나의 정신적 산물이 였으나, 포스트모던 시대가 도래하면서 의미와 내용은 끊임없이 미끄러지고 부유하여 세계-내-존재물들은 의미의 대상이 아니라, 유희의 대상으로 전락하고 말았다. 포스트모던적 해체론의 징후를 해결하기 위하여 텍스트다움의 확보가 시급하다. 왜냐하면 인간은 의미의 존재이지, 하나의 기표적인 존재가 아니기 때문이다. 그러므로 응결성과 응집성에 대한 탐구는 이 시대의 전도된 가치 의식에 대한 비판적인 잣대가 될 수 있다.

응결성은 텍스트다움의 언어적 조건이고, 텍스트의 자소 ,음운, 형태, 통사론적 특징에 의해서 텍스트를 형성하는 기제인 동시에 의미, 기능상의 절차에 따라 한 텍스트로 묶는 기제이다[21]. 현대의 해체론적 경향을 띠고 있는 텍스트들은 통사구조의 파괴는 물론 의미 또한 파악이 불가능하다. 특히 이상의 "지주회시","지도의 암실"이나 "오감도"의 경우는 그러한 경향을 첨예하게 드러낸다. 시와 소설의 통사구조의 파괴와 의미 해독 불능의 상태는 응집성, 즉 텍스트의 내용적인 측면을 통해서 새로운 응결성을 확보해야만 한다. 왜냐하면 동태적 견해에 따르면, 모든 언어는 시

---

20) 데리다(J.Derrida), Margin of Philosophy, Tanslated by A.Bass, The University of Chicago Press, P.9
21) 고영근(1999), 『텍스트이론 - 언어문학통합론의 이론과 실제』, 대우학술 총서, p.141.

간적 굴절을 겪으며 현실의 언어적 지평 또한 변화하기 때문에 새로운 텍스트다움을 필요로 한다(고영근 1999,7쪽). 언어의 형식적 측면의 변화와 내용적 층위는 상호 변증법적인 작용을 통해서 새로운 텍스트다움을 형성한다.

하나의 작품이 텍스트로 존재한다는 것은 문자가 다양하게 변화된 언술, 노래와는 구분되는 문자 원래의 표현조직이 있고, 문장의 한계를 넘어서 작용하는 분절된 단어기호의 연속을 의미한다22). 그러므로 텍스트는 하나의 작품 전체가 될 수도 있고, 문장부호나 미완성의 기호 자체만으로도 텍스트의 조건을 구비한다고 말할 수 있다. 이러한 텍스트의 개념을 적극적으로 수용할 때, 이상의 시는 해독이 불가능한 작품으로 존재하는 것이 아니라, 다양한 의미의 층위를 재구해 낼 수 있는 하나의 텍스트가 된다.

이상의 "지주회시"나 오감도 시편의 통사구조의 파괴적 국면은 새로운 응결성을 요구하기 때문에, 응집성 즉 의도성과 수용성이라는 심리적 요인과 정보성과 상황성이라는 사회적 요인(고영근 1999, 166쪽)들의 의미론적 측면과의 상호작용을 통해서 새로운 텍스트다움의 형식적인 측면인 응결성과 내용적인 측면인 응집성을 확보할 수 있다. "지주회시"의 경우는 거의 띄어쓰기가 되어 있지 않아, 응결성은 물론이고 의미의 해독 또한 많은 어려움이 있다. 오감도 시편의 경우는 상호 착종된 단어의 나열이거나 숫자를 뒤집어 놓아 통념적인 의미의 통사구조를 전복시키고 의미해석을 불가능하게 하고 있다. 그러한 까닭에 본고에서 해체론적 경향이 첨예하게 드러나는 "오감도 시 제2호"를 살펴보고 텍스트다움의 확보 문제에 고찰해보자 한다.

> (1) 나의아버지가나의곁에서조을적에나는나의아버지가되고또나는나의아
> 버지의아버지가되고그런데도나의아버지는나의아버지대로나의아버
> 지인데어쩌자고나는자꾸나의아버지의아버지의아버지의…아버지가
> 되느냐나는왜나의아버지를껑충뛰어넘어야하는지나는왜드디어나와
> 나의아버지와나의아버지의아버지와나의아버지의아버지의아버지노
> 릇을한꺼번에하면서살아야하는것이냐   "詩第二號"

---

22) 프랑크(M.Frank)/장혜경(역), 『말할 수 있는 것과 말할 수 없는 것』, 문예마당, PP.21-23

(2) ①나의/아버지가/나의/곁에서/조을/적에②나는/나의/아버지가/되고
③또/나는/나의/아버지의/아버지가/되고③그런데도/나의/아버지는/
나의/아버지대로/나의/아버지인데④어쩌자고/나는/자꾸/나의/아버
지의/아버지의/아버지의….아버지가/되느냐//⑤나는/왜/나의/아버지
를/껑충/뛰어/넘어야하는지//⑥나는/왜/드디어/나와/나의/아버지와/
나의/아버지의/아버지와/나의/아버지의/아버지의/아버지/노릇을/한
꺼번에/하면서/살아야하는/것이냐

　　인용된 "오감도 시제2호"는 띄어쓰기가 일체 배제되어 있는 하나의 줄
글로 씌어져 있다. (1)은 원문이고 (2)는 통사구조를 염두에 두고 띄어쓰
기 표시를 한 경우이다. 다시 (2)는 크게 보아 세 개의 문장으로 구성이
되어 있다.

　　"오감도 시제2호"는 인간의 논리적인 사고로는 의미 포착이 불가능한
하나의 텍스트이다. 그러나 이 텍스트의 의미 해석은 "아버지"라는 기호
에 모든 의미가 집중되어 있음을 알 수 있다. 통념적으로 생각해볼 때,
아버지는 유교적 가부장제 사회에서의 권위적인 상징의 표징으로 읽혀질
수 있다. 더 나아가 아버지는 화자의 존재론적 층위를 결정하는 하나의
원인이자 정체성의 기반23)이다. 그리고 아버지는 단순한 실체로써의 아버
지가 아니라, 권위, 법, 국가를 상징하거나 세계를 움직이는 실체이자, 보
이지 않는 사유의 창조자이거 안내자이다24). 시인 이상은 이러한 부성적
질서와 권위에 대한 부정성을 "오감도 시 제2호"에 드러내고 있는데, 그
것은 '왜 ……아버지노릇을한꺼번에하면서살아야하는것이냐'라는 싯귀로
반문의 형식을 취하고 있다.

　　첫 번째 문장은 ①-④로 네 개의 문장으로 이루어진 복문이다. 그런데
여기서 중요한 것은 나와 아버지는 품사적인 연쇄를 이루고 있는 동시에
의미적 등가성을 이루고 있다. 품사적 연쇄는 명사구뿐만 아니라 동사와
형용사, 관형사, 부사에 걸쳐서 일어는 현상으로 텍스트로 응결(고영근
1999,146쪽)시키는 것을 말하는데, ①의 '아버지'와 ②의 '아버지'는 상호간

---

23) 스티븐스(Anthony Stevens)(1982), Archetpye - A natural history of self,
　　Routledge, p.106
24) 융(C.G.Jung), Civilization in transition, Rouledge & Kegan Paul, Trnslated
　　by R.F.C.Hull, p.35

에 서로 다른 의미를 지니고 있다. 전자의 경우는 현재에 존재하는 아버지를 의미하고 후자의 아버지는 내가 아버지가 되어 가계적 種의 법칙을 수용하는 과정에서 파생된 상징적 질서로서의 아버지로서의 의미를 지니고 있다. 다시 말해서 시간의 변화에 따라서 자신의 존재론적인 양태가 바뀜을 의미한다. 전자의 주격조사 '가'는 새로운 정보전달을 위한 주격조사이고, 후자의 '가'도 새로운 정보를 전달하는 기능을 가지고 있는 동시에 시적 화자인 '나'의 존재론적 층위의 변화 또한 내포하고 있다. 그리고 ①의 조을적에는 이승훈의 해석에 의하면 삶의 일상적 기능이 멈출 때, 즉 죽음을 의미한다[25].

③은 존재론적 층위에서 사라진 아버지가 아직도 아버지라는 이름으로 존재하고 있음을 뜻하는데, 이것은 존재의 無化가 단순한 존재 자체의 사라짐을 의미하는 것이 아니라, 존재의 사라짐 이후에도 이름으로써 사라진 존재가 살아 남아있다는 것을 암시한다. 그리고 이것은 화자로 하여금 가부장적인 남성적 운명적인 고리를 회의케 만드는 하나의 기제로 작용하고 있다. ④의 '아버지의아버지의아버지의……아버지가'는 '아버지'라는 품사적 연쇄를 통해서 부성적 가계를 형성하는 인간의 역사적인 층위를 드러내고 있다. 그리고 의문형 종결 어미 '-되느냐'를 사용하여 인간의 존재론적인 역사의 무한 반복에 대한 무의미함과 회의적인 자세를 취하고 있다. 이러한 응결구조에 정보성이라는 응집성의 차원을 보태어 설명하면 이상은 어린 시절 백부집으로 양자가 되어 들어간다. 이러한 가족사적인 경향을 고려할 때, 이상의 '아버지'의 계보학에 내재한 부정적 층위를 더욱 강화시킨다고 볼 수 있다.

⑤는 앞의 문장 전체와 언어 내적 의미적 등가를 이루고, 앞의 문장과 전체적으로 잘 응결되어 있다. ⑥은 '나'와 '나의아버지','나의아버지의아버지', '나의아버지의아버지의아버지의'의 관계 구조를 드러내고 있는데, 그것을 한마디로 요약하면, 나와 조상들이라는 관계가 성립한다. 그리고 이러한 관계는 '노릇'이라는 말로 집약이 된다. '노릇'이라는 말은 조상들을 해왔던 가부장적인 직분인데, 그것은 인간의 역사를 지배해 왔던 부성적인 직분에 대한 회의를 내포하고 있다. 이러한 부정적 의식 속에 비추어진 '아버지의 이름'은 기성의 가치 체계로 인간의 의식을 억압하고 억제

---

25) 이승훈 엮음(1989), 『이상문학전집』 문학사상사 p.21

시키는 사회적 억압의 총체적인 힘으로 작용한다[26]. 그러한 의식은 종결 어미 '-것이냐'와 자문자답식으로 조응관계를 이루어 반문하고 있다.

이러한 일련의 분석의 결과로 볼 때, 이 시에 나타난 통사구조를 파괴는 단순한 유희적 차원에서의 파괴가 아니라, 언어의 구조적인 파괴를 통해서 통념적으로 이어져 내려온 가부장적인 지배질서에 대한 파괴와 대응된다. 더 나아가 이상의 시적 자아는 흔들리고 찢겨진 정체성[27]을 현시하고 있다. 이러한 해체적 사유에서 비롯한 가부장적인 질서의 파괴는 새로운 질서를 모색하게 만든다. "오감도 시 제2호"는 모든 의미 해석을 "아버지"라는 어휘에 집중하게 되는데, "아버지"라는 기호표상은 기호 자체만으로는 의미론적 응결성 장치라는 절대적인 준거틀만으로는 해석이 불가능하며, 텍스트 외적인 정보성에 의존할 때만 해석의 가능성을 열어놓을 수 있다. 그것은 바로 독자로 하여금 기호의 그물 속에 빠져들어 길을 잃게 만든다. 더 나아가 이상의 미학적 전략은 의식적이든 아니든 어떤 기호의 온전한 의미스러움을 갖추었다든가 완전히 순수함을 영원히 유지할 수 없음을 확인케 만든다(김윤식1998,57-58쪽). 그것은 반복적으로 사용된 '아버지'라는 어휘는 텍스트 자체를 산종시키고 있다.

> 아무도 어떤 글에 흩어져 있는 부유하는 기표들의 놀이와 다른 변별적 위력들을 완전히 통제할 수 없다. 산종을 막을 어떠한 최종 권위도 없다. 언제나 진실을 말하는 문장은 한 부분을 빠트린다. 이것이 아니면 저것을.[28]

위의 인용구에서 알 수 있듯이 텍스트의 산종은 부유하는 기표들의 자유로운 유희에서 비롯되는데, 이상의 "오감도 시제2호"는 권위의 상징인 '아버지'라는 어휘를 반복하면서 '권위로서의 아버지'를 희화하거나 기성의 권위를 전복하고 있다. 그러므로 산종은 텍스트 자체를 무한화시키며, 그것을 통해서 구

---

26) 들뢰즈.가따리(G.Deleuze & F.Guattari)/최명관(역), 『앙띠 오이디프스』, 민음사, PP.175-188, 참조

27) 이정호/이어령.권영민(편)(1999), "오감도에 나타난 기호의 질주", 『이상 문학 연구 60년』, 문학사상사, P.326

28) 라이치(V.B.Leitch)/권택영(역)(1988), 『해체비평이란 무엇인가』, 문예출판사, P.83

획 지어진 텍스트의 경계를 허무는 작업이다. 더 나아가 권위나 진리 자체도 허구화시켜 버린다. 그리고 이상의 시 텍스트에 나타난 이러한 현상은 절대적인 권위적 해석 틀에 고정화된 텍스트가 아니라, 다양한 층위의 상대적인 해석29)에로 열려진 해체론적 텍스트이기 때문에 나타나는 현상이기도 하다.

환자의 용태에 관한 문제라는 부제가 달린 "오감도 시 제4호"에서는 이러한 해체론적 경향이 더욱 더 극명하게 드러나는데, 이 시는 뒤집혀진 숫자와 점을 사용하여 통사구조의 파괴는 물론이고 일체의 의미론적 해석을 어렵게 만드는 수식으로 형상화되어 있다. 그리고 이 시에 대한 연구는 거의 뒤집혀진 숫자와 '0:1'에만 집중된 감이 없지 않다. 그것은 "오감도 시제 4호"라는 시 텍스트 자체가 애초에 응결성은 물론 응집성의 차원에서 텍스트다움을 논하기 어렵게 만드는 시라는 성질에서 기인한다. 그러므로 이 시에 대한 연구는 텍스트의 개작과정, 즉 "診斷 0:1"에서 "오감도 시제 4호"에로의 이행 과정을 면밀히 분석할 때, 텍스트다움을 파악하기가 용이하며, 문제를 확장하여 언어 표기법 즉 텍스트 환경에도 주목할 필요가 있다고 보여진다.

(1) "조선과 건축"　　　　　　　　　(2) 조선중앙일보

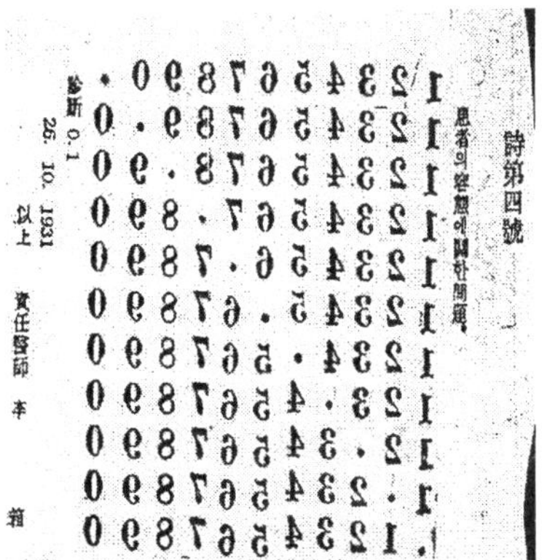

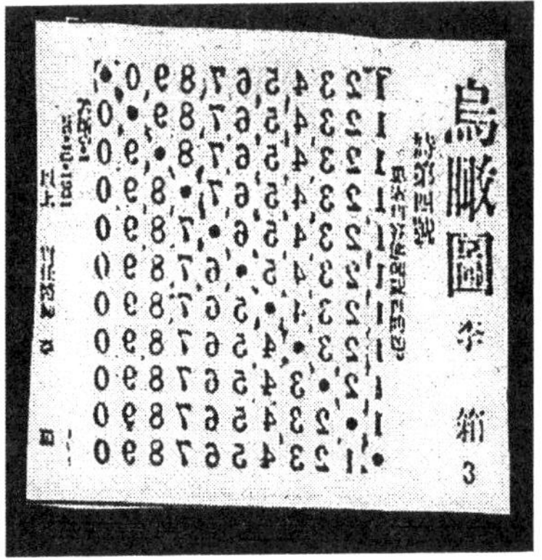

---

29) 반다이크(T.A.van Dijk)/정시호(역)(1995), 『텍스트학』 민음사, p.75.

(3) 이승훈 본   (4) 김승희 본

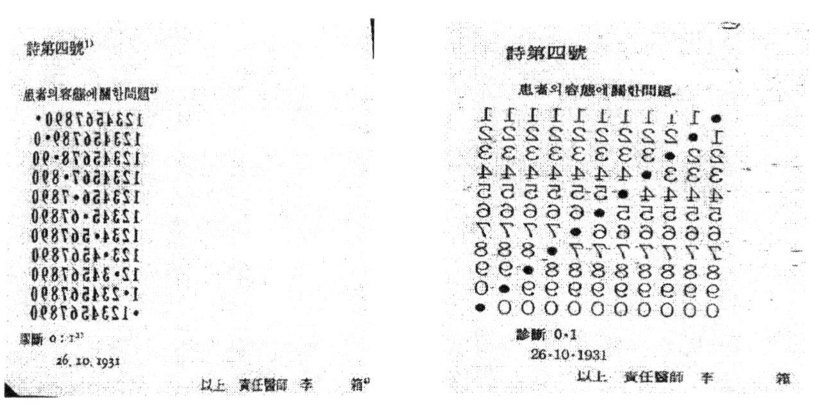

(1) 일문시 "診斷 0:1"은 가로쓰기로 지면에 게재되어 있고, (2)의 경우는 세로쓰기로, (3)은 가로쓰기와 세로쓰기가 상호 혼용되어 있고, (4)는 가로쓰기로 되어 있다. 이러한 표기법의 차이는 언어 매체를 어떻게 전달하는가의 문제와 관련이 있다. 그것은 '미디어 제공물은 서로 분리된 두 인지와 커뮤니케이션 영역 속에서 각기의 영역에 특유한 과정들로 변환(슈미트, 23쪽)'되기 때문에, 동일한 작품이더라도 테스트를 전달하는 매체나 언어표현 방식이 다르면 텍스트의 인지 결과도 다르게 나타날 수 있다. 그러므로 글쓰기 방법의 차이는 텍스트의 의미 전달뿐만 아니라 이해에 상당한 영향을 미치며, 그 결과 텍스트의 독법 또한 달라진다고 할 수 있다. 특히 도상적인 기호나 수식을 많이 사용하고 있는 이상의 "오감도" 시편이나 "선에 대한 각서"는 그러한 경향이 잘 드러난다. 따라서 "오감도 시제 4호"는 가로쓰기와 세로쓰기라 텍스트 환경에 따라 텍스트의 의미지평의 변화가 발생한다. 수식이나 도상기호는 그것을 어떻게 배열하느냐에 따라 인간의 인지 대처 방식이 상이하게 나타나며, 특히 인용시의 경우는 그림처럼, 구조화된 공간적 구성[30]으로 형상화된 시이기 때문에, 가로쓰기와 세로쓰기에서 발생하는 시각적 차이가 생긴다. 그리고 모든 도상기호는 상상력의 몽타쥬의 산물[31]이기에, 이러한 시각적 기호들

---

30) 들뢰즈(G.Deleuze)/하태환(역)(1995), 『감각의 논리』, 민음사, P.38

은 단지 감각작용이 아니라 의식을 지시[32]하는 기능 또한 담지하고 있다.

대부분의 기존의 연구가 도상기호가 어떤 의미를 가지고 있는냐에만 커다란 관심을 가졌지, 그것의 표기법이나 텍스트 환경에 관한 문제에 대하여 배제한 감이 없지 않다. 표기법이 미치는 영향을 시각적 인지 능력과 관련시켜 연구하면 이상 시문학 연구에 새로운 지평을 확립시킬 수도 있다[33].

인용시를 해석하는 관건은 수나 점으로 형상화된 도상성과 '0:1'이 '0.1'[34]로 바뀌는 과정을 정밀하게 분석하는 문제와 밀접하게 관련이 있다. 도상적인 특징은 '사고 과정으로서 스타일 분석[35]'을 요구하는 바, 어떠한 문자 언어의 도움 없이 순수 시각 이미지를 통한 조형언어만으로 물질과 존재성에 대한 부정, 무한 시공간으로의 이동, 절대적 자아의 붕괴를 드러내고 있다(김민수 1999,224쪽). 이러한 시각적 이미지가 산출하는 결과는 "진단 0:1"에서는 '0:1'로 표상되고, "오감도 시제4호"에서는 '0.1'로 드러난다. '0:1'의 의미는 '0/1=0, 즉 소멸 혹은 죽음[36]으로 해석될 수도 있다. '0'이라는 절대적 허무와 '1'이라는 완전한 개체적 존재과의 관계를 대립적인 국면에서 파악한 것일도 있다. 그러나 여기서 중요한 점은 일문시에 나타난 '0:1'이 1934년 7월 28 『조선중앙일보』에 '0.1'로 표기되어 있다는 점이다. 이것은 단순히 식자공의 오류로 인식될 수 없는 텍스트 자체의 질적인 변화를 예감케 만든다.

'0:1'은 절대적인 무와 생명적 개체 사이에 존재하는 사유능력을 겸비한 인간이 수식적인 관계로 조감한 세계이고, 그것이 '0.1'로 바뀌었다는 사

---

31) 아리아스(P.Aries)/유선자(역)(1997), 『죽음 앞에 선 인간』, 동문선, P.18

32) 콜링우드(R.G.Collingwood)/김혜련(역)(1996), 『상상과 표현』, 고려원 P.358

33) 본고에서는 이 문제가 그리 간단한 문제가 아니기 때문에, 단지 문제점만을 지적하고 넘어가기로 한다.

34) 기존의 거의 모든 연구가 일문시 "診斷 0:1"의 '0:1'의 의미에 치중한 나머지 1934년 7월28자『조선중앙일보』에 실린 "오감도 시제 4호"에 본문 내용이 '0.1'이라는 사실에 주목하지 않는 채로 연구를 진행하고 있다. 이것은 이상 시 연구에 있어서 치명적인 오류라고 생각한다.

35) 김민수, "시각 예술의 관점에서 본 이상시의 혁명성", 『이상 문학 연구 60년』, P.186

36) 김명환, "이상의 시에 나타나는 수학기호와 수식의 의미", 『이상 문학 연구 60년』, P.171

실은 '폐를 앓고 있는 그 자신의 정신 상황'[37]을 현시하고 있다는 사실을 짐작하게 만든다. 이러한 변화는 앞서 살펴본 "조감도"가 "오감도"로 바뀐 경위와 유사하게 '0:1'이 인간의 더 나아가 생명의 형식이 취할 수 있는 존재방식에 대한 이상의 인식론적 지평이라면, '0.1'은 그러한 운명적 존재성을 감지한 개체로써의 작가가 자신의 생존확률을 10%로 승인하는 이상의 내면세계로 비추어진다. 그렇기 때문에, "진단 0:1"의 중심 내용을 이루는 숫자는 "오감도 시제4호"에 와서는 뒤집혀지고 전도된 채 숫자를 나열하면서 죽음의 징표를 받아들이는 자세를 '0.1'로 수식화하였다.

그리고 뒤집혀진 숫자에 관한 논의는 상당히 진척이 되어 있는데, 그것에 관한 논의는 다음과 같다. 임종국은 가치체계의 전도, 정귀영은 욕구와 현실의 균형상태의 붕괴, 송기숙은 원순열의 선순열로의 치환, 김용운은 내면에서 대상을 보는 것, 김종은은 수적 환상 및 양가치적 표현 등등의 다양한 해석[38]을 하고 있다. 이러한 다양한 해석은 그 나름의 가치를 지니고 있지만, 텍스트 자체에서 명백하게 알 수 있는 것은 다시 말해서 응결성 장치라는 관점에서 보면, 부제에서 알 수 있듯이 이 시가 '환자의 용태에 관한 문제'라는 사실과 담당 의사가 '이상' 자신이라는 점이다. 이 말을 통해서 살펴보면 환자는 이상이고 그 환자를 진단하는 책임의사 또한 이상인데, 뒤집혀진 숫자는 환자의 건강상태를 기호로 표현한 것이다. 이 시는 기호로 표현되어 있기 때문에 다양하게 해석될 수도 있지만, 그러한 해석은 하나의 가정적인 설에 지나지 않는다. 도상이나 수식은 하나의 상징적인 언어 체계이기 때문에, 기호에 대한 해석의 일반적인 잣대가 형성되지 않는 한, 의미는 기호 밑으로 미끄러지고 차연되어 버린다.

기존의 논의가 환자와 뒤집혀진 숫자에 너무 집착한 나머지 "오감도 시제 4호"의 의미 해석을 너무 형해화해 버린 감이 없지 않다. 앞서 논한 것처럼, "오감도 시제 4호"를 "진단 0:1"의 개작으로 볼 경우, 이 시의 의미지평은 명백하게 드러난다고 생각한다. 더 나아가 '환자의 용태에 관한 문제'라는 부제도 "진단 0:1"을 염두에 둘 때 '환자'의 의미는 존재 전체의 운행 질서의 함의가 무엇인지를 묻고 진단하는 절대적 주체로써의 이상

---

37) 김윤식(1987), 『이상연구』, 문학사상사, P.251
38) 이승훈 원본 주석, 『이상문학전집 1-詩』, 문학사상사, 1989, P.25. 이승훈
   이 시를 해석면서 여러 논자들의 견해를 그대로 수용해서 기록한다.

자신이라면, "오감도 시제4호"의 '환자'는 존재론적 운명성의 한계를 묻는 존재 일반에 관한 '환자'가 아니라, 폐병을 앓고 있는 작가 이상 자신의 존재 문제에로 귀착되고 만다.

이러한 연구는 『조선과 건축』에 실린 일문시 "診斷 0:1"과 조선중앙일보에 실린 "오감도 시 제4호"가 상이한 텍스트로 존재할 때 가능한 것이고, 만약 그것이 식자공의 오류로 판명이 된다면 그것은 연구자의 오류가 된다. 그러나 현재까지는 양자의 텍스트의 진위 판단을 할 수 있는 새로운 텍스트가 발견되지 않았기 때문에, 새로운 견해가 될 수 있다고 보여진다. 그리고 문학 연구에 있어서 가장 중요한 것은 연구 자체가 아니라, 연구에 앞선 선행 작업인 텍스트의 확정이 선결되어야만 한다고 생각한다. 그것은 이상 시만의 문제가 아니라 모든 학문의 초석이라고 사료된다.

4. 결론

이상의 문학만큼 텍스트의 착종현상이 비일비재한 경우는 우리 문학사에 있어서 그리 흔치는 않다. 텍스트의 착종현상은 단순한 문제가 아니라, 문학 연구에 있어서 가장 기본이 되는 事案을 무시한 채, 문학연구가 진행되었다는 사실을 놓고 볼 때, 심각한 문제라고 사려된다. 왜냐하면 텍스트가 확정이 되지 않는 상태에서의 문학연구는 그 자체로 사상누각에 지나지 않기 때문이다. 그러므로 이상 문학, 특히 시의 경우는 텍스트 확정 문제가 시급하다. 그나마 김승희 본이 가장 정확하게 텍스트를 확정시키고 있지만, 그녀도 역시 『이상 시 연구』에서 "오감도 시4호"의 해석과정에서 '0.1'이 아닌, '0:1'일로 진행하고 있다는 것은 실로 문학 연구에 있어서 슬픈 현실이 아닐 수 없다. 그러한 까닭에 본고에서는 『조선과 건축』에 실린 일문시와 『조선중앙일보』에 실린 15편의 "오감도"를 통용본과 비교하여 텍스트 확정 문제에 관하여 심도 있게 논의를 했다.

그와 아울러 이상 시의 해체론적 경향을 띠고 있는 텍스트를 문제 삼으면서, 보다 중요한 것은 응결성과 응집성이라는 텍스트다움의 확보문제이다. 특히 이상의 시 텍스트는 그러한 문제를 첨예하게 드러내고 있다.

물론 문학이라는 장르가 칸트적인 의미의 미적 자율성을 통한 새로운 형식의 창조적 지평의 확장이기는 하지만, 인간은 의미의 존재이기에 내용과 형식의 변증법적 상호작용을 통해서 존재자의 영혼을 아름답게 하고, 더 나아가 세계를 아름답게 할 수 있다면, 그것만큼 이상적일 수 있는 것은 없다. 아무리 텍스트가 산종되고 경계가 허물어지더라도 텍스트는 의미를 지향하고 있고, 연구자는 그 의미망을 쫓아 새로운 시의 세계를 탐구해 들어갈 수 밖에 없다.

해체론이 도래하면서 의미는 捨象이 되고, 모든 존재들은 기표놀이의 산물로 전락하고 말았다. 이러한 시대에 텍스트다움에 관한 성찰을 통해서 해체 담화 내에 새로운 응결성과 응집성을 확보한다면, 삶의 의미가 다시 회복될 수 있을지도 모른다.

참고논저

고영근(1999), 텍스트이론-언어문학통합론의 이론과 실제, 아르케.

김명환(1998), 이상의 시에 나타나는 수학기호와 수식의 의미, 이상문학 연구 60년, 문학사상사.

김주현(1999), 이상 문학 연구의 문제점, 이상소설 연구, 소명출판.

김윤식(1987), 이상연구, 문학사상사.

김윤식(1988), 이상 문학 텍스트 연구, 서울대학교출판부.

데리다(J.Derrida) ; Of Grammatology, Translated by G.C.Spivak,   The John Hopkins University Press.

데리다(J.Derrida), Margin of Philosophy, Tanslated by A.Bass, The University of Chicago Press.

들뢰즈(G.Deleuze)/하태환 (역)(1995), 감각의 논리, 민음사.

들뢰즈·가따리(G.Deleuze & F.Guattari)/최명관 (역), 앙띠 오이디프스, 민음사.

라이치(V.B.Leitch)/권택영 (역)(1988), 해체비평이란 무엇인가, 문예출판사.

바르트(R.Barthes)/김명복 (역)(1990), 텍스트의 즐거움, 연대출판부.

바르트(R.Barthes)/김희영 (역)(1997), 저자의 죽음, 텍스트의 즐거움, 동문선.

반다이크(T.A.van Dijk)/정시호 (역)(1995), 텍스트학, 민음사.

스티븐스(Anthony Stevens)(1982), Archetpye - A natural history of self, Routledge.

슈미트(S.J.Schmidt)/박여성 (역)(1995), 미디어 인식론: 인지-텍스트-커뮤니케이션, 까치.

아리아스(P.Aries)/유선자 (역)(1997), 죽음 앞에 선 인간, 동문선.

융(C.G.Jung), Civilization in transition, Rouledge & Kegan Paul, Translated by R.F.C.Hull.

이강수(1997), 이상 텍스트 생산과정 연구, 서울대 석사.

이승훈 엮음(1989), 이상문학전집, 문학사상사.

이정호·이어령·권영민 (편)(1999), 오감도에 나타난 기호의 질주, 이상 문학 연구 60년, 문학사상사.

임종국(1966), 烏瞰圖 不滅의 神話, 李箱全集, 문성사.

챠라(Tristan Tzara)/송재영 (역)(1987), 1918년 다다선언, 다다/쉬르레알리슴 선언, 문학과 지성사.

콜링우드(R.G.Collingwood)/김혜련 (역)(1996), 상상과 표현, 고려원.

파운드(Ezra Pound)/이덕형 (역)(1984), 시를 어떻게 읽을 것인가, 문예출판사.

포지올리(Renato Poggiol)/박상진 (역)(1995), 아방가르드 예술론, 문예출판사.

프랑크(M.Frank)/장혜경 (역)(1999), 말할 수 있는 것과 말할 수 없는 것,문예마당.

프리켓(Stephen Prickett)(1991), Reading the Text - Biblical Criticism and Literary Theory, Blackwell.

허천(Linda Hutcheon)/김상구·윤여복 (역)(1992), 패로디이론, 문예출판사.

김석준(金析準)
홍익대학교 강사/서울대학교 국어국문학과
박사과정 수료
140-022
서울시 용산구 용산동 23-16
전화 : 793-2745
e-mail : ksjun38@hanmail.net

고대중국의 텍스트관과 텍스트유형론

양 세 욱

중국은 기원전 1,500년 무렵부터 현대에 이르기까지 다양한 유형의 텍스트를 지속적으로 생산해 왔다. 고대중국에서는 작품(poetic) 텍스트와 실용(mundane) 텍스트의 경계를 따로 설정하려는 시도를 하지 않았으며, 이들 전체를 '문'(文)이라는 개념을 사용하여 포괄적으로 지칭하는 경향이 있다. 문장뿐만 아니라 형식화된 인간 현상과 자연 현상까지 포괄하는 넓은 개념의 '문'은 기호학에서 정의된 '기호'에 비길 수 있으며, 발화되거나 글로 쓰여진 모든 형태의 언어를 지칭하는 포괄적인 의미의 '문'은 텍스트이론의 '텍스트'와도 그리 멀지 않다. 위(魏)의 조비로부터 유협의 『문심조룡』을 거쳐 『고문사류찬』과 『경사백가잡초』에 이르기까지 지속적으로 진행된 고대중국의 '문'(文) 분류 이론을 역사적으로 조망하고 이를 최근의 이론적 성과 위에서 재수용한다면 텍스트성(Textualität)의 규명과 텍스트유형론(Texttypologie)의 체계적인 연구에 많은 시사점을 던져줄 것으로 생각된다.

핵심어휘: 문(文), 문심조룡, 고문사류찬, 경사백가잡초, 텍스트유형론

1. 머리말

중국은 기원전 1,500년 무렵부터 현대에 이르기까지 다양한 유형의 텍스트를 지속적으로 생산해 왔다. 여기에는 초기의 갑골문(甲骨文)과 금문(金文) 텍스트, 죽간(竹簡) 텍스트, 백서(帛書) 텍스트를 거쳐 인쇄 텍스트에 이르기까지의 다양한 서사(書寫) 재료가 등장할 뿐 아니라 '십삼경'(十三經)으로 지칭되는 경서(經書)와 제자서(諸子書), 사서(史書), 개인 문집(文集) 그리고 이들을 풀이한 주(注), 이 주(注)를 다시 풀이한 소(疏)를 비롯하여 방대한 작품 텍스트, 문서 텍스트, 발화 텍스트에 이르기까지 그 수량을 헤

아릴 수 없을 만큼 다양한 유형의 텍스트들이 포함되어 있다. 고대중국에서는 작품(poetic) 텍스트와 실용(mundane) 텍스트의 경계를 따로 설정하려는 시도를 하지 않았으며, 이들 텍스트 전체를 '문'(文)이라는 개념을 사용하여 포괄적으로 지칭하는 경향이 있다.

아직 분석의 손길이 닿지 않은 이들 텍스트에 대한 이해는 텍스트성(Textualität, textuality)의 원리를 규명하고, 특히 '아직 제한적이고 초보적인 단계에 머물고 있는 텍스트유형론'(고영근 1999: 268)의 체계적인 연구에 많은 시사점을 던져줄 것으로 생각된다.

이 글에서는 고대중국의 텍스트관(觀)을 규명하는 차원에서 문(文) 개념의 역사적 변이(變移) 양상을 살펴보고 이와 연관된 고대중국의 텍스트관의 특징을 개괄해보고자 한다. 또 2-3세기 무렵부터 현재에 이르기까지 지속적으로 진행된 문(文) 분류 이론을 역사적 관점에서 조망하고 이를 현대의 텍스트유형론(Texttypologie, Texttypology)의 이론적 성과의 바탕 위에서 재수용하는 문제를 검토해보고자 한다.

2. '문'(文)과 텍스트

2.1 문(文), 고문(古文), 텍스트

문(文)은 본래 직물 등이 종횡으로 얽힌 모양을 본뜬 상형문자로 '무늬' 또는 '무늬를 새기다'가 본래의 의미이며, 이 한자가 '문자' 또는 '글'의 의미를 지니게 된 것은 후대의 일이다.[1] 따라서 이 문(文)은 '인문'(人文)에서와 같이 인간의 사회문화 현상을 지칭하는데 사용되었을 뿐 아니라 '천문'(天

---

1) '문'(文)이 '문자'나 '글'의 의미로 의미가 변화되자 '무늬'라는 본래의 의미를 표현하기 위해 이른바 '후기본자'(後起本字)인 '문'(紋)이라는 글자를 다시 만들어 사용하였다. 이는 본래 '불을 피우다'의 의미인 '然'이 점차 '그러하다'의 의미로 사용되자 '燃'이라는 글자를 새로 만들어 원래의 의미를 표현하고, '저녁'을 의미하던 '막'(莫)이 점차 부정대명사로 사용되자 '모'(暮)라는 글자를 새로 만들어 원래의 의미를 나타낸 것과 동일한 유형의 문자 분화이다.

文)에서와 같이 천체 현상을 지칭하는데, 나아가서는 '도지문'(道之文)과 같이 모든 자연 현상을 포괄하는 용어로 사용되기도 하였다.[2] 고영근(1999: 5)에 의하면 '텍스트'는 원래 라틴어 'textere'(짜다)에서 파생된 어휘로 '직물/조직'(Gewebe)을 의미하며, 이 구체적인 의미로부터 언어 단위들이 하나의 길고 짧은 글의 조직체로 연결되어 있다는 뜻에서 일상적 의미의 텍스트라는 용어로 전이된 것이다. 이렇게 본다면 고대중국의 문(文)과 텍스트(text)는 어원적으로 유사하며 비슷한 경로의 의미확장을 거쳐 일반적인 의미가 형성되었다고 볼 수 있겠다.

의미가 변화된 이후에 문(文)이라는 용어는 점차 구어(spoken language)와 대비되는 문어(written language) 전체를 포괄하는 용어로 사용되었다. 고대중국의 문어는 '문언'(文言)과 '백화'(白話)로 양분된다. 문언은 공자(孔子. B.C. 551-479)의 생존 시기인 춘추(春秋) 말엽부터 진(秦)과 한(漢) 제국에 걸쳐 사용된 언어를 모델로 표준화되어 중국, 한국을 비롯한 동아시아에서 보편적으로 통용된 문어이다. 이 시기의 언어가 표준적인 문언으로 정립된 것은 이후의 역대 중국 왕조들의 통치 이념으로 작용하게 되는 유교(儒敎)의 여러 경전과 역사서, 철학서가 완성되었고[3] 이들 저서에 사용된 언어가 후대 작가들에게 규범으로 인식되어 지속적으로 학습되고 재생산되었기 때문이다. 여러 가지 면에서 문언의 역할은 고대와 중세 유럽에서 라틴어(Latin)가 담당했던 역할과 유사하다. 두 언어는 모두 기원을 전후한 비슷한 시기에 형성되어 두 제국의 공통어(koine)로서의 역할을 담담하였고, 같은 기원을 공유하면서 역사적으로 더 많은 변화를 겪은 구어와는 격리된 순수한 문어의 역할을 담당하였던 것이다.

한편 백화는 구어를 모델로 형성되어 구어와 함께 역사적인 변화를 거듭하는 문어로, 대체로 양한(兩漢) 이후에 그 모습을 드러내기 시작한다. 20세기 초엽의 백화문운동(白話文運動) 이후로 현재까지 사용되고 있는 중국의

---

2) '인문'(人文), '천문'(天文), '도지문'(道之文) 등은 유협(劉勰)의 『문심조룡(文心雕龍)』에 등장하는 용어이다.
3) 논어(論語), 맹자(孟子), 좌전(左傳) 등의 유가 경전, 전국책(戰國策), 사기(史記) 등의 역사서, 노자(老子), 장자(莊子), 순자(荀子), 한비자(韓非子) 등의 제자백가의 서적들이 여기에 포함된다.

문어는 이러한 백화의 연장선상에 있는 언어라고 할 수 있다. 고대중국에서 백화 또는 백화로 쓰여진 텍스트들은 언제나 낮은 평가를 받아왔으며 문언으로 된 텍스트만이 진정한 문(文)으로 인정을 받았다. 문언과 백화 사이에 일종의 언어적 위계질서(hierarchy)가 형성되었던 것이다. 백화 텍스트인 변문(變文), 화본소설(話本小說), 희곡, 강창(講唱) 등의 이른바 백화문학(白話文學)이 대아지당(大雅之堂)4)에 오르지 못했던 것은 이러한 이유 때문이었다.

　수당(隋唐)에 이르러 운문(韻文)이 오언절구(五言絶句), 칠언절구(七言絶句) 또는 오언율시(五言律詩), 칠언율시(七言律詩) 등의 정형시로 완전히 정착하게 되자 시가(詩歌) 텍스트를 문(文)에 포함시켜 부르는 일이 점점 드물어졌다. 가령 남북조(南北朝)에 편찬된 유협(劉勰)의 『문심조룡(文心雕龍)』에서는 6편에서 25편까지의 쟝르론에 시(詩)와 악부(樂府)를 포함시키고 있고 양(梁) 소통(蕭統)의 『문선(文選)』에서는 이전 시기의 문(文)을 문체에 따라 39가지로 분류하여 수록하면서 시(詩)·소(騷) 등의 시가를 아울러 수록하였다. 그러나 이후에 편찬된 『문장정종(文章正宗)』, 『고문관지(古文觀止)』, 『고문사류찬(古文辭類纂)』 등의 선집에서는 모두 이들 시가가 제외되어 있다. 즉 이 시기 이후에 문(文)은 이미 정형화된 운문(韻文)을 제외한 문언으로 된 산문(散文)만을 지칭하는 개념으로 축소되기에 이른다. 이 산문체 문언은 '고문'(古文)이라고도 부른다. 이후에 진행된 문장 유형론은 기본적으로 이 고문을 대상으로 한 것이며, 청(淸) 요내(姚鼐)가 『고문사류찬(古文辭類纂)』에서 시도한 '논변류(論辨類)·주의류(奏議類) ·조령류(詔令類)·서세류(書說類)·증서류(贈序類)·전장류(傳狀類)·비지류(碑志類)·잡기류(雜記類)·서발류(序跋類)·잠명류(箴銘類)·송찬류(頌贊類)·애제류(哀祭類)·사부류(辭賦類)' 등의 13분류 체계와 증국번(曾國藩)이 『경사백가잡초(經史百家雜鈔)』에서 시도한 3문(門) 11류(類)의 분류법도 이 고문만을 대상으로 삼은 것이다.

　이상에서 살펴본 문(文)이라는 개념의 역사적 변용 양상을 고려할 경우 문장뿐만 아니라 형식화된 인간 현상과 자연 현상까지 포괄하는 넓은 개념

---

4) 고상(高尙)한 정통 문학의 경지를 지칭함.

의 문(文)은 기호학에서 정의된 기호에 비길 수 있으며, 발화되거나 글로 쓰여진 모든 형태의 언어를 지칭하는 포괄적인 의미의 문(文)은 텍스트이론의 텍스트와도 그리 멀지 않다고 할 수 있겠다.

2.2 고대중국의 통합적인 텍스트관

춘추(春秋) 말엽부터 진(秦)과 한(漢) 제국까지 사용된 언어를 모델로 표준화된 문어인 고문은 동시에 일정한 형식미를 갖춘 언어이기도 하다. 중국 문예학의 격률(maxim)로 여겨지는 공자의 '文質彬彬'(형식미와 내용미가 고루 갖추어져 있다)[5]나 '言之無文, 行而不遠'(언어에 형식미가 없으면, 의사전달은 되겠지만 멀리 가지는 못한다)[6] 등의 언술은 내용과 형식, 정신과 현상의 측면에서 고문이 갖추어야할 표준 또는 '고문다움'의 준거이기도 하다. 이것은 현대 텍스트이론의 '텍스트다움' 즉 '텍스트성'(Textualität)과 맥을 같이 하는 언술이라 할 수 있겠다.[7] 고대중국의 문(文) 분류이론에서 작품(poetic) 텍스트와 실용(mundane) 텍스트 또는 문학텍스트와 비(非)문학텍스트의 경계를 따로 설정하지 않은 것은 고문이라는 언어 자체가 이미 일정한 격식과 형식미를 포함하고 있으며, '고문다움'이 이미 '문학다움'과 등가의 함의를 지니고 있기 때문이라고 할 수 있다. 조비(曹丕, 187-226)가 『전론(典論)·논문(論文)』에서 말한 "모든 문장은 그 근본이 같으나 유형이 달라진 것이다"(文本同而異末)이나 유협(劉勰)이 『문심조룡』 창작론의 전체 서문에 해당하는 「총술(總述)」편에서 고대의 응용문도 모두 문(文)의 범주에 포괄하여 논의해야 한다고 주장한 것도 이런 함의를 지닌 것으로 이해할 수 있다.

---

5) 『논어(論語)』「옹야(雍也)」.

6) 『춘추좌전(春秋左傳)』「양공(襄公)」 25년.

7) 『문심조룡(文心雕龍)』에서 발견되는 응결성, 응집성에 대한 논의는 고영근 (1999: 169-171)을 참조할 것.

3. 고대중국의 '문'(文) 분류이론과 텍스트유형론

3.1 고대중국의 도서 분류체계와 '문'(文) 분류이론

고대중국에서 모든 텍스트를 단일한 기준에 의해 체계적으로 분류하려는 시도는 정사체(正史體) 역사서의 도서목록의 형태로 구체화된다. 이를 최초로 시도한 『한서(漢書)』의 「예문지(藝文志)」에서는 서목(書目)과 주제를 중심으로 각 항목별로 해당 텍스트를 나열하고 간단한 설명을 붙이는 방식으로 궁중 도서관에 소장되어 있는 텍스트를 분류하였다. 『수서(隋書)』·「경적지(經籍志)」에 이르러서는 이후의 도서 분류체계의 근간을 이루는 경(經)·사(史)·자(子)·집(集)의 이른바 '사부'(四部) 분류체계가 첫선을 보이게 된다. 경부(經部)에는 십삼경(十三經)8)을 중심으로 하는 유교 경전과 이들에 대한 주(注)와 소(疏), 그리고 훈고서(訓詁書), 음운서(音韻書), 자전(字典) 등의 이른바 소학(小學)9)들이 포함되었고, 사부(史部)에는 『사기(史記)』, 『한서(漢書)』 등 각 왕조의 정사(正史)를 비롯한 역사서가 포함되었다. 또 자부(子部)에는 선진(先秦) 시기의 제자백가(諸子百家)와 양한(兩漢) 이후의 철학가들의 저술이, 집부(集部)에는 작품 텍스트와 문서 텍스트를 포함한 개인의 저술이 각각 분류되어 있다. 이러한 도서 분류체계는 청(淸)에 이르러 '사고전서'(四庫全書)와 이 사고전서에 해제를 붙인 『사고전서총목제요(四庫全書總目提要)』라는 기념비적인 작업 성과로 이어진다.

이러한 사부(四部) 분류체계를 포함한 도서 분류체계는 주로 형태 서지학적인 안목과 기준에 의해 진행되었다는 점에서 기능적·화행론적 텍스트유형론을 지향하는 오늘날의 시각과는 다소 거리가 있어 보인다. 그러나 이 분류체계는 방대한 텍스트들을 단일한 기준에 의해 일목요연하게 정리하려

---

8) 『시(詩)』, 『서(書)』, 『예기(禮記)』, 『주례(周禮)』, 『의례(儀禮)』, 『역(易)』, 『좌전(左傳)』, 『공양전(公羊傳)』, 『곡량전(穀梁傳)』, 『논어(論語)』, 『맹자(孟子)』, 『효경(孝經)』, 『이아(爾雅)』 등 13종의 유가 경전을 지칭함.

9) 소학(小學)은 현대의 문헌학(philology)에 해당되는 개념이다. 이들 소학 자료들을 경부(經部)에 분류한 것은 소학(小學)의 경학(經學)의 부속물로 간주하는 고대중국인의 언어관 때문이다.

는 시도를 했다는 점에서 그 의의를 발견할 수 있다.

3.2 고대중국의 '文' 분류이론과 텍스트유형론

중국에서 문장 분류를 최초로 시도한 자료로는 위(魏) 문제(文帝) 조비(曹丕, 187-226)의 『전론(典論)·논문(論文)』을 들 수 있다. 조비는 앞서 인용한 '모든 문장은 그 근본이 같으나 유형이 달라진 것이다'(文本同而異末)라는 전제에서 출발하여 당시까지의 문장을 주의(奏議), 서론(書論), 명뇌(銘誄), 시부(詩賦)의 네 가지로 나누고, '주의는 단아해야 하고, 서론은 이치에 합당해야 하며, 명뇌는 사실적인 기술을 높이 사고, 시부는 아름다워야 한다'10)라고 설명을 덧붙였다. 각 문장 유형에서 지켜야할 언어 형식적 특징을 언급한 것이다.

조비를 이어 지우(摯虞, ?-311)는 중국 최초의 문체학 논저로 평가되는 『문장유별론(文章類別論)』을 지어 대량의 자료를 바탕으로 문장 유형에 대한 세밀한 연구를 진행하여 각종 문장 유형의 기원과 변천, 체제의 특징과 각 문장 유형에 적합한 언어 특징을 지적하고 대표적인 작품을 분석 비교하였다. 이런 선구적인 업적의 기초 위에서 탄생한 것이 유협의 『문심조룡』이다.

『문심조룡』은 문(文)의 문제를 사상·문화의 발전과 긴밀하게 연계시키고 이를 우주론, 본체론의 차원까지 끌어올려 광대한 사상의 시야로 문(文)의 본질을 파악해 보려 했던 시도의 결과물로(김해명 외 1994: 261), 이후에 진행된 모든 중국 문예론의 출발점이자 동시에 귀착점이라고까지 평가를 받는 저작이다. 『문심조룡』에 대한 연구는 하나의 전문분야를 형성하여 '용학(龍學)'이라 지칭되기도 한다. 또 중국 현대문학의 아버지라 불리는 노신(魯迅)은 『문심조룡』을 서양의 아리스토텔레스의 『시학』에 비유하며 그 중요성을 언급한 바도 있다.

총 50편으로 구성되어 있는 『문심조룡』은 앞 다섯 편인 원도(原道), 징성(徵聖), 종경(宗經), 정위(正緯), 변소(辯騷)를 통해 다양한 문(文) 유형들의

---

10) "奏議宜雅, 書論宜理, 銘誄尙實, 詩賦欲麗."

원류와 문(文)의 생산과 수용의 기본체계를 제시하고 있다. 뒤에 이어지는 6편에서 25편까지는 장르론 또는 문장 유형론에 해당되는 내용이며, 26편에서 44편은 문장의 생산과 관계된 사항들을 언급하고 있는 창작론, 44편에서 49편까지는 문장의 수용과 관계된 제반 문제를 다루고 있는 비평론 부분이다. 마지막 50편은 이 책의 서문이다. 문(文) 분류 이론과 관련해서 중요한 부분은 6편 명시(明詩)에서 25편 서기(書記)에 이르는 스무 편이다. 이 중에 명시(明詩), 악부(樂府), 전부(詮賦)등 세 편은 운문체의 문장이고 나머지는 비(非)운문체의 문장이다. 이 부분에서 유협은 선진(先秦)에서 당대(當代)까지의 다양한 문(文) 유형을 대상으로 각 유형의 기원과 변화, 발전 과정을 일목요연하게 서술하고 있다. 이 문장 분류에서 특기할 것은 현대적인 안목에서의 실용문과 응용문, 순수 문예문을 구획짓지 않고 함께 논의하고 있다는 것이다.11) 그러나 『문심조룡』도 한계성을 가지고 있다. 유협은 유가적인 '종경(宗經)' 사상 때문에 '오경(五經)'을 모든 문장 위에 놓고 다른 유형의 문장을 여기에 귀납시키는 방식으로 설명하고 있는 것이다.

　『문심조룡』 이후에 진행된 문장 유형화는 기본적으로 문어체 산문인 고문(古文)만을 대상으로 진행되었다. 이것은 앞서 밝힌 바대로 오언(五言), 칠언(七言) 또는 절구(絕句), 율시(律詩) 등으로 정형화된 시가(詩歌)가 독립적인 문장 유형으로 분리되어 나가고, 또 새롭게 등장한 변문(變文), 화본소설(話本小說), 희곡, 강창(講唱) 등의 장르는 백화라는 구어체 문언으로 구성되어 있어서 고문(古文)과는 함께 논의되기에 부적절했을 뿐만 아니라 문언(文言)과 백화(白話)라는 언어적 위계질서의 벽을 뛰어넘지 못했던 것이다. 이들 장르들이 진정한 가치를 인정받으며 시가(詩歌)나 고문(古文)과 대등한 문학 장르로 인식되기 시작한 것은 20세기 초엽에 벌어진 백화문운동(白話文運動) 이후의 일이다.

　이러한 문(文) 분류이론 가운데 전범(典範)으로 받아들여지고 가장 큰 영

---

11) 『문심조룡』에 등장하는 다양한 유형의 문장들, 특히 25편의 서기(書記)를 브링커(K. Brinker)가 제시한 텍스트의 다섯 가지 기본기능(제보기능/호소기능/책무기능/접촉기능/선언기능)의 관점에서 조명하고 현대적인 텍스트유형화(제보텍스트/호소텍스트/책무텍스트/접촉텍스트/선언텍스트)시도와 비교한 작업은 고영근(1999: 269-270), 박여성(Park Yo-song)(2000) 참조.

향력을 행사한 것은 동성파(桐城派) 고문가(古文家)의 한 사람인 청(淸) 요내(姚鼐)의 13분류 체계이다. 요내는『고문사류찬(古文辭類纂)』이라는 고문선집(古文選集)에서 당시까지의 모든 문장을 '논변류(論辨類)·주의류(奏議類)·조령류(詔令類)·서세류(書說類)·증서류(贈序類)·전장류(傳狀類)·비지류(碑志類)·잡기류(雜記類)·서발류(序跋類)·잠명류(箴銘類)·송찬류(頌贊類)·애제류(哀祭類)·사부류(辭賦類)'의 13가지로 유형화를 시도하고 선진(先秦)에서 청(淸)에 이르는 문장 가운데 각각의 유형을 대표할만한 작품들을 선정하여 실었다. 여기에는 유협 이후에 새롭게 등장한 증서류(贈序類), 전장류(傳狀類), 서발류(序跋類) 등의 문장 유형의 포함되어 있다.

고영근(1999: 272-273)은 한국의 전통적인 한문텍스트의 13가지 문장유형을 브링커(K. Brinker)가 제시한 다섯 가지 텍스트 유형화의 관점에서 제보기능(Informationsfunktion), 호소기능(Appellfunktion), 책무기능(Obligationsfunktion), 접촉기능(Kontaktfunktion), 선언기능(Deklarationsfunktion) 등의 지배적인 화행기능에 따라 다음과 같이 분석을 시도하였다.[12]

가. 제보텍스트: 전장류
나. 호소텍스트: 논변류, 주의류, 잠명류
다. 선언텍스트: 조령류
라. 접촉텍스트: 서독류, 증서류, 비지류, 잡기류, 서발류, 송찬류, 애제류

요내는 서문에서 각각의 문장 유형을 분류한 근거와 그 원류(源流)를 밝히고 있다. 이 서문의 논의를 기초로 하고 요내가 각 유형의 대표적인 작품으로 선정한 문장들을 분석하여 그 지배적인 텍스트 기능을 분류·귀납시

---

12) 이 연구는 한문텍스트를 대상으로 분석을 시도한 것으로 요내의 분류 중 서세류(書說類)와 사부류(辭賦類)가 빠지고 대신 편지글인 서독류(書牘類)와 잡기, 잡저, 만록 등을 모아놓은 필기류(筆記類)가 들어가 있다. 이것은 한국적인 특성을 일부 반영하고 있는 것으로 생각된다. 서세류는 편지와 유세문을 함께 수록한 것('얼굴을 맞대고 말하면 유세이고 그것을 글로 적으면 편지'라는 것이 요내의 설명이다.)인데 한국 한문에서는 유세문이 거의 없어 이것을 서독류로 이름을 바꾸고, 역시 우리나라에서 많이 지어지지 않은 사부류를 잡기류로 대체한 것으로 생각된다.

킨다면 현대의 텍스트유형화 논의에도 많은 시사점을 던져줄 것으로 생각된다.

또 한 가지 주목할 것은 청(淸)의 증국번(曾國藩)이 『경사백가잡초(經史百家雜鈔)』에서 시도한 3문(門) 11류(類)의 분류법이다. 증국번은 한동안 문장 유형화 논의에서 제외되었던 경부(經部)와 사부(史部), 자부(子部)의 문장을 다시 포괄하여 문장분류를 시도하였을 뿐 아니라 요내의 13류를 대폭 수정하여 요내의 증서(贈序)를 없애고 서기(敍記)와 전지(典志)를 새로 추가하였고, 요내의 송찬(頌贊)과 잠명(箴銘)을 사부(辭賦)의 하편에 귀속시켰으며, 비지(碑志)를 전지(傳誌)의 하편에 편입시켰다. 또 논변(論辨)은 논저(論著)로, 사부(辭賦)는 사부(詞賦)로, 서세(書說)는 서독(書牘)으로, 전장(傳狀)은 전지(傳誌)로 명칭을 바꾸고 분류기준도 조금씩 달리 하였다.13)

더욱 주목할 만한 점은 이들 11가지 유형 위에 기재문(記載門), 저술문(著述門), 고어문(告語門)이라는 상위 분류를 설정하고 여기에 11가지 유형을 귀납시킨 점이다. 기재문은 사물의 객관적인 기술을 위주로 한 문장을, 저술문은 주관적인 견해의 표현을 위주로 한 문장을, 고어문은 쌍방의 의사소통을 위주로 한 문장을 지칭한다. 이것을 11류와 연관시키면 다음과 같다.

　　가. 기재문: 전지(傳誌), 서기, 전지(典志), 잡기
　　나. 저술문: 논저, 사부, 서발
　　다. 고어문: 조령, 주의, 서독, 애제

이것을 브링커(K. Brinker)의 텍스트유형화와 비교해보면, 기재문은 정보 전달 기능이 지배적이므로 제보텍스트에, 저술문은 텍스트 생산자가 수용자에게 어떤 사실에 대하여 일정한 관점을 받아들이도록 하는 것을 임무로 삼는다는 점에서 호소텍스트에, 고어문 가운데 조령류는 해당 텍스트가 새로운 현실(Realität)을 창조함을 이해시키는 것을 임무로 삼는다는 점에서 선언텍스트에, 주의류, 서독류, 애제류는 생산자가 문제삼고 있는 것이

---

13) 이상의 논의는 『경사백가잡초』의 서문을 근거로 한 것이다.

개인적인 관계(특히 개인적인 접촉을 만들고 유지하는 일)임을 수용자에게 이해시키는 것을 주된 임무로 삼고 있다는 점에서 접촉텍스트에 관련시켜 논의해볼 수 있지 않을까 한다.14) 이를 요약해보면 다음과 같다.

　　가. 기재문: 전지(傳誌), 서기, 전지(典志), 잡기 → 제보텍스트
　　나. 저술문: 논저, 사부, 서발 → 호소텍스트
　　다. 고어문(1): 조령 → 선언텍스트
　　라. 고어문(2): 주의, 서독, 애제 → 접촉텍스트

　또『경사백가잡초』에서 문(門)과 류(類)로 범주를 달리 설정하여 분류를 시도한 점은 텍스트부류(Textklassen), 텍스트종류(Textsorten) 등과 연관시켜 논의해 볼 수 있을 것이다.15)

4. 맺는말

　이상에서 고대중국 텍스트관을 규명하는 차원에서 문(文) 개념의 역사적 변이 양상을 살펴보고 이를 기호나 텍스트와 비교할 수 있는 가능성을 살펴보았고, 이와 연관된 고대중국 텍스트관의 특징인 작품(poetic) 텍스트와 실용(mundane) 텍스트 또는 문학텍스트와 비(非)문학텍스트에 대한 통합적 이해에 대해 검토해 보았다. 또 고대중국의 도서분류 체계를 살펴본 후에, 조비(曹丕)의『전론(典論)·논문(論文)』에서부터 유협의『문심조룡』을 거쳐 청의『고문사류찬』과『경사백가잡초』에 이르기까지 지속적으로 진행된 문(文) 분류 이론을 역사적 관점에서 조망하고 초보적이나마 이를 현대의 텍스트유형론(Texttypologie, Texttypology)의 이론적 성과 위에서 수용할 수 있는 가능성에 대해 검토해 보았다. 그러나 고대중국의 문장분류는 일관된 기준에 따른 단일한 체계가 아니다. 따라서 이들을 현대적인 텍스트

---

14) 각각의 텍스트 유형에 대한 정의는 고영근(1999: 254-259)을 참조할 것.
15) 텍스트부류(Textklassen)와 텍스트종류(Textsorten)에 관련된 논의는 박여성
　　(1995: 20) 참조.

유형론의 논의 마당으로 끌어들이기 위해서는 실제 텍스트에 대한 구체적인 분석이 선행되어야 하고, 이것을 다시 귀납, 정리하는 되먹임(feed-back) 과정이 필요하다.

또 한 가지 경계해야 할 것은, 이른바 '고이유지'(古已有之: 예전에 이미 다 있었다)식의 순환 논리에 빠지는 것이다. 이것은 이론의 생산적인 토론 과정을 방해한다는 점에서 특히 위험하다. 이러한 자기 모순에 빠지지 않기 위해서는 각각의 논의를 형성하는 이론적 배경과 논리적 기초에 대한 세심한 고찰이 필요할 것이다.

참고논저

고영근(1998), 동양의 훈고학 및 고전시학과 텍스트이론, 텍스트언어학 5: 1-26.

고영근(1999), 텍스트이론—언어문학통합론의 이론과 실제, 아르케.

김경용(1994), 기호학이란 무엇인가, 민음사.

김해명 외(1994), 중문학 어떻게 공부할까, 실천문학사

박여성(1995), 화행론적 텍스트유형학을 위하여, 텍스트언어학 2: 1-60

박여성(Park Yo-song)(2000), Zur Vorgeschichte der Texttypologie, [manuscript]

반고(班固)(漢)/顔師古注(1962), 漢書, 北京: 中華書局

보그란데(B. de Beaugrande) · 드레슬러(W. Dressler)(1981)/김태옥 · 이현호(역)(1995), 텍스트언어학입문, 한신문화사

브링커(K. Brinker)(1992)/이성만(역)(1994), 텍스트언어학의 이해, 한국문화사

소통(蕭統)(梁)/李善注(1986), 文選, 上海: 上海古籍出版社

손흠선(孫欽善), 中國古代文獻學史, 北京: 中華書局

왕개부(王凱符) · 장회은(張會恩)(1992), 中國古代寫作學, 北京: 中國人民大學出版社

요내(姚鼐)(淸)/吳孟夏 · 蔣立甫主編(1995), 古文辭類纂評注, 合肥: 安徽敎育出版社

유협(劉勰)(梁)/周振甫注(1986), 文心雕龍今譯, 北京: 中華書局

유협(劉勰)/詹鍈注(1989), 文心雕龍義證, 上海: 上海古籍出版社

노만(Jerry Norman)(1988), *Chinese*, Cambridge: Cambridge University Press

조동일(1992), 한국문학의 갈래이론, 집문당

증국번(曾國藩)(淸)(1957), 經史百家雜鈔, 臺北: 國際書店

진필상(陳必祥)(1986)/심경호(역)(1995), 한문문체론, 이회문화사

천핑(Chen Ping)·구위에구오(Gu Yueguo)(1997), Introduction, Text 17(4): 431-433
파터(H. Vater)(1994)/이성만(역)(1995), 텍스트언어학 입문, 한국문화사
팽철호(1992), 文心雕龍硏究, 서울대학교 중문과 대학원 박사학위논문

양세욱(梁世旭)
서울대학교 중어중문학과 박사과정
151-059
서울 관악구 봉천9동 635-359
전화 : 011-9914-7208
e-mail : kapila@chollian.net

라디오 편지 텍스트의 특징

남 지 애

라디오 편지 텍스트는 '사연 소개'라는 형식으로 라디오 청취자 참여 프로그램 상에서 음성언어로 소개되는 텍스트를 말한다. 라디오 편지 텍스트는 그것이 대중적으로 활발하게 유통되고 있는 텍스트라는 점, 청취자들이 직접 생산에 참여하는 텍스트라는 점에서 연구 가치가 있다. 라디오 편지 텍스트는 전체적으로 편지글의 형식을 띠지만 본문에 실린 주된 내용은 수필 텍스트와 유사하다. 그리고 편지를 소개해주는 프로그램의 진행자가 있기 때문에 관계설정에서 수신자가 이중화되어 나타나기도 한다. 라디오 편지 텍스트의 표현적 특징으로는 은유와 묘사, 병렬적 표현, 빈번한 대화의 인용 등을 들 수 있다. 이런 특징들은 라디오 편지 텍스트의 감동 기능과 음성언어로 전달되는 구어적 특성에 의한 것이다.

핵심어휘: 라디오 편지 텍스트, 관계설정, 감동적 기능, 구어적 특성

1. 들어가기

다음 사연 소개해 드리겠습니다. 이번 사연은 서울시 은평구 응암동에서 ○○○씨가 보내주셨습니다.

MBC 여성시대 진행자 여러분, 안녕하십니까? 저는 오십 고개를 막 넘어서는 중년의 아낙입니다. 남편과 대학에 다니는 아이들 둘이 있습니다. 인생의 후반부를 장식하고 있는 저의 삶에 작은 전환점이 된 이야기를 할까 해서 펜을 들었습니다……(하략)

우리는 집에서, 혹은 버스 안에서 우연히 라디오에서 흘러나오는 사연

을 들을 수가 있다. 사연 하나하나를 진행자들이 실감나게 읽어 주는 것을 들으면서 웃기도 하고, 감동을 받기도 한다. 하루에도 수십 편씩 소개되는 이런 편지 사연들을 듣고 있으면 그 텍스트들이 어떤 일정한 유형을 띠고 있음을 발견할 수 있다. 즉 소재, 주제 등의 공통점뿐만 아니라 텍스트 구조나 텍스트 내에 나타난 언어적 표현의 유사성 등이 존재한다는 것을 알 수 있다.

본고는 이 라디오 편지 텍스트[1]를 분석하여 앞에서 말한 일정한 유형성 즉 그 특징을 고찰하고자 한다. 특히 다음과 같은 이유에서 분석하고자 하는 라디오 편지 텍스트는 연구 대상으로서 의의를 가진다.

첫째, 라디오 편지 텍스트는 현재 활발하게 유통되고 있는 텍스트의 하나이다. 각 방송사에서 제작하는 라디오 프로그램만 해도 수십 개가 넘고, 각각의 프로그램에서 소개해주는 편지를 대여섯 편으로 잡더라도 하루에 유통되는 라디오 편지 텍스트는 수십 여 편에 달한다. 특히 라디오라는 매체는 사람들의 여가 활동에 개입하게 마련인데 이것은 어떤 고정된 오락과 관계되는 것이 아니고, 위안과 휴식을 요구하는 오락, 특히 필요한 휴식 외에도 직업이 요구하는 공백의 시간, 즉 휴가 오락과 관련이 있는 일상생활 가운데서 이루어지는 것이다.[2] 그러므로 라디오는 공간적, 시간적 제약도 적고, 적극성을 필요로 다른 매체에 비해 사람들과 더욱 친근한 매체임을 알 수 있다. 그 만큼 라디오 편지 텍스트는 영향력을 가질 것이고 이것이 활발한 유통을 가능하게 하는 기제가 된다.

둘째, 라디오 편지 텍스트는 라디오라는 특정 매체의 언어적 특성을 반영한다. 문자나 어떤 이미지도 없이 오직 소리만을 가지고 방송을 만들어

---

1) **'라디오 편지 텍스트'**라는 용어는 연구자가 설정한 것이다. 이것이 지시하는 텍스트는 라디오 프로그램 상에서 음성언어로 실현되는 편지를 말한다. 요즘에는 통신 매체의 발달로 인해 우편과 같은 수단을 통하지 않고서도 팩스나 인터넷 게시판 등을 활용하여 사연을 보낼 수 있게 되었다. 그러나 이런 모든 텍스트들이 여전히 편지글의 형식을 띠고 있기 때문에 모두를 아울러 '편지 텍스트'라고 해도 무방할 것이다. 그리고 이것은 일반적인 편지 텍스트와 구별되기 때문에 그것이 전달되는 매체를 밝혀 '라디오 편지 텍스트'라 설정하였다.

2) 장 카제뇌브, 문정자 역, Sociololgie de la Radio-Television, 라디오·텔레비젼 사회학, 탐구당, 1994. pp. 136-137

나가는 라디오의 매체적 특성이 이 편지 텍스트에도 반영되어 있을 것이다. 특히 라디오 편지 텍스트는 일차적으로 문자로 쓰여지지만 최종적으로는 음성 언어로 실현된다는 점에서 그 언어적 표현에 구어적인 특성이 많이 반영된다. 그러므로 라디오 편지 텍스트는 라디오 매체 언어의 특성을 고찰하기 위한 하나의 구체적인 텍스트로 가치가 있다.

셋째, 라디오 편지 텍스트는 청취자들에 의해 직접 생산되는 텍스트이다. 활발하게 유통되는 라디오 편지 텍스트는 고정되고 격식적인 텍스트가 아니라 유동적이며 비격식적인 텍스트이다. 그러므로 청취자들은 라디오 청취자 참여 프로그램[3]을 통해 직간접적으로 영향을 주고 받으며 하나의 일정한 유형의 텍스트를 생산해 내게 된다. 즉 이러한 라디오 청취자 참여 프로그램은 제도적 학교 교육 밖의 글쓰기, 특히 공감과 감동을 목적으로 하는[4] 글쓰기가 이루어지고 향유되고 있는 공간 중의 하나라 할 수 있다. 그러므로 라디오 편지 텍스트 분석은 일반인들의 라디오 매체를 통한 글쓰기 양상을 살펴볼 수 있는 기본적 자료가 될 수 있을 것이다.

이 연구를 위해 본고에서는 프로그램을 통해 방송된 라디오 편지 텍스트를 다수 선정하여 분석 대상으로 삼았다. 자료를 수집하기 위해 우선 각 시간대별로 많은 청취자를 보유하고 있는 세 프로그램을 선정하였다.

  1) 양희은·김승현의 「여성시대」
  2) 강석·김혜영의 「싱글벙글쇼」
  3) 이종환·최유라의 「지금은 라디오 시대」

---

3) 청취자 참여 프로그램은 청취자들이 보내 온 엽서와 청취자들과의 전화통화를 중심으로 진행되는 프로그램이다.
  김영욱(1998), 라디오 방송 저널리즘이 현황과 가능성, 한국방송개발원. p.77
4) 라디오 편지 텍스트는 비판적이나 논리적인 글이라기보다 대부분 생활의 경험이나 느낌 등을 편안하고 재미있게 풀어낸 글이다. 이것은 듣는 사람들의 감정에 호소하는 기능을 한다. 고영근(1999)이 브링커의 5가지 텍스트 기능을 바탕으로 설정한 텍스트의 6가지 기능(제보기능/호소기능/책무기능/접촉기능/선언기능/감동기능) 중 감동기능이 이에 해당한다.

이는 라디오 매체의 특성상 프로그램의 분위기나 사연을 읽어주는 특정 진행자5)에 따라 편지 텍스트의 내용이나 형식도 조금씩 달라질 수 있다는 것을 감안한 것이다. 선정된 세 프로그램에서 각 10편, 총 30편의 편지 텍스트를 자료로 선정하였다.

본고에서는 우선 30편의 편지 텍스트를 대상으로 전반적인 텍스트 유형을 살펴보고, 텍스트에 나타난 언어적 표현을 분석할 것이다.

2. 라디오 편지 텍스트의 특징

2.1. 라디오 편지 텍스트의 유형적 특징

라디오 편지 텍스트는 기본적으로 편지글의 형태를 띠고 있다. 그러나 일반적 편지와는 달리 그 주된 목적이 자신의 일상적 경험을 소개하기 위한 것이라는 점에서 구별이 된다. 잔디히(1972)는 실용텍스트 유형을 구분하면서 몇 가지 기준이 되는 일련의 자질들을 사용하고 있다. 여기서 가장 중요한 자질로는 [gesp], [spon], [mono]6) 를 들 수 있다. 이 자질들에 따라 텍스트는 구어적/문어적, 자발적/비자발적, 독화적/대화적 텍스트로 나뉜다. 잔디히의 잠정적 분류에 따르면 사교 편지는 [+mono, +gesp, +spon]으로 독화적이고 구어적이며, 자발적인 텍스트에 해당된다. 본고에서 논의하고 있는 라디오 편지 텍스트도 편지글이라는 점에서 독화적이고 구어적이며, 자발적인 텍스트이다. 그러나 라디오 편지 텍스트는 우선 수신인을 청취자라는 집단을 대상으로 쓰여졌다는 점에서 개인적으로 주고 받는 사교 편지와는 다른 특징을 지니고 있다. 그리고 그 목적이 주로

---

5) 청취자 참여 프로그램에서는 진행자의 퍼스널리티가 중요한 역할을 하는데, 프로그램 제목에 진행자의 이름이 들어가는 것은 그 이유에서다.
  김영욱(1998), 라디오 방송 저널리즘의 현황과 가능성, 한국방송개발원 p.77
6) +gesp : 구어적, -gesp : 문어적
  +spon : 자발적, -spon : 비자발적
  +mono : 독화적 -mono: 대화적

자신의 일화적 경험이나 느낌 등을 감동적으로 서술한다는 것에 있어 일반적 편지와 구별된다. 그리고 일반 편지는 내용이나 형식이 일정하게 유형화되어 있지 않지만 라디오 편지 텍스트는 '사연 소개'라는 일정한 형식과 음성언어로 낭독된다는 특성으로 인하여 내용이나 표현이 유형화되어 있다. 특히 라디오 편지 텍스트의 본문이 자신의 일화적 경험이나 느낌 등을 서술했다는 점에서 라디오 편지 텍스트는 수필과 유사하다고 할 수 있다. 수필은 전적으로 자기의 경험을 소재로 하여 거기에 문학이라는 옷을 입혀 창작해 내는 것이다. 즉 수필의 소재는 우리의 생활 체험을 통해서 얻어질 수 있는 것, 좀 더 넓게 보면 내면세계를 포함하여 이 세상에서 우리가 겪는 모든 체험들이 수필의 소재가 될 수 있다. 경험으로 얻어진 소재를 가지고 진솔하며 개성적인 새로운 심상을 만들어 내는 것이 수필 문학이라고 할 수 있다.[7] 이런 점에서 감동 전달을 목적[8]으로 필자가 소개하고자 하는 가치 있는 경험을 서술한 라디오 편지 텍스트의 본문은 수필과 비슷하다. 즉 라디오 편지 텍스트는 전체적으로 편지글의 형식을 빌고 있지만 그 속에 수필과 유사한 양식의 텍스트를 포함하고 있다고 말할 수 있다.

또한 그 수신자도 친분이 있는 개인이나 글쓴이가 직접 한정할 수 있는 대상이 아니라 라디오 청취자라는 일반적 대중을 대상으로 하게 된다.[9] 여러 텍스트의 경우 인사말에 특정 프로그램 진행자가 수신자로 설정되기도 한다. 그러나 이들은 단순히 수신자의 역할만을 하는 것이 아니라 이와 동시에 일반 청취자들에게는 하나의 발신자가 된다. 즉 진행자는 라디오 편지 텍스트를 최종적으로 실현해 주는 역할과 함께 수신자와 발신자의 이중적인 기능을 한다.

그리고 무엇보다 라디오 편지 텍스트가 지닌 독특한 특징은 그것이 음

---

7) 도창회, 「수필문학론」, 한누리, 1993.
8) 라디오의 심리적 과정은 원칙적으로 동일화와 감동의 분출로 나타난다.
9) 에르멀트(1979)는 편지를 텍스트 유형이 아니라 일종의 대화적 문어체 소통이라고 본다. 그러나 '문학적 통보형태'인 편지도 들고 있는데 이것을 '허구적인 편지'로 보고 '실제의 편지'와 구별하고 있다. 여기서 다루는 '라디오 편지 텍스트'도 일반적 편지와는 달리 '허구적인 편지'로 볼 수 있다.

성 언어 텍스트로 재구성된다10)는 점이다. 라디오 편지 텍스트는 기본적으로 문자로 먼저 쓰여지게 마련이다. 하지만 채택된 텍스트는 음성 언어로 낭독되기 때문에 실제 글쓰기에서 이런 특성이 반영된다고 할 수 있다. 이것은 실제로 본고에서 논의하는 라디오 편지 텍스트의 언어적 표현을 결정하는 큰 요인이 된다.

　위에서 살펴본 것들을 브링커(1992)가 제시한 텍스트 유형 분류의 여러 가지 기준을 적용하여 정리하면 다음과 같다.

<라디오 편지 텍스트의 유형적 특징>
1) 텍스트의 기능 : 감동적 기능11)
2) 통보 방향 : 독화적
3) 접촉 방식 : 청각 기호, 공간 분리적
4) 통보 방법 : 음성
5) 행위 영역 : 공공적

이렇게 라디오 편지 텍스트의 유형적 특징을 살펴볼 수 있다. 여기서 라디오 편지 텍스트의 언어적 표현 유형을 형성하는데 큰 영향을 미치는 요인은 텍스트의 기능인 감동적 기능과 음성 언어로 전달된다는 점에서의 구어적 특성을 들 수 있다.

2.2. 라디오 편지 텍스트의 구조적 특징과 관계 설정

　라디오 편지 텍스트는 머리말, 본문, 맺음말의 세 부분으로 구성되어 있다.

---

10) '라디오 편지 텍스트'는 기본적으로 문자로 쓰여진 글이 우선적으로 존재한다. 그러나 실제 방송이라는 매체를 통해 청취자들에게 전달되는 것은 음성 언어를 통한 텍스트이다. 그러므로 '라디오 편지 텍스트'는 방송을 통해 음성 언어 텍스트로 재구성된다고 할 수 있다.
11) 브링커는 텍스트의 기본기능을 제보기능/호소기능/책무기능/접촉기능/선언기능의 5가지로 들고 있다. 여기서 감동적 기능은 고영근(1999)가 브링커의 기본기능을 바탕으로 추가한 항목이다.

　머리말에서는 일반 편지 텍스트처럼 인사말이 들어가 있다. 이 외에 자기 소개, 가족 소개, 글을 쓰게 된 동기들을 함께 밝히고 있다. 즉 머리말의 기본적인 기능은 사연을 소개하기 위한 도입에 있다. 개인간에 주고받는 편지와는 달리 라디오 편지 텍스트는 개인적 친분도 없고 어떤 관계도 설정되어 있지 않은 일반적 청자 집단을 수신자로 설정하고 있기 때문에 사연 소개 이전에 자신에 대한 소개며, 가족 소개, 이 글을 쓰게 된 동기 등을 형식적으로나마 밝히고 있다.

　가) 안녕하세요. 저는 올해로 결혼 11년째 되는 주부입니다. 먼저 저희 집 내력을 말씀 드리고자 합니다. 불같은 성미의 아버지와 언제 터질지 모르는 시한 폭탄과 같은 성격을 가지신 어머니 밑에 태어난 1남 2녀 중 장녀인 저는 활화산 같은 성격의 소유자였습니다.. 허나 외모는 전혀 반대로 보름달 같은 얼굴에 살살 눈 웃음까지 짓는 겉과 속이 전혀 다른 그런 여자였습니다. 하지만 철칙은 있습니다. 정도를 지키는 자에겐 순한 양이요, 지키지 못하는 자에겐 어김없이 대가를 치뤄주곤 했습니다. (하략)

　나) 안녕하세요? 이종환, 최유라씨!
　오늘은 노는 날이라 차 안에서 듣지 않고, 집에서 온 가족이 무여 두 분의 목소리를 듣습니다. 여기는 대구입니다. 저는 40의 문턱에 들어선 한 집안의 가장이자 아직도 '엄마'를 찾는 우리 어머니의 막내 아들입니다. 물론 이종환씨를 형님으로 최유라씨를 애인으로 여기고 사는 열렬한 '라디오 시대'의 애청자이기도 합니다.

　그런데 특이한 점은 머리말 인사에서 주로 부르는 대상은 일반적 청취자라기보다는 프로그램을 진행하는 특정 진행자라는 점이다. 다음의 예에서 이런 경향을 볼 수 있다.

　다) 신선한 웃음과 진솔한 삶의 얘기를 전해주느라 불철주야 애쓰시는 이종환, 최유라님, 안녕하십니까? 소생은 인삼의 고장 '금산'에서 태어나 볼혹을 넘긴 지금까지도 금산에 살고 있는 사람입니다.

라) 안녕하세요? 강석, 김혜영씨

전 올해로 결혼 5년째인 주부입니다. 저희 남편은 친구와 술을 너무 사랑하는 사람입니다.

나), 다), 라)의 예에서와 같이 글을 쓰는 사람들은 주로 머리말에서 프로그램 진행자를 수신자로 설정하고 있다. 이것은 이 텍스트가 일정한 프로그램에 방송될 것을 목적으로 쓰여진 것이기 때문이다. 즉 여기서 언급되고 있는 프로그램 진행자들은 일차적으로 문자로 쓰여진 텍스트를 음성 언어로 재구성해 주는 역할을 한다. 또한 프로그램의 진행자는 사연을 쓴 필자와 일반 청취자를 연결해주는 매개체의 역할을 하기도 한다.

본문은 이렇게 관계가 형성된 청취자나 진행자를 대상으로 자신이 겪은 일이나 느낌 등을 이야기하는 부분이다. 이것은 라디오 편지 텍스트의 가장 핵심적인 부분으로 이야기의 소재와 내용, 그것을 효과적으로 표현하기 위한 언어적 표현 등을 동원하여 텍스트의 감동적 기능을 주로 수행하는 부분이다.

머리말의 인사에서부터 본문의 자기 사연 소개가 끝나면 라디오 편지 텍스트는 일반 편지와 같이 맺음말에서 편지를 끝내는 인사를 하게 된다. 그런데 라디오 편지 텍스트의 맺음말은 일반 편지처럼 끝내는 인사로만 이루어진 것이 아니라 본문에서 소개했던 이야기를 전체적으로 마무리하고 느낌을 정리하는 역할을 한다. 즉 그 이후로 어떻게 되었는지를 요약적으로 진술하거나 사연과 관련해서 청취자들에게 하고 싶은 말 등을 간략하게 서술하고 있다. 그러나 대부분의 텍스트에서 본문에서 풀어냈던 만큼의 이야기를 효과적으로 정리하지 못하고 있음을 볼 수 있다.

마) 이 글을 들으시는 많은 애청자 여러분!

잠깐이라도 같이 주위를 둘러 보지 않으시렵니까? 혹시라도 넘치게 가지고 있다면 주변의 못가진 사람들에게 좀 나누어 주는 배려하는 마음을 가져보는 것도 좋을 듯 싶습니다. 저도 아이들의 장난감이며 옷가지.. 이불장에 짱 박혀 있는 이불 등을 챙겨서 돌아오는 휴일에는 가까운 곳에라도 나누러 가야겠습니다.

바) 어쨌든 자식들한테는 좀 섭섭하게 하셔도, 언제나 신혼부부처럼 사는 저희 부모님 너무너무 존경하구요. 그리고, 참고로 주유소에서 아르바이트 하시는 분들 웬만하면 혼자 주무십시오. 감사합니다.

사) 그 날 이후 우리 부부는 거의 냉전상태입니다. 남편 버릇을 고치기 위해 저는 굳게 입을 다물려고 합니다. 그 동안 남편은 마음만 좋아가지고 보증 서 주기, 돈 빌려주기, 물건 사주기가 취미 생활이었는데 이제는 우리 가족을 생각했으면 좋겠습니다.

아) 그 후 후배의 나이 꽉 차 혼사를 서두를 즈음... 이장님께서 신부감 물색하느라고 이장직을 내놓아야하셨지요. 결국, 이장님게서 추천하신 우리 마을에서 아주 멀리 떨어진 모 마을의 색시를 만나 그 후배 지금도 잘 먹고 잘 살고 있습니다. 모두 이장님의 공이라고 생각합니다. 이장님, 지금도 건강하시죠? 감사합니다.

자) 지금도 가끔 남편은 무등산에 가면 "아이 추워라, 추워 뭐 없어?" 하면서 저를 놀리곤 한답니다. 전국에 계신 애청자 여러분, 남자가 춥다는 말에 절대로 속지 맙시다. 특히 산속에서 하는 말에…….

차) 한국의 남성들이여! 아내를 전적으로 믿고 주도권, 경제권 꽉꽉 밀어주십시오, 그러면 집안이 평안해지고 행복해집니다. 안녕히 계십시오.

카) 그래두요, 우리 할머니. 50대 같이 젊고 예쁘시고 그런 모습을 뵈면 얼마나 좋은지 몰라요. "할머니! 그 모습 그대로 저희들 곁에 오래 계셔주세요." 감사합니다.

또한 위의 관계 설정과 관련해서 특징을 좀 더 살펴보면 맺음말에서는 머리말에서와는 달리 일반 청취자를 직접 부르는 경우가 많다는 것이다. 즉 마), 바), 자), 차)의 예가 그러하다. 혹은 아)나 카)처럼 주된 사연의 주인공이 된 사람에 대한 안부를 묻거나 하고 싶었던 말을 하면서 끝맺는 경우도 있다. 이것은 머리말에서 간접적으로 설정되었던 일반 청취자들을 직접적으로 부르고 있는 것이다.

라디오 편지 텍스트가 일반 청취자들을 대상으로 하지만 머리말에서는 잘 알려진 프로그램 진행자를 수신자로 설정하는 것은 그것이 관계 설정의 도입이기 되기 때문이다. 즉 서로간에 관계가 없는 상황에서 매개 역할을 하는 것은 라디오 프로그램의 진행자이다. 그러므로 필자는 머리말에서 주로 프로그램 진행자를 수신자로 설정한다. 본문에서는 누구나가 한 번 쯤은 겪었을 만한 일들을 진솔하게 써 내려간 사연을 통해 청취자의 공감을 불러일으키면서 좀 더 친근하게 접근을 하게 된다. 그리고 맺음말에서 청취자들을 표면적으로 불러냄으로써 그 관계를 더욱 공공히 하고 있다.

이런 구조적 특징을 통해서 필자는 자신과 프로그램 진행자, 일반 청취자의 관계를 다음과 같이 설정하고 있다. 이것은 라디오 편지 텍스트가 전제하게 되는 전체적 관계 설정이다.

<그림1> 라디오 텍스트에서 필자, 진행자, 청취자의 관계 설정

2.3. 라디오 편지 텍스트의 표현적 특징

2.3.1. 상투적인 묘사와 은유

가) 부시시한 머리에 헐렁한 외투, 무릎이 볼록나온 바지하며 어딘지 뭔가 어설퍼보이는 아니 어리숙해보인다는 게 더 맞는 표현일거예요.

____

12) 이 때의 진행자는 청취자 참여 프로그램을 이끌어 가는 사람 즉 라디오 편지 텍스트를 소개해 주는 사람을 의미한다.

나) 할머니께서는 병실에서도 늘 화장을 하시는데 그 화장이란 것이
입술에 삐뚤삐뚤 빨간 루즈를, 얼굴에는 분을 바른 부분에만 계속 덧발라
얼룩덜룩, 눈언저리의 검버섯 위에다 하얀 크림을 손으로 살살 펴 발라
드렸다가 혼쭐도 났답니다.

다) 때는 1993년 4월 만물이 기지개를 펴며 소생의 몸부림을 왕성히
하는 따사로우면서도 약간은 기분좋게 쌀쌀한 전형적인 봄의 날씨가 계속
되는 가운데……

라) 먼저 저희 가족 소개를 잠깐 할게요. <u>별나지만 미워할 수 없는 할</u>
<u>머니, 구두쇠지만 세상에서 제일 존경스러운 아버지, 강하시고 사랑이 넘</u>
<u>치는 어머니, 천사같이 맘 넓은 언니, 공부도 잘하고 예쁜 나(?), 어여쁘고</u>
<u>부모님께 효도하는 동생 2</u> 이렇게 일곱이에요.

마) <u>실크처럼 보들보들하게 마음을 감싸주는 사연, 냄비 속 찌개처럼</u>
<u>부글부글 끓은 사연, 홍수에 둑 터지듯 눈물 흘러 넘치는 사연, 갖가지 사</u>
<u>연 속에 매일매일 새롭게 인생 공부합니다.</u>

바) <u>꽃다운 청춘 열 여섯에 시집을 와 남들은 하나도 낳기 힘들다는</u>
<u>떡두꺼비</u>같은 아들을 낳으시고 딸 하나를 두어 손이 귀한 광산 김씨 가문
을 우뚝 일으켜 세우시고……

사) <u>제가 막 물이 올라 손대면 톡 하고</u> 터질 것만 같았던 봉숭아 꽃을
닮았던 시절……

라디오 편지 텍스트에 나타나는 주된 언어적 표현은 묘사와 은유이다.
묘사는 읽는 이가 표현되는 대상을 상상하고 상상된 대상으로부터 감각
적 인상이나 정서적 영향을 받게 한다. 여기서의 묘사는 위의 예들에서
보듯이 인물의 모습이나 성격, 행동, 사건의 분위기를 결정하는 날씨 등
을 구체적으로 진술하는데 효과적으로 쓰이고 있다. 은유적 표현은 언어
표상이 지니고 있는 의미들을 본래의 어떤 영역에서 전혀 다른 영역으로
전환하는 것으로 이것은 의미 공간을 확대해서 독자의 심금을 움직이는

효과적 수단이 된다.[13)]

가)에서 라)까지의 예시에서는 '부시시한' '헐렁한', '삐뚤삐뚤 빨간 루즈를', '얼룩덜룩'과 같은 형용사들을 많이 써서 묘사하고자 하는 대상을 생동감 있게 제시하고 젊음을 '꽃다운 청춘'이나 봉숭아 꽃에 빗대는 등 대상을 구체화하여 심상을 불러일으키고 있다. 라디오는 청각에 의존해야 하기 때문에 텔레비전과 같은 영상을 제시하는 매체보다 훨씬 제한적이지만, 그만큼 상상력의 자유를 보장할 수 있는 매체이다. 그러므로 라디오 텍스트는 청취자들의 상상력을 활성화시켜 동일화와 공감을 일으키는 것을 목적으로 한다. 이 때 위에서 살펴본 일상적인 묘사와 은유는 대상에 구체성과 생동감을 불어 넣어줌으로써 머리에 떠오르는 이미지 작용을 더욱 활발하게 한다. 특히 묘사와 은유가 상투적이라는 점이 흥미롭다. 상투적 표현 자체는 참신하거나 새로운 인상을 줄 수 없지만 그것이 모두가 쉽게 공유할 수 있는 이미지를 불러 일으킨다는 점에서 전달하고자 하는 대상의 이미지 작용을 더욱 명확하게 한다. 이러한 점에서 라디오 편지 텍스트는 소리에만 의지하여 이미지를 활성화 시켜야 하는 라디오라는 매체에 적합한 텍스트가 된다.

2.3.2. 병렬적 표현

가) 아줌마들이 테잎을 사달라고 하면 어려운 가정형편을 얘기하면 마누라 생각나 사주고, 양말 팔고 다니는 학생들은 동생 같아 사주고, 불량하게 차려입은 중년의 남자가 인상을 쓰면 한 대 맞을 것 같아 사주고, 할머니들이 채소, 곡식을 사달라고 하면 어머님이 생각나 산다고 한 게 거의 식료품 수준입니다.

나) 그렇게 몇 달이 지나고 저도 제 나름대로 타향에서 자취하면서 고생하시는 사장님을 위해 복숭아가 나는 계절에서 복숭아 조림을, 포도가 나는 계절에는 포도주스를 만들어 드렸지요.

---

13) 볼프강 카이저, 김윤섭 역, 「언어예술작품론」, 예림기획, 1999.

다) 휴가 나온 장남이 안쓰러워서 암탉 한 마리를 잡고, 공부하는 딸아이 건강을 위해 또 한 마리 잡고, 백중도 명절이라고 잡고, 추석이라 잡다 보니 장닭 한 마리만 남았습니다.

라디오 편지 텍스트에서 위의 예와 같은 병렬적 표현들을 특징적으로 찾아 볼 수 있었다. 가)는 남편이 물건을 사 가지고 오는 데 대한 변명을 병렬의 원리에 의해 늘어놓음으로써 강조를 하고 있다. 나)에서는 병렬적 표현을 통해 시간의 흐름을 나타내고, 다)에서는 장닭 한 마리만 남은 이유를 병렬적 표현을 통해 나타내고 있다. 단순하게 한 문장으로 나타낼 수 있는 것을 장황하게 병렬하여 표현한 것은 결과적으로 표현하고자 하는 대상에 대한 강조를 나타낸다. 그리고 이런 표현은 단순한 수사적 나열의 인상을 넘어서 시적인 율동감을 일으키는 기능을 한다. 이것은 음성 언어로 표현되는 라디오 편지 텍스트의 효과와 관계가 깊다. 특히 흥미로운 것은 이런 표현들은 이미 조선시대에 널리 노래되었던 가사나 판소리 사설 등에서 쉽게 찾아 볼 수 있다는 것이다. 다음이 그 예 중의 하나이다.

칠팔월 청명일에 얽고 검고 찡기기는 바둑판 장기판 고누판 같고 멍석 덕석 방석 같고 철등 덕석 고석매 같고 땜장이 발등 같고 우박 맞은 잿더미 쇠똥 중화전 철망 같고……

또한 이런 표현은 일상적 언어에서도 널리 찾아 볼 수 있다. 김대행(2000)은 장터에서 물건을 파고 사는 소리나 대중을 향한 정치 연설에서 병렬적 표현을 쉽게 찾아 볼 수 있으며, 이런 병렬화는 일상의 언어에서 널리 활용되는 자질이라고 하고 있다. 그리고 이런 표현들 역시 시적인 율동감을 자아내는 기능을 한다고 한다. 즉 이런 병렬적 표현은 구어체적인 텍스트의 전형적인 양상이라 할 수 있으며, 대상을 극적으로 강조하며, 낭독할 때의 경쾌한 리듬감을 형성하는 기재라 할 수 있다.

2.3.3 대화체의 빈번한 사용

(가) "어이 이리 와봐 이거 나의 마음으로 십만 원이나 지출이 되었는데, 이게 도대체 어디다가 쓴 돈이야? "
"말 그대로 제 마음으로 지출이 된 거예요. 그 십만 원은 자기 월급이 적어지든 많아지든 앞으로도 계속 지출이 될 거니까 그 부분에 대해서는 절대 건드리지 마세요."

(나) "어디고 할 거 없고 아줌마 집이 어딘교? 이 양반하고 2시간이나 돌아나녔구마. 위치나 갈키주면 시방 델구가꾸마. 아! 그라고 나올 때 택시비도 들고 나오소."

(다) "워메, 워메, 아니 나가 말이다. 오늘 잔치 보러 읍내를 안갔냐? 그란디… 잔칫집에 떡하고 도착을 하니, 워메, 워메… 아랫말 순덕이 할매 안있냐? 그 할망구가 글씨 자주색 빌라도 코트를 떡하고 입고 안왔냐? 워메. 야, 니 당장 울산으로 전화 좀 꾹꾹 눌러부러라…"

라디오 편지 텍스트의 또 다른 특징으로는 대화의 직접 인용이 빈번하다는 것이다. 대화체를 사용함으로써 중요한 부분을 서술하지 않고 직접 보여준다든가, 인상적인 대화를 통해 인물의 성격을 규정하는 기능까지 할 수 있다. 특히 라디오 편지 텍스트는 진행자가 실제 말하는 것처럼 대화를 구현해 주기 때문에 이런 표현적 특징이 더욱 분명해진다.

이런 대화체의 빈번한 사용은 우선 텍스트에 대한 청취자의 주의를 환기시키고 흥미를 불러일으키는 효과를 가져온다. 특히 사투리의 어휘와 억양을 그대로 살림으로써 가벼운 웃음을 자아낼 수도 있다. 또한 대화체의 사용은 극적인 효과를 가져와서 구어로 표현되는 라디오 편지 텍스트를 더욱 효과적이게 할 수 있다.

3. 마무리

이제까지 라디오 편지 텍스트의 특징에 대해서 살펴보았다. 라디오 편지 텍스트는 현재 활발하게 유통되고 있는 텍스트로서 실용문인 편지글과도, 문학 텍스트인 수필과도 조금씩의 차이를 보이고 있는 대중 텍스트라 할 수 있다. 라디오 편지 텍스트는 청취자라는 불특정한 다수를 대상으로 쓰여진 텍스트이며, 기본적으로 감동의 전달을 주 기능으로 한다.

라디오 편지 텍스트는 크게 머리말, 본문, 맺음말로 구성되어 있다. 머리말에서는 일반 편지와 같이 인사말이 들어가 있고, 관계 설정을 위한 자기 소개나, 가족 소개, 글을 쓰게 된 동기 등이 포함되어 있다. 본문은 본격적으로 사연을 소개하는 부분으로 재미있거나 특이한 일상적 경험을 서술하고 있다. 맺음말은 이런 사연을 마무리하거나 느낌을 정리하는 기능을 한다. 특히 일반적 편지 텍스트와 같이 머리말과 맺음말에 인사말이 들어간다는 특징으로 말미암아 라디오 편지 텍스트의 필자는 자신과 프로그램 진행자, 청취자와의 관계를 설정할 수 있다.

또한 라디오라는 매체의 특성상 청각 기호에 의존해야 한다. 영상 기호에 의존하는 텔레비전 텍스트보다 청각 기호에 의존하는 라디오 텍스트들이 주의를 덜 요하지만 주요한 영상을 절대적으로 제시하지 않는다는 점에서 상상력의 자유를 제공하는 이점이 있다. 이러한 특성에 따라 라디오를 통해 전달되는 텍스트들 특히 감동의 기능을 주로 수행하는 라디오 편지 텍스트는 그 표현에 있어서 청취자들의 상상력을 자극시킬만한 언어적 표현을 적극적으로 사용해야 한다. 라디오 편지 텍스트에 주로 나타나는 상투적이고 일상적인 묘사와 은유가 이런 효과를 가져오고 있다. 그리고 의성어나 의태어 등 감각적인 단어를 많이 사용함으로써 말의 리듬감을 형성하는 기능을 하기도 한다. 동질한 단어 혹은 어구가 반복되어 강조적으로 대상을 묘사하거나 사건을 서술하는 병렬적 표현도 청취자들의 상상력을 불러 일으키고, 낭독 시 경쾌한 리듬감을 가져오는 효과를 지닌다. 마지막으로 라디오 편지 텍스트에서 빈번하게 인용되는 대화는 진행자들의 생동감 있는 억양과 톤으로 표현되기 때문에 극적 효과를 가

저온다.

  이런 연구는 요즈음의 매체 언어 수용의 움직임과 연결될 때 의의가 있겠다. 앞의 고찰을 통해 볼 때 라디오 편지 텍스트는 분명 대중적 텍스트의 하나이며 유통량 또한 적지 않은 텍스트이다. 매체 언어의 교육적 수용은 매체 언어 속에서 문화를 향유하고 문화를 창출하는 주체로 성장할 수 있게 계획하고 실천하는 것을 포함한다. 이를 위해서는 매체 언어의 비판적 이해와 수용이 선행되어야 한다. 우선 이런 연구는 매체 언어 수용에 있어서 비판적 자료의 구실을 할 수 있다는데 의의를 둘 수 있다.

참고논저

고영근(1999), 텍스트 이론-언어문학통합론의 이론과 실제, 아르케.

고영근(1993), 우리말의 총체서술과 문법 체계, 일지사.

김대행(1991), 시가시학 연구, 이화여대 출판부.

김대행(1992), 문학이란 무엇인가, 문학사상사.

김대행(2000), 노래와 시의 세계, 역락.

김대행 밖에(2000), 문학교육원론, 서울대학교 출판부.

김영욱(1998), 라디오 방송 저널리즘의 현황과 가능성, 한국방송개발원.

도창회(1993), 수필문학론, 한누리.

박성봉(1995), 대중예술의 미학, 동연.

윌리스(Edare E. Willis)(1967), Writing television and radio programe, New York Holt.

이대규(1996), 수필의 해석, 신구문화사.

카이저(Wolfgang Johannes Kayser)/김윤섭 (역)(1999), 언어예술작품론, 예림기획.

카제뉘브(Jean Cazeneuve)/문정자 (역)(1994), 라디오·텔레비전사회학, 탐구당.

파터(Heinz Vater)/이성만 (역)(1995), 텍스트 언어학 입문, 한국문화사.

<자 료>
양희은, 김승현의 여성시대- 편지 텍스트 10부
강석, 김혜영의 싱글벙글쇼 -편지 텍스트 10부
이종환, 최유라의 지금은 라디오 시대-편지 텍스트 10부

남지애(南芝愛)

서울대학교 국어교육과 석사과정

158-856

서울특별시 양천구 신정 5동 891-6번지

전화 : 02)2605-3137

e-mail : puff76@dreamwiz.com

「이야기 놀이담화」의 구성전략
―서세원쇼의 '토크박스' 분석을 중심으로―

노 지 니

대중매체의 영향으로 「이야기 놀이담화」의 생산과 공유가 활발해 지고 있다. 이러한 새로운 담화유형은 텍스트 언어학적인 분석을 필요로 할뿐만 아니라, 말하기 교육에 대한 시사점도 제공한다. 「이야기 놀이담화」는 도입 단계, 준비 단계, 반응완성 단계로 이루어지는데, 화자와 청자는 반응완성 단계에서 웃음을 유발하기 위하여, 첫 두 단계인 이야기의 구성에서 경쟁을 한다. 특히 화자는 이야기의 특정 부분을 의도적으로 드러내고 감춤으로써 청자의 추론을 조절할 수 있다. 이렇듯 텍스트 분석을 통해 추출된 목표 드러내기와 목표 감추기 전략은 말하기 교육의 내용의 한 부분으로서 기여할 수 있을 것이다.

핵심어휘: 이야기 놀이담화, 이야기 구성, 목표 드러내기, 목표 감추기

1. 우리 시대의 구비문학, 「이야기 놀이담화」

"재미있는 이야기"가 넘치고 있다. PC통신, 인터넷을 통해 급속히 확산된 재미있는 이야기는 공중파 방송에서 그것만을 위한 프로그램(KBS2, 서세원쇼의 '토크박스')이 만들어질 정도로 선풍적인 인기를 끌고 있다. 본고에서는 이 '재미있는 이야기'의 성격을 명확히 하기 위해 그것을 「이야기 놀이담화」 1)라고 부르겠다.

---

1) 놀이담화는 우리가 흔히 생각할 수 있는 말놀이인 십자말 풀이, 수수께끼, 끝말잇기, 삼행시 짓기뿐만 아니라 일상담화 속에 녹아들어 있는 이야기 형식의 것까지 모두 포괄하는 용어이다. 이 중, 이야기로 된 놀이담화를 「이야기 놀이담화」라고 명명할 수 있는데, 이러한 놀이담화 유형은 놀이담화의 텍스트 자질이라는 명확한 기준에 의해 분류한 것은 아니지만, 일상세계의 직관적인 텍

사실 재미를 추구하는 것은 인간의 본성 중의 하나(호이징하, 1938)이기 때문에 이러한 유행은 별로 새로울 것이 없을 수도 있다. 더욱이 재미있는 이야기, 즉 「이야기 놀이담화」는 어느 시대, 어디서나 존재하지 않았는가? 그러나 문제는 그것이 유통되는 양상과 역할이 변화했다는 것이다. 10여년 전만 해도 「이야기 놀이담화」의 화자는 한정적이어서, 그것이 지금만큼 활발하게 유통되지 않았다. 그 이유는「이야기 놀이담화」의 핵심인 웃음을 유발하는 방법을 만들어 내기가 쉽지 않았기 때문이다. 그러나 이제는 TV 뿐만 아니라 PC 통신이나 인터넷 등의 매체를 통해 웃음을 유발하는 결정적인 부분을 쉽게 공유할 수 있기 때문에 누구나 마음만 먹으면 「이야기 놀이담화」의 화자가 될 수 있고, 따라서 「이야기 놀이담화」는 그 어느 때보다 활발하게 생산되고 공유되고 있다. 또한 그러한 유통 양상에 따른다면 이제 「이야기 놀이담화」의 생산에서 화자는 이야기의 마지막 단계에서 웃음을 터뜨리는 방법을 개발하는 것보다는 이야기 전체를 이끌어나가는 전략에 집중해야 한다. 이것은 구비문학의 유통 양상과 매우 비슷하다. 판소리를 예로 들면, 그 시대의 언중들이라면 누구나 <심청가>의 줄거리를 공유하고 있기 때문에 <심청가>의 연행에서 중요한 것은 줄거리가 아니라, 그것을 "어떻게" 연행하는가, 즉 이야기 전체를 이끌어 나가는 전략이었다. 이렇듯 현재「이야기 놀이담화」는 전자매체의 힘을 빌어 우리 시대의 구비문학으로 자리잡고 있는 것이다2).

「이야기 놀이담화」는 새로운 담화 유형으로서 텍스트 언어학적인 분석을 필요로 할뿐만 아니라 말하기 교육에 대한 중요한 시사점도 얻을 수 있다. 지금까지의 말하기 교육은 교육 내용에 있어서 쓰기와 크게 다르지 않았다. 그것은 말하기와 쓰기가 매체 면에서 차이가 있을 뿐 본질적으로는 같은 언어활동이라고 보는 견해가 우세했기 때문이며, 한편으로는 지금까지의 언어 기술이 문자언어에서 드러나는 특징적인 면에 주력해왔기 때문이다(노은희, 1999). 그러나 매체가 모든 것을 결정한다는 결

스트 유형으로서 언중들은 이에 대한 변별력을 가지고 있기(브링커, 1994 참고) 때문에 이러한 분류는 어느 정도 타당성을 지닌다.
2)「이야기 놀이담화」가 문학인지 아닌지에 대한 검증은 논외로 하겠다.

정적 가설을 취하지 않더라도 매체의 차이는 언어활동에 필요한 전략의 차이에 영향을 준다는 약한 가설은 유효하다(피네건, 1988). 따라서 말하기 교육의 내용을 생성하기 위해서는 음성언어라는 매체로 이루어지는 언어활동을 관찰해야 하며, 따라서 현대의 구비문학이라 할 수 있는「이야기 놀이담화」는 좋은 소재가 될 것이다.

따라서 본고의 목적은 크게 두 단계로 달성된다. 우선, 텍스트와 인간의 양 측면에서「이야기 놀이담화」의 구조를 분석한다. 이를 바탕으로 실제 텍스트를 분석함으로써 화자가 어떤 전략을 사용할 수 있는지 살펴보겠다. 즉, 텍스트의 구조와 화자와 텍스트의 관계를 조망하고 이를 바탕으로「이야기 놀이담화」의 구성전략을 밝히는 것이 본고의 목적이다.

본고에서 사용하는 텍스트는 KBS2 <서세원쇼>라는 프로그램에서 전사한 것이다. PC통신에서 문자언어로 전사된 것을 사용하지 않은 이유는 본고가 궁극적으로 말하기에 대한 전략을 지향하기 때문이다.

2. 「이야기 놀이담화」의 구조

「이야기 놀이담화」의 구성전략을 찾아내기 위해서는 그것을 이루고 있는 구성 요소들을 하나하나 살펴보아야 함은 물론이고 그것들 사이의 관계도 살펴보아야 한다. 구성전략을 구성 요소들 사이의 관계를 조정하는 전략으로 볼 수 있기 때문이다.

「이야기 놀이담화」는 다른 구술 텍스트와 마찬가지로 기본적으로 화자-텍스트-청자[3]의 세 요소로 구성된다. 즉, '텍스트의 측면'과 화자와 청자를 포함하는 '통보 참여자의 측면'으로 나눌 수 있다.

---

3) 「이야기 놀이담화」는 음성언어로 유통되는 것을 전제로 하기 때문에 '화자' 와 '청자'라는 용어를 사용한다. 물론 그것이 PC통신이나 인터넷에서 '문자언어'로 유통되고 있기는 하지만, 그 특성은 매우 음성언어적이다.

2.1. 텍스트의 측면 : 목표 및 구성단계

「이야기 놀이담화」는 도입 단계, 준비 단계(the set up), 반응완성 단계(the punch line)로 이루어진다4).(쉐르쩌, 1985:217) 도입 단계에서는 "너 이런 이야기 들어 봤니?"나 "내가 재미있는 이야기 해 줄께." 등의 방식으로 이야기의 시작을 알리고, 준비 단계에서는 도입 부분과 함께 반응완성 부분을 극대화하는 이야기를 제시한다. 반응완성 단계에서는 다양한 장치5)를 사용하여 「이야기 놀이담화」의 목표인 청자의 반응(웃음)을 도출한다.

서론에서 언급한 바와 같이 구비문학으로서 「이야기 놀이담화」에서 화자는 이야기를 구성하는 도입 단계와 준비 단계에서 창조적인 역할을 할 수 있다. 따라서 본고에서는 「이야기 놀이담화」 텍스트 중에서도 이 두 단계를 중심으로 구성전략을 찾아낼 것이다.

2.2. 통보 참여자의 측면 : 화자와 청자의 관계

「이야기 놀이담화」는 일종의 연행이기 때문에 청자와 화자가 상호작용하는 역동적인 과정이다6). 따라서 화자는 청자의 반응을 고려하며 말해야 하고, 청자는 화자에게, 정확하게는 텍스트에 반응한다. 「이야기 놀이담화」는 또한 놀이이기 때문에 화자와 청자의 관계는 경쟁의 속성을

---

4) 물론, 이러한 단계는 하나의 이야기 안에서 반복될 수 있다.
5) 프로이트(1963)는 농담의 기술로서 "압축, 동일한 소재의 다양한 사용, 이중적 의미(이상 언어에 초점), 논점회피, 무의미 속의 의미, 사고오류, 일원화, 비유(이상 사고에 초점)" 등을 제시하고 있고, 이도영(1999)은 유모어 텍스트의 웃음유발 장치로서 "발음 활용하기, 단어나 어구의 중의성 활용하기, 단어나 어구 파괴하기, 사투리 활용하기, 받침 활용하기, 음성 연상 활용하기(이상 언어적 웃음유발 장치), 동문서답하기, 되받아치기, 상대방의 짐작 배신하기, 특징 찾아 핵심 찌르기, 정곡 찌르기, 우스운 상황 연출하기, 함정 만들기, 배경지식 충돌시키기, 패러디 하기, 과장하기, 모순어법 활용하기, 형태에 의미 부여하기(이상 비언어적 웃음유발 장치)" 등을 제시하고 있다.
6) 맥클린(1988)은 연행은 가장 최소한의 경우에도 화자와 청자의 상호작용을 포함한다고 한다.

지닌다. 담화를 생산하는 화자의 입장에서는 청자의 추론이나 예상에서 벗어나게 담화를 구성하고, 그에 따라 청자의 웃음을 유발한다7). 한편 청자는 이야기에 대하여 자신의 스키마를 활성화시키고 추론함으로써 이야기의 진행과정에서 화자와 경쟁하는데, 그러한 경쟁은 화자의 목표달성, 즉, 청자의 웃음을 유발하는 것을 방해하는 것이 아니라 오히려 화자의 목표달성에 기여한다. 결국 「이야기 놀이담화」에서 화자와 청자는 공동의 목표(웃음)를 달성하기 위하여 이야기의 "구성과정"에서 경쟁을 하는 것이다.

3. 「이야기 놀이담화」의 구성전략

전술한 바와 같이 구성전략이란, 구성요소들과의 관계를 효과적으로 조종하여 텍스트의 목표를 달성하는 방법이다. 「이야기 놀이담화」의 목표는 청자의 웃음 유발이고, 이는 텍스트에 의해 유도된 청자의 생각의 흐름이 반응완성 단계에서 어긋남으로써 달성된다. 이 때 청자의 생각이 화자의 의도대로 조종될수록 목표를 쉽게 달성할 수 있다. 따라서 「이야기 놀이담화」의 구성전략의 목표는 **반응완성 단계에 대하여 청자의 추론을 의도적으로 조종하는 것**이다. 이러한 논리에 따라 「이야기 놀이담화」의 각 구성단계에서 화자가 하는 역할을 다음과 같이 정리할 수 있다.

---

7) 호이징하(1938)는 경쟁을 통해 우월감을 획득하는 것이 놀이의 중요한 속성이라고 지적하고 있다.

「이야기 놀이담화」

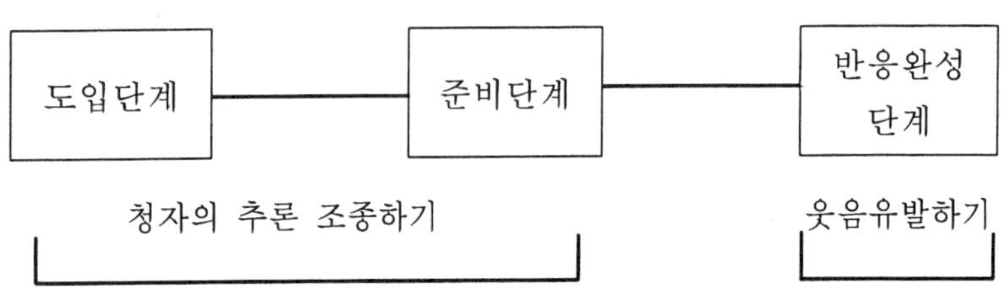

청자의 추론을 조종하기 위해서는 담화 이해 방식을 알아야 한다. 청자는 담화의 여러 내용 중에서 특정 내용을 전경화하여 담화를 해석하는데8), 전경화하는 부분을 바탕으로 앞으로 전개될 담화의 내용을 예상한다. 전경화하는 내용은 청자가 담화 내용 중에서 자의적으로 선택할 수도 있지만, 화자의 의도적인 조종에 더 크게 영향을 받는다. 예를 들어 매우 권위적인 사람이 우스운 행동을 한 이야기에서, 화자가 그 사람의 평소 권위적인 행동에 대해 열거하면 청자는 그의 대부분의 행동이 권위적이고 위엄있을 것이라고 예상하게 된다. 이는 화자가 그의 여러 가지 성격 중 일부 권위적인 성격을 전경화하고, 그에 따라 다른 성격들을 배경화함으로써 청자의 추론을 조종한 것이다.

따라서 「이야기 놀이담화」에서 화자가 반응완성 단계에 대한 정보를 전경화하느냐 배경화하느냐에 따른 화자의 구성전략을 살펴볼 수 있겠다. 내용 기술의 간결성을 위해서 **'반응유발 단계'**를 **'목표'**로 부르겠다. 반응유발 단계는 「이야기 놀이담화」의 '목표'인 웃음 유발에 직접적으로 기여하기 때문이다.

또한 '전경화'와 '배경화' 전략도 '드러내기'와 '감추기' 전략으로 그 용

---

8) 게슈탈트 심리학에 의하면, 우리는 현저성의 원리에 의해 사물이나 사태를 전경(figure)과 배경(ground)으로 분리하여 지각하고, 전경을 더욱 현저하게 지각한다. 예를 들면, 달리기 선수가 장애물 경기를 할 때 우리의 주의는 장애물이 아닌 선수를 쫓아가는데, 이는 선수를 전경으로, 장애물을 배경으로 지각하기 때문인 것이다.(웅게러, 슈미트, 1996:237-301) 이러한 원리는 담화의 이해 과정에서도 적용된다.

어를 정리하겠다. '배경화'는 '전경화'에 상대되는 개념으로 다른 대상을 전경화함으로써 목표 대상이 배경화되는 것, 적극적인 행위의 결과가 아니라 부수적인 결과이므로 전략을 지칭하는 용어로 적합하지 않기 때문에 '감추기'를 사용한다. 한편 우리말 용어를 사용하고자 하는 의지가 있기 때문이기도 하다.

3.1. 목표 드러내기

화자는 다양한 방식으로 목표를 드러내고 이에 따라 청자의 추론을 조종할 수 있다.

3.1.1. 목표에 대한 기대 형성하기

「이야기 놀이담화」의 도입 단계는 대부분 "내가 재미있는 이야기 해줄께."나 "충격실합니다" 등과 같은 말로 시작한다. 이는 앞으로 전개될 이야기가 놀이담화임을 분명히 함으로써 이야기에 대해 심리적 기대감을 형성하는 것이다. 서세원쇼의 <토크박스>에서 생산되는 「이야기 놀이담화」가 웃음을 쉽게 유발하는 이유 중의 하나는 이미 시청자가 '이 이야기는 재미있을 것'이라는 기대를 하고 있기 때문이다. 냉소를 유발하는 이야기도 이러한 기대를 형성하면 「이야기 놀이담화」가 될 수 있다. 이렇게 도입 부분에서의 기대형성은 「이야기 놀이담화」를 움직이는 원동력이다.

3.1.2. 목표와 유사한 내용이나 장치 반복하기

목표를 드러내는 또 하나의 방법으로 목표에서 제시되는 사건이나 소재, 웃음 유발 장치 등을 목표 이전 단계에서 제시할 수 있다.

<자료1>9)

[T1]

S1(제 군대, 신병시절에, 내무반 생활을 좌악 하지 않습니까?) S2(제 옆에 황모라는 친구가 있었어요). S3(번호하면 하나둘셋넷열여섯 얘가 열일곱 그래야 하는데 얘가 항상 "열여덟!" 이래요.) S4("번호!" "하나둘셋넷 열여…. 열여덟!") S5(때려도 안 되요) S6("나와!" 이래가지고 선임하사가 막 때려요) S7("너 지금 장난치는 거야?") S8("잘 하겠습니다!) S9(하나둘 셋넷열여섯… 열여덟!") S10(얘를 순서를 바꿨어요, 열여덟하고.) S11("하 나둘셋넷여여섯열일곱… 열아홉!" 이러는 거예요.) S12(진짜로)

[T2]

S13(그 다음, 무지무지 맞았는데 그 다음날) S14(군대가면 수하요령이 라는게 있잖습니까?) S15(손들어! 움직이면 쏜다 누구냐?) S16(이 친구는 "손들어!" 다음을 기억못해요.) S17("손들어! … ") S18(선임하사가 또 막 따귀 때리고 그랬어요.) S19("왜그래?") S20("잘 하겠습니다!") S21(참고 로 제가 방위나왔거든요.) S22(근데, 연습을 시켰어요.) S23(벽을 쳐다보고 "연습해봐!" 그러니깐, "손들어! 움직이면 쏜다!" 100번을 시켰어요.) S24 ("자신있나?") S25("네, 자신있습니다") S26("손들어! …") S27(안되겠으니 까 선임 하사가 앉았다 일어났다 시키고 얼차려를 시켰어요.) S28("자신 있나?") S29("네, 열심히 하겠습니다!")

[T3]

S30(다시 벽을 보고 500번을 시켰어요.) S31(잠안재우고.) S32("자신있 나?") S33("네, 이번에는 정말 자신있습니다!") S34("해봐!") **S35("손들 어!… 너희들은 완전히 포위됐다!")**

- 2000년 4월 18일 서승만

<자료1>에서 목표는 [T3]이다. [T3]에서 웃음을 유발하는 내용은 황모 라는 사람의 어리석음이고 그것을 단적으로 드러내는 문장은 S35이다. [T1]에서는 황모가 순번을 잘못 말하는 상황을 보여주는데, 이는 [T3]과 마찬가지로 황모의 어리석음을 드러내는 내용이다. [T2]에서는 [T3]과 유 사한 상황과 문장(S16, S17, S26)을 반복하고 있다. 이러한 구조를 분석하

---

9) 띄어 쓰기, 문장(S), 문단(T) 등은 텍스트의 전체 내용을 참고하여 연구자가 임 의로 설정한 것이다.

면 다음과 같다. (실선이 목표와 관련있는 문장)

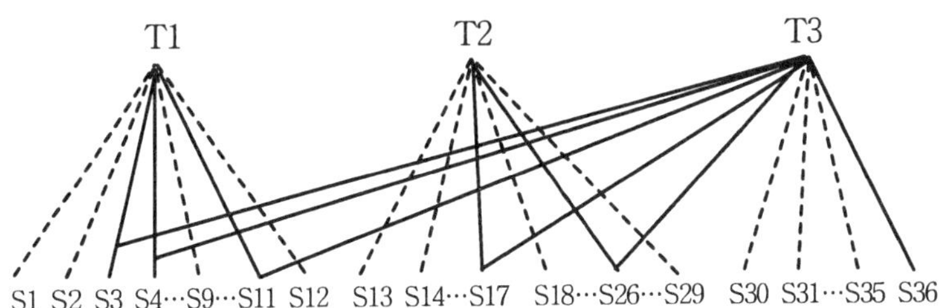

<자료1>에서 드러나는 반복되는 내용이나 문장에서 알 수 있듯이, 목표의 그것과 완전히 동일하면 웃음을 유발할 수 없으므로 단지 유사할 뿐이다. 또한 대부분의 경우 유사한 내용과 장치는 반복되는데, 이는 유사 내용 그 자체가 웃음을 유발함으로써 궁극적으로 「이야기 놀이담화」의 목표에 기여할 수 있을 뿐만 아니라, 드러난 목표에 대하여 청자가 전진 추론하게 되므로 목표에 대한 예상이나 기대를 증폭시킬 수 있다.

3.1.3. 중심소재의 특성 보여주기

「이야기 놀이담화」는 동음이의어의 사용, 받침의 활용, 문장의 중의성, 사투리와 같은 언어적인 장치에 의해서 웃음을 유발하기도 하지만, 순수하게 내용에 의해서 웃음을 유발하기도 한다. 중심소재의 특성은 웃음을 유발하는 내용의 상당부분을 차지하는데, 화자는 그러한 중심소재의 특성을 미리 보여줌으로써 목표를 드러낼 수 있다. 청자가 중심소재의 특성을 파악함으로써 목표를 예상할 수 있기 때문이다.

<자료2>
[T1]
S1(제가 개인적으로 강아지를 굉장히 좋아해요.) S2(지금도 집에서 키우는 개도 잡종이라고 다른 사람들이 그러는데 제 눈에는 애견보다 더 예뻐보여요.)

[T2]

S3(낮에 강아지하고 산책을 나갔어요) S4(막 데리고 놀다가 어머 잠깐 한눈파는 사이에 우리 강아지가 없어진거예요) S5(얼마나 속이 상하던지) S6(누가 데려간건지 아니면 얘가 길을 잃어버린건지) S7(한참을 하루종일 울면서 헤매도 강아지를 못찾았어요.) S8(눈이 이렇게 팅팅 부어가지고 집에 들어왔어요) S9(그랬더니 동생이 누나 왜 그러냐고) S10(강아지 잃어버렸어.) S11(그렇게 막 울고 있었어요) S12(동생이 막 웃는 거예요.) S13(뭐, 걱정을 하네요) S14(간단하데요) S15(강아지 찾는게.) S16(어떻게, 너무 아쉬우니깐, 빨리 얘기 해봐.) S17(달력 뒷면 하얀 면에다 머리큰 개 찾음)

[T3]

S18(생각을 해 보니깐 저희집 식구들이 머리가 큰 편이예요.) S19(제가 제일 작거든요.) S20(근데 결정적으로 키운 거는 동물이건 뭐건 다 커요.) S21(거북이한테 겁은 주면 몸통으로 싹 집어넣야 하는데, 저희집 거북이는 몸통에 걸려 버려요) S22(금붕어도 머리가 크니까 하루종일 배배 돌고 있어요.) S23(이렇게. 생각해보니깐, 우리 강아지도 사료를 먹을 때 밥을 먹을 때, 이렇게 반듯하게 앉아서 먹은 적이 없고, 머리가 하도 무거우니까 항상 옆으로 거의 누워있다시피 해서 먹었던 기억이 나요.)

[T4]

S24(그래서 바로 이거다, 혹시나 하는 마음에 정말 동생이 시키는 대로 '머리 큰 개 찾음'하고 전화번호 딱 적어가지고, 이제 아쉬운대로 전봇대 몇개에 붙이고 그래도 찾을 수 있을까 하고 들어오는 길이었어요.) S25(현관문을 열기가 무섭게 전화벨이 막 울리는 거예요.) **S26(여보세요 했더니, 아 머리큰 개 찾으시냐고, 지금 휴지통에 껴가지고 고생하고 있다고.)** S27(그새 배가 고파갖고 얘가 그새 배가 고파갔고 뭐 먹을 게 없나 하고 휴지통을 뒤지다가 거기에 머리가 낀 거예요.)

- 2000년 5월 9일 김남영

<자료2>의 목표는 [T4]이고 중심소재는 강아지이다. 이 강아지의 특성은 머리가 크다는 것이다. 화자는 [T2],[T3]에서 '머리가 크다'는 특성을 강조·반복하고 있다. [T2]에서는 동생이 제시하는 방법을 통해서 강아지의 머리가 크다는 점을 보여주고, [T3]에서는 강아지의 특성뿐만 아니라

화자가 키웠던 동물들이 머리가 컸다는 이야기를 함으로써 강아지의 특성을 간접적으로 드러낸다. 이는 화자가 담화의 목표를 효과적으로 달성하기 위하여 담화 화제에 대한 정보를 풍부하게 제시함으로써 '확산적 초점'을 형성한 것이다. 그 결과 청자에게 관심과 흥미를 유발하고 공감하게 함으로써 목표를 달성할 수 있다.(서혁, 1996:87) [T4]내에서도 S24처럼 목표를 강조한다. 담화의 구조를 분석하면 다음과 같다.

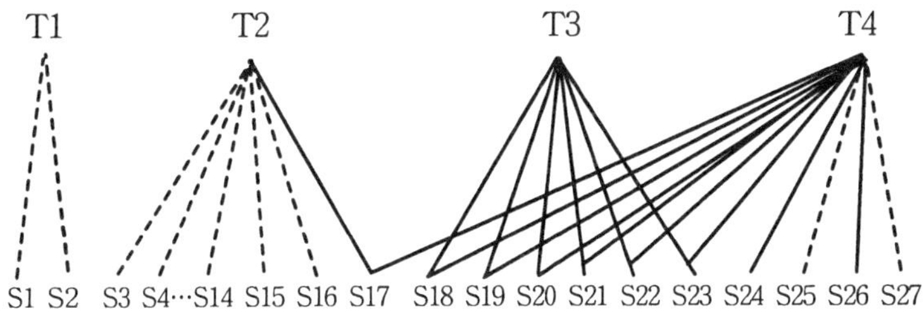

이렇듯, 중심소재의 특성을 보여주는 방법은 유사 내용이나 장치를 반복하는 방법과 마찬가지로 목표를 드러내어 청자의 전진 추론을 돕는다.

3.2. 목표 감추기

「이야기 놀이담화」에서 목표의 소재는 다양한 속성을 가지고 있지만, 웃음 유발을 위한 속성은 보통 한 가지이다. 이것을 중심적인 속성이라 할 때, 화자는 소재의 중심 속성이 아닌 주변 속성을 드러냄으로써 목표를 감출 수 있다.

　<자료3>
　[T1]
　S1(제 정말로 친한 친구가 있는데요 걔가 엉덩이가 좀 굉장히 커요.) S2(살이 굉장히 많아요.) S3(친구끼리는 목욕탕도 자주 가고 그러잖아요.) S4(그 친구는, 야 목욕탕 가자 그러면 끝까지 안 가요) S5(자기 몸을 보여주길 싫다고.) S6(근데 제가 꼬셔서 데리고 갔어요) S7(그래도 네, 남자

들도 싸우나 가면 친해지잖아요) S8(여자들도 마찬가지거든요.)

　[T2]

　S9(같이 갔어요) S10(갔는데, 열심히 앉아서 이렇게 떼를 밀고 있었어요.) S11(막. 내 친구가, 갑자기 내 친구가 밀다가 "아!" 이러는 거예요) S12(난 신경 안 쓰고 계속 떼를 밀었어요 열심히.) S13(근데 갑자기 더 소리가 크게 몸을 비비 꼬면서 "아!"이러는 거예요.) S14(재 도데채 왜 그럴까 처음엔 놀라갔고, 야 왜그래, 너 왜 이상한 소리내고 떼나 밀어) S15("아!" 이러면서 또 몸을 비비 꼬아요) S16(야 왜그래 왜그래 챙피하게 왜 그래) S17("아!" 그러면서 일어나는 거예요)

　[T3]

　S18(보니까 그 목욕탕 보면 의자가 있죠) S19(의자가, 화장실에 가면 쪼그만 의자 있잖아요) **S20(그 의자에 금이 가서 엉덩이에 껴갔고 "아!" 그러는 거예요)**

- 2000년 5월 9일 이선정

<자료3>에서 웃음을 유발하는 소재의 중심 속성은 S1에서 제시된 것처럼 친구의 신체적 결함(엉덩이가 큰 것)이다. 그러나 화자는 [T2]의 S11, S13, S15, S17에서 이상한 소리를 내는 친구의 행동을 제시함으로써 친구라는 소재의 주변 속성을 드러내고 있다. 청자는 [T2]를 들으며 주의가 분산되기 때문에 목표에 대하여 방향이 다른 추론을 하게 되고, 화자는 그것을 쉽게 극복하고 웃음을 유발할 수 있다.

3.3. 드러내기와 감추기의 효과적인 사용

'목표 드러내기' 전략은 「이야기 놀이담화」의 놀이 본질을 활용하는 전략이다. 화자가 목표를 드러내면 드러낼 수록, 청자는 목표에 대한 정보를 많이 얻기 때문에 적극적으로 추론할 수 있는 반면, 화자는 청자의 그러한 예상을 뛰어넘어 웃음을 유발하기가 어려워진다. 이러한 경우, 화자는 불리한 상황을 이겨내고 청자의 웃음을 유발하기 때문에 더욱 큰 성취감을 얻을 수 있고, 청자는 비록 자신의 추론이 반응완성 단계의 내용과 다르더라도 그 차이의 정도가 미비하므로 웃음으로 느끼는 쾌감과 더불어 추론의 '안타까운' 실패라는 지적 즐거움을 느낄 수 있다.

　반면 '목표 감추기' 전략의 사용은 청자의 추론이나 예상을 쉽게 뛰어 넘을 수 있으므로 화자에게 유리하다. 그러나 목표를 완전히 감추어 목표의 대상조차도 추론할 수 없는 극단적인 경우에는, 청자는 이야기 내용을 이해할 수 없거나 그것을 무의미한 이야기라고 판단할 수도 있기 때문에 「이야기 놀이담화」의 목표인 웃음을 유발하기 힘들게 된다.

　이 두 전략은 다음과 같은 유형으로 조합될 수 있다.

　　　¤ 유형1 : 목표 드러내기1 → 목표 드러내기2 → …… → 웃음
　　　¤ 유형2 : 목표 드러내기 → 목표 감추기   → 웃음
　　　¤ 유형3 : 목표 감추기1   → 목표 감추기2   → …… → ? 웃음

　[유형1]은 담화 전개 내내 목표를 드러내는 유형이다. <자료1>은 내무 반 생활, 황모라는 친구 이야기임을 드러냄으로서 목표의 중심 소재를 제시하고, 황모의 어리석음을 드러내는 일화, 그리고 목표의 구절과 유사한 구절의 반복 등의 방법으로 목표 드러내기 전략을 위주로 사용하고 있다. [유형2]는 처음에는 목표를 드러내지만 목표 감추기 전략을 위주로 사용하므로 화자에게 유리하다. 목표가 첫 부분에 드러나 있기 때문에, 청자는 반응유발 단계까지 들은 후 머리 속에서 처음 부분으로 되돌아가 추론함으로써 웃을 수 있다. <자료3>이 [유형2]에 속한다. [유형3]처럼 준비 단계 내내 시작부터 종결까지 목표를 드러내지 않고 반응유발 단계에서 목표가 드러나는「이야기 놀이담화」는 발견하기 쉽지 않다. 그러나 <자료3>에서 [T1]이 생략된다면 <유형3>과 유사할 것이다.

　그런데「이야기 놀이담화」의 실제 자료들을 살펴보면 '목표 드러내기'와 '목표 감추기' 전략 중 어느 하나만을 사용하거나 혹은 둘 다 사용하더라도 그것을 순차적으로 사용하는 경우는 드물다. 오히려 목표의 일부는 드러내고 일부는 감춤으로써 이 두 전략을 동시에 입체적으로 사용한다.

<자료4>

　내가, 그, 서승만씨가 이 어머님 이야기를 하니깐, 아버님 애길 하나 할
게요. 하나 하도록 하겠습니다. 저희 아버님이 전자제품을 대게 좋아하세
요. 전자 제품을 좋아하시는데, 옛날에 80년대 초에 LD라는 게 있었습니
다. 레이져 디스크. 그때만해도 상당히 고가였는데 그 때 저희 아버님이
그걸 딱 사갔고 오셨어요 야 동균아 영화를 보자 그래서 영화를 딱 틀고
레이저 디스크 딱 오 화질이 정말 좋은 거예요 영화가 좀 저랑 약간 안
맞는 영화였어요

　조금 야한거 였어요. 보고 있는데, 초등학교 때. 보고 있는데 거기서 키
스를 하더라구요 배우가 키스를 이렇게 하는데 아버님이 저한테 말도 안
했는데 저한테 **"저건 인사다"** 그래서 오 저들만의 인사군 음 그래 인사
구나 그 인사가 왜 그렇게 많은지 영화가 가면 갈수록 인사가 많은거예요

　계속 인사 오래하고 아버님 뒤에서 나는 말도 안 했는데 **저것도 인사
여 인사 자주하는구나** 쟤네가 결정적으로 침실에서 옷을 하나도 안 입고
둘이서 인사를 하더라구요. 그래서 야 인사를 하는구나 인사야 그냥 아무
뜻없이 아버님을 봤지요 아버님이 저한테 딱 모라고 하시냐면,

　　가끔 옷 벗고도 인사해.

-2000년 4월 18일 서동균

　<자료4>의 목표 내용은 아버지가 '옷 벗고도 인사한다'라는 말로 무안
한 상황을 극복하는 것이다. 화자는 영화의 특정 장면에 대한 아버지의
반응인 '저건 인사다'라는 표현을 반복함으로써 목표 내용의 일부를 드러
내고 있다. 이 때 청자는 '아버지'의 마지막 반응도 '저건 인사다'라고 말
할 것이라고 자동으로 추론하게 되는데, 이는 화자가 목표의 결정적인 내
용인 '아버지가 반복되는 구절과 다르게 말할 수도 있음'은 감추었기 때
문이다. 이렇듯 「이야기 놀이담화」에서 "목표 드러내기"와 "목표 감추
기" 전략은 다양한 방식으로, 또 입체적으로 사용되어 화자의 의도와 청
자의 추론 사이에 긴장관계를 만들어낼 수 있다.

4. 남은 문제

　「이야기 놀이담화」에서 화자는 청자의 웃음을 도출하기 위하여 목표를 드러내고 감추는 전략을 사용한다. 이는 내용의 전경화와 배경화를 통하여 청자의 추론을 의도적으로 조정하는 것이다. 이러한 말하기 전략은 통보 참여자의 사고과정을 예상하여 자신의 목표를 달성하는 고도의 전략으로써 말하기 교육의 내용의 한 부분에 기여할 수 있을 것이다.

　말하기 교육은 단지 말하기 기술을 가르치는 것이 아니라, 말하기에 참여하는 화자와 청자 모두의 사고 전략을 가르쳐야 한다. 다양한 장르의 구술 담화를 면밀히 분석하면, 그 결과가 곧 사고 전략의 내용이 될 것이다. 본고의 「이야기 놀이담화」 분석은 그러한 문제의식의 아주 작은 파편에 지나지 않는다. 앞으로 말하기 전략, 나아가 한국의 말하기 문화에 대한 연구를 위해서 전통적으로 이어내려 오는 구술 문학작품에서부터 2차적인 구술성을 나타낸다는 전자 매체에 의한 담화에 이르기까지 각각을 텍스트를 분석함은 물론이요, 이를 종합하는 연구가 필요할 것이다.

참고논저

노은희(1999), 대화 지도를 위한 반복표현의 기능 연구, 서울대학교 국어교육과 박사.

맥클린((Marie Maclean)(1988)/임병권 (역)(1997), 텍스트의 역학 : 연행으로서의 서사(Narrative as Performance), 한나래.

반 다이크(Van Dijk)/정시호 (역)(1995), 텍스트학, 민음사.

베르거(A. Berger)(1997), Narratives in popular culture, media, and everyday life, SAGE Publications.

브링커(K. Brinker)/이성만 (역)(1994), 텍스트 언어학의 이해, 한국문화사.

서혁(1996), 담화의 구조와 주제 구성에 관한 연구, 서울대학교 국어교육과 박사.

쉐르쩌(Sherzer)(1985), Puns and Jokes, Teun A. van Dijk(ed.).
　　Handbook of discourse analysis(v.3). London: Academic Press.

에긴스 · 슬레이드(S. Eggins & D. Slade)(1997), Analysing Casual Convertsation, Cambridge: Cassell.

옹(W. Ong)(1982)/이기우 · 임명진 (역)(1992), 구술문화와 문자문화(Orality and Literacy), 문예출판사.

웅게러 · 슈미트(F. Ungerer & H. Schmid)(1996)/임지룡 · 김동환 (역) (1998), 인지언어학 개론, 태학사.

이도영(1999), 유모어 텍스트의 웃음 유발 장치에 대한 연구, 한국텍스트 언어학회 '99 추계학술대회 자료집, 한국텍스트언어학회.

캐일로이스(Caillois)(1958)/이상률 (역)(1994), 놀이와 인간, 문예출판사.

프로이트(S. Freud)(1963)/임인주 (역)(1997), 농담과 무의식의 관계(Jokes and their relation to the unconscious), 열린책들.

피네건(Finnegan)(1988), Literacy and Orality, Open University.

호이징하(J. Huizinga)(1938)/김윤수 (역)(1993), 호모 루덴스(Homo Ludens, A Study of the play Element in Culture), 까치.

노지니
서울대학교 국어교육과 석사과정
151-755
서울 관악구 봉천 3동 현대아파트 125동 803호
전화 : 02)871-6027
e-mail : bsolbong@hanmail.net

최인훈의 <달아 달아 밝은 달아>와 판소리 <심청가>의 간텍스트성 고찰

조보라미

본고는 최인훈의 희곡 <달아 달아 밝은 달아>는 판소리 <심청가>와의 간텍스트성을 보이는 것을 목적으로 한다. 이를 위해 <달아 달아 밝은 달아>에서 뺑덕어미와 심봉사가 포구에서 심청이 떠날 때의 모습을 재구하는 부분을 대상으로 응결성과 응집성, 정보성, 상황성, 의도성 등의 텍스트성의 기준들을 잣대로, 언어 율격과 언어유희, 장면형상화, 서사구조 등을 분석한다. 이를 통해 <달아 달아 밝은 달아>는 판소리 <심청가>와 높은 응결성을 가지고 있음을 알 수 있고, 특히 장면 형상화에 있어, 뺑덕어미와 심봉사가 포구에서 주고받는 대사는 각각을 창자와 고수, 내지는 창자와 관객으로 대치할 수 있어, 판소리의 구연 방식과 관련되어 있음을 알 수 있다. 이것은 또, 희곡의 머릿속 극장/상상적 극장 효과를 최대한 살린 것이기도 하다. 한편, 이렇게 전통 장르와 갖는 간텍스트성은 비단 이 작품만이 아니라 전반적인 최인훈 희곡에서 찾아볼 수 있는 것으로, 작가의 탈식민주의적인 의도성과 밀접한 관련이 있다. 즉, 식민국 언어가 가진 헤게모니를 거부하는 '폐기(廢棄)'와 달리 '전유(專有)'는 피지배국의 문화적 경험을 전달하는 독특한 방식을 창안하는 것이다.

핵심어휘: 간텍스트성, 응결성, 응집성, 상황성, 의도성, 머릿속 극장, 전유(專有)

1. 들어가기

언어의 정적 체계와 구조에 대해 관심을 갖던 기존의 언어학과 달리 인간의 의사소통을 목적으로 활용하는 텍스트를 대상으로 하는 텍스트과학은 다양한 학제적 관심을 기울이는 바, 그 중에서도 언어와 문학의 통합론은 관심의 중요한 부분을 차지한다.

보그란데/드레슬러(B.de Beaugrande/W.Dressler)(1981)는 텍스트다움/텍스트성(textuality)의 기준으로 응결성(cohesion)과 응집성(coherence), 의도성(intentionality), 수용성(acceptability), 정보성(informativity), 상황성(situationality), 간텍스트성(intertextuality)의 7가지를 들었다. 한편, 고영근(1999:180)은 응집성과 응결성을 텍스트다움의 중심적인 판정 기준으로 두고 나머지 요소들을 '응집성'에 넣고 있되, 단 간텍스트성만은 응결성과 응집성의 성격을 겸한 것으로 보고 있다. 간텍스트성은 문학에서는 오래전부터 논의되어 오던 것으로, 텍스트언어학에 도입된 것 역시 위의 책에 의해서인데,[1] 이는 텍스트를 생산하고 수용함에 있어서 텍스트 사용자들이 지니고 있는 다른 텍스트에 대한 지식을 포괄한 개념이다(고영근(1999:175-180)).

본고는 텍스트학의 성과를 바탕으로 최인훈의 희곡 <달아 달아 밝은 달아>와 고전 판소리 텍스트 <심청가>와의 간텍스트성을 논하는 것을 목표로 한다. 『광장』을 대표작으로 1960년대 이래 꾸준히 소설을 써온 최인훈은 1970년대 희곡을 창작하기 시작하여 7편의 희곡을 내놓고 있다. 그런데 이들 희곡이 고전작품에서 소재를 차용해왔다는 사실이 매우 문제적이다. 본고에서 분석하려는 작품 외에 <어디서 무엇이 되어 다시 만나랴>의 경우 온달-평강 공주 설화를, <둥둥 낙랑둥>의 경우 낙랑-호동 설화를, <옛날 옛적에 훠어이 훠어이>는 아기장수 설화를 각각 차용하고 있는 것이다. 그 외에 삽입 노래의 전통과의 관련성이나 대사에 의도적으로 '아래 아'를 사용하는 것도 들 수 있다.

특히 <달아 달아 밝은 달아>는 판소리 <심청가>의 소재를 차용했을 뿐만 아니라 언어 율격이나 언어 유희, 장면형상화나 판소리의 서사구조 도용 등을 통해 판소리 텍스트와의 관련성을 더욱 명확히 보여주고 있다. 본고는 이것을 고영근(1999:175-6)에 따라 응집성에 기댄 간텍스트성과 응결성에 기댄 간텍스트성으로 구분하여 서술하되, 이 두 장은 응집성과 응결성으로 명확히 구분된다기보다 각각을 중심으로 논의하는 방식을 택할 것이다(2,3장). 아울러 본고는 이러한 간텍스트성이 최인훈의 탈식민주의적인 '의도성'에서 비롯되었다고 보며, 이에 대해서는 마지막 장에서

---

1) 문학에서의 간텍스트성 논의에 대한 언급으로는 링케·누스바우머(Linke/Nussbaumer)(1997)을 참조.

언급하도록 한다.

2. 응집성에 기댄 간텍스트성 논의

〈달아 달아 밝은 달아〉는 「심청전」/〈심청가〉에서 소재를 취하나 그 구성이나 주제면에서는 차이를 가지고 있다.[2] 우선 〈달아 달아 밝은 달아〉의 구성을 보이면 다음과 같다.

1 심봉사의 꿈장면. 심청은 아버지가 눈을 뜨기 위해 몽은사에 약조한 사실을 알게 된다.

2 뺑덕어미는 심청이 색주가에게 팔려가는 것을 주선한다. 심청은 갈등하다 결국 수락한다.

3 심청을 떠나보낸 심봉사가 포구에 나와 심청을 그리워한다. 심청이 떠나는 장면 재구(再構)

4-1 타국으로 팔려간 심청이 매춘굴에서 겪는 첫경험

4-2 계속되는 매춘. 이같은 장면의 되풀이

5 어느 정도 생활에 적응한 심청. 조선에서 온 인삼장수 김서방과 서로 사랑하는 사이다.

6 매춘굴에서 빠져나온 심청. 김서방은 심청을 배를 태워 먼저 조선으로 보낸다.

7 배가 해적에 의해 노략질당하고, 심청은 그들의 손에 떨어진다. 5,6에서 보여졌던 희망이 다시 구렁텅이에 빠진다. 이후 해적들에게 노리개감이 되는 심청의 생활.

8 조선땅. 심청은 황해도 도화동을 찾아 가고 있다.
　①아낙네와 심청의 대화-세상에 도적이 들끓고 있음
　②이순신 장군이 죄인이 되어 끌려감
　③②를 이해 못하는 심청을 아낙은 괴물 보듯 본다

9 황해도 도화동
　① 눈이 먼 할머니가 된 심청: 아이들은 심청에게 용궁 이야기를 해달라고 조름. 심청은 자기의 과거를 동화 속 이야기로 푼다.
　② 아이들의 놀림

____

2) 본고가 대상으로 삼은 〈심청가〉는 정병욱(1981)에 수록된 정재근 판, 정권진 창임을 밝힌다.

이 작품은 <심청가>에서 심청의 탄생(곽씨 부인의 죽음)과 성장이 배제되고, 개천에 빠진 심봉사가 몽은사 화주승에게 공양미 삼백석을 약조하는 장면이 <1>의 심봉사 꿈장면에서부터 무대밖 사건으로 처리된 채, <심청가>의 전개상 위기에 해당하는 부분에서 시작하고 있다. 그리하여 이 작품이 <심청가>의 서사와 동일한 부분은 <1>에서부터 <3>뿐으로, <4> 이하부터는 심청이 외국의 매춘굴로 팔려가게 되고, 잠시나마 김서방이라는 선한 인물을 만나 구원받을 소지를 보이다가 다시 해적들의 노리개감이 되어 비극적인 결말을 맞는 것을 볼 수 있다. 이는 심청의 선한 의지가 하늘을 감동시켜 환생하고, 마침내 아버지의 눈도 뜨는 행복한 결말을 여지없이 거부하는 것이다.

즉, <4>이전까지는 기존의 <심청가> 텍스트의 스토리를 따름으로써 수용자로서는 편안히 받아들일 수 있는 정보성을 갖는 반면, <4>이후부터는 수용자의 기대와 가설, 예측에 배반함으로써 정보성이 격하되는 것이다. 이 때, 수용자의 기대에 부합하는 '평범성'은 정보 처리를 용이하게 만들지만 기대를 저버리는 '비범성'은 정보 처리과정에서 필연적으로 흥미를 유발하게 되는 효과가 있다.[3] 그런데, 이러한 정보성에 대한 논구는 내용에 대한 것이기에 자연스럽게 응집성 논의와 맞물려진다.

언어적 표현면에 기대어 텍스트간의 관련성을 찾는 것이 응결성에 기댄 간텍스트성이라면, 소재나 주제의 차용을 모색한 것이 응집성에 기댄 간텍스트성이다(고영근(1999:175-6), 그런데 이 때, 아무리 표면상으로 관련있는 어휘가 배열되어 있어도 의미망을 이루지 못하면 텍스트다움을 상실한다. 즉, 문장마다 주제가 다르고 그들 사이에 어떤 통일된 주제를 잡아낼 수 없다면 텍스트라 불릴 수 없다. 이렇게 볼 때, 응집성은 텍스트성을 보여주는 가장 중요한 개념이라고도 할 수 있고(고영근(1999:166), 이는 간텍스트성 논의에서도 마찬가지이다.

<달아 달아 밝은 달아> 논의에서 <심청가>와의 소재나 주제 변용에 대한 논의들[4]은 모두 이러한 범주 아래 논의될 수 있다고 하겠다. 그리고 이것이 가능하기 위해서는 <달아 달아 밝은 달아>텍스트의 전체를 대상으로 해야 한다. 그러나 본고는 본 작품의 내용적 측면보다는 형식적

---

3) 보그란데·드레슬러(1981)/김태옥·이현호 역(1995:209-213) 참조.
4) 유인순(1986)이나 오경복(1980), 사진실(1997) 등의 논의가 이에 해당한다.

측면에 천착하겠다고 생각하여, 응집성에 대한 자세한 논구는 피하도록 한다. 이렇게 시각을 한정하고 볼 때, 본고의 관심 대상이 되는 것은 위 구조에서도 〈3〉 부분이다.

3. 응결성에 기댄 간텍스트성 논의

위의 구조에서 극 진행상 〈2〉와 〈3〉 사이에 나왔어야 할, 심청이 팔려가는 장면이나 심봉사와 이별하는 장면은 무대 밖 사건으로 처리된 채, 자청해서 심봉사에게 출가한 뺑덕어미5)를 대동하고 심봉사가 포구에 등장한다. 이 장면에서 심봉사와 뺑덕어미가 주고받는 대화는 특히 판소리의 흔적을 강하게 보이는 부분이다.

우선 여기에 쓰인 언어를 살펴 보자. 최인훈의 다른 작품 〈둥둥 낙랑둥〉이나 〈어디서 무엇이 되어 다시 만나랴〉에도 운율이 뚜렷한 대사가 보이거니와, 여기서는 그것이 특히 판소리 율격을 띠고 나타난다(다음 인용).

(1-1)마오마오 봉사님 편한 소리 마오 재주가 공명이오 기운이 장비로되 남창여수 이 세월에 여자 몸을 타고나니 하늘만이 아는 씨앗 그 어디다 꽃피울고 색주가 타박 마오 청이로 말하면 대국나라 색주가 고대 광실 높은 집에 분단장을 고이하고 밤마다 저녁마다 풍류 남자 맞고예니 도화동이 구석에서 비렁뱅이 한평생에 비할 건가?

(1-2)허허 그 말 한번 좋을시고 우리 청이 효녀되고 우리 뺑덕어미 열녀되고 이내 몸이야 딸 마누라 위해 천하 잡놈 된다 한들 내 어찌 마달손가 부모의 큰 은혜야 하늘이 따를손가 바다인들 채울손가 자 도화동 저 바다야 (바다를 내려다보면서) 잘 있거라, 부모된 가시밭길 이 몸은 떠나간다

---

5) 〈심청가〉에는 "自願出嫁"라고 되어 있거니와, 〈달아 달아 밝은 달아〉에서 심청을 색주가로 꾀인 것이 뺑덕어미인 만큼, 후자의 텍스트에서도 같은 말이 적용될 수 있겠다.

이 점은 <심청가>와 결론 부분만 달라질 뿐 동일한 스토리 라인을 가지고 있고, 등장인물의 대사 순서나 내용도 <심청가>와 매우 유사한 채만식의 <심봉사>(1936)가 그 언어면에서 판소리와 결별한 것과 대조적이다.6) 다음은 심청이가 인당수 제물로 팔려가는 날 아침, 그 사실을 알게 된 심봉사의 절규 부분이다.

　　(1-3)<심청가>: 허허 이것이 웬 말이냐 이것이 웬일이여 눈을 팔아 너를 살디, 너를 팔아서 눈을 뜨면 뉘를 보랴 눈을 떠야, 못 허지야 못 혀
　　<심봉사>(채만식): 내 눈을 뜨자고 너를 팔어? 너를 임당수의 제숙으로 팔어? 그리고서 이 다 늙어서 아무 데도 쓸데없는 애비가 눈을 떠, 웅?

심봉사는 선인들에게 화살을 돌려, 그들을 질책한다. <심청가>에서 보면, 이 장면에서 심봉사는 칠년대한(七年大旱)에 사람을 제물로 올리자는 여론에 탕임금이 반대한 고사를 들고 있는데, 희곡 <심봉사>에서 역시 마찬가지다. 그러나 <심봉사>에서 사용되는 언어는 판소리와 달리 전혀 운율감이 느껴지지 않는다.

　　(1-4)<심청가>: 사람 잡아 빌량이면 내 몸으로 대신 가마. 돈도 싫고 쌀도 싫도 눈 뜨기도 내사 싫다.
　　<심봉사>(채만식): 너이놈들이 그렇게 생사람 제숙이 소용이 되거들랑 나를 갖다 쓰려무나. 나를 갖다 쓰든지 나를 죽이든지 하잖고는 하늘이 두 쪽이 나도 우리 아기는 못 데려 가느니라.

자신이 공양미 삼백석을 시주승에게 약조했기에 딸이 팔려감을 보고, 심봉사가 느끼는 감정은 이 작품에서 감정이 고조되는 부분이다. 그런데 이 부분에서조차도 그 언어가 현대어화 되어 운율이 사장되었다면, 다른 대사의 운율성은 더 예를 들 필요가 없을 것이다.

이렇게 <달아 달아 밝은 달아>에서 보이는 판소리 율격은 이 작품이

---

6) 채만식의 <심봉사>는 1936년에 씌어진 것 외에 1947년에 씌어진 또하나가 있다. 그러나 <심청가>의 스토리와 보다 유사한 전자를 분석 대상으로 삼았다. 채만식의 <심봉사>와 <심청가>의 구조 비교분석은 유인순(1986)을 참조.

판소리 장르와 갖는 응결성을 보여준다. 응결성이란 '결속구조'라고도 번역되는 것으로, 텍스트 표층의 구성요소들, 즉 우리가 보고 듣는 실제 낱말들이 그 연쇄 속에서 서로 연관되는 방식에 관여한다(보그란데/드레슬러(1981)/김태옥,이현 통사론호 역(1995:7)). 한편, 고영근은 응결성 장치를 (1)자소, 음운, 형태, 적 장치와 (2)의미상, 기능상의 등가성에 기댄 장치로 분류하고 있는데(고영근(1999:142-153), 여기서 논하는 율격은 언어학적 측면이라기보다 음악적 측면에 관계된 것이므로, 이들 분류 중에 속한다고 보기는 어렵고 장르의 특수성에 따라 발생한 것이라고 할 수 있다.

또, 〈달아 달아 밝은 달아〉에는 판소리에 대표적인 해학 요소인, 여러 개로 해석될 수 있는 말을 가지고 이리 저리 사용하여 웃음을 유발하는 언어유희가 빈번히 등장하는데, 이것 역시 응결장치로 파악된다. 다음은 '띠'를 가지고 하는 언어유희이다.

(2-1)**뺑덕어미** 봉사님 띠가 무슨 띠시우?
심봉사 띠라니? 갑자기 띠는 또 왜 찾노 허리띠는 이렇게 매었네만
뺑덕어미 누가 그런 띠 말입니까? 타고 나면서 두르는 띠 말씀이우
심봉사 어허 그 띠 말씀이군 나야 명주 강보에 받아서 비단 띠를 두르
　　　　 고 눕혔다더군
뺑덕어미 누가 그런 띠 말씀이우 소띠 말띠 용띠 하는 그 띠 말이라니깐

뺑덕어미가 봉사에게 띠를 묻자, 봉사는 처음에는 "허리에 매는 띠"로, 두 번째에는 "나면서 두르는 띠"로 이해하고 대답한다. 그리고 뺑덕어미가 구체적으로 다시 말해서야 비로소 그 의미를 이해하고, "용띠"라고 제대로 대답한다. 눈멀고 고생많은 심봉사의 세상살이와 비교하여 아이러니컬하게 보이는 심봉사의 띠는, 뺑덕어미에 의해 뒤이어 계속 희화화된다.

(2-2)**뺑덕어미** 나는 봉사님이 소띤 줄 알았소
심봉사 소라니?
뺑덕어미 아니면 왜 그리 씹은 걸 또 씹구 그러시우
심봉사 씹어?
뺑덕어미 안 그렇구 뭣이우, (중간생략) 띠는 용띠라두 아마 소를 잡아
　　　　 먹다 얹힌 용인가보우

이 외에 뺑덕어미는 '심청'의 '청'과 푸를 '청'을 가지고 언어 유희를 하기도 한다.

> **(2-3)심봉사** 여보게 우리 청이가 보이는가?
> **뺑덕어미** 청은 청이래두 바다청만 보이는구려
> **심봉사** 우리 청이 떠나는가?
> **뺑덕어미** 안 보인다는데두 그러시네

이렇게 언어유희를 하는 뺑덕어미의 심리에는 청을 잊지 못하는 심봉사의 모습에서 질투를 느끼는 것과도 관련되어 있는데, 이러한 심리는 더 나아가 청이 떠나는 장면을 묘사하면서 청이의 모습보다 더 빼어난 미인으로 뺑덕어미 자신을 묘사한다든지, 자신에게 정성들여 인사하는 청의 모습을 삽입한 이유와 일치한다. 이것은 <달아 달아 밝은 달아>가 <심청가>의 내용을 이으면서도 발화 상황에 적절하게 관련시키는 '상황성'(보그란데/드레슬러(1991:243)을 적절히 운용하고 있음을 보여주는 것이다. 상황성에는 청자에 대해 발화자의 중간조정이 개입되는데, 여기에는 단순한 '상황점검'(situation monitoring)을 넘어, 심봉사의 마음을 딸로부터 자신에게로 돌리려는 '상황 관리'(situation management)가 개입하고 있음을 알 수 있다.

다음으로 <달아 달아 밝은 달아>의 장면묘사와 판소리의 그것을 비교해 보자. 우선 <달아 달아 밝은 달아>를 살펴보면, <3>에서 심봉사가 뺑덕어미를 이끌고 포구에 온 데에는 이유가 있었다. 청이의 마지막 떠나는 것을 보지 못한 심봉사는 청이를 실은 배가 떠나던 광경을 그에게 묘사해 달라고 부탁하는 것이다. 그러나 심봉사가 포구에 나오는 것부터 못마땅해 한 뺑덕어미는 쉽게 응낙하지 않는다. 두 번의 거절 끝에 심봉사의 간절함이 전달되고, 비로소 심청이 도화동 포구를 떠나던 날의 광경이 묘사된다.

> **(3-1)심봉사** <u>보이는가?</u>
> **뺑덕어미** 도화동 포구에 배 한 척 떠 있소 누런 돛 높이 달고 어서 가
> 자 둥실 떴소
> **심봉사** <u>또 무엇이 보이는가?</u>

뺑덕어미 무심한 갈매기 돛을 안고 날아들며 돛을 두고 떠나가며 갈매
　　　　기 두세 마리 훨훨 날아 있소
심봉사 <u>또 무엇이 보이는가?</u>
뺑덕어미 백사장에는 햇빛이 쨍쨍 고기 그물 널려 있고 누구를 재촉하
　　　　나 흰 물결 고운 물결이 철썩철썩 빛나 있소
심봉사 <u>그 길에 무엇이 보이는가?</u>
　　　(중간생략)
심봉사 <u>보이는가?</u>
뺑덕어미 황톳길 고개 우에 보였고, 나왔소
심봉사 <u>무엇이</u>
뺑덕어미 대궁이 하나, 대궁이 둘 셋 넷
　　　(중간생략)
심봉사 <u>내 딸 청이 보이는가?</u> (강조 인용자)

　포구에서 펼쳐지는 광경은 전적으로 뺑덕어미의 머릿속에 있고 심봉사
에게는 부재하다. 그로 인해 자연스럽게 뺑덕어미의 대답이 중심이 되고,
심봉사의 대사는 뺑덕어미의 대사를 유도해 내거나 그에 대한 응답(대개
는 탄식)이 된다. 위에서 밑줄 친 심봉사의 '보이는가?' 어구의 반복은 그
의 간절한 마음을 뜻하면서, 뺑덕어미의 말을 이끌어내는 역할을 충실히
한다.
　여기서 우리는 뺑덕어미와 심봉사를 판소리의 청자(광대)와 고수, 내지
는 청자와 관객으로 대치시킬 수 있다. 뺑덕어미의 대사는 사설에 해당하
고, 그것을 이끌어내기도 하고 맞장구치기도 하는 심봉사의 물음(위 인용
문의 밑줄)과 응답(아래 인용문의 밑줄)은 고수 또는 관객의 추임새에 해
당하는 것이다. 이러한 역할 분담 역시 판소리 〈심청가〉와의 결속구조를
높이는 데 기여한다.
　사실, 위와는 반대방향에서의 이야기지만, 판소리가 연극적 요소를 갖
고 있음은 이미 지적되어 왔다. 판소리는 광대라고도 불리는 창자와 고
수, 관객으로 구성되는 예술이다. 신재효는 창자가 지녀야 할 요소로 인
물과 사설, 득음, 너름새의 네 가지를 들었거니와, 이 때 인물을 천성(天
性)이라고 본다면, 판소리 제1의 요소는 사설, 즉 문학적 표현이다. 또한,
판소리가 외정(外庭)의 문예라는 점, 그리고 광대와 고수에 의해 여러 관

중 앞에서 연출된다는 점은 판소리의 구연이 연극과 유사한 점이 있음을 말해준다. 판소리가 원각사의 무대를 통하여 사설을 발췌하고 가락을 그대로 지니면서 창극화(唱劇化)했다는 사실 역시 이러한 사실을 뒷받침한다 하겠다.[7]

다시 논의로 돌아가, 뺑덕어미의 말에 대한 심봉사의 반응을 구체적으로 살펴보면 다음과 같다.

> **(3-2) 뺑덕어미** 동네 사람들이 청일 배웅하러 오는 모양이오, 저것이
> 멀리서 보니 청이 같기도 하고 멀리서 보니 아닌 것 같기도 하고
> **심봉사** 그래 긴가 아닌가?
> **뺑덕어미** 기요 기요 긴가보오
> **심봉사 아이구 내 청아**
> **뺑덕어미** 맞소 맞소 분홍 저고리 남치마에 시집가는 색시처럼 사뿐사
> 뿐 스적스적 고갯마루 넘어서 백사장으루 청일시 분명하오
> **심봉사 아이구 내 딸아**
> **뺑덕어미** 오라 머릿수건 질끈 동인 저들은 뱃사람들이로군 하나 둘 셋
> 넷 청이를 둘러싸고 백사장에 이르렀소
> **심봉사 아이구 내 하늘이야, 그래서 어찌 되오?**

여기서 뺑덕어미의 묘사가 계속됨에 따라 "아이구 내 딸아"/"아이구 내 하늘이야, 그래서 어찌 되오?"/"아이구 내 팔자야"의 대사로 변주되는 심봉사의 대사는, 여기에서 독자에게 강한 '정서적 관련'[8]을 유발한다. 뺑덕어미는 상황에 대해 매우 생동감 있는 묘사를 하기 때문에, 청이가 뱃사람들에게 팔려가기 위해 포구에 등장하는 장면은 이를 듣는 아비의 심금을 울리고 이를 읽는 독자의 심금을 울린다. 이를 판소리에 비유한다면, 이 장면이 갖는 비장미(悲壯美)가 관객에게 불러일으킬 심정적 일치─그로 인한 관객의 탄식 내지 반응─를 심봉사의 대사에 빗대어 표현한 것으로 해석할 수 있다.

---

7) 김동욱(1978) 참조.
8) 여기서 '정서적 관련'이란 독자(청중)이 작중의 사태에 감정이입함으로써 겪는 동정·공감·반응·원망·만족·실망 기타의 심리적 관련을 말한다(김흥규(1983: 117)).

한편, 여기서 보이는 장면형상화는 희곡 읽기에서 머릿속 극장/상상적 극장(mental theatre) 효과9)를 교묘하게 살린 부분이기도 하다. 희곡은 흔히 '구멍뚫린 텍스트'라고 부르거니와, 희곡을 읽을 때에도 무대를 전제로 하지 않고는 안된다. 다시 말해서 희곡 텍스트를 읽는 독자는 눈으로는 무대를, 귀로는 음향을 상상하고, 대사의 억양과 속도를 읊조리며 읽는데, 이것을 잘 설명해 주는 개념이 머릿속 극장/상상적 극장이다.

여기에서 전적으로 뺑덕어미에게 속한 포구에서 펼쳐지는 광경은 뺑덕어미의 대사에 의해 심봉사의 머릿속에서 마치 눈 앞에 보이는 광경처럼 펼쳐진다. 포구에 떠 있는 배 한 척과 그 위를 나는 무심한 갈매기 두 세 마리, 그리고 분홍저고리에 남치마를 입은 청이와 배웅 나온 마을 사람들이 그것이다. 연출가에게 장면형상화의 임무를 떠넘기지 않고 배우의 대사를 가지고 그것의 형상화를 일으키고 있는 것이 읽는 희곡으로서의 최인훈 작품의 묘미라 할 수 있거니와,10) 여기서 심봉사가 그의 육체적 한계로 인하여 뺑덕어미의 말만 듣고 머릿속으로 장면을 재구하는 것은, 텍스트를 읽음으로써 무대를 상상해야 하는 독자의 처지와 동일하다. 즉, 여기서 심봉사의 처지는 희곡을 읽는 독자의 처지에 유비되어 메타적 글쓰기의 양상을 볼 수 있기도 하다.

〈달아 달아 밝은 달아〉 텍스트가 가진 장면형상화의 특징은 판소리의 그것과 비교해 보면 보다 뚜렷이 드러난다. 다음은 판소리 〈심청가〉에서 심청이 선인들을 따라나서는 장면 묘사이다.

(3-3) ①따라간다. 따라간다. 선인들을 따라간다. 끌리는 초마 자락을 거둠 거둠 걸어 안고 비 같이 흐르는 눈물 옷깃에 모도다 사뭇 젖네. 건너 마을 바라보며 ②이진사댁 작은 아가 작년 오월 단오일으 앵도 따고 노던 일을 늬가 행여 잊었느냐 상침질 수 놓기를 뉘와 함께 하자느냐. 너이들은 팔자 좋아 양친이 구존허니 모시고 잘 있거라 나는 오날 우리 부친 슬하를 떠나 죽으러 가는 길이로다.…③하나님이 아옵는지 백일은 어디 가고 음운(陰雲)이 자욱허고 청산도 찡그난 듯 초목도 눈물 짓듯 휘늘어져 곱든 꽃이 이울고져 빛을 잃고 춘조(春鳥)난 다정하여 백반제송(百

___

9) 헤이먼(R. Hayman)(1993)/김만수(역)(1995:115-120) 참조.
10) 이 외에 레제드라마로서 최인훈 희곡이 갖는 특징에 대해서는 홍진석(1996: 151-197)을 참조하라.

般啼送) 허는 중으…

위 인용(정재근 판, 정권진 창(1981))은 묘사의 대상을 그린 듯이 보여주고 있지 않다. 심청이 울며 선인들을 따라 떠나는 장면의 모습을 묘사하되, 눈에 보이듯이 그리는 것(①)에 국한하지 않고, 작자와 인물의 목소리를 혼합한 자유간접화법으로 전하기도 하고(②), 감정이입법을 통한 서술자(텍스트상에서는 서술자, 공연상으로는 창자)의 설명(③)을 통해 독자(공연상으로는 관객)들의 심금을 울리는 데 중점을 둔다.[11] 여기에는 떨어지지 않는 발걸음을 떼는 청이의 심리를 그리기 위해 음운(陰雲)이 자욱한 날씨와, 청산과 초목의 형상, 꽃와 새에 감정이입을 하고 있다. 그런가 하면 다음 심청이 탄 배의 항로 묘사는 문자를 쓰고 한시를 인용하고 있다.

> (3-4)(범피중류(泛彼中流) 둥덩실 떠나 간다. 망망한 창해이며 탕탕한 물결이라 백빈주(白蘋洲) 갈매기는 홍요안(紅蓼岸)으로 날아들고 삼강(三江) 기러기는 한수(漢水)로 돌아든다. …애내성중 만고수(欸乃聲中萬古愁)난 날로 두고 이름인가 장사(長沙)를 지내가니 가태부(賈太傅) 간곳 없고 멱라수(日羅水) 바라보니 굴삼여(屈三閭) 어복충혼(魚腹忠魂) 무양(無恙)도 허시든가 황학루(黃鶴樓)를 당도허니 일모향관하처시(日暮鄕關何處是)요…

한시의 인용은, 관객의 눈 앞에 상황을 보여주기보다는 분위기를 전달하는 수단임이 분명하여, 판소리에서 장면 묘사의 특성을 잘 보여준다 하겠다. 시각적으로 장면을 묘사하는 것은, 장면의 대상에 대한 전달자의 선택이 있는 등, 전적으로 서술자의 주관이 배제된다고 말할 수는 없지만, 비교적 객관적인 것을 독자에게 전달한다고 말할 수 있다. 반면 판소리에 있어서 서술자의 전달은, 주요하게 시각에 호소하지도 않을 뿐더러, 서술자가 작중현실과 분리된 객관적 관찰자가 아니라, 스스로 그 속에 일치되거나(대사) 깊이 밀착된다(서술·묘사)는 점에서, 더욱 주관적인 것이라 하겠다. 해당의 작중 현실에 대한 호.불호(好·不好), 정.부정(正·不正), 미.추(美·醜) 등등의 정서적 태도가 뚜렷이 채색된 것으로서의 서술자의 목소리는, 한편으로 청중의 심리적 작용을 이끌어들이는 데 효과를 발휘

---

11) 김병국(1995: 제7장) 참조.

하는 것은 물론이다.12)

　한편, 앞에서 인용한 (1)은 텍스트 구조에 있어 〈3〉의 마지막 부분에 오는 것으로, 심청이 배를 선인들에게 팔려가는 장면 묘사가 끝난 후, 비감에 젖어있는 심봉사를 뺑덕어미가 위로하는 부분이다. 즉, 뺑덕어미는 심청이가 떠난 모습을 듣고 비감에 잠긴 심봉사에게 심청이가 좋은 집에 살고 좋은 음식을 먹게 되어 도화동 구석의 비렁뱅이 생활보다 월등 나은 생활을 하겠음을 말한다(1-1). 계속되는 뺑덕어미의 논리에 심봉사는 '그럴까'를 연발하고, 마침내 "자네 풀이를 들으니 그믐밤에 십오야 달을 본 듯" 마음이 환해지고 있다(1-2). 이는 (2) 분석에서 언급한 것과 마찬가지로 '의도성', 즉 뺑덕어미의 의도에 의한 상황관리로 해석할 수 있다.

　그런데 이 때 자신 때문에 딸이 팔려갔음에도 뺑덕어미의 술수에 놀잇감이 되는 심봉사의 처지는 독자에게 쓴웃음을 자아내고, 이는　비장(悲壯)과 골계(滑稽)의 대조라는 판소리의 서사구조면의 특징과 연결시켜 볼 수 있다13). 즉, 〈3〉의 앞부분에서 딸을 떠나보내는 심봉사의 애절한 심정이 비장에 해당한다면, 여기에서 청중은 심봉사의 비극에 몰입(沒入)된다. 그런데, 이렇게 비장한 부분의 작중현실에 '몰입'함으로써 청중이 가지는 긴장된 정서는 〈3〉의 뒷부분에서 보이는 골계적인 대목에서 해소된다. 이 부분은 골계 중에서도 대상에 대한 순수한 웃음을 유발하여 긴장을 푸는 해학과 달리, 대상의 비리와 결함, 약점을 폭로함으로써 이루어지는 웃음인 풍자에 해당함을 알 수 있다. 본고가 대상으로 삼은 〈심청가〉의 판본에는 이 부분에 있어 심봉사에 대한 풍자가 그리 심하지 않으나, 다른 판본 중에는 적나라한 대조를 보이는 것도 있다.14) 한편, 이렇게 비장과 골계가 반복되는 서사구조는 (4-2) 분석에서 보인 '정서적 관

---

12) 김흥규(1983: 117) 참조.

13) 김흥규(1983: 116-118) 참조.

14) 본고가 대상으로 삼은 〈심청가〉의 판본에는 단지 "이 놈(뺑덕어미는 앞에서 '인간말종'이라 표현되었다; 인용자)의 행실이 이러하여도 심봉사는 아무런줄 모르고 뺑파한테 빠져서 나무 칼로 귀를 외어가도 모르게 되었것다"(정병욱(1981:346))이라고 표현되어 있을 뿐이다. 그러나 『신재효 판소리 사설집』에 실린 〈심청가〉에서 심봉사는 딸 덕택에 생활의 여유가 생기자, "동네 과부 있는 집을 공연히 찾아다녀 선웃음 풋장담을 무한히" 하며, 돈 자랑에 정력 자랑을 한다든지, 뺑덕이네와 놀아나는 대목이 있다(김흥규(1983 :123)).

런'과 함께 두 텍스트 간의 응집성에 기여한다.

4. 마무리

이로써 본고는 텍스트의 응결성의 측면에 보다 천착하여 <달아 달아 밝은 달아>와 <심청가>의 간텍스트성을 논했다. 고영근(1999:162)의 지적대로 응결성과 응집성이 각각 텍스트의 '형식'과 '내용'적 측면이라 본다면 본고는 형식적 측면에 보다 천착한 것이 되는데, 여기서 형식적 측면의 논의를 결론지음에 있어 작가의 '의도성'을 고찰할 필요가 있다.

의도성은 텍스트 생산자의 의도를 포함시키기 위한 개념으로, 좁은 의미로서는 텍스트 생산자가 지금 생산하고 있는 언어 구성체를 응결성과 응집성이 구비된 텍스트로 만들고자 의도하고 있다는 것이고, 넓은 의미로서는 텍스트 생산자가 청자의 의식까지 주도하려는 것을 뜻한다(보그란데/드레슬러(1981)/김태옥,이현호 역(1995:167-173)).

이러한 의도성과 관련하여 본고가 추정하는 작가의 관점은 탈식민주의적 인식이며, 이는 그의 소설 창작의 연장선상에서 볼 필요가 있다. 그의 소설 『회색인』이나 『소설가 구보씨의 일일』, 「하늘의 다리」에는 비주체적으로 서양 모방에 급급하는 한국 현실에 대한 비판이 등장한다. 그런가 하면, 「크리스마스 캐럴」 연작과 『태풍』에는 식민 지배자를 모방하는 피지배자의 모습이 실제로 그려져 있으며, 한국의 식민 지배가 끝난 이후를 배경으로 일본 제국주의의 지하 방송을 가상한 『총독의 소리』 역시 제국주의 논리의 이중성이 드러난다. 이것을 탈식민주의적 관점으로 이해한다면,[15] 그의 희곡 역시 이 관점에서 해석할 수 있다. 외면적으로 식민주의 시대가 종결된 이후에도 여전히 제국주의의 지배가 계속됨을 간파하는 것이 탈식민주의라고 할 때, 소설에서는 그것에 대한 인식을 등장인물의 진술 및 알레고리를 통해 표출했다면, 희곡에서는 그에 대한 극복 방안이 모색되었다고 할 수 있다.

기존의 탈식민주의 논의의 구도가 지배국과 피지배국 사이의 일방성을

---

15) 최인훈 소설의 탈식민주의적 인식에 대해서는 조보라미(2000:127-138) 참조.

상정했다면, 이와 달리 식민담론 자체의 저항성을 인식하는 것이 최근의 흐름이라 할 때, 후자의 논의 중에 '폐기(廢棄)'와 '전유(專有)'에 대한 것이 있다.16) 여기에서 '폐기'란, 모어(母語)가 가진 헤게모니를 거부하는 것이고, '전유'란 자신의 문화적 경험을 전달하는 독특한 방식을 창안하는 것이다. 이 둘의 관계는 수단과 목적의 관계로 설명되는바, 목적에 해당하는 '전유'가 더 중요한 현상임은 물론이다. 이것은 고유의 민족어로 다른 언어로 번역이 불가능한 말이나 방언을 사용하는 것, 또는 설화나 독특한 문화를 작품 내에 설명 없이 쓰는 것 등, 자국의 문화를 이해하지 않고는 해석 불가능한 방법을 창조한다. 그런데, 식민국 언어 사용권이 아니란 점에서는 차이가 있지만, 이 논의에서 사용되는 발상법은 최인훈 의 희곡 논의에 적용이 가능하다. 작가에 있어서 이같은 극복방안에 대한 모색은 「춘향뎐」, 「놀부뎐」 등의 소설에서 부분적으로 시도된 바 있으나, 1970년대부터 시작된 희곡 창작에서 본격적으로 이루어진다고 할 수 있다.

참고논저

고영근(1999), 텍스트이론, 아르케.

김동욱(1978), 판소리사 연구의 제문제, 조동일·김흥규(편), 판소리의 이해, 창작과비평사:71-101.

김만수(1996), 희곡읽기의 방법론, 태학사.

김병국(1995), 한국 고전문학의 비평적 이해, 서울대학교 출판부.

김성렬(1984), 최인훈의 『구운몽』 연구, 고려대학교 석사논문.

김영희(1990), 최인훈 희곡의 극적 언어 연구, 부산대학교 석사논문.

김현철(2000), 판소리 〈심청가〉의 패로디 연구, 한국극예술연구 11:293-347.

김흥규(1983), 판소리의 서사적 구조, 조동일.김흥규(편), 판소리의 이해, 창작과비평사:103-127.

링케·루스바우머(Linke/Nussbaumer)(1997), Intertextualität-linguistische Bemerkungen zu einem literaturwissenschaftlichen Textkonzept, in: Gerd Ants/Heike Tietz(Hg), Die Zukunft der Textlinguistik, Niemeyer.

보그란데(B. de Beaugrande)(1997), New Founadation For a Science of Text

---

16) 애쉬크로프트(B. Ashcroft) 밖에(1989)/이석호(역)(1996) 참조.

and Discourse, Ablex

보그란데(B. de Beaugrande)·드레슬러(W.Dressler)(1981)/김태옥·이현옥(역)(1995), 텍스트언어학 입문 (Einfuehrung in die Textlinguistik), 한신문화사.

사진실(1997), <달아 달아 밝은 달아>의 구조와 의미, 한국연극사연구, 태학사.

신재효(1972), 신재효 판소리 사설집, 민중서관.

애쉬크로프트(B.Ashcroft) 밖에(1989)/이석호 역(1996), 포스트콜로니얼 문학이론, 민음사.

오경복(1980), <심청전>과 <달아 달아 밝은 달아>에 나타난 재생 원형 연구, 이화여자대학교 석사논문.

유인순(1986), 채만식, 최인훈의 희곡작품에 나타난 심청전의 변용, 비교문학 11, 한국비교문학회:107-138.

정병욱(1981), 한국의 판소리, 집문당.

조동일/김흥규(편), 판소리의 이해, 창작과비평사.

조보라미(2000), 최인훈 소설의 탈식민주의적 고찰, 관악어문연구 25, 서울대학교 국어국문학과: 127-140.

채만식(1936/1989), 채만식 전집 제9권, 창작과비평사.

최인훈(1992), 옛날 옛적에 훠어이 훠이, 최인훈 전집10, 문학과지성사.

헤이먼(R.Hayman)(1993)/김만수(역)(1995), 희곡을 어떻게 읽을 것인가(How to Read a Play), 현대미학사,

홍진석(1996), 최인훈 희곡연구, 태학사.

조보라미(趙보라미)
서울대학교 국어국문학과 박사과정 재학
156-035
서울시 동작구 상도5동 134-132호
전화 : 02-823-4062
e-mail : likeabird2@hanmail.net

<월인천강지곡>의 텍스트 분석[*]
-기425~기429를 중심으로-

김 선 효

　　월인천강지곡 기425~429는 세존의 한 전신인 '忍辱太子'에 관한 내용이다. 기425~427은 인욕의 부모공양과 죽음에 관한 것이고 기428~429는 七寶塔이 세존 앞에 나타난 이유가 그 전신인 인욕태자로 인한 것임을 제시하는 부분이다. 본고는 <월인석보> 권21에 있는 월인천강지곡 기425~429을 분석한 뒤 이외 선텍스트인 석보상절과 <大方便佛報恩經>의 간텍스트성을 중점적으로 살펴본다. 월인천강지곡은 석보상절을 시가화한 것이기 때문에 응결성은 강하지만 응집성은 응결성만큼 강하지 못하다. 그것은 텍스트의 문형, 텍스트 순서의 역전, 인욕태자 이름의 등재 양상 등을 통해 확인할 수 있다.

　　핵심어휘: 응결성(형태론적, 통사론적), 응집성, 대체규칙, 삭제규칙, 생략규칙

1. 들어가기

　　<월인천강지곡>은 수양대군이 지은 <석보상절>을 세종이 보고 그 내용에 맞추어 만든 악장으로 상·중·하 세 권으로 구성되어 있다.[1] 하지만 중권과 하권은 전권이 전해지지 않아 전체가 몇 곡으로 구성되어 있는지 정확히 확인할 수 없으나 지금까지 확인되는 바는 상권이 194곡이며 1995년에 발견된 <월인석보> 권25에 의하면 기583까지 확인된다.[2] 본

---

[*] 본고에 대한 논평과 세심한 지적을 해 주신 고영근 선생님과 박금자 선생님 지면을 빌어 감사의 마음을 전한다.
1) 수양대군이 지은 <석보상절>(1447)은 괄호를 사용하지만 <월인석보>(1459)의 석보상절은 괄호를 사용하지 않았다.

고에서 살펴보고자 하는 월인천강지곡 기425~429는 <월인석보> 권21에 실려 있으며, 그 저경으로는 <석보상절> 권11, <大方便佛報恩經> 권3이 있다.3)

본고는 고영근(1999: 1-10)에서 제시한 텍스트의 개념을 바탕으로 하여 월인천강지곡 기425~429를 분석한 뒤 저경과의 간텍스트성을 밝혀 보고자 한다.

2. 월인천강지곡 기425~기429 분석

월인천강지곡 기425~기429는 크게 두 개의 상위텍스트로 구분할 수 있다. 하나는 세존의 전신인 인욕태자에 관한 기425~기427과 그 다음은 세존이 수미산에 보탑이 생긴 경위를 대중에게 설법하는 기428~기429이다.

먼저 기425~기427부터 분석해 보기로 한다.

기 425

가. T_1 [(S 阿僧祇前劫에 波羅㮈王이 太子를 求ᄒ더시니)S]T_1
　　현대역: 아승기겁에 바라내왕이 태자를 구하시더니
나. T_2 [(S 열두힛마내 第一夫人이 太子를 나ᄊᆞᄫᆞ시니)S]T_2
　　현대역: 열두 해 만에 제일 부인이 태자를 나으시니

기425는 세존의 전신인 인욕태자의 출생 배경이 나타나는 부분이다. 波羅㮈王이 正法으로 백성을 다스리지만 아들이 없어 12년간 기도하여 겨우 얻은 아들이 인욕태자이다. 우선 기425는 다른 곡들과 달리 두 줄이 모두 한 마디로 구성되어 있다. 'NP₁에 NP₂이 NP₃를 V-니'가 대구 형식을 이루어 통사론적 응결성을 보인다. 그리고 '-니' 반말의 종결어미로 두

---

2) <월인석보>와 <석보상절>가 총 24권으로 되어 있을 것으로 추정해 왔는데 1995년 <월인석보> 권25가 발견되어 <월인석보>는 총25권으로 되어있음이 틀림 없다. 지금까지 발견된 <월인석보>는 권1, 2, 7, 8, 9, 10, 11, 12, 13, 14, 15, 17, 18, 21, 22, 23, 25이다.

3) <석보상절> 권11과 <월인석보> 권21의 관련성은 이호권(1998) 참조.

텍스트 간의 형태·통사론적 응결성도 제시한다.[4]

　기425부터는 새로운 이야기가 전개된다. 그것을 입증하는 장치로 주격 조사 '이'와 시간 부사어 '阿僧祇劫'를 들 수 있다. 주격조사 '이/가'는 보조사 '은/는'과 달리 새로운 정보임을 시사한다. 기425에서도 바라내왕과 제일부인 뒤에 주격조사 '이'를 사용하여 두 인물이 새로운 정보임을 제시한다. 그리고 시간 부사어 '아승기겁'도 새로운 이야기의 도입 부분임을 입증한다. 흔히 시간 부사어는 새로운 이야기를 시작하거나 말머리를 돌리거나 앞뒤 문장을 계기적으로 잇는 역할을 하는데, 기425의 '阿僧祇劫'는 새로운 이야기를 시작하는 것으로 사용되었다.[5]

　기425에 해당하는 석보상절 내용은 아래와 같다.

> (1)　　**디나건 不可思議 阿僧祇劫에** 比丘尸如來ㅅ 像法 中에 나
> 라히 이쇼디 일후미 波羅㮈러니 波羅㮈大王이 어디르샤 正法
> 으로 나라홀 다스리샤 百姓 보차디 아니ᄒᆞ더시니 여쉰 小國
> 오 八百 ᄆᆞ술홀 가졧더시니 **王이 아ᄃᆞ리 업스실ᄊᆡ** 손소 神
> 靈을 셤기샤 **열두 ᄒᆡ롤** 누흙디 아니ᄒᆞ샤 **求ᄒᆞ더시니 第一夫**
> **人이 아ᄃᆞ롤 나ᄒᆞ시니**[6] 　　　　(월석 권21: 213a～214a)

기425는 석보상절에 기록된 波羅㮈王의 治國과 성품은 생략하고 태자의 출생과 관련되는 부분만 시가화하였다. '求ᄒᆞ더시니, 열두 ᄒᆡ, 第一夫人'은 어휘적으로 재수용을 하였지만 그외는 생략이나 대체의 기제를 사용하였다. 그리고 석보상절 (1)에서는 '아ᄃᆞᆯ', <大方便佛報恩經> (2)에서는 '子, 男兒'로 사용되던 명사가 월인천강지곡에서는 기능상의 등가성을 지닌 '太子'를 사용하였다.[7]

---

4) 반말의 '-니' 형식은 고영근(1998: 11-12)참조

5) 텍스트에서의 시간 부사어 역할은 고영근(1999: 151-152) 참조.

6) 굵은 글씨로 표시된 부분은 월인천강지곡의 내용과 밀접한 부분으로 필자가 임의로 한 것임을 밝히는 바이다.

7) 보그란데 밖에(1982)/김태옥·이현호(공역)(1990: 51-58)는 텍스트에 담긴 의미 내용소나 그 구성체간의 등가성(equivalence) 관계를 강조하기 위한 기법으로 회기법(recurrence), 부분회기법(patial recurrence), 병행구문(parallelism), 환언 (paraphrase)을 제시하였다. 회기법은 동일어휘 반복이며 부분회기법과 환언은 유의어나 상의어를 사용하는 기법으로 의미론적 응결장치와 밀접하고, 병행구

<大方便佛報恩經> 권3의 내용도 석보상절과 거의 유사함을 (2)를 통해 확인할 수 있다.[8]

(2) 바라내대왕이 총명하고 예지가 뛰어나며 어질어서 항상 정법으로 나라를 다스리며 백성들을 굽히게 하지 않았다. 왕은 육십 소국과 팔백 마을을 다스렸는데 아들이 없어 왕이 스스로 山神 樹神 등 일체 신령께 공양하였다. 십이 년을 쉬지 않고 자식이 있게 해 달라고 기도하였더니 마침내 제일부인이 임신하여 열 달만에 아들을 낳으시니

기 426

가. T_1 [(S_1 太子ㅣ 性 고봃샤)S_1 (S_2 e 怒호몰 모릭샤)S_2 (S_3 e_1 e_2 布施롤 즐기더시니)S_3]T_1
  현대역: 태자가 성격이 곱고 (태자가) 노함을 모르시어 (태자가 사람들에게) 보시를 즐기시더니
나. T_2 [(S_1 大臣이 모디라)S_1 (S_2 e_1 e_2 德을 새오ᅀᄫᅡ)S_2 (S_3 e_1 e_2 업스시긔 꾀롤 ᄒᆞ더니)S_3]
  현대역: (여섯) 대신이 (성격이) 모질어 (여섯 대신이 태자의) 덕을 매우 시샘하여 (여섯 대신이 태자를) 없애고자 꾀를 내더니

기426은 한 줄이 세 마디로 구성되어 있는데, 앞줄의 공범주 주어는 모두 '太子'이고 뒷줄은 '大臣'이다. 앞줄의 공범주 주어는 '태자'이므로 주체높임 선어말어미 '-시-'를 사용하였으나 뒷줄은 '대신'이 공범주 주어이므로 '-시-'를 사용하지 않았다. 그리고 첫줄의 공범주 여격 명사구 e_2는 문맥을 통해 추정 가능한 '사람들'이고, 뒷줄 두번째 마디의 공범주 속격적 명사구 e_2와 세번째 마디의 공범주 목적어 명사구 e_2는 각각 '태자'이다.

뒷줄의 텍스트 분석에서 공범주 속격적 명사구와 공범주 목적어 명사구가 모두 '태자'를 의미하므로 두번째 마디를 '德을 새오ᅀᄫᅡ 업스시긔'로 묶고 세번째 마디를 '꾀를 ᄒᆞ더니'로 처리할 수도 있다. 하지만 '업스

문은 통사론적 응결장치이다.
8) 박금자(2000)에서는 월인천강지곡의 선텍스트가 여러 종류임을 추정하였는데,'諸經', 僧祐의 <釋迦譜>, 世祖가 지은 한문본 <석보상절>, <석보상절> 등이다.

시기 쬐룰 ᄒ더니'를 한 마디로 처리한 것은 석보상절을 보면 전자와 같이 묶여 있는 것이 아니라 후자와 같이 묶여 있기 때문이다. 그러므로 앞줄과 뒷줄의 통사구조가 비록 완전히 일치하지는 않으나 기426의 통사구조는 '[NP$_1$이 V-아] [∅ NP$_2$를 V-아] [∅ NP$_3$를 V-니]' 대구형식을 바탕으로 하고 있는 것으로 본다. 여기에서도 '태자'와 '대신'이 새로운 정보임으로 'ㅣ/이' 격조사를 사용하였다.

기426만 보면 두 줄이 하나의 텍스트로서의 완결성이 높은 것 같으나 석보상절과 비교해 보면 응집성이 약함을 확인할 수 있다. 즉 월인천강지곡은 시가답게 응집성보다 응결성이 더 강하게 부각되어 있다는 것이다. 기426은 태자의 성품과 대신의 성품을 대조시켜 태자의 성품을 강조하는 기법을 사용하였다. 앞줄은 태자의 고운 성품을 설명하고, 뒷줄은 대신의 모진 성품을 설명하고 있다. 하지만 월인천강지곡의 선텍스트인 석보상절이나 〈대방편불보은경〉을 보면 그 구성에서 차이점이 있음을 발견할 수 있다. 월인천강지곡 텍스트 생산자가 태자의 성품을 강조하기 위한 책략으로 선텍스트에서는 뒤에 나타나는 내용을 미리 가져온 것이다. 기426 뒷줄의 세번째 마디는 선텍스트의 내용에서는 훨씬 뒤에 나타난다. 선텍스트의 내용에는 대왕이 중병에 걸려 사경을 헤매는 상황이 닥치자, 여섯 명의 대신들이 절호의 기회라 생각하고 태자를 죽이고자 모의한 것이다. 하지만 기426의 내용은 선텍스트의 내용과 달리 대신들의 성품이 악하기 때문에 태자를 없애려는 계책을 꾸민 것으로 해석된다. 이러한 해석의 차이가 발생하는 이유는 텍스트 생산자가 월인천강지곡의 응집성보다 응결성을 더 중시한 것이기 때문이다. 석보상절 (3)의 내용을 보면 구조적 재배치의 현상을 확인할 수 있다.

우선 석보상절의 내용을 살펴 보자.

(3)　　端正ᄒ고 **性**이 **됴하 嗔心**을 **아니홀 ᄊᆞ** 일후믈 忍辱이라 ᄒ시니라 **忍辱太子**ㅣ 즈라 **布施**룰 즐기며 **聰明**ᄒ고 **衆生**을 골오 어엿비 너기더니 그 ᄢᅴ **여슷 大臣&**이 이쇼더 **性**이 모딜오 **無道**홀 ᄊᆞ 百姓이 싀트시 너기더니 **여슷 大臣**이 힝뎌기 왼 둘 제 아라 **太子**룰 **새와 믜여ᄒ더라** 그ᄢᅴ 大王이 重ᄒᆫ 病을 어더 겨시거늘 太子ㅣ 臣下둘히게 가 닐오더 아바닚 病이 기프시니 엇뎨ᄒ료 臣&下둘히 닐오더 됴ᄒᆫ 藥을 몯 어들 ᄊᆞ 命이 아니 오라시리이다 太子ㅣ 듣고

것무릇주거 따해 디엣더라 **여슷 大臣이 議論호더 太子를 더러브
리디 아니ᄒ면 우리 乃終내 便安티 몯ᄒ리라 혼 大臣이 닐오더
내 方便으로 더로리라 ᄒ고**   (월석 권2: 214a ~ 215a)

대신들의 성품이 모질고 무도하므로 백성들이 그들을 좋지 않게 생각
하는 반면 태자는 성품이 어질므로 백성들이 존경하였다. 이것으로 인해
여섯 대신들이 그를 시기하고 미워하였다. 그때 마침 대왕이 중한 병이
걸리자 여섯 대신은 이 기회를 이용하여 태자를 죽이고자 꾀한 것이다.
즉 여섯 대신이 처음부터 태자를 죽이고자 한 것이 아니라 시기하던 차
에 대왕이 중병이 들자 그것을 이용하여 태자를 없애고자 한 것이다. 그
러므로 뒷줄의 세번째 마디는 기426과 관련되는 것이 아니라 기427의 앞
줄과 관련된다. 기426에 세번째 마디가 나타난 이유는 텍스트의 응결성을
위한 것이다. 즉 기426의 앞줄은 인욕태자의 성품을 제시하고 뒷줄은 대
신의 성품을 제시하여 두 인물의 됨됨이를 대조시키며 동일 명사구 연쇄
를 형성하기 위한 텍스트 생산자의 의도가 포착된다.

석보상절과의 간텍스트성을 통해서 월인천강지곡의 시가적 특성을 한
번 더 확인할 수 있는데, 석보상절과 <大方便佛報恩經>에는 '여슷 大臣'
과 '六大臣'으로 표현되어 있지만 월인천강지곡에서는 '大臣'으로 표현하
였다. 여기에서 '여슷 대신'을 사용하지 않은 것은 텍스트 생산자가 앞줄
의 '太子'와 음절수를 맞추어 응결성을 유지하기 위한 책략인 것이다. 그
리고 뒷줄은 앞줄에 비해 석보상절의 내용이 많이 응축되었다. 여슷 大臣
의 품행은 '大臣이 모다라'로, 태자 성품은 '德'이라는 단어로 일반화시켰
다. '여슷 大臣이 議論호더 太子를 더러브리디 아니ᄒ면 우리 乃終내 便
安티 몯ᄒ리라 혼 大臣이 닐오더 내 方便으로 더로리라'는 '업스시긔 꾀
룰 ᄒ더니'로 구성화 내지 통합화하였다.[9] 그리고 '됴하', '嗔心올 아니홀
씨'는 각각 '고ᄫ샤', '怒호몰 모르샤'로 유의어나 뜻풀이 방법으로 명시적

---

9) 반 다이크(1978)/정시호(역)(1995: 87-96)는 텍스트의 주제와 내용을 잘 파악하
기 위해서는 생략(auslassen), 선택(selektieren), 일반화(generalisieren), 구성 혹
은 통합(konstruieren oder integrieren)와 같은 거시규칙과 의미적 함의 원리를
파악해야 한다고 역설하였다. 이때 생략과 선택은 삭제규칙, 일반화와 구성 내
지 통합은 대체규칙이라 하였다.

재수용하여 의미적 등가성에 기댄 응결장치를 보였다.
　〈대방편불보은경〉의 내용은 석보상절과 거의 동일하다.

> (4)　　태자의 성품이 착하고 화를 내지 않으므로 인욕이라 이름
> 지었다. 인욕태자가 장성하였는데 보시를 좋아하고 총명하고
> 인자하여 모든 중생들에게 자비심을 내었다. 이때 여섯 대신
> 이 있어 그 성품이 포악하고 간사하며 아첨을 잘하였다. (중
> 략) 그때 대왕이 중병에 걸려 고통으로 초췌해져 생명이 위태
> 로웠는데 인욕태자가 여러 대신을 찾아가 말하기를 부왕의 괴
> 로움이 크니 어떻게 해야 하느냐고 물으니 여러 대신이 듣고
> 마음에 성냄을 내었다. (중략) 이때 여섯 대신이 즉시 조용한
> 방에 들어가 공모하여 의논하였다. 인욕태자를 제거하지 않으
> 면 결국 우리가 편안하지 못할 것이라 하였다. 공모를 마치고
> 제 일대신이 말하였다. 인욕태자를 제거할 방법이 없소. 한 대
> 신이 다시 말하기를, 나에게 능히 제거할 방편이 있소. (중략)

　(4)에서도 확인되는 바와 같이 여섯 대신의 계략은 대왕의 병환이 계기
가 되었음을 알 수 있다. 그것은 ‘爾時’의 사용으로도 확인된다. 〈대방편
불보은경〉은 새로운 텍스트를 시작하는 경우 줄을 바꾸고 ‘爾時’ 시간부
사어를 사용하고 있다.10) 이것은 석보상절의 ‘그쁴’ 시간부사어와 동일한
텍스트 경계 장치이다. 그리고 (4)에 의하면 이 역모를 꾸미는 데 앞장
선 사람이 여섯 대신 중 ‘제일대신’임을 설명하고 있다. 그리고 〈대방편
불보은경〉에서는 ‘諸臣’이 ‘여섯 대신’을 의미하는 것으로 해석되는 부분
이 있다. 인욕태자가 아버지의 치유방법을 諸臣들에게 묻자 諸臣들이 화
를 내었다는 것은 곧 ‘모든 신하’가 아니라 ‘여섯 대신’을 의미함을 전후
문맥을 통해 확인할 수 있다.
　텍스트성의 판정에는 응결성보다 응집성을 우선한다. 이는 응결성이 필
요조건은 되지만 충분조건은 되지 못하기 때문이다. 하지만 월인천강지곡
기426을 선텍스트와 비교하여 보면 다른 곡들과 달리 응결성보다 응집성
이 상대적으로 약함을 확인할 수 있다.11) 기426의 뒷줄 세번째 마디는 기

---

10) 하지만 모든 ‘爾時’ 시간부사어가 텍스트 경계 기제로 사용되는 것은 아니다.
11) 고성환(2000)에서는 새로운 내용의 추가(기163, 기40 등), 어순 재배치를 통한
　　대구적 구성, 각 곡들의 음절수 준수는 월인천강지곡의 텍스트 생산자가 운

426과 관련되는 내용이 아니라 기427의 첫줄과 관련되는 내용이기 때문이다. 그러므로 월인천강지곡은 응집성보다 응결성을 더 중시하였음을 알 수 있다. 윤석민(2000)은 이런 특성을 다음과 같은 규칙으로 설명한다.[12]

> (5) ㄱ. 월인천강지곡의 텍스트 형성규칙 3
>   각 줄의 응결은 주로 명사적 연쇄를 이용하며 두 줄의 응결은
>   통사론적 응결장치와 의미화용론적 응결장치를 주로 이용한다.
>   ㄴ. 월인천강지곡의 텍스트 형성규칙 4
>   각 곡은 응결성과 응집성을 갖추고 있으나 주로 응결성을 우선한다.

기427

> 가. T_1 [(S_1 아바님 病重ᄒᆞ샤)S_1 (S_2 e 藥올 몯ᄒᆞᆸ거늘)S_2 (S_3 e 목숨
>   ᄇ려 救ᄒᆞᅀᆞᇦ시니)S_1]T_1
>   현대역: 아버님이 병중하여 (太子가) 약을 (구하지) 못하거늘 (太子
>   가) 목숨을 버려 구하시니
> 나. T_2 [(S_1 아바님 슬ᄒᆞ샤)S_1 (S_2 e 檀香ᄋᆞ로 ᄉᆞᅀᆞ바)S_2 (S_3 e 寶塔일
>   어 供養ᄒᆞ시니)S_3]
>   현대역: 아버님이 슬퍼하시어 (아버님이 太子의 시신을) 단향으로
>   사르시고 (아버님이) 보탑을 세워 공양하시니

기427은 여섯 대신의 꾀로 인해 *忍辱太子*가 죽게 되는 부분으로, 앞줄과 뒷줄이 모두 세 마디로 되어 있다. 앞줄의 공범주 주어는 '태자'가 되고 뒷줄은 '아버님'이 되어 명사적 연쇄를 이룬다. 그리고 '[NP_1이 V-아] [ϕ NP_2를 V-거늘] [ϕ NP_3(를) V-어 V-니]' 통사구조를 가진다.[13] 앞줄과 뒷줄은 '아버님'을 명시적으로 재수용하여 의미상의 등가성을 지니

율성을 강조하기 위한 장치로 사용한 것이지 응집성을 약화시키는 것이 아니라고 하였다. 월인천강지곡은 응집성이 약한 것이 아니라 강하게 작용하고 있다는 것이다. 하지만 본고는 운율성을 강조하기 위한 장치가 텍스트의 응결성 장치에 포함된다고 본다.

12) 윤석민(2000)은 월인천강지곡 중 응집성보다 응결성이 더 강한 곡은 기10, 기85, 기92, 기165, 기152, 기204, 기210 등이 있다고 하였다.

13) 각 줄의 세번째 마디는 동사가 두 개 있으므로 관점에 따라 네 마디로 형성되었다고 볼 수 있다.

면서 동시에 기425의 '波羅㮈王'과 기능상의 등가성을 가져 두 텍스트뿐 아니라 두 곡간의 강한 응결성을 구축한다

  기426의 뒷줄 세번째 마디와 기427의 첫줄은 매우 강한 응집성을 가진다. 앞에서도 설명한 바와 같이 석보상절이나 〈대방편불보은경〉을 보면 대신의 성품을 간략히 언급한 뒤 대왕이 중병이 들자 그들의 계략을 구체적으로 설명하고 있다. 그러므로 기427의 첫줄은 '아바님 病重ᄒᆞ샤 藥을 못ᄒᆞᅀᆞᆸ거늘 업스시긔 쬐롤 ᄒᆞ더니 목숨ᄇᆞ려 救ᄒᆞᅀᆞᆸ시니'로 되어야 하겠지만 텍스트의 응결성을 해치므로 동일주어끼리 묶어서 여섯 대신과 관련되는 '업스시긔 쬐를 ᄒᆞ더니'를 기426으로 옮긴 것으로 파악된다. 이것은 월인천강지곡이 응결성을 더 중시하였기 때문이다.

  기427는 석보상절의 아래 내용에 해당한다.

  (6)   [그ᄢᅴ 大王이 重ᄒᆞᆫ 病을 어더 겨시거늘 太子ㅣ 臣下ᄃᆞᆯᄒᆡ게 가 닐오ᄃᆡ 아바닚 病이 기프시니 엇뎨ᄒᆞ료 臣&下ᄃᆞᆯᄒᆡ 닐오ᄃᆡ 됴ᄒᆞᆫ 藥ᄋᆞᆯ 몯 어들ᄊᆡ 命이 아니 오라시리이다 (중략)]14) 그ᄢᅴ 太子ㅣ 大臣과 小國王ᄃᆞᆯᄒᆞᆯ 블러 大衆 中에 닐오ᄃᆡ 내 이제 大衆과 여희노라 ᄒᆞ야ᄂᆞᆯ 大臣이 즉재 栴陀羅 블러 ᄲᅧ를 그처 骨髓 내오 두 눈ᄌᆞᅀᆞᄅᆞᆯ 위여내니라 太子ㅅ 모미 傷ᄒᆞ야 命이 머디 아니ᄒᆞ시이다

    王이 드르시고 ᄯᅡ해 디&여 목노하 우르샤 모매 몬지 무티시고 니ᄅᆞ샤ᄃᆡ 내 오ᄂᆞᆯ 實로 無情호리 엇뎨 아ᄃᆞ리 藥ᄋᆞᆯ 머거뇨 ᄒᆞ시고 太子끠 가시니 ᄒᆞ마 命終ᄒᆞ거늘 (중략) 그 ᄢᅴ 父王과 小王ᄃᆞᆯᄒᆡ 牛頭栴檀香 남ᄀᆞ로 太子 ᄉᆞ&ᄅᆞ시고 七寶塔 셰여 供養ᄒᆞ더시니라

(월석 권21: 214b ~ 220a)

  여섯 대신이 태자를 죽이기 위한 모략으로 태자의 효성을 이용한다. 즉 대왕을 치료할 수 있는 유일한 약은 한 번도 화를 내지 않은 사람의 눈동자와 골수라고 여섯 대신이 태자에게 말한다. 그러자 태자는 자신이 가장 적합한 인물이므로 자신의 눈동자와 골수를 사용하라고 말하고 자신은 결국 죽는다.

  석보상절과의 간텍스트성을 살펴보면 월인천강지곡 기427은 많은 내용

---

14) (6)의 꺽쇠 부분은 각각 (3)과 (4)의 내용과 중첩되는 부분이므로 (7)에서는 싣지 않았다. 내용의 중첩 원인은 기426 분석에서 제시하였다.

이 응축되었음을 (6)을 통해서 확인할 수 있다. 대왕의 병환에 대한 태자의 질문과 그 대답, 대신들이 태자를 죽이기 위한 계략들이 기427에서는 없다. 하지만 대신들의 모략은 오히려 기426의 뒷줄 세번째 마디에 나타났다. 이러한 구조적 재배치는 텍스트의 응결성을 위한 텍스트 생산자의 의도적 행위로 볼 수 있다.

석보상절에서는 '大王' 또는 '王'으로 표현되었는데 기427에서는 기능상의 등가성을 지닌 '아버님'으로 표현하였고, 그외 대부분은 삭제나 대체규칙을 사용하였다. 월인천강지곡 텍스트 생산자가 월인천강지곡을 시가화할 때 석보상절의 단어나 성분순서를 그대로 수용한 것이 아니라 시가적 특성인 운율성—특히 음절수—을 살려 생산하였음을 알 수 있다. 기426의 '대신'이나 기427의 '보탑'에서 확인할 수 있는데, '대신'은 '여슷 대신'을 대체한 것이고, '보탑'은 앞줄의 '목숨ㅂ려'와 음절수를 맞추기 위해 '칠보탑'을 '보탑'으로 대체한 것이다.

<대방편불보은경>도 석보상절과 내용상의 차이가 없다.

> (7)　　　이때 태자가 즉시 대신과 소국왕들을 부르고 대중들에게 나의 몸은 지금 대중들과 이별하노라고 말하였다. 이때 대신들이 즉시 전타라(백정, 도살하는 사람)을 불러 뼈를 자르고 골수를 꺼내고 두 눈을 빼었다. (중략) 왕이 이 말을 듣고 소리 높여 크게 울며 "괴이하도다! 괴이하도다!" 하고 스스로 땅에 몸을 던지며 "내가 실로 무정하구나!" 하였다. (중략) 이때 부왕과 여러 소왕이 즉시 우두전단향 나무를 쌓아 태자를 화장하고 남은 뼈를 칠보로 탑을 세워 공양하였다.

기425~기427는 세존의 전신인 인욕태자에 관한 이야기이다. 인욕의 출생 배경과 성품, 여섯 대신들의 모략, 대왕의 중병으로 인한 태자의 죽음을 제시하고 있다. 지금까지는 세존의 전생과 관련되는 각 곡의 텍스트를 분석한 뒤, 저경과의 간텍스트성을 살펴보았다.

그러면 이제 현세에 관한 기428~기429를 분석해 보기로 한다.

기428

> 가. T₁ [(S₁ 太子ㅅ 일훔은 忍辱이러시니)S₁ (S₂ 오늜날애 e 如來시
>   니)S₂] T₁
>   현대역: 태자의 이름은 인욕이시니 오늘날의 (태자가) 여래시니
> 나. T₁ [(S₁ 波羅㮈王ᄋ 閱頭檀이시고)S₁ (S₂ 夫人이 摩耶ㅣ시니)S₂]T₂
>   현대역: 바라내왕은 (지금의) 열두단이시고 (제일)부인이 (지금의) 마
>   야이시니

기428부터는 새로운 이야기가 시작된다. 기425~기427까지는 세존의 전신인 인욕태자에 관한 내용인 반면, 여기부터는 전생담이 마무리되고 현세로 돌아오는 부분이다. 기428은 모두 두 마디로 되어 있고 앞줄의 공범주 주어는 '태자'이다. 물론 앞줄에만 공범주가 나타났지만 기428의 통사론적 응결성에는 별 지장이 없다. 즉 '[NP₁은 NP₂-니], [NP₃(e)이 NP₄-니]'의 통사구조를 가진다. 앞줄의 두번째 마디와 뒷줄은 전생과 현세의 관계를 설명하고 있기 때문에 앞줄의 두번째 마디 '오늜날애'가 뒷줄에서는 생략되어 있다. 그리고 각 줄의 첫번째 주어명사구에 '은/는' 보조사를 사용하여 형태·화용론적 응결성을 보인다. 즉 앞에서 이미 제시된 낡은 정보라는 것이다. 하지만 뒷줄 두번째 주어명사구의 '이' 주격조사는 새로운 정보를 제시하는 것이 아니라 텍스트 생산자가 제일부인이 마야부인이심을 강조하기 위한 책략으로 추정된다.

기428의 특징은 월인천강지곡에서 '忍辱'이라는 이름이 처음 등장하는 설명부라는 것이다.[15] 석보상절과 저경에서는 인욕의 출생과 함께 '인욕'이라는 이름이 이미 등장한 주제부이지만 월인천강지곡에서는 설명부가 된다. 이것은 월인천강지곡 텍스트 생산자가 기428에 초점을 두고자 한 것으로 추정된다. 기428은 세존의 전생담을 가장 압축하여 주제화한 것으로 기425~기427의 요약이며 주제인 것이다. '忍辱'의 정보성을 강조하기 위해 전생담에서는 '忍辱'이라는 이름을 출현시키지 않다가 기428에 와서

---

15) 프라그학파의 주제부(thema)와 설명부(rhema) 개념은 다네슈(F. Daneš)가 발전시킨 텍스트 이론방법으로, '주제부'는 알려진 정보, 이미 주어진 정보이며 '설명부'는 새로운 정보를 말한다. 파터(H.Vater, 1994)/이성만(역) (1995: 87-96)나 고영근(1999: 205-210) 참조.

야 등장시킨다. 기425의 '太子', 기426의 '太子'가 동일 어휘로 재수용을 되다가 기428의 앞줄에서는 기능상의 등가성을 지닌 '忍辱'으로 표현하고 있다. 즉 가장 핵심적 단어인 '忍辱'이 곧 '如來'임을 밝혀 두 인물의 동질성을 강조하려는 텍스트 생산자의 의도가 부각된다. 그리고 이러한 텍스트 생산자의 의도가 부각되는 또다른 장치는 순서의 역전 방법이다. 선텍스트들은 閱頭檀과 摩耶夫人을 제시한 다음 如來를 제시하는 반면, 월인천강지곡에서는 '忍辱太子=如來'임을 우선 제시하고 뒷줄에서 '波羅㮈王=閱頭檀, 第一夫人=摩耶夫人'을 표현하고 있다.

기428의 석보상절은 다음과 같다.

(8) 世尊이 彌勒菩薩ᄃ려 니ᄅ샤ᄃ 善男子 等 大衆이 알라 **波羅㮈大王**온 이젯 내 아바님 **閱頭檀**이시고 그ᄢ 어마니믄 이젯 내 어마님 **摩耶**ㅣ시고 **忍辱 太子**ᄂ 이젯 내 모미라

(월석 권21: 220a ~220b)

(8)에서는 부모의 전생 관계를 설명한 뒤 세존의 전신이 인욕태자였음을 설명한다. 이것은 (9)의 <대방편불보은경>에서도 동일하다. 하지만 기428에서는 그 순서가 역전되어 있음을 확인할 수 있다. 이것은 앞에서도 말한 바와 같이 인욕태자가 여래의 전신이었음을 강조하고자 하는 텍스트 생산자의 의도 때문이다.

(9) 분명히 알아라. 그때의 바라내대왕은 지금 나의 아버지인 열두단이시고 그때의 어머니는 지금 나의 어머니이신 마야이시며, 인욕태자는 지금 나의 몸이니라.

세존이 전생담을 대중에게 이야기하게 된 경위는 수미산에서 세존이 설법한 후 대중 가운데 칠보탑이 생겼기 때문이다. 칠보탑이 생기자 이것을 궁금하게 여긴 대중에게 전생담을 이야기하고 (9)와 같이 전세와 현세의 관계를 설명한다. 월인천강지곡 기425~기427은 전생담인 內話가 되며16) 기428~기429는 세존이 중생들에게 자신의 전생담을 요약하여 설명하는 外話이다.

---

16) '內話'는 전체 이야기인 '外話' 안에 포함되어 있으나 완결된 텍스트로서의 자격을 지녀 독립성을 지닌다.

기429

　가. T₁ [(S₁ e 前劫에 布施 즐겨)S₁ (S₂ e 父母孝道ᄒ실씨)S₂ (S₃ e 菩
　　　　提ᄅᆞᆯ 일우시니)S₃]T₁
　　현대역: (태자가) 아승기 전겁에 보시를 즐겨 (태자가) 부모에게
　　　　　효도하니 (세존이) 보리를 이루시니.
　나. T₂ [(S₁ e 이ᄯᅡ해 寶塔 셰야)S₁ (S₂ e 太子供養이실씨)S₂ (S₃ e 世
　　　　尊ㅅ긔 소사 뵈ᅀᆞᆸ니)]T₂
　　현대역: (바라내왕과 소왕들이) 이 땅에 보탑을 세워 (바라내왕과
　　　　　소왕들이) 태자를 공양하니 (칠보탑이) 세존에게 솟아 보이니.

　기429는 칠보탑이 솟아난 경위를 최종 마무리하는 부분이다. 즉 태자
가 아승기겁에 지극한 효성과 보시를 다하였기에 세존이 열반에 들어가
기 전 칠보탑이 솟아났다는 것이다.

　기429도 세 마디로 되어 있고 ‘[NP₁에/애 NP₂(ᄅᆞᆯ) V-어/아] [φ V-ㄹ
씨] [φ V-니]’ 구조로 통사론적 응결성을 보인다. 기429의 통사적 구조는
앞의 다른 곡들과 달리 각 줄이 ‘-ㄹ씨’ 종속적 연결어미로 인과관계를
형성하는 특징이 있다. 앞줄의 첫번째 마디와 두번째 마디의 공범주 주어
는 ‘太子’이지만 세번째 마디의 주어는 ‘世尊’이며, 뒷줄의 첫번째 마디와
두번째 마디의 공범주 주어는 ‘波羅㮈王과 小王들’이며 세번째 주어는 ‘칠
보탑’이다. 이는 종속문의 선행절과 후행절이 각각 전세와 현세를 설명하
기 때문이다. 전세의 보시와 효성으로 현세에 세존이 보리를 이루게 되었
고 바라내왕이 인욕을 위해 칠보탑을 세웠기 때문에 지금 공중에 칠보탑
이 서 있다는 것이다.

　기429가 석보상절에는 다음과 같이 기록되어 있다.

(10)　菩薩이 **無量阿僧祇劫에 父母 孝養**ᄒᆞᅀᆞᆸ더 오시며 **飮食**이며
　　지비며 **臥具**ㅣ며 모맷 고기며 **骨髓**예 니르리 그 이리 이러ᄒ니
　　이 **因緣**으로 **成佛** 호매 **니르로니** 이제 이 **寶塔**이 ᄯᅡ해셔 소사나
　　ᄆᆞᆫ 곧 이 내 **父母 爲**ᄒᆞᅀᆞᄫᅡ 목숨 ᄇᆞ려늘 곧 **이 ᄯᅡ해 塔**ᄋᆞᆯ **셰여**
　　供養ᄒᆞ시더니 내 이제 **成佛**ᄒᆞᆯ **씨 알퓌 소사냇ᄂᆞ니라**

　　　　　　　　　　　　　　　　　(월석 권21: 220b ～ 221a)

석보상절과의 간텍스트성을 살펴보면 삭제규칙이나 대체규칙이 적용되었음을 알 수 있다. '無量阿僧祇劫'는 '前劫'으로, '成佛호매'는 '菩提를 일우시니'로 대체하였고 '부모공양'은 그대로 재수용하였다. 뒷줄은 앞 텍스트와 반복되는 '成佛호다'는 삭제하고 '供養호다'는 앞줄의 '父母孝道'와 응결성을 구축하기 위해 '太子供養'으로 표현하고 있다.

> (11) 보살이 무량아승기겁에 부모에게 효도하고 공양하기를 옷,
> 음식, 집, 와구, 몸의 살, 골수에 이르기까지 한 것이 이와 같
> 다. 이 인연으로 성불하기에 이른 것이다. 이제 이 보탑이 땅
> 에서 솟아난 것은 곧 내가 부모를 위하여 여기서 골수와 신
> 명을 버렸기에 이곳에 보탑을 세워 공양하였었는데 이제 내
> 가 성불하였기에 앞에 솟아 나타난 것이다.

기428~기429는 대중 앞에 솟아난 칠보탑의 경위를 중생들에게 설명한 부분이다. <석보상절> 권11과 <大方便佛報恩經> 권3에서는 忍辱太子傳을 이야기 한 뒤 摩耶夫人의 전생담을 제시하고 있으나 <월인석보> 권21에서는 忍辱太子傳이 마지막 부분이다. 현존하는 <월인석보> 권21에서는 摩耶夫人의 전생담인 '鹿母夫人傳'을 확인할 수가 없고 권22에서도 발견되지 않는다. 그리하여 <월인석보> 권21의 마지막 곡인 기429와 <월인석보> 권22의 첫 곡인 기445의 사이에 있는 곡이 '鹿母夫人'에 관한 곡일 가능성이 매우 높다.17)

3. 월인천강지곡 기425~기429의 구조

월인천강지곡 기425~기429의 내용은 전체 서사구조의 흐름인 T_i(外話)의 일부분인 기428~429과 하나의 독립된 텍스트 T_j(內話)인 忍辱太子傳 기425~427으로 형성되어 있지만 응결성과 응집성에서 차이가 난다.

---

17) <월인석보> 권21의 마지막 월인천강지곡이 기429이고 권22의 첫 곡이 기445
이다. 이 사이의 16곡이 어떻게 되는지 확인할 수가 없다. 김영배(1985: 9)는
이런 착오 발생의 원인을 몇 가지 추정하고 있는데, 그중 사라진 16곡이 녹모
부인에 관한 기록일 가능성이 높다고 한다.

월인천강지곡은 시가화된 글이므로 다른 텍스트와 달리 응집성보다 응결성이 더 강하게 작용하였음을 선텍스트인 석보상절과 <大方便佛報恩經>과의 간텍스트성을 통해 확인할 수 있다.

[표1]

     (1) 응결성   (2) 응집성

(1) 응결성:

$$T_i \left[\begin{array}{l} T_j \left[\begin{array}{l} 기425: T_1 \sim T_2 \\ 기426: T_1 \sim T_2 \\ 기427: T_1 \sim T_2 \end{array} \right. \\ 기428: T_1 \sim T_2 \\ 기429: T_1 \sim T_2 \end{array} \right.$$

(2) 응집성:

$$T_i \left[\begin{array}{l} T_j \left[\begin{array}{l} 기425: T_1 \sim T_2 \\ 기426: T1 \sim T_2(2) \\ 기426: T_2(3) \sim T_1 \\ 기427: T_2 \end{array} \right. \\ 기428: T_1 \sim T_2 \\ 기429: T_1 \\ 기429: T_2 \end{array} \right.$$

응결성에서는 [표1]의 (1)과 같이 모든 곡들은 서로 형태론적·통사론적 응결장치가 강하게 실현되어 있었다. 하지만 [표1]의 (2) 응집성에서는 다른 모습을 보여 준다. 內話인 기425~기427은 세존의 전신인 인욕태자에 관한 곡들로서, 기425 T_1 ~ T_2는 太子의 출생과 관련되는 내용이며 기426의 앞줄과 뒷줄의 두 마디까지는 태자의 성품과 여섯 대신의 성품을 대조시킨 것이다. 기426 T_2의 세번째 마디부터 기427 T_1은 대왕이 중병이 들자 태자를 시기하고 있던 대신들이 모여서 태자를 죽이고자 모략하는 부분이고 기427의 T_2는 대왕의 병세가 호전된 것은 자신의 아들의 효성으로 인한 것임을 알고 그것을 기념하여 보탑을 세우는 부분이다. 기428은 내화 텍스트의 요약이며 기425~기429의 핵심인 주제 텍스트에 해당된다. 세존의 전신이 인욕태자였으며 바라내왕과 제일부인이 지금의 부모인 열두단과 마야부인의 전신임을 제시하고 있다. 즉 앞줄과 뒷줄이 강한 응집성을 가지므로 하나로 묶었다.

4. 마무리

필자는 지금까지 <월인석보> 권21에 실린 월인천강지곡 기425~기429 텍스트를 분석하였다. 월인천강지곡을 우선 분석한 뒤, 선텍스트인 석보상절과 <대방편불보은경> 권3과의 간텍스트성을 살펴보았다.

지금까지의 내용을 간추려 보면 기425~427은 세존의 전신인 忍辱太子을 노래한 것이며 기428~429는 대중에게 자신의 전생담과 칠보탑이 공중에 생긴 이유를 들려주는 것이다. 월인천강지곡은 석보상절을 시가화한 것이므로 각 曲들의 응결성은 매우 강하지만 텍스트간의 응집성은 응결성보다 약함을 확인할 수 있었다. 하지만 월인천강지곡은 형태론적·통사론적 응결장치나 삭제규칙·대체규칙을 적용하여 응결성과 응집성을 나타내었다. 월인천강지곡과 석보상절 간의 두드러진 차이점은 석보상절을 시가화한 월인천강지곡이 응집성보다 응결성에 더 초점을 둔 것이다. 그것은 텍스트의 문형, 텍스트 순서의 역전, 인욕태자 이름의 등재 양상 등으로 확인되었다. 특히 인욕태자의 이름이 석보상절에서는 태자의 출생과 함께 나났으나 월인천강지곡에서는 전생담이 끝나고 인욕태자와 세존이 동일 인물임을 설명하는 기428에서 비로소 제시된다. 이것은 월인천강지곡의 텍스트 생산자가 기428—인욕태자가 세존의 전신이라는 사실—을 강조하고자 하는 의도가 내재되어 있었기 때문이다. 그렇기 때문에 기428에서 선텍스트와 다른 내용순서를 보여주고 있는 것이다.

응집성보다 응결성이 더 강한 월인천강지곡의 이러한 양상은 비단 기425~기429에서만 나타나는 것이 아니라 월인천강지곡 전체에 나타나는 것이다.

참고논저

고성환(2000), "<월인천강지곡>의 운율성," 텍스트언어학 8: 79-102

고영근(1961), "석보상절과 월인석보의 한 비교," 한글 128. 고영근(1995: 323-364)
　　에 재수록.

고영근(1998), 중세국어의 시상과 서법(보정판), 탑출판사.

고영근(1995), 단어·문장·텍스트, 한국문화사.

고영근(1999), 텍스트이론, 아르케.

고영근·남기심 (공편)(1996), 중세어 자료 강해, 집문당.

김영배(1985), 월인석보 제22에 대하여, 한국문학연구 8: 5-24.

김영배(1991), 역주 석보상절(6, 9, 11), 세종대왕기념사업회.

김종규(1989), 중세국어 모음의 연결제약과 음운현상, 국어연구 90.

박금자(2000), <월인천강지곡>의 간텍스트성, 텍스트언어학 8: 25-56

박병채(1991), 논주 월인천강지곡, 세영사.

다이크(van Dijk 1980)/정시호(역)(1995), 텍스트학, 민음사.

안병희(1974), 석보상절의 교정에 대하여, 국어학 2: 17-30

안병희(1991), 월인천강지곡의 교정에 대하여, 이승욱 선생 회갑 기념논총:
　　169-177, 서강대 국문과.

윤석민(2000), <월인천강지곡>의 텍스트성, 월인천강지곡의 종합적 고찰, 이화여
　　자대학교 한국어문학연구소 학술대회.

이호권(1998), 석보상절의 국어학적 연구, 서울대 박사학위 논문.

조흥욱(1994), <월인천강지곡> 연구, 서울대 대학원 박사학위논문.

천병식(1985), 석보상절 제3주해, 아세아문화사.

파터(H. Vater)(1995)/이성만(역), 텍스트언어학 입문, 한국문화사.

허웅·이강로(1962), 주해 월인천강지곡, 신구문화사.

김선효(金善孝)

서울대학교 박사과정 수료/창원대학교 강사

630-492

마산시 회원구 양덕2동 174-14

전화 : 055)293-4591

e-mail : kimsunhyo@hotmail.com

융합 텍스트의 분석을 위한 접근

이 광 호

  텍스트는 인쇄문화의 산물이기 때문에 문자로 이루어진 조직체가 텍스트에 대해 일반적으로 이해되는 개념이었다. 그러나 기술의 발달로 기존에는 별개로 존재해 오던 매체들이 하나로 융합된 오늘날의 시대에는 텍스트가 단순히 문자 연속체가 아닌 그림(정지영상과 동영상)과 소리(음향, 음성, 음악)까지도 결합되어 다중적인 성격을 갖게 되었다. 이렇게 여러 매체들이 융합되어 탄생하게 된 텍스트를 본고에서는 융합 텍스트라고 명명한다. 그리고 융합 텍스트는 자체의 성격상 기존의 문자 텍스트를 분석하던 방법론만으로는 효과적으로 분석되기 어려움을 밝히고 융합 텍스트의 효과적인 분석 방법을 보그란데(1997)에 기대어 찾아보고 융합 텍스트의 기본적인 예를 들어 그 분석을 시도해 본다.

1. 들어가기

  현대는 디지털 시대 또는 디지털을 바탕으로 하는 멀티미디어[1])의 시대라고 일컬어진다. 이 시대에는 디지털이라는 기술이 별개로 존재했던 여

---

1) 멀티미디어는 다음과 같이 다양하게 정의될 수 있다. 첫째, 하나의 목적을 위해 도형, 음성, 영상, 문자 등 복수의 표현수단을 통일적으로 취급하여 정보를 효과적으로 표현하는 수단. 둘째, 문자, 데이터, 음성, 영상 등의 많은 미디어를 컴퓨터를 사용하여 인간과 기계가 교환하면서 검색, 추출, 갱신, 편집을 하는 것. 셋째, 화상, 문자, 음성, 컴퓨터 데이터 등 서로 다른 정보를 조합시켜 동시에 표시하거나 재생시키는 작업 또는 기기. 넷째, 기존 미디어인 TV, 출판물, 음악용 CD등의 매체가 가지고 있는 특성을 지니고 있으면서 이와 함께 PC라는 새로운 정보 전달의 특성도 동시에 가지고 있는 미디어. 다섯째, 모든 미디어의 정보를 컴퓨터에 융합시켜서 취급하는 기술. 그런데 이 모든 정의들 가운데서 공통적으로 추출할 수 있는 내용은 멀티미디어가 컴퓨터 기술에 의한 매체의 융합이라는 점이다. 멀티미디어는 컴퓨터 기술의 발달로 인해 출현하게 된 매체이다.

러 매체들을 통합시켜 하나의 다중매체를 창조하고 이것을 인간 사회의 새로운 통보수단으로 등장시켜 문화를 이끌어 간다. 맥루한은 미디어를 형식이 아닌 내용으로 규정하면서[2] 미디어 자체는 가치 중립적이지 않으며 인간의 사고방식과 생활양식을 변화시키는 직접 동인이 된다고 말한다. 이러한 관점에서 그는 해당 시대의 지배적인 소통의 매체에 따라 인류역사를 4단계로 구분한다. 첫 단계는 구두 커뮤니케이션의 시대이고 둘째 단계는 문자시대 또는 필사시대이고 셋째 단계는 인쇄물의 시대이고 넷째 단계는 전자매체의 시대이다. 이를 옹(Ong)의 구분법과 비교하자면 첫 단계는 구술문화에, 둘째와 셋째 단계는 문자문화에, 넷째 단계는 2차적 구술성을 가진 전자문화에 해당한다. 이러한 인간 역사의 구분 가운데 텍스트는 문자문화의 가장 중요한 산물로서 등장하였다. 이것은 구술문화의 매체인 구술연행이 갖지 못한 장점들을 가지고 있었기 때문에 통보수단으로 그리고 지식의 저장 수단으로 활발히 사용되었다. 그 결과 텍스트는 자신이 주매체가 되어 쓰이는 시대는 그 이전 시대와는 전혀 판이하게 다른 시대로 만들어 놓았다. 문자문화의 한가운데서 텍스트가 탄생한 후 이와 관련된 학문들이 시작되었고 이 시기의 텍스트들은 모두 인쇄된 글의 형식이었기 때문에 텍스트를 연구하는 모든 학문이 텍스트를 문자연속체로 파악하는 것은 필연적인 결과였다. 그러나 현대에는 디지털이라는 신기술을 매개로 하여 문자, 영상, 음향, 음성, 음악 등이 하나로의 융합을 거쳐 한 매체 안에 공존하게 되었다. 이러한 매체 융합의 현실로 인해 기존 인쇄 텍스트의 개념만으로는 현대인들이 텍스트로 이해하고 처리하는 단위들을 포괄할 수 없을 정도로 텍스트의 개념이 확장되었다. 우리는 일상 생활에서 영상 텍스트, 영화 텍스트라는 말을 어렵지 않게 접하고 또 아무 부담 없이 사용한다. 이는 일상 생활에서 이미 텍스트가 문자연속체로서의 개념을 뛰어넘는 확대된 개념으로 활발하게 사용되고 있다는 증거이다.

텍스트는 인류사회의 기술발달과 더불어 탄생했고 또 기술발달에 힘입어 그 내적 속성을 새롭게 하는 과정을 끊임없이 반복하고 있다. 본고는 텍스트의 이러한 속성에 주목하여 인쇄문화의 산물인 인쇄 텍스트와 디지털 문화의 산물인 융합 텍스트의 속성을 비교 대조한다. 그리고 더 나아가서 문자연속체로서의 텍스트만을 대상으로 발전해 온 기존 텍스트 과학의 분석 방

---

2) 맥루한(1964); 미디어는 메시지이다.

법론이 멀티미디어 텍스트까지 포괄하여 다루는 것에 많은 한계점들이 있음을 지적하고 그 극복을 위한 논의를 간략히 전개한다. 이러한 논의를 위해서 먼저 텍스트 개념의 등장과 변화를 매체의 발달과 그에 따른 문화 변천의 관점에서 살핀다. 그리고 '그림 하나는 천 마디의 말을 한다' 라는 명제에 주목하여 멀티미디어 텍스트 가운데 우리 주위에서 가장 접하기 쉬운 그림과 글이 하나로 어우러져 제시되어 수용성을 높이는 융합 텍스트를 분석한다.

2. 매체의 변화에 따른 텍스트 개념의 변화

텍스트를 보는 관점에 따라 문자문화 시대의 이전에도 텍스트의 존재를 인정하기도 하지만 옹(Ong)에 따르면 텍스트는 필연적으로 쓰기를 전제한다. 이처럼 쓰기를 통해 인류 사회에 등장한 텍스트는 인쇄를 통하여 하는 문자문화의 가장 중요한 산물이 되었다. 옹(Ong)의 언급대로 구술문화에는 텍스트가 없으며 문자 문화시대에 최초로 텍스트가 등장하여 지금에 이르렀고 인쇄문화의 시대에는 문자연속체로만 파악되던 텍스트가 이제는 여러 매체들이 기술적으로 통합된 복합 매체로 나타나게 되었다. 즉, 텍스트가 등장한 이후로 매체의 변화에 따라 텍스트의 내적 개념도 변화되어 온 것이다.

〈표1〉 매체의 발달에 따른 문화 변천

구분	구술문화	문자문화	전자문화
매체	>------구술연행--------->		
		① ←글을 빌어 말을 하는 수준(구술성>문자성)	
		>-----필사------------->	
		②←쓰기가 내면화되기 시작	
		(구술성<문자성)	
		>----쓰기--------------------------->	
		③ ←인쇄가 내면화, 구술성 소멸,	
		텍스트의 등장	
		>-----인쇄----------------->	
		④←다중매체의	
		내면화	
		>--멀티미디어------->	

2.1. 구술연행에서 인쇄 텍스트로

문자나 쓰기를 전혀 알지 못하는 문화에는 텍스트가 없다. 이 문화에서는 사람들이 기억의 편의를 위해서 정형구적인 표현에 의해서 사고하고 정보를 기억한다. 말하기는 조리 정연한 것을 지향하는 것이 아니라 장황하거나 다변적인 특성을 가지고 있다. 그리고 그 사고과정도 전혀 분석적이거나 추상적이지 않다. 이러한 구술문화에 문자가 등장하면서 쓰기가 시작되었는데 최초의 쓰기는 글을 빌어 말을 하는 수준의 것이었고 이 시기의 쓰기에는 문자문화의 특성이 반영되는 것이 아니라 구술문화의 제반 특성이 반영된다. 문자의 등장이후에도 구술문화는 여전히 유지되었는데 문자 사용 이후에 구술문화와 문자문화를 구별해 줄 수 있는 가장 효과적인 리트머스 시험지는 해당 시기에 글이 쓰여지고 사용되는 방식이다. 구술문화가 생산해 낸 글은 한 문장이 상당히 길어서 문장과 문단을 구별할 수 없을 만큼 장황하며 중복적 표현이 많고 단어간의 띄어쓰기나 단락의 구분이 거의 없으며 단어를 소리나는 대로 쓴다는 특성을 가지고 있다.3) 글이 주된 통보수단으로서의 역할을 부여받지 못했기 때문에 텍스트로서의 표준형식에 대한 필요성이 전혀 인식되지 않았던 것이다. 위 표의 ①이 그 시기를 나타내는데 이 시기에 작성된 글에 이런 특성이 나타나는 것은 사람들이 구술성의 강한 영향으로 읽기를 시각적 과정이 아닌 청각적 과정으로 이해한 결과이다. 청각만이 중요했기 때문에 시각적으로는 중의성이 전혀 해결되지 않는 음소적 표기법이 아무런 저항 없이 수용되었던 것이다. 단어나 형태소를 분절적 단위로 이해하기 시작한 것은 쓰기가 내면화되고 읽기가 시각적 과정이 된 후부터이다. 문자를 빌어서 말을 하는 수준의 글은 시각물로서의 텍스트와는 동떨어진 대상이다. 구술문화는 전반적으로 시각에 비해 청각이 우위를 점하는 문

---

3) 이는 중세국어나 근대국어의 문헌들이 보여주는 전형적인 특성이다. 우리 나라의 중세국어부터 개화기국어의 문헌은 한국사회가 서양문화의 영향을 받기 이전까지 구술성의 사회였음을 보여준다. 그러다가 개화기와 일제침략기를 거치면서 문자성에 대한 인식이 싹텄고 문자성이 구술성에 대하여 갖는 우위성에 대한 인식이 생긴 후 1933년 맞춤법 통일안에 이르러서야 한국사회는 구술문화에서 문자문화의 사회로 전환하는 획기적인 변화를 시도하게 된다.

화이며 이 청각 우위의 문화는 시각물로서의 텍스트 발달에 한 저해 요인이었다. 이 청각 우위의 특성들은 쓰기가 내면화된 이후에도 인쇄초기까지 상당히 오랜 기간동안 지속적으로 나타난다.

쓰기가 내면화되어 문자성이 구술성보다 우위를 점하면서 구술문화에서는 관찰되지 않는 특성들이 나타났다. 쓰기를 통해서 사람들은 논리적·추상적·분석적 사고를 키워갈 수 있었고 어휘를 풍부히 갖기 시작했다. 반면에 구술문화가 고유하게 유지하고 있었던 특성들은 점차로 소멸의 길을 걸었다. 한정된 지면에 논리적으로 글을 쓰면서 장황하거나 다변적인 특성은 조리 정연함으로 대체되었고 구술문화의 정형구적인 표현은 틀에 박힌 진부한 표현을 기피하는 쓰기의 원리에 의해서 배제되어 참신한 표현이 선호되었다. 쓰기를 통해서 풍부해지기 시작한 어휘는 인쇄의 덕택으로 엄청나게 불어났으며 대규모 표준 사전의 필요성도 대두되게 되었다. 쓰기의 한 단계 더 나아간 형식인 인쇄는 또 다시 인간의 의식과 소통의 방식을 상당히 바꾸어 놓았다. 인쇄가 깊이 내면화되면서 읽기와 쓰기가 개인의 일이 되었고 이를 바탕으로 개인의 논리적·분석적·추상적 사고가 그 이전보다 더 심도 있게 발달하였다. 또한 읽기가 더 이상 청각적 과정이 아닌 시각적 과정으로 이해되었으며 글도 단순한 문자연속체가 아닌 한정된 인쇄 지면에 최대의 정보를 최고의 효율로 담아내기 위해 일정한 글쓰기의 형식과 절차를 겸비해야만 했다. 이런 조건 아래에서 진정한 의미의 텍스트가 인류 사회에 처음 등장하게 되었다. 현대의 텍스트과학이 텍스트성을 파악하는 가장 기본적인 기준으로 응집성과 응결성을 내세우며 사실과 아이디어가 텍스트 안에서 논리 정연하며 질서 있게 배열되기를 요구하는 것은 텍스트과학의 연구대상이 이 시기의 산물로서의 텍스트이기 때문이다. 텍스트과학은 인쇄문화와의 필연적 관계를 상정하지 않고는 성립될 수 없는 학문인 것이다.

인쇄문화의 산물로서의 텍스트는 당연히 일정한 쓰기의 절차와 방식을 따라 인위적으로 조립된 순차적인 문자연속체로 파악되었고 그 개념은 현재까지 변함이 없다. 이 시기에는 읽기가 시각적 과정으로 자리를 잡아 나가면서 문장과 단락의 구분 노력이 생겨났고 더 이상 글을 소리나는 대로 적지 않았으며 띄어쓰기와 표기법의 표준형식도 나타나게 되었다.

인쇄라는 매체가 문화의 주도권을 청각에서 시각으로 넘겨준 것은 물론 인쇄 매체의 내적 속성에 따라 담을 수 있는 내용도 차별화되어 장황함보다는 간략 명료함이, 자연스러움보다는 인위적 조립이, 정형구보다는 참신한 표현이 선호되었다. 인쇄라는 형식이 문화전반을 지배하는 일대 전환이 이루어진 것이다. 다음은 구술 문화와 인쇄 문화를 대조한 표이다.

<표2> 구술 문화 V.S. 인쇄 문화

	구술문화	인쇄문화
사고와 말하기	정형구적인 집합적 사고, 장황하고 다변적 말하기	추상적, 분석적, 추론적 사고와 논리적이고 조리 정연한 글쓰기
표현	기억의 편의 위해 상투적 표현 선호	참신한 표현 선호
텍스트유무	텍스트와 쓰기 없음	텍스트와 쓰기 있음
감각	청각우위(말하기 읽기=청각적 과정)	시각우위(읽기=시각적 과정)
문학장르	구송 서사시 존재	구송 서사시 소멸
문학내용	전형적(구술자의 기억의 편의를 위해)	독창적
문화특성	공동체적	개인주의적

2.2. 인쇄 텍스트에서 융합 텍스트로

사람들의 사고에 인쇄가 내면화되고 또 인쇄문화가 성장해 나가면서 차트나 도표가 인쇄 텍스트에 서서히 등장하였다. 차트나 도표는 여러 정보들을 한눈에 간략히 제시하는 특성을 가지고 있어서 구술문화의 특성에서 상당히 멀리 떨어진 인식과정을 보여주며 동시에 텍스트가 단순한 문자연속체로서의 성격에서 벗어나기 시작한 것을 보여준다. 인쇄 텍스트의 내적 속성이 조금씩 변하면서 인쇄 매체의 발달과는 별도로 문자 이외의 다른 표현 수단들을 저장할 수 있는 기술들이 개발되었는데 이들은 서로 아무런 관련 없이 별개로 존재해 오다가 컴퓨터 기술을 매개로 유기적 통합을 이루었다. 즉, 디지털 기술이 멀티미디어 텍스트를 탄생시킨 것이다. 인쇄 문화의 시작 이후 사람이 시각으로 접할 수 있는 텍스트들은 대부분 종이 위에 인쇄된 문자 텍스트들이었다. 그러나 지금은 디지털 기술의 발달로 사람이 수용할 수 있는 텍스트가 종이 텍스트에 그치지 않는다. 다양한 매체들의 기술적 통합으로 이루어진 멀티미디어 텍스트는 언제나 그 안에 문자, 영상, 음향, 음성, 음악 가운데 일부 또는 전부를 상호간의 필수적 요소로서 통합하여 다중적 성격을 획득한다.

기존의 문자연속체로서의 텍스트에서도 그림이 더불어 나타나기는 하지만 그 때의 그림은 부연 설명이나 예시의 기능을 수행하는 요소로 보조적 기능만을 담당하기 때문에 생략된다해도 텍스트 전체의 전달효과에 큰 영향을 미치지 않는다. 문자, 영상, 음향, 음성, 음악이 하나의 텍스트 안에 존재할지라도 그것의 존재 가치가 부수적 수준이라면 해당 텍스트를 멀티미디어 텍스트라고 할 수 없다. 멀티미디어 텍스트는 이질적인 매체들의 단순한 혼합이 아니라 분리될 수 없는 결합을 전제한다. 그렇기 때문에 매체들의 분리가 일어나는 즉시 멀티미디어 텍스트는 전달의 효과에 심각한 손상을 입는다. 이런 관점에서 멀티미디어 텍스트를 매체 융합의 텍스트라고 부를 수 있다. 이러한 매체의 융합으로 인해 탄생한 텍스트는 기존의 인쇄 텍스트와는 질적으로 다른 특성을 갖는다.

가장 중요한 것은 앞서 언급했던 바와 같이 융합 텍스트는 여러 표현 매체들의 분리될 수 없는 결합으로 구성된다는 점이다.[4] 인쇄 텍스트가 문자연속체인 반면 융합 텍스트는 문자, 영상(정지화상, 동영상), 음향, 음성, 음악 등의 융합물이며 융합 텍스트의 여타의 다른 특성들은 바로 이 자체의 특성에서 파급된다. 인쇄 텍스트는 언어의 시각화인 문자를 이용하고 융합 텍스트는 애니메이션이나 정지화상, 동영상을 이용한다는 점에서 모두 인간의 시각을 바탕으로 한다는 공통점이 있기는 하지만 융합 텍스트는 인간의 시각 경험을 극대화하여 전달 효과를 단순간에 최대화하는 특성이 있다. 인쇄 텍스트는 인쇄된 문자연속을 시각적 읽기의 과정을 통해서 인간이 그 내용에 순차적으로 접근해 가도록 허용하는 반면 융합 텍스트는 잘 조합된 문자와 영상을 통해 인간에게 접근함으로써 인

---

4) 보그란데(1997:11)에서도 텍스트를 다양한 요소들의 연결 체계로 파악한다. "우선 우리는 텍스트를 음(음성이나 음향), 단어, 의미, 담화 참여자, 의도적 행동 등과 같은 다양한 요소들의 연결체계로 파악한다. 이러한 요소들은 분명히 다양한 유형에 속해 있기 때문에 텍스트는 다양한 교섭 체계로 구성된 복합체계임에 틀림이 없다. 그리고 텍스트는 다양한 기능을 갖는 단위들을 포함해야만 한다."

간이 순간적으로 인지하고 쉽게 이해하도록 한다. 따라서 전자는 많은 문자 연속을 읽어야한다는 부담 때문에 그 이해와 수용의 과정에 오랜 시간이 걸리고 그 과정 후에도 기억의 지속성이 오래가지 않지만 후자는 수많은 말을 그림 하나에 압축하고 시각을 통해 순식간에 제시함으로써 시간을 절약함은 물론 이미지 형태로 영상을 각인시켜 오랜 지속성을 획득한다. 실제로 융합 텍스트의 경우 우리가 눈으로 보고 있는 것은 보그란데(1997:11)의 지적대로 빙산의 일각에 지나지 않는다. 융합 텍스트의 생산자는 상당량의 정보를 빙산의 일각인 융합 텍스트의 표면에 응축시켜 제시하고 융합 텍스트의 수용자는 그 압축된 정보를 여러 가지 사회 문화적·인지적·기호적 절차를 통하여 풀어서 이해하는 것이다. 정보의 압축을 푸는 데는 반드시 어떤 기호적 코드가 필요하게 되는데 융합 텍스트가 활성화될수록 그 사회는 점점 더 기호와 정보를 압축하고 해석하는 코드의 사용과 이해가 중시되는 사회가 되어 단순히 문자 연속체로서의 텍스트가 통보의 중심을 이루던 사회와는 전혀 다른 특성을 갖게 된다. 그 특성 중 가장 대표적인 예는 각 매체가 선호하는 내용에 관련된 것인데 인쇄 텍스트는 문자의 연속을 통해 논리적 사고 과정이나 사실을 제시하고 인과 관계를 설명하는 것에 주목적이 있기 때문에 인쇄 텍스트가 지배하는 문화는 내용 중심적인 특성을 갖는 반면 융합 텍스트는 시각을 최대한 도로 활성화시키기 때문에 그것이 지배하는 문화는 이미지 중심적 특성을 갖는다는 것이다. 우리가 아인슈타인이나 슈바이쳐, 마더 데레사를 생각해 볼 때 머리 속에 떠오르는 것은 그들이 쓴 글의 내용이 아니라(실제로 그들은 수많은 글을 썼다.) 주로 TV를 통해 본 그들의 얼굴 모습인 경우가 90%이상인 점은 바로 현 시대가 내용 중심의 인쇄 텍스트 시대가 아니라 이미지 중심의 융합 텍스트 시대임을 보여주는 것이다.5)

---

5) 인쇄 매체 중심의 문화에서는 모든 공적인 지식을 인쇄매체가 독점하기 때문에 공적인 사람들을 시각적으로는 만나지 못하고 거의 항상 글을 통해서 만난다. 그 때문에 그 사람들을 생각한다는 것은 곧 그 사람이 쓴 글의 내용에 대해서 생각하는 것을 의미했다. 즉 그 사람들을 생각할 때 이미지 형태로 각인되어 있는 그 사람들의 영상이 머리 속에 떠오르지는 않는다는 것이다. 그 공적인 인물들이 쓴 글을 아무 것도 읽지 않았고 또 그 사람들에 대해 전해 들은 말이 없다면 아무 것도 떠오르는 것이 없었던 것이다.

다음은 위에서 언급한 인쇄 텍스트와 융합 텍스트의 차이점을 표로 제시한 것이다.

〈표3〉 인쇄 텍스트 V.S. 융합 텍스트

	인쇄 텍스트	융합 텍스트
자체특성	문자연속체 문자와 그림의 부수적 결합	문자, 영상, 음성, 음향, 음악 등 매체간의 필수적 융합
문화특성	내용 중심	이미지 중심
감각	시각	시각+청각; 시각 경험의 극대화 추구
소요시간	읽기를 통한 순차적 인지 및 이해(느림)	시각을 통한 순간적 인지 및 이해(빠름)
기억	지속성 약함	이미지 형태로 영상이 각인됨. 지속성 강함
속도	느린 인쇄	빛의 속도인 전자
언어와의 관계	언어와 시각이 분리될 수 없음	언어와 시각의 인위적 분리, 인위적 재결합
내용	논리적, 학구적	상업적, 감각적
형식	논리적 사고전개 위해 장황해질 수 있음	간단·명료, 장황하고 지루하면 안됨
상호작용	없음(인쇄 텍스트는 완고함)	양방향성

융합 텍스트는 위의 언급대로 그 자체의 속성이 다중적인 만큼 그것을 이해하고 수용하는 데에도 다중적인 각도에서의 인간 노력이 필요한 것은 물론이다. 언어적·인지적·화용적·심리적·사회적 요인이 융합 텍스트의 생산과 이해에 깊숙하게 작용하고 있기 때문이다. 융합 텍스트를 이러한 다중성을 지닌 단위로 이해하는 관점은 텍스트를 하나의 통보적 사건(text as an event)으로 파악하고 그 바탕 아래에서 텍스트 과학을 발전시키려는 보그란데(1997)의 텍스트관과 일맥상통한다.

3. 융합 텍스트 형식이 선호하는 내용

융합 텍스트는 이처럼 매체 자체의 특성이 인쇄 텍스트와 다른 것은 물론이고 '미디어는 메세지다'라는 맥루한의 말대로 형식이 내용의 본질까지 결정해 버리는 현상 또한 보여준다. 옹과 맥루한의 공통된 지적대로 융합 텍스트는 매체의 융합이라는 형식에 따라 인쇄 매체에서는 선호될 수 없는 특정 내용을 선호하여 그 형식을 통해 문화를 지배한다.6) 이는 융합 텍스트에만 한정해서 관찰되는 문화 현상이 아니라 인류역사의 발전에서 매체의 전환이 이루어질 때마다 반복되는 현상이었다. 구술문화에서 인쇄문화로의 전이를 가능하게 한 인쇄술은 단순한 기계 장치에 불과한 것이 아니라 담론을 위한 구조로 작용하면서 특정한 내용을 선호하면서 어떤 특정한 수용자는 배척해 버리기도 하고 수용자에게 특정 내용을 강요하기도 하는 역할을 담당했다.7) 당시의 인쇄술은 하나의 인식론적 구실을 수행했던 것이다.8) 현재는 디지털 기술이 인류 문화를 인쇄 문화에서 디지털 문화로 전이시키고 있는 시대이며 16세기의 인쇄술처럼 디지털이 하나의 인식론적 기능을 수행하고 있는 것이다.

융합 텍스트는 매체간의 융합을 전제로 하며 간단·명료한 형식 안에서 이미지를 중시하며 탄생한 매체이다. 인쇄술이 문맹자를 배척했던 것처럼 융합 텍스트는 컴맹자를 수용자로서 철저하게 배척하며 사회가 만들어낸 문화 기호와 그 코드에 익숙하지 않은 사람 또한 철저히 배척한다. <표3>에 제시된 것처럼 융합 텍스트는 시각적 경험의 극대화를 추구하는 이미지 중심의 매체라는 점과 시각을 통한 순간적 인지와 이해를 추구하는 매체라는 점은 융합 텍스트가 선호할 수 있는 내용이 인쇄 텍스트가 선호하는 내용과는 상당히 다를 것이라는 점을 암시한다.

위와 같은 성격을 가지는 융합 텍스트는 그 안에 인쇄 텍스트처럼 논리적이거나 철학적인 내용을 담거나 심오한 진리를 담아 전달하기에는 적절하지 않은 것으로 생각된다.9) 융합 텍스트의 대표적인 예인 TV10)는

---

6) 맥루한(1964), 옹(1982) 참조.
7) 자세한 내용은 2.1.의 서술 내용과 <표2> 참조.
8) 닐포스트만(1986:64)참조.
9) 융합 텍스트를 인쇄 텍스트처럼 사용하려는 의도를 가질 때는 가능한 것으로 생각된다.
10) 보그란데(1997)과 본연구의 관점에서는 TV화면 하나하나는 이미 미시 텍스트이며 TV 프로그램은 수많은 미시 텍스트들로 이루어진 거시 텍스트이다.

시청률의 노예가 되어 재미라는 요소와 뗄 수 없는 관계를 맺고 있고 나머지 융합 텍스트들의 사정도 이와 다르지 않다.11) 이미지 중심이면서 재미 있어야하고 간단·명료하면서 순간적으로 많은 정보를 전달해야만 하는 특성을 가진 융합 텍스트는 당연히 상업적이고 감각적이며 눈에 쉽게 띄는 내용을 선호할 수밖에 없다. 내용이 제 아무리 좋다 할지라도 그것이 재미가 없거나 시선을 끌지 못하면 사람을 잡아둘 수가 없기 때문이다. 이것이 융합 텍스트가 제시하는 현실이다.

4. 융합 텍스트의 분석 시론

앞에서 설명한 대로 융합 텍스트는 인간의 여러 가지 인지 경험이 결합된 매우 복잡한 구조물이며 그 안에 문자 기호는 물론 도상(圖像)과 지표들이 광범위하게 사용된다. 따라서 그것을 분석하고 해석하는 과정 또한 매우 복잡할 수밖에 없다. 융합 텍스트의 이러한 성격 때문에 기존의 텍스트 언어학의 방법론은 물론 인지과학과 기호학의 모든 방법론들이 동원되어야 의미있는 분석이 가능할 것이라고 생각된다. 융합 텍스트가 이렇게 복잡하고 다면적인 특성을 가졌음에도 불구하고 기호학이나 인지과학을 전혀 모르는 일반 텍스트 수용자들이 그것을 쉽게 받아들일 뿐 아니라 심지어 그것을 즐길 수 있는 이유는 융합 텍스트의 이면에는 고도로 정교화된 코드의 힘이 있기 때문인 것으로 생각된다. 이런 상황이라면 텍스트에 둘러싸여 살아가는 텍스트 수용자들이 자신을 보호하기 위해 할 수 있는 유일한 일은 복합 구조물로서의 텍스트를 제대로 읽고 수용하는 것뿐이다. 보그란데(1997:10)은 이러한 인간상황을 자신의 목적을 성취하거나 생활을 영위하는데 필요한 지식을 획득하기 위해 적절한 책략을 갖

---

11) 융합 텍스트를 도구로 마케팅을 하고 있는 기업체들은 모두 다 재미있고 인상깊은 캐릭터를 내세워서 기업의 이미지를 사람들에게 호감 있게 각인시키려는 노력을 하고 있는 점이 이런 현상을 설명해 준다. 특히 인터넷 검색 엔진인 라이코스의 TV광고에서 '재미있지 않으면 인터넷이 아니다.'라는 카피는 이런 특성을 극명하게 보여 주는 전형적인 예이다.

추지 못한 상태에서 많은 사람들이 담화에 참여하고 있는 현실이라고 지적하면서 텍스트와 담화에 관한 비판적 과학은 신뢰할 수 있는 담화 책략들을 설명해야만 하고 평등성과 결속성을 증진시키는 목적을 추구해야만 한다고 주장한다. 그리고 이를 위해서 보그란데(1997:10)은 텍스트를 그 내부에서 언어적·인지적·사회적 행위들이 하나로 수렴되는 통보적 사건(communicative event)으로 파악하여 분석하려는 노력이 필요하다고 주장한다.12) 융합텍스트는 이러한 보그란데(1997)의 관점을 따라야 제대로 된 분석이 가능할 것으로 생각된다. 본고도 이러한 입장을 취하지만 문제는 보그란데(1997:11) 자신의 언급대로 그 관점은 주장하기는 쉬워도 유지발전 시키기는 어렵다는 점이다. 이는 복합 구조물로서 융합 텍스트가 담고 있는 내용들이 많고 또 그 내용들과 관계를 맺는 학문분야도 광범위하기 때문이다. 이러한 문제점들을 고려하여 본고에서는 융합 텍스트 가운데서도 단순한 융합의 방식을 취하는 그림과 문자 기호만으로 이루어진 텍스트를 그 대상으로 삼아 분석을 시도한다. 다음은 간략하게 그 분석을 시도해 볼 융합 텍스트들이다. 모두 그림과 문자 기호의 결합으로 이루어진 융합물이며 사회적으로 공인 받고 있는 기호와 코드(교통 표지판이나 엠파스 광고)를 인간의 백과사전적 세계지식과 결부시키면서 간텍스트성을 획득하여 통보과정에 역동성을 부여하고 있는 공통 특징을 가지고 있다.

아래는 2000년 5월 15일자 딴지일보 엽기사색란에 실린 텍스트이다. 이 텍스트에서는 운전은 인생에, 자동차는 인생의 동반자에 비유하면서 평범한 의미에서는 인생과 아무런 상관도 없어 보이는 교통표지판13)을 인생의 길잡이로 설정하여 신선함과 재미를 획득하고 사람들의 이목을 집중시키고 있다.

---

12) 보그란데(1997:10) "텍스트를 단순히 발화되거나 글로 적힌 단어들의 연쇄로 보지 않고 그 내부에서 언어적·인지적·사회적 행위들이 하나로 수렴되는 통보적 사건으로 파악하는 것은 매우 중요하고도 필수적인 일이다. 그러나 이런 관점은 주장하기는 쉬워도 그것이 수반하는 내용들이 엄청나게 많기 때문에 유지 발전시키기는 어렵다."

13) 고영근(1999;139)에서도 교통표지판이 적절한 위치에 있을 경우 텍스트로 기능할 수 있 음을 언급하고 있다.

〈예문 텍스트1〉 운전하다가 깨달은 인생

0	누구나 운전하면서 하루에도 수도 없이 보고 지나치는 게 '교통표지판'이다. 평소엔 별 대수롭지 않게 여기지만, 이를 무시하면 사고로 이어질 수 있는 게 '교통표지판'이다. 부모님과 주위에서 위험을 충고해 주고, 내 잘못을 지적해 주는 것처럼 교통표지판도 우리에게 말없는 충고를 해 주고 있는 거다. 그래서 자동차가 인생의 동반자라면, 교통표지판은 우리 인생의 길잡이가 되어 주는 신호가 아닐까.. 어느 날, 그 '길잡이'가 본 기자에게 말없이 속삭여 주었던 '인생'. 그 걸 얘기해 주께..

1	근데, 어느덧 30이 넘고 좋은 시절도 다 가니	2	인생이 깜깜해지기 시작하더군.
3	나밖에 모르던 마누라는 애들 챙기느라 정신이 없고	4	이제 나는 어디로 가야 하나.. 하는 생각이 들더라구
5	40이 되니 괜히 남들과의 생활 수준 격차가 신경 쓰이기도 하고,	6	이렇게 일만 하면서 살다 죽는 게 내 팔잔가.. 의문이 생기고,
7	삶의 무게에 짓눌려 때로는 갈짓자로 비틀거리며 살아가게 되지	8	때론 부부 싸움도 일어나고, 이대로 콱 죽어버릴까, 갈라설까 고민하곤 해.
9	하지만 결국 그놈의 정 때문에 참으며 살게 되는 게 부부인가봐	10	인생은 오르막과 내리막이 있다는데,
11	난 늘 맨날 다람쥐 쳇바퀴 돌듯 이 모양일까.	12	가고 싶은 덴 많은데 오라는 데는 없고..
13	정말 기 펴고 쫘악 잘 나가는 때는 언제나 오려나.	14	세월이 흘러 60살쯤이 되면,

15	'누구나 생계 여행을 끝내고 새로운 인생의 바퀴를 갈아 끼우게 되지. "은퇴(Retire)"란 '타이어(Tire)'를 '새로 바꿔 끼우는(Re)' 거를 말해

〈딴지일보 33호 2000.05.15.〉

0번 문장은 텍스트 전체의 도입부로 '교통 표지판=인생의 길잡이'라는 공식이 텍스트 전체에서 유효한 의미를 가지며 텍스트 전반을 지배할 수 있게 해준다. 고영근(1999:139)의 지적대로 교통 표지판은 적절한 상황에 놓여야 텍스트로서 기능할 수 있고 그렇지 않으면 전혀 텍스트로 기능할 수 없는데 0번 문장은 교통 표지판이 인생의 각 순간과 상황에 놓일지라도 유효 적절한 텍스트로 기능할 수 있도록 하는 상황을 설정해 주는 역할을 한다. 이러한 상황 설정 아래에 각 표지판들은 30대에서부터 60대에 이르기까지 있을 수 있는 인생의 각 상황들과 짝을 이루며 텍스트 형성에 긴밀하게 참여한다.

1번과 14번에서는 교통표지판의 숫자와 나이를 관련시키고 2번에서는 터널이 어둡다는 우리의 일상적 인지 경험을 터널을 표시하는 교통 표지판을 통해 가족을 부양하며 스스로 개척해야 하는 인생의 암담함과 연관시키며 3번은 도로에서 아이들의 안전을 돌봐야 함을 나타내는 표지판을 통해 아이를 돌보느라고 남편을 관심의 대상에서 제외시킨 아내와 연관시킨다. 4번은 교차로에서 길을 잘 모를 경우 어디로 가야 하는지 주춤할 수밖에 없는 도로 위의 경험을 인생의 여정과 유효 적절히 결부시키고 있다. 5번은 앞차와의 안전거리 확보를 알리는 표지판을 앞서 가는 사람과의 생활수준의 격차와 연관지으며 6번도 그 연장선상에서 일만 하다 일생을 다 보내면 어쩌나 하는 불안감을 공사 안내 표지판과 결부시키고 있다. 7번과 8번에서는 인생에 있어서의 어려움과 위험들을 운전시의 위험들을 나타내는 표지판과 관련시키고 있고 9번에서는 위기로 인한 부부 간의 갈등도 운전시의 갈등이 양보로 해결되는 것처럼 해결된다는 것을 양보의 표지판을 통해 연결시키고 있다. 10번과 11번 그리고 12번과 13번은 오르막과 내리막 그리고 순환코스 또 통행금지라는 도로의 운용 방식을 인생과 결부시켜 인생에도 굴곡이 있으며 또 도로에서 아무 때나 원하는 방향으로 다 갈 수는 없다는 법칙이 인생에도 그대로 적용됨을 보이면서 설득력을 획득하고 있다. 15번에서는 오래 달린 차는 타이어를 반드시 갈아 끼워 줘야만 한다는 우리의 경험에 기대어 은퇴를 새로운 시작에 비유하면서 교통 표지판과 우리 인생을 하나로 엮는다. 여기에서 획기적인 것은 그림의 제시를 통해서 은퇴(retire)라는 단어의 형태소 분석을 새롭게 시도하여 참신함을 확보하고 이를 통해 수용성을 높이고 있다는 점이다. 이 모든 연결 과정들은 다양한 인지적 경험들을 교통 표지판과 인생간의 간텍스트성의 관점에서 통합하여 최대의 전달 효과를 창출하기 위한 것이다. 위의 텍스트 구성 요소들 중 어느 것 하나가 빠진다면 위의 텍스트는 그 텍스트성에 심각한 손실을 입게 된다. 이러한 긴밀한 결합은 이 텍스트를 간략하긴 하지만 융합 테스트로 보게 하는 요인이 된다.

다음은 2000년 5월중에 서울대에서 있었던 증산도 강연회의 광고 포스터이다. 이 포스터는 이미 사람들에게 익숙한 광고인 인터넷 검색 엔진 엠파스 광고를 패러디하여 친숙함을 획득한 후 수용자에게 재미있고 익살스럽게 접근하여 전달효과의 최대화를 추구한 융합 텍스트이다.

〈예문 텍스트2〉 인터넷 검색엔진 엠파스 광고를 패러디 한 증산도 광고

위의 텍스트는 엠파스 광고의 모든 형식을 그대로 따르고 있다. 원전 텍스트(source text)인 엠파스 광고 포스터의 바탕이 노란색을 취하고 글씨는 모두 검정색을 취하여 보색대비의 효과를 노린 것을 위의 텍스트도

그대로 따르고 있고 앞을 잘 보게 해주는 안경과 그렇지 못한 안경을 착용하고 있는 두 마리 토끼의 대조적 모습도 그대로 따르고 있다.

그러나 이 텍스트는 '야후에서도 안되면... 엠파스'라는 원전 텍스트의 표어를 '세상에서도 안되면... 증산도'로 교체함을 통해 단순한 모방에서 벗어나 텍스트 생산자의 의도를 기술적으로 수용자에게 전달한다. 엠파스 텍스트와 증산도 텍스트가 공유하고 있는 바탕색과 글자색, 문자에 따른 두 마리 토끼 그림의 배치 그리고 표어 등은 원전과 패러디를 긴밀한 간텍스트성의 관점에서 결합시키고 있다. 원전 텍스트는 야후와 엠파스의 검색방식을 대조하면서 야후에서는 웹페이지와 웹사이트 검색 방식만을 취하기 때문에 한번 검색에서 상세한 정보를 찾기 어려운 반면 엠파스에서는 웹페이지와 웹사이트 검색 방식만이 아니라 자연어 검색까지 지원하여 정확하고 상세한 정보를 찾을 수 있다는 메세지를 강조하며 전달한다. 또한 '야후' 밑의 토끼에게는 눈앞이 빙빙 돌게 하는 안경을 착용시켜서 야후로 정보 검색을 해서는 당신이 정보의 바다에서 장님과 다름없다는 암시를 하고 '엠파스' 아래의 토끼에게는 사람의 눈을 가진 또렷하게 볼 수 있는 안경을 착용시켜서 엠파스를 통하면 당신이 모든 정보를 정확하고 상세하게 찾을 수 있다는 암시를 준다. 이렇게 극명한 대조적 메세지는 안경 쓴 두 마리의 토끼와 '야후에서도 안되면... 엠파스'라는 표어에 응축되는데 이렇게 압축된 코드는 그대로 증산도 강연회 광고로 이동된다. 공격과 성공을 향한 경쟁 그리고 야망의 본능을 강화시키는 세상에서 방황하면서 자신의 내적 평화와 안정 그리고 인생의 의미를 찾지 못하는 대학생 또는 대학원생 젊은이들을 위의 증산도 광고 텍스트는 '세상'이라는 단어 아래의 앞 못보는 장님 토끼로 비유한다. 반면에 '증산도'라는 단어 아래에 사람의 눈을 가진 앞을 선명하게 볼 수 있는 토끼는 세상의 방식을 떠나 증산도로 귀의한 젊은이로 비유한다. 이로써 증산도에 혼란한 세상을 명확하게 보게 하는 진리가 있음을 암시하는 코드를 완성하고 이 코드화된 메세지는 시각을 통해 순간적으로 작동하는 인간의 인지과정에 힘입어 순식간에 전달된다. 그러나 위의 텍스트에서는 증산도 진실로 그런 곳인지에 대한 정보는 하나도 찾을 수 없다. 다만 수용자들이 증산도를 그런 사상으로 받아들이도록 강요하고 있을 뿐이다. 융합 텍스트는 어디까지나 내용을 중시하는 텍스트가 아니라 이미지와 포장을 중시하는 매체이기 때문이다.

위의 융합 텍스트는 원전을 철저히 모방했지만 원전을 뛰어넘는다. 이처럼 위의 융합 텍스트는 엠파스 광고와의 모방적 간텍스트성을 기반으로 수천 마디의 말로는 다 전달할 수조차 없는 엄청난 정보량을 한 장의 그림과 열한 글자의 단순한 표어에 고도로 응축시킨 후 코드화하여 시각적 이미지의 제시를 통해 수용자에게 전달한다. 텍스트의 수용과 이해는 언제나 전적으로 수용자에게 달려 있는데 위의 경우 텍스트 안에 압축된 정보를 최대한으로 증폭시켜 해석하는 작업은 우선 수용자에게 이 패러디 광고의 원전 텍스트를 먼저 알고 있을 것을 요구한다. 즉, <예문 텍스트1>의 교통표지판과 마찬가지로 수용자가 사회 문화적으로 기호화된 코드를 알지 못하면 텍스트를 이해하지 못하게 되고 이런 경우 역설적인 것은 이해되지 못하는 텍스트가 수용자에게 소외되는 것이 아니라 오히려 수용자가 텍스트에게 소외된다는 것이다. <예문 텍스트1>에서는 이러한 소외를 막고 수용성을 높이기 위한 장치로 0번 문장이 텍스트의 도입부로 역할을 하고 있지만 <예문 텍스트2>에서는 어떤 도입의 장치도 없다는 것이 특징이다. 현대 사회에서는 전자의 방식보다는 후자의 방식이 융합 텍스트가 메세지를 전달하는 방식으로 선호된다.

5. 마무리

본 연구는 융합 텍스트의 분석을 위해서 융합 텍스트라는 매체가 인류 사회에 등장하기까지의 매체의 변화를 매체를 텍스트로 파악하는 관점에서 간략히 살펴보았고 융합 텍스트 가운데서도 간략한 형식을 갖는 두개의 텍스트를 선정하여 그 분석을 미약하나마 시도해 보았다. 보그란데(1997)이 텍스트를 단순히 문장이상의 단위로 파악하는 것에서 벗어나 인간 활동의 총화이며 인간과 관련된 다양한 학문들의 학제적 연구의 단위로 파악한 것은 매체와 결부되어 그 내적 속성과 외적인 영향력을 다변화하는 텍스트에 대한 합리적인 접근법이라고 판단된다. 본 연구는 텍스트를 바라보는 이러한 관점의 연장선상에서 논의를 전개했다. 다양한 매체들이 기술적인 융합의 과정을 거친 후 하나의 텍스트 안에 공생하게 되면서 각 매체를 연구하는 학문도 필연적인 융합을 겪지 않을 수 없게 되는 점은 텍스트에 관한 학제적 연구가 선택이 아니라 필수가 되었음을 암시한다. 이는 또한 언어연구가 미시적 굴레를 벗어나기 위해 인간 활동을 최대의 단위로 삼아 그 하위 단위로 기능해야 한다는 고영근(1993: 154)의 지적과도 상통하는 것이다. 매체와 텍스트에 대한 비판도 매체를 통해서 할 수밖에 없을 정도로 매체에 얽매여 버린 사회가 현대 사회라는 점은 매체와 텍스트에 대한 비판적 성찰이 반드시 이루어져야 함을 암시한다.

참고논저

고영근(1993), 우리말의 총체서술과 문법체계, 일지사.
고영근(1997), 텍스트 이론과 문학 작품의 분석, 텍스트 언어학 4: 1-20.
고영근(1999), 텍스트이론-언어문학통합론의 이론과 실제, 아르케.
김성재 밖에(1998), 매체미학, 나남출판사.
김진권(1997), 상호텍스트성, 텍스트 언어학 4: 207-239.
맥루한(McLuhan, Marshall)(1964)/박정규(역)(1997), 미디어의 이해(Understanding Media), 커뮤니케이션북스
박여성(1996), 간텍스트성의 문제-현대 독일어 실용 텍스트를 중심으로, 텍스트 언어학 3: 83-122.
반 다이크(T.U. van Dijk)(1980)/정시호(역)(1995), 텍스트학(Textwissenschaft), 민음사.
보그란데(1997), New foundations for a science of text and discourse: Cognition, Communication, and the Freedom of Access to Knowledge and Society, Ablex Publishing Corporation Norwood, New Jersey.
브링커(K. Brinker)(1992)/이성만(역)(1994), 텍스트 언어학의 이해(Linguistische

Textanalyse), 한국문화사.
옹(Walter J.Ong)(1982)/이기우·임명진(역)(1995), 구술문화와 문자문화
    (Orality and Literacy), 문예출판사
포스트만(Neil Postman)(1986)/정탁영·정준영(역)(1997), 죽도록 즐기기
    (Amusing Oneself To Death), 참미디어.

이광호(李光鎬)
서울대학교 국어국문학과 박사과정
151-056
서울시 관악구 봉천 6동 100-542
전화 : 02-884-9614
e-mail : cathol7@snu.ac.kr

영상 텍스트와 문자 텍스트의 결합 양상에 대한 고찰
-TV 오락 프로그램의 자막을 중심으로

남 가 영

TV 오락 프로그램의 자막은 기본적으로 영상텍스트인 TV에 문자텍스트인 자막이 결합되어 있는 것으로, 주로 웃음을 유발하거나 의미를 재구성하는 기능을 한다. 이처럼 문자텍스트와 영상텍스트가 서로 결합하는 현상은 각기 장르, 매체, 문화의 층위에서 설명될 수 있다. 우선 장르의 층위에서는 웃음과 재미를 주목적으로 하는 TV 오락 프로그램에서 자막이 손쉬운 웃음 유발 장치라는 측면에서, 매체의 층위에서는 문자 매체가 영상 매체보다 더 오래 기억된다는 측면에서 설명될 수 있다. 마지막으로 문화의 층위에서는 근본적으로 TV 오락 프로그램의 자막이 일본에서 시작된 것이라는 것에 착안하여, 일본 문화의 시각 지향성, 만화 선호 현상과 결부시켜 살펴볼 수 있다. 결국 영상 매체인 TV에서 문자 매체인 자막이 사용되는 현상은 단 하나의 요소로 설명될 수 없으며, 복합적인 층위의 요소들이 여러 방식으로 영향을 주고 있다는 것을 알 수 있다. 핵심 어휘: TV 오락 프로그램, 자막, 장르, 매체, 문화

1. 들어가기

오늘날은 다중 매체의 시대이고, 그 중에서도 주로 영상 문화의 시대이다. 텔레비전은 영상 매체다. 그리고 우리는 텔레비전을 '본다'. 흔히 영상 매체에 대해 비판적 시각을 가지고 그것을 받아들인다는 뜻으로, TV 읽기, 영화 읽기, 비디오 읽기와 같이 '읽기'라는 말을 많이 사용한다. 그러나 요즘의 TV 프로그램을 보면 문자 그대로 'TV를 보지 말고 읽어야 한다'는 느낌이 든다. TV에서 자막이 넘치고 있다. 뉴스를 비롯하여, 정보 교양 프로그램, 오락 프로그램에 이르기까지 어디서나 자막으로 가득하다. 물론 그 상황은 오락 프로그램에서 가장 심각하다. 별 문제없이 잘

들리는 출연자들의 말이 일일이 자막으로 처리되는가 하면, 각종 효과음(문 열리는 소리 - "드르륵~", 초인종 소리 \ 딩동/ 등)이나 심지어 출연자들의 내면 심리("○○ 슬슬 화가 치밀어 오름")까지 모두 자막으로 노출된다. 홍경수(2000)에 의하면, 오락 프로그램의 회당 평균 자막 사용 회수는 372.8회, 글자수는 4195.6자에 이르러, 그 수치가 기타 정보·교양 프로그램보다 훨씬 높다. 이러한 TV 자막의 실태에 대해서는 이미 신문 지상에서 여러 번 언급이 되었고, 그 대부분은 과도한 자막 사용에 대한 비판에 속한다.[1]

본고에서는 TV 오락 프로그램을 하나의 텍스트로 보고, 그 안에서 자막이 텍스트를 구성하는 데 있어 어떤 역할을 하는지에 주목한다. 그리고 여기서 더 나아가 오늘날 문자 매체인 자막이 영상 매체인 TV에서 많이 사용되는 이유는 무엇인가, 그리고 이러한 현상을 텍스트 언어학적으로, 그리고 문화적으로 어떻게 이해할 것인가를 논해 보고자 한다. 이를 위해 크게 두 가지 방법으로 문제 의식에 접근해 보고자 한다. 첫째, 우선 TV 오락 프로그램에서 사용되는 자막의 기능과 그 전략을 일별해 본다. 둘째, 이를 바탕으로 하여, TV에서 자막이 많이 사용되는 현상, 즉 다시 말해 이러한 영상텍스트와 문자텍스트의 결합을 어떻게 설명할 수 있는지에 대해 고찰해 본다. 연구 대상으로는 자막 사용이 활발한 『김혜수 플러스 유(SBS)』(2000년 5월 31일 방송분), 『목표 달성! 토요일!(MBC)』(2000년 6월 3일 방송분), 『일요일 일요일 밤에(MBC)』(2000년 6월 4일 방송분)를 택하였다.

---

1) 「'자막 처리' 과잉 사용…방송계 내부 자제 움직임도」(동아일보, 1999/12/16), 「화면 자막 홍수」(중앙일보, 2000/02/11), 「요즘 TV는 보지 말고 읽어야」(조선일보, 2000/05/01)에서는 ①TV가 본연의 임무인 '화면과 영상 제대로 구성하기'를 외면한다 ②자막 방송이 화면에 대한 시청자의 다양한 생각을 한 방향으로 단순화시킨다 ③탐사나 추적 프로에서 인터뷰를 요약해 자막 처리하는 것은 말하는 사람의 의도를 왜곡시킬 수 있다 ④자막의 내용 자체가 대개 말장난에 불과하고, 비속어와 맞춤법에 어긋난 표현이 여과없이 노출된다고 비판하고 있다. 그리고 한편 「수출 길 막는 TV 자막」(중앙일보, 2000/05/17)에서는 자막의 빈번한 사용이 프로그램의 해외 수출을 어렵게 한다는 다소 실용적인 입장을 드러내고 있다.

2. TV 오락 프로그램 자막의 기능

위 세 프로그램의 자막 사용 실태를 조사하여 분류한 결과, 대개 아래와 같은 상황에서 자막이 사용되고 있음을 알 수 있다.

① 출연자의 대화 내용을 그대로 자막으로 전사한다.
② 주된 대화 내용과 무관한 사소한 혼잣말이나 참견, 지나치기 쉬운 돌발적인 발언, 혹은 별 의미 없는 소음을 자막으로 드러낸다.
③ 사건이 일어나고 있는 상황을 해설자의 설명과 함께, 혹 설명 없이 자막으로 드러낸다.
④ 그냥 보기엔 별다른 의미 없는 출연자의 행동을 자막으로 옮겨 설명한다.
⑤ 출연자의 내면 심리나 상태를 자막으로 드러낸다.
⑥ 보면 다 아는 화면의 내용을 다시 자막으로 드러낸다.
⑦ 사건을 시작하거나 종결할 때 자막을 사용한다.(타이틀과 엔딩, 그리고 예고를 자막으로 처리)
⑧ 특별한 경우, 화살표를 사용하여 자막으로 시청자의 '주의 집중'을 요구한다,
⑨ 시간·공간적으로 떨어져 있는 사건을 연결할 때 자막을 사용한다.
⑩ PD의 직접적인 언급이 개입될 때 자막이 사용된다.
⑪ 대화나 말이 없이 한동안 화면이 계속 될 때, 자막이 사용된다.

위와 같은 자막의 사용 양상을 살펴보면, TV 오락 프로그램 자막의 기능이 크게 두 측면으로 나뉘어질 수 있음을 알 수 있다. 첫째는 '의미 재구성하기'이며, 둘째는 '웃음 유발하기'이다. 위의 분류 결과에서 주로 전자에 해당하는 것은 ①③④⑥⑦⑨⑪이며, 후자에 해당하는 것은 ②⑤⑧⑩이다. 그러나 이는 TV 자막의 기능을 설명하기 위하여 그것을 두 측면으로 나누어 본 것일 뿐, 본질적으로 서로 다른 것이 아니다. TV 자막은 궁극적으로 오락 프로그램(오락 텍스트)의 목적, 즉 시청자의 쾌락과 즐거움을 위해 동원된다. 그런데 자막을 통해 구성되는 의미는 제작진의 의도와 무관할 수 없고(오히려 적극적으로 관련되어 있다), 제작진의 의도

라는 것이 곧 재미와 웃음이다. 그러므로 '의미 재구성하기'와 '웃음 유발하기'는 편의상 나눈 것이지 본질적으로 별개의 것이 아니라 서로 맞물린다는 것을 분명히 밝혀둔다.

2.1. '의미 재구성하기'

어느 오락 프로그램이나 대개 그러하지만, 특히 요즘 유행하는 오락 프로그램은 근본적으로 이미 일종의 의미 재구성 작업을 요구하고 있다. 그리고 그것은 자막에 의해 효과적으로 수행된다. 요즘 유행하는 오락 프로그램의 형태는 1)커다란 얼개(예. 인기가수들이 어린 아기를 키우는 과정, 청년들의 국토대장정, 성적이 낮은 학생들이 성적을 올리기 위해 합숙공부를 하는 과정 등)만 있을 뿐, 주어진 세세한 각본이 없음 2)초소형 카메라를 고정시켜두거나 카메라 기자가 일일이 따라다니면서 출연자를 밀착 취재하여, 그들의 생활을 그대로 담아냄 3)출연자는 카메라를 의식하지 않음 - 이 세 가지로 설명될 수 있다. 그러므로 미리 정교하게 짜여진 틀 안에서 진행되는 여타 프로그램과는 달리 수많은 의도되지 않은 변수가 그 안에 들어 있을 수 있다. 아무 의미 없는 행동, 쓸데없는 잡담이나 대화, 특별한 이유 없이 전개되는 상황, 불분명한 시작과 마무리 등은 아무리 그것이 편집을 거치더라도 여전히 서사적 재미를 지닌 하나의 이야기로 제시되기에는 충분치 않다. 뿐만 아니라 화면(영상 기호)은 자막(언어 기호)보다 훨씬 더 많은 요소를 가지고 있어서 더욱 다양한 해석의 여지를 가지게 된다. 이 때 언어적 설명은 영상의 유동적인 의미를 한정시키는 역할을 한다. 이렇게 i)중간 중간의 빈틈을 매끄럽게 메우고(빈틈 메우기) ii)'다양한 의미 가능성을 하나의 의미로', 그리고 '의미 없는 요소들을 의미 있게' (무의미를 의미화하기)하여, 자막은 산만한 텍스트를 짜임새 있게 텍스트로 재구성해 나가는 하나의 응집성·응결성 장치의 기능을 한다.

(1) 응집성 장치 1 - 빈틈 메우기
세 사람이 대청 마루에 쓰러져 잠이 든 장면 다음에

-"그렇게 두 시간을 정신 없이 자고..."(일요일 일요일 밤에, 이하 '일'
로 표기),
장면(시·공간)이 바뀔 때
 -"다음날 아침"(일), "어느 날 오후"(목표달성 토요일, 이하 '목'으로 표기),
한동안 동일한 장면이 특별한 말이나 움직임 없이 계속될 때
 -"말이 없는 두 사람, 고도의 심리전?"(일),
갑작스러운 새로운 인물의 등장을 설명할 때
 -"작전을 위해 동원된 여직원"(일) 등

(2) 응집성 장치2 - 무(無)의미를 의미화하기
아기가 빤히 쳐다보는 모습에
 -"칭찬을 기다리는 재민"(목),
여행 중, 두 사람이 과자를 꺼내 먹는 모습에
 -"아껴 두었던 초코 과자, 그러나 보석 같은 두 사람의 우정"(일),
아이의 무의미한 장난을 가리키며
 -"재민이가 한 시간째 내고 있는 소리"(목)
그늘에 들어가 나오려 하지 않는 강아지를 보여주며
 -"달구도 지쳤습니다. 더 이상 가기 싫은가 봅니다."(일)

2.2. '웃음 유발하기'

대개 TV 오락 프로그램의 자막은 재미있다. 요즘의 경우 같아서는, 오
락 프로그램의 자막이라서 재미있는 것이 아니라 자막이 있어서 오락 프
로그램이 재미있다고 말해도 좋다. 왜일까? 그것은 비단 자막의 내용 자
체가 재미있기 때문만은 아닐 것이다. 홍경수(2000)에 따르면, 자막의 주
기능이 무엇인지를 묻는 질문에 대해, TV 오락 프로그램 PD들은 자막이
정보 제공이나 '오디오 보강'을 위한 장치(5점 만점에 3.29)라기보다 '재미
와 웃음을 유발하는 장치'(4.43)라고 대답했다고 한다. 그렇다면 왜 자막
이 재미와 웃음을 유발하는가? 본고에서는 이를 첫째, 감추어져 있던 텍
스트의 서술 주체가 드러남으로써 텔레비전 메커니즘의 권위가 떨어지는
데서, 둘째, 영상 텍스트에 만화적 기법을 차용하여 다양하게 활용하는

자막의 사용 방식 그 자체에서 웃음이 유발된다고 보았다.

2.2.1. 서술 주체 드러내기

상황1# (김혜수 플러스 유) 좌측에 김혜수, 중앙에 김승우
김승우가 "어, 내가 잘못한 거예요?"하고 반문하자, '아니오'하는 청중의
반응이 있은 후
김승우: 이쪽의 '아니오!' 이거 자막 처리해 주세요.(이미 자막처리 됨)
<자막> 담당 PD: 이미 자막 처리됐습니다.

상황2# (목표달성 토요일) 백지영 외 5명의 출연진이 나와서 특정인을
서로 지명하며 흉내내는 게임을 벌이고 있다. 백지영에게는 '양미라'를
흉내내라는 지령을 떨어지는데… 백지영의 흉내를 보고 모두들 '어, 그
건 뭔데?'하는 반응이다.
백지영: 어, 이거 그거예요. 왜 있잖아요, 그 선전.
<자막> 담당 PD: 바로 이게 양미라의 그 CF입니다.(양미라가 출연한
CF화면을 보여주며)

상황3# (일요일 일요일 밤에) '국토대장정' 코너. 젊은 청년 셋이서 국토대장
정 중 잠시 쉬다 강아지를 잃어버렸을 때. 출연진을 물론 모든 스탭이 다 강
아지를 찾으려 온 동네를 수소문하는 장면을 보여주며.
출연진: 달구야! 달구야!
<자막> PD도, 카메라맨도, 모든 스탭이 달구를 찾아 헤멥니다.

위 **상황**이 우리에게 웃음을 주는 이유는 무엇일까? 상황 자체가 주는
웃음도 있지만, 무엇보다도 여기서 웃음은 PD의 개입에서 온다. 그럼 왜
PD의 개입이 왜 웃음을 유발하는가? 텔레비전에서 텍스트의 서술 주체
는 흔히 해설자, 사회자이거나 출연진으로 '화면에서 지금 말하고 있는
자'이다. 그리고 프로그램에서 지금 말하고 있는 서술 주체는 실제로 매
우 자연스럽고 유창하게 말을 한다. 따라서 우리는 서술 주체가 지금 내
눈 앞에서 말하고 있는 자라고 생각하기 쉽다. 그러나 실제로 텔레비전이

나 영화와 같은 영상 텍스트에서 서술 주체가 누구인가를 논하는 것은 쉬운 일이 아니다. 왜냐하면 프로그램 제작자나 카메라 감독, 그리고 각색자도 출연자와 함께 말을 하기 때문이다. 그러나 그럼에도 불구하고 지금 눈 앞에 보이는 자가 유일한 서술 주체로서 자발적으로 말하고 있는 것처럼 보이고 또 그렇게 생각하기 쉬운 데에서 바로 텔레비전이 갖는 환상(즉시성과 자발성)이 생긴다. 이러한 환상은 텔레비전이라는 영상매체가 갖는 권위·엄숙함이며, 제작자와 시청자가 서로 공유하는 하나의 약속이기도 하다. 여기서 편집은 텔레비전의 즉시성과 자발성의 환상을 유지하는 가장 중요한 기제이다. 그러나 이렇게 편집 행위를 그대로 노출시키는 것은 제작자와 출연진, 층위가 다른 이 두 서술 주체들이 서로 일치하지 않는다는 것을 그대로 드러내는 것이다. 이런 방식으로 방송은 그것이 지닌 권위, 즉 방송이 현실을 그대로 전달한다는 믿음을 통해 생기는 권위를 스스로 무너뜨리고, 자신의 메커니즘 자체를 웃음의 소재로 활용하는 것이다.

이처럼 프로그램이 매체의 메커니즘을 스스로 드러냄으로써 재미를 추구하는 방식에는 이 외에도 여러 가지이다. 영화에서 직접 감독이 모습을 드러내는 카메오[2]나, 영화나 드라마에서 배우들이 실명으로 출연하는 경우[3], 그리고 영화 상영 시간과 동일한 시간 동안 벌어지는 사건을 그리는 영화[4], 뿐만 아니라 간혹 카메라의 시선이 갑자기 피사체가 아닌 카메라맨을 바라보는 깜짝 기법 등은 그것이 메커니즘의 관습을 이탈함으로써 오는 효과를 노리고 있다는 데에서 위 방식과 매우 유사하다.

이는 또한 텍스트 언어학적 기법으로도 설명이 가능하다. 다시 말해 자막은 텍스트의 응집성을 의도적으로 깨뜨림으로써 오히려 웃음을 유발시

---

2) 『현기증』, 『새』 등의 영화를 감독한 알프레도 히치콕 감독이 이러한 카메오 출연으로 유명하다.

3) 시트콤에서 이런 기법이 많이 차용되었다. <남자 셋, 여자 셋>, <세 친구> 등

4) 팀 버튼 감독의 영화 『데드 맨 워킹(Dead Man Walking)』에서는 사형수가 사형 집행되기 마지막 30분을 영화상영 시간 30분과 동일하게 설정하여 그 극적 긴장감을 높였다. 그리고 얼마 전 촬영을 마친 김기덕 감독의 영화 <실제 상황>은 극중 러닝타임과 실제 촬영시간이 같았다는 이유로 언론의 스포트라이트를 받기도 했다.

키는 장치이기 때문이다. 여러 가지 놀이 담화에서 웃음 유발 장치에 대한 연구는 그 동안 많이 이루어져 왔다. 그 중에서도 특히 웃음 유발 부분, 즉 청자의 반응 부분에 대해 많은 연구가 집중되어 있다. 즉 어떤 장치를 통해 웃음이 유발되는가에 대한 물음인데, 그 대표적인 것 중 하나가 청자의 기대를 배반하는 것, 그리하여 의도적으로 그 틀에서 이탈하는 것이다. 이러한 연구 결과는 바로 이 자리에서 논하고 있는 자막의 웃음 유발 기능과도 그 맥을 같이 한다. 결국 자막은 의도적으로 텍스트의 응집성을 깨뜨리면서 '웃음'이라는 새로운 텍스트를 재생산해 내고 있는 것이며, 바로 이런 이유에서 TV오락 프로그램에서 자막이 활발히 사용되고 있다고 볼 수 있는 것이다.

2.2.2. 만화적 기법의 차용

TV 오락 프로그램을 보다 보면, 순간 순간 만화를 보는 듯한 착각을 불러일으킬 정도로 만화와 유사한 장면이 많이 눈에 띈다. 그 이유는 바로 각종 자막과 말풍선, 화살표 등과 같은 만화적 장치 때문이다. 이처럼 만화의 형식적인 장치뿐만 아니라 만화적 상상력 자체를 차용하는 것은 요즘 TV 프로그램이나 영화 제작의 주된 경향이기도 하다.[5] 맥클라우드(McCloud, S)(1993)는 만화를 "정보를 전달하거나 보는 이에게 미적인 반응을 일으킬 목적으로, 그림과 그 밖의 형상들을 의도한 순서로 나란히 늘어놓은 것"이라 하였다. 이러한 만화는 글의 분명함과 그림의 즉각성을 결합하면서 '보여주기'와 '말하기'를 동시에 겸하는 매체이다. 그러나 기본적으로 만화는 시각 매체이므로 시각 이외의 감각적 요소들, 예를 들어 소리(말소리, 각종 효과음)나 냄새, (한 컷 안에서)동작 등을 시각적으로 표현하는 방식을 다양하게 고안해 왔다. 그 결과 각종 말풍선과 약호들이 생겨났다.

---

5) 신세대 감독 장 쿠넹은 영화 『도베르만』으로 일약 세계적인 명성을 얻었다. 총 한 방으로 트럭이 멈추고 그 반동으로 운전사가 수 십 미터를 날아와 주인공 발 앞에서 멈추는 과장. 이 영화 전편에 흐르는 것은 만화적 기법의 차용이었다. 이 영화는 만화같다는 혹평보다는 신선하다는 찬사를 들었다. (김지룡, 조선일보1999/06/13)

/   으아아~재민아~② \

... 어느 날 아침 8 *am*① ...

\드르륵~③/ 벌써 한 시간째
     ← 이러고 있는 재민④
\드르륵~/

<자료1. 목표달성! 토요일(TV)>

· 해설자: 일찍 일어난 재민이 뭔가 이상한 소리를 내는군요.
· 태 우: "으아아~재민아~"
· 해설자: 그러나 재민인 이 놀이가 재밌나 봅니다.(번호는 필자)

<자료2. 그래도 제법 괜찮아(만화, 조강연 작)>

<자료1>과 같이 TV 화면에서는 ①상황의 설명(어느 날 아침 8시), ②출연자의 대사(으아아~ 재민아~), ③여러 가지 주변 소음(드르륵~ 드르륵~), ④편집자의 개입(벌써 한 시간 째 이러고 있는 재민) 등 다양한 목적을 위해 자막이 쓰여지고, 이는 흡사 그림과 언어의 결합이 주를 이루는 <자료2>의 만화(인쇄 만화)와 그 모습이 매우 흡사하다.(①그래서

사람들은 그를 이렇게 불렀다 ②저기 '늑대와 함께 니라니라'가 가는구나 ③니라니라~ ④'주먹 펴고 일어서'라고 하는 처녀)

TV 오락 프로그램이 만화적 기법을 차용하는 방식은 이것만이 아니다. 중심 이야기는 진지하게 진행되다가도 순간 순간 만화적이고 코믹한 요소를 개입시키는 만화 텍스트의 복선적 구조6)가 바로 그것이다. 이러한 복선적 구조는 주된 중심 서사는 사실적인 캐릭터와 인쇄체의 큰 지문으로 드러내고, 부수적으로 따르는 웃음의 요소는 만화적 캐릭터와 필기체의 작은 지문으로 노출하는 만화의 작법에 영향을 미쳤다. 그리고 이러한 만화의 구조와 작법을 TV 오락 프로그램이 차용하고 있는 것이다. 그런데 요즘의 오락 프로그램은 점점 그 중심 서사를 잃어버리고 부수적인 코믹 요소에 집착하는 양상을 보이고 있다. TV 오락 프로그램은 만화가 지니는 '서사-웃음'이라는 복선적인 구조를 '웃음'이라는 단선적 구조로 바꾸어 버렸다. 그리고 웃음을 표현하기 위한 만화적 작법만을 집중 사용하다보니, 온 화면이 내용(중심 서사)과 별 상관없는 듯한 작은 자막들로 가득하다. 바로 이것이 요즘의 오락 프로그램이 만화보다 더 단순하고 가벼워지는 이유라고 말할 수 있다.

이처럼 TV 오락 프로그램에 자막을 사용하는 현상은 텍스트와 텍스트, 매체와 매체 간, 그리고 장르와 장르 간의 상호 차용 현상으로 설명이 가능하다. 사실 장르별 차용이 근래 들어 그리 드물지 않은 현상임을 감안하면, 만화 텍스트가 지니는 극성(劇性), 희화성, 유희성이 오락성을 주목적으로 하는 TV 오락 프로그램(영상 텍스트)에 차용되는 것은 어찌 보면 이상한 일이 아니다.

---

6) 만화의 이러한 구성 역시 하르베크(1993)가 의미하는 복선텍스트(고영근(1999 :243) 참조)의 하나로 볼 수 있을 것이다. 만화 내용의 줄기를 이루는 주 서사는 본 텍스트로, 그 외 중간 중간 삽입되는 웃음을 위한 장면 극대화 부분은 기생 텍스트로 설명할 수 있을 것이다.

3. 'TV 속 자막'을 어떻게 이해할 것인가?

이제까지 TV 오락 프로그램에서 자막이 갖는 기능을 살펴보았다. 자막은 크게 '의미 재구성하기'와 '웃음 유발하기'의 기능을 가진다. 그리고 의미 재구성하기와 웃음 유발하기는 각각 ①'빈틈 메우기' ②무의미를 의미화하기, ①서술 주체 드러내기 ②만화적 기법 차용하기 등의 전략을 가진다. 이것은 '왜 TV 오락 프로그램에서 자막을 많이 사용하는가'에 대한 하나의 대답이 될 수 있을 것이다. 의미를 재구성해 주니까, 웃음을 유발하니까. 그러나 보다 근본적인 질문이 아직 남아있다. '의미 재구성'과 '웃음 유발'을 위해 왜 하필이면 자막인가? 음성과 그림(화면)으로 구성된 영상은 그 자체만으로도 충분히 의미를 재구성할 수 있으며, 웃음을 유발할 수 있다. 영화와 드라마는 제작자의 '의도대로' 화면이 구성되며, 서사가 진행된다. 그리고 재미있고 '웃음'이 난다.(날 수 있다) 그리고 결정적으로 TV에서 자막이 이처럼 일반적으로 사용되기 시작한 것은 그리 얼마 되지 않았다. 그렇다면 이러한 현상을 어떻게 이해할 수 있을 것인가? 그 대답을 위해서는 다음의 세 층위로 접근해 볼 수 있을 것이다. 첫째는 장르적 층위에서 오락 프로그램이라는 하나의 텍스트가 메시지를 구성해 나가는 방식을 살펴봄으로써, 둘째는 매체적 층위에서 영상 문화(영상 텍스트) 속에 문자성(문자 텍스트)이 어떤 방식으로 자리 매김하는가를 생각해봄으로써, 셋째는 문화적 층위에서 일본과 우리 민족의 문화적 성향을 살펴봄으로써, 그 해답을 실마리를 찾아 볼 수 있을 것이다.

3.1. TV 오락 프로그램의 장르적 속성

위 질문은 우선 아무래도 '오락 추구'를 목적으로 하는 프로그램 장르 자체, 텍스트 자체에서 그 답을 찾아야 할 것 같다. 이것이야말로 영화나 드라마에서는 자막을 찾아볼 수 없는 이유이다. 흔히 영상 텍스트에서 자막은 '정보의 전달'이나 '오디오 보강'을 위해 주로 사용되어 왔다. 이러한 자막이 폭발적으로 사용되기 시작한 것은 오락 프로그램에 자막을 도입되면서부터이다. 오락 텍스트의 생명은 재미와 웃음이다. 그런데 오락 프로그램에는 대개 재미와 웃음을 줄 만한 탄탄한 구성이나 플롯을 지닌 이야기 혹은 정보(내용)가 없다. 그렇기 때문에 출연진들의 말이나 행동에서 순간 순간 벌어지는 돌발적인 에피소드에 기댈 수밖에 없다. 그리고 이러한 돌발적인 말이나 행동은 말 그대로 순간에 스쳐 지나가고 눈에 잘 뜨이지 않는다. 이런 요소를 붙들고 늘어져서 부각시키는 역할을 지금 자막이 맡고 있다. 출연진들의 개인기나 그들의 시시콜콜한 사생활에 의존하던 기존의 오락 프로그램이 그 한계에 부딪히고 나서, 이제 그들이 붙잡고 있는 것이 바로 이러한 '의외성, 돌출성'이다. 이러한 요소들은 예전 같으면 당연히 편집되거나 무시될 만한 요소들이다. 주어진 각본에 없는 요소이며, 그러므로 주된 흐름에 방해가 되기 때문이다. 그러나 더 이상 그나마 기댈 내용조차 없고, 내용 자체가 그다지 별 볼 일 없는 것이 오락 프로그램의 본질인 만큼, 이러한 돌출 요소들은 더 이상 편집 대상이 아니라 오히려 프로그램을 이끌어 가는 주된 요소가 되었다. 그러다 보니 자연히 프로그램 자체가 산만해질 수밖에 없다.

이러한 편집용 자료들이 오히려 재미를 줄 수 있다는 인식이 자리잡게 된 것은 NG 필름이 히트를 치면서부터가 아닌가 한다. 이러한 돌발적인 NG 자료들은 '이것은 NG다. 실수다. 그러니 웃어라'라고 꼭 집어주어야 그 효과를 유지할 수 있는데, 바로 이를 위해 자막이 개입된다. 결국 TV 오락 프로그램에서 자막이 많이 사용되는 현상은 오락 프로그램이라는 장르 자체의 속성과 연관하여 이해할 수 있다.

그러나 문제는 불과 2-3년 전까지만 해도 오락 프로그램에서 자막이 그다지 큰 비중을 차지하지 않았다는 데 있다. 따라서 프로그램의 오락성과 자막 사용의 본질적인 관계를 차치하고서라도, 그 외의 사회적인 요인들이 이러한 현상을 더 부추겼을 것으로 추측할 수 있다. 많은 사람들은 일본 상업 방송의 영향이나, 급속한 소재 고갈과 그로 인한 시청률 압박, 적은 비용으로 쉽게 프로그램을 제작할 수 있는 비용 효율성 등을 그 요인으로 꼽는다.

3.2. 영상 문화 시대의 문자성

이번에는 이러한 '(돌출성) 집어내기'를 위해 굳이 자막이 사용되는 이유는 무엇인지 생각해 보자. 대개의 경우 그러한 돌출적 언행은 우리 눈에도 보이고 또 말소리로 지적되는 경우도 많은데, 그 위에 자막을 다시 곁들이는 이유는 자막이 가지는 문자성 자체에서 찾아야 할 것이다. 단적으로 문자는 음성이나 영상에 비해 기억이 잘 된다. 텍스트는 화자의 의도대로 조직되고 소통되는 하나의 의사소통체이다. 그러므로 모든 텍스트는 기본적으로 화자 중심적이라고 할 수 있다. 영상 텍스트도 마찬가지이다. 이런 의미에서 자막은 텍스트의 효과적 의사 소통을 위해 동원되는 하나의 도구가 된다. 즉 다시 말해 화자(프로그램 제작자/텍스트 생산자)의 의도(오락·웃음)를 효과적으로 전달하기 위해 청자의 주의를 최대한 잡아두는 역할을 자막이 하는 것이다.

이와 관련된 논의로는 옹(Ong, 1982)을 들 수 있다. 옹은 문자에 의존하게 되면서 인간의 기억력이 현저하게 떨어졌다고 말한다. 구술 문화 안에서는 메시지 전달의 매체가 곧 말이므로 인간의 기억 부담이 매우 컸으며, 따라서 이러한 기억 부담량을 줄이기 위한 다양한 방법을 개발했다고 한다. 일정한 패턴을 지닌 단위인 정형구의 사용, 음악의 사용 등이 그것이다. 여기에 '쓰기'라는 하나의 인공적 기술이 사회 문화적으로 획기적인 변화를 불러왔다. 쓰기는 말하기에 단순히 첨가된 것이 아니다. 왜냐하면 쓰기는 말하기를 구술-청각의 세계에서 새로운 감각의 세계, 즉 시각의 세계로 이동시킴으로써, 말하기와 사고를 함께 변화시켰기 때문이다(옹(1982)/이기우·이명진(역)(1996:133)). 그래서 TV에서 우리는 화면을 '보고', 소리를 '듣고', 게다가 글자를 '본다'. 반복이면서 결정적으로 눈에 잘 뜨인다. 말과 문자, 그리고 영상이 한데 섞여서 우리 눈과 귀에 들어온다.

그렇다면 오늘날은 새로운 구술성의 시대(옹이 말한, 문자적 세례를 받은 이차적 구술성이란 의미에서)이며, 여전히 문자성의 시대이며, 그리고 새롭게 도래하는 영상성의 시대인가? 사실 오늘의 문화를 어떻게 규정지을 수 있는가는 쉬운 문제가 아니다. 혹자는 영상 문화의 시대라고도, 그리고 혹자는 다중 문화의 시대라고도 말한다. 어떻게 현 문화를 진단하든지 간에, 우리가 화면(영상)과 소리(말)와 글자(문자)가 한데 섞인 매체에 노출되어 있다는 것은 사실이다. 이 중 TV는 움직이는 화면과 소리가 결합된 대표적인 영상 매체이다. 이러한 TV에서 자막이 사용되는 현상은, (문자가 사용되면서 시작된) 청각에서 시각으로의 확장을 더욱 부추기는 작용을 할 것으로 보인다. 이를 영상 문화에서 다중 문화로의 이동으로 볼 것인지,[7] 아니면 영상 매체에서 활자 매체로의 추락으로 볼 것인지는 사실 쉽지 않은 문제이다. 다만 분명한 것은 이러한 현상이 영상 문화, 혹은 다중 문화 시대에 문자성이 어떤 의미를 지니고 있는가에 대해 많은 시사점을 제공해 줄 것이라는 점이다.

피네건(1988)의 그의 저서에서 밝혔듯이, 새로운 기술이 불가피하게 낡은 기술을 몰아낸다고 말할 수는 없다. 아마도 낡은 매체의 어떤 기능은 새로운 것들에 의해 인계될 수는 있으나, 새로운 매체가 낡은 매체를 파기하는 것은 아니라는 말이다. 이는 전화가 우편물의 쇠퇴를 가져왔다고는 하지만 그러한 상황이 구어적 의사소통을 폐지하지 않는 것과 같다. 결국 매체는 시대의 흐름에 따라 변하지만 이러한 변화 내지 진보는 이전의 것을 폐기하면서가 아니라 일정 부분 반복·수용하면서 지속적으로 확대 재생산되는 특성을 지닌다. 영상 문화 속에 문자성은 이러한 맥락에서도 이해될 수 있다. 영상 매체 안에서 문자가 적극 도입되어 사용되는 것은 매체가 결합하고 확대 재생산되는 과정을 보여주는 하나의 현상으로 볼 수 있는 것이다.

최근까지 '활자 매체의 종언'에 대한 논의가 분분하였다. 이는 새로운 전자 매체의 도래(정보 혁명의 도래)와 관련된다. 그러나 실제로 책과 신

---

7) 고영근(1999)은 이른바 '융합텍스트'를 제시한 바 있다. 그는 텍스트를 크게 ① 발화텍스트 ②작품텍스트 ③문서텍스트 ④영상텍스트 넷으로 나누고, 그들 중 몇몇 요소가 함께 담긴 텍스트를 융합텍스트라고 정의하고 있다. 그렇다면 이는 우리가 흔히 다중매체, 멀티미디어라고 부르는 것과 유사한데, 그러나 각종 도로 표지판, 책표지 등을 융합텍스트의 예로 제시하고 있는 것을 보면, 오늘날의 전자 매체를 기반으로 한 쌍방향 멀티미디어적 의미에서의 다중매체와는 그 성격이 좀 다름을 알 수 있다.

문은 여전히 사라지지 않고 오히려 더 활성화되고 있는 느낌이다. 이러한 현상 역시 매체가 끊임없이 자신의 역할을 변모시켜가면서 스스로 확대 재생산되는 측면에서 이해될 수 있을 것이다. TV 속의 자막도 이러한 매체적 특성을 드러내 보이는 하나의 현상인 것이다.

문제는 이러한 문화적 현상이 다만 일본과 우리나라에 주로 한정이 되어 있다는 점이다. 따라서 이러한 현상을 오늘날의 문화를 이해하는 하나의 계기로 삼기 위해서는, 그것이 일본과 한국의 문화, 혹은 사람의 무엇을 반영하는가 하는 문화적인 고찰이 선행되어야 할 것이다.

3.3. 일본 문화와 한국 문화

일본과 우리가 공유하는 'TV 속 자막 사용 현상'을 문화적으로 설명하는 데에는 두 가지 방법이 있을 수 있다. 그 하나는 이를 문화적 모방 현상으로 설명하는 것이요, 다른 하나는 문화적 동질성으로 설명하는 것이다. 첫 번째 방식은 많은 다른 자리에서 '무분별한 일본 (상업) 문화의 모방'이라는 측면에서 활발히 논의되었던 부분으로, 여기서는 논하지 않기로 한다. 이런 입장의 논의에는 우리와 일본이 그 기질상, 문화상 분명 다르다는 인식이 깔려 있다. 즉 상업 방송의 '오락성'을 공유하고 모방하는 것이지, '문화'를 공유하는 것이 아니라는 것이다. 다음과 같은 비판이 이와 같은 논의를 뒷받침한다(전여옥, 2000).

> "일본인을 가리켜 '12살짜리 뇌를 지닌 국민'이라고 표현한 맥아더. 비록 노병은 사라졌으나 그의 말은 지금 일본 TV의 '제작 방침'이 되어 있는 것이다. … 문제는 우리 국민이 일본인이 아니라는 점이다. 독립적이고 공격적이고 선이 굵고 생각이 많은 '벤처 기질' 넘치는 한국인에게 유독 우리 TV는 이미 케케묵고 한 물 간 '일본적 기질'을 먹이려 든다."

두 번째 방식은 일본과 한국 문화, 그리고 그 사람들의 공통된 무엇이 있어서 바로 그것 때문에 양국 사람들이 TV 속 자막을 즐긴다는 입장이다. '공통된 그 무엇'으로 제시될 수 있는 것에는 대략 두 가지 정도가 있을 수 있다. 먼저 생각해 볼 수 있는 점으로는 일본어와 우리말이 갖는 특성이다. 일본어와 한국어는 둘 다 교착어로서 생략과 축약이 활발한 언어이다. 교착어는 많은 문법적인 그리고 의미적인 요소들이 생략되어도 의사소통이 가능한 언어이다. 그러므로 짤막짤막한 자막의 형태로도 충분히 그 의미 기능을 다할 수 있는 이점이 있다. 그 다음 생각할 수 있는 것이 '글과 그림의 만남'이 서양보다는 동양적 전통에 더 접근해 있다는 것이다. 전통의 산수화나 시서화(詩書畵), 삼강행실도를 보더라도 그림과 글이 함께 병존하는 현상은 우리에게 그다지 낯설지 않다. 그림과 글의 병존이 화면과 자막의 병존과 어떤 상관 관계를 맺는가는 분명치 않지만, '익숙함'이 갖는 문화적 힘은 결코 적지 않을 것이라고 생각한다.

그러나 위와 같은 측면은 겉으로 드러나는 일부에 불과하다. 보다 진전된 논의를 위해서는, 우선 일본 문화의 특질을 보다 자세히 파악해야 할 것이다. TV 속 자막은 일차적으로 일본 상업 방송의 영향이기 때문이다. 현재 일본 문화를 소개하고 그 특질을 설명하거나, 아예 한·일 문화를 비교하여 분석한 저작은 상당히 많은 편이다. 그러나 그 중 거의 대부분이 일본 문화 체험기 수준이거나, 여러 문화 현상을 그저 항목별로 나열해 놓은 것들이어서 연구물이라 하기엔 부족한 허수(虛數)가 많다.8)

여기서는 이어령(1983)의 논의를 일정 부분 수용하여, TV 속 자막과 일본 문화를 크게 두 가지 측면에서 연관시켜 보기로 한다. 첫째, 일본인의 시각 지향적 성향의 측면에서, 둘째, 만화를 즐기는 일본인의 습성의 측면에서이다.

먼저 일본인의 시각 지향적이 성향을 살펴보자. 인간의 오관 중에서 가장 대표적인 것은 시각과 청각이다. 인간의 문화는 보는 것과 듣는 것에

---

8) 홍하상(1998), 신윤식(1998), 임영춘(1996), 최영일 외(1995) 등의 저서들은 그저 피상적인 일본 체험기로 일관한다. 일본 문화와 일본 사람에 대한 책은 넘쳐나지만 그 중 참고할 만한 것은 사실 별로 없는 편이다. 일본 문화에 대한 초기의 유명한 저작으로는 베네딕트(Benedict, R.)(1946)/김윤식·오인석(역)(1974)의 <국화와 칼>이 있다. 국내서로는 이어령(1983)의 <축소지향의 일본인>이 있는데, 물론 잡기(雜記)적인 성격이 없지는 않으나, '축소지향'이라는 측면에서 일관적으로 일본의 문화를 분석하고 있어 나름대로의 설득력을 지니고 있다고 판단된다.

의해서 만들어지고 있다. 그런데 이 두 개의 감각을 비교해보면 시각에는 축소지향성이 짙고 청각에는 확대지향성이 크다고 할 수 있다. 음은 음파를 타고 퍼져간다. 공간과 시간 속에 확산되면서 그 소리는 멀리 사라져 버린다. 그 음향이 퍼지는 물결을 응축시킬 수는 없다. 그러나 보는 것은 공간에 의해 쪼갤 수 있으며, 보는 이의 의지에 의해 선택되고 축소시킬 수 있다. 그런데 일본인은 기본적으로 시각 지향적이라고 한다. 일본인은 애당초 언어와 같은 관념의 세계, 추상적인 그 이념까지도 시각적인 형태로 바꿔서 표현하는 경향이 있기 때문이다. 그 예로 불교가 일본에서는 경문이나 교리 같은 추상적인 이론보다는 불상과 같은 조형 중심이었다는 점, 일본인이 예의범절이라는 뜻으로 사용하고 있는 한자인 시스께(身美←한 글자임)라는 글자(즉 몸을 아름답게 가꾸는 것이 윤리이다)처럼 정신적 윤리마저도 가시적인 것으로 치환된다는 점 등이 제시되고 있다. (이어령, 1983 : 108)

이러한 일본인의 시각 지향성을 이어령(1983)은 축소 지향적인 것에서 그 이유를 찾고 있다. 즉 눈에 보이지 않는 것을 눈에 보이는 것으로, 손에 잡히지 않는 것을 잡히는 것으로 축소하는 것이다. 그리고 이러한 축소 지향적 사고는 일본인의 텔레비전 선호를 설명하는 데까지 동원된다. 넓은 바깥 세계에서 일어난 사건이나 경관, 스포츠 경기 화제의 정보를 줄여서 방 안으로 끌어들인 텔레비전 문화야말로 일본인의 축소 지향성에 가장 잘 맞는다는 것이다. 일본인이 세계 어느 국민보다도 텔레비전 지향적이라는 것은 여러 가지 통계 자료에서 잘 드러나고 있다.[9]

그렇다면 일본인의 텔레비전 자막 선호는 설명 가능해진다. TV 속의 자막은 보다 시각적인 효과를 지향한다. 눈에 보이는 화면을 다시 '눈에 보이는 자막'으로, 흘러가는 소리를 '눈에 보이는 자막'으로 고정시키는 것은 그저 화면과 소리가 스쳐 지나가는 것보다 훨씬 더 시각적이다. 결국 일본인이 시각 지향적이라는 연구 결과를 신뢰한다면, 그들의 TV 속

---

9) 텔레비전·신문·전화·자동차·냉장고 등 다섯 가지 중 한가지만 갖게 되면 무엇을 선택하겠느냐는 필수품 선호도 조사에서(일본 NHK와 미국 갤럽의 공동조사1982) 미국인들은 불과 3퍼센트밖에 되지 않는데 일본인은 무려 31퍼센트가 텔레비전을 택하고 있는 것으로 드러났다. 이어령(1982 : 167)에서 재인용.

자막 선호 현상 역시 같은 맥락에서 설명될 수 있을 것이다.

이제는 일본인의 만화 선호 현상을 살펴보자. 위에서 살펴보았듯이 TV에 차용되는 자막의 양상은 만화의 그것과 매우 흡사하다. 그렇다면 일본 방송에서 자막이 이처럼 많이 사용되는 현상은 일본인이 세계 어느 민족보다 압도적으로 많이 만화를 즐긴다는 사실과 무엇인가 관련을 가질 지도 모른다. 왜 일본인이 만화를 즐기는가? 여기에 대해서는 많은 의견이 분분한데, 그 중 다음과 같은 설명이 있어서 매우 흥미롭다. 유뇌론적(唯腦論的) 접근(이어령, 1994 : 12)이 그것인데, 이는 뇌의 손상으로 실어증에 걸린 일본 환자들 가운데 일본 글자인 가나(カナ)는 읽는데 한자는 못 읽는 경우와, 그 반대로 한자는 아는데 가나만 잊어버리는 경우가 발생한다는 데 착안한 설명 방식이다. 이는 곧 눈으로 보는 글자인 한자와 귀로 듣는 글자인 가나를 섞어 쓰는 사람들의 경우, 뇌의 정보 처리 중추가 여느 민족과는 다를 것이라는 주장이다. 일본어에서는 한자를 훈독으로도 음독으로도 읽기 때문에, 한자 옆에 항상 그 읽는 방식으로 가나(일명 후리가나)로 병기해 주어야 한다. 이런 현상을 이어령(1994)은 일본인들이 만화를 좋아하는 이유와 직결시키고 있다. 즉 한자를 다중적(多重的)으로 읽는다는 것은 한쪽으로는 눈으로 그림을 보면서 한옆으로는 글자를 읽는 만화 독법과 일치한다는 것이다. 다시 말해 시각적 세계에 속하는 한자의 도형과 그것을 읽는 청각적 세계인 말이 따로 논다는 이야기다. 재미있는 설명이다.

이는 다시 앞에서 제시한 일본인의 시각 지향적 성향과도 맞물리는 측면이 있는 듯하다. 결국 일본인의 시각 지향적인 성격은 그 언어적 특질에서도 연유한다고 볼 수 있다. 그렇다면 일본인이 언어적으로 만화적 독법에 익숙하다는 사실, 그들이 만화를 선호한다는 사실, 그리고 TV 속 자막의 사용 양상이 만화와 유사하다는 사실이, 일본의 TV 오락 프로그램에 자막이 많이 사용된다는 사실과 어떠한 연관을 맺고 있는지 조금은 밝혀질 수 있지 않나 생각한다.

TV속의 자막이 왜 일본 문화에서 성황을 이루고 있는가에 대해서는 여전히 많은 고찰이 필요하다. 그리고 비록 그러한 고찰이 성공적으로 이루어진다 하더라도, 그러한 일본적 문화가 왜 우리 문화에 급속도로 스며 드는가의 문제는 여전히 남아있다. 사실 일본 문화와 한국 문화에 대한 그 동안의 논의는 이 둘 사이의 차이점에 기반한 것이 대부분이다. 본래 다른 문화와의 비교 대조를 통해 부각되는 것이 '문화의 특성'이기도 하 다. 그 결과, 일본 문화와 한국 문화의 동질성, 공유점을 논한 연구성과는 찾아보기가 쉽지 않았다. 따라서 'TV속 자막 사용 현상'을 문화적으로 설 명하는 데 있어 충분한 논거를 제시할 수 없어 많은 부분 논의를 진전시 키지 못하였다. 앞으로 한국 문화와 일본 문화의 동질성, 공통점에 대해 체계적인 인류학적·사회학적 연구가 보다 많이 이루어지기를 기대하며 논의를 맺는다.

4. 마무리

 사실 TV 오락 프로그램에서 자막이 많이 사용되는 이유는 어찌 보면 매우 간단하다. 자막은 재미를 위한, 그리고 시청률을 위한 손쉬운 도구 이다. 다시 말해 텍스트 생산 과정에서는 텍스트의 응집성과 응결성을 높 이는 장치로, 그리고 텍스트의 수용 과정에서는 텍스트 생산자의 의도(오 락성, 재미)를 효과적으로 전달하는 장치로, 자막은 기능한다. 그리고 시 청자들은 자막이 일일이 알아서 지적해주는 재미의 요소를 그대로 받아 들이면서, 점점 더 생각을 하지 않게 된다. TV는 원래 바보 상자라지만, 그 정도가 더 심해지는 셈이다. 본고는 비교적 최근에 들어 폭발적으로 자막이 사용되는 현상을 어떻게 이해할 것인가를 문제 의식으로 삼고, 일 단 객관적인 현상의 분석을 시도하였다. 그리고 그 결과, 영상 매체인 TV에서 문자 매체인 자막이 많이 사용되는 현상은 단 하나의 요소로 설 명될 수 없으며, 복합적인 층위의 요소들이 여러 방식으로 영향을 주고 있다는 것을 알 수 있었다.

 그러나 객관적인 현상의 이해(의도의 효과적 수행)와 그것에 대한 가치 판단(의도의 가치 문제)은 분명 별개의 문제이다. 사실 우리는 'TV 속 자막'이라는 현상을 하나의 문화적 코드로서 이해하고 해석하는 작업에 머무를 수만은 없다. 다시 말해 'TV 속 자막'이라는 실체가 TV 오락 프로그램의 생산자에게, 혹은 그것을 시청하는 수용자에게 어떤 의미를 가지는지에 대한 고찰이 반드시 뒤따라야 한다. 하지만 이러한 분석이 결과적으로 어떻게 교육적으로 수용되고 활용될 수 있는가에 대해서는 분명 다른 차원의 논의가 필요하다. 본고에서는 이러한 실천 부분을 잠시 뒤로 미루고자 한다. 다만 교육 심리학의 용어를 빌려서 '발산적 사고'와 '수렴적 사고'를 잠시 언급하고 넘어가려고 한다. 발산적 사고란 쉽게 말해 인간이 이루어 내는 종합적인 사고를 말하며, 수렴적 사고란 정해진 공식에 따라 진행되는 수리적·논리적 조작의 집적으로 이루어지는 사고를 말한다. 굳이 '12살짜리 뇌'를 언급하지 않더라도, 알아서 친절하게 지적해주는 자막은 인간의 발산적 사고를 저해하고 수렴적 사고를 지향한다. 교육은 인간의 발산적 사고를 촉진시키는 데 그 의미가 있다. 그렇다면 이러한 현상에 대한 교육적 처치가 필요하다는 데에는 별다른 이견이 없을 것이다. 그리고 그 교육적 처지는 매체 교육의 하나로, 혹은 비판적 읽기 교육의 하나로, 우리 교육 내에 수용될 수 있을 것이다.

참고문헌

■ 1차 자료
『김혜수 플러스 유(SBS)』 2000년 5월 31일 방송분
『목표 달성! 토요일!(MBC)』 2000년 6월 3일 방송분
『일요일 일요일 밤에(MBC)』 2000년 6월 4일 방송분

■ 2차 자료
고영근(1999), 텍스트 이론, 아르케.
맥클라우드(McCloud. Scott)(1993)/고재경·이무열(역)(1998), 만화의 이해(Understanding Comics: the invisible art), 아름드리.
베네딕트(Benedict, R.)(1946)/김윤식·오인석(역)(1974), 국화와 칼 : 일본 문화의 틀(The chrysanthemum and the sword), 을유문화사

신윤식(1998), 터무니없는 한국 사람, 얄미운 일본 사람, 동문선.

에코(Umberto Eco)(1964)/조형준(역)(1994), 스누피에게도 철학은 있다(Apocalottici Integrati), 새물결.

옹(Ong. W.J.)(1982)/이기우·이명진(역)(1996), 구술 문화와 문자 문화(Orality and Literacy: the technologizing of the word), 문예출판사.

이수연(1999), 텔레비전 서술 양식의 이론적 고착을 통한 코믹한 자막의 이해, 한국언론학보, 43-3(봄):182-212.

이어령(1983), 축소 지향의 일본인, 갑연.

이어령(1994), 축소 지향의 일본인, 그 이후, 기린원.

임영춘(1996), 추한 한국인가, 추한 일본인가, 세림.

정준영(1994), 만화 보기와 만화 읽기, 한나래.

최영일 밖에(1995), 일본과 일본인, 신한종합연구소

피네건(R. Finnegan)(1988), Literacy and Orality : Studies in the technology of communication, Basil Blackwell.

해리슨(P. Harrison)(1967)/하종원(역)(1989), 만화와 커뮤니케이션(Comics and Communication), 이론과 실천.

홍경수(2000), 시청률 압박이 프로듀서의 TV 자막에 대한 인식과 사용패턴에 미치는 영향에 대한 연구-KBS TV2 프로듀서와 프로그램을 중심으로, 서울대학교 언론정보학과 석사논문.

홍하상(1998), 열두겹 기모노의 속사정, 삼진기획.

"요즘 TV는 보지 말고 읽어야", (조선일보, 2000/05/01)

"<자막 처리> 과잉 사용…방송계 내부 자제 움직임도", (동아일보, 1999/12/16)

"수출 길 막는 TV 자막", (중앙일보, 2000/05/17)

"화면 자막 홍수", (중앙일보, 2000/02/11)

"KBS PD 석사논문 <시청률 고민하는 프로 자막 많이 쓴다>", (동아일보, 2000/02/08)

"장르 초월하는 <만화적 기법>", (동아일보, 1999/06/13)

남가영(南嘉瑛)
서울대학교 국어교육과 석사과정 재학
135-283
서울특별시 강남구 대치3동 대치현대아파트 102-601
전화 : 019-297-4235
e-mail : kynam@dreamwiz.com

李箱 산문 텍스트의 하이퍼텍스트적 특징에 관한 한 고찰

노 지 승

　이상(李箱)의 산문 텍스트는 다음의 하이퍼텍스트성(hypertexuality)을 가지고 있다. 이상의 산문 텍스트는 자서전적 특징을 보이는데 완결된 하나의 단일한 텍스트로서가 아니라 여러 개의 파편으로 이루어져 있다. 이 각각의 텍스트들은 서로 보완적인 역할을 수행함으로써 텍스트들의 이해에 있어서 텍스트들 간의 네트워크를 형성한다. 하나의 텍스트는 반드시 다른 텍스트의 도움을 받아야만 이해될 수 있다. 여러 다른 텍스트들은 각각의 텍스트들에서 보이는 단어와 단어, 문장과 문장 혹은 시퀀스와 시퀀스간의 명시적 재수용이라는 응결성을 통해서 서로의 텍스트가 연결될 수 있다. 하나의 문장과 시퀀스들은 그들과 유사한 문장과 시퀀스가 등장하는 다른 텍스트를 상기시키고 이에 이 두 텍스트는 서로의 이해에 보완적인 도움을 준다. 특히 이상의 텍스트의 경우 문맥이 닿지 않는 문장이나 시퀀스들의 등장은 때때로 주제적 응집성을 저해하는 요소가 되기도 하는데 이러한 경우, 이와 유사한 문장과 시퀀스가 등장하는 다른 텍스트들에 대한 이해는 이러한 문맥에 맞지 않는 문장이나 시퀀스들에 대한 비응집성을 해소시킨다.

　핵심어휘: 하이퍼텍스트성, 응집성, 응결성, 자서전적 특징, 언어외적 관여성,

1. 들어가기

　이상(李箱, 1910~1937) 텍스트를 연구하는데 있어서 가장 특징적 면모는 두 가지로 요약될 수 있겠다. 하나는 이상 텍스트를 해석하는데 있어서 항상 그의 전기적 사실이 개입되었다는 사실이며 다른 하나는 하나의 텍스트가 완전히 독립된 텍스트로서 취급되거나 이해되지 않고 다른 텍

스트들 간의 관련하에서 그 완전한 의미를 파악하여 왔다는 것이다. 이러한 지배적이자 전제적인 태도들은 그것을 당연한 현상인 것처럼 인정하고 들어갔을 뿐, 이러한 태도의 발생을 가능하게 하는 것 즉, 그 태도들이 발생하게 된 이상 텍스트의 내적 전략이 무엇인가를 밝히는 데에는 무관심해왔고 할 수 있다. 이 글은 이러한 이상 텍스트 연구에 있어서 이러한 지배적인 두 가지 태도가 이상 텍스트가 갖는 하이퍼텍스트성(hypertexuality)[1]에서 비롯되었음을 밝히고 어떠한 전략들이 하이퍼텍스트적인 특성을 갖게 하였으며 그 효과가 무엇인지를 부분적으로나마 밝히는 데 있다.

첫 번째 이상 텍스트를 해석하는데 있어서 항상 전기적 사실이 개입되었던 것은 이상의 산문 텍스트가 자서전적 텍스트라는 점에서 기인한다. 그러나 이 자서전적 텍스트인지를 결정하는 요소는 실재 전기적 삶과의 대조를 통해 얻어지는 것만이 아니다. 그것은 쓰여진 내용이 사실인 것처럼 독자로 하여금 믿게 만드는 형식적 요소를 통해 발생된다.

필립 르쥔(1974)/윤진(역)(1998:17-33)에 의하면 자서전이란 한 실제 인물이 자기 자신의 존재를 소재로 하여 개인적인 삶 특히 자신의 인성의 역사를 중심적으로 이야기한 산문으로 쓰인 과거 회상형의 이야기로 정의된다.하나의 이야기가 자서전적으로서 인정되려면 저자와 주인공은 일치하여야 한다는 규약을 가진다. 저자는 텍스트 외부와 내부 사이의 접선으로 사회적 책임을 갖는 실제 인물이면서 한 담론(dircourse)을 만들어낸 사람이다. 그가 적어도 자서전의 저자가 되려면 이전에 다른 저서를 써서 독자 대중에게 알려진 적이 있는 사람이어야 한다. 또 저자와 주인공간의 일치는 주인공의 이름과 저자의 이름 간의 일치로서 보장받는다. 텍스트의 생산자와 수용자간의 통보적 행위로서 텍스트를 바라본다면, 자서전이란 이미 독자 대중에게 알려진 저자가 독자 대중과 맺는 어떤 특정한 계약관계에 들어간다고 볼 수 있다. 그 계약은 텍스트 속의 내용들

---

1) S. Cicconi(1999:13)에 의하면 하이퍼텍스트성(hypertexuality)의 특징은 텍스트의 이해에 있어서 비선형성, 독자의 활동성, 간텍스트성, 독자의 행로의 개방성 등으로 요약될 수 있다.

이 허구적 이야기가 아닌 실재 벌어졌던 일로 믿어줄 것과 이러한 가정 하에서 텍스트를 해석해줄 것을 요구하는 저자의 의도성(intentionality)과 그 텍스트를 진짜 생존했던 한 인간의 삶과 관련된 텍스트로 이해하고 해석할 용의를 가진 독자의 용인성(acceptability) 간의 계약이다.[2]

이상의 산문 텍스트는 이러한 저자의 의도성과 독자의 용인성을 가능하게 하는 자서전적 특징을 충분히 갖고 있는데, 문제가 되는 것은 하나의 단일한 텍스트로서 자서전이 존재하는 것이 아니라 여러 개의 파편조각으로 이루어진 자서전이라는 점이다. 이 각각의 텍스트들은 서로 보완적인 역할을 수행함으로써 텍스트들의 이해에 있어서 텍스트들 간의 거미줄 같은 여러 네트워크를 형성한다. 하나의 텍스트는 반드시 다른 텍스트의 도움을 받아야만 이해될 수 있다. 이러한 특징이 가능한 것은 여러 텍스트들이 모두 일관되게 한 인물의 생애를 다루고 있다는 점에서이다. 李箱이라는 한 인물을 다루고 있다는 텍스트들 간의 공통적 특징 혹은 자서전적 특징은 텍스트간의 네트워크를 형성하게 하는 하나의 매개가 된다. 이러한 네트워크가 하이퍼텍스트적인 특징이 될 수 있다.

두 번째로는 각각 다른 텍스트들에서 보이는 단어와 단어, 문장과 문장 혹은 시퀀스와 시퀀스간의 유사성을 통해서 서로의 텍스트가 연결될 수 있는 루트를 보인다는 특징이다. 하나의 문장과 시퀀스들은 그 들과 유사한 문장과 시퀀스가 등장하는 다른 텍스트를 상기시키고 이에 이 두 텍스트는 서로의 이해에 보완적인 도움을 준다. 특히 이상의 텍스트의 경우 문맥이 닿지 않는 문장이나 시퀀스들의 등장은 때때로 글의 주제적 응집성을 저해하는 요소가 되기도 하는데 이러한 경우, 이와 유사한 문장과 시퀀스가 등장하는 다른 텍스트들에 대한 이해는 이러한 문맥에 맞지 않는 문장이나 시퀀스들에 대한 해석을 가능하게 해준다.

이상의 산문 텍스트들이 갖는 하이퍼텍스트성에 대한 분석은 텍스트의 시니피앙이 되는 지시(Beziechnung)와 의미(Bedeutung)가 아닌 텍스트의

---

2) 보그란데(R.Beaugrande)와드레슬러(W.Dressler)(1972)/김태옥(역)(1991:107-132) 는 텍스트성(textuality)의 일곱 가지 기준에 있어서 의도성은 생산자 중심의 개념이며 용인성은 수용자의 태도에 관한 것이라고 말하고 있다.

기능 즉 텍스트의 의의(Sinn)[3]을 묻는 작업이 될 것이라 생각한다. 이 글은 다음과 같은 의의(Sinn)를 묻는 질문에 대한 답을 하고자 한다. 이상 텍스트는 어떤 기능적 특징에 의해 서로가 연결되어서 이해되어야만 하는가. 이상 텍스트의 자서전적 특징은 각각 개별의 텍스트들을 어떻게 통합하도록 만드는가 등이다.

2. 조각난 그림 맞추기로서의 텍스트 :
텍스트의 언어외적 관여성

이상의 텍스트를 자서전적 텍스트로 만드는 가장 중요한 전략 가운데 하나는 李箱이라는 고유명사의 등장이다. 「逢別記」(36.12), 「終生記」(37.5) 「幻視記」(38.6) 「失花」(39.3)등 다수의 작품에 李箱이라는 이름을 가진 주인공이 등장한다. 이러한 이름이 등장함으로써 작가의 삶의 일부분을 다룬 자서전적 텍스트라는 계약이 성립되는 것과 이외에, 몇 개의 텍스트가 서로 조각난 그림처럼 서로 긴밀하게 연결됨으로써 한 인물의 생애를 완성시킨다. 「逢別記」의 경우 모두 다섯 개의 시퀀스[4]로 이루어져 있는데 그 각각의 시퀀스는 금홍이라는 기생과의 만남과 이별이 사건이 중심이 된다.[5]

1

1. B라는 온천으로 요양가다.
2. 금홍을 만나다
3. 금홍과 사랑하다   ①

---

3) 코세리우(E.Coseriu)(1980)/신익성(역)(1995:85)에 의하면 텍스트 언어학(Textlinguistik)은 텍스트의 의의(Sinn)를 탐구하는 분야이다. 이 의의는 "이 텍스트의 모든 것은 무엇을 의미하는가"라는 질문에 대한 해답으로서 얻어지며, 텍스트의 기능을 탐구함으로써 얻어진다.

4) 봉별기의 시퀀스 분석에 대해서는 박혜주(1992)를 참조하였다.

5) 이 글에 인용된 이상의 텍스트는 1991년도판 김윤식 편의 이상문학전집에 수록된 것이다. 이하 전집으로 약칭한다.

4. '우'와　C라는 변호사에게 금홍을 소개하다.

5. 백부의 소상으로 귀경하게 되어 헤어지다.

2

1. 금홍이 내 아내가 되다

2. 금홍이에게 옛 생활에 대한 향수가 와서 외출하다　　　②

3. 금홍이게 얻어맞고 울다

4. 금홍이는 출분하고 친구들이 찾아와 위로하다

3

1. 금홍이 다시 찾아오다.　　　③

2. 서로의 양의 아래 헤어지다.

3. 금홍이가 그리워 엽서로 금홍을 불러 돌아오게 하다

4. 다섯달 후 다시 출분하다.　　　④

5. 2년만에 집으로 돌아오다.

4

1. 금홍의 상경소식을 듣다.

2. 금홍의 동생 일심의 집에서 금홍을 만나다.　　　⑤

3. 금홍과 이 생에서의 永이별을 하다.

B온천에서 만남 금홍과 내가 서로 만나 동거하고 永이별을 하기까지 걸린 시간은 4년이다. 그 동안 금홍은 두 번 가출을 했다. 금홍이가 가출을 한 이유도 그리고 가출했던 금홍이를 다시 받아들인 이유도 모두 석연치 않게 제시되어 있다. 또한 동거녀인 금홍이가 가출했을 당시의 '나'의 심정이나 그 간의 생활 등등이 생략되어 있다. 특히 금홍의 첫 번째 가출시 '두 달 후에는 나는 금홍이라는 성명 삼자까지도 말쑥하게 잊어버리고 말았다'는 납득할 수 없는 진술을 하고 있다. 이러한 언뜻 이해되지 않는 문장의 의미를 다른 작품인 「幻視記」에서 그 실마리를 얻을 수 있다.

「봉별기」가 동거녀였던 금홍과의 에피소드를 그린 것이라면 「환시기」는 카페 여급이었던 순영과의 에피소드를 다룬 것이다.

> 4년전 여름 순영의 얼굴이 삐뚤어진 것을 알게 되다. ①
> 가출 중인 아내에게서 편지가 오다. ②
> 순영은 광주로 떠나다. ③
> 가출한 아내가 반년만에 돌아오다. ④
> 반년만에 순영이 돌아오다. ⑤
> 4년 후에 순영을 만나 宋 과 결혼할 것을 권유하다. ⑥
> 순영과 함께 자살을 시도한 宋을 병원에 데려다 주다. ⑦

금홍과의 사랑과 이별에 걸린 시간이 4년이었고 순영과의 사랑과 이별에도 소요된 시간이 4년이다. 앞서 동거녀인 금홍이 가출했을 때, 금홍을 완전히 잊을 수 있었던 것은 바로 그 사랑의 공백기를 순영이 메워주고 있었기 때문인 것으로 확인된다. 금홍이라는 고유명사는 「환시기」에는 등장하지 않고 다만 '아내'라고 지칭되고 있을 뿐이다. 금홍의 첫 번째 가출시에 '나'는 이것을 기회로 부리나케 순영이 있는 '빠-모록코'로 달려간다. 「환시기」의 나는 아내가 달아났다는 사실을 순영의 동정을 사는데 사용했지만 실은 그는 아내의 가출을 조금도 안타까워하지 않고 있었던 것이다. 순영과의 사랑은 반년만에 가출했던 아내가 돌아옴으로써 깨지게 되는데 가출했던 아내를 받아들이게 된 이유는 「환시기」에는 나와 있지 않다. 그 이유는 「봉별기」에서 확인되듯이 외로움 때문이었다. 이렇게 「환시기」와 「봉별기」는 그 각각의 텍스트만으로는 해석에 있어서 충족되지 못하는 빈자리가 존재한다. 즉 텍스트 이해에 있어서 텍스트 내적인(textimmanent) 관계보다는 다른 언어외적(sprachtranszendent) 징후6) 에 의존하고 있는 것이다. 그러나 李箱이 사용하고 있는 징후는 언어외적

---

6) 브링커(1985/1992)/이성만(역)(1994:45)에 의하면 언어외적 징후는 텍스트를 이해하는데 있어서 생산자와 수용자 사이를 관통하는 지식을 바탕으로 했을 때 이해되는 징후들이다. 이 때 텍스트는 생산자가 수용자측에 대해 전제하고 있는 지식을 수용자측에서 처리할 경우만 응집적이 된다.

인 징후들은 보통의 경우처럼 작가와 독자간의 보편적으로 공유될 수 있는 지식이 아니다. 이상의 다른 텍스트를 통해서만 알 수 있는 지식이다. 「봉별기」의 금홍은 한번도 아내라도 불린 적이 없고「환시기」의 아내는 한번도 금홍이라고 지칭된 적이 없다. 그러나 두 텍스트 속의 사건들은 서로 관련을 맺지 않고도 완전히 이해될 수 없으며 이 두 텍스트간의 관련성 때문에 「봉별기」의 금홍은 곧 「환시기」의 아내라는 사실을 알 수 있다.

　「봉별기」의 '나'는 또한 시퀀스②에서 금홍이 옛 생활에 향수를 느꼈고 이에 잦은 외출을 한 반면 '나'는 '밤이나 낮이나 누워 잠만 잤다고 진술되어 있는데 이러한 정황에 대한 구체적인 묘사나 이유를 밝히고 있지 않다.「봉별기」속에 몇 개의 문장으로 처리되어 극도의 압축적 효과를 가진 부분이 「날개」라는 하나의 독립된 텍스트로 확장되어 나타난다. 「날개」역시 많은 생략이 나타나 있다. 「날개」속의 아내와 '나'의 현재 상황에 이르게 되기까지에 대한 사전지식에 대해 독자는 제공받지 못한다. 그저 아내는 뭇남성에게 매춘을 하고 '나'는 윗방에서 잠을 잘 뿐이다. 이러한 상황에 대해 이르기까지의 이유를 「봉별기」는 밝히고 있는데 처음에는 제법 '아기자기하게' 살았던 이 두 남녀의 동거가 어느덧 1년이 지나 권태기에 접어들었으며, 화류계 출신이었던 아내에게 옛날에 대한 향수가 찾아왔기 때문이었기 때문이다. 「봉별기」의 '나'가 금홍의 외도를 묵인하고 이 시절 '낮이나 밤이나' 누워 잠을 자게 된 이유는 역으로 「날개」에 등장한다.

　李箱의 이러한 소설들은 서로 관여되지 않고도 완전히 이해될 수 없는 서로 보완적 세계를 이루고 있다. 독자는 자서전의 외형을 가진 하나의 텍스트만으로는 작가 이상에 대해 아무 것도 알 수 없다. 여러 편의 독립된 텍스트들을 읽고 그 조각을 맞추어 본 이후라야만 어느 정도 작가 이상의 인간적 면모와 그에 대한 이해가 떠오르는 것이다. 그렇다면 작가 이상은 자신의 이야기를 이렇듯, 짧고 독립적인 텍스트에 흩뜨려 놓은 전략의 목적을 묻지 않을 수 없다. 그 것은 자기 자신을 끊임없이 수수께끼로 만듦으로써 자신에 관한 텍스트를 무한하게 독서하도록 만드는 것이다. 그의 어떤 텍스트를 보더라도 독자는 압축과 생략을 통해 무언가 완전한 전모가 드러나지 않는 작가 이상의 희미한 형체만을 볼 수 있을 뿐이다. 이러한 독자는 곧 이상에 관한 다른 텍스트-이상이 쓴 텍스트이든지, 혹은 다른 사람이 이상에 관해 쓴 텍스트이든지-를 보게 되어 있다. 李箱의 개별적 텍스트의 독서는 다른 텍스트들과의 관여를 통해서만이 조금씩 이해될 수 있는 내적인 전략을 가진, 조각난 그림 맞추기이다.

3. 개별적 텍스트 간의 통합적 이해 :
비응집성 해소를 위한 하이퍼텍스트성

李箱의 모든 텍스트를 연구하는데 있어서 걸림돌이 되는 것은 특히 소설 텍스트에 있어서 단일한 주제를 가진 응집성의 결여를 보인다는 점이다. 텍스트성의 기준 중에서 응결성보다 응집성이 텍스트 형성의 더욱 본질적인 요소라면, 응집성의 결여는 텍스트 이해에 커다란 걸림돌이 된다. 아이러닉하게도 바로 이 점이 이상의 모든 텍스트를 해체론적으로 연구하게 하는 추동력으로 작용했다.

파터(H.Vater)(1990)/이성만 (역)(1995:34)에 의하면 응집성은 문장들 간의 텍스트 형성적 결속관계로 정의되는데, 인지적 순간(Kognitive Momente)을 통해 텍스트의 전체 정세를 파악함으로써 이루어지는 요소들로 텍스트의 전체 정세 즉 텍스트의 세계는 의의 연쇄망에 의해 구축된다. 李箱의 소설 텍스트는 일반적인 서사 텍스트와는 달리 텍스트의 전체적인 정세 파악이 매우 어렵다. 단편 「동해(童骸)」(37.2)의 경우 '觸角', '敗北始作' '乞入反對', '走馬加鞭', '明示', 'TEXT', '顚跌'의 소제목으로 분절되어 있다. 이 각각의 소제목과 그 소제목하의 에피소드들은 서로 관련을 가지고 있기도 하고 그 관련을 짐작할 수 없기도 하다. '觸角'의 경우, "觸角이 이러한 情景을 圖解한다"는 문장에서 시작되어 막 잠을 깬 서술자가 그의 촉각을 이용하여 지금 자신이 누워있는 상황과 그 장소를 탐색하는 것으로 시작한다. 때는 어둑어둑해졌는데 그는 저녁인지 새벽인지 분간을 하지 못한다. 그는 한 여자와 방에 있고 그녀는 그와 동거를 하기 위해 짐을 들고 와 있는 상황이다. 서술자인 '나'는 이러한 상황에 대해 많은 비약을 거쳐 조금씩 독자에게 정보를 제공한다. 그렇지만 '촉각'이라는 소제목은 이 에피소드들을 모두 포괄할 수 있는 제목도 아니며 이 에피소드들이 가지는 본질적 특징과도 관련이 없어 오히려 텍스트 이해에 혼선을 가져온다. 「동해」는 姸이라는 이름을 가진 한 여성과의 동거가 시작되었음을 알리는 장면에서 출발하여 그녀를 옛 애인인 尹에게 넘겨줌으로써 끝을 맺는다. 이 텍스트의 전체는 姸과의 동거 시작과 파경으로, 그 의미 (Bedeutung)는 찾을 수 있지만 姸이 어떤 여자였으며 어떻게 동거에 들어가게 되었는지, 윤은 누구이며 '나'와는 어떤 관련이 있는 지, 왜 이러한 사건들이 중요하게 취급되어야하는지, 이 사건들이 어떤 의의를 갖는지 등의 의의(Sinn)는 찾을 수 없다. 생략과 비약을 통해 이 텍스트는 의의를 찾는데 많은 혼란을 가져오게 되어 응집성의 형성에 많은 장애를 가져온다.

그러나 「失花」에 나오는 다음의 문장은 이상 텍스트의 비응집적 특징을 응집적인 것으로 만들 하나의 단서를 제공한다.

꿈-꿈이면 좋겠다. 그러나 十月二十三日부터 十月二十四日까지 나는 자지 않았다. 꿈은 없다.
(天使는- 어디를 가도 天使는 없다. 天使들은 다 結婚해 버렸기 때문에다.)
이십삼일 밤 열시부터 나는 가지가지 재주를 다 피워가면서 姸이를 拷問했다.
이십사일 동이 훤하게 터올 때쯤에야 姸이는 겨우 입을 열었다. 아- 장구한 시간!
「첫번째-말해라」
「인천 어느 여관」
「그선 안다 둘쨋번- 말해라」
「N삘딍 S사무실」

동거하고 있는 여자의 옛 남자 관계를 캐묻는 이 장면은 「동해」에도 등장한다. 위의 연속되는 문장에 있어서 응집성을 저해시키는 문장은 "(천사는 어디를 가도 천사는 없다. 천사들은 다 결혼해 버렸기 때문이다)"라는 괄호를 친 문장이다. 천사가 무엇을 가리키며 천사가 왜 결혼을 하여서 없는 것인지를 알 수 없다. 이 문장을 이해하기 위해서는 李箱의 수필 「실낙원」을 참조할 수 있다. 「실낙원」에서의 천사는 여인을 가리키는 말로 이 천사는 상식적인 비유의 선을 넘어 매우 위태로운 존재를 뜻하는 메타포로 사용되었는데 종합해 보면 '처녀'를 가리키는 말이다. 이 처녀는 천사처럼 고귀한 존재이지만 내게 키스를 하고는 홀연히 그 당장에 죽어 버리는 존재 즉 매우 위태로운 존재이기도 하다. 키스 후에 곧 천사가 죽어버리는 것은 '나'와 관계를 가졌기 때문 즉 더 이상 처녀가 아니기 때문이다. "천사는 없다. 천사는 모두 결혼해 버렸기 때문이다." 이 문장은 "처녀는 없다. 모두 결혼해 버렸기 때문에"로 해석될 수 있으며 이렇게 해석될 때 이 소설의 서술자는 매우 질투에 불타고 있는 남자라는 정보를 얻을 수 있으며 그가 질투심에 시달리고 있다는 정보를 획득했을 때 그가 자신의 동거녀 혹은 아내에게 가하는 고문의 의미도 파악할 수 있다. 「동해」에서도 이러한 '고문'의 장면이 비슷하게 등장하는데, 「동해」에서의 '나'가 姙을 尹에게 데려다 준 이유도 비교적 명확하게 이해할 수 있다. 그가 질투의 감정을 이기지 못했기 때문이다.

이렇게 텍스트와 텍스트를 연결시켜야만 텍스트의 응집성을 형성시킬 수 있고 나아가 텍스트의 의의가 획득되는 경우는 이상의 텍스트에서는 드문 것이 아니다. 「공포의 기록」(37.4-5)에서는 다음과 같은 문장이 있다.

> 키가 작달막하고 눈앞이 검고 털이 군데군데 빠지고 흙투성이의 그 중 더러운 작은 암탉 한 마리가 내 눈에 띄었다. 새침한 중에도 새침한 품이 풋고추같이 맵겠다. 그러고 보니 그럴 성도 싶은 게 모이를 먹다가는 때 때로 흘깃흘깃 음분한 계집같이 곁눈질을 한다.

「공포의 기록」에서의 '나'는 동거녀의 가출과 배반으로 괴로워하는 인물이다. 여자의 가출 뒤 본가에 돌아온 그가 닭장의 암탉을 보고 느끼는 소감을 드러내는 문장이다. 이 세 문장은 가출한 여자를 작은 암탉에 비유하여 그 여자의 용모와 성품을 짐작하게 한다. 여기에서 주목되는 것은 두 번째 문장, "새침한 중에도 새침한 품이 풋고추같이 맵겠다"라는 문장이다. 이 비슷한 문장은 「봉별기」에도 등장한다. 봉별기의 첫 번째 시퀀스, 즉 금홍이를 B온천에서 만났을 때의 첫인상을 적은 문장인 "체대가 비록 풋고추만 하나 깡그라진 계집이 제법 맛이 맵다"가 바로 그것이다. 「공포의 기록」에서의 '풋고추같이 맵겠다' 역시 물론 가출한 여자의 성품이나 기질을 어느 정도 암시하는 것으로 이해되기는 하지만 "삼년동안 끔찍이나 사랑하였다" 등등으로밖에는 가출한 여자에 대한 정보가 매우 부분적이며 제한되어 있는 상황에서 위의 인용문은 그녀에 대한 생생한 인상을 제공하여 텍스트의 일관성을 깨뜨린다. 그러나 "풋고추같이 맵겠다"라는 동일한 표현으로 인해 「공포의 기록」의 가출한 여자는 「봉별기」의 제공된 금홍에 대한 생생한 정보를 빌림으로써 제한된 정보를 통해 가상적으로 설정된 '가출한 여자'가 아닌 명확한 인상을 가진 육체를 얻어 전체 텍스트에 대한 완전한 이해를 비로소 가능하게 한다.

이렇게 개별적인 텍스트가 서로에 대한 응집성을 강화시키는 이러한 경우들을 통해, 李箱의 산문으로 된 텍스트들은 하이퍼텍스트성을 가지고 있다고 할 수 있다. 즉 이상의 텍스트 각각의 텍스트들은 그 하나 하나로서는 자족적으로 이해될 수 있는 텍스트들이 아니며 다른 텍스트들을 참조하는 여러 가지의 루트를 통해 그 완전한 이해가 획득될 수 있다. 각각의 텍스트들은 서로 다른 내용을 가지고 있으면서도 서로 서로의 도움을 받아 네트워크를 형성하고 있는 하나의 텍스트로 통합될 수 있는 거대한 텍스트의 파편들이다.

4. 마무리

이 글은 이상 텍스트 연구에 있어서 지배적인 두 가지 태도가 이상 텍스트가 갖는 하이퍼텍스트성(hypertexuality)에서 비롯되었음을 밝히고 어떠한 전략들이 하이퍼텍스트적인 특성을 갖게 하였으며 그 효과가 무엇인지를 부분적으로나마 밝히는 데 있었다. 첫 번째 이상 텍스트를 해석하는데 있어서 항상 전기적 사실이 개입되었던 것은 이상의 산문 텍스트가 자서전적 텍스트라는 점에서 기인한다. 이상의 산문 텍스트는 이러한 저자의 의도성과 독자의 용인성을 가능하게 하는 자서전적 특징을 충분히 갖고 있는데, 문제가 되는 것은 하나의 단일한 텍스트로서 자서전이 존재하는 것이 아니라 여러 개의 파편조각으로 이루어진 자서전이라는 점이다. 이 각각의 텍스트들은 서로 보완적인 역할을 수행함으로써 텍스트들의 이해에 있어서 텍스트들 간의 거미줄 같은 여러 네트워크를 형성한다. 하나의 텍스트는 반드시 다른 텍스트의 도움을 받아야만 이해될 수 있다. 이러한 특징이 가능한 것은 여러 텍스트들이 모두 일관되게 한 인물의 생애를 다루고 있다는 점에서이다. 李箱이라는 한 인물을 다루고 있다는 텍스트들 간의 공통적 특징 혹은 자서전적 특징은 텍스트간의 네트워크를 형성하게 하는 하나의 매개가 된다. 이러한 네트워크가 하이퍼텍스트적인 특징이 될 수 있다.

두 번째로는 각각 다른 텍스트들에서 보이는 단어와 단어, 문장과 문장 혹은 시퀀스와 시퀀스간의 유사성을 통해서 서로의 텍스트가 연결될 수 있는 루트를 보인다는 특징이다. 하나의 문장과 시퀀스들은 그 들과 유사한 문장과 시퀀스가 등장하는 다른 텍스트를 상기시키고 이에 이 두 텍스트는 서로의 이해에 보완적인 도움을 준다. 특히 이상의 텍스트의 경우 문맥이 닿지 않는 문장이나 시퀀스들의 등장은 때때로 글의 주제적 응집성을 저해하는 요소가 되기도 하는데 이러한 경우, 이와 유사한 문장과 시퀀스가 등장하는 다른 텍스트들에 대한 이해는 이러한 문맥에 맞지 않는 문장이나 시퀀스들에 대한 해석을 가능하게 해 준다.

참고논저

고영근(1999), 텍스트이론-언어문학통합론의 이론과 실제, 아르케.

김민수(1999), 멀티미디어 인간 이상은 이렇게 말했다, 생각의 나무.

르죈(P.Lejune)(1974)/윤진 (역)(1998), 자서전의 규약(Le Pacte Autobiographique), 문학과 지성사.

박혜주(1992), 봉별기의 구조 분석, 구조주의(김준외 밖에 편), 고려원.

보그란데 밖에(R.Beaugrande)(1972)/김태옥 · 이현호(공역)(1991), 담화 · 텍스트 언어학 입문(Einführung in die Textliguistik), 양영각.

브링커(K.Brinker.)(1985/1992)/이성만(역)(1994), 텍스트 언어학의 이해(Linguistische Textanalyse), 한국문화사.

씨코니(S.Cicconi)(1999), Toward a Narratology of Holistic Texts, Mediapolise, Walter de Gruyter.

쥬네트(G.Genette)(1982) Palimpsests, Seuil .

코세리우(E.Coseriu)(1980)/신익성 (역)(1995), 텍스트언어학(Textliguistik), 사회문화연구소

파터(H.Vater)(1990)/이성만 (역)(1995), 텍스트언어학입문(Einführung in die Textliguistik), 한국문화사.

호웰(G.Howell)(1989), Hypertext meets interactive fiction: new vista in creative writing, Hypertext: State of the Art(R. Macaleese ed), intellect.

노지승(盧志昇)
서울대학교 국어국문학과 박사과정
137-222
서울시 송파구 잠실동 주공 아파트 218동 203호
전화 : 02-412-2047
 e-mail : kmlit@dreamwiz.com

제 3 부

Robert de Beaugrande. *New foundations for a science of text and discourse: cognition, communication, and the freedom of access to knowledge and society,* Norwood, N.J.: Ablex Publishing Corporation, 1997, xi+670Pp.[*]

민 병 곤

1. 들어가기

보그랑드는 *Introduction to Text Linguistics*(1981), *Text Production*(1984) 등의 저작을 통하여 우리에게 잘 알려져 있는 텍스트 언어학자이다. 드레슬러와 공동으로 저술한 앞의 책은 주지하다시피 텍스트 언어학의 발전 과정에서 텍스트 문법으로부터 텍스트성의 개념으로의 전환을 보여준 대표적인 저작 가운데 하나로 평가되고 있으며, 작문의 과정을 텍스트 처리의 인지적 과정에 초점을 맞추어 설명한 뒤의 책은 '평행적 상호 작용' 모형을 제안한 저작으로 작문 이론 및 교육 관련 논저에서 널리 인용되고 있다. 그가 근년에 『텍스트 과학[1]의 새로운 토대: 인지, 의사소통 및 지식과 사회에 자유롭게 접근하기 위하여』라는 저서를 내 놓았다.

제목에서도 알 수 있는 바와 같이 보그랑드는 이 책에서 텍스트 이론을 하나

---

[*] 이 서평은 2000년 3월부터 7월까지 고영근 선생님의 강의 '한국 텍스트언어학 특강'에서 책을 함께 읽고 토론한 것을 바탕으로 이루어졌다. 토론에 참여한 분들과 초고를 읽고 모자란 부분을 지적해 주신 고영근 선생님과 박여성 선생님께 감사드린다.

1) 보그랑드는 'science of text and discourse'라는 용어를 사용하고 있으나, 텍스트에 담화의 개념이 포함된다고 보는 고영근(2000)의 관점을 따라 '텍스트 과학'으로 명명하였다.

의 과학으로 자리매김하면서 텍스트 과학의 위상과 역할을 탐색하고 있다. 그는 텍스트 과학의 목표를 다음과 같이 진술하였다.

> 텍스트 과학의 궁극적인 목표는 '담화를 통하여 지식과 사회에 자유롭게 접근하도록' 지원하는 것이다(보그랑드 1997: 1).

이러한 목표 설정은 현대 서구 사회에 대한 그의 비판적 조망에서 비롯된 것으로 보인다. 그는 현대 서구 사회를 한 마디로 이론과 실제 사이의 괴리가 이데올로기에 의해서 은폐되는 사회라고 본다. 예를 들어, 현대 사회에 만연된 소비주의는 이론적으로는 소비를 통하여 경제적 성장을 꾀하고 소비자의 존재 가치를 확인해 주는 듯한 신화를 강조하지만 실제로는 인간의 생존 조건을 파괴하고 인간을 물신화하는 모순을 안고 있다는 것이다. 경제적으로뿐만 아니라 정치, 사회, 문화적으로 현대 서구 사회는 이론상으로는 연대의 담화(discourse of solidarity)를 추구하면서도 실제로는 지배의 담화(discourse of power)를 추구하고 있다. 이런 상황에서 그는 텍스트 과학이 그러한 담화의 전략들을 밝혀 내고 나아가 담화를 통해 이루어지는 사회적 관행들과 지식들을 명료화함으로써 평등과 유대를 증진시키는 데 기여해야 한다고 본다.

텍스트 과학의 목표에 내재해 있는 그의 의제(agenda)는 한 마디로 '생태주의'라고 할 수 있다. 텍스트의 생산과 유통이 인간과 세계 사이에서 어떻게 상호 작용하는지를 탐구하고 그러한 연구에 부과되는 책임을 생각한다는 점에서 그렇다. 따라서 그의 저작에서 생태주의는 시종일관 이론과 실천의 '건전함'과 '불건전함'을 판단하는 준거로 작용한다.

텍스트를 지식 및 사회와 관련지어 그 역할을 논의하기 위해서는 그것을 단순히 구어나 문어로 이루어진 단어나 문장의 연쇄체로 보는 것으로는 불충분할 것이다. 보그랑드는 텍스트를 '언어적, 인지적, 사회적 행위들이 수렴하는 의사소통적 사건'(보그랑드, 1997: 10)으로 규정한다. 그것은 언어라는 가상 체계와 변증법적 관계를 이루면서 적응적 진화를 해 나가는 실제 체계이다. 텍스트를 하나의 사건으로 파악한다는 것은 실제로 무슨 일이 일어나고 있는지를 주목한다는 말이다. 그래서 텍스트 과학에서는 텍스트의 처리 과정, 텍스트의 자질, 참여자의 담화 전략 등을 밝혀 내고자 한다. 그럼으로써 텍스트 과학은 인간의 평등을 증진하고 지식과 사회에 접근하는 자유를 지원하는 생태학적 프로그램의 일부가 될 수 있다는 것이다.

보그랑드는 텍스트 과학의 '새로운 토대'를 모두 8장으로 나누어 제시하였다. 1장에서는 텍스트 과학의 목적, 생태주의와 소비주의라는 의제, 사건으로서의 텍스트 개념을 밝혔다. 2장에서는 언어학의 역사적 전개 과정을 살피고 그것이 텍스트 과학으로 발달하기까지의 과정을 고찰하면서, 텍스트 과학의 전망 안에서 기존의 언어학이 어떻게 평가될 수 있는지를 논의하였다. 3장에서는 사회 속에서 인지와 의사 소통의 기제를 설명하기 위한 모형을 구안하였다. 여기에서 제시한 모형은 이어지는 장에서 담화, 인지, 사회의 관련성을 설명하는 기반이 된다. 4장에서는 기능성과 텍스트성의 문제를 집중 검토하면서, 언어의 각 층위가 기능적으로 어떻게 상호 작용하는지를 구체화하였다. 5장에서는 언어가 인간과 세계 간의 매개 조절 체계로서 어떻게 기능하는지를 밝혔다. 6장에서는 간언어적 담화가 담화 처리와 실제에 시사하는 바가 무엇인지 밝히고 그 이론과 실제를 전망하였다. 7장에서는 사회화 및 교육에서의 담화의 역할과 위상을 규명하였다. 마지막으로 8장에서는 인간의 총체적 국면을 담화와 관련지어 논의하였다.

이제 보그랑드가 텍스트 과학을 위하여 마련한 '새로운 토대'란 어떤 것인지 좀더 구체적으로 살펴보도록 하자.[2]

2. 언어 연구의 메타 패러다임

보그랑드의 의미에서 텍스트 과학은 언어 연구에서 패러다임의 전환을 보여주는 용어이다. 그런데 이러한 전환은 문장 언어학을 텍스트 언어학으로 대체하는 것과 같이, 단지 옛날의 패러다임을 새로운 것으로 대체하는 것이 아니라 언어 연구에 대한 다양한 패러다임들의 통합을 의미한다. 그런 의미에서 텍스트 과학은 다차원적이고 메타 패러다임적인 성격을 띤다. 텍스트를 하나의 의사소통적 사건으로 볼 때, 텍스트를 연구 대상으로 하는 학문의 성격이 학제성을 지향하는 것은 불가피하게 보인다. 우리는 이러한 통합적 접근을 가능하게 하는 분과 학문들에 어떤 것들이 있는지 그리고 언어에 대한 전통적인 연구에서 '텍스트성'을 어떻게 다루어 왔는지 살펴볼 필요가 있다.

보그랑드는 텍스트학의 학제적 성격을 드러내기 위하여 먼저 언어학을 비롯하여 텍스트에 관여하는 인접 학문의 얼개를 역사적으로 고찰한다. 우리는 여기에서 언어에 대한 연구, 특히 현대 언어학이 어떻게 스스로의 한계를 드러내고 텍스트 과학이라는 메타 패러다임으로 전환하게 되는지를 살피게 될 것이다.

---

2) 이하 2장에서 8장까지의 내용은 보그랑드의 장 구분을 따르되 각 장과 절의 제목은 논의의 편의를 위하여 평자가 일부 수정하였다. 이것은 이 책의 방대한 내용을 독자들에게 가능한 한 자세하고도 비판적으로 소개하려는 의도에 따른 것이다.

2.1. 현대 언어학의 패러다임

보그랑드는 소쉬르와 블룸필드로 대표되는 구조주의 언어학과 촘스키로 대표되는 변형 생성 언어학을 현대 언어학의 주류로 보면서 그것을 한 마디로 형식주의 언어학이라고 규정한다. '주류'라는 개념에 특별한 가치를 결부하지 않는다면 이러한 구분은 그렇게 낯선 것은 아니다. 확실히 주류 언어학은 '엄격하게 형식적이고 확고하고 추상적인 체계로서의 언어 그 자체'라는 이론적인 개념을 추구해 왔다.

소쉬르(1916)는 '언어학의 진정하고 독자적인 대상'은 '그 자체로 그 자신을 위하여 존재하는 언어체계(langue)'라고 선언하고 그것을 '언어사용(parole)'과 대비하였다. 그리고 그러한 양분법은, 그 초점은 다르지만, 촘스키(1957)의 '언어능력(competence)' 대 '언어수행(performance)' 간에도 유사한 형태로 나타난다. 현대의 언어학이 한 마디로 '제약(constraints)'에 대한 탐색의 과정으로 전개되었다고 할 때, 소쉬르는 언어를 그 자체로 상시적인 제약의 완전한 집합으로 이루어겼다고 보았으며, 촘스키는 그러한 상시적인 제약의 범위가 문법의 경계 내에서 형식적으로 한정된다고 생각하였음에 틀림없다.

이러한 상황은 의미론이나 화용론의 경우에도 크게 다르지 않다. 의미론은 언어의 제국면들 가운데서 의미를 세계와 사회에 대한 사람들의 지식으로부터 끊어 놓음으로써 형식화하고자 하였으며 화용론은 문장의 의미가 어떻게 화자의 의도와 청자의 수용에 의존하는지를 밝힘으로써 그것을 명료화하고자 하였다. 그러나 그들이 분석한 문장은 여전히 통사론에 의해 규정된 형식적이고 이론적인 단위였다. 이런 의미에서 의미론과 초기의 화용론 역시 일상적이고 사회적이고 인지적인 제약을 받아들이지 않는 형식주의에 머물러 있었던 셈이다.

보그랑드는 주류 언어학의 이론적인 개념을 거절한다는 입장을 분명히 한다.

> 오늘날, 우리는 '포괄성, 수렴성, 공감성'이라는 세 가지 검증 기준에 명백하게 어긋난 주류의 개념을 거부하고자 한다. [···] 우리가 만약 언어를 인지적이고 사회적인 제약으로부터 분리한다면, 우리는 그것을 통제할 수 없게 돼 버리며 그것을 기술하려는 우리의 아주 확고한 시도에서도 벗어나게 된다. 요컨대 [···] 고전적 주류 프로그램은 이론적으로든 실제적으로든 성취될 수 없으며 정상적인 과학의 건전한 기반을 제공할 수 없다(보그랑드 1997: 40).

언어를 사용에서 분리하여 그 자체로 기술하려는 이상은 20세기 언어 연구를 지배해 온 중심적인 노선이었음에도 불구하고[3] 보그랑드는 그러한 노선이 '포괄성,

---

3) 언어학에 대한 다음과 같은 진술은 보그랑드의 견해와 궤를 같이 하는 것으로서 언어학

수렴성, 공감성'이라는 세 가지 검증 기준에 명백하게 어긋난다며 그것을 받아들이기를 거부한다. 그는 학문이 하나의 과학으로서 그 지위를 유지하기 위해서는 '자료의 포괄성(coverage), 기술의 수렴성(convergence), 평가의 공감성(consensus)'이라는 세 가지 기준을 충족해야 한다고 말한다. 포괄성이란 얼마나 많은 언어 자료가 기술되었는가의 문제이며, 수렴성이란 얼마나 다양한 기술들이 일치하는 결과를 보여주는가의 문제이고, 공감성이란 얼마나 많은 학자들이 기술의 방법과 평가에 대해 공감하는가의 문제이다.

이러한 잣대를 적용한다면, 주류 언어학은 장기적이고 지속적인 성공을 거두지는 못하였다고 평가할 수 있다. 이러한 기준을 가장 잘 만족시킨 분야는 음소를 단위로 하는 음운론이었는데 이것은 이후 언어학을 체계의 관점에서 보게 하는 패러다임을 제공하였다. 형태론에서 직접 구성 요소 분석을 통하여 '형태소'를 기술하려는 노력도 비교적 성공적이었던 것으로 평가된다. 그런데 이러한 패러다임이 하나의 절 또는 문장에서까지 확대되면서 통사론에서 '통사소(統辭素, syntagmeme)' 또는 '구절구조'를 기술하는 것은 수렴과 공감을 얻기가 극히 어려운 일이었다. 그 결과로 언어의 체계는 이론적 최소 단위의 목록으로서가 아니라 단순한 단위들을 복잡한 단위들로 정렬하기 위한 이론적 규칙의 목록으로 재정의되었다. 이것이 바로 생성 문법의 모형인데, 여기에서 문법은 추상적 구조일 뿐이었다. 그리고 생성 문법의 이론은 서로 공감하기 어려운 이질적인 구상과 기술로 전개됨으로써 주류 언어학의 '과학'으로서의 지위는 흔들리게 된 셈이다.

그렇다면 보그랑드는 형식주의 언어학의 대안을 어디에서 찾고 있는 것일까? 그는 주류 언어학을 대신할 프로그램을 '후기고전적 언어학'으로 명명하면서 그 모토를 다음과 같이 요약하여 제시한다.

(a) 언어는 사회와 세계에 대한 지식에 의해 통합된 현상이다.
(b) 언어는 화자가 그것을 사용한 조건과 함께 기술되어야만 한다.
(c) 언어는 언어적, 인지적, 사회적인 제약들 사이에서 상시적인 제약들과 일시적인 제약들 사이의 상호작용의 관점에서 기술되어야 한다.
(d) 언어는 지속적인 진화를 경험하는 역동적인 의사소통 체계로 구성되어 있다.

의 나아갈 방향과 관련하여 시사하는 바가 많다: "언어에 대한 학문은 학문 그 자체를 위해 연구되어야 한다는 것이 언어학에서의 지금까지 내려오는 오래된 신조이다. 언어학자들은 언어학 이론의 '내재성(immanence)'에 대해 이야기해 왔는데, 이 말은 언어학의 방법이나 목표에 관해서는 언어학이 언어학 스스로에게만 설명할 수 있다는 것이다. 역사적으로 볼 때 이 점은 언어학처럼 젊은 학문에게는 이해할 수 있는 점이었다. 언어학은 주변의 다른 학문들로부터 독립해서 자신만의 영역을 설정해 나가야 할 필요가 있었다. 그러나 발전된 학문에게는 역으로 '내재성'의 욕구는 성숙했다는 신호가 될 수 없다." [메이(1993)/이성범(역)(1996: 12)]

(e) 언어에 대한 기술은 전체 언어와 특정 담화 문맥 사이에서 일반성의 유동성
정도에 따라 진술되어야 한다.

(보그랑드 1997: 40)

이러한 모토가 시사하는 바는 언어는 외부 세계와 독립된 언어 그 자체로 연구되는 것이 아니라 '세계와 사회에 대한 지식이 통합된 역동적인 의사소통 체계'로 기술되어야 한다는 점이다. 보그랑드는 후기고전적 프로그램이 더 많은 자료의 분석과 다학문적 접근을 필요로 하는 힘든 작업이지만, 최종적으로 '포괄성, 수렴성, 공감성'을 담보할 수 있는 길을 마련하게 될 것이라고 본다. 그리고 이러한 길을 마련할 가능성을 기능주의 언어학과 코퍼스 언어학에서 찾고 있다.

그러나 보그랑드가 후기고전적 언어학을 형식주의와 화해할 수 없는 대립적인 구도로 취하는 것은 아니다. 그가 공표한 대로 형식주의 언어학은 기능주의 언어학의 관점을 취하는 후기고전적 언어학의 프로그램으로서 중요한 자원을 제공하게 된다. 이러한 관점은 형식주의와 기능주의에 대한 다음과 같은 그의 언급에서 간취할 수 있다.

나 자신의 모토는 '필요한 만큼 형식적이고 가능한 한 기능적으로' 하자는 것이다

(보그랑드 1997: 50).

보그랑드는 텍스트에 대한 현대 언어학의 접근법을 구조주의 언어학, 현장연구 언어학, 생성 언어학, 기능주의 언어학, 코퍼스 언어학의 다섯으로 구분한다. 그리고 후기고전적 언어학의 관점에서 현대 언어학의 접근법들은 텍스트에 대한 상이하고도 상보적인 관점들을 제공한 것으로 평가하며 각각의 접근법들이 인접 학문들과 연합하여 '사회에서의 인간의 인지와 의사소통을 탐구하는 광대한 텍스트 과학'을 지지하게 되리라는 희망적인 전망을 제시하고 있다.

2.2. 패러다임의 이동

현대 언어학은 '제약'에 대한 탐색을 계속하면서도 문장 단위에 오랫동안 머물러 있었다. 그러나 결국 풍부한 제약을 찾으려는 시도는 몇몇 과학자들을 텍스트와 담화로 옮겨가게 만들었다. 이러한 움직임은 오랫동안 자신들의 자료를 담화와 텍스트에서 가져 왔던 현장 연구 언어학과 기능주의 언어학에서 두드러지게 나타났다.

이러한 연구들 가운데서 특히 주목할 만한 연구는 페터 하르트만과 그의 제자들(하르베크, 코흐, 슈미트, 비놀트, 리저)의 연구이다.[4] 기술적 구조주의에서 텍스

트를 단순히 '문장 위의 단위'로, 생성 문법에서 '잘 정련된 문장의 연속체'로 정의하는 정도에 머물러 있을 때, 그들은 단지 일련의 연속체로서가 아니라 사회 속에서의 인지와 의사소통이라는 인간 활동과 연계되는 풍요로움으로서 텍스트가 '문장'을 넘어서 존재한다는 것을 깨닫게 된다. 이들의 평가는 단지 언어학적 단위의 목록 안에 텍스트나 담화를 포함시켰다는 것뿐만 아니라, 이러한 결정으로부터 폭넓게 떠오르는 이슈들을 다루기에 적절하게끔 언어학을 새로운 환경에 적응시켰다는 점에서 하나의 결정적인 도약으로 볼 수 있다.

이러한 방향 설정은 비서구어에 대한 연구 결과에 의해서 자료 추동적인(data-driven) 힘을 얻게 되었으며, 기호학, 민족지학·인류학·사회인류학의 문화 연구, 사회학의 대화분석과 민족지학적 방법론, 사회 심리학, 사회 언어학, 심리 언어학, 인지 심리학, 체계 이론, 인공 두뇌학, 정보 이론 등 인접 학문들에서 급진적으로 이루어졌다. 이러한 인접 학문들의 성과를 바탕으로, 언어의 사용을 포함한 인간의 행동에 대한 연구는 학제적 성격을 강하게 띠게 되었다. 학제성에 대한 이러한 추세는 오늘날 우리가 직면하고 있는 중요한 문제들이 과학에서나 사회에서나 어떤 하나의 학문만으로 해결될 수 없다는 새로운 인식을 반영하고 있다.

2.3. 텍스트 언어학의 전개

이제 텍스트 언어학이 이러한 학문의 조류 속에서 어떻게 발달해 왔는지 살펴보기로 하자. 텍스트 언어학은 1960년대 중반부터 1970년대 중반까지 계속된 텍스트 문법이 출현한 이래 몇 단계의 발전 과정을 보여주었다.

우선 처음 출현한 텍스트 문법은 기본적으로 단일 문장을 넘어서서 문장과 문장을 연결하는 접속사나 대명사를 연구함으로써 문장의 기술과 생성에 나타나는 제약을 탐구하고자 하였다. 텍스트 문법은 단일하고, 고정적이고 추상적인 체계로서의 '텍스트'를 재건하려는 기획을 가지고 있었다. 주류 언어학에서 구조화된 체계를 확장하고자 하는 관심에서 그들은 '텍스트소(texeme)'라 불리는 이론적 단위를 구안하였다. 그러나 텍스트 문법은 가상 체계로서의 텍스트와 그것의 언어적 실현체와의 역동적 변증법을 기술하는 데에는 성공하였다고 볼 수 없다. 어떤 이들은 텍스트와 담화라는 용어를 대비하면서 문제를 해결하고자 하였으나 언어와 사용, 이론과 실제, 가상과 실제 사이의 매개, 문체, 텍스트 유형, 담화 영역 등과 같은 문제에 부딪혔다.

다음 단계는 1970년대 후반과 1980년대 초반 보그랑드와 드레슬러가 제안한

---

4) 고영근(1999:32)에서도 텍스트 연구를 사적으로 고찰하면서 서양의 지역적 연구에서 초기 텍스트 이론의 정립에 기여한 하르트만과 하르베크 등의 공로를 지적하였다.

'텍스트성'의 개념에 집중된다. 형식적 단위나 패턴으로서의 텍스트라는 언어 구조물로부터, 언어 구조물이 텍스트로 다루어질 때 적용될 수 있는 텍스트성[5]의 원리로 중심이 이동된 것이다. 텍스트성은 단지 언어적 자질이나 요소, 또는 그것의 집합이 아니라 의사소통 사건이 일어나는 곳이면 어디에서나 활성화되는 연계의 다층적인 유형이다. 이제 텍스트와 맥락의 사회적인 연결, 사회와 텍스트 생산자-수용자의 사회적 연결을 구축하는 것이 초미의 관심사가 되고 있다.

이러한 통찰은 담화의 처리 즉 텍스트화에 주의를 기울이게 하였다. 담화 처리 모형은 언어의 조직이 '예상되는 사용'의 제약을 밀접하게 반영하고 있다는 원리를 강조한다. 여기에서 가상과 실제는 이분법적으로 분리되는 것이 아니라 역동적인 변증법적 관계를 맺고 있는 것으로 입증된다. 이제 텍스트 언어학은 언어 연구를 제자리로 되돌아가게 만들었다. 오늘날 텍스트 언어학은 아마도 '학제적인 텍스트학의 하부 영역'으로 가장 잘 정의될 수 있을 것이다.

2.4. 구조주의와 후기구조주의

언어학에서 패러다임의 형성과 이동은 좀더 거시적인 국면에서 구조주의와 후기구조주의라는 메타 패러다임과 변증법적 상호작용을 계속해 왔다. 언어학에서 출발했다고 할 수 있는 구조주의가 비교적 안정된 패러다임의 형태를 띠고 있었던 데 비해 후기구조주의는 매우 다양한 형태의 접근법들을 포괄하는 메타 패러다임의 형태를 띠고 있다. 보그랑드는 구조주의나 후기구조주의가 그 자체로 패러다임으로 간주된다기보다는 패러다임의 구성을 위한 메타 패러다임적 성격을 띠고 있다고 본다. 그가 텍스트 과학의 성격을 언어 연구의 메타 패러다임이라고 보는 것은 그것이 구조주의에 기반한 기존의 주류 언어학을 대체하는 어떤 형태라기보다는 언어 연구에 대한 다양한 접근법들을 통합하는 학제적 성격을 띠고 있는 것으로 이해하고 있음을 의미한다.

언어학의 발전에서 가장 중요한 개념은 구조였다. 주류 언어학에서 언어 기술은 곧 구조 분석과 동일시되었다. 음운론, 형태론, 통사론에서 점진적으로 전개된 구조주의라는 이름은 언어의 범주를 훨씬 넘어서서 문화, 사회, 이데올로기, 정치, 제도, 성, 그리고 미학의 여러 현상과 문제로까지 광범위하게 퍼져 나갔다. 이러한 반향은 인류학, 고고학, 사회학, 정치학, 철학, 기호학, 그리고 문학 비평 등의 학문에까지 다양하게 영향을 미쳤다.

그러나 구조의 개념이 분열되고 그것이 설명할 수 없는 많은 문제를 노정하고 있었기 때문에 후기구조주의가 그 대안으로 제기되었다. 후기구조주의는 구조주

---

5) 보그랑드 밖에(1981)/김태옥 · 이현호(역)(1990)을 참고할 것.

의 프로그램의 수정을 위한 출발점과 그 대체 지점 모두를 의미하였다. 구조주의의 객관적이고 명확한 절차들은 후기구조주의에서 주관적이고 파괴적인 것으로 대체되었다. 그럼으로써 회의주의, 이율배반, 신비주의, 상대주의, 해석학적 순환성이라는 문제를 노정하게 된다.

후기구조주의는 포스트모더니즘, 해체주의, 유물론과 마르크시즘, 정신분석학, 페미니즘, 비판적 담화 분석 등의 영역에서 구조주의가 간과했던 문제들을 다루어 왔다. 후기구조주의자들은 텍스트와 담화에 대한 연구를 빈약한 주류 언어학의 구조 개념으로부터 이동시키고 풍부한 인간적 맥락을 지향하려는 노력을 경주해 왔다. 우리는 텍스트 과학에 얽혀 있는 간텍스트성, 불확정성, 복잡성 등의 고유한 문제를 설명하기 위한 자원의 목록을 이들 후기구조주의적 접근법들에서 얻을 수 있을 것이다.

2.5. 텍스트 과학의 지향

텍스트 과학에서 제기되는 많은 이슈들은 언어의 이론과 실제 사이에서 오랫동안 암시되어 왔었다. 현대 언어학이 등장하기 이전에도 텍스트를 연구 대상으로 하는 오랜 전통이 있었다. 비문(碑文)이나 법조문에 대한 해석을 통하여 텍스트의 권위를 보존하고자 했던 오래된 전통으로부터 문법, 수사학, 논리학에서 보여 주었던 텍스트에 대한 관심, 그리고 19세기 이래 문헌학, 역사언어학, 방언학의 전통 속에는 담화와 텍스트에 대한 지향이 분명히 존재했다. 현대 언어학은 그것들을 충분히 계승해 내지 못했지만 이제 텍스트 과학이 그러한 연구들이 지향했던 관심사를 좀더 생산적으로 재평가하는 데 기여할 수 있을 것이다. 그리고 앞서 살핀 바 현대 언어학에서 이루어지고 있는 언어 연구 패러다임의 교체, 그리고 인접 학문들에서 발견되는 후기고전적 경향들을 통합하고 조망한다는 면에서 볼 때 텍스트 과학은 학제적인 메타 패러다임이다.

보그랑드(1997: 68)는 학제적인 메타 패러다임으로서의 텍스트 과학은 언어를 인지와 의사소통의 넓은 스펙트럼과 충분히 통합시키는 것을 의제로 삼아야 하는 바, 이는 사회적 진보를 위한 생태학적 프로그램을 지지하기 위한 것이어야 한다고 주장한다. 오늘날 보편적인 담화의 실천은 그것이 노골적으로 인간의 삶과 생애를 조직하고 통제하기 위해 필요한 지식에 접근하는 권한을 사람들에게 부여해 주지 못한다는 점에서 생태학적으로 불건전하다. 그래서 지식 혁명은 담화의 실제에서 통제와 참여를 뚜렷이 확장하기 위한 의사 소통의 혁명을 시급하게 요한다. 보그랑드가 주장하듯이, 이러한 목표는 가까운 미래에 텍스트 과학의 '생태학적인 타당도'를 판단하는 중요한 기준이 될 것이다.

3. 인지와 의사 소통의 모형

텍스트 과학의 의미와 목적이 현대의 위기를 해결하기 위한 생태학적 프로그램의 일환으로서 자리매김된다면 그것은 인간과 사회와 세계에 대한 대안적인 통찰을 기반으로 해야 할 것이다. 보그랑드는 텍스트 과학의 새로운 토대를 놓기 위하여 개인의 인지와 의사 소통을 모형화(modeling)하기 위한 설계(design)를 시도한다. 인지와 의사소통의 모형을 설계하기 위한 시도는 '인간의 지식이 어떻게 출현했고, 접근 가능하고 공유할 수 있는 유형으로 어떻게 진화했는지를 설명하는 것이다'(보그랑드, 1997: 86).

우리는 이 장에서 보그랑드가 인지와 의사소통의 모형에 대한 이전의 접근들을 어떻게 평가하고 자신의 모형을 어떻게 설계하는지 살펴보고자 한다. 보그랑드는 '학제적 텍스트 과학'이 담화 처리의 상호작용적 모형을 확장된 경험적 증거와 풍부하게 증폭된 체계 속에서 설계하고 통제하고 작동하는 일반 원리와 양립하도록 어떻게 설계할 것인지에 대하여 제안한다. 그는 언어를 재귀조직적인 역학체계 내에서 진화가능성의 일반적 원리로부터 이끌어 내고자 한다. 그리고 언어의 주요한 기능을 세계와 사회를 구성하고 중재하는 데에서 찾고자 한다. 이러한 접근은 텍스트 과학을 위한 그의 후기고전적 연구 프로그램을 학제적 교차로에 자리매김한다. 그의 말대로 텍스트 과학의 과학적 타당도는 경험적 자료의 풍부함과 더불어 그것의 적합성에 의존할 것이다. 그리고 텍스트 과학의 생태학적 타당도는 담화를 통하여 지식과 사회에 접근하는 인간의 자유를 증진하기 위한 생태주의 프로그램을 지원하는 그것의 능력에 달려 있을 것이다.

3.1. 모형 설계의 원리

보그랑드는 주류 언어학이 텍스트 과학에 적절한 기반을 제공해 주지 못한 것은 그것이 실재론(realism)과 기계론(mechanism) 등에 바탕을 둔 고전 과학에 머물러 있었기 때문이라고 지적한다. 후기고전적 모형에서는 신과학에 기반을 두면서 물리적 세계는 '독립적으로 존재하는 분석 불가능한 개체들로 이루어진 구조가 아니라 그 의미가 전체에 대한 그것의 관계로부터 총체적으로 나타나는 요소들 간의 관계망'이라고 본다. 보그랑드는 이러한 세계 모형을 뒷받침하는 제1 원칙을 다음과 같이 공표한다.

한 층위의 물체와 에너지가 하나 혹은 더 이상의 층위에서 정보가 될 수 있고, 그 역도 가능하다. 모든 개체는 객관적이든 주관적이든, 질료 기층(material substrate: 물체와 에너지)과 자료 기층(data substrate:

정보) 사이의 변증법적 상호작용을 토대로 한다 (보그랑드, 1997: 84).

고전 과학에서 물질은 단지 물질이고, 그것이 관찰되고 해석될 때까지는 정보가 아니다. 그러나 신과학에서는 모든 형식의 조직체에서 물질·에너지와 정보가 변증법적 상호작용을 하는 것으로 본다. 분자, 힘 등이 상호작용하는 모든 체계(system)는 질료 기층(material base)을 가지는 자료장(data field)이다. 관찰자가 들어서면, 이전에 물질이었던 자료가 갑자기 유입되는 것이 아니라, 두 개의 자료장 사이의 변증법적 상호작용이 일어나는 것이다. 고전적 관점에서 무언가를 안다는 것은 그것의 치수, 양, 성질, 속성 따위의 내용을 아는 것과 같다. 그러나 지식에 대한 후기고전적 접근은 내용을 실재나 진리에만 연결짓는 것이 아니라 그것의 설계(design)에도 연결지음으로써 내용과 설계를 한 묶음으로 취급한다.

보그랑드는 설계의 매개변수(design parameter)로 '안정성 대 유동성, 친숙성 대 생경성, 단순성 대 복잡성, 결정성 대 비결정성' 등 네 가지가 필수적이라고 본다. 이 네 가지 준거는 내용과 지식이 고착되고 동결된 조직을 가지고 있다는 상식과 과학 양쪽의 고전적인 개념을 초월할 수 있도록 도와준다.

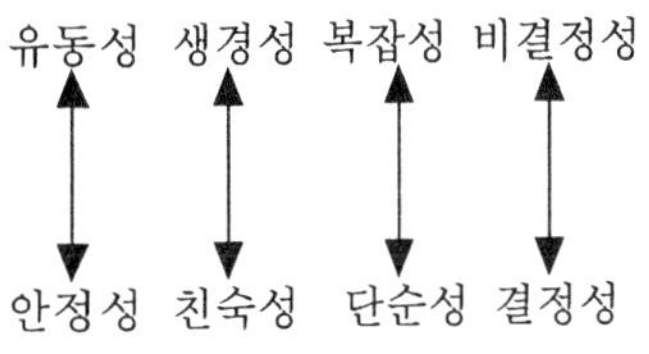

경험과 지식에 대한 기본적인 가정6)에 따르면, 일반적이고 획일적인 제약이 있는 '빈약한' 영역에서는 '고전적 경향'를 지지한다. 그러한 영역에서는 정체성, 연결성, 시간성, 공간성, 실재성은 자연스럽게 안정성, 친숙성, 단순성, 결정성을 강화한다. 관찰하고 측정하고 예측하는 우리의 능력은 이러한 강화의 증거물이다. 그러나 특정하고 다양한 제약이 있는 '풍부한' 영역에서는 이러한 '고전적 경향'이 뒤로 물러나는데 그 이유는 정체성, 연결성, 시간적·공간적 조건들이 급격히 늘어나기 때문이다. 후기고전적 접근은 설계 매개변수들이 안정성과 유동성, 결정성과 비결정성 등에서 지속적인 진화를 겪는 것으로 가정한다.

후기고전적 텍스트 과학은 그 설계가 그것의 영역의 설계와 나란한 모형을 세

---

6) 보그랑드(1997: 80)는 추리, 발견, 입증이라는 모든 인정된 과정에 함의되어 있는 것으로서, 참 또는 거짓으로 엄격하게 판명될 수 없는 '경험과 지식의 기본 가정' 일곱 가지를 상정하고 있다. 그것은 정체성(identity), 연결성(connetedness), 시간성과 공간성(temporality and locality), 관찰가능성(observability), 차원성 또는 측정가능성(dimentionality or measuability), 예측가능성(predictability) 등이다. 이러한 가정은 세계에 대한 모형을 구성하는 데 있어서 객관적 세계 대 주관적 활동 간의 변증법으로서, 만일 세계가 '알려지고', '경험될' 수 있으려면, 그것은 '알 수 있고' '경험할 수 있어야' 한다는 직접적인 전제로부터 따라 나온다.

움으로써 그 영역을 제어[7](기술, 설명 등)하고자 한다. 후기고전적 설계 모형에 따르면 전경과 후경, 추상과 구체, 장기와 단기, 미시와 거시의 틀을 대상에 따라 달리 적용함으로써 대상을 효과적으로 포착할 수 있다. 말하자면 주체의 인지적 목적에 따라 대상 인식에 적용되는 인식의 틀이 달라지는 셈이다. 여기에서 적용되는 매개 변수의 가치는 그것이 통제에 대해 지지적인지 저지적인지의 관점에서 평가될 수 있다. 후기고전적 관점에서는 지지적인 양식 안에서 설계의 모형을 구축해 내려 한다.

보그랑드는 모형 또는 영역의 설계에 대한 이러한 설명에 기초하여 설계의 진화(evolution of design)에 대해 상세히 언급한다. 이제 물체 및 에너지의 질료 기층과 자료 기층 간의 변증법적 상호작용을 진술하는 제1원리는 두 기층 사이에 두 가지 접속[8] 유형으로 상세화될 수 있다. 견고한 접속(hard coupling)의 특성을 갖는 현상은 질료와 자료 사이의 꽉 죄이고 빈약한 제약을 특성으로 한다. 느슨한 접속(soft coupling)의 특성을 갖는 현상은 질료와 자료 사이에 느슨하고 풍부

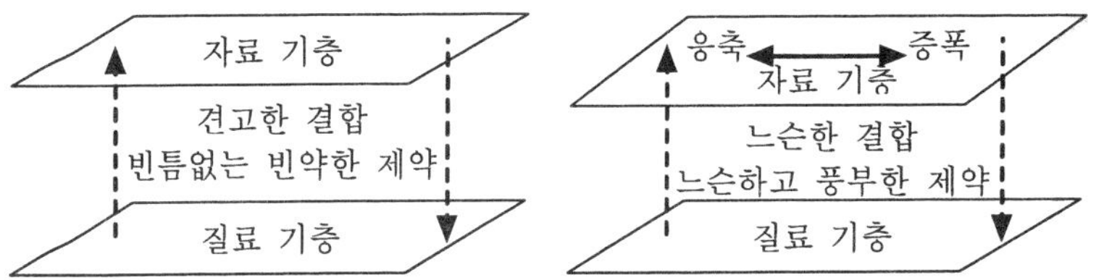

한 제약을 특성으로 한다. 질료 기층을 적당히 수정하는 동안에 빈약한 자료는 풍부한 자료로 확장될 수 있고, 반면에 풍부한 자료는 빈약한 자료로 응축될 수 있다.

보그랑드는 질료와 자료 간의 접속의 강도를 진보와 퇴보의 개념과 관련짓는다. 진보(progress)는 지지적인 설계를 유지하면서 접속을 유연하게 하고 제약을 풍부하게 하는 진화인 반면 퇴보(regress)는 접속을 강화하고 제약을 빈약하게 하는 진화이다. 진화가 이루어지는 동안 개체(entity)의 현재 상태는 임계(臨界) 응집(critical mass)과 임계 분산(critical dispersion)[9]을 넘나든다. 진보는 주기적으

---

7) 제어란 어떤 사건이 일어나거나 다른 사건이 일어나지 않도록 하는 행위를 의미하지 않는다. 이것은 현상이나 사건을 설계하는 데 있어서 제약을 부과하거나 적용하는 것을 의미한다. 제어를 정의하자면 그것은 설계 제약들에 의해서 유동성, 생경성, 복잡성, 비결정성이 제한된다는 가설이다.

8) 마투라나 밖에(1987)/최호영(역)(1995: 83)에서는 '두 개의(또는 더 많은) 자기생산개체들이 주고받는 상호작용이 재귀적(rekursiv)이거나 매우 안정된 성격을 띠게 되었을 때, 그것들이 각자 개체발생을 하는 가운데 서로 접속(coupling)하게 되었다.'라고 본다. 접속이란 서로 환원되지 않는 체계들간의 기능적 연동(連動)을 의미한다.

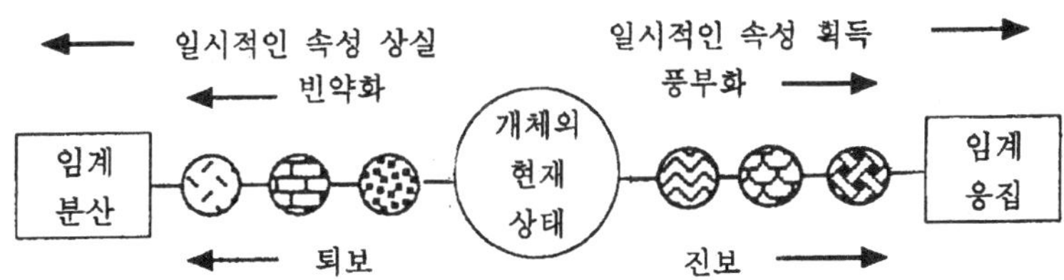

로 임계 밀집의 경계를 넘어가면서 그 과정에서 제약이 풍부해지며 일시적인 속성을 갖게 되는 반면에 퇴보는 제약이 희박해지면서 일시적인 속성을 상실하고 임계 분산의 경계를 넘나들게 된다. 개체의 선행 상태가 희박하고 저지적인 것이라면 개체의 후행 상태는 풍부하고 지지적이다. 보그랑드는 모형의 설계에서 진정한 진보는 저지적인 것에서 지지적인 것으로, 빈약한 것에서 풍부한 것으로 이루어져야 한다고 보았다. 이러한 진보는 어떻게 이루어지는가?

그는 자연 과학에서 패러다임의 혁명이라고 평가되는 '재귀조직(self organization)'[10]의 개념을 가져와서 진보의 개념을 뒷받침한다. 한 개체가 전국적(全局的)이거나 외부적인 감독이 없는 협력적인 구조를 창조하는 국부적(局部的)인 상호작용의 역동성에 의지하는 진화를 한다면 그것은 재귀조직적이라고 할 수 있다. 재귀조직은 생명 체계가 어떻게 지지적인 설계를 따라 진화할 수 있는지에 대한 유망한 모형 개념으로 간주되고 있다.

진화는 다소 간단한 물리적 기초에서부터 복잡하고 다양한 생물체에 이르기까지 다양하게 연결된 제약의 층위에 걸쳐 작용해 왔다. 가장 높은 층위의 제약인

---

9) 이 두 용어에 대해서 보그랑드는 다음과 같은 해설을 덧붙였다: '임계 응집'(critical mass)이라는 용어는 생화학에서 어떤 반응이 일어나는 '국면 전환'을 위한 조건을 가리키는데, 그것은 더 넓은 의미에서 어떤 과정의 진행을 시작하는 데 필요한 상태나 조건을 가리키는 뜻으로 일반화되었다. 이러한 생화학적 의미는 임계 응집이 단지 그 부분들의 합만이 아닌 새로운 자료를 생성한다는 질료와 자료의 이원성을 해석하는 한 방법을 제공한다. 아마도 생화학적 반응이 종종 불가역적이기 때문에, 그 반대의 용어인 '임계 분산'(critical dispersion)이라는 용어는 일반화되지 않았지만 분석 하에서 자료 손실의 모형으로서 아주 유용한 것으로 보인다(보그랑드 1997: 174).

10) 슈미트(편)(1987)/박여성(역)(1995: 441-464)에 따르면, '재귀 조직'의 개념은 과학에서 포괄적인 패러다임의 교체 즉, 과학 혁명을 암시하는 것으로 평가된다. '재귀조직'의 두 가지 특징은 '(1) 환경으로부터 유래하는 질료 및 에너지 유입에 대한 체계의 개방성, (2) 그 체계들의 작동상(조작상)의 폐쇄성'으로 요약된다(446). 재귀조직의 개념은 체계에 대한 환경의 우위를 주장하거나 체계에 대한 중앙의 통제를 정당화하는 이전의 체계 개념과는 질적으로 다른 것이다. '재귀조직'의 개념은 환경의 파괴를 유발하는 성장주의, 관료화된 중앙집권주의 등에 대한 비판 등의 사회 운동에 이론적 기반을 제공해 왔다. 생태주의 또한 이 개념과 깊이 관련되어 있다.

의사소통적 제약은 '세계와 사회에 대한 지식과 언어의 접점에서, 언어적, 인지적, 사회적 제약'을 통합한다. 이러한 제약은 매우 풍부하고도 느슨하게 접속되어 재귀조직의 과정을 통해서 진화해 올 수 있었다.

요컨대 보그랑드는 인지와 의사소통의 모형을 설계하는 데 있어서 현대 과학이 제공하는 바, 질료와 자료의 변증법적 상호 작용, 그리고 그 과정에 대한 후기고전적 설계의 원리, 재귀조직을 통한 체계의 진화, 그리고 지지적인 재귀조직의 과정을 통한 설계의 진화를 인지와 의사소통의 모형 설계를 위한 이론적 기반으로 제공하고 있다.

3.2. 부호의 출현과 기능

개체의 발생과 진화의 과정에서 부호의 출현은 어떤 의미를 갖는 것일까? 여기에 답하기 위해서 우리는 먼저 앞에서 언급한 경험과 지식에 관한 기본 가정들을 고려하면서, 후기고전적 인지 모형에 따른 개체 발생의 조건에 대한 보그랑드의 설명에 귀를 기울여 보기로 하자.

개체(entity)는 질료 기층과 자료 기층의 변증법적 상호작용을 통해 개체의 정체성(identity)을 안정화하고 그 경계와 속성을 부여받게 된다. 이로써 그 개체가 어느 정도 실재성(substantiability)을 가지고 있는지, 그리고 단위들의 관점에서 계량화되면서 차원성(dimensionality), 측정가능성(measurability)을 가지게 되는지가 결정된다. 그리고 개체들이 하나 이상의 맥락(context)에 참여하고 시간성(temporality)과 공간성(locality)에 연결된 상태(state)의 지속을 통하여 연결성(connetedness)을 갖는다. 모든 상태의 변화는 하나의 사건(event)을 구성하는데, 반면에 과정(process)은 행동주와 대상과 같은 참여자들(participants), 그리고 수반되는 시간과 공간과 같은 상황(circumstance)이 있는 상태-사건 구성이다. 공존하는 비교 가능한 개체들 간의 관계는 하나의 구조를 구성한다. 수단과 그것이 복무하는 목표로서 모든 개체 간의 관계는 그것의 기능(function)이다.

개체는 정체성, 실재성, 차원성, 시공간성, 연결성 들 간의 수렴(convergence)을 경험할 때 임계량(critical mass)에 도달하여 하나의 대상(object)이 되며, 여기에 관찰가능성(observability)이 결부될 때 하나의 현상(phenomenon)이 된다. 그리고 그 정점에 달하는 단계는 다른 시간들의 시간성과 다른 장소들의 공간성을 투사할 만큼 충분히 풍부한 자료 수렴을 통하여 이루어지는 예측가능성(predictability)이다. 전체 대상과 사건은 인간의 지식과 경험을 조직하는 세계 모형(world model)으로 수렴한다. 수렴이 이루어지는 동안 질료와 자료의 상호작용은 더 풍부한 제약들과 더불어 증폭되며 마침내 임계 응집의 단계를 지나 일시적인 속성들을 부여받게 된다.

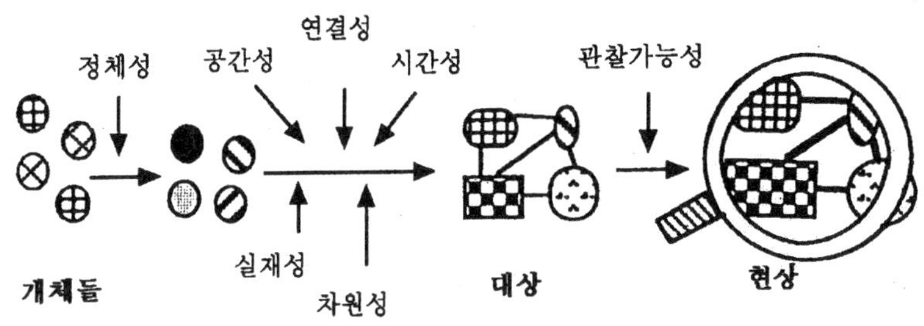

　가장 일반적이고 생산적인 임계 응집은 개체, 대상 따위의 체계(system)로 수렴될 때 나타난다. 이 체계 안에서 각각은 하나의 요소(element)가 된다. 체계는 단·장기 기억(storage)과 기억 작동(operation)을 통하여 유지되는데, 전자의 조직은 선행의 상태와 사건으로부터 나오며 후자의 조직은 현재의 상태와 사건으로부터 나온다. 저장 기억과 작동은 함께 체계의 기초 자원(resources)[11]을 구성한다. DNA를 통해서 볼 수 있는 바와 같이, 인간의 행위는 그 풍부한 통합적 복잡성 내에서, 인간의 신경계를 타고, 국부적 신경 집단들 간의 절묘한 노동 분할을 한다. 각 집단들은 그 질료적 구조에 있어서 매우 유사하지만 인상적으로 다양한 전국적(全局的) 기능들을 수행하기 위하여 상호작용한다.

　이러한 체계의 작동은 복잡성 이론(complexity theory)에 기반을 두고 모의작동을 통해서 생명의 출현과 진화를 연구하는 인공 생명(artificial life) 이론에 의해서도 확인되고 있다(보그랑드, 1997: 58). 생명 체계에 대한 이러한 이해는 복잡한 현상을 급진적으로 단순화하거나 개별화하는 대신 어떻게 그러한 복잡성이 출현하고 진화하는지를 이해하는 단서를 제공한다. 상향식 대(對) 하향식 이해 모형은 생명 체계의 재귀조직을 통하여 연결됨을 알 수 있다. 이러한 인식은 보그랑드가 언어를 설명하는 데에 중요한 틀을 제공한다. 보그랑드는 언어를 주류 언어학에서처럼 일방적으로 단순화하고 개별화할 수 없는 것이며 국부적 수준에서 평행적 상호작용을 통하여 운용되는 것으로 본다.

　생명 체계는 그것의 환경 즉, 그것을 제약하는 일련의 외부 조건과 어떻게 관련이 되는 것일까? 관습적으로 생명 체계는 블랙박스 모형으로 이해되었다. 이 모형에 따르면 체계는 정보의 입력을 받아들여 조직을 이끌어 가고 정보를 출력하여 환경에 영향을 미친다. 여기에서 환경과 생명 체계 간에 교환되는 정보들 간의 변증법적 통제는 입력과 출력의 상호 교환이라는 외양을 투사한다. 그러나 이 때에 그것들은 실제로 진행중인 조건들에 자신들을 적응시키기 위하여 정보를 다시 기록하고 있을 뿐이다. 말하자면 개체와 환경은 정보를 상호 구성한다고 할 수 있다.

───────────────

11) '자원'이라는 용어는 주로 인지적 처리 능력이라는 의미로 사용된다.

생명 체계에서 질료-자료의 형상은 자신이 어떤 존재
이며 하는 일이 무엇인지를 기술하는 내부 모형(internal
model)으로 진화하여 수렴한다. 종의 생존은 재생산을
위하여 종이 자신의 내부 모형을 복제하고 그 복제본을
유전 형질로 후손에게 전달함으로써 성취된다. 그러나
생물학은 생명 체계가 자신의 유전자나 후손의 유전자
에 목표(goals)를 기록할 수 있는 어떤 수단도 찾지 못
하였다. 그들이 수행할 수 있는 어떤 문제의 해결이든

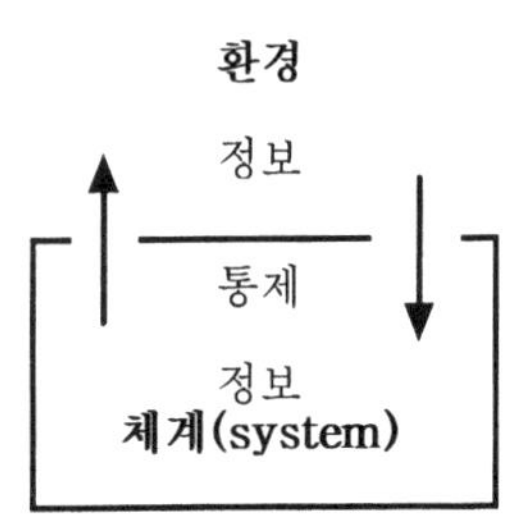

그것은 그들 자신의 생애 중에 그들 자신의 행동을 바꿀 수 있을 뿐이고 그것이
후손에게 학습될 수 있을 때에만 유지될 수 있다.

생명 체계의 진화로부터 출현하는 최초의 '내부 모형'은 세계와 사회에 대한
인간의 모형과 그 설계 원리가 다소 유사한 점이 있다. 그러나 인간의 모형은 매
우 높은 증폭력을 가지고 있다. 확실히, 인간의 모형에서 자료와 그 질료적 기반
(주로 두뇌) 사이의 접속은 지지적인 확대에 의해서 독립적으로 느슨해질 수 있
다. 그리고 그 접속을 느슨하게 하는 중요한 자원은 자료 부호(data code)이다.
생명 체계에 의해서 유지되는 이러한 자료 부호는 일반적인 의미에서 '언어'라고
간주된다. 생명 체계가 언어로써 물체와 사건에 대해 기능이나 의미를 부여하는
행위는 '적응'의 한 양상이므로, 언어는 '적응적 행위 공간(adaptive action space)'
이라고 정의될 수 있다. 이러한 '의미적인 행위'는 생명체를 비생명체와 구별해
준다.

세계와 세계 모형 간의 변증법적 상호 작용에서 이해자나 해석자의 임무는 단
지 의미를 생산하는 것이 아니라 의미를 제어하는 것이다. 주체 대 객체라는 낡
은 이분법은 주체가 객체로부터 무엇인가를 투입받고 그것에 반응함으로써 무엇
인가를 산출해 낸다는 일련의 상황에 대한 직접적인 제어보다는, 간주관성
(intersubjectivity)과 간객관성(interobjectivity) 사이의 변증법을 바라봄으로써 화
해될 수 있다. 간주관성이란 주체들의 공동체 내에서 세계에 대한 주체들 간의
합의 안에 존재하며 간객관성이란 같은 대상에 대한 각 주체의 동시적인 경험이
수렴하는 데에서 나타난다.[12]

---

12) 급진적 구성주의에서는 인식의 자율성을 주장하면서 '객관성'의 개념을 부인한다. 외부의
   실재에 대한 주체의 인식이 올바른 것인지를 검증하는 방법은 주체간의 주관성을 비교
   하는 것이다. 이러한 '상호 조정' 행위를 '간주관성'이라고 표현할 수 있다. 이것은 서로
   다른 인식 주체의 모순된 인식을 해소하는 것을 의미하는 것이며 같은 대상에 대한 감
   각적 관찰 또는 경험을 전제로 한다. 그런데 경험이라고 하는 것에는 이미 대상에 대하
   여 주체가 가지고 있는 지식과 이론이 작용하기 때문에 공통의 경험이란 같은 대상에
   대해 공유하는 지식과 이론이 있을 때에만 가능할 것이다. 예를 들어, 1600년경 천동설과
   지동설을 두고 날카롭게 대립했던 티코 브라헤(Thcho Brahe)와 케플러(Kepler)가 언덕

여기에서 이러한 모형을 언어 현상에 적용해 보자. 의미의 제어를 지원하는 중요한 자원인 언어를 안다는 것은 무엇을 아는 것일까? 언어학은 이 질문과 오랫동안 씨름해 왔다.13) 형식주의의 대답은 '결합 가능한 단위들의 목록과 연쇄 배열을 위한 규칙들의 목록', 이 두 가지였다. 이와는 반대로 기능주의의 대답은 '사람들은 언어, 세계, 그리고 사회를 연결할 때, 수많은 목적에 기여하는 복합적인 수단의 네트워크를 안다'는 것이다.

기능주의적 관점에서 언어의 층위들은 질료 기반과 연계되면서 수단과 목표의 네트워크를 형성하는 것으로 이해된다14). 말하기와 듣기라는 생리적 작용을 위한 조음과 청음은 가장 아래에 위치한다. 여기에서 신경, 근육 등 질료 기반은 음소의 목표를 실행하기 위한 자료장과 다소 견고하게 접속한다. 그 바로 위에서 음운은 위치(site, 가령, 구강, 입술)와 사건(event, 가령 마찰, 파열)을 위한 질료 기반을, 의미의 변별을 위한 자료장과 접속한다. 다음으로는 음절(가령, 굴절 어미)과 기능어(가령, 전치사, 대명사)라는 질료 기반과, 의미의 문법화라는 자료장이 접속한 형태소가 있다. 그 위에는, 어휘소가 실질어(동사, 명사)라는 질료 기반을 의미의 어휘화라는 자료장에 접속한다. 문법소는 구와 절이라는 질료 기반을 선형화된 의미라는 자료장에 접속한다. 마지막으로 맨 위에는 텍스트가 간텍스트와 텍스트 범위(stretches of text)라는 질료 기반과 의미의 통합이라는 자료장을 접속한다. 운율(prosody), 어휘문법, 담화의 층위는 상호 작용을 바탕으로 접속하여 언어, 세계, 그리고 사회의 세 가지 제약에 관여한다. 이러한 상호 연계는 일련의 계주(繼走)처럼 층에서 층으로 이동하지 않고, 동시에 그 층위들을 포함한다. 그러한 작용은 의미를 처리하는 개별적 양식 사이(특히 문법화와 어휘화)에서 지지적인 상호 작용을 가능하게 한다. 이러한 네트워크는 선행의 지식과 경험의 일부를 좀더 지지적인 양식으로 서로 연결하거나 주석을 달거나 재편집함으로써 자료

위에서 동시에 새벽 해돋이의 모습을 보고 있다고 할 때 티코 브라헤는 지구가 고정되어 있고 나머지 천체가 돌고 있다고 생각하는 반면에 케플러는 태양이 고정되어 있고 지구가 돈다고 생각할 것이다. 두 사람의 감각적 관찰에서 동일한 것은 아침에 수평선과 태양 사이의 거리가 증가한다는 사실일 것이다. 이와 같이 지식과 이론을 공유함으로써 같은 대상에 대한 경험이 공유되는 것을 '간객관성'이라고 표현할 수 있을 것이다. '간주관성'은 이러한 '간객관성'을 전제로 하여 주체의 서로 다른 지식과 이론을 상호 조정하는 과정을 표현하는 개념이다. 이와 관련된 설명은 장상호(1997:338-344)를 참고할 것.

13) 이러한 질문은 '언어 지식'(language awareness)이라는 개념으로 요약되며, 최근 모어 교육 및 제2언어 교육에서 중요한 이슈로 제기되고 있다. 이 분야의 주요 저작으로는 N.C. Fairclough(1990)의 *Critical Language Awareness*, W.H. Mittins(1991)의 *Language Awareness for Teachers*, A. Adams & W. Tulasiewicz(1998)의 *Teaching the Mother-tongue in a Mutilingual Europe* 등이 있다. '언어 지식'에 관한 개괄적인 논의는 화이트 밖에(2000)를 참고할 것.

14) 5.2에 제시된 표를 참고할 것.

를 다룬다. 지각과 인지는 연결을 위하여 아주 정교하게 설계되지만, 그것은 친숙한 것들을 당연시하는 기계적인 작동을 통하여 잠재적으로 이루어진다. 그리고 지식과 경험의 조직은 믿음, 태도, 정서로 구성되어 있는 상식의 체계에 의해서 이루어진다.

3.3. 언어와 담화의 진화

정지 또는 혼돈으로부터 질서가 나타나는 것은 복잡한 체계의 적응적 재귀 제어를 통하여 가능하다. 최소의 개체로부터 대상, 현상으로의 진보가 이루어지고, 이 세 범주들은 체계, 도식, 세계 모형으로 진화하였다. 이러한 진화 과정에서 각각의 임계 응집은 그 자체로 일시적인 속성들을 띠게 되었으며 제약을 풍부하게 하고 결합을 느슨하게 함으로써 질료와 자료 기층 간의 변증법적 상호 작용을 증폭시켰다.

이러한 설명은 모든 생명 체계에 내재한 자료 부호에서 나오는 언어에 적용될 수 있으나 이것은 인간과 일부 제한된 동물 종에서만 크게 증폭되었다.15) 이러한 체계는 인간의 자료 처리 능력과 더불어 공동 진화하여 그 부호가 한 체계 내에서의 조작을 넘어서서 체계들 사이의 조작을 거치는 것을 가능하게 하였고 결국 인간으로 하여금 계획이나 목표를 조정하고 지식과 경험을 전보다 훨씬 더 잘 공유하고 조율할 수 있게 하는 단계에까지 이르게 되었다.

이와 같은 외재화를 위한 임계 응집16)은 언어에 일시적인 속성 즉 한 생명 체계(텍스트 생산자)가 풍부한 자료장을, 언급된 발화의 질료 기층에 결부된 연쇄적 표현들의 빈약한 자료장으로 응축시키는 데 필요한 일시적인 속성을 제공할 것이다. 그리고 다른 생명 체계(텍스트 수용자)가 이러한 빈약한 자료를 풍부한 자료장으로 재증폭하는 데 필요한 일시적인 속성을 제공할 것이다.

여기에서 의사소통은 부호가 아닌 메시지의 '부호화, 송신, 수신, 해호화'이라기보다는 '내적 부호→부호변환자(recoder, 즉 화자)→외적 부호→부호변환자(recoder, 즉 청자)→내적 부호'로 이어지는 '부호변환(recoding)'의 상호작용이라고 정의된다. 여기에서 내적 부호화는 '의미, 사고, 아이디어, 개념'과 같은 인지적 개체들을 위한 조작적 실천이다. 원칙적으로 그것들은 모두 언어로 부호변환될 수 있다.

---

15) 개미나 꿀벌 같은 하동 등물은 집단 행동을 통하여 생산되는 공동 텍스트에 빈약한 자료를 전달하기 위하여 매우 높은 에너지를 투자하는 견고한 결합을 하는 의사소통을 하는 반면, 인간과 같은 고등 동물의 텍스트는 좀더 개인적이고 적은 에너지를 들여 풍부한 자료를 전달하는 느슨한 결합을 하는 의사소통을 한다. 오직 인간만이 언어를 가지고 있다는 것은 인간 중심적 개념에 불과하다(보그랑드, 1997: 118).

16) 한 체계가 다른 체계와 접속하는 외재화를 위하여 진화하는 응집 과정을 일컫는다.

어떤 지지적인 진화의 양식이 언어를 생산, 유지, 변화할 수 있는가? 보그랑드는 다음 네 가지 양식으로 언어의 진화가 이루어진다고 본다. 첫째, 언어는 종 내에서 진화하고 종의 유전적이고 적응적인 능력을 지지한다. 둘째, 언어는 화자의 공동체 내에서 진화하고 그들의 문화를 지원한다. 셋째, 언어는 개체 발생과 성장이 이루어지는 동안 개인적으로 진화하고 사회화 및 교육을 지원한다. 넷째, 언어는 담화 상호작용이 이루어지는 동안 참여자들에게서 진화하며 그들의 방향성을 지원한다. 이 네 가지 진화 양식이 어떻게 언어의 조직에 영향을 미치는지에 대해 연구하는 것은 '누가 언어를 알고 있는가? 그들이 알고 있는 것은 무엇인가? 그리고 얼마나 많은 사람들이 언어에 대한 자신들의 지식을 향상시킬 수 있는가?' 하는 까다로운 의문을 좀더 명료하게 해 준다. 이렇게 언어를 진화의 관점에서 파악하면 그것을 정적인 체계로 보는 낡은 관점은 폐기될 수밖에 없을 것이다.

3.4. 모형 설계를 위한 기준

후기고전적 입장에서, '모형'이란 일상의 담화, 공학, 수학에서 사용되는 여러 가지 의미들을 포괄하는 스키마이다. 고전 과학에서 선호했던 '이론'이라는 용어가 형식화된 이론 추동적인 스키마를 제안하는 반면, '모형'이라는 용어는 비형식적이고 실용적인 스키마를 포함한다. 보그랑드는 '모형'이라는 용어를 '또 다른 체계에 의하여 한 체계를 어떤 형태로든 도식적으로 재현하는 것'이라는 의미로 사용한다.

그 모형을 설계하기 위하여, 보그랑드는 텍스트 과학이 명시적으로 설정해야 할 의제로 다음 10가지를 제안한다.

첫째, 우리는 연구의 동기와 그것이 인간의 상황에 어떤 관련성이 있는지를 설명하는 생태학적 목표를 공식적으로 진술할 수 있다.

둘째, 우리는 체계적 용어법 내에서 핵심 용어들과 개념들을 정의하고 그것들을 일관되게 사용할 수 있다.

셋째, 우리는 모형 만들기에 함의된 활동들을, 그것들 자체의 관점에서 인지적, 담화적, 사회적 행위로서 평가할 수 있다. 과학적 행위에는 다음과 같은 것들이 포함된다: 자료의 수집, 기술, 분석, 비교, 일반화, 해석, 설명, 가설의 검증, 실험, 모의작동, 인정(accreditation), 적용(application) 등.

넷째, 우리는 위에서 열거한 과학적 행위의 관점에서 연구자로서 우리 자신의 활동에 대한 모형을 만들 수 있다.

다섯째, 우리는 모형들을 위한 매개변수로서 표현된 프로그램적 우선순위들을 공식화할 수 있다: (a) 자료-추동적 : 이론-추동적, (b) 양적 : 질적, (c) 섬

세한 : 거친, (d) 분석적 : 종합적, (e) 보편적 : 개별적, (f) 형식적 : 기능적, (g) 단원적 : 통합적, (h) 결정론적 : 비결정론적, (i) 정태적 : 동태적, (j) 폐쇄적 : 개방적, (k) 단기적 : 장기적, (l) 체계외적(etic) : 체계내적(emic)17), (m) 질료적 : 관념적, (n) 동기적 : 임의적, (o) 자연적 : 초월적.

여섯째, 우리는 이미 구성되고 제시되어 온 모형들의 장점을 평가할 수 있는 질문들을 공식화할 수 있다 : (a) 인간의 담화 전략을 위한 효과적인 적용을 가능하게 하는 데 있어서, 그 모형과 그 영역 간의 조응의 장점은 무엇인가? (b) 넓은 범위의 지식 가령, 인지와 의사소통 모두에 대한 지식을 압축적인 의미로 제 시하는 데 있어서 그 모형은 얼마나 인색한가? (c) 과학의 결 과를 과학을 하는 조건에 관련짓는 데 있어서 그 모형의 생태 학적 타당성은 무엇인가?

일곱째, 우리는 연구자의 역할을 조화하기 위한 도식을 다음과 같이 제안할 수 있다: (a) 연구자가 참여하지 않고 관찰을 한다. (b) 연구자가 일반적인 역할 속에서 참여 관찰을 한다. (c) 연구자가 특별한 역할 속에서 참여 관찰을 한다. (d) 연구자가 관찰을 위하여 제어된 상황의 구성자로서 참여한다. (e) 연구자가 대규모 코퍼스의 자료 해석자로서 참여한다.

여덟째, 우리는 자료의 원천과 자료를 수집하기 위한 우리들의 절차를 다양화하고 통합함으로써 수렴과 공감을 추구할 수 있다.

아홉째, 우리는 자료가 수집되는 각각의 조건들을 조사할 수 있다.

열째, 우리는 어떤 절차를 전제하고 다른 것을 배척함으로써가 아니라, 변증법적 방법으로 우리의 절차들을 다양화하고 통합함으로써 사회에서의 광범위한 인지와 의사소통을 탐색하기 위한 폭넓은 학제적 연구를 시도해야만 한다.

(보그랑드 1997: 144-151)

이러한 연구 계획은 텍스트 과학이 직면하고 있는 쟁점들을 조정하고 재평가하는 '새로운 토대(new foundations)'를 제공함으로써 텍스트 연구를 효율화하는 데 기여하게 될 것이다.

---

17) 보그랑드(1991)/정동빈 외(역)(1996: 141)에 따르면 이 용어는 Pike가 언어학적 분석을 위하여 행동을 구분하기 위하여 사용한 두 개의 다른 관점이다. 체계외적(etic) 관점은 행동을 특정 체계 밖으로부터 연구하는 근본적인 시발점 접근이다. 그 관점은 모든 문화나 언어 또는 선별된 언어 또는 문화의 집단을 한꺼번에 처리한다. 체계내적(emic) 관점은 행동을 체계내로부터 연구하고, 모든 단위를 더 커다란 구조 단위 속으로 기능하거나, 계층 속에 자리잡은 것으로 보고한 번에 오직 한 언어만을 처리한다. 보그랑드(1997: 525)에 좀더 자세히 설명되어 있다. 본 서평의 8.1에 요약되어 있음. 조성식(편)(1990: 396)에서는 체계외적 관점을 '자연상적' 관점으로 체계내적 관점을 '문화상적' 관점으로 번역하였다.

3.5. 선형성의 모형화

보그랑드는 의사소통을 모형화하는 데 있어서 언어의 선형성에 주목한다. 실시간으로 작동하는 복잡한 체계와 같이, 언어와 담화는 제약들을 평가하고 언어와 담화 연쇄의 여러 지점에서 일련의 작동이나 선택이 공유할 수 있는 선형적 원리들을 요구한다는 것이다. 다음은 그가 제시한 일곱 가지 일반적 목적의 선형성 원리들이다.

> (1) 속도 조절의 원리(pacing principle)는 직결된(on-line) 연쇄체의 속도를 일시적으로 높이거나 낮추거나 유지하는 것을 가능하게 한다.
> (2) 회고의 원리(look-back principle)는 이전에 나온 텍스트에 대한 역행적 접근을 가능하게 한다.
> (3) 전망의 원리(look-ahead principle)는 이후에 나온 텍스트에 대한 순행적 접근을 가능하게 한다.
> (4) 병합의 원리(merging principle)는 비견되는 일련의 선택항들 중에서 하나를 선택하거나 그것들을 하나의 선택항으로 결합한다.
> (5) 열거의 원리(listing principle)는 한 연쇄체 안에서 동등한 항목들의 병치를 다룬다.
> (6) 핵과 부속의 원리(core-and-adjunct principle)[18]는 중심 개체와 주변 개체를 구별한다.
> (7) 부하의 원리(loading principle)는 자원의 처리량을 변화시키는 초점, 강조점, 요점의 정도를 조정한다.
>
> (보그랑드, 1997: 152)

선형성의 일곱 가지 원리들은 3.1에서 제시한 네 가지 설계 매개변수와 상관쌍이 될 수 있다. 회고의 원리와 전망의 원리는 유동성과 생경성을 제어할 수 있다. 병합의 원리와, 핵과 부속의 원리는 복잡성과 비결정성을 제어할 수 있다. 그리고 속도 조절의 원리, 열거의 원리, 부하의 원리는 네 가지 매개변수 모두를 제어할 수 있다. 제어력이 떨어질 때에, 선형성의 원리는 약화될(degrade) 수 있다. 가령, 기억 작동이 회고하거나 전망할 수 있는 범위는 축소될 것이며 항목들의 병합은 미약해지고 열거는 단순 나열에 그칠 수 있다. 이러한 문제들은 과부하가 이루어지는 동안에 만들어지는 기능 저하의 신호가 되는데, 과부하로 인한 이러한 기능

---

18) 전형적인 핵어(core)는 주부(主部)의 명사와, 과정을 표현하는 동사이며 그 나머지는 부속어(adjunct)이다. 텍스트 회상에 대한 실험에서는 일반적으로 술어 동사나 주어 명사가 재현되지만 가령, 색깔이 두드러질 때 형용사를 떠올리는 것처럼 부속어가 재현되기도 한다.

저하는 인간의 수행에서는 일반적으로 인정된 것보다 더 중요한 요인들이다.

3.6. 자원 제약의 모형화

부하와 과부하의 문제는 인지적, 담화적, 사회적 행동이 생동적이고 인지적인 자원에 대한 제약들과 어떻게 관련되는가를 보여준다. 적어도 10가지 주요 요인들이 자원에 대한 수요와 공급을 조절하는 것으로 알려져 왔다.[19] 수요는 각각의 매개변수에서 '상승' 이동과 함께 증가하고, '하강' 이동과 함께 감소한다.

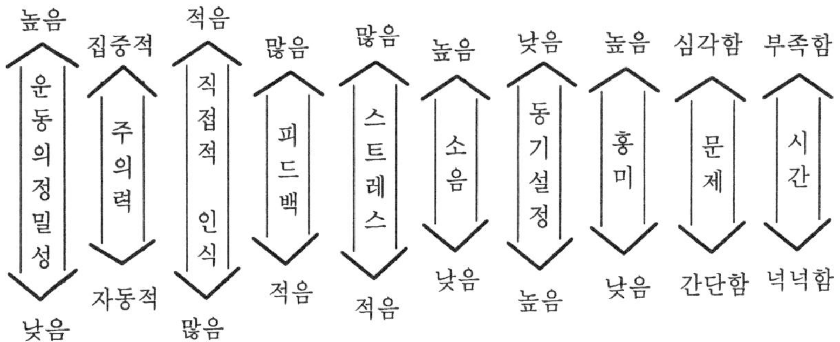

고난도(高難度)의 과제 수행에서는 운동의 정밀성이 더 높게 요구되며 일상의 과제 수행은 더 낮은 정밀성으로도 충분하다. 자동화된 과제보다는 동시발생적인 다른 과제가 있는 경우 더 집중적인 주의력이 요구된다. 직접적 인식은 인식 대상에 기억 작동이 얼마나 직접적으로 연결되느냐와 관련되어 있다. 물론 더 밀접하게 관련된 대상이 더 많은 자원을 필요로 한다. 피드백은 주체가 환경과 주고받는 자료로서 그 양이 많을수록 더 많은 자원을 필요로 한다. 스트레스가 더 많을수록 더 많은 자원을 소비한다. 소음이 클수록 주의력 분산을 줄이기 위하여 더 많은 자원을 필요로 한다. 동기설정 정도가 낮을수록 더 많은 자원을 소비하게 된다. 흥미가 낮을수록 더 많은 자원이 요구된다. 문제가 심각할수록 더 많은 자원을 소비한다. 시간이 부족할수록 인지적 부담은 더 커진다.

너무 많은 요구가 결합될 때에, 과부하가 설정되며 수행은 수행자의 능력 이하로 떨어진다. 과부하는 '임계 분산'의 경계로서 모형화될 수 있다. 이 지점에서 기억 작동은 해체되거나 이산(離散)된다. 한 요인에 대한 증대된 요구는 만일 또다

---

19) 보그랑드(1984: 120-125)에서는 '주요 요인'을 12가지로 제시한 바 있다. 여기에는 '시작과 종결의 경계', '복잡성', '친숙성', '정보성', '적합성' 등의 요인이 더 포함되어 있는데, 보그랑드(1997)에서는 '복잡성', '친숙성' 등의 요인이 설계의 매개 변수로 재개념화되고 나머지 요인들은 '스트레스', '흥미', '문제'와 같은 요인으로 대체되었다.

른 요인이 보상할 수 있다면 수행을 더 악화시킬 필요가 없다. 가령, 일정한 수준의 소음은 사람들이 더 많은 주의를 기울일 때에 수행을 향상시킨다는 사실이 밝혀졌다. 동기를 높이는 것은 문제의 심각성을 상쇄할 수도 있다. 그리고 흥미를 높이는 것은 스트레스를 감당하는 것을 도와줄 수 있다.

고전적 기계론의 설명에 따르면 자원의 요구는 항상 유동성, 생경성, 복잡성, 비결정성의 상승과 더불어 나란히 상승한다. 그러나 후기고전적 관점에서는 매개변수의 상승이 만일 저지적이기보다 지지적인 것이라면 더 많은 자원을 요구하지 않을 것이라고 설명한다. 예를 들어, 유동성은 (가령, 일의 속도를 조절할 때처럼) 만일 자유도가 높아진다면 수요가 줄어들 것이며, (가령, 과제가 계속하여 변화하고 있을 때처럼) 만일 예측 가능성이 낮아진다면 수요가 늘어날 것이다. 마찬가지로 복잡성의 경우에도 (가령, 예술품의 진품을 창작할 때처럼) 만일 그것이 지지적이고 통합적이라면 수요가 감소하고 (가령, 어려운 운동경기를 배울 때처럼) 그것이 저지적이고 비통합적이라면 수요가 증가한다.

보그랑드(1997: 159)는 만일 사람들이 안정적이고, 단순하고, 결정적인 환경을 추구함으로써 과부하를 피한다면, 그들의 능력은 진화할 수 없고 그들의 느슨한 동기와 흥미는 그들의 수행을 더 위축시킬 것이라고 말한다. 바꾸어 말하자면 생경성과 복잡성을 처리하기 위해서는 예술가와 과학자들이 종종 그러하듯이 동기 설정 정도가 높아야 하며 주의를 집중해야 할 것이다. 말하자면, 진화는 개인의 외적 한계 내에서 작동이 잘 이루어지기 위한 의식적인 전략의 개발을 요구한다는 것이다.

3.7. 텍스트 및 담화 처리의 상호작용 모형

텍스트 처리에 관하여 보그랑드가 제안하는 모형은 잘 알려진 바와 같이 '평행적 상호작용 모형(parallel inteactive model)'이다. 이 모형의 설계를 전개하는 것에 대한 감독은 적어도 계획하기(scheduling)와 일괄포장하기(packaging)라는 두 가지 형태의 실행 작동에 의해서 이루어진다. 계획하기는 실시간으로 움직일 수 있는 과정의 연쇄를 상정하고 그것들을 '표면적 연쇄의 속도 조절하기'와 상호 관련지을 것이다. 이것과는 상보적으로, 일괄포장하기는 상호작용적 배열이나 프로그램에서 현재의 조건과 자원의 요구에 맞추기 위하여 과정을 정렬할 것이다. 이 두 가지 유형의 작동은 단 하나의 위치에서만 작동하기보다는 많은 국부적 위치들 사이에서 처리를 배분할 수 있다.

계획과 일괄포장은 무표적인 기계적 절차일 수 있다, 가령, 책을 읽을 때 우리는 대개의 경우 각각의 단어를 일일이 의식적으로 처리하지 않는다. 반대로 전문적인 과제의 경우, 조작이 과부하를 유발하지 않도록 계획을 조정하고 일괄포장을 개별화하여 처리할 수 있다. 그 한 예로, 한 화자가 엘리트 청중에게서 연대감을 이끌어 내거나 내용의 진부함으로부터 주의를 돌리기 위하여 세련된 문체를 의식적으로 찾고자 할 때를 생각해 볼 수 있다.

과정 모형은 그 처리의 깊이에 의해서 그 영역을 배열할 수 있다. '처리 깊이'란 잘 알려져 있는 '심층 구조' 대 '표층 구조' 사이의 분할과 통하는 개념이다. 위쪽을 향하여 있는 표층에 가까운 영역은 국부적 '미시-단위'를 조직하며 선형적 연쇄에 더 견고하게 접속하고 있는 반면에, 아래를 향하여 있는 심층의 영역은

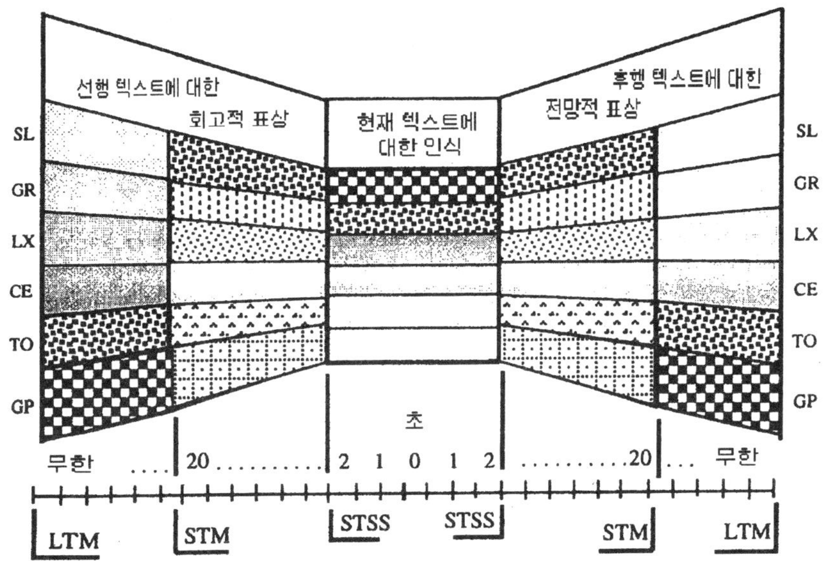

전국적 '거시 단위'를 조직하며 선형적 연쇄에 더 느슨하게 접속하고 있다.

보그랑드는 평행적 상호작용 모형에서 담화의 처리 영역을 다음의 여섯 단계로 구분한

---

20) 각각의 처리 영역에 대한 자세한 설명은 보그랑드(1997: 161-164)를 참고할 것.

21) Beaugrnade(1984: 102-120)에서는 평행적 상호 작용 모형의 처리 국면을, 목표-계획(Goal-planning), 개념적 추상화(Ideation), 개념 전개(Conceptual Development), 표현(Expression), 구절 선형화(Phrase Linearization), 음성/문자 선형화(Sound/Letter Linearization)로 구분하였다. 여기에서는 각 단계에 'processing domain'이라는 용어가 아니라 'phase'라는 용어를 사용하였는데, 보그랑드는 각주에서 이 용어를 다음과 같이 평가한다: '국면'이라는 용어는 조작의 시간적 분절을 제안하는데, 이것은 대량의 평행적으로 분배된 처리 체계에는 매우 부적합하다. 실제의 시간적 순서는 계획하기에 의해서 결정 된다.

다: 목표 계획(Goal-planning, GP), 주제 선정(Topicalizing, TO), 개념 정교화(Concept-elaborating, CE), 어휘화(Lexicalizing, LX), 문법화(Grammaticalizing, GR), 음성 또는 문자의 배치(Sound/letter layout, SL).[20][21]

3.5에서 제안한 선형성의 원리는 6단계의 처리 영역 모두에 적용될 수 있고 더 얕은 영역에만 적용되는 것은 아니다. '속도 조절의 원리, 회고의 원리, 전망의 원리'는 음성의 연쇄체를 발화할 때뿐만 아니라 목표를 계획하거나 주제를 선정할 때에도 배치될 수 있다. 중요한 목표를 다룰 때에는 무슨 일이 일어났고 또 일어날지에 대해 앞뒤를 살피면서 느리고도 주의깊게 속도를 조절할 것이다. 그리고 화자가 발음에 문제가 있는 단어를 다른 사람 앞에서 소리내어 읽을 때에는 더 느린 속도를 채택할 것이다. 이처럼 보그랑드는 나머지 원리들도 담화 처리의 영역들에 적용될 수 있다고 설명한다.

그리고 상호작용적 선형성의 원리는 담화에서 이루어지거나 담화에 의해서 이루어지는 행동 즉, 발화, 문자 표기, 어조군(tone group), 대화 순서, 담화 진행(discourse move), 담화 에피소드, 문단 구분 등을 지원하기도 한다. 평행적 상호작용 모형에서, 화자와 청자는 각각 능동적으로 상대편이 무엇을 하고 있는가를 예견하거나 상대편의 의도를 구성하는 것으로 간주된다. 여기에서 생산은 부분적으로는 공동-수용이며, 수용은 부분적으로는 공동-생산이다. 생산 대 수용 사이의 주요한 특징은 제어에 있을 것이다. 화자는 목적과 화제에서부터 어휘 항목과 구절에 이르기까지 모든 것을 선택하는 데 대한 것뿐만 아니라 자원의 요구를 조정하고 협동 대 대립 사이를 뚫고 나가는 데에 대해서도 더 많은 제어력을 가지고 있다.[23]

---

20) 각각의 처리 영역에 대한 자세한 설명은 보그랑드(1997: 161-164)를 참고할 것.

21) Beaugrnade(1984: 102-120)에서는 평행적 상호 작용 모형의 처리 국면을, 목표-계획(Goal-planning), 개념적 추상화(Ideation), 개념 전개(Conceptual Development), 표현(Expression), 구절 선형화(Phrase Linearization), 음성/문자 선형화(Sound/Letter Linearization)로 구분하였다. 여기에서는 각 단계에 'processing domain'이라는 용어가 아니라 'phase'라는 용어를 사용하였는데, 보그랑드는 각주에서 이 용어를 다음과 같이 평가한다: '국면'이라는 용어는 조작의 시간적 분절을 제안하는데, 이것은 대량의 평행적으로 분배된 처리 체계에는 매우 부적합하다. 실제의 시간적 순서는 계획하기에 의해서 결정된다.

23) 종래 평행적 상호작용 모형을 인지적 과정 모형으로 평가하면서 그것이 독자 및 간텍스트와의 상호작용 즉 사회구성주의적 관점을 고려하지 못하고 있다는 비판이 있어 왔으나 개정된 모형에서 보그랑드는 이런 문제들을 해소하고 있는 듯하다. 보그랑드의 모형이 인지적 과정 모형인지 사회적 구성주의 모형인지를 따지는 것은 큰 의미가 없을 것으로 본다. 그가 보여주고자 하는 것이 담화의 인지적 처리 과정이기 때문에 인지적 과정 모형의 외양을 취하는 것뿐이지 그가 지식의

후기고전적 과정 모형은 담화 처리의 상당 부분이 담화적 사건에 선행하여 언어, 세계, 사회에 관한 준비된 지식으로 '사전에 조직될' 수 있다는 점을 고려하지 않으면 안 된다. 담화로 표출되는 것은 내적 단서(가령, 마음에 떠오르는 생각) 또는 외적 단서(가령, 상황에서 두드러지는 사건), 아니면 이 양자의 조합인 '단서들'(가령, 오래 계획된 목표 또는 선호하는 화제를 떠오르게 하는 인식된 대상)에 의해서 활성화될 수 있다. 담화 사건이 서서히 끝날 때, 처리하기는 다시 원래의 상태가 되지만 작동을 계속하면서 담화의 교섭은 일반적 지식의 네트워크 내에서 다른 흐름과 상호작용을 계속할 수 있다.

담화의 처리에서 기억은 핵심적인 역할을 한다. 앞의 그림은 기억의 폭이 일반적으로 인지심리학과 심리언어학에서 (a) 단기 감각 저장소(STSS), (b) 단기 기억(STM), (c) 장기 기억(LTM)이라는 세 가지로 초점화되어 있음을 보여준다. 그리고 텍스트 그 자체에 대한 접근은 그림에서와 같이 (a) 선행 텍스트에 대한 회고적 표상, (b) 현재 텍스트에 대한 인식, (c) 후행 텍스트에 대한 전망적 표상이라는 세 가지 처리 양식 안에 있을 것이다.

최근, 담화 처리에 대한 방대한 인지적 연구는 컨텍스트를 구성하기 위하여 간텍스트로부터 자료를 사용하는 작동에 대한 좀더 상세한 관점을 산출해 내기에 이르렀다. 어떻게 기억 작동은 자료를 현재의 맥락 내에서 인식하기 위하여 선행 지식의 조직을 이용할 수 있는가? 후기고전적 관점에 따르면, 그 답은 아주 단순한 비결정론적 작동들이 아주 단순한 국부적 상호작용들 사이에 평행적으로 배분된 처리과정을 통하여 능동적 네트워크를 구성하고 규제한다는 것이다.

이러한 발견은 킨취(Walter Kintch)와 그의 동료들로 하여금 인간의 담화 처리에 관한 새로운 구성-통합 모형(construction-integration model, CI 모형)을 만들도록 이끌었다(킨취, 1988). 구성의 국면은 자신들이 하는 것과 찾는 것에 대해서는 다소 비결정론적이지만 결정론적인 규칙들보다 훨씬 더 빠르고 비용이 덜 드는 국부적 상향식 조작에 따라 움직인다. 그래서 패턴에서 연결의 상대적인 힘은 관련된 연결을 활성화하고 무관한 연결을 억제하도록 조정되어, 의미의 응집적인 배열을 가능하게 한다. 이러한 배열은 그것이 전체로서 저장되거나 활성화되지 않고 진행되는 맥락에 적합한 순서로 만들어진다. 컴퓨터 모의작동은 이러한 조작 방식이 컴퓨터로 실행가능하다는 것을 보여주었다.

킨취의 구성-통합 모형은 당시의 과학적 추세 즉 심리언어학에서 대두된 상향식(bottom-up) 언어 중심적 관점과 인지 심리학 및 인공 지능 연구에서 대두된

구성적 측면을 배제하고 있는 것은 아니라는 점에 주의해야 한다. 그런 의미에서 보그랑드의 모형은 '평행적 단계 모형'으로 번역하기보다는 '평행적 상호작용 모형'으로 번역하는 것이 더 적절할 것이다.

하향식(top-down) 인지도식(schema) 중심적 또는 스크립트 중심적 관점 사이의 엄격한 이분법적 추세에 반하는 모형으로 경험적 자료에 의해 추동되어 이론을 개정한 대표적인 경우라 할 수 있다. 보그랑드는 이러한 과학적 추세의 다양함이 정(正)과 반(反)의 진정한 헤겔적 변증법이라고 본다. 여기에서 인용된 결과들은 '합(合)'으로의 수렴을 제안하는 것으로 보인다. 네트워크 전개는 좀더 국부적이고 외적으로 제어된 상향식 조작 대(對) 좀더 전국적이고 내적으로 제어된 하향식 조작 간의 날카로운 이분법적 대립이 아니라 두 유형간의 균형을 이루어 낸다.

4. 기능적 텍스트 분석

텍스트 과학의 지향을 생태학적 관점에서 파악하고자 한다면 우리는 이론 그 자체를 목표로 하는 언어의 형식적 기술을 넘어서서 이론이 실제적 목적에 기여하는 측면을 강조하는 기능적 기술에 주목해야 할 것이다. 특히 우리가 논의의 대상으로 삼고자 하는 텍스트가 하나의 사건으로서 파악된다면 그것의 속성 즉 텍스트성은 기능성과 더 밀접한 관련을 맺는 것이 당연하다. 그런 의미에서 보그랑드는 텍스트 과학은 기능성과 텍스트성을 언어의 제층위에서 고찰하고 그것이 어떤 전략들 속에서 배치되는지를 탐구해야 할 것이라고 주장한다.

보그랑드는 텍스트성의 개념을 학제적으로 재해석해야 할 필요성을 제기하면서 텍스트의 형식들을 상향식으로 분절하고 분류하는 기존의 언어학 방법론의 문제점을 지적한다. 그렇게 하는 것은 각각의 텍스트성의 원리를 다른 것들로부터 분리하여 다루거나 주류 언어학의 '층위' 또는 '구성요소'라는 도식과 결부짓는 결과를 가져온다는 것이다. 가령, 응결성(또는 표층결속성, cohesion, =형태론, 통사론, 문법론), 응집성(또는 심층결속성, coherence, =의미론), 지향성+수용성+상황성(=화용론), 정보성(=화제/논평, 테마/레마, 억양), 간텍스트성(=문체론) 등은 형식적 관점에서 단순 대응이 될 수 있다.

보그랑드는 세 가지 기능적 층위를 체계적 관점에서 몇 가지 단계로 정교화한다. '어휘문법'의 층위에서는 주요 양상과 과정이 어휘화되고 문법화된 전형적인 언어 자원들을 고찰하고, '담화' 층위에서는, 이미 생산된 패턴들을 재사용하고 압축함으로써 담화 속에서 어휘문법적 자원들이 어떻게 유지되고 압축될 수 있는지 그리고 패턴들이 어떻게 결합되는지를 살펴보며, '운율' 층위에서는, 구어 담화의 억양과 문어 담화의 구두법을 살펴보고, 마지막으로 다시 '담화' 층위에서, 모든 자원과 제약들이 상황 맥락 하에서 수렴되는 과정을 예시한다.

4.1. 어휘문법 층위

보그랑드는 어휘문법의 주요 용어들을 3.1에서 언급한 '경험과 지식에 대한 기본 가정'에서 도출한다. 개체(entity)는 정체성과 속성을 가지고 있으며 상태(state)의 전개를 통하여 유지될 수 있고 연계성에 참여할 수 있는 것으로 정의된다. 연계성을 위한 기본 조직은 과정(process)[24], 참여자(participant)[25], 상황(circmumstance)[26]이다. 상태-과정에서 주요 참여자는 성질이 있는 개체 그 자체, 그리고 그와 모종의 관계(relation)에 있는 다른 개체들이다. 그리고 개체에 내재해 있다고 믿는 성질은 속성이며, 개체에 대한 태도적 판단에서 오는 것은 가치이다. 사건-과정에서 주요 참여자는 사건이 일어나는 것을 돕는 개시자(initiator)와 개시자가 지향할 수 있는 몇몇 대상(targets)이다. 어떤 의도(intension)를 추구하는 개시자는 '하다(doing)' 형의 행위(action)를 수행하는 행동주(agent)이다. 그리고 개시자가 무언가 또는 다른 누군가에게 무언가를 하도록 할 때에, '하다(doing)'는 '하게 하다(making do)'와 결합한다. 개시자와 영향 받은 개체가 똑 같은 참여자에게로 수렴하는 과정은 후자를 그 매개자(medium, 가령, '행동하다(behaving)')로서 갖는다.[27]

이러한 인지적 용어와 관련하여 품사의 특성은 다음과 같이 설명된다. 개체 또는 대상은 전형적으로 명사로 문법화되며, 사건 또는 행위는 동사로 문법화된다. 명사와 동사는 영어 구의 헤드(head)를 이루므로, 명사구와 동사구로 불린다. 여기에서 헤드는 기능적 핵심이자 제어 중심이며 수식어는 보조부이다. 형용사는 전형적으로 명사로 표현된 대상의 속성 또는 가치를 표현하며, 부사는 전형적으로 동사로 표현된 사건과 행위의 상황을 표현한다. 관사는 전형적으로 명사로 표현된 개체가 '한정적'인지를 가리킨다. 지시어(deictic, 또는 demonstrative)는 그것이 '가리키는 속성'을 지니고 있음을 보여준다. 그리고 전치사는 대개 주요 명사 또는 명사구를 포함하며 명사구 또는 동사구의 수식어로서 속성, 상황 등을 표현하는 일을 하는 전치사구 앞에 놓여 있다는 의미에서 붙여진 이름이다. 그리고 접속사(junction)는 그것들이 단지 두 개의 명사나 동사만이든 또는 두 개의 전체 문장 또는 문단이든 간에 거의 모든 층위를 연결한다.

절(clause)은 술부(predicate)에서 동사 또는 동사구로 표현되는 과정과 주부(subject)에서 명사 또는 명사구로 표현되는 참여자와 더불어 과정을 표현한다.

---

24) 개체가 전개되는 한 단계인 상태(state) 또는 한 상태에서 또 하나의 상태로의 변화인 사건(event)이 포함된다

25) 가령, 행동주(agent)와 대상(target)이 포함된다.

26) 가령, 시간성(temporality)과 공간성(locality)이 포함된다.

27) 'behave oneself'와 같이 쓰이는 경우 행동주의 동작은 자기 자신에게로 수렴한다.

술부는 또한 하나 이상의 대상(target)을 직접 목적어 또는 간접 목적어로 포함할 수 있다. 호응하는 동사(agreeing verb)는 인칭, 수, 시제, 상, 성 따위에 의해서 차별화되는데 이는 언어에 따라 다르다. 적어도 하나의 독립절을 포함하는 연쇄가 억양, 구두점 등에 의해 구별될 때, 그 결과는 관습적으로 문장이라고 불린다. 그래서 문장은 생성 언어학에서처럼 이론적인 언어 단위로서가 아니라, 다양한 이론적 단위들(문법소)이 '사상(寫像)'되거나 투사될 수 있는 문어의 실제적 단위로서 간주될 수 있다.

주어, 직접 목적어 및 간접 목적어로서 표현된 주요 참여자들은 동사구에 의해서 표현된 과정과 더불어 절핵(clause core)을 이룬다. 시간성과 공간성 같은 상황은 대개 수식어에 의해 표현되어 절부속부(clause adjunct)를 이룬다. 과정이 절핵 또는 절부속부 중 하나로 그리고 하나의 절 또는 여러 개의 절로 묶이는가의 여부는 진행되는 담화에 적합한 초점이 무엇이며 그것이 얼마나 정교화되는지에 달려 있다.

과정(process)을 분류하기 위하여, 보그랑드(1997: 196)는 핼리데이(Halliday)의 체계 기능적 도식을 수정하여 다음과 같은 '언어적, 인지적, 사회적 도식'을 제안한다.

과정의 유형

과정	원형	핵심 참여자
내심적(Endocentric)		
지각적(Perceptive)	(non-effortful) 'seeing'	지각자, 현상
	(effortful) 'watching'	
인지적(Cognitive)	(non-effortful) 'knowing'	인지자, 인지
	(effortful) 'finding out'	
의지적(Volitional)	'want'	행동주, 의지
외심적(Exocentric)		
배치적(Dispositive)	'doing to'	배치자, 배치된 개체
	'making do'	배치하는 행동주, 배치된 행동주
	'giving to'	제공자, 제공된 개체, 수령자
생산적(Productive)	'creating'	창조자, 창조
	'manufacturing'	제조자, 생산품
활동적(Enactive)	'moving'	활동자, 활동
	(corporeal) 'behaving'	행위자, 신체, 행동
전개적(Development)	'becoming'	전개자, 전개
표상적(Representive)		
존재적(Existential)	'existing'	존재자, 개체

환경적(Circumstantial)	'being then/there' 개체, 환경, 'raining'	환경 그 자체
정체적(Identification)[28]	'having an identity'	개체, 정체성
속성적(Attributive)	'having an attribute'	개체, 속성
평가적(Evaluative)	'having a value'	개체, 가치
소유적(Possessive)	'having, owning'	소유자, 소유된 개체
정표적(Expressive)		
정서적(Emotive)	'feeling'	느끼는 이, 느낌, 표시, 대상
기호적(Semiotic)	'communicatig'	생산자, 텍스트 수용자

내심적 과정은 '내적 사건'(가령, 기발한 아이디어를 가지고 있다)의 특질을 나타낸 것이며, 외심적 과정은 '외적 사건'(가령, 바나나 껍질에 미끄러져 아스팔트에 넘어지다)의 특질을 나타낸 것이다. 전자는 정신적, 자료 기층적 활동이며 후자는 행동적, 질료 기층적 활동이다. 이것은 단순한 이분법이 아니라 양자의 상호작용을 전제하되 어느 하나에 초점을 맞추는 것이다. 표상적 과정은 사건에 참여하기보다는 속성, 관계, 또는 중요성의 관점에서 개체와 상태의 정체성과 연결성(가령, 시간성과 공간성)을 나타내는 것이다. 정표적 과정은 내재적인 상태, 사건, 표상을, 문화적으로 결정된 관습에 따라 '외재화'하는 것이다. 정표적 과정은 정서적(Emotive) 과정과 기호적(Semiotic) 과정으로 나뉘어 설명되는데, 정서적 과정은 피전달자인 어떤 대상(target)에게 느낌을 표현하는 과정이며 기호적 과정은 내용과 메시지를 표현하는 과정이다.

양상(Aspects)은 과정들이 어떻게 일어나는가에 대한 관점(perspectives)을 투사한다. 많은 언어에서 양상은 동사구로 나타나는 경우가 많지만, 양상 그 자체는 전체 절, 절 복합체, 담화 진행, 담화 에피소드에 표현된 과정에 적용될 수 있다. 전통적인 영어 문법학자들은 '양상'이라는 범주가 영어에 잘 나타나지 않기 때문에 그 용어를 의도적으로 피하고 '시제', '태', '법'에 대한 간소화한 처리를 제안하였다. 그러나 보그랑드는 아래 제시된 기능적 양상이 실제 영어 담화에서 일반적으로 선택되지만 종종 너무 희박하게 문법화되어서 쉽게 간과되는 무표적인 방식으로 선택된다고 본다.

보그랑드는 8가지 범주로 이루어진 양상의 도식을 제안하였다.[29] 이것은 보그

---

28) 여기에서 다른 과정과 달리 왜 'Identifying'과 같이 관형형을 쓰지 않았는지는 분명하지 않다. 같은 책의 284쪽에서 보그랑드는 Identifying이라는 용어를 사용하고 있는데, 여기에서도 이 용어가 더 적절한 것으로 보인다. '정체적'이라는 번역어는 다른 용어와의 형태적 균형을 고려한 것이지만 잠정적인 것이다.

29) 양상에 대한 자세한 설명은 보그랑드(1997: 198-205)를 참고할 것. 여기 제시한 번역어의 선택은 잠정적인 것이라는 점을 지적해 둔다.

랑드가 영어를 비롯한 여러 언어에 대한 핼리데이 등의 분석 결과를 자신의 경험적 연구 결과와 관련하여 정리한 것이다.

양상의 유형
 - 극성(Polarity) : 긍정, 부정
 - 시제(Tense) : 과거, 현재, 미래, 선행, 진행, 후행
 - 타동성(Transitivity) : 능동, 수동, 재귀, 교호, 매개[30]
 - 지위(Status) : 선언, 수행, 조건, 비사실, 명령, 의문, 감탄, 종속
 - 믿음(Belief) : 확신, 필요, 의무, 개연, 가능, 허용, 비개연, 불가능, 불허
 - 태도(Attitude) : 호의, 경멸, 축소, 과장
 - 시상(Trajectory) : 개시, 완료, 임시, 강조(Intensive), 지속, 종지, 반복
 - 관점(Perspective)[31] : 서사, 묘사, 설명, 지시, 논증

8가지 양상이 공유하는 요인들은 다음과 같다. 첫째, 양상은 과정들을 어떤 관점 또는 문맥에 총체적으로 위치시킨다. 둘째, 어떤 하나의 양상 범주 안에서의 선택이 다른 양상 범주에서는 무표적인 선택이 될 수 있다. 셋째, 표현의 수가 별로 많지 않아서 양상의 체계를 형식으로 구별하기가 어렵다. 이 세 가지 공유 요인은 왜 텍스트 과학이 양상의 전체 체계를 탐색해야 하는지를 보여준다. 보그랑드는 영어에서 양상을 보여주는 수단이 포착하기 어렵고 다양하다는 이유만으로도, 그것들을 좀더 철저하게 조사하여 그 인지적 사회적 결과를 평가해 볼 만한 가치가 있다고 말한다.

　과정의 도식을 개별 언어의 기능적 어휘문법에 적용할 때에는 유동성을 고려해야 한다. 기능주의적 관점에서 품사의 집합(a set of Word-Classes)은 일정한 범위의 과정 유형(process type)이다. 각 유형은 하나 이상의 전형적 동사로 이루어져 있고, 일정한 목록(가령, 명령법)의 무표적 사용과, 선호되는 연어(連語, 가령, 동사의 주어로서 사람 행동주)에 대한 제약이 있다.[32] '실제 담화 자료'에 반영된 결정들의 범위를 포괄하는 데에도 유동성이 있어야 한다. '초점과 정보성'을

---

30) 매개(Medial)란 영어에서 능동과 수동 사이에서 주어 자리에 있는 주요 참여자가 사건을 발생시키는 데 있어서 매개자(Medium)가 되는 '자동사' 또는 '비능동격' 상을 의미한다. 가령 'the bomb exploded.' 또는 'the theatre seats 1200 people.'에서 'exploded', 'seats' 따위가 매개상을 표현한다.

31) 이 표에는 Perspective로 되어 있으나 204쪽 본문에는 Viewpoint로 되어 있음. 같은 책 (197쪽)에서 보그랑드는 양상(Aspects)의 개념을 설명하는 데 perspectives라는 용어를 사용하여, '양상은 과정이 어떻게 일어나는가에 대한 관점(perspectives)을 투사한다'라고 설명하고 있으므로, 관점을 나타내는 양상의 범주로는 Viewpoint를 쓰는 것이 더 일관된 용어법이라고 판단된다.

32) 각각의 과정에 적용되는 제약들에 대한 개관은 보그랑드(1997: 236-7)의 도표를 참고할 것.

결정하는 데 있어서, 과정은 '주어+동사'의 절핵으로 포장되거나 단순히 '수식어+명사'로 포장되기도 한다. 우리는 그러한 대안들을 유동적으로 기술하지 않으면 안 된다. 또 과정과 그 원형 간의 관계를 탐색하는 데 있어서도 유동적이지 않으면 안 된다. 원형 동사는 똑 같은 과정을 표현하는 대부분의 다른 동사보다 더 넓고 더 융통성 있는 것이 당연하며, 다른 과정을 표현하는 조합에서 출현할 수도 있다. 그리고 직설적(congruent) 표현 대 은유적(metaphoric) 표현(핼리데이, 1994: ch.10) 간의 매개변수를 다루는 데에도 유동성이 필요하다. 직설적 표현이 반드시 명료한 것만은 아니며 은유적 표현이 더 명료한 경우도 있다.

과정과 양상의 도식은 절의 층위뿐만 아니라 그 이상이나 이하에서도 적용 가능하다. 절의 층위에서, 주요한 질문들은 '주어+동사의 절핵에서 어떤 과정이 패턴화되는가, 그리고 무엇이 그 과정을 만들어 내며 어떻게 만들어 내는가?' 하는 것이었다. 절 이하의 층위에서는 무엇이 구 또는 절부속으로 패턴화되는지 질문할 수 있다. 그리고 절 이상의 층위에서는 무엇이 절복합체, 담화 진행, 담화 에피소드 등으로 패턴화되는지 질문할 수 있다. 이러한 층위들을 선택하는 담화 참여자들은, 기능성을 텍스트성과 접속하면서, 어떤 목적을 그들이 완수하고자 하는지, 그것들이 얼마나 정보성이 있기를 바라는지 등에 맞는 패턴을 가려낸다.[33]

보그랑드는 어휘문법을 이용한 기능적 기술이 지배 또는 연대와 같은 인간의 실천과 관련하여 이루어져야 한다고 강조한다. 담화는 지배를 정당화하기 위한 수단으로 사용될 수 있다. 가령, 'The sun never sets on the British Empire.'라는 문장은 오랫동안 식민주의를 미화하는 문장으로 사용되어 왔는데, 이것은 실상 'The British Empire has seized other people's lands in every time zone.'와 같은 의미로 해석될 수 있다. 그럼에도 불구하고 Empire를 행동주로 내세우지 않고 the sun을 내세워 그것을 대자연의 섭리와 동일시하는 데에는 그들의 '피지배 민족'이 저항할 힘을 갖게 되었을 때에 대영 제국이 겪게 될 암울한 몰락을 부정하려는 의도가 담겨 있다는 것이다. 담화는 연대의 관점에서 저항의 수단이 될 수도 있다. 가령, George Ⅲ세에 대한 미국의 독립선언서에서, '그는 우리의 바다를 약탈하고, 우리의 해안을 파괴하였으며, 우리의 마을을 불살랐다.'라는 표현이 있는데 이 둔감한 왕(그는 단지 명령을 했거나 서명한 문서를 건넸을 뿐이었다)은 실제로 영국의 육군과 해군인 행동주가 명시되지 않음으로써 직접적인 배치적 행동주(Dispositive Agent)가 된다. 이 해석은 바로 그 경우에 충성이 폐기되고 있는 한 상징적인 인간에게 모든 비난을 퍼붓는다.

---

33) 절 이하에서 과정과 양상에 대한 설명은 생략한다. 자세한 내용은 보그랑드(1997: 238-253)을 참고할 것.

4.2. 담화 층위

보그랑드는 담화의 층위에서 어휘문법적 자원이 이미 만들어진 패턴들을 다시 사용하고 압축함으로써 어떻게 유지되고 압축될 수 있는지 그리고 어떻게 그 패턴들이 결합될 수 있는지를 설명한다.

응결성(표층결속성)과 응집성(심층결속성)을 효과적으로 지지하고 그것을 정보성, 상황성, 간텍스트성과 균형을 맞추기 위하여 텍스트의 경제성에서 결정해야 할 중요한 영역은 이미 알려지거나 기대된 내용을 일괄포장하는(packaging) 것과 관련이 있다. 주요한 선택 두 가지는 유지(maintaining)와 압축(compacting)이다.

유지를 위한 자원으로는 반복(recurrence), 환언(paraphrase), 어휘적 응결성(lexical cohesion), 화제의 연상 조응(topical association), 병렬구문(parallelism) 등이 있다. 그리고 압축을 위한 자원으로는 생략(ellipsis)과 대용형(place-holder)이 있다.

담화의 경제성은 결합(joining)을 위한 어휘문법적 자원도 필요로 한다. 이 자원에 의해서 전망과 회고와 같은 선형적 원리들이 형태에 기반한 음절에서부터 전체 담화 에피소드에 이르기까지 모든 층위에 있는 표현들 사이를 연결할 수 있기 때문이다. 여기에는 병치(juxtaposition), 접속(junction) 등이 있다.

4.3. 운율 층위: 억양과 구두법

운율(prosody)은 음성의 흐름으로서 그 주요 자원은 소리의 고저, 강세, 크기, 속도 등의 정도를 가리키는 억양(intonation)이다. 전통적인 관점에서는 '간투사'(interjections)라고 불리는 이러한 운율적 신호들은 다른 단어들과 결합하여 어떤 문법적 구조를 이룰 수 없는 단순한 침해일 뿐이다. 그러나 담화에서 '간투사'는 담화의 즉흥성을 보여주거나 누군가의 발화에 대한 강한 믿음과 정서를 나타내는 등의 다중적인 기능을 한다.

담화에서 어조군(tone group)은 한 단어에서 완전한 절까지의 운율적 단위로서 발화된다. 어조는 고저의 움직임을 통하여 믿음의 정도를 반영할 수 있다. 영어 어조에서, 하향식 어조는 대개 '확신'을 나타내는 반면에 상향식 어조는 '불확실성'을 나타낸다. 억양은 태도를 나타낼 수도 있다. 억양에 관심이 있는 학자들은 기능적 문장 투시법(FSP)을 주로 연구해 왔다. 영어에서 주제(theme)는 내용이나 지시가 이미 알려져 있거나, 기대되거나, 쉽게 추론되기 때문에 어조가 낮은 반면에, 평언(rheme)은 그렇지 않기 때문에 어조가 더 높다. 영어에서 분열문 구성 또한 억양에 많은 영향을 미친다. 구어의 운율은 문어 운율의 주요 자원이 되어 왔으나, 두 매체 간의 차이는 의미심장하다. 원칙적으로, 'well'이나 'erm'과 같은 운율학적 신호는 전사될 수 있으며 고저와 강세와 같은 억양적 요인은 때때로 이탤릭체나 밑줄, 굵은 글씨, 작은 문자, 대문자 등으로 표시될 수 있다. 그러나 말하기의 억양은 단순히 문자나 단어의 흐름을 조사함으로써 기대될 수 있는 것보다 훨씬 더 풍부하고 유동적일 것이다. 그래서 쓰기는 구두법(punctuation)을 개발함으로써 그 자신의 시각적 선형성을 이용해 왔다.

주류 언어학은 구어를 주로 연구해 왔기 때문에, 구두법에 체계적인 설명을 제공하는 데에 거의 관심을 기울이지 않은 것 같다. 보그랑드는 3.5에 설명된 7가지 선형성의 원리와 3.7에 제안된 6가지 담화 처리 영역의 평행적 상호작용 모형에 기반을 두고 구두법의 원리를 설명한다. 예를 들어, 속도 조절의 원리는 즉흥적인 말하기보다는 소리내어 읽기의 빠르기와 쉼을 가리킴으로써 구두법을 두드러지게 제어하며, 회고의 원리는 선행하는 텍스트 범위를 결론 내리고 특성을 밝히기 위해서는 구두점을 찍으라는 것이 주요 전략이다. 또 콤마(,)는 부속 부분이 선행하는 범위를 얼마나 멀리 되돌아보아야 하는지를 결정하는 것을 도와준다.

여기에서 하나의 표지는 하나의 원리 또는 영역 이상을 보여줄 수 있고 그 반대도 가능하다. 보그랑드는 구두점에 대한 이러한 설명이 비록 이론화하기는 어렵지만 운율과 어휘문법 모두에서 풍부하고 상호작용적으로 이루어지는 선형적 연쇄를 지원하는 데 실제적인 이점이 있다고 평가한다. 사실 '구두점 규칙'에 대한 전통적인 규정은 이해할 수는 있지만 그 효력은 의심스러운 시도였다. 학교 교육은 구두점을 사용하는 담화적 동기를 외면하면서 단순성과 결정성에 안주하고자 하였다. 기능적 설명은 아마 학교의 안팎에서 모두 좀더 개방적이고 자기-의존적인 접근법을 제공하게 될 것이다.

4.4. 기능적 담화 분석

앞서 언어의 기능주의자 모형을 위하여 제안된 모형에서 최상위 수준은 전반적인 경제성과 의제 내에서 모든 제약과 기능의 수렴으로서 이해되는 담화 층위가 될 것이다. 보그랑드는 여기에서 광고 텍스트 한 편과 캠페인 텍스트 한 편을 각각 예로 들어 운율, 어휘문법, 담화의 층위에서 언어적, 인지적, 사회적 제약들과 관련하여 분석한다. 그는 두 텍스트의 분석을 통하여 각각이 소비자들의 일상을 어떻게 신비화하고 있으며 또 그러한 목적으로 어떤 담화 전략들을 사용하고 있는지를 분석해 낸다. 여기에서 그가 분석한 바를 살펴보면 그의 텍스트관이 잘 드러난다. 그는 확실히 텍스트를 하나의 사건으로 본다. 우리가 어떤 사건을 이해하기 위해서는 그 전후 맥락을 면밀히 살펴야 하듯이, 사건으로서의 텍스트를 이해하기 위해서 그는 그 정치적, 사회적, 역사적, 문화적 배경 들을 결부시킨다. 그리고 그러한 관점에서 그는 확실히 생태주의적인-때로는 반제국주의적이고 반세계주의적이며 반자본주의적인-당파성을 드러내고 있음을 확인할 수 있다.

소비주의 텍스트에 대한 이러한 조망은 텍스트 과학이 이 장에서 전개한 접근법을 어떻게 통합할 것인지 생각해 보게 한다. 보그랑드는 어휘문법적, 운율적, 담화적인 세 층위들 간의 상호작용뿐만 아니라 언어적, 인지적, 사회적 제약들 간의 상호작용을 탐색할 수 있다고 본다. 당연하게도, 우리는 최종적인 결과에 이르는 깔끔한 일련의 빈약한 분석적 단계들을 얻는 것이 아니라 담화에 참여하면서 그 풍부함과 인간적 관련성에 대한 우리의 감수성을 제고하기 위한 풍부하게 상호연관된 일련의 연구를 얻게 될 것이다.

5. 가상과 실제의 매개 제어 체계

텍스트 언어학과 담화 분석으로의 이동은 더 풍부한 제약의 탐색에 의해서뿐만 아니라 언어학에서의 중심 문제 즉, 언어가 어떻게 '랑그'의 가상 체계와 '파롤'의 실제 체계와 관련되며 균형을 이루고 있는가 하는 문제에 대한 재평가에 의해서도 동기화된 것으로 보인다.

우리는 많은 중요한 제약들이 가상 체계와 실제 텍스트 사이의 변증법적 스펙트럼 내에서 좀더 구체적인 것으로 드러날 것이라는 확신을 가질 수 있다. 보그랑드는 가상 체계와 실제 체계의 가교를 소위 '매개 제어 체계(intermediary contral system)'가 놓아준다고 설명한다. 이것은 가상 체계보다는 덜 일반적이고 실제 텍스트보

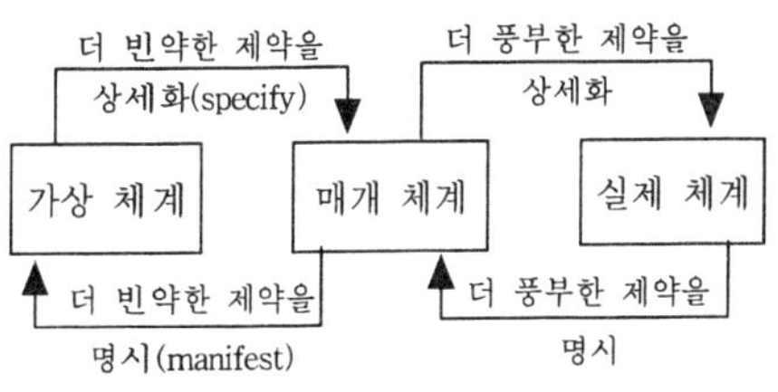

다는 더 일반적인 제약을 받는 체계이다. 이러한 가상과 실제 간의 매개는 어떤 텍스트가 말하거나 의미하는 바가 무엇인지에 관하여 담화 참여자들 사이에서 포괄성과 공감성을 뒷받침하는 데 결정적인 역할을 하는 요소가 될 수 있다.

언어를 선택항들의 네트워크로서 체계 기능적 관점에서 살펴보면, 한 텍스트는 다음과 같이 좁혀 들어가는 관점의 추이를 표상한다.

(a) 전체 언어에 의해서 제공된 선택항.
(b) 선별된 담화 영역, 텍스트 유형, 또는 문체에 관련된 선택항.

(c) 진행중인 맥락과 상황에 관련된 선택항. 그리고
(d) 텍스트를 생산하거나 수용하는 참여자들에 의해서 실제로 고려되는 선택항

자료를 조사할 때, 전통 문법, 역사 문헌학(historical philology), 주류 언어학은 모두 (a) 관점을 선호하였다. 따라서 '화자'는 언어 공동체의 이상화된 대표로 생각되었다. 수사학, 문체론, 문학 연구는 (b)와 (c)에 더 초점을 맞추었다. 최근에, 담화 처리는 (d)를 표방하는 신선한 발의를 하였다. 텍스트 과학은 이제 어떻게 이 네 가지 관점이 실제 담화에서 상호 관련되느냐를 사상(寫像)해야 할 과제를 부여받고 있다. 따라서 다음과 같은 질문이 제기될 수 있다. 참여자들은 어떻게 실제로 자신들의 선택항을 좁혀서 그것들을 고려하기에 알맞은 범위로 다루는가? 다양한 범위의 선택항들을 심지어 그것을 활성화하지도 않고 거절하는 효과적인 전략이 있는가?

다시 한번, 보그랑드는 담화 참여자들이 언어 체계에 대한 현재의 부분적인 해석을 작동시킨다는 테제로 돌아간다. 언어는 이용 가능한 선택항의 네트워크로 미리 조직되어 있는 반면에, 담화는 활성화된 선택항의 네트워크로 재귀조직된다. 이러한 조직의 이원적 양식은 곧 상시적 제약을 일시적 제약과 결합하며, 언어, 세계, 사회의 제약을 나란히 이용한다. 평행적 상호작용 모형에서는, 목적, 화제와 같은 더 심층의 선택항이 '매개 조절 체계'에 의해서 어휘화, 문법화와 같은 더 표층의 선택항들을 풍부하게 제약할 것이다.

따라서 이러한 매개 제어 체계는 언어적, 인지적, 사회적이지 않으면 안 되며, 형식주의적 연구가 가정하는 바와 같이, 순수하게 언어적이지만은 않을 것이다. 문체나 텍스트 유형은 화자가 말하고자 하는 바를, 화제와 청자에 대한 지식, 말하는 이유 등과 연계짓기 위하여 경중을 가리는 제약의 배열이다. 상황과 이용 가능한 처리 자원에 따라, 화자는 단어를 선택하고 아이디어에 집중하며, 사회적 지위 따위를 설명할 수 있다.

보그랑드는 이 장에서 세 가지 주요 매개 제어 체계 즉, 문체, 텍스트 유형, 특수 목적 담화(DSP)와 용어법에 대해서 살펴본다.

5.1. 문체와 문체론

세 가지 매개 제어 체계 가운데서, '문체'는 오랜 시간 동안 많은 주의를 끌었다. 문체론의 역사는 대체로 다음 세 가지 전통으로 설명할 수 있다.

(a) 각각의 작가 또는 화자는 독특한 문체를 가지고 있다.
(b) 총체로서 각각의 언어는 하나의 문체를 가지고 있다.

(c) 문체는 메시지나 내용에 대한 장식이나 꾸밈이다.

주지하다시피, 문체론은 주류 언어학이 언어를 그 자체로서 연구하기로 함으로 써 회피하였던 심각한 딜레마에 빠졌다. 한 쪽에서는 텍스트의 언어적 자질로(M. Riffaterre), 다른 한쪽은 독자의 재구성(S. Fish)으로 문체를 규정하였다. 다시 한 번, 이론은 실천을 열거하는 데 실패하였다.

위도슨(H. Widdowson)은 기존의 문체론이 아무 이론도 없이, 각각의 텍스트 는, 문학이든 아니든, 유일한 정확하거나 권위있는 해석이 있다고 함으로써 비전 문적 독자들은 특히 학교에서 일상적인 문학의 용법에 의해서 문학적 문체에 대 한 창의적인 개인적 반응을 하지 못하게 되었다고 지적하였다.

이에 대해 보그랑드는 만일 문체론이 좀더 분명하고 신뢰할 만한 이론과 실천 사이의 균형을 성취할 수 있다면 독자들이 반응하는 자유를 좀더 폭넓게 인정할 수 있으리라고 말한다. 특히, '문법'과 '어휘'에 대한 관습적인 언어학적 분석에 의 해 강조되지 않는 요소들에 대해서 말이다. 분명히, 이러한 프로젝트는 담화의 상 호작용에 대한 인간의 전략과 동기를 증진시키고자 하는 텍스트 및 담화 과학을 무한히 지지할 수 있을 것이다.

이러한 전망 하에, 보그랑드는 문체론과 관련된 테제를 다음과 같이 열거하고 각각이 함의하고 있는 문제를 탐색한다.

    (a) 문체는 언어학적 단위와 자질 및 그 구성에서 구체화된다.
    (b) 문체는 언어학의 하위 분야이다.
    (c) 문체는 표현과 어법의 유형들을 코퍼스에서 특히 컴퓨터를 사용하 여 도시
       함으로써 기술될 수 있다.
    (d) 문체는 유표적 요소들의 구성으로부터 생겨난다.
    (e) 문체는 규범과 변칙의 상호작용으로부터 생겨난다.
    (f) 문체론은 기술적인 개념인지 평가적인 개념인지를 결정하지 않으면 안 된다.
    (g) 문체론은 문학적 문체와 비문학적 문체를 구별해야 한다.
    (h) 문학은 그 언어의 문체에 의해 정의될 수 있다.

(보그랑드, 1997: 301-303)

현대 문체론의 이러한 테제들은 비록 그것들이 세 가지 전통적인 테제 너머에 서 쟁점에 대한 우리의 의식을 고양시키는 것임에 틀림없긴 하지만 문제는 여전 히 남는다. 이제 문체론이 문체에 대한 엄격한 형식적 정의나 문체에 대한 한정 된 분류를 해야 한다는 요구는 그렇게 긴급한 것은 아니다. 이 책에서 주창되는 텍스트 과학을 위하여 담화의 경제성과 의제(agenda)의 측면에서, 무엇보다도 지 식에 대한 접근과 인간적 목표에 대한 추구에서 문체의 의사소통적 역할이 평가

되지 않으면 안 된다.

문체 연구를 위한 경험적 토대는 단지 텍스트와 그 단위, 특징 따위뿐만 아니라 담화에서 선택항을 선택하는 인간의 전략도 포함된다-이것은 리파테르와 피쉬가 제안하였지만 끝까지 추수(追隨)되지 않았다. 문체론에서 전통적으로 그래왔던 바와 같이, 문체를 텍스트로부터 직접 평가하는 것은 문체론자들이 일반적인 참여자들보다 더 전문화된 전략을 적용하는 한 불완전한 설명을 제공할 뿐이다. 보그랑드는 단지 '문체란 무엇인가?' 또는는 '얼마나 많은 문체가 존재하며 그 특질은 무엇인가?'라고 묻는 대신, '사람들은 어떻게 문체를 획득하고자 하는가?' 그리고 '사람들은 어떻게 문체에 반응하는가?' 하는 질문을 던져야 한다고 주장한다.

보그랑드는 문체가 언어 사용자들이 인지적 의사소통적 체계에 내재한 선택의 자유를 행사하고 자아를 표현하고자 하는 적응적 행위 공간이 되어야 한다고 주장한다. 그런 의미에서 문체에 주의를 기울이는 것은 선택항을 강제하는 언어에 대한 관습적이고 고전적인 관점을 상쇄하는 데에 도움이 될 수 있을 것이다. 그는 미래의 문체 연구와 방법은 문체의 사용이 진정으로 생산자의 잠재력을 활성화할 수 있는 세계와 세계 모형을 구성하고 중재할 잠재적 기회를 제공하는 일이 되리라고 전망한다.

5.2. 텍스트 유형과 담화 영역

일반 '문법'과 초기 텍스트 언어학이 포괄성, 수렴성, 공감성에 도달하는 데 실패한 후 텍스트 유형과 담화 영역이 주목을 받기 시작하였다. 보그랑드는 4.1에서 제안한 '기능적 어휘문법'을 적용하여 정치사, 환경주의, 언어학의 담화 영역을 예로 들어 각각의 영역에서 어떤 과정과 양상이 선호되는지를 분석한다.

가령, 환경주의의 담화 영역은 배치적(Dispositive, 자원의 배치), 생산적(Productive, 자원을 이용하고 위험스러운 폐기물을 만드는 대규모 생산), 그리고 환경적(Circumstantial, 환경을 표상하는 장소) 과정에 초점을 맞춘다. 그러나 그 초점은 단지 인간 참여자를 넘어서 생태학적 결과 즉, 모든 형태의 생명체를 위한 전체 환경에 대한 결과에까지 맞추어진다. 환경주의가 발전한 것은 현대화에 의해서 생태학적으로 불건전한 많은 실천들 특히, 자원에 대한 탐욕적인 소모가 이루어지고 있다는 사실을 많은 사람들이 인정하면서부터였다. 그래서 환경주의 담화의 지배적인 과정은 지각적(Perceptive)이고 인지적(Cognitive)이었다. 전형적인 담화의 에피소드는 그 참여진이 오염원(depleter), 피오염원(depleted), 그리고 발견자(discoverer)로 이루어지는 발견의 과정이다.

비록 이러한 기능적 기술이 텍스트 유형 또는 담화 영역에 대한 어휘문법적 기술을 지원할 수 있음에도 불구하고, 그것은 일부 언어학자들이 요구하는 바 보

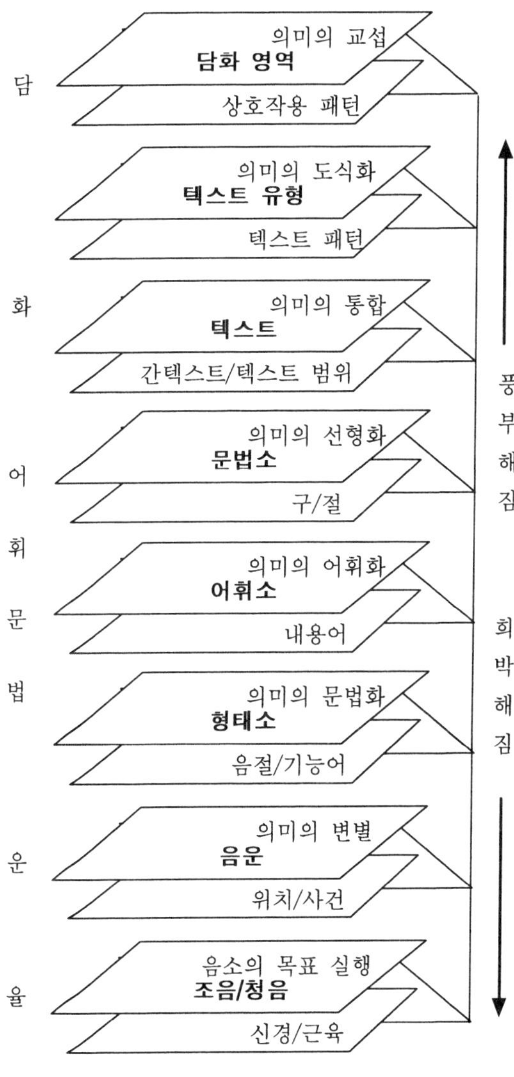

편적이고, 이론적으로 엄격한 분류에 대한 정의 또는 한계를 설정하지 못한다. 이 유형들은 그 자체로 매개 제어 체계이기 때문에 이 체계는 선택항들에 대한 선택을 이끌지만 특정의 '규칙들' 또는 '자질의 묶음'을 처방하지는 않는다. 매개 제어 체계로서 텍스트 유형은 가상 체계의 빈약한 제약을 상세화하며(specify) 실제 체계의 풍부한 제약을 명시한다(manifest).

여기에서 보그랑드는 어떻게 더 빈약한 데이터가 언어의 층위를 가로질러 더 풍부한 자료의 목표에 대한 수단으로서 역할을 하는가를 보여주는 기능적 모형의 필요성을 제기한다. 텍스트 유형은 이제 질료 기반과 자료 기반의 결합 즉, 텍스트 패턴들을 위한 질료 기반 [수단] 과 화제의 처리를 뒷받침하기 위한 의미의 도식화를 위한 자료장 [목표] 의 결합으로 설명된다. 그 위에서, 담화 영역은 상호 작용 패턴을 위한 질료적 기반 [수단] 을 의미 교섭의 자료장 [목표] 과 결합하여, 역할을 조직하는 스크립트의 처리를 지원하고 참여자의 계획과 목표에 대한 조정을 지원한다. 다시 한번, 층위화는 운율, 어휘문법, 담화의 세 가지 기능적 수준에 걸쳐 있다. 이들에 의해서 연결체는 언어, 세계, 사회의 제약이라는 세 층위로 접속한다.

‘텍스트 유형’이라는 용어 또는 개념이 선이론적(pre-theoretical)이라고 하는 최근의 비판은 그것이 ‘이론 언어학’에서 제시되는 빈약한 자료와 담화 영역의 풍부한 자료 간의 매개가 아직은 빈약하게 사상된다는 것을 보여 준다. 주류 언어학 이론이 선실제적(pre-practical)이라고 하는 것이 훨씬 더 나을 것이다. 텍스트 유형에 대한 연구는 과학적 타당도가 생태학적 타당도와 어떻게 교환될 수 있는지를 설명해 준다. 품사를 통계적으로 분류하는 것은 아주 정확하고 객관적일 것을 요구할 수는 있지만 담화를 통하여 지식과 사회에 자유롭게 접근하고자 하는 생태주의 프로그램에는 거의 기여하는 바가 없다. 따라서 보그랑드는 생태학적 타당도에서 출발하여 그것을 과학적 타당도를 위한 인지적 사회적 맥락으로 발전시킴으로써 우선순위를 재설정할 수 있다고 제안한다. 그리고 어떠한 또는 얼마나 많은 텍스트 유형이 존재하는지에 대한 표준적인 질문으로 돌아가면서, 코퍼스로 주어진 텍스트의 유형을 구별하는 데에 사용될 수 있는 기준을 다음과 같이 제안한다.

(a) 텍스트의 시각적 체재. 가령, ‘전화번호부’의 알파벳순 배열.
(b) 텍스트의 문체. 가령, 영어 ‘찬송가’와 ‘기도문’의 고풍스러운 어휘문법.
(c) 표현되는 화제. 가령, 장례식에서 죽은 사람의 ‘송덕’을 위한 업적과 덕망.
(d) 지배적 과정 또는 양상. ‘전쟁 보고서’에서 배치적(Dispositive) 과정과 강조 (Intensive)의 시상.
(e) 텍스트를 생산한 것으로 보이는 또는 이름이 붙은 참여자. 가령, 미국 해병대 훈련소에서 ‘명령’을 외쳐 대는 교관.
(f) 계획과 목표. 가령, ‘항목별 광고’를 통하여 여러분의 ‘헌 자동차’를 살 사람을 구하는 일.
(g) 유형이 발생하는 상황. 가령, ‘이력서’를 요구하는 취업 인터뷰.
(h) 참여자들에게 알맞은 정보성. 가령, 새로운 기계를 조작하고 관리할 전자 기술자를 위한 ‘교육 연수’.
(i) 유형을 성문화하고 참여자들을 한정하는 제도. 가령, 여러분이 ‘변론’에 들어가는 형사 법원.
(j) 제시하는 매체. 가령, 녹음된 ‘인사’를 제시하고 ‘발신음’ 후에 ‘메시지’를 요청하는 자동 응답 전화.

(보그랑드, 1997: 315-316)

이러한 기준들은 담화 처리 과정에서 선택적으로 그리고 다양한 조합을 이루며 적용되기 때문에 엄격하거나 완전한 것은 될 수 없다. 가령, 전화 응답기에 녹음하는 메시지에는 대개 일정한 참여자(재산 소유자)에게서 오고, 전형적인 문체(가령, 사실에 관한 문제), 화제(답변하는 사람이 자리에 없지만 나중에 전화해 주겠다는 것), 지배적 과정(정체적 과정, 기호적 과정)과 양상('번호를 남기라'는 명령과 '전화해 주겠다는' 수행의 약속), 계획(부재 중에 연락할 수 있음), 정보성이 낮음(그들이 전화로 연락한 통화자들을 알려 줌), 그리고 특정의 상황(가령, 여러분이 사나운 통화자에 의해서 괴롭힘을 받고 있다는)이 있다. 그러한 상호작용은 담화에서 다양한 기능과 역할을 적응시키지만, 텍스트 유형을 엄격한 틀로 분류하는 것을 매우 복잡하게 만든다.

보그랑드는 인간의 목표에 대한 사회적 관련성을 보여줄 수 있는 상정 가능한 유형들에 기꺼이 초점을 맞추고자 한다. 그러한 유형들은 그들 자신의 담화 기능에 의존하여, 참여자들에 대한 주로 인적이거나 사회적인 영향력을 가질 수 있는 담화 영역을 유지하게 된다. 예를 들어, 변론, 안내 표지판의 텍스트, 기상 예보 텍스트, 광고 텍스트 따위는 모두 생산자가 그 참여자에게 달성하려는 목표에 따라 분석함으로써 그 문체의 특성 즉 경제성을 파악할 수 있다.

가장 풍부하고 다양화된 담화 영역은 일상의 대화이다. 그것은 일반적으로 대화 분석이나 민족지학에 의해서 활발하게 연구되어 왔다. 실제 자료를 관찰하고 분석한 이러한 방법론은 아주 짧고 단순한 대화에서조차 다기능적 사건이 발생하며 사람들은 매우 효율적이고 잘 조율된 방식으로 그러한 것들을 성취한다는 경험적 통찰을 가능하게 하였다. 이것은 고안된 자료를 바탕으로 이론을 정립하고자 했던 형식 언어학의 언어능력 또는 문법성이나 일상 언어 철학의 화행 또는 격률에 대한 논의를 넘어선다.

대화를 특별한 목표가 있는 영역들로 하위 구분하는 것은 텍스트 과학의 목적에 부합한다. 관련된 영역은 취업 인터뷰, 레스토랑에서 손님과 직원이 나누는 담화, 옷 가게에서 이루어지는 상인의 서비스 담화 등이 있을 수 있다. 사회적으로 관련 있는 담화들 즉 취업 인터뷰, 식당과 상점의 서비스 대화는 '내부자'의 자료가 어떻게 참여자의 구체적인 담화 전략과 실천 그리고 그것의 사회적 결과(가령, 금전적 보상)를 명백히 밝혀 주는지를 보여준다. 이러한 대화 분석은 사람들이 그 영역에서 가지고 있는 상식적인 대화의 모형을 보여준다. 그러한 작업은 당연히 학교나 직장에서 명시적인 담화를 설계하는 방식을 제안할 수 있다.

보그랑드는 여기에서 다시 한번 이론과 실제를 변증법적으로 조화시키는 일의 중요성을 강조한다. 텍스트 유형 및 담화 영역과 관련된 인식론적 프로젝트는 어떤 결정적인 이론적 분류를 탐색하기보다는 제어력을 향상시키기 위하여 좀더 많은 것을 할 수 있다는 것이다.

5.3. 특수 목적 담화: 'LSP'와 용어법

'특수 목적 언어'(Language for Special Purpose, LSP)란 문자 그대로 특별한

목적으로 사용되는 언어를 이르는 말이다. LSP는 언어적·제도적 측면에서 주목을 받아 왔는데 특히, 20세기 후반에 들어서서, '정보의 폭증'은 LSP와 용어법(terminology)의 역할을 확장시켰다. 그 이유로는 많은 수의 전문가를 필요로 하게 되었다는 점, 한 분야 안에서 제기되고 해결될 수 있는 문제는 거의 없다는 점, 과학과 공학의 진보로 인하여 대중들이 알아야 할 화제들이 많아졌다는 점, '정보의 폭증'은 주로 '의사소통의 위기'인 '지식의 위기'를 유발함으로써 범세계적 불평등을 강화하였다는 점 등을 들 수 있다.

보그랑드는 이러한 이유로 특수 목적 언어(LSP), 특수 목적 담화(DSP), 용어법의 탐색과 발달에서 야심적인 프로젝트가 긴급히 요청되고 있음을 지적한다. 오늘날 전문가와 비전문가, 중심과 주변의 사이에서는 물론이고 각각의 전문화된 분야 내에서 그리고 이 분야들 사이에서의 의사소통의 채널은 원활히 기능하고 있지 못하다. 따라서 관습적인 LSP의 사용과 DSP를 위한 용어법을 철저하게 비판하지 않으면 안 되며 훨씬 더 넓은 범위의 인지적이고 사회적인 목적에 봉사하는 대안적인 사용법을 기획해야 한다. 보그랑드가 지적하듯이, 지식이 전문화될수록 그 담화를 명료하게 이해할 수 있도록 만들어야 할 필요성은 더 강해진다.

보그랑드는 생태주의 프로그램이 내부자와 외부자 사이에 존재하는 접근 장벽을 허무는 데 기여해야 함을 강조한다. 텍스트 과학은 담화적, 인지적, 사회적 요인들을 탐색하기 위하여 용어의 표준화를 넘어서지 않으면 안 된다. 또 텍스트 과학은 DSP와 그것의 용어법을 통하여 전체 이론 또는 모형의 주제적 관심사를 평가하기 위한 비판적 분석을 이용할 수 있다.

보그랑드는 비판적 담화 분석의 예를 보여주기 위하여 피아제(J. Piaget)의 담화를 분석한다. 특수 목적 담화에 대한 피아제의 전략과 관련하여, 보그랑드는 1976년에 간행된 "아동과 실제"라는 책을 예로 든다. 피아제의 저작에 대한 비판적 담화 분석에서 보그랑드는 특수 목적 담화에 대한 비판적 분석이 어떻게 과학적 이론이나 모형의 진보를 평가하는 데 도움이 되는지를 보여준다. 주요한 비판 전략은 그 담화를 전문 용어의 경제성과 담화 진행(discourse move)에 의해서 표시된 이론적 단계의 의제를 탐색하는 것이었다. 보그랑드는 피아제의 설명적인 담화를 좀더 서사적이고 논증적인 담화로 재구성하는 전략을 사용하여 피아제의 담화적 추론에서 주요한 진행를 열 일곱 가지로 정리하여 풀어 쓴다.34)

전문적인 담화를 이런 방식으로 설명적인 관점으로부터 좀더 서사적이고 논증적인 관점으로 바꾸는 것은, 조절 중심을 잡아주고 어떻게 다양한 담화 진행이 서로를 동기화하는지 보여줌으로써 지식에 대한 접근성을 높이게 될 것이다. 보그랑드는 '결함을 찾음으로써' 비판한다는 의미에서가 아니라 담화의 제어 이데올

---

34) 자세한 내용은 보그랑드(1997: 343-44)를 참고할 것.

로기와 시나리오를 드러내고 명시화함으로써 비평한다는 의미에서 비판적 담화 분석을 하고 있다. 말하자면 인지적 아이디어를 구상하고, 개발하며, 표현하는 개념과 제약의 틀, 그리고 학문적 배경 내에서 사회적 추이(move)를 담화 분석을 통하여 보여주고자 하는 것이다.

결론적으로, 보그랑드는 특수 목적 담화에 대한 분석이 전문적인 지식에 대한 접근을 지지하고 '과학을 하는 것'에 대한 시나리오를 탐색하는 데 잠재력 있는 도구가 될 수 있음을 보여주고자 하였다.

6. 간언어적 담화의 이론과 실제

하나 이상의 언어를 활성화하는 의사소통적 사건의 전 범위는 '간언어적 담화(interlingual discourse)'라는 용어로 지칭할 수 있다. 여기에는 '일시적 차용'이나 '크레올' 등이 포함된다. 주류 언어학의 관점에서, 간언어적 담화는 단지 '비체계적인' 것으로 보일 뿐이다. 그러나 담화를 실질적 체계라고 보는 관점에서는 그것을 다문화적 인지적 사회적 제약과 연결하면서 하나 이상의 가상 체계에 의존하는 담화로 확장될 수 있다.

간언어적 담화는 언어와 방언을 어떻게 구별할 것인가 하는 문제를 제기한다. 방언에 대한 문헌학적(philological) 연구를 따라, 초기 언어학자들은 '언어'와 '방언'이 '순수하게 상대적인 관계'(E. Sapir)일 수 있다는 전망에 당황하였다. 그들은 방언들 사이의 '지리적 다양성'이 개별어에 영향을 미치는 '시간적 다양성'이며(F. de Saussure) 그래서 시간의 밖에서 동시대적 관점에서 배제될 수 있다고 주장하였다. 이러한 일반적 공식은 결코 역사적 변화의 확장된 기간들에 걸쳐 있는 증거를 설명하지 못한다. 또, 그것은 왜 그리고 어떻게 그러한 파괴가 일어날 수 있으며 그 방언이 접촉 가능할 때 남을 수 있는 것이 무엇인지, 그리고 그것들이 상이한 기준에 의하여 언제 서로 다른 '언어들'이 되었는지를 설명하지도 못한다. 간언어적인 담화는 통일성 또는 다양성으로의 진보를 위한 주요한 사회적 실천임에 틀림없다.

간언어적 담화는 또한 담화의 처리에 관한 증거의 원천을 제공한다. 간접적 증거는 언어를 비교·대조하고 그것이 똑같은 담화로 동일한 집단에서 동시에 사용될 수 있는지 그리고 어떻게 그럴 수 있는지 조사함으로써 수집될 수 있다. 직접적 증거는, 서로 다른 언어에 속하는 항목들을 함께 관찰할 때에 발견할 수 있다. 어휘 항목들이나 패턴들은 교섭에 의해서 비의도적으로, 또는 차용에 의해서 의도적으로, 또는 부호 전환에 의해서 즉흥적으로 들어왔을지도 모를 일이다.

이 장에서 우리는 보그랑드가 사회 언어학의 성과들을 어떻게 평가하는지 보게 될 것이다.

6.1. 간접적 증거: 언어 비교 및 대조

둘 이상의 언어는 비교와 대조의 방법으로 연구될 수 있다. 형식 언어학에서, 언어들을 비교하는 것은 그것을 대조하는 것보다 영향력이 별로 크지 않았다. 중심어와는 대조되는 변방의 언어들에 대한 현장 연구 결과를 바탕으로 하여 대조언어학(contrastive linguistics), 간언어학(interlinguistics)과 같은 연구 분야가 정착되어 왔다. 비교 언어학보다 대조 언어학을 더 선호하는 것은 주류 언어학의 형식주의적 경향을 반영하는데, 이것은 형식주의자들이 언어를 형식적 체계라고 봄으로써 그 차이를 강조하고 역사적 접촉이라는 문화적 기억을 사상해버린다.

반대로, 어휘문법은 인간 경험의 다양한 관점을 적용시키기 위하여 언어를 대조한다. 가령, 마틴(J. Martin)에 따르면 타갈로그 어는 문법을 조직하는 데 있어서 '가족, 체면, 운명'이라는 세 가지 제어 중심을 가지고 있는데, 이것은 영어에서 각각 '개인, 실제, 결정론'에 상응하는 것들이다. 어휘문법들 간의 대조는 또한 비교 문체론의 관심사이기도 하다. 비교 문체론은 둘 이상의 언어 체계 내에서 무표적 선택의 특징적 분포를 탐색한다. 또 불어와 영어의 '시적' 문체의 비교와 같이 더 전문적인 비교가 이루어지기도 한다.

만일 간언어적 담화를 그 참여자의 관점에서 조사한다면, 우리는 이중언어사용(bidialectism) 또는 다중언어사용(multidialectism)의 문제에 직면하게 될 것이다. 언어 사용자가 어떻게 간섭을 제어하면서 언어들을 효율적으로 사용하는지 연구할 필요가 있다. 여기에서 이중언어 화자가 알고 있는 두 개의 언어에 대한 각각의 설계를 고려하지 않으면 안 된다. 만일 영어와 중국어에서와 같이 두 설계가 아주 다르다면, 더 전체적인 자료가 저장되어야 하지만 간섭의 위험은 더 낮을 것이다.

확실히, 접촉 중인 언어들 간의 유사성은 텍스트 수용에서는 효과성을 높일 수 있지만 텍스트 생산에서는 더 낮을 것이다. 간언어적 담화는 또한 모어가 아닌 변종언어의 발달을 증진시킬 수 있다. 그것은 담화 처리에 대한 흥미로운 증거들을 제공한다. 언어의 수호자들은 이러한 변종언어에 나타나는 특징들을 비난해왔지만, 일상 담화에서 그러한 특징들은 결코 사라지지 않을 것이다.

6.2. 직접적 증거: 간섭, 차용, 부호전환

간섭(interference) 현상에서, 한 언어 체계의 활성화는 다른 한 언어의 제어에 의해서 방해받는 것이 관찰된다. 이것은 이중언어사용이나 다중언어사용에서 각각의 체계가 그 자체의 관점 위에서 성공적으로 사용되는 것과는 다른 현상이다. 만일 언어를 추상적인 형식적 실체로 간주한다면, 간섭은 단지 소음에 불과한 것으로 보일 것이다. 그러나 만일 담화를 구체적인 실제 체계로서 본다면, 간섭은 담화 처리에 관하여 도움이 되는 단서를 제공할 수 있다. 발화 실수, 말 실수, 오류와 마찬가지로, 간섭은 '국부적 활성화의 재귀조직적 패턴'에서 얻어지는 일상적 효율의 부산물일 수 있다. 중심적인 의문은 어떻게 다중언어 화자가 간섭을 받지 않고 말할 수 있는가 하는 것이다.

대안적인 설명은 활성화가 단지 어휘 항목들과 더불어 활동하는 것만이 아니라 현재의 담화 영역을 위한 어휘문법의 전체 하위 부문과 더불어 활동하는 것이 아닐까 하는 점이다.

간섭을 막기 위한 모든 작동은 화자의 유창성에 영향을 받기 쉬울 것이다. 이러한 관점에서 '유창성(fluency)'이란 적절한 '속도'로 말하는 '흐름'이라고 설명될 수 있을 것이다. 그러나 유창성의 개념은 화자와 상황의 유형에 따라 좀더 상세화될 필요가 있다. 단일 언어 사용자들에게 있어서, '유창성'은 단지 부드럽고 빠를 뿐만 아니라 상황에 적합한 속도를 가리킬 것이다. 다중언어 화자들에게 있어서, 유창성은 각각의 언어에서 적합한 제어력을 유지하는 것을 가리킬 것이다. 이런 식으로, 유창성은 언어에 대한 화자의 현재적 지식과 관련하여 현실적으로 평가될 수 있다.

그러한 관점은 비모어 교육의 초기 단계에서 모어의 간섭을 받아들이는 것을 용이하게 한다. 간섭은 제2 언어를 학습하는 동안 담화 기능의 점진적인 진보에 관하여 그리고 담화를 하는 동안 언어의 현재적 해석의 신속한 전개에 관하여 아주 가치로운 증거를 제공할 수도 있다. 가령, 간섭은 스트레스, 소음, 촉박한 시간 하에서 늘어나고, 운동의 정밀성, 주의력 또는 피드백으로부터 받는 지지와 더불어 줄어들면서 지속적인 자원의 요구에 따라 유동하는 것으로 입증될 수 있다. 만일 그렇다면 우리는 학습자들이 심각한 불안 없이 그것을 점진적이고도 단계적으로 제거하는 것을 돕는 조건 하에서 언어 학습에 대한 모형을 설계할 수 있다.

차용(borrowing)은 다른 언어로부터 특정 어휘 항목들을 의도적으로 충당하고 그것을 의사소통 과정에서 그 자체의 조직으로 틀에 맞춘다. 임시 차용(nonce borrowing)은 텍스트 생산자가 개인적으로 대개 틀을 짜는 언어(framing language)보다는 틀에 맞추는 언어(framed language)를 고립적으로 충당하는 형태로 이루어진다. 반면에 공동 차용(communal borrowing)은 전체 공동체에 의해서 받아들여진다. 이것은 외국어를 교육받지 않은 이주민들 사이에서 빈번하며 그들의 모어가 그들의 새로운 환경에서 유지된다. 이것은 모어의 음성, 철자, 문법에 새로운 언어를 적응시키는 것이다. 결국 이러한 항목들은 더 이상 차용어로 간주되지 않고 담화에서 거의 주목되지 않는다.

부호 전환(code-switching)은 훨씬 더 확장적이며 비의도적인 접합(interface) 현상이다. 부호 전환은 화자나 필자가 틀을 짜는 언어와 틀에 맞추는 언어를 일시적으로 전환하는 것이다. 틀에 맞추는 언어의 비율이 아주 높을 때에조차도, 틀을 짜는 언어는 패턴들을 제공함으로써 인정된다. 일반적으로 틀을 짜는 언어는 형태소와 통사소를 결합하는 단위들과 문법화를 위한 기능어(function word)를 제공하는 반면, 틀에 맞추는 언어는 내용어(content word)의 일시적 어휘화에 제한된다. 이러한 경향은 그 즉흥적 자질에도 불구하고 다소 규칙적인 일시적 제약들을 부호 전환에 제공한다.

차용과 부호 전환은 분명하게 둘로 구별되는 것은 아니다. 가령, 싱가포르 영어는 중국어와 말레이 어에서 많은 차용을 하였으나 거의 차용으로 느껴지지 않는다. 익숙하지 않은 담화 참여자들은 간섭, 차용, 부호 전환이 의사소통을 방해한다고 생각할지 모른다. 그러나 그것이 사용되는 문화적 맥락에서는 그렇지 않다.

요컨대 간언어적 담화는 여전히 풍부하게 제어할 수 있으며, 그 제어가 간섭과 부호 전환에 의해서 저지되기보다는 지지될 수 있다. 간언어적 담화는 점점 더 상호 연관된 세계 즉, 생태주의 프로그램이 다중언어사용과 다문화주의의 완전한 타당성과 가치를 지원하는 세계에서는 담화 실천에 관한 풍부한 경험적 증거를 제공한다.

6.3. 피진과 크레올

피진과 크레올35)이 생겨난 역사적 배경은 이 언어를 쓰는 사회가 강대국의 식민 지배를 받은 것과 관련이 깊다. 피진과 크레올의 특징은 우선, 발음보다는 철자법이 더 많이 일그러졌다는 점을 들 수 있다. 가령, 영어 피진의 경우 영어의 발음은 살아 있으나, 철자법은 상당히 다르다. 또 명사와 동사의 굴절 현상이 많으며, 내용어에서 기능어를 창출하여 내용어와 기능어의 비율이 영어와 다르다. 어순의 역할이 극대화되어서 하나의 단어는 그 단어가 갖고 있는 형식적 기능보

---

35) 일반적으로 '피진(pidgins)'이란 다른 언어로부터 파생되어 문법이나 발음이 매우 '간소화된' 언어이다. 피진은 그것을 모어로 쓰는 사람이 없는 언어이며 흔히 상거래를 하거나 서로 같은 언어를 쓰지 않는 사람들이 농장 경작을 할 때 써 온 것으로 알려져 있다. '크레올'은 피진이 새로운 어린이 세대에서 모어가 될 때 생겨난다. 이 언어는 제국주의 국가들이 아프리카에서 노예들의 폭동을 막기 위하여 같은 언어를 사용하는 노예들을 갈라놓으면서 피진이 그들 간에 사용되고 그것을 그들의 자녀들이 배움으로써 모어로 정착하게 되었다. 피진과 크레올에 대한 자세한 설명은 패솔드(1990)/황적륜 밖에 (역)(1994: 제7장)를 참고할 것.

다 더 많은 역할을 수행하고 있다. 어떤 기능어들은 해당하는 지방의 언어에서 만들어지기도 하였다. 피진은 특히 식민지 상황 같은 역사적 상황에서 일종의 저항 수단으로도 사용되었다.

피진과 크레올은 식민지 피지배민의 언어라는 이유로 지속적인 경멸과 멸시의 대상이 되어 왔다. 언어적 제국주의의 한 양상인 언어무기주의(linguicism)가 전 세계적으로 확산되면서 이러한 태도는 피진과 크레올 화자에까지도 내면화되는 경향이 있다. 그러나 이제 이러한 태도는 점차 바뀌고 있다. 피진과 크레올은 본질적으로 원시적 의사 소통 수단이라는 시각 또한 사라지고 있다. 피진과 크레올은 문자 문화에 적응할 필요가 없었던 그들의 사회 문화적 배경 속에서, 구술문화에 잘 맞게 고안된 언어이다. 그러나 피진과 크레올은 특별한 목적을 위해 사용할 수 있는 담화로서 발전하고 있다. 그 첫 단계가 피진과 크레올을 쓰는 사람들의 '일반적 문식력(general literacy)'의 향상이다.

요컨대 담화를 통한 지식과 사회에 대한 자유로운 접근이라는 생태주의자의 목표는 문화적이고 교육적인 정책을 위한 확고한 우선순위를 정한다. 이러한 목표는 피진과 크레올의 협력을 절대적으로 얻고, 그것을 구어 및 문어로, 일반적인 목표와 특별한 목표로 보편적으로 사용하도록 권장함으로써 증진될 수 있다. 피진과 크레올이 사실상 더 광범위한 의사소통의 매체가 되는 곳에서는 어디에서나 말이다. 지역 엘리트들과 순수 언어의 수호자들의 완고한 경고는 잘못 지도되거나 오도하는 것이다. 오늘날 위험에 빠진 것은 '표준어'가 아니라 모든 화자들과 그 언어가 기본적 자유를 부정하기 위한 구실이 되는 소수 민족의 '언어적 인권'(linguistic human right)[36]이다.

6.4. 번역

특수 목적 담화와 마찬가지로, 번역은 실천이 이론을 앞서는 경향이 두드러지는 담화 영역이다. 형식주의적 언어학자들은 번역의 기본 단위를 세우는 것이 번역 이론 구축을 위한 주요 작업이라고 생각한다. 가장 오래된 상식 중의 하나는, 번역의 기본적인 단위를 '낱말'이라고 보는 생각이다(또 어떤 학자들은 형태소나 어휘소, 구, 절, 문장이라고 본다). 그러나 번역은 기능적, 인지적, 사회적 활동으로서, 형식은 어느 정도 부수적인 현상일 뿐이다. 번역은 단위의 집합이 아니라 하나의 사건(event)으로서 간언어적 담화의 양식이다.

이런 관점에서 보그랑드는 번역을 하는 과정에서 일어나는 특수한 조절과 제약

---

36) 언어 연구 또는 언어 교육의 대상이 언어 그 자체가 아니라 언어적 인간이라면 언어 연구와 교육에서 '언어적 인권'의 문제는 결코 배제되거나 간과되어서는 안 될 문제이다.

현상에 주목하고 추상적인 언어학자들의 관점보다는 민족지학자들(ethnographers)의 의사소통적 관점이 더 의의가 있다고 말한다. 중요한 것은 원작과 역작의 의미를 같게 만들기 위해 번역 작업을 수행하는 동안 어떤 조절 전략들이 사용되었으며 어떻게 효과적으로 그러한 전략들이 얻어지고 발달되는가이다.[37]

번역 이론이 직면하고 있는 문제 가운데 하나는 직역을 해야 하느냐 혹은 의역을 해야 하느냐이다. 보그랑드는 직역과 의역 둘 중의 어느 하나만을 선택하려 해서는 안 되며 직역과 의역이 상호작용할 수 있도록 해야 한다고 말한다. 또 번역은 간텍스트성의 문제를 불러일으킨다. 왜냐하면 번역자는 텍스트를 번역하기 위해서 세계에 관한 지식과 다른 텍스트의 내용, 그리고 두 언어간의 특성을 고려해야 하기 때문이다. 두 언어의 문화적 접촉이 많은 텍스트를 번역할 경우 두 텍스트의 (내용상의) 일치 정도를 높이기가 가장 쉽다.

번역의 가장 결정적인 요소는 예컨대 문체, 텍스트 유형, 특수 목적 담화 같은 언어와 담화 사이의 매개 제어 체계이다. 이러한 것들은 번역을 할 때 두 텍스트의 어떤 점에 주의하며, 즉 특히 어떤 점이 다른 점보다 더 같아지도록 번역을 해야 하는지를 결정하게 하는 중요한 요소들이다. 시 텍스트를 번역하는 것과 과학 에세이를 번역하는 것의 차이를 생각해 보라.

번역의 유형을 분류할 때 문체와 텍스트 유형과 더불어 중요하게 간주되는 것이, '번역하는 동기'와 다양한 문화 안에서 '주어진 텍스트 유형의 상태'이다. 이런 점에서 '언어 연구물, 시, 동시 통역 담화' 등의 번역물에 주의할 필요가 있다. 보그랑드는 시를 잘못 번역한 예를 하나 들고 본인이 직접 번역한 예를 보여 주고 있다.

보그랑드는 번역에 대해서 '축어적 번역' 대 '자유로운 번역' 간의 강제된 선택을 중단함으로써 그리고 상호작용적 사건으로서 텍스트와 담화에 대한 더 풍부한 모형을 개발함으로써 우리의 실천을 우리의 이론에 더 잘 정렬할 수 있다는 의견을 개진한다. 이러한 노력은 단지 번역이 어떻게 이루어지는가에 대한 좀더 통찰력 있는 설명뿐만 아니라 숙달된 번역이 요구하는 무수한 선택들을 하기 위한 유용한 지침으로도 인도할 것이다.

---

37) 우리 나라는 오랫동안 한자 문화권에 속해 있었기 때문에 많은 문화 유산이 한자로 이루어져 있고 그것을 국어로 번역해 온 전통이 있다. 각종 언해본에는 체계와 구조가 우리말과 달랐던 한문을 한문의 어순에 따라 해석하는(順讀) 관습적인 문체가 남아 있다. 이러한 간언어적 현상은 오늘날과 같은 다언어적 환경에서 언어 사용자들이 어떻게 지지적으로 적용할 수 있는지에 대한 시사점을 제공할 수 있을 것이다.

7. 사회화와 교육에서의 담화

사회화란 개인에게 사회적 역할 즉, 특정한 행동을 하는 행동주의 표상으로서의 '대외적 지위'와 개인적 자아 즉, 개성 있는 구체적 개인으로서 자신의 '대내적 모형'을 획득하게 해 주는 과정이라고 정의할 수 있다. 그리고 교육은 사회적으로 권위를 부여 받은 대표 기관이 교육이 아니면 제공해 줄 수 없을 것으로 보이는 지식을 의도적으로 갖추어 줌으로써 피교육자가 어떤 종류의 역할과 자아를 형성할 것인가를 결정하는 것을 도와주는 과정이라고 정의될 수 있다(보그랑드 1997: 389).

보그랑드는 이 장에서 사회화와 교육의 장에서 담화가 작용하는 기제를 탐색한다. 위에서 정의한 바와 같이 사회화와 교육은 개인의 사회적 역할과 자아를 조화롭게 형성할 수 있도록 조력하는 과정이어야 함에도 불구하고 실제로 그것은 평등과 유대를 증진시키기보다는 불평등과 지배를 정당화해 왔으며 개인의 사회적 역할과 자아를 분열시켜 왔다는 것이다. 그리고 그러한 이율 배반은 의식적이든 무의식적이든 이데올로기와 결합된 담화의 부당한 실천에 의해서 고착되어 왔다고 진단한다.

그는 특히 교육의 문제에 많은 지면을 할애하고 있는데 이것은 그가 교육을 현대 사회의 모순의 축소판으로 봄과 동시에 교육이 아니고는 그러한 모순을 해결할 수 없다는 견해를 가지고 있는 것이 아닌가 하는 판단을 하게 한다. 실제로 그는 교육의 판도를 근본적으로 개혁하기 위한 진보주의적이고 생태학적인 대안을 제시하고 있다.

7.1. 사회화와 교육의 모형

보그랑드는 사회화와 교육의 주요한 문제가 현대 사회의 '포괄적 이론 대 배타적 실천 간의 기본적 이율배반'에 있다고 본다. 이론상으로, 사회화 및 교육의 이익은 모든 시민에게 평등하게 열려 있다. 그러나 실천상으로, 대다수의 사람들에게는 극히 제한적인 접근이 허용될 뿐이다.

이러한 상황이 어떻게 전개되었는지를 탐색하기 위해서, 그는 사회화와 교육을 두 개의 '적응적 행위 공간'으로 정의한다. 일상적 경험에서 볼 때, 생명 체계로서 개인의 진보는 목표(goals)의 추구에 의해서 측정된다. 진화에 관한 생태주의의 모형은 어떤 목표가 달성되는지 여부뿐만 아니라 목표의 추구와 달성이 '지속 가능한 삶에 대한 사회적이고 교육적인 진보'로 간주되는지에 대해서도 기술하고자 할 것이다.

여기에서 보그랑드는 목표의 달성을 진보 또는 퇴보로 평가할 수 있게 하는 주요 전략들을 단기적 전략 대 장기적 전략, 대립적인 전략 대 협동적인 전략, 파괴적인 전략 대 건설적인 전략의 세 가지 매개변수로 구분하여 살펴본다. 여기에서 사회적이고 교육적인 진보는 '목표를 추구하는 행위와 시나리오를 단기적, 대립적, 파괴적 전략으로부터 장기적, 협동적, 건설적인 전략으로 수정하는 것'으로 정의된다.

이론상으로, 이러한 '진보'는 사회화 및 교육으로부터 동시에 결과하는 것이라야 한다. 그러나 실제로는 그 결과는 공평하지 않고 신뢰할 만하지 않다. 사람들을 사회화하는 것은 그들이 자신들의 역할을 가장 잘 인식하고 이해하도록 도와주는 것뿐만 아니라 열악한 조건 속에서도 자신의 목표를 추구하도록 용기를 북돋울 수 있다. 마찬가지로, 사람들을 교육하는 것은 그들에게 권한을 부여해야 하며, 지식을 제공하고 장기적이고 협동적이며 건설적인 전략을 뒷받침함으로써 그들에게 '사회적 이동가능성'을 제공해야 한다.

보그랑드는 소위 '사회 문제'라고 하는 것은 이러한 모순에서 비롯되는 것이라고 본다. 폭력, 탐욕, 반감과 어리석음은 분명 퇴행적이고 소외시키는 적응 전략이다. 모든 생명 체계가 목표 지향적이며 문제 해결적 작동을 위하여 설계되었다는 점에 주목한다면, 사람들이 그것을 피할 수 없기 때문에 또는 그것이 치유될 수 없는 악이기 때문에 사람들이 나쁘거나 잘못된 행위를 한다고 말해 버리는 대신에, 나쁘거나 잘못된 행동을 그 행동주가 강하게 바라지만 좋거나 옳은 행동으로 그것을 달성할 수 없는 목적을 향한 소외된 계획 단계라고 말하는 것이 좋다는 것이다. 사회적이고 교육적인 진보는 폭력이나 반감과 같은 '사회적 문제들'을 사라지게 할 수는 없으나 사람들로 하여금 삶의 문제에 대한 해결책을 마련하고 실현할 수 있는 전략을 펼칠 힘을 부여할 수 있다. 그 경우 그들은 자신들의 행동이 가져 올 결과와 대안들을 더 넓게 관련짓고 이해하기 위한 건강한 관점을 얻게 될 것이다. 그리고 사회화 및 교육을 위한 생태학 프로그램은 그러한 권한 부여를 위한 담화의 전략과 실천을 개발하는 데 참여할 수 있다.

7.2. 현대화와 다문화주의

현대 사회는 과거 그 어느 때보다도 더 복잡하고 다양하고 전문화된 사회이다. 그런데 현대인은 공동체 내에서 사회적 역할과 개별적 자아 사이의 관계를 연결짓지 못하고 있다. 이러한 연결의 실패 다시 말하면 소외는 현대화의 가장 위험한 사회적 질병으로 평가할 만하다. 복잡하고 전문화된 현대 사회에서 적용하기 위하여 개개인은 필사적으로 자신의 자원을 소모한다. 그러면서도 반복적이고 소외되고 분편화된(fragmented) 일을 해야 할 때 사람들은 단기적이고 모순되며 파괴적인 전략으로 문제에 직면하기 쉽고, 진보적인 전략을 신중히 고려하여 실행하기 위한 자원을 결코 자유롭게 사용하지 못한다.

이러한 현대화에 대처하는 두 가지 대안이 존재한다. 진보적인 방침과 퇴보적인 방침이 그것인데, 전자는 전형적인 좌익 이데올로기[38]로서 행위 주체 사이의 합의와 지식 영역에서 수렴을 추구함으로써 연결성을 다시 새롭게 하고자 하며, 후자는 전형적인 우익 이데올로기로서 인종이나 종교와 같이 지나치게 단순하고 눈에 띄는 차이에 의해 정체성이 확인되는 사회에서 전체 집단이나 계층들로부터 건전한 인간의 지위를 억누름으로써 연결성을 부정하고자 한다.

이러한 이중적인 대안은 현대의 기술, 노동 분업, 정보 처리, 민주주의, 교육 등 현대화의 산물에도 전반적으로 확산되어 있다. 가령, 현대의 민주주의는 정부와 국민 사이의 의사소통을 넓히기도 했지만 부유한 특정 집단의 이익에 봉사하는 더 효율적이고 사악한 시장이 될 수도 있다. 그리고 이러한 이중성을 포스트모더니즘 운동이 물려받고 있다. 포스트모더니즘은 불확정성과 불확실성에 근거하여 나름대로 의기양양함을 드러내는 것에서부터 여성과 소수 민족 등 무시당하고 억압받는 사회 집단에 대해 급진적으로 민주적 권한을 부여하는 것에 이르는 넓은 계획에 대한 명칭으로 쓰이고 있다. 이러한 이중성은 단일문화주의와 다문화주의 사이에도 존재한다. 전 세계적인 범위에서 볼 때에 중심국들은 자국 내 점증하는 다문화주의의 요구를 수용할 준비가 되어 있지 않으며, 국제적으로는 다국적기업을 앞세워 주변국가들에서 경제적 이익을 창출해 내고 있다.

보그랑드는 현대화되고 다문화주의가 확산되고 있는 사회에서 텍스트 과학은 희생자를 희생시키는 자로, 인권 옹호자를 악한 음모자로 전도시킴으로써 세계를 혼란시키는 퇴보적인 신 우익(New Right) 담론을 탈신비화하고 나아가 진보적인 담론과 협동적이고 건설적인 상호작용을 위해 더욱 효과적인 전략을 개발해 나가야 한다고 주장한다. 물론 그가 이러한 전략이 널리 받아들여질 것이라고 확신하는 것은 아니다. 다만 그는 이러한 전략이 자유와 평등이 모든 사람에게 의미가 있다는 확신을 품은 이들의 지성과 재능을 결합하는, 학제적 생태주의 프로그램에 의해 명백히 개발되어야 하리라는 전망을 조심스럽게 제시한다.

7.3. 교육의 '위기'

지난 수십년 동안 사람들은 '교육의 위기'를 진단하고 공론화해 왔다. 그럼에도

---

38) 보그랑드는 좌익 이데올로기와 우익 이데올로기로 이데올로기의 양 극단을 구분한다. 좌익은 인간의 권리가 실제로는 불평등을 유발할 수 있는 사회적 조건을 만들어 냄에도 불구하고 이론적으로는 평등하다고 주장하며, 우익은 인간의 권리가 이론과 실제 모두에서 배타적이고 불평등하다고 주장하는 이데올로기라고 본다.

불구하고 그 '위기'가 어떻게 생겨났는지 또는 그것이 어떻게 해결될 수 있는지에 대해서는 일치된 견해가 없다. 대개는 그 위기를 '속죄양 만들기'라는 아주 단순하고도 이율배반적인 설명으로 표현해 왔다. 즉, 행정가들은 '학문적 식견이 없고', 교사들은 '기초를 포기하고 있으며', 학습자들은 '게으르다'는 등등의 설명 말이다.

그러나 위기는 '현대화된 사회에서 문화적 다양성에 대한 퇴행적 반작용', 그리고 특히 '관계짓기의 실패 또는 관계짓기에 대한 거부'의 당연한 결과이다. 현대화로 인해 학습자 집단은 극히 다양화되어 왔음에도 불구하고, 학교 체계는 획일화되어 있었거나 획일화하려는 시도를 꾸준히 계속해 왔다.

이러한 위기에 대한 진단은 이데올로기적 노선을 따라 분할된다. 자유주의자와 보수주의자들은 모두 획일화를 추구하지만 그 방법은 아주 다르다. 보수주의자와 자유주의자는 교육 위기에 대한 해결책으로 '더 수준 높은 기준(higher standard)'을 고려한다. 그러나 보수주의적 의제에서, '더 수준 높은 기준'이란 입학을 제한하고 교육을 공학과 산업 생산 발달과 같은 영역에서 전문적인 내용에 대한 효과적인 습득과 정확한 보유라고 정의를 내린다. 그러나 자유주의적 의제에서는, '더 수준 높은 기준'이란 더 많은 학습자를 위하여 더 상위의 소수의 능력을 보증하는 것을 의미한다. 이러한 프로그램은 모든 내용을 학습하는 것을 견고하게 지원하는데, 이것은 과학에서나 인문학에서나 체계적인 맥락에서 그것을 그 선행 지식과 그 잠재적 유용성으로 관계짓게 된다. 대안적 문화 프로그램은 전개되는 교육과정 내에서 풍부해지고 좀더 통합된다.

교육적 의제에 대한 경쟁에서, 보수주의 진영은 그들의 단기적이고, 대립적이며, 파괴적인 전략을 통하여 많은 이득을 보았다. 그들의 의제는 더 쉽고, 단순하며, 비용이 싸다. 반면에 교육에 대한 자유주의 진영의 의제는 더 어렵고, 복잡하고, 비용이 많이 든다. 그러나 자유주의적 의제는 그 장기적, 협동적, 건설적 전략으로부터 많은 장점을 가지고 있다.

보그랑드는 생태주의자의 텍스트 과학은 교육이 지식에 대한 접근의 기능을 최고의 수준에서 발휘할 수 있도록 돕지 않으면 안 된다고 주장한다. 텍스트 과학은 의미에 대한 이데올로기적 경쟁이 개방적으로 협상되는, 그런 진보적 생태주의자의 담화를 지원하는 공간을 만들어내기 위한 다중적 과업에 개입하지 않으면 안 된다는 것이다.

7.4. 교육의 '현대화': 설계의 진화

포괄적인 이론 대 배타적인 실천 간의 근본적인 모순은 성공과 실패에 있어서 불평등을 산출하는 반면에 방법과 표준에 있어서 획일성을 부과하라는 명령으로 학교에 굴레를 씌우게 되었다. 이 명령은 학습자들이 매우 획일적일 때에는 위압을 주기에 충분했으나 현대화와 다문화주의가 깨어나 그들의 다양성이 첨예하게 대두될 때에는 효력을 발휘하기 어려웠던 것이 사실이다. 위기는 학교 교육이 그 표준을 포기했기 때문이 아니라 역사적, 사회적, 경제적 변화의 흐름에 반하여 그러한 표준을 보존하려고 했기 때문에 발생한 것이다.

보그랑드는 현대의 교육의 경향을 한 마디로 형식주의와 결부지어 설명한다. 그에 따르면 현대의 교육에서는 개별 과목 분야의 내용이 무엇이든지 간에, 성공과 실패의 결정적인 요인은 형식을 재생산하고 조작하기 위한 과제를 수행하는 일이다. 특히 교과서에서 언어 자료와 수학 자료들이 그러하였다. 그리고 형식주의는 언어학적이고 수학적인 기능을 요구하기 때문에, 이것들은 학교에서 받침대의 자리에 놓이게 되었다. 그런데 이러한 언어적 수학적 기능의 학습은 중류층 이하 학생들이 결코 상류층의 학생들보다 더 잘 할 수 있는 것이 아니었다.

공교육은 사회적 지위와 상관 없이 교육을 받는 사람은 누구에게나 사회의 보상을 받을 수 있는 능력주의 사회라는 '자유주의'의 이상의 주춧돌로 의도되었다. 그러나 포괄적인 이론 대 배타적인 실천 간의 근본적인 모순 때문에, 불평등을 효과적으로 생산하고 합법화하는 방법은 그 참여자가 의도하는 바와 상관 없이 그렇지 않은 방법보다 교육의 진화 과정에서 살아남을 가능성이 더 많았다. 만일 교육의 공식적인 이상이 어떤 문화권에서 온 아이들이라도 근면함과 소질이 있는 한 평등한 기회를 얻게 하는 것이라고 한다면 그 실제적인 실천은 더 힘있는 주류 문화에 더 유리하게 불평등한 성공이 이루어지도록 지속적으로 적응해 왔다고 할 수 있다.

교육적 형식주의의 기저에 있는 교의는 다음과 같은 내용을 포함하고 있는 것으로 지적된다.

> (a) 지식은 일련의 간단한 에피소드를 통하여 가장 효과적으로 획득될 수 있다.
> (b) 각각의 에피소드는 질문과 대답으로 공식화된 검사로 귀결되어야 한다.
> (c) 각각의 질문이나 문제는 정확하게 하나의 답이 있어야 한다.
> (d) 정답 대 오답 간의 차이는 항상 결정적일 수 있다.
> (e) 이러한 차이는 노력하는 사람이라면 모든 교사와 학습자들에 의해서 분명하게 이해될 수 있다.
> (f) 정답을 극대화하고 오답을 극소화하는 것은 성취도와 소질의 가장 정확하고 공정한 측정법이다.

(보그랑드, 1997: 415)

이러한 교의를 명료하게 언급하는 것은 그것들을 정당화하는 것이 얼마나 어려운

가를 바로 보여준다. 인간적으로 관련성 있고 흥미로운 질문과 문제들이 단 하나의 정답을 갖는다는 것은 매우 어려운 일이며, 정확성에 대한 기준은 모호할 수 있다. 이미 교사나 교과서를 통하여 알고 있는 바 정답을 제시하는 처리 과정은 지적인 소실에 대한 빈약한 표지에 지나지 않는다. 잘 해야, 그것은 근면함, 복종심, 그리고 학교 밖에서는 거의 유지되기 어려운 정답 대 오답 간의 전문화된 까다로운 구별을 위하여 신뢰할 만한 의의가 있을 뿐이다.

형식주의 교육은 20세기 초, 전문화된 지식이 여전히 별로 많지 않았을 때에는 효과가 있었을지 모른다. 오늘날, 지식의 양은 놀라울 만큼 많아졌다. 현대 서구 사회가 과거 그 어느 때보다도 더 확장적이고 전문화된 지식을 구가하고 있는 바로 이 때에 대다수의 사람들은, 주류 문화를 포함하여, 어떤 의미있는 표준에 의해서도 '잘 교육받지' 못하며 그들이 그 지식을 일상적인 삶에서 사용하지 못하며 최근의 과학과 기술에 대한 주요한 통찰을 이용하지도 못한다.

보그랑드는, 위기에 대한 유일한 진정한 해결책은 사회 집단, 문화, 방언, 학습 방식, 개인적 힘 등에서 '다양성을 받아들이고 통합하는 것'이라고 본다. 그럴 때에만 '현대주의와 다문화주의가 이미 인간의 지식과 사회에 가져 온 다양성은 교육의 설계와 내용에 지지적으로 중계될 수 있다.' 그리고 그럴 때에만 학습자들은 자신들의 잠재력을 활성화하고 진보적이고 협동적이며 구성적인 방법을 개발하여 나중의 삶에서 지식을 사용하고 공유하게 될 것이다.

그리고 이러한 해결책은 모더니즘과 포스트모더니즘의 진보적인 해석을 통합하는 교육적 기능주의(functionalism)라는 용어로 요약된다. 학교 교육은 지식들 간의 풍부하고 역동적인 상호작용을 이용하고 새로운 지식을 접근하고 구성하기 위한 전략을 뒷받침하게 될 것이다. 그 구성의 과정은 교사와 교과서에 의해서 선점(先占)되기보다는 학습자들 사이에서 공유될 것이다. 학생들의 소질은, 지식을 개인적인 장점, 학습 방식, 지능의 다양한 양태 등을 인정함으로써 관련성 있는 규준 하에서 진정으로 보상을 받을 것이다. 그리고 교육은 참여자들이 적절한 전략을 적용한다면 모든 지식은 의사소통될 수 있을 것이라는 가정 하에 의사소통에 다시 한번 집중할 것이다. 그러한 전략을 기술하고 그것들을 우리의 야심에 적용함으로써, 텍스트와 담화의 과학은 교육의 개혁에 능동적인 역할을 할 것이다.

7.5. 교육 연구

미국의 교육 연구는 20세기 초에 독립적인 학문으로 통합된 이래 두 가지 실패를 겪은 것으로 진단된다. 하나는 행동주의 방법론이고 다른 하나는 표준화 검사로 알려진 교육 운동이다. 이 둘은 모두 이론 없는 실천의 대표적인 사례로서,

1960년대의 인지 혁명(cognitive revolution)이 대두된 이후 심각한 비판을 받게 되었다.

인지 혁명은 '사고'와 '정신적 과정'과 같은 개념에 대한 연구에 과학적 신임을 부여하였고 그 영향으로 교육 연구는 대안적이고 더 풍부한 지식의 모형을 개발하려는 비판적 프로그램으로 옮겨가게 되었다.

교육 연구는 행동적이고 인지적인 자원의 제약이 학습에서 어떤 역할을 하는지를 탐색함으로써 진보하게 되었다. 이 자원은 '적성과 지성'이라는 안정된 개별적 요인들보다 훨씬 더 풍부하게 실제 수행을 제어하는 것으로 확인되었다. 그러나 현대의 교육 실천은 확실히 학습자에게 과도한 인지적 부담을 강요하고 있다. 이런 상황에서는 학습자의 인지적 자원이 개인의 능력 차이를 노정하게 된다. 말하자면 사회적으로 보장 받은 학습자는 '부지런하고' '지능적으로' 보인다. 반면에 사회적으로 보장 받지 못한 학습자는 '게으르고' '어리석어' 보인다. 교육에서의 이러한 설계와 실천은 어떤 음모에서 비롯된 것이라고 할 수는 없지만 성공과 실패의 비뚤어진 척도를 바꾸지 않은 채 교육을 확장하고 현대화하는 것에서 발생하는 모순을 안고 있다. 다양화된 학습자 집단에 형식주의적 정확성이 강요되는 한, 학교는 일부 아동들을 수행과 개발로 이끌어가기도 하지만 반면에 대부분의 아동들을 저수행과 저개발로 이끌어 가기도 하였다.

여기에서 보그랑드는 다시 한번 '교육의 위기'가 어떻게 진화의 자연스러운 결과가 되었는지를 보여준다. 오늘날의 교사와 학생들은 무능하지도 의지가 빈약하지도 않다. 대신, 그들은 '생태학적으로 불건전한 역할'을 수행하는 데 몰두해 있다. 그것은 불평등을 생산하는 획일성을 전개하고 적당한 이론 없이 실천을 하는 직업주의의 전개에 의해서 부과된 것이다. 똑같은 직업주의가 학교로 하여금 교수와 평가에 있어서 획일적인 형식주의 구도로부터 벗어나오지 못하게 하고 '표준을 희생시키는' 데 대한 혐의를 제기하도록 하고 있다. 따라서 혁신은 진화에 의해서 다시 제거되기 쉽다. 그리고 그것은 진정으로 성공과 실패의 척도를 일반화하라는 명령으로부터 보호된 특별한 환경에서만 진정으로 성공할 수 있다.

자원의 제약 내에서 활동할 시나리오를 개발하는 것은 학습자들로 하여금 관습적인 방법 하에서보다 더 많은 진보를 가능하게 할 수 있다. 담화적, 인지적, 사회적 추이는 다양성과 창의성을 무력화하는 것이 아니라 환영하도록 진보적 양식 내에서 조화된다. 보그랑드는 자신의 관점을 다음과 같이 요약한다.

> 우리의 모토는 교육과정을 가장 전통적인 형식주의로 환원하는 것에 불과한 '기본으로 돌아가자!'라는 주장 대신에, '진정한 기본으로 전진하자!'가 되어야 한다. 이는 지식에 접근하고 지식을 연결하고 조직하는 기본적인 전략으로 나아가는 것을 의미한다(보그랑드 1997: 423).

7.6. 행위, 인지, 언어: 새로운 우선순위

교육은 오랫동안 행위와 인지가 의존적으로 연결되어 있다는 것을 당연시해 왔다. 교육과정, 수업 계획, 그리고 교실 활동은 모두 학습자로 하여금 무언가를 하게 함으로써 무언가를 알게 한다. 나중에, 학습자는 자신이 알고 있는 것을 분명하게 증명하는 무언가를 함으로써 평가를 받는다. 가드너(H. Gardner)는 그것을 '언어적 렌즈'라고 부른 바 있다. 이러한 틀은 매우 편리하며 친숙해서 우리는 행위, 인지, 언어가 결정적인 대비가 되는지 거의 의문을 제기하지 않는다. 어떤 대비는 분명히 다음 표와 같이 매개변수를 따라 행위와 인지에 적합한 것으로 보인다.

행위	인지
눈에 띄는	눈에 띄지 않는
인과적인	비인과적인
양적인	질적인
실제 시간	심리적 시간
임시적인	영속적인
제어 가능성이 큰	제어 가능성이 적은
직접 검사	간접 검사

행위는 눈에 띄고, 인과적이며, 양적이고, 제어 가능하고, 검사 가능하기 때문에 교실 실천의 주목을 끈다. 이와는 대조적으로, 인지는 학습자들이 과제를 적절히 수행한다면 그들은 할 줄 알기 때문에 인지에 문제가 없거나 우리가 그것이 작동하는 것을 볼 수 없기 때문에 다룰 수 없는 것처럼 보인다.

이러한 틀에서 '말하기'와 담화의 역할은 무엇인가? 지금까지 '말하기'를 행위와 인지 간의 주요한 가교로 보아 온 배경은, 말하는 것은 하는 것보다 좀더 상세하고 정교하며 아는 것이나 생각하는 것보다 좀더 잘 제어된다는 것이었다. 그러나 담화는 '자료가 매우 풍부하기' 때문에 그렇게 눈에 띄고 인과적인 것은 아니다. 보그랑드의 가정은 담화가 행위와 인지를 생산적으로 중재할 수 있으나 그것은 전략적으로 설계된 조건 하에서만 그렇다는 것이다. 교육은 담화가 행위적 인지적 자원 제약 내에서 몸과 마음이 효율적이며 효과적으로 기능하고 상호작용할 수 있도록 도와줄 수 있는 조건을 제공하지 않으면 안 된다. 그렇지 않으면, 학습자들은 자신들이 알고 있는 무언가를 분명하게 표현하지 못하거나 자신들이 피상적으로 말하는 바의 의미를 깊이 생각하지 않을 때에는 오도될 수 있다. 이러한 관점은 폴라니(M. Polanyi)의 '인격적 지식(personal knowledge)'의 개념과 상통한다. 인격적인 지식 속에는 언제나 명료화할 수 없는 '암묵적 차원(tacit dimension)'이 있으며, 그것은 객관적으로 실증할 수 있는 것이 아니라고 본다(장상호, 1994: 29).

우리는 인간이 각자의 방식으로 질료를 자료와 통합하는, 인간의 몸과 마음의 상호 진화의 통합된 모형을 얻을 필요가 있다. 아동기와 청년기 동안, 질료적인 몸은 풍부한 생물학적 자료장을 통하여 발달한다. 생물학적 제어가 퇴행하는 성인기에는 다른 제어가 생물학적 적합성을 유지하는 데 개입함에 틀림없다. 현대 사회에서는 육체 노동의 가치가 점점 줄어들고 있으며 그것을 자유롭게 사용할 때만 힘이 길러지는데 그것은 몸 가꾸기(body building)로 형상화된다.

현대 사회는 이제 몸 가꾸기는 인정하지만 마음 가꾸기(mind building)를, '미약한' 분야를 목표로 삼아 개발하는 동등한 전술로 보는 데는 속도가 느리다. 보그랑드는 다음과 같은 비유를 들어 이러한 문제점을 꼬집어 말한다.

> 자신들이 수학이나 글쓰기를 위한 머리가 없다고 믿는 대부분의 사람들은 단순히 그러한 활동을 회피한다. 이것은 마치 살이 축 처진 사람이 운동이 힘들다고 하지 않는 것과 같다(보그랑드 1997:426).

마인드빌더에게는 어려운 문제와 모호한 주제는 분명히 자신의 지식 전략을 새로운 영역에 확장하고 더 풍부하게 연결짓는 동안 생각해야 하는 것들이다. 그리고 지식을 제어하고 변형시키는 가장 능동적이고 정확한 수단은 담화에 의해서 제공된다.

자신의 몸과 마음 '가꾸기'를 제안하는 것은 그것들이 나이가 들고 결국에는 죽음에 이르는 생물학적 결정론을 따른다는 것을 부정하려는 것은 아니다. 오히려, 그것은, 그러한 결정론의 한계 내에서, 자신이 도전에 직면하고 개인적 불충분함을 극복하는 데 있어서 좀더 많은 노력을 기울임으로써 자신의 삶의 질을 결정적으로 향상시킬 수 있다는 것을 제안한다.

7.7. 학교 교육에 대한 낡은 구도와 새로운 구도

이제 관습적 학교 교육의 낡은 구도와 새로운 구도 사이의 대비를 탐색해 볼 때이다. 보그랑드는 이 문제를 다음 일곱 가지 하위 주제로 구분하여 도식화한다. (1) 사회적 기능, (2) 학습자를 보는 관점, (3) 내용과 방법의 설계, (4) 평가, (5) 상호작용의 방식, (6) 담화의 역할, (7) 시간 차원[39]

그는 새로운 구도가 통합적으로 실천될 때에만 의미가 있다고 본다. 사실 교육

---

39) 암시적인 낡은 경향과 명시적인 새로운 우선순위의 자세한 대비는 보그랑드(1997: 427)를 참고할 것.

을 개혁하려는 과거의 시도는 항상 그것들이 기본적인 틀을 보존하고 미세한 고립된 변화를 꾀했기 때문에 실패로 돌아갔다. 과거에는, 교육 과정이 여러 이해 집단의 요구를 반영하여 짜깁기되었는데, 이것은 이론이 없는 실천일 뿐이었다. 그 불가피한 결과는 교육의 위기로 귀결되었다. 여기에서 보그랑드는 교육의 미래는 사회 속에서 인지와 의사소통의 학제적인 생태주의 모형에 견고하게 근거를 둔 통합된 진보적 교육과정에 달려 있다는 견해를 피력한다.

그러한 교육과정은 어떤 세부적인 모습을 띨 것인가? 현대화에 대한 반작용으로, 그것은 아는 것, 하는 것, 말하는 것의 훨씬 단순한 고전적 삼각구도의 '후기 고전적' 계승자인, 인지적, 사회적, 담화적 양식 사이의 상호 연계성을 전경화하는 적응적 행위 공간을 제공해야 한다. 보그랑드는 지식과 언어는 눈에 띄는 행위에 못지 않은 행위의 양식으로 인지되고 관리되어야 한다고 본다. 그에 따르면 새로운 학교 교육과정은 상호작용과 의사소통에 전략적으로 초점을 맞추어야 한다. 그리고 각각의 교과 영역은 이러한 하나의 양상으로 파악되어야 한다. 모든 교과목에서, 학습자들은 주제들을 능동적으로 탐색하고 개별적인 프로젝트와 공동 프로젝트를 개발할 것이다. 그리고 그 전개 결과는 최상의 수행을 산출하며 협동의 장점을 평가하는 것이 될 것이다. 처음에 각각의 학습자의 단계를 대비함으로써 등급을 부여하고 과정의 끝에는 개별적인 성취를 강조하면서 소외시키고 대립적인 경쟁의 측면들을 제거해 나갈 것이다. 단기 과제와 기계적인 실천들은 이성적으로 '지능적인' CAI(Computer Aided Instruction) 수업으로 이양될 수 있다. 이것은 스트레스를 주지 않고, 사적이며, 개인적으로 보조가 맞추어진 학습자를 위한 피드백을 제공하고 교사의 업무 부담을 줄여줄 것이다. 교사들은 자신들의 방법과 자료를 적응시킬 시간이 필요한 사람들이다.

초등학교와 중등학교 수준에서, 새로운 커리큘럼 하에서 일반 교과는 다음과 같이 제안된다.

(A) 일반 지식에 관한 의사소통⇒사회문화, 일반사회, 윤리, 역사, 보건
(B) 전문 지식에 관한 의사소통⇒과학, 수학
(C) 모어 의사소통
(D) 기타 언어 의사소통
(E) 창조적 상호작용
(F) 오락적 상호작용
(G) 직업적 상호작용

(보그랑드 1997: 435)

(C) 분과를 예로 들어 보그랑드의 구상을 좀더 자세히 살펴보자. (C) 분과에서는 '화법', '저널리즘'과 나란히 '작문'과 '문학' 같은 교육과정의 '모어' 부분을 흡수

하여 일반적인 의사소통적 포럼의 변형되고 확장된 틀에 편입시킬 것이다. '문법'이나 '문장 구조'와 같은 형식적 관심사는 직접적으로 일련의 전문적 용어를 사용하여 기능적 접근법 내에서 맥락화될 것이다.40) 내용은 부분적으로는 같은 학습자들이 교육 과정 내 어디에서나 가령 (A)나 (B)에서 널리 접할 수 있는 화제들에서 부분적으로 선정될 것이다. 그리고 그것들은 용어와 개념들과 더불어 어떤 문제든지 토론하고 해결할 것이다. 그리고 부분적으로는 다양한 문화 속의 인간의 삶의 더 넓은 맥락에서 선정될 것이다. 따라서 초점은 용법의 형식적 세부사항으로 선점된 교사 중심에서 담화를 사용하여 학교 안팎의 지식에 접근하는 기능적 전략을 활성화하는 학생 중심으로 이동할 것이다. 이렇게 함으로써 학습자들은 자신들의 언어가 주류의 '표준적' 문어에만 국한되지 않는다는 것을 알게 되고, 언어적 다양성과 대안적 문화에 대한 편견을 덜 갖게 될 것이다.

모어 교육에서 통상 한 범주 안에서 다루고 있는 '문학' 교육 가운데 창작 활동과 관련된 것은 보그랑드의 분과 개념에서는 다른 예술 분야와 마찬가지로 (E) 분과에서 다룰 수 있는 것으로 제안되고 있다.

보그랑드는 이 새로운 교육 과정을 '비실제적'이라고 부르는 것은 역동적인 변증법으로 이론을 실제와 다시 결합하기 위한 그것의 해결책을 간과하는 것이라고 말한다. 낡은 체계를 변화시키는 것은 비용이 너무 많이 들기 때문에 새로운 커리큘럼을 '비현실적'이라고 부르는 것은 사회에서 힘을 가진 이들이 젊은이들과

---

40) 보그랑드(1997: 480)는 모어 교육에서 '학습자의 문법'은 화자가 자신의 언어로 무엇을 할 수 있는지의 관점에서 그 범주를 확장해야 한다고 주장하면서 '주어'와 '서술어'의 개념을 학습하는 과정을 다음과 같이 예시한다.

[1] 하트 잭이 파이를 훔쳤다.

[1a] 누가 파이를 훔쳤나요? ⇒ 서술어: 파이를 훔쳤다. 주어: 하트 잭이

[1b] 어느 여름 날, 하트 잭이 파이를 훔쳤다.

[1c] 누가 어느 여름 날 파이를 훔쳤나요? ⇒ 서술어: 어느 여름 날 + 파이를 훔쳤다. 주어: 하트 잭이

우리말의 경우, 문장 성분을 파악하는 데 있어서 '조사'나 '어미'가 중요한 역할을 할 수 있다는 점에서 영어와 차이는 있지만, 보그랑드가 제시하는 바와 같은 기능적 접근법이 문법 용어들을 개념적 설명과 예시로 가르치는 것에 비해, 학습자의 특정 수준에서 의사소통과 관련하여 더 효율성이 있을 것으로 판단된다.

김광해(1997)에서도 국어지식 교육에 탐구 학습의 방법론을 적용하고 있는데, 이는 문법에 대한 보그랑드의 기능적 관점과는 다소 차이가 있지만 언어지식에 대한 '경험'을 중시하고 있다는 점에서 일맥상통하는 점이 있다. 국어 교육에서 '국어지식'은 그 자체로 독자성을 가지면서 동시에 언어 사용에 통합되어야 하는 이중적인 과제를 안고 있다. 그러나 문제는 양자간의 관계 설정 그 자체보다는 '국어지식'의 내포와 외연을 어떻게 규정하고 마련하느냐 하는 것이다. 언어가 언어 자체로서 갖는 제약 외에도 인지적·사회적 제약 아래 있는 것이라면 언어 학습자에게 제공되는 언어 지식은 그러한 제약들을 효과적으로 처리하는 전략에 초점이 맞추어져야 할 것이기 때문이다.

그들의 미래에 대해 투자하는 데 있어서 지나치게 이기적이고 자기만족적이라는 사실을 인정하는 것이다. 실제로 비현실적인 것은 교육 위기가 지시된 표준화 검사와 더 거친 교육과 같은 '신속한 교정법'으로 해결 될 수 있다는 기대이다. 많은 증거들은 이러한 방법이 소외와 저항을 증대시킬 뿐이라는 것을 보여준다.

보그랑드는 다문화주의와 다언어주의를 기꺼이 받아들이면서 지식이 상호작용적으로 접근되고 통합된다는 통찰을 수용한다면 이러한 혁신이 실현될 가능성이 있다고 주장한다. 이러한 과정이, 교육이 어떠해야 하는가에 관한 모든 것이라고 그는 믿는 듯하다.

7.8. 교실에서의 담화

취학 연령이 되기까지, 아동은 모어 학습에서 방대한 진보를 경험한다. 아동의 담화는 그 형식적 체계-음운, 형태, 어휘, 통사적인-에 있어서 어른의 '표준어'에 꼭 상응하지 않고도 의사소통의 관련된 기능적 목적을 잘 수행하게 된다. 아이러니컬하게도, 학교 교육은 그 특유의 형식주의적 접근법 쪽으로 아동의 기능주의적 접근법을 밀어내는 일을 수행한다. 학교 안에서 언어는 추측컨대 '정확'하지만 특유의 목적에 봉사한다. 이렇게 함으로써 세 가지의 장기적인 전이가 일어난다. 첫 번째 전이는 참여자의 역할에서 발생한다. 부모, 형제, 친구의 협동적 고리는 경쟁적인 동갑내기 급우 집단으로 바뀐다. 학습자의 언어는 학습 결과를 측정하는 신호로 간주된다. 두 번째 전이는 담화 진행에 대한 제어에서 나타난다. 참여자들은 더 이상 역동적인 상황을 감시하고 관리하는 것이 아니라 정적인 지식들을 재현하고 재생산할 뿐이다. 세 번째 전이는 아동의 언어와 성인의 언어 간의 대조와 관련된다. 가정에서는 이러한 두 변종언어가 평화롭게 공존한다. 그런데 학교에서는, 그 차이가 아동의 편에서는 결손으로 간주된다.

이러한 세 가지 전이를 통하여, 아동들은 언어에 대한 그들의 기능적 접근이 학교 상황에 부적합하며, 그들이 자신들의 즉흥적인 전략들을 통하여 주로 형식적인 접근법을 배우도록 기대된다는 것을 알게 된다. 학교 교육은 '정확한 사실들'을 명시적으로는 강조하지만, 암시적으로는 사실들을 아동들의 언어 형식을 모니터하는 구실로서 다룬다. 이것은 지식을, 교사나 교과서와 같은 권위의 정확한 언어적 표현을 되풀이하여 말하는 것과 동일시하는 형식주의의 반영이다.

교수 학습의 운영에서 언어의 중심성이 1960년대 후반과 1970년대에 잘 인식되었을 때에, 교실 언어와 담화에서 쟁점과 문제는 더 면밀하게 연구되기에 이르렀다. 이 연구들 가운데 비교적 초기의 것은 싱클레어(J. M. Sinclair)가 주도한 '담화 분석(discourse analysis)'이다. 이것은 담화를 엄격하게 언어적인 것이라기보다는 주로 상호작용적 범주로 분석해 냈다. 연구 결과는 벽돌 쌓기를 지향하는 관습적인 '저장식' 교육이 담화에서 어떤 결과를 가져왔는지 명백하게 보여주었다.

보그랑드는 이러한 연구들에 의해 기술된 교실 담화는 전체 교육 과정이 7.7에 그려진 것과 같은 방향에 따라 바뀌지 않는 한 교사로부터 학습자에 이르는 제어를 바꾸지 못할 것이라고 본다. 의사 소통과 상호작용에 전체 학교 경험의 중심을 맞추고 있는 교육과정은 학습자들 사이에서 즉흥적이고, 개방적인 담화를 위한 가장 풍부한 기회를 제공할 것이다. 이것은 한 학습자에 의해서 마지못해 이루어지고 교사의 무브에 의해서 꽉 짜여진 고립된 짧은 되풀이말하기와는 다르다. 어린 아동들조차도 그들이 관련되어 있고 흥미가 있는 화제나 목적을 선정하는 것과 같은 일을 통하여 일시적인 담화의 기능을 자유롭게 제시하고 그 담화를 관리하도록 허용된다면 자신들의 최상의 모습을 보여줄 수 있다.

7.9. '모어' 교육과 문식성

보그랑드는 '교육의 위기'를 '문식성의 위기(literacy crisis)'와 관련지으면서 모어 교육에서 문식성의 문제를 심도 있게 검토한다. 그의 책에서 50쪽 이상의 지면을 할애하면서 그는 미국에서 영어 교육이 형식주의 교육의 영향 아래 학습자들을 어떻게 오도해 왔는지를 지적하면서 그 대안을 밝히고 있다.[41]

그는 모어 교육에서 문식성의 문제를 읽기와 쓰기로 대별하고 다시 쓰기에서는 기초적 쓰기, 문법, 작문, 문학과 관련하여 고찰하고 있는데, 이러한 구분법은 미국에서 읽기에 대한 연구가 교육학과, 심리학과, 교육 심리학과를 중심으로 이루어지고 있고, 쓰기에 대한 연구는 영어 영문학과를 중심으로 이루어지고 있는 것과 무관하지 않다. 전자는 행동주의, 심리주의, 인지주의의 영향을 강하게 받으면서 낙관적이고 기계적이며 조작적인 실천을 관습적으로 해 왔으며 후자는 관습에 좀더 의존하면서 언어학과 미학의 영향 아래서 교육학적 방법론을 결여해 온 것으로 평가된다.

그리고 이러한 교육 프로그램들은 학습자들의 퇴행적 적응을 강요하는 결과로 귀결되었다. 보그랑드의 진단에 따르면, 미국에서의 읽기 교육은, '가독성'과 같은 공식을 기계적으로 적용하고, 읽기 기능을 '해독, 지식 습득, 질문과 답변 활동'이

---

41) 좀더 자세한 논의는 보그랑드(1997: 448-500)을 참고할 것. 보그랑드는 주로 미국의 상황을 다루고 있어서 여기에 그것을 자세히 언급할 필요는 없을 것이다. 다만 보그랑드의 텍스트 과학적 구상이 모어 교육에서 어떤 실천적 함의를 갖고 있는가의 문제는 국어 교육 연구자들에는 특히 관심이 가는 부분이다. 그가 제안하는 많은 문제 의식들은 이미 국어 교육 연구자들에게 생소한 것이 아니며 그의 논의보다 더 포괄적이고 진전된 문제 의식까지도 대두되고 있다. 이에 대한 자세한 논의는 지면을 달리하여 하기로 한다.

라는 분절된 형식주의적 기능으로 분해하였다. 그리고 학습자들은 미약한 전술들에 퇴행적으로 적응되었다. 보그랑드는 오늘날 읽기 교육의 과제는 읽기 과정을 좀더 통합적으로 이해하고 학습자들이 자신들의 지식을 통합하고 증가시키기 위한 숙련된 읽기 전략을 전개할 수 있는 환경을 만드는 것이라고 제안한다.

쓰기 교육과 관련하여 보그랑드는 문식성 교육에서 좀더 협력적이고 학제적인 실천이 모색될 필요가 있음을 역설한다. 그리고 이러한 실천의 진보를 위해서는 의사소통의 개념을 둘러싼 전체 교육과정의 재통합이 필요하다는 것이다. 모어 교육이 지식에 접근하고 지식을 생산하는 담화 전략에 힘을 부여하며 그것을 활성화하는 장으로서 재정립된다면, 그것이 언어를 단속(團束)하고 '나쁜' 또는 '잘못된' 어법이라는 낙인을 찍는 오랜 임무는 주변으로 밀려날 것이다. 그리고 문학에서 이러한 지향은 문학을 형식과 사실로서 다루는 데서 문자 그대로 현실의 변증법적 대립항으로서 문학의 창조적인 활동에 학습자들을 참여하게 하는 데로 이동하는 것으로 실현될 것이다.

8. 담화와 '총체적 인간 〔全人〕'

이 장에서 보그랑드는 그 동안 언어에 관한 주요 이론이나 모형에서 최근까지도 무시되어 온 인간 담화의 총체성과 관련된 영역들 즉, 문화, 이데올로기, 성(gender), 정서(emotion)의 문제를 개관한다.

문화는 사회와 사회 집단이 그것의 행동적, 인지적, 그리고 사회적 활동들을 조직하는 총체적인 구조이다. 이데올로기는 어떤 것을 '옳다거나 적절하다거나 자연스럽다거나 정확하다거나 가치있다거나 존경할 만하다'고 합리화하는 인지적·행동적 체계이다. 성은 문화를 통하여 생물학적 성 역할을 정교하게 증폭시키고 상징화하는 원리와 의의(significance)의 체계이다. 정서는 담화를 포함한 인간 행위를 수반하고 흥분이나 좌절과 같은 감정의 변이를 통해 인간 체계의 자료나 질료를 규정하는 본능적 동기와 반응의 체계이다. 보그랑드는 이론이나 방법들을 통합하고 다양화 시키기 위해서는 텍스트 과학의 제분야들을 상호 접맥시키는 것이 필요하다고 보면서 그러한 연구를 위해 필요한 문화, 이데올로기, 성, 정서를 잠정적이면서도 화용론적 기반 위에서 다루었다.

우리는 앞 장에서 펼쳐진 그 통합의 가능성을 교육과 사회화의 측면에서 고찰하였다. 여기에서는 언어 또는 담화가 어떻게 인간의 총체상을 왜곡하거나 회복시키는 데 작용하는지 그리고 텍스트 과학의 위상은 어떻게 설정되는지 살펴보자.

8.1. '현대적' 다양성 속의 담화와 문화

문화 연구를 위한 현장 연구는 언어 제약을 기술하는 언어학과 문화적 제약을 기술하는 인류학 간의 전략적 제휴에 의해서 개진되었다. 문화 연구는 언어 그 자체를 그것의 사용으로부터 분리하여 기술하려는 주류 언어학의 열망에 의해서 혼란에 빠졌다. 형식주의의 지원을 받은 문화 연구는 전형적으로, 정적이고, 추상적이며, 이상화된 모습을 띠어 문화를 역동적이고 구체적인 맥락 안에서의 사회적 실천으로부터 분리 시켰다.

가장 잘 알려진 형식주의적 접근법은 구조주의 인류학이다. 레비 스트로스는 자연과 문화 사이의 두 가지 속성을 제시한 바 있는데, 그에 따르면 자연과 문화의 두 가지 속성은 불에 직접 구운 음식이냐 혹은 끓인 음식이냐의 구분에 의해서 설명될 수 있다. 그는 불에 구운 음식은 외부의 자연 세계에서 온 손님이나 이방인에게 제공된 반면 끓인 음식은 가장 가까운 친척 즉 그 문화 안에서 공존하는 사람들에게 제공되었다고 하였다. 그러나 이러한 설명은 넓은 팬에 얇게 썬 작은 음식을 신속하게 볶아 내는 아시아의 전통은 인구가 밀집한 벌채된 지역에서 연료 부족 때문에 생기게 되었다고 하는 마빈 해리스(1975)의 설명에 의해서 반박된다. 즉 마빈 해리스는 불에 구운 음식이나 끓인 음식이냐의 구분이 레비 스트로스의 설명과 같이 상징적으로 구조화되어 있다기보다는 해당 문화의 특성과의 관련 속에서 이해되어야 한다고 보았다.

주류 언어학과 마찬가지로, 구조주의 인류학은 실천에서 분리된 이론이었다. 문화의 구성원들은 인류학자들이 제시하는 '보편적' 설명을 의식적으로는 인지하지 못한다. 만일 사람들에게 왜 자신들의 종교가 돼지 고기의 소비를 금하거나 어떻게 그들이 굽거나 끓이는 것을 결정하는지를 묻는다면, 그들은 확실히 자신들이 이론적인 의미론적 범주나 이원적 대립항을 준수하고 있다고 말하지 않을 것이다. 왜냐하면 이것은 단순히 실천적 결정을 내리기 위한 기준을 제공하지 않기 때문이다.

최근의 문화 연구는 서구적 설명 양식에 대한 확신을 약화시켰다. 식민주의자들의 태도는 신뢰하기 어렵다는 것이다. 또한, 인류학에 대한 과학적 신뢰감은 그 자료가 약소 민족을 식민화하는 데 도구가 되었다는 인식과 함께 동요되어 왔다. 한번 고립되었던 문화들은 이제 서구인들이 그들에게 받아들이기를 강요했던 현대화에 의해서 극심한 고통을 겪고 있다.

이러한 상황에서, 문화 연구는 중립성과 객관성의 고전적 지위를 포기하고, 현대화되어 왔거나 그렇게 되려 하는 사회에서 제기되는 문제와 모순을 회피할 수 없게 되었다. 문화적 다양성과 인간의 권리에 대한 문화 연구의 암시는 형식적이고 관념적인 문화 기술에 강력한 도전을 제기한다. 사실 음식을 메시지로 해석하는 것은 가령 세계적인 기아 현상을 보는 데 있어서 질료적인 사실을 무시하는 결과를 초래한다.

여기에서 보그랑드는 다시 질료와 자료 간의 핵심적인 이원성을 정교화하는 후기고전적 접근법을 제안한다. '질료장'으로서 문화는 의식주의 기본적 욕구를 충족시킬 물건들을 생산하고 배분하기 위한 전략을 전개한다. '자료장'으로서 문화는 그러한 일들이 무엇을 '의미하는지' 그리고 섭생 또는 의복이 개인의 사회적 지위 또는 집단의 구성원 자격에 대하여 무엇을 '말하는지' 결정하기 위한 전략을 전개한다. '보편적인 원리들'은 그러한 물건들이 항상 생산되고 분배되며 항상 의미있다고 말하지만, 각각의 문화는 그것들이 '적응적 가치'를 어떻게 부과하는지에 따라 이러한 두 가지 과제를 그 자체의 방식으로 해결하고자 한다. 특정한 관습의 가치는 한 문화 내에서 또는 시간과 공간을 가로질러 상당히 다양화될 수 있다. 그러나 장기적인 진화의 과정에서 생존하는 관습은 대개 그것들을 유지하고 그것들이 선호하는 '의미'를 제어하고 개발하도록 권한을 부여받은 사람들을 위한 질료적 가치를 유지한다.

기능주의는 사회를 안정된 유기체로 보는 사회 이론을 거부한다. 사회를 갈등이 없는 기능적 실체로 보는 것은 문화에 대한 비판적 연구에서 제기하는 이데올로기 재생산의 문제를 노정한다. 기능주의는 오히려 '질서' 그 자체를 '문제적'인 것으로 본다. 안정되고 결정된 표층은 지배 대 연대, 권위 대 저항, 단일문화주의 대 다문화주의, 노사 대립과 같은 이원성 내의 유동적인 역동성을 가리게 된다. 이러한 역동성 안에서, 문화적인 것들과 그것들의 의미는 적응을 차별화하기 위하여 다기능적이 된다.

이원적인 기능주의로의 조화된 이동은 이미 체계내적(emic) 관점과 체계외적(etic) 관점 사이의 보편적인 구별에서 발견할 수 있다. 이 용어는 본래 언어학에서 나왔다. 언어학에서 음소적(phon*emic*) 소리의 추상적 체계는 조음되는 가청적 사건 내에서 구체적인 소리의 음성(phon*etics*)과 구별되었다. 이 용어들이 어떻게 문화에 재적용되는가는 논란의 여지가 있는 문제이다. 조작적으로, '에믹'은 내부자의 관점과 연합될 수 있으며 '에틱'은 외부자의 관점과 연합될 수 있다. 또는, '에믹'은 좀더 '자료 기반적'이고 '에틱'은 좀더 '질료 기반적'이다. 또는 '에믹'은 문화 개별적이고 '에틱'은 문화 보편으로서 공유된다. 그러나 이 모든 구별은 문제가 있다. 똑 같은 사람이 어떤 상황에서 내부자의 관점을 가질 수 있으며 다른 상황에서 외부자의 관점을 가질 수도 있다. 보그랑드의 용어로, 사회적 실제는 항상 간주관적이며 간객관적이다.

에틱과 에믹 간의 균열을 신비화하는 것은 이데올로기를 합리화하는 결과를 초래한다. 수세기 동안 식민주의의 에믹적 이데올로기는 제국주의 언어와 문화의 우월성을 주장하면서 식민 지배를 정당화하였다. 이러한 태도는 오늘날에는 결코 상식이 아니다. 비판적 문화 과학은 에믹과 에틱 간의 균열을 탈신비화하고 평등과 인권을 증진하고 대안적 경험의 양식들을 통합하기 위하여 다문화적 실천의 담화들을 합리화하는 것을 도와줄 것이다.

중심국에 의해서 수 세기 동안 폭력적인 간섭과 강탈을 당한 후, 주변에 있는 사회의 상황은 훨씬 더 나빠졌다. 아시아, 아프리카, 남아메리카에서, 다문화주의는 백인 소수 민족의 문화적 오만에도 불구하고 항상 사회적 실체가 되었다. 사실, 식민주의 정책은 동맹을 맺고 저항하는 것을 막기 위하여 언어적 문화적 집단을 가로질러 지리적 구획을 함으로써 다문화적 상태를 명백히 만들어 냈다. 독립 후에는 경제적 결핍, 실업, 가뭄, 군사적 억압이 수 많은 이주민 노동자들과 난민을 상대적 번영의 빈약한 지역을 찾아 보냄으로써 그 패턴은 훨씬 더 다양해졌다. 한편, 중심 국가의 생활양식을 내면화하고 자신들을 재정적으로 지원할 거대하게 편향된 경제를 구성한 토착 엘리트들은 중심국의 문화를 수입하여 자신들을 치장하였다. 그것은 중심국에서보다 엘리트로서의 그들의 지위를 훨씬 더 공고히 하는 것이었다.

8.2. 담화와 이데올로기

사람들은 일반적으로 이데올로기를 정적이고 고정된 것으로 바라보는 경향이 있다. 이러한 생각은 이데올로기를 '고도로 선택적이고 편협한 방법으로 사회나 기초 집단들을 바라보도록 강요하는 것'으로 이해하고 있기 때문에 발생한다. 이데올로기에 대한 이러한 협소한 관점은 정치나 이데올로기를 신비화시키는 경향이 있다.

신비화의 주요 기능은 비평이나 변화로부터 사회적 관계를 보호하는 것이다. 예를 들어 희생자와 가해자를 전도시킴으로써 사회적, 경제적 차별을 신비화할 수 있다. 신비화는 신화에 의해서 부추켜진다. 현대 사회에서 지배적인 신화는 과거의 기억을 현재와 관련시키지 못하게 하고 그것들을 현재에서 추방시키는 것이다. 대표적인 예가 경제적 성장에 대한 신화이다. 이와 관련된 주요한 서사 신화가 바로 '진보'인데, 이것은 인구나 생산의 조절할 수 없는 진보를 합법화하고 경제적 성장과의 직접적 관련성을 신비화시킨다.

현대의 다양화된 이데올로기는 사회적 변화를 수반하며 몇 가지 주요 요소를 조절하기 위한 경쟁을 벌인다. 그 요소란 변화 속도, 공평성, 인간성 등이다. 이러한 요소들을 조절함으로써 이데올로기는 '제어의 원리'를 다루려 노력한다. 어떻게 한정된 자원을 분배할 것인가, 어떻게 인간 권리가 요구되는가, 어떻게 성공이 합법화되는가와 같은 것이 그것이다. 현대 사회에서 이와 관련된 가장 강력한 이데올로기는 다국적주의(multinationalism)다. 거대한 다국적 기업이 전 세계를 단일한 시장 경제로 이끌어 가고 있다. 다국적 기업들은 사실상 기업이 진출해 있는 국가에서 잉여를 창출하고 해당 국가의 자생적인 경제적 성장을 저해하는 역할을 하면서도 마치 자신들이 고상한 목적을 실천하는 이들인 것처럼 사실을 호도하고 신비화하는 데 노력을 기울여 왔다. 그 대표적인 형태가 바로 광고 담화인데, 이들은 전형적으로 추상적이고 막연한 인간의 권리를 '생명, 건강, 자연'과 같은 개량적인 이름 아래 호소해 왔다. 가령, '코닥은 진정으로 다릅니다. 우리는 여러분의 건강을 지켜 드립니다'나 '우리는 생명, 건강, 자연을 지킵니다'와 같은 광고문안이 문자 그대로 광고주의 실천을 표현해 주는 것은 아니다. 이러한 광고는 자신들이 직접적으로 물건에 대한 구매를 호소하는 대신에 보편적 연대감을 제고하는 방식으로 화해의 환상을 조장한다.

텍스트 과학은 담화 속에 내재되어 있는 이데올로기를 비판적으로 분석함으로써 담화의 이해자의 비판적 문식력을 높이는 게 기여할 수 있다. 우리는 여기에서 이러한 분석이 특히 교육의 국면에서 어떤 기제로 적용될 수 있을 것인지에 대해 진지한 고민이 필요한 것 같다. 이데올로기는 단순히 담화로 표현된다는 점에서 언어의 문제이기도 하지만 동시에 세계 인식의 문제이기도 하다. 따라서 이데올로기의 분석은 비판적 세계 인식을 전제로 할 때에만 가능하다고 할 것이다. 그렇다면 교육의 국면에서 학습자들이 어떻게 비판적 세계 인식을 하게 할 것인지가 우리의 의제가 될 수 있을 것이다.

8.3. 담화와 성

사회와 문화의 모든 관계들 가운데서, 남성과 여성 간의 관계보다 더 지속적이고 논쟁적인 담화 화제는 없었다. 대체로, 성(gender)은 원래는 생물학적인 성 역할에서 유래하였으나 다양한 문화에 의해서 정교하게 확장되고, 풍부해지고, 신비화되어 권리와 의무, 신념과 태도의 체계를 의미하기에 이르렀다. 아주 최근까지, 지배적인 담화는 생물학적이고 해부학적인 차이가 인간 권리의 기본적 불평등을 합리화한다는 것을 가정하고 주장하면서 남성을 선호해 왔다. 특히, 우익과 보수주의 이데올로기는 남성들에게 다른 인간의 권리를 이용하도록 권한을 부여하고 마치 여성들이 안전한 창고에 보관해야 할 고귀한 물건이라도 되는 것처럼 그들이 취업과 교육의 기회를 갖지 못하도록 합법화하면서 기사도라는 허울을 내세우기도 하였다. 그렇지만 좌익과 자유주의 이데올로기는 이러한 교의가 사회적 진보에 심각한 장애가 된다는 점에서 그것을 반대해 왔다.

물질적이고 사회적인 면에서 여성의 지위는 많은 진보가 있었음에도 불구하고 현대의 담화적 실천에는 여전히 퇴행적인 성차별주의가 특징으로 남아 있다. 평등의 주창자들은 영어 어휘 문법에서 불특정인에게 남성 대명사를 사용하는 것과 같은 두드러지게 성차별적인 용어법을 개선하는 것으로 만족하기도 한다. 그러나 그러한 용법들을 살피는 것에 지나지 않는다면 우리는 성차별주의를 의식적으로 점검하고 제어할 여지는 거의 없는 것이며 그것이 담화 의제와 경제성의 측면에서 인지되고 점검되지 않은 채 지속되는 한 그것은 아주 미약한 상징적인 가치를 가지고 있을 뿐이다. 여기에서 보그랑드는 성차별주의 담화에 대한 비판적 분석의 필요성을 제기한다.

성차별주의는 그것을 지지하기 위하여 과학주의를 개입시켰다. 그것은 인간 본성에 있어서 보편적으로 또는 태생적으로 남성이 더 우월하다는 것을 합리화하고 신비화하는 수많은 과학적 철학적 저작들을 통하여 이루어졌다. 그러나 그러한 주장들은 단지 배타적인 이론을 생성하기 위한 배타적인 실천으로부터 뒷걸음질 치는 논증일 뿐이다. 반면에 과학에 대한 생태주의적 명령은 포괄적 실천을 지지하고 현대의 근본적 모순을 초월하기 위한 포괄적 이론으로 나아가는 논증을 한다. 현재 실천되는 불평등은 단지 전 세계 인간 사회에서 성 역할의 실제적 다양성과 다양한 질료적 조건 하에서 그 각각의 적응적 가치를 신비화하기 위해서만 단순히 환기되어서는 안 된다.

지금까지 심리학적, 사회학적, 신경학적 연구는 성, 언어 습득, 심리-사회적 발달 간의 상관성을 충분히 연구하지 못한 것으로 평가된다. 이것은 불충분한 자료 예시, 짧은 기간, 빈약한 모형 등과 같은 한계 때문이었다. 클란-델리우스(G. Klan-Delius)는 '언어적 협력과 의사소통적 조정의 기본 능력에서는 지금까지 어떤 성별 차이도 발견된 바가 없다'고 결론을 내린 바 있다. 담화 자료는 성 역할이 생물학적 필연성, 자연 선택, 또는 유전적 프로그래밍에 의해서 본질적으로 결정되는 것이라는 주장을 뒷받침하지 않는다.

여기에서 보그랑드는 담화 분석을 통하여 성 문제에 접근하는 가능성을 보여 준다. 그는 보닥과 슐츠(R. Wodak & M. Schulz, 1986)의 연구를 인용하면서 그들의 연구가 그 방법론이나 성실성에 있어서 모범이 된다며 연구 결과를 소개하고 있다. 그들은 비엔나와 LA의 청소년들 사이에서 어머니와 아동 간의 담화를 사회적, 심리적, 언어적 측면에서 연구하였다. 그들의 연구는 학제적인 관점에서 성과 담화 간의 관계를 탐색하는 생산적인 방법을 시사한다. 우리는 성별뿐만 아니라 문화, 세대, 구어와 문어를 넘나들면서 담화의 견본을 비교할 수 있다. 사람들이 자신의 성 역할에 대해서 말하는 바가 자신들의 진정한 믿음과 태도의 정확한 반응인지에 대한 고전적 의문은 사람들이 자신들의 역할을 아동기에서 청년기를 거쳐 성인기를 거치는 동안 변화하는 상황에 적응시키는 문화에서는 중요하지 않으며 일반적으로 질문을 받지 않는 한 명료한 공식을 만들지도 않는다. 더욱이, 성과 같은 민감한 쟁점들은 사람들로 하여금 어떻게 자신들을 볼 것이며 어떻게 다른 사람들을 볼 것인지의 사이에서 모순된 인식을 갖기 쉽다.

담화는 이러한 모순들을 신비화할 수 있지만 그것은 또한 그것들을 탈신비화하고 해결하기 위해 많은 것을 할 수 있다. 핵심적인 요구는 성을 둘러싸고 있는 쟁점들에 대한 훨씬 더 풍부한 모형을 찾아내는 일이다. 모성의 신성함에 대한 보수주의 우익 담화는 현대 사회에서 어머니가 되는 것과 아이를 양육하는 실질적인 복잡성을 대단히 신비화한다. 반대로 그들의 이상은 전근대적 가족이다. '가족의 가치'에 대한 그들의 주문은 단지 문화에 기반을 두고 성에 기반을 둔 불평등의 프로그램일 뿐이다. 만일 성이 그 자체를 규정해야 하고 현대에 생태학적으로 지속 가능한 방식으로 가족을 정의해야 한다면 담화의 실천은 근본적으로 바뀌어야 할 것이다.

8.4. 담화와 정서

현대화는 반정서주의(anti-emotionism) 이데올로기를 수반한 채, 확고한 문화적 믿음과 태도의 스펙트럼을 강화시켜 왔다. 일반적으로 정서의 표출을 비이성적인 동요나 붕괴의 원인으로 간주하는 경향이 있다. 그러나 이러한 태도는 정서가 억눌림으로써 생긴 문제를 단지 그러한 정서를 갖고 있었기 때문에 생긴 문제로 오해하고 있다는 점에서 잘못된 것이다. 보그랑드는 이러한 '반-정서주의'는 '생태학적으로 불건전한 이데올로기'라고 평가한다. 그것은 모든 정서와 그것의 표현을 퇴행적이고 소외시키는 것이라고 고소함으로써 그것이 종종 그러할 것이라는 확신을 심어준다. 정서와 인지 사이의 통합을 붕괴시킴으로써, 이 이데올로기는, 합리적인 인지적 판단에 대하여 버틸 수 없는, 단기적이고 대립적이며 파괴적인 전략들을 지지하는 데 정서들을 끌어들인다는 것이다.

아동들의 사회화 과정에서, 경쟁하는 접근법들은 모순되는 이데올로기들을 따라 정서를 개입시킨다. 톰킨스(S. Tomkins)는 순응와 복종을 지향하는 처벌적인 또는 우익의 사회화 대 자아의 표현과 활성화를 지향하는 보상적인 또는 좌익의 사회화를 대조한다. 이러한 모순되는 이데올로기는 아동들이 어른이 되었을 때 정서의 방출과 부정이라는 상반되는 패턴을 조장한다. 그리고 이러한 패턴은 매스 미디어에 의해서 정서의 폭력적 방출이라는 형태로 강화되는 양상을 띤다.

확실히, 여기에서 규정된 의미에서 사회적 진보는 분명히 정서를 인지, 사고와 통합하는 데 필요한 활성화 전략을 개발할 것을 요구한다. 다시 한번, 담화의 통합적인 잠재력은 주요 자원을 단순하게 제공하며 후기고전적 모형은 그것을 어떻게 포함할 것인가를 제안하지 않으면 안 된다. 항상 그렇듯이, 그러한 모형은 실제로 중요한 변화를 가져 오지 못할 수도 있다. 그러나 그러한 변화는 분명히 즉흥적으로 일어날 것 같지는 않다. 사물들이 그 자체의 코스를 달리도록 남겨두는 것은 정서의 해체를 폭발적인 규모로 위험에 빠뜨리는 것이다.

보그랑드는 넓은 의미에서 '담화'에 정서를 포함하는 데서 출발한다. 정서는 어떤 정서를 어느 정도 어떻게 드러낼 것인지를 조건으로 하는 표현 전략, 그리고 정서의 표현에 어떻게 반응할지를 조건으로 하는 반응 전략을 통하여 의사소통된다. 이러한 전략들은 정서의 내적 측면들을 외적 측면들과 조화를 이루게 하는데, 표현은 주로 전염(또는 감화)을 통하여 정서를 가정하는 다른 참여자들로부터 연대의 반응을 요청하는 방식으로 이루어진다.

정서는 표정, 몸짓 따위를 통하여 아주 직접적으로 의사소통된다. 좁은 의미의 담화에서는, 정서는 종종 운율이나 고저와 강약 등이 있는 억양에 의해서 종종 통보된다. 이것은 소문자나 대문자로 시각적으로 제시될 수 있다. 어휘문법 또한 가령, 정서적 어휘항목을 무표적 위치에 앞서 전면에 배치함으로써 정서를 표시할(signal) 수 있다.

그러나 담화의 풍부한 유동성은 그것을 정서를 위한 문제적 매체가 되게 한다. 정서가 자신의 인지와 일치하지 않는 것과 마찬가지로, 인지 또한 자신의 담화적 표현에 일치하지 않을 수 있다. 사실, '반-정서주의' 이데올로기는 정서를 갖는 것 대 그러한 정서를 말하는 것 사이의 징후적인 불일치를 조장한다. 정서와 격정을 표현하거나 화제화하지 말라는 부정적인 담화 전략이 보편적이다. 만일 그것들이 문화적으로 표현되고 반응되는 것을 신임받지 않는 한 말이다. 따라서 참여자들은 종종 반정서주의의 동굴로 들어가서 솔직한 표현을 위하여 연대감이 제거될 때의 표정을 놓치는 모험 대신에 정서를 감추는 소외된 전략을 채택한다. 그 경우 담화는 정서와 표현적 행위의 사이에서 분리를 증대시킨다는 점에서 하나 이상의 매체가 된다.

이러한 모순과 거래는 자신을 매우 소외시키면서 정서를 활성화하거나 제어하거나 표현하는 담화의 잠재력을 통합하는 것을 막는다. 억제하지 않고 정서를 방출하는 정반대의 해결책이 더 좋은 것은 아니다. 왜냐하면 사람들은 전염에 대해 부당하게 억압받는다고 느끼거나 여러분 자신을 '균형잡히지 않았다'고 경멸적으로 평가할 것이기 때문이다.

진정으로 진보적인 전략은 정서가 효과적으로 다루어지고 협력적이고 구성적인 상호작용에 통합되는 그런 담화를 포함하는 것이다. 정서의 강도는 가령, 행복을 지지하고 분노에는 저항함으로써 '피드백'의 순환을 통하여 적응될 수 있다. 문제는 필요하거나 바람직할 때에 정서를 조절하는 것이며, 즉흥적으로 사고하고 행위할 수 있고, 자유가 있을 때에는 자신의 정서와 조화를 이루는 것이다. 사회화 및 교육에서 평등과 활성화를 증진하기 위한 대안적 담화 전략은, 또한 정서의 균형을 잡고 그것들을 인지와 더불어 배열하는 능력을 증진하기도 할 것이다.

보그랑드는 담화의 이와 같은 잠재력을 개발하는 이론과 연구를 위한 명시적인 생태학적 프로그램으로 아직 만들어지지 않고 있다고 진단하면서[42] 정서가 두드러지는 관심사인 담화 영역 즉, 치료적 담화(therapeutic discourse)를 연구함으로써 이러한 전망을 추구할 수 있다고 본다. 모든 심리 치료는 환자의 인지적 자료를 변형함으로써 질료적 상태를 변화시킬 수 있다는 원리에 기반을 두고 있다. 환자의 인지를 직접적으로 재설계하는 것은 거의 불가능하기 때문에, 치료는 일상적으로 담화를 그 주요 채널로 사용한다. 이러한 실천은 보그랑드가 제안하는 후기고전적 원리와 잘 부합한다. 오늘날, 치료의 과제는 가공할 만한 문제에 직면하고 있다. '정서적 삶'이 분해된 복잡성과 분명치 않은 상호 연계성이 있는 현대의 사회화에 의해서 범람된 환자는 사례에 대한 신뢰할 만한 기술을 제공하기에는 좋지 않은 위치에 있다. 환자의 증상은 정확하게 '자아'와 그것의 기능에 관한 연결이 끊어진, 상실한, 또는 왜곡된 자료이다. 그리고 '환자'의 특이하고 부적응적인 사적 의미로의 표류는 의사소통을 무겁게 방해한다. 환자는 관련된 정보를 제공하기 위한 의식적인 의도를 가지고 있을지도 모른다. 그러나 무의식적으로 그것들을 억압하거나 부정함으로써 퇴행적이고, 경멸적이며, 불쾌한 정서를 회피한다.

이러한 문제들은 심리분석에 의해서 개발된 '고전적인' 치료 담화에 의해서 처음으로 표방되었다. 그러나 프로이트의 과학적 심리학에 대한 프로젝트가 고전적 현실주의, 물리주의, 기계주의에 정향되어 있었기 때문에, 그의 기본적인 도식은 부당하게도 결정론적인 인과성을 함의하고 있었다. 프로이트의 접근법에서 고전적 제어 센터는 실제적인 생물학적 사건이었다. 그러나 그 접근법은 원인과 결과 간의 연결이 사건, 의미, 정서 간의 확산적이고 예측불가능하며 특이한 연합에 의해서 풍부하게 중재된다는 점에서 확실히 비고전적이다. 환자의 신비화를 밝히기 위하여, 프로이트는 최면술과 꿈의 해석 같은 방법을 사용하였다.

고전적 프로이트의 방법과 그들의 임상적 결과는 환자에게서 일상적 상호작용

---

42) 보그랑드(1997: 567)는 언어학적 관점에서 정서의 문제에 접근한 연구들을 논의한 획기적인 저작으로 Reinhard Fiehler, *Kommunikation und Emotion*, Berlin: de Gryter, 1990을 들었다. 언어학적 접근에서는 정서의 문제를 어휘, 문법, 담화의 측면에서 연구해 왔으나 그것은 정서가 언어로 부호화되는 정보라는 점을 간과하고 정서가 언어의 처리에 어떤 영향을 미치는지 또는 정서를 표현하기 위하여 어떤 구조가 사용되는지 등에만 주의를 기울여 왔다는 점에서 한계가 있는 것으로 지적된다. 이 점에 대해서는 오크스 밖에(1989)를 참고할 것.

을 제거해 버리는 반면, 오늘날 널리 실천되는 집단 치료 활동은 일상적인 상호 작용에 기반을 두고 세워지며 사람들로 하여금 유동성을 늘리고, 접촉 관계를 형성하며, 고립으로부터 연대감과 안도감을 찾고, 다른 사람들과 주의의 중심을 공유하고, 유사한 문제로 다른 사람들을 만남으로써 안도감을 느끼고 현실에 대한 새로운 통찰을 얻도록 권장한다. 치료적 담화는 새로운 사회적 국면에서 그리고 자유지대에서 이동의 기회를 제공한다. 치료는 신경증을 만들어내었던 환자 또는 사회에 의해서 이루어졌던 이전의 배타적인 실천을 전복할 포괄적인 실천을 추구한다. 이러한 목적으로, 담화는 집단 의미의 적응적 행위 공간을 개발하는데 이것은 집단의 의미 대 부적응적 개인의 의미 사이를 중재한다. 그리고 그것은 개인의 생활사, 심리의 기원, 질병의 기원, 사회의 사회적 구조에서 고객의 지위 등에 대한 표현을 포괄한다. 그 치료는 개별 언어가 공동체의 언어로 다시 번역되는 방식을 찾으며 프로이트의 심리분석이 아동기 고립된 개인의 성적 욕망을 과일반화함으로써 배경이 되고자 하는 사회적 측면을 회복한다.

집단 담화의 '자유 지대'에서, 환자들은 극도의 기대감과 가치, 현재의 이데올로기와 '상투어들'을 인식할 수 있게 된다. 그들은 자신들의 부적응적인 소외된 자아 모형을 고칠 수 있다. 자신들의 표준 또는 사회의 표준에 직면하는 데 실패하게 만들었던 것들을 말이다. 예견하건대, 자주 나타나는 심리적 갈등과 정체성 위기의 원천은 사실 현대화이다. 환자들은 전통적으로 성장되었지만 지적으로 새로운 가치와 이상을 갈구한다. 치료가 이루어지는 동안, 전통적인 행위양식은 명료해지고, 반성되며, 균형있는 자아의 방향으로 변화된다.

더욱이, 치료는 사회적 문화적 가치와 태도를 만족시키는 방식으로 정서의 인지적 통합을 지지한다. 그것은 정서가 있는 활동을 위한 지대로서, 그 안에서 정서는 자유롭게 활성화되고 언어화된다. 정서적 에너지는 다른 목표들을 위하여 사려깊게 사용되고 환자들은 분명한 슬픔, 사랑, 심지어 다른 의미있는 활동들에 대한 공격까지도 변화시키게 된다.

보그랑드는 보닥(Ruth Wodak)의 장기적인 집단 치료 활동의 자료를 예로 들어 담화를 통한 심리 치료가 어떻게 이루어지는지를 제시하였다. 그녀의 연구는 사회 계층이나 성별에 따라서 문제의 양상이나 그 해결의 과정이 다르다는 점을 밝히고 있다. 전반적으로, 노동자 계층 고객은 남녀가 마찬가지로 모두 매우 적극적이었다. 다른 모든 사회 계층에서는, 여성들이 남성들보다 비교적 더 많은 해결책을 제안하였는데, 특히, 중산층 이하에서 그러하였다. 또한, 여성들은 자신들의 문제를 소개하는 경향이 있는 반면에 남성들은 다른 사람들에 의해 제기된 문제에 부딪히는 경향이 더 많았다. 마찬가지로, 여성들은 더 많은 질문을 하였으며 더 편안하고 지지적인 반면, 남성들은 치료자의 역할을 동일시하면서 해석과 설명을 하려는 경향이 있었다.

보닥의 치료 담화에 대한 연구에는 훨씬 더 많은 함의가 존재한다. 어두운 측면으로, 그것은 정서적 불균형이 현대 사회에서 양산되고 있다는 것을 시사한다. 현대 사회에서는 모든 계층과 성이 분리된 역할들과 자아에 대한 기대들 사이에서 갈등을 겪고 있다. 통일된 조화로운 구조를 이루는 주류의 단일 문화주의의 보수적인 신화를 대신하여, 사람들은 이데올로기, 성, 표현과 반응의 정서적 전략들 간의 다양성과 압력에 대한 다문화적 배열에 직면하고 있다.

밝은 측면으로, 그것은 담화가 어떻게 좀더 적응적이고 진보적이며 활성화하는 표현 전략으로써 정서를 움직이고 수정할 수 있는지를 보여줄 수 있다. 집단 치료는 고전적 심리치료의 전문적인 용어들과 구인들(constructs)을 넘어서 그리고 그것의 깊은 문화적 비관주의와 유전주의를 넘어서 이동한다. 만일 정서적 균형이 어렵거나 예외적인 것으로 보인다면, 그 이유는 정서가 본래 원시적이고 혼란을 유발하는 것이기 때문이거나 반정서주의 이데올로기에 의해서 주장되는 바, 사고와 정서가 분리되고 상반되기 때문이 아니다. 그 이유는 오히려 매우 소수의 사람들이 자신들의 문제를 해결하고 자신들의 정서를 적극적으로 표현하여 충동을 인지와 균형을 이루게 하기 위하여 담화의 모든 잠재력을 포함하도록 권한을 부여받았기 때문이다. 치료법은 자신의 역할과 자아에 대한 일상적인 경험에서는 비참하도록 분편화된 것들을 끌어 모은다.

9. 나오기

지금까지 우리는 보그랑드가 제시한 텍스트 과학의 새로운 토대(new foundations)를 살펴보았다. '새로운 토대'라는 말에서 우리는 두 가지 사실을 유추할 수 있을 것 같다. 하나는 그가 자신의 책에 제시한 텍스트 과학에 대한 구상이 어떤 면에서든 기존의 것과는 다른 설계에 기반을 두고 있다는 것을 보여주고자 했다는 점이고 다른 하나는 그의 구상이 텍스트 과학이라는 체계를 만들어 가는 데 있어서 토대를 구축하는 기초적인 또는 근본적인 단계에 있다는 점을 암시하고자 했다는 점이다. 그런 의미에서 평자는 텍스트 과학에 대한 그의 구상의 새로운 측면들을 다시 한번 돌아보고 나아가 그것이 기초적이고 근본적인 단계에서 지지적인 진화를 해 나가기 위해서 고려해야 할 점이 무엇인지 살펴 보기로 하겠다.

9.1. 회고적 표상

보그랑드가 구상하는 텍스트 과학은 단순한 패러다임이 아니라 메타 패러다임이다. 2장에서 살펴본 바와 같이 종래 텍스트에 대한 연구는 말 그대로 '텍스트 언어학'이었다. 그러나 이제 텍스트 언어학은 '텍스트 과학'의 한 분과학문일 뿐이다. 텍스트 과학은 텍스트 언어학뿐만 아니라 텍스트를 연구 대상으로 하는 제반 학문을 아우르는 학제성을 띠게 되었다. 언어를 연구 대상으로 하는 개별 학문의 입장에서 이러한 관점을 받아들이는 것은 비록 그것이 연구자들로 하여금 인지적 제약의 한계 내에서 진보를 위한 부단한 적응의 과정을 요구하는 힘겨운 일이기는 하지만 이미 불가피한 현실이 되었다.

언어 연구에서 이러한 패러다임의 전환은 텍스트 과학을 고전적 세계관 또는 구조주의적 세계관을 넘어서 후기고전적 또는 후기구조주의적 세계관에 기반을 둔 학문으로 자리매김할 때에 가능해졌다. 3장에서 살펴 본 바와 같이 고전적 세계관은 주로 실재론과 인과론에 기반을 둔 세계 인식이었다. 고전적 세계관에서 주관과 객관, 질료와 자료는 이분법적으로 구분되어 안정적으로 존재하는 것으로 인식되었다. 그러나 후기고전적 세계관에서는 질료와 자료, 주관과 객관은 변증법적 상호작용을 하면서 유동하는 것으로 인식된다. 이러한 세계관은 보그랑드가 생물학적 인식론이나 신물리학 등 자연 과학의 연구 결과를 수용함으로써 형성된 것이다.

하나의 의사소통적 사건으로 존재하는 텍스트는 언어적, 인지적, 사회적 제약 속에서 파악해야 하는 대상으로 간주되고 있다. 4장에서 보그랑드는 텍스트를 이제 형식적으로가 아니라 운율, 어휘, 담화의 제 층위에서 기능적으로 파악할 수 있는 가능성을 보여주었다. 언어 연구는 형식들은 체계나 규칙의 집합으로서 목록화하는 것으로 충분한 것이 아니라 그것이 경험과 지식에 대한 기본 가정 하에서 언어적, 인지적, 사회적 제약들을 제어하면서 어떻게 선택되고 패턴화되며 표현되는지를 밝히지 않으면 안 된다. 그렇게 될 때에만 텍스트 과학은 인간으로 하여금 '지식과 사회에 접근하는 자유'를 제공할 수 있을 것이기 때문이다.

그런데 이러한 제약은 체계로서의 언어와 실제로서의 텍스트 사이에 존재하는 제어 체계에 의해서 매개된다. 이러한 체계들로 보그랑드는 문체, 텍스트 유형 및 담화 영역, 특수 목적 담화 및 용어법 등에 주목하였다. 언어 사용에 대한 우리의 직관은 확실히 그것이 음운, 형태소, 낱말, 문법 규칙의 목록을 저장해 둔 사전에서 임의적인 선택에 의해서 이루어지는 것 이상이라는 점을 말해 준다. 그것은 다시 한번 '언어적, 인지적, 사회적' 제약에 의해서 이루어지는 것이다. 위의 목록이 가장 빈약한 제약을 보여주는 것이라면 실제 텍스트는 가장 풍부한 제약을 보여주는 것이다. 그리고 그 양자를 매개해 주는 것이 바로 문체, 텍스트 유형, 담화 영역, 특수 목적 담화, 용어법 따위이다. 보그랑드는 5장에서 바로 이러한 점에 주목하여 문체론, 텍스트 유형학, LSP 이론 등을 텍스트 과학 내에 자리매김하고 있다.

담화의 처리가 어떻게 이루어지는지에 대한 탐색은 개별 언어 내에서만 이루어지는 것은 아니다. 보그랑드는 6장에서 언어 비교와 대조, 간섭, 차용, 부호전환, 피진과 크레올, 번역 등의 현상을 고찰하면서 이러한 간언어적 현상이 발생할 때 화자가 어떤 전략을 사용하여 지지적으로 적응해 나가는지 설명하고자 한다. 이러한 현상들에 대한 분석의 결과는 특정 언어를 열등한 것으로 폄하함으로써 그 언어 사용자의 언어적 인권을 무시하거나 간언어적 담화를 비체계적인 것으로 간주하는 처사의 부당함을 비판하는 근거로 작용하기도 한다. 다문화적인 현대 사회에서 간언어적 담화는 텍스트 과학의 주요 연구 대상 가운데 하나임에 틀림없다.

사회화와 교육의 과정은 불평등한 집단들 간의 수직적인 지배 관계와 평등한 집단 내부의 수평적 유대 관계를 확립하기 위한 상호작용을 한다. 보그랑드는 7장에서 이 두 과정에서 진보와 퇴보를 가늠할 수 있는 잣대를 제시하고 사회적이고 교육적인 진보를 위하여 어떤 담화적 실천을 해야 할 것인지를 밝히고 있다. 보그랑드는 사회와 교육 현장에서 보수주의와 진보주의 간의 대립에 주목하면서 지지적 진화를 위한 구상을 구체화한다. 특히 학교 교육에 대한 새로운 설계에 많은 지면을 할애하고 있는데 그것은 그가 현대 사회의 위기를 주로 의사소통의 위기에서 비롯된 것으로 보고 그것이 공교육에서서 고착화되어 왔다고 보기 때문이다. 교육 문제에 관한 그의 진단은 주로 교육 사회학의 연구 결과를 반영한 것으로 보이는데 우리 나라의 교육 현실과 관련해서도 많은 것을 생각하게 한다.

마지막 장인 8장에서 보그랑드는 '담화와 총체적 인간'이라는 제목 하에 문화, 이데올로기, 성, 정서의 문제를 다루었다. 현대 사회는 다른 무엇보다도 다양성을 중시하는 사회이지만 실제로는 다국적기업에 의해 중심국의 문화가 주변국에 깊숙이 침투하여 이데올로기화하고 있다는 점을 지적한다. 당연히 텍스트 과학은 그러한 이데올로기에 대한 분석을 중심적인 의제로 설정할 필요가 있다. 마찬가지로 성차별을 공고화하는 담화의 기제 또한 분석의 대상이 된다. 마지막으로 보그랑드는 정서의 문제를 텍스트 과학의 의제로 자리매김하였다. 현대 사회에 팽배한 반정서주의의 문제점을 지적하고 '치료적 담화'에 대한 분석을 예로 들어 현대인의 분열된 정서에 대한 회복의 가능성을 텍스트 과학적 접근에서 찾고 있다.

처음으로 돌아가서, 보그랑드는 1장에서 이러한 텍스트과학이 한 마디로 '지식과 사회에 자유롭게 접근하게 하기 위한 것'이라고 선언하였다. 이러한 목표 설정은 그의 텍스트 과학이 생태학적 관점을 견지하고 있는 것과 무관하지 않다. 그는 자신의 중심적인 의제를 '생태주의'와 '소비주의'의 대립적 구도로 설정하고 있는데 전자는 그의 텍스트 과학을 특징 짓는 관점이면서 후자를 비판하는 도구가 된다.

그는 많은 도표와 그림을 제시함으로써 독자 친화적인 글쓰기를 시도하고 있다. 그러나 우리는 그의 책을 읽으면서 독자로서 그가 제공하는 지식에 접근하는 자유가 매우 제한되어 있음을 실감하게 된다. 그만큼 그의 책은 쉽게 읽히지 않는다. 그가 피아제의 저작을 비판적 담화 분석을 통해서 보여 주는 것만큼 그의 글이 쉽게 읽히지 않는 까닭은 무엇일까? 아이러니컬하게도 우리는 보그랑드가 독자로 하여금 '자원의 제약' 내에서 인지적 부담을 지지적으로 적응해 나감으로써 진보해 나가도록 채찍질하고 있는 것은 아닌지 하는 생각을 하게 된다.

9.2. 전망적 표상

지금까지 평자는 그의 의제들을 지면이 허락하는 한 두루 자세히 살피고 또 회고해 보았다. 이제 우리는 텍스트 과학이 새로운 토대 위에서 지지적으로 적응해 나가기 위해서 고려해야 할 점들이 무엇인지 몇 가지 문제를 중심으로 논의해 보기로 하자.

평자는 무엇보다도 먼저 이 책에서 표방하고 있는 바, 텍스트 과학이 생태주의적 목적에 기여해야 한다고 하는 주장이 함의하고 있는 당파성을 어떻게 볼 것인가 하는 질문을 던지고 싶다. 확실히 보그랑드는 '생태주의'를 텍스트 과학의 건전성을 평가하는 기준으로 간주한다. 여기에 대해서 학문의 세계는 '세속계'와는 다른 고유한 실천의 논리를 가지고 있으며 그런 까닭으로 학문이 당파성을 표방하는 순간 그것은 이미 학문의 논리에서 벗어나는 것이라는 주장이 있을 수 있다. 폴라니(M. Polanyi)는 "과학적 연구를 그것 자체 이외의 어떤 다른 목적을 위해 교도하려는 시도는 어떤 경우나 과학의 발전으로부터 그것을 빗나가게 하려는 시도다(장상호, 1994: 17에서 재인용)."라고 하며 진리를 추구하는 과학 그 자체의 목적을 강조하였다. 장상호(1997: 79)에서도 '학문계'는 '세속계'와 달리 "학문 이외의 세계에서 통용되는 태도를 버리고, 대상세계적 이해관계로부터 초연한 태도를 지녀야 한다."라고 하며 학문계의 고유성을 주장한다. 이러한 주장에 따르면 보그랑드의 텍스트 과학은 그 목표에 충실하는 것이 도리어 스스로에게서 이탈하는 결과를 초래하는 아니러니가 발생한다.

이러한 결론은 다소 성급한 것이라고 본다. 폴라니의 입장은 '이데올로기' 또는 '이해 관계'와 관련하여 학문의 독자성이 견지될 필요가 있음을 주장한 것이지 학문이 사회적 문제와 분리되어 독자적으로 존재할 수 있다고 말하는 것은 아니다. 그런 의미에서 우리는 생태주의를 과연 '이데올로기' 또는 '이해 관계'와 관련지을 수 있는지 판단해 보아야 한다. 르블(1980)에 따르면, 이데올로기는 '당파적 생각,

집단적 생각, 은폐적 생각, 합리적 생각, 권력에 봉사하는 생각'이라는 다섯 가지 특징을 갖는다 [홍재성・권오룡(역)(1994: 21-26)] . 이런 관점에서 보면 보그랑드의 생태주의는 당파적이고 집단적이고 합리적이기는 하지만 은폐되거나 권력에 봉사하는 것은 아니므로 이데올로기라고 보기 어렵다.

여기에서 우리는 보그랑드가 표방한 생태주의를 하나의 이데올로기로 보기보다는 하나의 입장으로 보는 것이 더 적절하다는 판단을 하게 된다. 그렇다면 과학에서 어떤 입장을 그것도 당파적인 입장을 표방하는 것이 과학을 과학답게 하지 못하는 것 아닌가 하는 의문을 가질 수 있다. 이에 대해서 르블의 견해를 다시 인용해 보자. "어떤 담화가 과학적일 수 있는 것은, 그 담화가 설명하거나 예측할 수 있게 해 주는 모든 사실들에 의해서 입증된다는 이유에서만이 아니라, 그것이 '반증될 수 있는 것'이기 때문이기도 하고, 그 형태가 담화를 경험적 사실의 가능한 모든 모순에 노출시키는 것이기 때문이기도 하다(위의 책 88-89)." 르블의 견해를 따른다면 보그랑드가 텍스트 과학의 목표로 내세운 생태주의적 관점이 텍스트 과학에 대한 그의 입장을 표명한 것이며 그것이 그의 텍스트 과학의 학문으로서의 지위를 위협하는 것은 아니라는 잠정적인 결론을 내릴 수 있다.

보그랑드(1997: 30)는 학문이 하나의 과학으로서 지위를 유지하기 위해서는 '포괄성, 수렴성, 공감성'이라는 세 가지 검증 척도를 충족해야 한다고 말한 바 있다. 그리고 이러한 척도에 비추어 형식주의 언어학은 '과학'으로서의 지위를 유지하기 어렵다는 평가를 하였다. 우리는 일단 이러한 검증 척도가 경험적으로 타당성을 얻고 있다는 점에 동의하기로 하자. 그렇다면 후기고전적 언어학 또는 텍스트 과학은 이러한 검증 척도에 비추어 그 지위를 유지할 수 있을 것인지 질문을 던지고 싶다.

자료의 포괄성에 있어서 후기고전적 언어학 또는 텍스트 과학은 주로 '코퍼스 언어학'에서 그 가능성을 모색하고 있다. 컴퓨터의 발달에 따른 정보 처리 능력의 향상과 더불어 방대한 언어 자료를 입력하고 처리하는 것은 머지 않은 장래에 현실화할 가능성이 있다. 그러나 코퍼스에 기반한 언어 기술에서 언어적, 인지적, 사회적 제약을 얼마나 풍부하게 기술할 수 있을 것인지는 여전히 의문이다. 어차피 모든 제약을 기술한다는 것은 어떤 방법으로도 불가능할 것이다. 그러나 기술 가능한 제약들만 모두 코퍼스로 처리하는 것도 현실적으로 매우 어려운 일이다. 결국 코퍼스가 언어 기술에 활용되는 데 제한적인 역할을 할 수밖에 없다면 우리는 기술의 수렴성과 해석의 공감성이라는 문제에 부딪힐 가능성을 여전히 안고 있는 셈이다. 언어적인 제약의 경우에는 형식주의 언어학에서보다 더 풍부한 기술을 얻을 수 있을 것이다. 그러나 인지적, 사회적 제약의 경우 그것이 어떤 모습으로 기술될 수 있을지는 분명하지 않다. 가령 어떤 정치적 담화에 개재된 이데올로기를 분석한다고 가정해 보자. 이것이 기계적인 처리 과정을 거쳐 분석되는 것은 매우 요원한 일이다. 전문 분석자에 의해 직접 분석될 경우 그것은 운율, 어휘, 담화의 제층위에서 언어적, 인지적, 사회적 제약이 밝혀질 수 있을 것이다. 그러나 분석의 결과가 얼마나 수렴하고 또 얼마나 많은 사람이 그에 공감할 것인지도 여전히 미지수이다. 따라서 텍스트 과학이 과학으로서의 지위를 확고하게 마련해 가기 위해서는 수렴성과 공감성을 높일 수 있는 텍스트 분석 방법론을 마련하는 일이 절실히 요청된다.

국어 연구에서도 이러한 문제 의식은 동일하게 적용될 수 있을 것이다. 평자가 판단하기에 국어학은 보그랑드적 의미에서 ‘주류 언어학’을 그 주요한 이론적 지반으로 삼고 있는 듯하다. 근래에 코퍼스 언어학에 대한 관심이 높아지고 실제로 코퍼스 구축 작업이 이루어지고 있기도 하지만 여전히 그것은 형식주의적 관점에서 언어적 제약을 기술하는 데 그치고 있는 것으로 보인다. 특히 기능주의적 언어 기술 방법론을 적용한 연구 결과들이 좀더 풍부해질 필요가 있다. 국어학에 대한 연구가 국어를 언어 그 자체로만 다룰 경우, 그것은 학문 자체의 독립성을 보장해 줄 수는 있겠으나 교육의 국면에서 적응적 가치가 매우 빈약해진다. 그러나 텍스트 언어학에 대한 최근의 관심과 국어 자료를 대상으로 한 연구 성과들은 국어 텍스트 과학의 발전을 위해서 매우 고무적인 일이다. 국어 문화사에는 텍스트 과학의 기반이 될 만한 자원들이 매우 풍부하게 존재한다. 소위 텍스트 유형론으로 다룰 수 있는 풍부한 장르가 역사적으로 존재해 왔다. 이런 자원들은 우리 고유의 텍스트 이론을 전개할 수 있는 가능성을 열어주는 것들이다.

마지막으로 우리는 교육의 문제에 대해 고민을 나눌 필요가 있다. 보기에 따라 다르겠지만 교육은 사회의 모든 문제를 압축적으로 보여 주는 장이며 그 문제를 해결할 수 있는 궁극적인 가능성을 제공하는 장이기도 하다. 보그랑드는 이 책에서 현대 사회가 그 문제를 기꺼이 신속하게 해결하고자 한다는 생각은 진부한 것이라고 단정한다. 사실 위기에 대해서는 공감하면서도 그것에 대한 진단과 처방은 너무나 차이가 많기 때문에 우리는 보그랑드의 자조적인 푸념에 동감하지 않을 수 없다. 보그랑드는 현대 사회에서 다문화주의의 대세는 거스를 수 없는 것이라고 보았다. 우리 사회의 문제 역시 보그랑드의 개념을 빌어 표현하자면 ‘포괄적 이론과 배타적 실제’ 사이의 괴리가 다른 어느 사회 못지않게 심각한 수준에 있다는 것이 평자의 판단이다. 이론적으로 교육의 기회는 누구에게나 평등하게 주어져 있으나 실제로 그것은 주로 사회적 계층에 의해서 제한되어 있다. 이론적으로 모든 학습자는 자신의 다양한 능력과 적성과 흥미를 고려하여 교육 받을 권리가 있지만 실제로 그것은 ‘현실적’인 여러 가지 제약을 구실로 제한받고 있다. 이론적으로 교육은 우리 사회의 문제를 해결할 궁극적 실천의 장이지만 실제로 우리 사회는 교육을 위한 투자에는 매우 인색한 형편이다. 이런 모순을 해결하기 위해서 우리는 우리 사회에서 통용되는 담화적 실천을 좀더 냉철하게 분석하고 평가해 보아야 할 뿐만 아니라 그러한 안목을 학습자들이 갖출 수 있게 하는 방안이 무엇인지 좀더 진지한 고민을 해야 할 때이다.

참고논저

고영근(1999), 텍스트이론-언어문학통합론의 이론과 실제, 서울: 아르케.

고영근(2000), "텍스트 과학과 문예학", 텍스트언어학 8, 한국텍스트언어학회.

김광해(1997), 국어지식 교육론, 서울: 서울대학교 출판부.

김대행(1995), 국어교과학의 지평, 서울: 서울대학교 출판부.

김호기(편)(2001), 현대 비판 사회 이론의 흐름, 서울: 한울.

르블(Olivier Reboul)(1980)/홍재성·권오룡(역)(1994), 언어와 이데올로기(Language et Idéolgie), 서울: 역사비평사.

마투라나 밖에(Umberto Maturana and Fransisco Varela)(1987)/최호영(역)(1995), 인식의 나무: 인식활동의 생물학적 뿌리(*The Trees of Knowlegde: The Biological Roots of Human Understanding*), 서울:자작아카데미.

메이(Jacob L. Mey)(1993)/이성범(역)(1996), 화용론(Pragmatics: An Introduction), 서울: 한신 문화사.

박여성(1999), "담화-텍스트 과학의 미래:학문사적 제안", 독어학 1, 현대독어학회.

박영목 밖에(한철우, 윤희원)(2001), 국어과 교수학습론, 서울: 교학사.

박희병(1999), 한국의 생태사상, 서울: 돌베개.

반 데이크(Teun A. van Dijk)(1980)/정시호(역)(1995), 텍스트학(*Textwissenschaft: Eine interdisziplinäre Einleitung*), 서울: 민음사.

보그랑드 밖에(Robert de Beaugrande & Wolfgang U. Dressler)(1981)/김태옥·이현호(1990), 담화·텍스트 언어학 입문(*Introduction to Text Linguistics*), 서울: 양영각.

보그랑드(Robert de Beaugrande)(1980), *Text, Discourse, and Process: Toward a Multidisciplinary Sciences of Texts.* Norwood, NJ: Ablex.

보그랑드(Robert de Beaugrande)(1984), *Text Production*, Norwood, NJ: Ablex.

보그랑드(Robert de Beaugrande)(1991)/정동빈 밖에(김건수, 류웅달, 민찬규,박승재, 석희선, 오상룡, 안수웅, 최연희, 최현욱, 함영용, 황선혜, 채유순, 이금희)(공역)(1996), 언어학 이론(*Linguistic Theory: The discourse of fundamental works*), 서울: 한신 문화사.

보그랑드(Robert de Beaugrande)(1994), Text Linguistics, in: 애셔(편)(1994: 4573-78).

보그랑드(Robert de Beaugrande)(1997), *New foundations for a science of text and discourse: cognition, communication, and the freedom of access to knowledge and society*, Norwood, N.J.: Ablex Publishing Corporation.

서울대학교 교육연구소(편)(1998), 교육학사전 1, 2, 3., 서울: 하우동설.

슈미트(Siegfried J. Schmidt)(1994)/박여성(역)(1996), 미디어 인식론: 인지-텍스트-커뮤니케이션(*Kognitive Autonomie und soziale Orientierung: konstruktivistische Bemerkungen zum Zusammenhang von Kognition, Kommunikation, Medien und Kulutr*), 서울: 도서출판 까치.

슈미트(Siegfried J. Schmidt)(ed.)(1987)/박여성(역)(1995), 구성주의(*Der Diskurs des Radikalen Konstruktivismus*), 서울: 도서출판 까치.

스테피 밖에(Leslie P. Steffe & Jerry Gale)(ed.)(1995)/조연주 밖에(조미헌, 권형규)

(역)(1997), 구성주의와 교육(*Constructivism in Education*), 서울: 학지사.

애셔(R. E. Asher)(편)(1994), *The encyclopedia of language and linguistics* 9, Oxford/ N.Y./ Seoul/ Tyokyo/ Pergamon Press.

오크스 밖에(Elinor Ochs & Bambi Schiefflin)(1989), Language has a heart, *Text* 9, pp, 7-25.

워드호프(Ronald Wardhaugh)(1992)/박의재(역)(1994), 사회 언어학(*An Introduction to Sociolinguistics*), 서울: 한신문화사.

이삼형 밖에(김중신, 김창원, 이성영, 정재찬, 서혁, 심영택, 박수자)(2000), 국어교육학, 서울: 소명출판.

이은희(2000), 텍스트언어학과 국어교육, 서울: 서울대학교 출판부.

이정모·이재호(편)(1998), 인지언어학의 제문제(II): 언어와 인지, 서울: 학지사.

장상호(1994), Polnyi 인격적 지식의 확장, 서울: 교육과학사.

장상호(1997), 학문과 교육(상), 서울: 서울대학교 출판부.

장석진(편)(1994), 현대 언어학 지금 어디로, 서울: 한신문화사.

카플란 밖에(David Kaplan and Robert A. Manners)(1972)/최협(역)(1994), 인류학의 문화이론, 서울: 나남출판.

킨취(Walter Kintsch)(1988), The role of knowledge in discourse comprehension: A 'construction-integration model'. *Psychological Review*, 95(2), pp.163-82.

킨취(Walter Kintsch)(1998), *Comprehension: a paradigm for cognition*, N.Y.: Cambridge University Press.

패솔드(Ralph W. Fasold)(1990)/황적륜 밖에(김용진, 김재원, 김혜숙, 이원표, 조주연, 황선혜)(1994), 사회언어학(*Sociolinguistics of Language*), 서울: 한신문화사.

필(Alwin Fill)(1993)/박육현(역)(1999), 생태 언어학(*Ökolinguistik. Eine Einfürung*), 서울: 한국문화사.

핼리데이(M.A.K. Halliday)(1994), *An Introduction to Functional Grammar(2nd ed.)*, London: Edward Arnold.

화이트 밖에(Lana J. White, Bruce Maylath, Anthony Adams, Michel Couzijn)(2000), *Language Awareness: A History and Implementations*. Amsterdam: Amsterdam University Press.

민 병곤(閔丙坤)
서울대학교 국어교육과 박사과정 수료
121-250
서울특별시 마포구 성산동 111-1 신성빌라 204호
전화 : 02)3142-0923
e-mail : minbg@kice.re.kr

저자소개

고영근 서울대학교 국어국문학과 교수

【저서】· 우리말의 총체서술과 문법체계(민음사, 1993)
· 단어·문장·텍스트(한국문화사, 1995)
· 텍스트 이론(아르케, 1999)

박여성 제주대학교 인문대학 독일학과 교수

【역서】· 구성주의(까치글방, 1995)
· 미디어인식론(까치글방, 1996)
【논문】· 미디어폴리스 시대의 기호이론(2000)
· 번역학의 인식론적-언어학적 정초(2000)

이성만 배재대학교 독어독문학과 교수

【역서】· 텍스트 언어학의 이해(한국문화사, 1994)
· 텍스 트 언어학 입문(한국문화사, 1995)
【논문】· 텍스트에서 논증행위의 구조(1996).
· 「논평」의 텍스트 유형론적 연구(1999)

장경희 한양대학교 사범대학 국어교육과 교수

【저서】· 현대국어 양태범주 연구(탑출판사, 1985)
【논문】· 문체와 의미(1994)
· 국어 접속 어미의 의미 구조(1995)

신지연 목원대학교 인문대학 국어국문학과 교수

【저서】· 국어지시용언 연구(태학사, 1998)

한국 텍스트과학의 제과제

인 쇄 2001년 7월 23일
발 행 2001년 7월 30일

지은이 고영근 · 장경회
        · 이성만 · 박여성 · 신지연 外
펴낸이 이 대 현
편 집 이은회 · 김민영
펴낸곳 도서출판 역락
        서울시 성동구 성수 2가 3동 277-17
        성수아카데미타워 319호(133-123)
TEL   3409-2058   3409-2060
FAX   3409-2059

전자
우편   YK3888@kornet.net
        youkrack@hanmail.net

등 록 1999년 4월 19일 제2-2803호
        ISBN 89-5556-109-1-93710

정 가 20,000원
※ 잘못된 책은 교환해 드립니다